Wilfried Bergholz

Die letzte Fahrt mit dem Fahrrad

Wilfried Bergholz war nach Abitur und Armeedienst ab 1975 redaktioneller Mitarbeiter beim Jugendradio *DT64*, später freier Journalist in Ostberlin. Von 1978 bis 1983 studierte er klinische Psychologie bei Hans-Dieter Schmidt an der Humboldt-Universität Berlin.

Er begann Mitte der achtziger Jahre erste Prosa-Texte zu schreiben, die er 1988 unter dem Titel *Umsturz im Kopf* selbst veröffentlichte. Er veranstaltete zahlreiche Lesungen, moderierte aber auch Auftritte bekannter Liedermacher wie Stephan Krawczyk, Gerhard Schöne, Norbert Bischoff, Kurt Demmler u. a.

1987 gründete er zusammen mit Ulf Erdmann und Ralf Kleinschmidt das Kinderliedtheater *Ulf & Zwulf*, für das er bis 2002 fast alle Texte und einige Kompositionen schrieb. Die erste LP *Stadtabenteuer* wurde 1988 von einer Kinderjury zur besten Kinderlieder-LP des Jahres gewählt. Zu den wichtigsten Veröffentlichungen dieser Zeit zählen Hörspiele, Texte für die Punkband *Die komischen Vögel*, das Theaterprojekt *Der Mann im Kasten* und das Sachbuch *Liederleute* (zusammen mit Petra Schwarz).

Wilfried Bergholz war ab 1989 Student am Literaturinstitut Johannes R. Becher in Leipzig und nahm dort an den Montagsdemonstrationen und später an den revolutionären Ereignissen in der Berliner Gethsemanekirche teil.

Ab 1990 schrieb er für das DDR-Fernsehen Drehbücher für zahlreiche Kinderfilme. Der SFB sendete zu Beginn der neunziger Jahre drei Prosatexte in der Literatursendung *Passagen* und vier Geschichten in der Reihe *Ohrenbär*. Zudem produzierte Bergholz bis 2002 zahlreiche Kinderlieder-CDs (u.a. mit Veronika Fischer, Reinhard Lakomy, Thomas Natschinski) – Seine Produktion „Gerhard Schöne singt Kindergedichte" wurde 2004 mit den Medienpreis „Leopold" ausgezeichnet.

Ab 2003 arbeitete Wilfried Bergholz als Kinderpsychologe, seit 2013 ist er wieder schriftstellerisch tätig. Er lebt in Berlin und hat vier Kinder.

Wilfried Bergholz

Die letzte Fahrt mit dem Fahrrad

19 Gespräche mit Matteo

über Mut, Glück und Aufbegehren
in der DDR

© 1. Auflage 2015
Gestaltung: Udo M. Wilke, Birgit Schöne
Lektorat: Christoph Eyring

Cover-Fotos: Norbert Bischoff, Jens Wichmann

Fotografien wie benannt, weitere Abbildungen unter:
www.ddr-fotograf.de
www.rolf-zoellner.de
www.bildart.net/data/archiv_ddr.htm

Verlag: tredition, Hamburg

Printed in Germany

Das Werk, einschließlich seiner Teile, ist urheberrechtlich geschützt. Jede Verwertung ist ohne Zustimmung des Verlages und des Autors unzulässig. Dies gilt insbesondere für die elektronische oder sonstige Vervielfältigung, Übersetzung, Verbreitung und öffentliche Zugänglichmachung.

Für Philipp, Igor, Robert und Matteo

»Aufklärung ist der Ausgang des Menschen aus seiner selbst verschuldeten Unmündigkeit. Unmündigkeit ist das Unvermögen, sich seines Verstandes ohne Anleitung eines anderen zu bedienen. Selbst verschuldet ist diese Unmündigkeit, wenn die Ursache derselben nicht am Mangel des Verstandes, sondern der Entschließung und des Muthes liegt, sich seiner ohne Leitung eines anderen zu bedienen. Sapere aude! Habe Muth, dich deines eigenen Verstandes zu bedienen! ist also der Wahlspruch der Aufklärung.
Faulheit und Feigheit sind die Ursachen, warum ein so großer Teil der Menschen, nachdem sie die Natur längst von fremder Leitung freigesprochen, dennoch gerne zeitlebens unmündig bleiben; und warum es anderen so leicht wird, sich zu deren Vormündern aufzuwerfen. Es ist so bequem, unmündig zu sein. Habe ich ein Buch, das für mich Verstand hat, einen Seelsorger, der für mich Gewissen hat, einen Arzt, der für mich die Diät beurteilt usw., so brauche ich mich ja nicht selbst zu bemühen.«

Immanuel Kant: *Was ist Aufklärung?*, in: Berlinische Monatsschrift, 2. Band, 1784

Mein jüngster Sohn ist gerade elf geworden und ich fühle mich müde. Das Leben war so lang, waren es zwei Leben? Es ist Zeit, sich zu erinnern, meinem Sohn zu berichten, was mir im Leben passiert ist, was durch mich passierte, solange es noch geht. Ich habe zu schnell gelebt und es ist unbehaglich, in einer Ruine zu leben ... Ich bin dankbar für meine Lebenszeit, die so reich an Menschen und so glücklich war. Womit soll ich beginnen, mein Sohn? Am besten mit dem Platz, an dem ich gerade sitze und an dem du vielleicht auch einmal sitzen wirst. Ein schöner Gedanke. An meinem Fenster hoch über der Schönhauser Allee, wie auf einem Turm, wo ich seit über dreißig Jahren sitze ... Unten tobt die Stadt. Autos, U-Bahnen, Straßenbahnen und ein Gewimmel von lärmenden Menschen. Alle zehn Minuten ein Rettungswagen. Ein fremdes Unglück rast vorbei, ist ganz nah und plötzlich wieder verschwunden. Manche mögen auch die Flugzeuge, die über meinem Schreibtisch nach Tegel segeln, als Lärm empfinden, für mich als Freizeitpilot ist es die reinste Musik und sie wird mir fehlen, wenn der Flugplatz geschlossen wird ... Die Schönhauser ist ein Gesamtkunstwerk. Und als ich vor ein paar Tagen abends wieder mal beim Imbiss *Konnopke* stand (Curry geschnitten mit Brö und Brü), war mir für einen Moment so, als wäre die Zeit stehengeblieben. Ich liebe es, so unter der U-Bahn zu stehen. So ganz ohne Eile. Die Geräusche treten zurück. Ich sehe in Zeitlupe Menschen über die Kreuzung schreiten, die eigentlich hetzen, beschwert mit Taschen, aufgemotzt oder abgerissen, sie schubsen sich vorwärts, jonglieren auf Fahrrädern oder haben ein Kind im Schlepptau. Die Straßenbahn kommt! Zum Schluss tauche ich den Rest des Brötchens in den Rest der Brühe und wache auf. Die Erde rast weiter, und auf ihr all diese Menschen. 1988 schrieb ich für die Punkband *Die komischen Vögel* ein Liebeslied für meine Schönhauser:

Via Viadukt
U-Bahn-Komnata
In den Schlund
Fährt der Hunt
Und ist nicht da
Rote Fahnen
Für Fasanen
Unerhört
Wer da stört
Unser schönes Fest
Eckensteher
Wortverdreher

Großstadtpendler
Am Geländer
Jeder hält sich fest
Großraumflieger
Halsverbieger
Auf dem Segel
Ab nach Tegel
Wenn man dich nur lässt ...

1. Gespräch *12*
Meine ersten Wohnungen im Prenzlauer Berg, Feuerwehreinsatz in der Nacht, die mächtigen Hausbuchschreiber, Hans Currywurst und Paule Panke, Rudolf Bahro, Architekturwettstreit zwischen Ost- und Westberlin, meine Nachbarn, soziale Kommunen und alternatives Leben in der DDR

2. Gespräch *38*
Kindheit, mein Vater und der Krieg, Wiederbewaffnung in Deutschland, Stalin und die DDR, die 2. Parteikonferenz der SED, Käthe Kollwitz und ihr Sohn Peter, Junge Pioniere, das H in meinem Klassenbuch, Sommerferien bei Opa Paul, die ABF in Greifswald mit Trullesand, Elise und Hermann Kant

3. Gespräch *66*
Der 17. Juni 1953 in Berlin und Stralsund, Egon Bahr gibt Auskunft als RIAS-Redakteur, Kollektivierung und Bauernflucht, Aufarbeitung des Faschismus in Ost und West, Aufstand der Mediziner 1955 in Greifswald, Volksentscheid zur neuen Verfassung der DDR, mein erster politischer Auftritt

4. Gespräch *91*
Mein Jahr 1968, Bob Dylan, erste Freunde: Steffi, Lude und das Huhn, unsere Lehrer waren wunderbar, mein Tagebuch, erstes Liebesgedicht, erste Küsse, erster Segelflug, der Jet Baade 152, Eintritt in die FDJ, Lenin und Trotzki, lange Haare, Ferienjobs, drei Tage in Prag im August

5. Gespräch *118*
Beatmusik in Greifswald und Berlin, Tanz am Samstag im Kreiskulturhaus, Schlepper und Zähler, das Filmerlebnis Mackenna's Gold, zwei Jahre auf der Erweiterten Oberschule, erster Diskobesuch, die Sputniks, das 11. Plenum der SED 1965, Hartmut König, der Oktoberklub

6. Gespräch *145*
Mein Traum von der MiG-21, keine Lust mehr auf Schule, Abitur 1972, mit 'ner Zahnbürste nach Berlin, unser Ferienjob in Brno, eingezogen zur NVA nach Schneeberg, Wehrpflicht und Bausoldaten, preußischer Drill, das Elend zwischen EK und Sprilli, Panzerfahrer in Eggesin

7. Gespräch *155*
Mein Soldatenleben in Eggesin, die Volksarmee, grüner Rasen im November, We shall overcome, Kerzen im Keller, Gerhard Schöne, der tote Wachposten, meine Jawa 350 im Versteck, nächtliche Ausflüge aus der Kaserne, die Schreibmaschine: meine Rettung, Ich war neunzehn, Armee-Disko mit Lutz Büchler

8. Gespräch *174*
Manfred Krug, Wirtschaftswunder in Westdeutschland, Rassismus in den USA, mein Start 1975 bei DT64, die Kleinstadt Rundfunk, erstes Interview, Rote Lieder, mein Crash an der Laterne, die Medienwelt heute, Manfred, Mischko, Horst Grassow und unser Rundfunkkonzept

9. Gespräch *203*
Erste Autos, Studienbeginn Psychologie 1978, Experiment DDR, Wandlitz, Prof. Hans-Dieter Schmidt, mein Vortrag in Marxismus-Leninismus, Rauswurf bei DT64, Jugendheime in der DDR, mein Prozess gegen den Rundfunk, meine Söhne Philipp, Igor, Robert und Matteo, unsere Sommer in Prerow

10. Gespräch *236*
Neustart als freier Journalist in Ostberlin, die Zeitschrift Elternhaus und Schule, Erna Geggel und Heinz Vollus, erste Reportagen, Sybille Bergemann, Journalisten und Fotografen, die Junge Welt, Zeitschriftenlandschaft in der DDR, Laien- und Volkskünstler, Schreiben zwischen den Zeilen, Frieda und Jacques Brel

11. Gespräch *247*
Club Impuls, Demokratie im Kleinen, meine Vorbilder Wolfram und Peter, erster Auftritt von Lutz & Willi, Melancholie in der DDR, Schallplattenunterhalter, Open-Air-Konzerte an der Mauer, Liedermacher in der Spätlese, die Gruppe Juckreiz, Angela Merkel auf der Liege, geschafft: erste Artikel im Sonntag

12. Gespräch *273*
Unzufriedenheit mit der DDR, Drachentöter Biermann, die Künstler und der Staat, Eingaben, mein Freund Reinhard, Tabakernte in Gellmersdorf, Prosatexte für die SFB-Reihe Passagen, Staatssicherheit, meine Akte, Norbert Bischoff, Gerhard Gundermann, Strafgesetzbuch der DDR, Demokratie heute

13. Gespräch *302*
Meine Schönhauser und ihre Geschäfte, das Wiener Café, Bernd Heyden, Verbraucherpreise in der DDR, vernachlässigte Häuser, Artikel über die Kunstszene, mein Buch über die Liederleute, Hans-Eckardt Wenzel, Gedenken an Reinhard Buchholz, Gerlindes erste Reise nach Westberlin

14. Gespräch *322*
Die Gründung von Ulf & Zwulf, Danuta Friemert, Willkommen in Gellmersdorf, Minna Hallers Flucht aus Ostpreußen, die letzte Fahrt mit dem Fahrrad, James Krüss, Amiga und Frucki, ein echter Pfüller, Kurt Demmler, meine Rückkehr zum Rundfunk, Tobias Morgenstern, unsere Goldene LP 1988

15. Gespräch *345*

Mein Freund Michael, das Märchen vom frechen Schweinchen, Puppentheater im Haus des Kindes, unser Projekt Der Mann im Kasten, Punkmusik im Prenzlauer Berg und Die komischen Vögel, Umsturz im Kopf, der weiße Bademantel, Wilfried M. Bonsack, Literaturszene

16. Gespräch *357*

Gerrit Schrader und erste Hörspiele, der Artikel 146 im Grundgesetz, die Friedensbewegung, Gorbatschow hat die DDR verschenkt, soziale Werte der DDR, Gasometer sprengt man nicht, Thälmann-Park, unser Transparent, Kommunalwahlen 1989, Carlo Jordan, Interview Schwedisches Fernsehen 1989

17. Gespräch *392*

Künstler als DDR-Botschafter im Ausland, Ausreisewelle und Widerstand, meine erste Westreise, Botschaftsbesetzungen, die dänische Botschaft 1988, Öffnung der Grenze in Ungarn, Theater in der DDR, Stephan Krawczyk, meine erste Talkshow, Jörg Deloch und andere freie Galerien, Stolpersteine

18. Gespräch *418*

Umwelt-Bibliothek in der Zionskirche, der sowjetische Film Stalker, kurz vor dem Dritten Weltkrieg, mein Studium in Leipzig und die Montagsdemonstrationen, Christian Führer, Gethsemanekirche am 7.10.1989, Klaus Laabs, der Aufruf der Sechs – verlesen von Kurt Masur in Leipzig, Fürbitte Werner Widrat 2015

19. Gespräch *446*

Die Demonstration am 4.11.1989 auf dem Alex, die Macht lag auf der Straße, Michael und ich auf der Bornholmer Brücke, die alte neue Volkskammer, erste freie Wahlen und Lothar de Maizière, die Nationalhymne, die anderen Losungen in Leipzig: Deudschlond einisch Voderland

Personenregister *456*

1. Gespräch: Meine ersten Wohnungen im Prenzlauer Berg, Feuerwehreinsatz in der Nacht, die mächtigen Hausbuchschreiber, Hans Currywurst und Paule Panke, Rudolf Bahro, Architekturwettstreit zwischen Ost- und Westberlin, meine Nachbarn, soziale Kommunen und alternatives Leben in der DDR

Im Mai 1983 rief mich mein Freund Jürgen Schöne vormittags in der Sektion Psychologie an und sagte kurz: »Der Mann in der Wohnung neben mir ist gestorben, wenn du noch heute einziehst, hast du eine Chance.« Ich machte ein betroffenes Gesicht und unter dem Vorwand, eine wichtige familiäre Mitteilung erhalten zu haben, entfernte ich mich aus meinem Seminar. Schließlich wurde man ja nicht täglich wegen eines dringenden Anrufs ins Sekretariat gerufen und so gab es keine Nachfragen. Also schnell rauf aufs Fahrrad und im Wiegetritt den Weinbergsweg hoch auf den Prenzlauer Berg. Ich kannte den Architekten Jürgen schon seit einigen Jahren, bestimmt komme ich später noch auf ihn zu sprechen, und vor allem auf dieses Haus. Kleine Wohnungen, Außenklos, feinste Lage am S-/U-Bahnhof Schönhauser Allee, ein Haus voller Arbeiter, Studenten und Künstler – da wollte ich hin. Erste Aufgabe: Mein Namensschild an der Tür und am Briefkasten unten im Haus anbringen. Dann schnell in die Prenzlauer Allee 6, wo ich bisher meine Wohnung hatte, um das Wichtigste zu holen. Die Klappcouch, zwei Stühle, den Schreibtisch, einen Spiegel, die Schreibmaschine und den nötigen Kleinkram. Ich durfte ja eigentlich nicht so einfach einziehen, aber ich musste die Wohnung als Erster »besetzen«. Damals gab es im Prenzlauer Berg die Regelung des Bezirksbürgermeisters: Wer nachweisen konnte, dass eine Wohnung sechs Monate leer gestanden hatte und sie keinem anderen zugewiesen worden war, bekam einen kleinen, aber kostbaren Zettel – die Wohnungszuweisung. Viele Leute, so auch ich, gingen oft spätabends durch den Stadtbezirk und notierten sich die Wohnungen, in denen kein Licht brannte. Diese Prozedur wurde regelmäßig wiederholt, zudem wurden Erkundigungen bei den Nachbarn eingeholt, und wenn die Wohnung wirklich leer stand, schwupps hinein. Danach begann die Zeit des Wartens. Und abends immer schön das Licht brennen lassen. Sechs Monate können sehr lang sein. Zwei Zimmer für mich als Single waren etwas üppig, aber meine Chancen standen nicht schlecht, denn nicht jeder liebte die laute Straße und dann noch das Außenklo. Als die Häuser hier um 1904 gebaut wurden, waren die Wohnungen überfüllt mit Großfamilien und da fand man es praktisch, wenn das Klo etwas weiter weg war. In wenigen Monaten wurde das ganze Viertel hochgezogen und die ersten Mieter zahlten eine verbilligte Miete, weil sie die Häuser trockenwohnen sollten. Was nicht besonders gesund war. Und die Kinder tobten in den dunklen Hinterhöfen, oft gab es nach dem ersten Hinterhof noch einen zweiten oder sogar einen dritten. Was für ein Treiben muss das gewesen sein, denn die Familien hatten damals selten weniger als zehn Kinder. Wobei die Größeren schon mit in die Betriebe mussten zum Arbeiten. Immer mehr Wiesen auf den Hügeln nördlich der Stadt wurden im Eiltempo zugebaut. Platz da für das neue Berlin! Ich habe noch ein Foto von der Gethsemanekirche, die bereits 1893 errichtet worden war, eingerahmt von Kühen. Heute ist die Kirche das Zentrum in meinem Bezirk zwischen den S-Bahngleisen und dem Helmholtzplatz, und eigentlich auch das Zentrum meines Lebens.

Obwohl Wohnungen Anfang der 80er Jahre in Ostberlin knapp waren, konnte ich also hoffen. Warum es zu wenige Wohnungen gab? Aus allen Teilen der DDR zog es junge Menschen nach Berlin, da die Versorgung dort deutlich besser war und zudem gab es interessante Arbeitsstellen – in der Forschung, an den Hochschulen, im Rundfunk, dem Fernsehen oder an den Theatern. Allerdings gab es damals bei uns keine Spekulanten wie heute, die die Mieten in die Höhe treiben, um sich eine goldene Nase zu verdienen, die alte Mieter rausgraulen, wie im Prenzlauer Berg, und zahlungskräftige anlocken. Nicht wenige Leute geben heute die Hälfte ihres Einkommens für die Miete aus und müssen beten, dass sie nicht noch weiter steigt. In der DDR gab man höchstens 10 Prozent des Einkommens fürs Wohnen aus. Das war eines der halsstarrigen Prinzipien der Staatslenker. Die Mieten waren billig, so weit so gut, aber so konnte man die Wohnungen nicht erhalten, ganze Häuserzeilen verfielen und wurden unbewohnbar. Dabei waren die meisten Häuser verstaatlicht worden, also »Volkseigentum« – aber wie ging man damit um? Ich hätte gern etwas mehr bezahlt, wenn nur endlich das Dach über meiner Wohnung repariert worden wäre. Aber »meine Wohnung« war es im Mai 1983 ja noch lange nicht. Der Plumpsack geht um, am Abend. Also immer schön das Licht brennen lassen. Den Vorrang bei der Zuweisung durch die KWV (Kommunale Wohnungsverwaltung) hatten natürlich die jungen Familien, die waren damals Mitte zwanzig, mit dem ersten Kind, und die wollten und brauchten ein Bad. Die Not trieb seltsame Blüten. Als ich in dieser Zeit an einem Abend meinen Freund Karl besuchte, der auch sehr beengt wohnte, fragte ich ihn, wo denn die Kinder seien. Und da jubelten sie auch schon direkt über meinem Kopf. Die meisten Wohnungen hatten im Flur einen Hängeboden, wo man alles verstauen konnte, was man nicht ständig brauchte. Und in dieser luftigen Höhe hatte Karl für die Kleinen einen Schlafplatz eingerichtet, erreichbar über eine kleine Leiter. Die Kinder fanden das natürlich toll, aber es sah schon komisch aus mit dem selbst gebauten Bretterzaun davor. Zwar konnten sie so nicht abstürzen, aber irgendwie erinnerte es auch ein bisschen an Hänsel und Gretel.

Ich habe fast mein ganzes Leben alleine gelebt, abgesehen von drei vergeblichen Versuchen, ein Familienmensch zu werden. Dazu später mehr. 1983 lebten meine beiden Söhne Philipp und Igor bei ihren Müttern und so hatte ich die 60 Quadratmeter ganz für mich. Ein Traum und bis heute wunderschön, ganz oben unter dem Dach und so nah am Himmel zu leben. Das laute Zimmer zur lebendigen Schönhauser Allee und ein Berliner Zimmer zum Hinterhof, immer ruhig und erhellt vom Geläut der Gethsemanekirche, die ich sogar sehen kann, wenn ich auf dem Klo sitze. Wunderbar. Am schönsten ist es immer zu Pfingsten, ich sehe dann immer zu, dass ich an diesen Tagen in der Stadt bin, denn dann singen die vier Glocken fast den ganzen Tag ...

Der heimliche Einzug war schnell erledigt. Da ich damals mal wieder keine Fahrerlaubnis hatte, packte ich alle Sachen auf meinen Fahrradanhänger und fuhr an jenem Tag die Strecke zwischen Prenzlauer und Schönhauser zigmal hin und her, in einer »dringenden Familienangelegenheit«. Am Abend war es geschafft und ich gab bei Jürgen einen kleinen Einstand. Im wichtigen ersten halben Jahr war das vordere Zimmer noch leer, ich lebte auf »Sparflamme«, eine Renovierung war nicht sinnvoll, denn ich musste jederzeit damit rechnen, wieder aus meiner illegalen Bleibe rauszufliegen. Wir haben den Raum dann für verschiedene Veranstaltungen genutzt. Lesungen vor zwanzig Leuten, Theaterproben der *Gaukler Rockbühne* oder einige Sitzungen des dritten Studienjahres der Kunsthochschule Weißensee mit einem lesenden Akt – diese Rolle übernahm ich. Das schönste Bild erbat ich mir als Lohn. Der junge Künstler (leider habe ich seinen Namen nicht erfragt) muss seherische Fähigkeiten gehabt haben: So, glaubte ich damals, würde ich wohl mit 50 aussehen ...

Kohlezeichnung 1983
Repro: W. B.

Im August 1983 haben wir, also zwei Kommilitonen und ich, unsere Diplomarbeit auf dem Fußboden des leeren Zimmers sortiert, Grafiken und Statistiken eingeklebt. Nicht zu Unrecht wurden in meiner Diplomarbeit die Namen Verona Tietz und Siegmar Stender vor meinem eigenen erwähnt, vielleicht bestand mein Beitrag in erster Linie aus dem Sortieren und Einkleben ...
Diplom-Note: Gut. Unser Thema war die Früherkennung der Lese-Rechtschreib-Schwäche. Das war ein wichtiges Thema damals und ist es heute noch: Wie kann man möglichst früh, am besten schon im Kindergarten, erkennen, ob eine LRS vorliegt, um Misserfolgen in den ersten Schuljahren und den damit verbundenen Verhaltensauffälligkeiten vorzubeugen? Ich denke, ich hatte schon meinen Anteil, aber eigentlich hatte ich immer zu wenig Zeit zum Studieren. In meinen Heftern bestand die Hälfte der Seiten aus Durchschriften meiner fleißigen Kommilitonin Eva Weiß ...

Wie gesagt, in dem sehr hellen Zimmer zur Straße probte regelmäßig die neu gegründete *Gaukler Rockbühne* von Achim Kilpinski. Ab September 1983 stand das Stück *Harry Hasenleder* auf dem Programm. In der Wochenzeitung *Sonntag* (23/1984) habe ich später über Kilpinski einen Artikel geschrieben mit dem Titel »Wasser unterm Kiel«. Das war seine und meine Hoffnung. Der Ausgangspunkt des neuen Projekts war, dass André Herzberg als Sänger 1981 die *Gaukler Rockband* verlassen hatte, um sich der Band *Pankow* anzuschließen. Genau gesagt war es am 27.05.1981 vor (!) einem Konzert in der Stadthalle Frankfurt/Oder. Die anderen Bandmitglieder sind ihm fast an die Gurgel gesprungen. Zu Andrés Entlastung sei kurz erwähnt, dass da noch andere an den Stellschrauben gedreht hatten, in erster Linie ging es um die aufmüpfigen Texte und zweitens darum, dass die Band *4 PS*, aus der dann *Pankow* wurde, nach dem Weggang von Veronika Fischer einen neuen Frontmann brauchte. André beugte sich und nahm den modernen, an New Wave und der Neuen Deutschen Welle orientierten Musikstil mit. Das geplante Stück *Hans Currywurst* mit Texten von Andrés Bruder Wolfgang (Künstlername *Frauke Klauke*) wurde dann von *Pankow* in modifizierter Form unter dem Titel *Paule Panke* umgesetzt. Zwei Gaukler-Titel, die neu gespielt wurden, waren »Ich komm nicht hoch« und »Rockermädchen«. Das war für Kilpinski ein Tiefschlag, immerhin hatte er die Stücke komponiert, und von diesem »Verrat« hat er sich nie erholt, so jedenfalls mein Eindruck. Er wirkte danach auf mich wie ein Getriebener, so hastig, so ungeduldig und sein Lachen war zu laut, es erschien mir falsch. Er hatte seinen Sänger, seinen Freund, mit dem er zusammen an der Musikhochschule studiert hatte, und sein Konzept verloren. Der Frontmann war unersetzlich. In sein neues Team holte er dann den Schauspieler Uwe Heinrich und den Puppenspieler Michael Ebert, mit dem ich mich später anfreundete. Mit ihm habe ich viele gemeinsame Projekte umsetzen können, dazu später mehr. Michael und ich haben dann André, der um die Ecke in der Greifenhagener wohnte, immer wenn wir ihn auf der Straße trafen, mit dem Spruch aufgezogen: »Na, André, biste wieder rumjerannt?« Das bezog sich auf den späten Pankow-Hit »Langeweile – Ich bin rumgerannt« aus dem Jahr 1988. Der Text von Wolfgang Herzberg war despektierlich und gelangte seltsamerweise durch die Zensur und auf die LP *Aufruhr in den Augen* – Zitat: »Dasselbe Land zu lange gesehn, dieselbe Sprache zu oft gehört, zu lange gewartet, zu lange gehofft, zu lange die alten Männer verehrt«. Ich staune noch heute, dass das möglich war. Der Song (Komposition Rainer Kirchmann) ist für meinen Geschmack der beste Titel der sonst überschätzten Band *Pankow*, was allerdings nichts gegen die exzellenten Musiker sagt. Die *Gaukler Rockbühne* suchte unterdessen nach einem eigenen Weg mit einer Mischung aus Rockmusik, Schauspiel, Puppenspiel und Kabarett. Ihre ersten Programme waren: *Panoptikum* und eben *Harry Hasenleder*. Aber auch die

Zusammenarbeit mit einem der besten Texter jener Tage, Werner Karma, konnte das Projekt nicht retten. Achim hat es nicht geschafft ...

Gaukler Rockbühne 1983
Foto: Stefan Hessheimer

Aber ich schweife schon am Anfang ab. Ich war bei meinen Wohnungen. Meine erste Station im Prenzlauer Berg war 1979 die Prenzlauer Allee 6, im Hinterhaus, in der fünften Etage, extrem hohe Treppenstufen, sehr dünne Wände, zudem fast alles Außenwände, und nur einfache Fenster. Als Daniela und ich mal für ein paar Tage zum Wintersport im Thüringer Wald waren, sind uns die Fische im Aquarium eingefroren. In dieser Wohnung wurde auch mein erster Sohn Philipp geboren. Wie ich zu dieser Wohnung kam, folgt sogleich. Während meiner Zeit beim Jugendradio *DT64* ab 1975 bewohnte ich zunächst noch eine Rundfunkwohnung in Köpenick im Glienicker Weg 8. In einem wackligen Hinterhaus hatte man drei junge Mitarbeiter des Rundfunks einquartiert. Einer war ein junger Musiker, Alexander Jereczinski, der beim Sender *Stimme der DDR* angefangen hatte. Der andere war Hannes Berger, der in der Hörspielabteilung für russische Stücke zuständig werden sollte und mit dem ich mich auch heute noch gelegentlich treffe. Das Besondere an dieser »Wohnung« war, dass sie nur aus einer Küche und einem Schlafzimmer bestand. Und wenn am Abend die schweren Transporter zum benachbarten Betonwerk vorbeidonnerten, gingen bei uns immer die Türen auf. Die Heizung bestand nur aus einem Ofen, so ein alter Dauerbrandofen, der im Winter wenig half. In den kalten Nächten lagen wir oft zu dritt in einem Bett, meist bekleidet, und wärmten uns gegenseitig so gut es ging. Und wenn die Nächte allzu eisig wurden, zog ich es vor, auf einer Couch in meinem warmen Büro im Block E im Rundfunk zu übernachten. Dadurch war ich dann abends der Letzte und morgens der Erste, eine gute Visitenkarte für einen Neuling.

Verständlich, dass wir drei dringend nach einer Lösung suchten: Man konnte ja auch niemanden einladen. Damenbesuch fand aber trotzdem statt, er musste nur ein paar Tage vorher angekündigt werden, damit sich die beiden anderen für die Nacht eine Bleibe suchen konnten. Doch endlich war Rettung in Sicht. Direkt nach meinem Neustart in Berlin nach der Armeezeit hatte ich mich 1975 dem *Club Impuls* angeschlossen, der im Prenzlauer Berg gerade am Entstehen war, und der zu einem beliebten Treffpunkt von Mittzwanzigern und jungen Künstlern wurde. Dort lernte ich das Ehepaar Manasterski kennen, Peter und Christiane. Peter Manasterski war ein gutaussehender Mann (Jahrgang 41), genauer gesagt: ein Frauenschwarm mit einer wundervollen tiefen Stimme. Germanist, klug und wortgewandt. Sie hatten zwei Kinder und wir trafen uns oft in ihrer Wohnung in der Rodenbergstraße 14. Eine wunderschöne Wohnung im Parterre, eigentlich ein ehemaliger Laden, mit Zimmern bis hinten zum Seitenflügel. Da wurde diskutiert und gelacht und getanzt. Über die berufliche Karriere von Peter ist nicht viel Gutes zu berichten, ich lass das mal weg. Umso heller strahlt in meiner Erinnerung Christiane. Als die Ehe Anfang der 80er Jahre zerbrach, kamen wir uns näher. Und ich bin ihr bis heute nah.

Bei einem dieser Treffen in der Rodenbergstraße lernte ich Joachim Hoffmann und seine Frau Thekla kennen. Es war so ein typisches Phänomen der DDR in diesen Jahren, dass es viele kleine Gruppen gab, die sich regelmäßig reihum trafen, sich besprachen. Ich habe das damals nach meiner stupiden Armeezeit als sehr befreiend und liberal empfunden. Jo Hoffmann war Dozent an der Sektion Psychologie gegenüber dem Monbijoupark, auch gut zehn Jahre älter als ich und faszinierend. Ich fühlte mich sehr angezogen von Leuten, die so wortgewandt und so gebildet waren und konnte wenig anfangen mit solchen, die genauso alt waren wie ich, die das Gleiche wussten wie ich. Über was wurde gesprochen? Über das neueste Stück im *Deutschen Theater*, die neue LP von Leonhard Cohen, Peters Idol, über Bücher, die gerade aktuell waren in Ost und West und natürlich über den neuesten Klatsch in der Kleinstadt Prenzlauer Berg. Und wenn mal einer eine Ausgabe des *SPIEGEL* hatte, dann wurde der durchgelesen bis zur letzten Zeile, teilweise abgeschrieben und diskutiert. Direkt geschimpft über die seltsame Staatsführung wurde nicht, eher gespöttelt in einem Kreis selbstbewusster Intellektueller. Am meisten liebte ich die Diskussionen zu Texten von Rosa

Luxemburg, Ernst Bloch, Georg Lukács, Heiner Müller oder Brecht. Ich erinnere mich noch an heftige Erörterungen des Zitats von Friedrich Engels: »Das Recht auf Revolution ist ja überhaupt das einzige wirklich historische Recht, das einzige, worauf alle modernen Staaten ohne Ausnahme beruhen«, aus seiner Einleitung zu Karl Marx' *Klassenkämpfe in Frankreich 1848 bis 1850*. Soweit ich weiß, taucht das »Recht auf Revolution« hier (1895) zum ersten Mal auf und es ist schon ein deutlicher Unterschied, von einem »Recht« zu sprechen statt von einer historischen und unumstößlichen Notwendigkeit, wie Marx und Engels vor 1848 und auch noch im *Kapital* von der Revolution gesprochen hatten. Und Bahro? Ehrlich gesagt spielte er in dieser sozialen Kommune Mitte der 70er Jahre keine Rolle. Ich habe mal reingelesen in ein zerfleddertes Exemplar, das er zur Begutachtung Freunden und Bekannten gegeben hatte. Sein Buch hieß *Die Alternative* und erschien 1977 bei der Europäischen Verlagsanstalt, Köln/Frankfurt am Main. Über Rudolf Bahro (1935–1997) hatte ich zuerst nur aus dem Westfernsehen erfahren, dass er ein Dissident innerhalb der SED sei, das machte neugierig. Aber mir erschien das Buch etwas wirr. Ein wild zusammengerührter Brei, wobei besonders auffiel, dass er die Zwangsindustrialisierung unter Stalin nicht richtig einordnen konnte. Manche haben das wohl als Trotzkismus missverstanden, wie Ernest Mandel (1923–1995). Schau nach ihm. Wie sich Bahro eine neue Revolution in der DDR und den neuen Menschen vorstellte, wirkte auf mich abstrus. Der Irrweg in unserem Land hatte doch gezeigt, dass man keinen »neuen Menschen« schaffen konnte, nur DDR-Menschen. Bahro hatte natürlich seine Jünger. Eher in der Generation von Leuten, die fünf oder zehn Jahre jünger waren als ich und damals nach einer politischen Orientierung suchten, darunter überraschend viele Mädchen. Diese politische Orientierung führte zu ganz unterschiedlichen Lebensformen zwischen Anpassung und Verweigerung. Wenn ich mich recht erinnere, gab es in dem winzigen Dorf Babe bei Neustadt (Dosse) eine Enklave. Frank Wallroth und seine Frau Ute Höpcke, ihr Vater war ein führender Kulturfunktionär der SED, suchten Ende der 70er Jahre ein Haus auf dem Land, wie viele Künstler in dieser Zeit, aber sie wollten ganz raus aus dem System mit ihren zwei kleinen Kindern. Keine Revoluzzer, sondern Aussteiger mit Walle-Walle-Röcken und -Hosen. Ute hat gestrickt und die Unikate fanden auf Bauernmärkten reißenden Absatz, das reichte für ein selbstbestimmtes Leben. Später gab es auch noch einen Streichelzoo. Ich war nie dort, hörte darüber nur von meiner Freundin Franka und von Michael Pommerening. Das war nicht mein Ding, ich erwähne das Dorf Babe auch nur kurz, um zu sagen, dass es diese Lebensform in der DDR gab. Es gab auch, wie soll ich sagen, Gruppen oder Gemeinden mit mittelalterlicher Musik, so wie heute im Kloster Chorin oder in Bernau. Mit Kostümen, Rüstungen und Schwertkämpfen. Nicht zu vergessen die bunte Szene der Indianer in der DDR, die nicht nur in Radebeul, dem Wohnort von Karl May, ihre Tipis aufschlugen und die Friedenspfeife rauchten. Diese Leute lebten in einer anderen Welt. Außerdem gab es noch eine große Bluesszene in der DDR. Ihre Anhänger erkannte man schon von Weitem an den langen Haaren und Bärten, sie trugen Römersandalen, Jeans und Parkas und waren ständig unterwegs. Meistens wurde getrampt zu den angesagten Konzerten, falls du mehr erfahren willst, es gibt eine schöne CD: *Wittstock statt Woodstock*. Der Ortsname Wittstock wurde sicher nur wegen eines knackigen Titels gewählt, wichtige Spielorte waren Riesa, Glauchau, Medewitz und später die Bluesmessen in der Samariterkirche in Berlin-Friedrichshain. Zu Ostern zog der fröhliche Haufen regelmäßig nach Prag und im Oktober nach Krakau. Diese Leute hatten ihre eigene Musik (*Monokel*, Hansi Biebl, *Engerling*, *Diestelmann*, Jürgen Kerth) und lebten ihr Freiheitsgefühl aus. Sie waren aus meiner Sicht keine Aussteiger, sondern deutlich politisiert. Bei ihnen spielte der Friedensgedanke eine Rolle und der Kampf um die individuelle Freiheit und Selbstverwirklichung. Ob die damals Rudolf Bahro gelesen haben – wohl eher nicht. Irgendwie scheint er heute vergessen und darum möchte ich an ihn erinnern. Manche beschreiben ihn als Esoteriker oder Endzeitguru, das kann ich nicht beurteilen. Das »schwarze Loch« des Jahres 1990 hat auch ihn verschlungen und ich wünschte mir heute etwas Anerkennung für seinen Mut, ein besseres Wort wäre Verbohrtheit. Ich weiß nicht genau, wo Rudolf Bahro dann Mitte der 90er Jahre gewohnt hat, aber ich glaube, er hatte noch eine Wohnung in Berlin, denn ein paar Mal trafen wir uns unter dem »Magistratsschirm«, so hieß damals (und noch heute) der trockene Weg unter der U-Bahn in der Schönhauser, wenn es regnete. »Magistratsschirm«, weil der Magistrat von Berlin 1913 den Bau der Hochbahn veranlasst hatte. Im Herbst 1996 schlenderten wir eine Weile nebeneinander her und sprachen über Belangloses, er schlurfte eher und schien in seinem weiten Mantel fast zu verschwinden, aber seine Augen waren sehr wach und lebhaft.

Soziale Kommunen wie die bei Peter, Jo oder Jürgen habe ich ab 1975 im Prenzlauer Berg viele erlebt. Sie hatten unterschiedliche Färbungen, bildeten Schnittmengen oder waren ganz entgegengesetzter Auffassung. Bei einigen ging es fast nur um Musik oder Malerei, bei anderen um Literatur. Und alles passierte zu Hause, in vertrauten Räumen, das war ganz normal. Natürlich gingen wir später am Abend, wenn der Wein getrunken war, auch zu *Fengler*, einer angesagten Künstlerkneipe in der Lychener, ins *Venezia* gegenüber oder in die *Weinstuben am Arnimplatz*. Aber das war eher die Ausnahme. Am schönsten war es zu Hause und am allerschönsten in der Küche, keine Ahnung, warum sich die eigentliche Fete immer in der Küche abspielte ...

Aber ich war bei Jo stehengeblieben. Ihn habe ich nach seiner langen Lebensreise vor wenigen Monaten wiedergetroffen, dazu mehr, wenn ich auf mein Studium komme ... Jedenfalls konnte ich 1977 seiner Frau Thekla, die nach einer neuen Arbeit suchte, eine Anstellung im Kinderradio vermitteln, da ich ja beim Rundfunk arbeitete. Die Sendung hieß: *Was ist denn heut bei Findigs los?* – was ihr großen Spaß machte. Und als dem Ehepaar eine neue Wohnung angeboten wurde, war die Prenzlauer Allee 6 frei. Keine Zeit für lange Fragen und ich zog sofort aus dem zugigen Durchgangszimmer im fernen Köpenick in eine richtige Wohnung mit zwei Zimmern, einer Küche, Innenklo und Duschwanne *Ahlbeck*, die noch eine Rolle spielen wird. Aber frei hieß nicht frei. Erst galt es, diese schon erwähnten sechs Monate unbeschadet zu überstehen. Also zog ich auf Socken und mitten in der Nacht dort ein. Mit drei Leuten bildeten wir eine Kette und hievten das magere, aber kostbare Inventar in den 5. Stock. Größtenteils waren es »Spenden« meiner Freunde oder Mobiliar, das ich schnell im An- und Verkauf am Rosenthaler Platz erstanden hatte, wie die schöne Vitrine mit den gebogenen Glasscheiben. In den folgenden Monaten vermied ich jede Form öffentlichen Aufsehens. Entweder war ich bis spät in der Nacht im Funkhaus oder im *Club Impuls*, in der Regel also viel unterwegs und schlief oft bei meinem Freund Lutz Büchler oder einer Freundin. Sechs Monate wohnen ohne aufzufallen, ich gab mein Bestes und fast hätte ich es geschafft. Fast. Als ich eines Abends, wieder sehr leise und sehr spät, die Treppen hinaufgestiegen war, fand ich meine Wohnungstür geöffnet. Auf dem Küchentisch lag ein Zettel von der Feuerwehr: »Wir mussten Ihre Wohnung aufbrechen wegen eines Wasserschadens.« Ich konnte keinen Wasserschaden entdecken, schloss die Tür und legte mich schlafen, mit einem unguten Gefühl im Bauch. Am Morgen klingelte es dann an meiner Tür. Der unter mir wohnende Mieter bat mich, seine Küche in Augenschein zu nehmen. Dort war der Wasserschaden nicht zu übersehen, auch in der Küche darunter, in der nächsten Etage auch und so weiter. Ich hatte nach der Benutzung meiner Duschkabine *Ahlbeck*, fast schon ein Luxus damals, vergessen den Wasserhahn zu schließen und irgendeine Muffe hatte sich gelöst, der Schlauch flog ab und das Wasser lief und lief und lief ... Das war es dann gewesen mit meinem heimlichen Einzug, nur leicht unterbrochen durch Blaulicht und lärmende Feuerwehrmänner. Aber die Geschichte ging gut aus. Auf diese unbeabsichtigte Weise lernte ich meine Mitmieter im Haus nach fast sechs Monaten als verständnisvolle Nachbarn kennen. Als die Wände halbwegs getrocknet waren, kaufte ich Unmengen von weißer Farbe, die gab es damals in Beuteln und musste eingeschlämmt werden, und Wochenende für Wochenende wurde gemeinsam eine Küche nach der anderen renoviert. Aber das Schlimmste stand mir noch bevor: der Hausbuchschreiber. Das war immer ein »zuverlässiger« Mieter des Hauses und in das Hausbuch wurden alle Bewohner eingetragen, auch wenn ein

Besuch länger als drei Tage da war, musste der eingetragen werden. Das Hausbuch als verlängerter Arm der Wohnungsverwaltung und natürlich auch Teil des ständigen Kontrollzwangs in der DDR.

Nach zahlreichen angstlösenden Gesprächen mit Freunden bereitete ich mich auf den schweren Gang vor. Eine meiner Freundinnen war gerade schwanger, nicht von mir, zum Thema Freund/Freundin in der DDR vielleicht später mehr, und mit ihr erklomm ich die Stufen zum Hausbuchschreiber im Vorderhaus, Hochparterre – die hatten immer die besten Wohnungen. Was war das für ein Mensch? In den großen Häusern am Stadtrand mit Hunderten Bewohnern gab es sogar eine HGL, eine Hausgemeinschaftsleitung, oft mit Partykeller für gesellige HGL-Sitzungen mit dem Hausbuchschreiber. Manche Hausbuchschreiber waren nett, andere weniger. Ich hatte Glück. Ausgerüstet mit einer Schachtel Pralinen und begleitet durch meine »schwangere Frau« schlug ich dort an einem Abend auf. Das Thema »Ahlbeck« war natürlich schon bekannt, hatte aber eher Heiterkeit ausgelöst. Möglicherweise hatte der Hausbuchschreiber auch schon (positive) Meinungen der anderen Mitbewohner eingeholt und so verließen ich und meine »schwangere Frau« nach etwa einer Stunde die schöne Wohnung im Vorderhaus mit einem Eintrag im Hausbuch als Mieter und dem freundlichen Hinweis: Bitte immer den Wasserhahn schließen nach dem Duschen.

Die Wohnungsverwaltung war danach nur noch Formsache und ich musste meine Freundin nicht mehr bemühen … Ich habe dort gern gelebt in der Prenzlauer Alle. Der Hinterhof war so eng, dass es sich lohnte, eine Wäscheleine zwischen den beiden Seitenflügeln zu spannen. Es dauerte etwas, bis ich mit einem Schuh, an dem eine Schnur befestigt war, das Fenster gegenüber getroffen hatte, aber dann war es perfekt. An beiden Außenwänden wurde jeweils eine Rolle angebracht und dann konnten mein Nachbar vis-á-vis und ich die Wäsche aufhängen. Man zog einfach an der Schnur, brachte seine Wäsche aus und zog sie am Abend wieder ein. Der Waschtag wurde per Zuruf abgesprochen: »Ich will morgen waschen, passt das?«

Der Hinterhof war eng und dunkel, dafür war der Volkspark Friedrichshain sehr nah. Mit dem Märchenbrunnen, einem kleinen Teich mit Springbrunnen, Liegewiesen und dem wunderschönen Blick vom Gipfel des Trümmerbergs auf die Stadt: der »Mont Klamott«. Es ist kaum vorstellbar, wie dieser Berg rund um den gesprengten Hochbunker ab 1945 in Handarbeit – hauptsächlich von Frauen – errichtet werden konnte. Auf einer Schräge, die sich rund um den Bunker wand und immer höher stieg, wurde mit Loren der Schutt aus dem Friedrichshain hochgekarrt. Mit Erde bedeckt, bepflanzt und begrünt. Es gibt dieses schöne Lied von Werner Karma und der Gruppe *Silly* über den »Mont Klamott«, das ich oft gesummt habe, wenn ich den Kinderwagen mit Philipp den schrägen Weg hinauf bis zum Gipfel geschoben habe. Eine Cheopspyramide der Neuzeit. 78 Meter hoch, ein Grab für einen Bunker, der sich nicht sprengen ließ, er riss auseinander wie ein hohler Zahn, wurde bedeckt und schaut an der einen oder anderen Stelle doch noch hervor ...

Direkt neben unserem Haus befand sich der Eingang zu einer kleinen Wunderwelt mitten in der tobenden Stadt. Wir beide waren schon einmal dort. Nur ein paar Schritte durch den kleinen, unscheinbaren Eingang und jeglicher Lärm bleibt zurück. Bis zur Heinrich-Roller-Straße und leicht bergab Richtung Greifswalder Straße erstreckt sich der Neue Friedhof der St.-Nikolai- und St.-Marien-Gemeinde. Er wurde schon 1858 eröffnet und lag damals vor den Toren der Stadt Berlin auf einer Anhöhe in Richtung Windmühlenberg. Hier finden sich viele Erbbegräbnisse unterschiedlicher Baustile und freistehende Skulpturen – ein lebendiger Ort. Ich gehe gerne auf Friedhöfen spazieren, lese die Inschriften auf den Steinen und versuche mir vorzustellen, was für Menschen sich dahinter verbergen. Für mich hat der Tod nichts Beängstigendes, er ist die Beendigung eines Lebenskreises. Und wenn sich Menschen finden, die gerne an diesem letzten Schritt teilhaben wollen, gibt es allen Grund für ein Fest, aber bitte nicht in Schwarz. Da »mein« Friedhof 1970 für Beerdigungen geschlossen worden war, entwickelte sich viel üppiges Grün, wie unter einem Dornröschenschlaf. Ungestutzte Büsche, Hecken, Tannen und Platanen – und Wiesen. Dort habe ich im Sommer oft gelegen, um für meine Klausuren zu lernen. Nun, ich war kein fleißiger Student, aber durch die Klausuren musste ich schon kommen. Statistik war schlimm und Physiologie auch. Auf meiner stillen Wiese direkt neben der Mietskaserne konnte ich mir selbst in Ruhe alles vorbeten, fluchen und wieder von vorne anfangen. Manchmal stand neben mir der Kinderwagen mit Philipp, denn in diesem schönen Park gab es auch ein wenig Sonne. Und Ruhe. Seit 1995 sind Beerdigungen dort wieder möglich und im letzten Jahr war ich dort, um mir eine Stelle auszusuchen. Ich fand auch einen schönen Platz unter einer alten Zwirbelweide, aber ich sollte den Platz kaufen. Das erschien mir dann doch als zu viel Vorsorge mit 60 Jahren, aber dieser Ort wäre irgendwann schon passend für mich ... Und da nichts Schönes ewig währt, musste ich vor kurzem sehen, wie diese »Lücke«, dieses Eingangstor in meine kleine Wunderwelt, von Baukränen umzingelt war.

Der spannende Einzug in der Prenzlauer Allee 6 war 1978 und der Umzug in die Schönhauser fünf Jahre später verlief zum Glück weniger umständlich. Die korpulente Dame von der Wohnungsverwaltung in der Stargarder Straße 74, Parterre wohnten Peter Waschinsky und Burkhart Seidemann, fragte eher mürrisch: »Ist die Wohnung seit sechs Monaten frei?« Ich nickte und sie stellte den Mietvertrag aus, den ich immer gehütet habe wie einen Schatz. Es war geschafft! Alles wie im Traum. Nebenan wohnte Jürgen, unter mir Thomas Knauf, der Drehbuchautor, und daneben Jürgens Frau Jule mit dem gemeinsamen Sohn Konrad. Zu unserer »Wohngemeinschaft« in vier Wohnungen gehörte auch Birgit, eine Tochter von Jürgen. Für sie hatte er die alte Waschküche unter dem Dach hergerichtet, so hatte sie ihr eigenes Reich. Unter Jule und Thomas wohnten noch zwei junge Pärchen ohne Kinder und ganz unten in der schönsten Wohnung des Hauses – na, wer wohl? Der Hausbuchschreiber ... Birgit Schöne studierte damals an der Kunsthochschule Weißensee Bühnenbild und an einem Wochenende dekorierte sie das obere Treppenhaus, wo unsere vier Wohnungen lagen, mit schwarzem Stoff und von der Decke hingen große Köpfe herunter, die schräge Grimassen zogen. Manchmal habe ich mich erschreckt, wenn ich mich am Morgen verträumt auf den Weg zu meinem Außenklo machte. Birgit ist heute eine viel beschäftigte Bühnenbildnerin, dabei eine sehr vielseitige Künstlerin, besonders beeindrucken mich ihre phantasievollen und farbenfrohen Skulpturen und ihre Bilder. Sie arbeitet auch gern mit Kindern und wie sie mir erzählte, war sie vor kurzem in Brasilien und gestaltete dort im Auftrag des Goethe-Instituts in São Paulo ein Theaterprojekt für Kinder und Jugendliche.

Im Hinterhaus und dem Quergebäude wohnten auch meist junge Leute, Arbeiter und Studenten, dazu einige Familien mit Kindern, obwohl die Wohnungen klein waren. Eine Zeit lang wohnte im Hinterhaus auch der Schriftsteller Joachim Walther, ihm haftete unter uns damals der Ruf eines unsicheren Kantonisten an, mit ihm wollte keiner etwas zu tun haben. Wir dachten, er könnte uns an interessierter Stelle verpetzen, was sicher nur ein Gerücht war, aber Vorsicht konnte nicht schaden. Dabei waren Joachim und Jürgen ehemals Freunde gewesen und als die Freundschaft zerbröselte, wohl wegen gleichzeitig oder nacheinander geliebter Frauen, kam es zu allerlei »Scherzen« zwischen den beiden. Zuerst blockierte Jürgen die Klingel von Joachim, was zu einem nervtötenden Dauerklingeln führte. Joachim revanchierte sich dann mit zahllosen Aushängen im ganzen Prenzlauer Berg: »Gebe Heizlüfter kostengünstig ab, Jürgen Schöne + Telefonnummer«. Das hatte dann einen wochenlangen Telefonterror zur Folge: »Ist der Lüfter noch zu haben?« Die Freundschaft war nicht mehr zu retten.

Ich habe den Blick aus meiner Küche auf das Hinterhaus immer geliebt. Die Fassade war so verletzt, so zerschlissen, so grundlos vernachlässigt. Da, wo seit Jahren die Dachrinne ungeflickt war, hatte sich der Putz abgelöst. Und im Keller stand neben einer verrosteten Eisentür: »Schutzraum für 35 Personen«. An den Wänden im Innenhof sah man noch die Einschläge der Bombensplitter aus dem Jahr 1945. Als das Haus, ich glaube 2002, neu verputzt wurde, beließ man einige dieser Stellen so, wie sie waren – wunderbar. Der Prenzlauer Berg ist viel zu glatt geworden ... Mitunter sehe ich in irgendeiner Nebenstraße noch ein einzelnes graues Haus, das vergessen wurde – und in seinem spröden Altsein sieht es für mich wie Heimat aus. Anrührend fand ich immer die auf den Putz gemalte Reklame aus den 20er Jahren: Kohlenhandlung, Fleischwaren, Beerdigungen, Café, Zigaretten ... Ich weiß, du magst mehr die schönen, bunten Häuser, aber die pockennarbigen haben doch eine Geschichte zu erzählen mit ihren vergilbten Werbeschriften und dem hundertjährigen Stuck.

Blick auf das Hinterhaus 1988
Foto: W. B.

In unserem Haus, genau mir gegenüber im Quergebäude, lebte auch ein alter Mann, über den ich 1986 einen Text geschrieben habe: *Der Alte*.

> Ich habe oft daran gedacht,
> was wohl der Mann am Abend macht,
> den ich an seinem Fenster seh,
> wenn ich zu meiner Arbeit geh.
> Steht regungslos und schaut heraus,
> sieht bleich und fast gestorben aus.
> Schaut einfach her und ist bei sich,
> kaut seinen Priem,
> beneidet mich.
> Er hatte einmal einen Traum
> von einem großen, hellen Raum.

> Er hatte einmal eine Frau,
> die war sehr schön und schlau.
> Er hatte einen Zylinder,
> doch das ist lange her.
> Jetzt schaut er nur zum Fenster raus,
> sieht bleich und fast gestorben aus.

Im Dezember 1983, nach der Wohnungszuweisung, kam dann endlich die vergilbte Tapete ab. Alles wurde wieder weiß über der damals üblichen Raufasertapete und ein Jahr später kamen noch vietnamesische Bastmatten für den Fußboden dazu. Das war damals erste Wahl. Ich habe mich in der DDR prinzipiell nie angestellt, nicht für Erdbeeren oder Kirschen oder Jeans, aber für die Bastmatten, die es im Sommer immer massenweise auf dem Regattafest in Grünau gab, hab ich es doch getan. Alles rein in den frisch gekauften uralten *Wartburg* von Arno Schmidt und dann die vier Treppen hoch geschleppt. Somit war ich angekommen. Schweren Herzens habe ich den gekachelten Herd in der Küche abgerissen, um Platz zu schaffen für eine gemütliche Badewanne. Baden in der Küche mit Blick in die Wolken, gern mit einem Glas Rotwein, und der Besuch saß gemütlich am Küchentisch. Oder du in der Badewanne und ich am Küchentisch ... Da fällt mir gerade noch eine andere schöne Geschichte ein. Nach mehrjähriger Wartezeit wurde mir endlich eine Außenwandheizung der Marke *GAMAT* zugesprochen, vorher gab es nur eine Ofenheizung. Im Prinzip waren das einfache und wundervolle Geräte. Unter das Fensterbrett wurde ein Loch gestemmt und so konnte der Brenner die erwärmte Außenluft nach innen leiten. Wenn du heute an einem der wenigen unverputzten Häuser im Prenzlauer Berg vorbeikommst, kannst du noch die inzwischen zugemauerten Öffnungen unter den Fenstern sehen. Diese Heizungen waren aber schwer zu beschaffen, weil der Gasverbrauch hoch war und so stand der Staat da auf der Bremse. Man musste schon triftige Gründe in den Antrag schreiben: Rückenleiden, Rheuma, Schichtarbeiter, kranke Oma – am besten alles zusammen. Als ich das Ding endlich ergattert hatte, gab ich für meine damalige Freundin Andrea eine Strandparty – im Winter. In die Mitte des vorderen Zimmers hatte ich einen aufblasbaren Swimmingpool mit warmem Wasser gestellt und die Heizung lief auf vollen Touren: 34 Grad Zimmertemperatur. Wunderbar.

Jürgen Schöne war ein Teufelskerl, der alles, was er anpackte, mit Herzblut und ganzem Einsatz umsetzen konnte. Studierter Architekt und zur damaligen Zeit Projektleiter für Wohnungsbau und Jugendbauten. Ein Hans Dampf in allen Gassen und seine Wohnung war Treffpunkt von allerlei Gevölk aus dem Prenzlauer Berg.

Dichter, Schauspieler, Architekten, Studenten, Maler, auch einige Künstler aus Westberlin. Das erste Mal trafen wir uns im *Club Impuls*, da hat er später auch seine Jule kennengelernt. Und weil er so ein geselliger Typ war, und heute noch ist, zog er immer einen ganzen Rattenschwanz schöner Mädchen mit zur Nachfete in seine Wohnung. Ich habe Jürgen nach 30 Jahren vor kurzem wiedergefunden und die Geschichten sprudelten nur so aus ihm heraus. Seine Wohnung hatte auch nur 60 Quadratmeter, aber nicht selten waren an die vierzig Leute da. Jürgen war der perfekte Gastgeber. Wobei sich auch Prominenz einstellte. Jürgen denkt heute, dass es an den schönen Mädchen lag. Vielleicht ein überzeugendes Argument für bekannte Schauspieler wie Ekkehard Schall, Rolf Ludwig, den griechischen Komponisten Mikis Theodorakis und natürlich den Stararchitekten Hermann Henselmann, den Jürgen als »Schürzenjäger« erinnert. Am Tage war Henselmann natürlich der Nestor der Architektur in der DDR und hat junge Kollegen wie Jürgen Schöne und Michael Kny gern gefördert. Mich sah Jürgen damals, gerade haben wir seinen 73. Geburtstag gefeiert, als selbstbewussten jungen Mann, der »autark seinen Weg verfolgte«. Keine Ahnung, ob es so war. Ich lernte von ihm und fühlte mich angezogen von diesem immer freundlichen Mann mit seinem verschmitzen Lächeln und seinen blumig ausgemalten Anekdoten.
Damals gab es keine Verabredungen per Telefon, wer hatte schon ein Telefon? Man schnappte sich eine Flasche Rotwein der Marke *Cabernet* oder *Stierblut* und zog los. An der Wohnungstür hatten viele ein paar leere Zettel auf einen Nagel gespießt, auf denen stand dann: Bin bei Maria. Oder: War hier, gehe zu Peter. Die Feten von Jürgen waren die besten, er hatte eine schicke Musikanlage von *Akai* und später auch einen Videorekorder plus Kamera. Einen dieser Filme haben wir uns jetzt noch einmal angesehen, eine Modenschau aus dem Jahr 1984. Die fand in dem benachbarten Hinterhof statt und eigentlich kann man sie nur schrill nennen, die Idee hatte Sabine von Öttingen. Die beteiligten jungen Künstler hatten sich aus verschiedenen Materialien phantasievolle Roben gebastelt, viele in Schwarz, mit Rüschen, mit Ballonröcken oder eng am Körper anliegend. Dazu lief Musik aus den Stilrichtungen »New Romantics« und »Dark Waver«, was damals angesagt war. Ich sah in dem Film viele bekannte Gesichter wieder, so jung und so schön, wie meine Frieda. Wenn der Film heute im Fernsehen gezeigt werden würde, würde jeder auf Paris oder New York tippen, aber nicht auf den Prenzlauer Berg. Ich war bei dieser Veranstaltung nur ein Gast, aber Jürgen war mittendrin und kannte alle. Auf mich wirkte er autark. Er bekam öfter mal Ärger auf der Arbeit, flog raus und musste sich was anderes suchen, aber er blieb fröhlich und er blieb sich treu. Er baute sich selbst ein Hochbett, das noch steht, und als es ihm auf dem Balkon zu laut wurde, ließ er einfach eine Glaskuppel aufsetzen. Da kam plötzlich ein

riesiger Kran von einer seiner Baustellen und setzte in 20 Metern Höhe die fertige Kuppel auf, keine Genehmigung, keine Behörden, es kam einfach nur ein Kran und fertig. Wird schon seine Ordnung haben.

Aber die Sache hatte noch ein Nachspiel. Jürgen hatte zur Sicherheit ein Schreiben aufgesetzt mit dem Wortlaut: »Sie gestatten mir, den Balkon zu überdachen mit allen möglichen Mitteln.« Damit ging er zu der Frau der Kommunalen Wohnungsverwaltung und sie hat prompt unterschrieben: »Mit allen möglichen Mitteln.« Jürgen mit seinem charmanten Lächeln konnte keiner etwas abschlagen. Als der Glaskasten dann entdeckt wurde, bekam die gutgläubige Frau von der KWV einen auf den Deckel und vom Magistrat eine Geldstrafe aufgebrummt. Ihr Chef hob den lästigen Vorfall einen Monat später auf mit einer Prämie in gleicher Höhe: Für vorbildlichen Arbeitseinsatz! Prämien waren durchaus üblich in der DDR, es gab so etwas wie einen »Prämienfonds«, aus dem die Gießkanne gefüllt wurde, und wenn man in einer vorbildlichen Brigade war, die ihren Plan brav erfüllt hatte, konnte man sogar auf eine Jahresendprämie hoffen. Mehrere Millionen Arbeiter bekamen eine Jahresendprämie, die in den 80er Jahren etwa 800 Mark betrug, also ein 13. Gehalt. Und da wurde natürlich eifrig der Bleistift gespitzt, um aus einem mittelmäßigen Ergebnis noch eine Spitzenleistung zu zaubern.

Jürgen wohnt seit Ende der 1980er Jahre am Stadtrand von Berlin und ich hatte bei meinem Besuch dort das Gefühl, dass er etwas Sehnsucht hat nach unserem alten Haus. So standen wir im letzten Juli zu dritt auf seinem alten Balkon, allerdings ohne Glashaube, die 2002 vom neuen Hausbesitzer entfernt wurde: der Nachmieter und Musiker Nikko Weidemann, Jürgen und ich. Drei Seelenverwandte, der eine Anfang 50, Jürgen Anfang 70 und ich Anfang 60. Und Jürgen hatte noch ein paar neue Anekdoten aus der alten Zeit parat: Vom Szene-Friseur Frank Schäfer, der Fotografin Helga Paris, von den Leuten im Haus, auch von dem Fotografen Ulrich Burchert, genannt »Gofi«, der sein Freund war und zu den Stammgästen der Feten zählte. Burchert hat gerade einen schönen Bildband veröffentlicht: *Bunte DDR. Bilder aus einem lebendigen Land* (Verlag Neues Leben 2015). Der Verlag schreibt dazu: »In Burcherts Bildern kann man lesen, wie die Ostdeutschen existierten: laut und leise, selbstbewusst und melancholisch, geerdet und himmelwärts strebend. Zwischen Liebe und Zorn, zwischen Steinzeit und Hightech ... Eine Zustandsbeschreibung ohne Nostalgie und Denunziation, frei von Verklärung oder übler Nachrede.« Die perfekte Ergänzung zu unseren Gesprächen, schau es dir an. Natürlich erzählt Jürgen auch gerne von seiner Hochzeit mit Jule, die wir 1983 in seiner und meiner Wohnung gefeiert haben, damit alle Platz finden konnten. Und wie er bei einer anderen Fete vom Balkon aus mit einem Theaterscheinwerfer die Straße ausgeleuchtet hat und dann den Spot auf einen gerade vorbeigehenden Volkspolizisten richtete, der wie wild mit den

Armen gefuchtelt hat wie ein Clown auf der Bühne. Wütend soll der Vopo die Treppen hoch gestampft sein, hatte sich aber in seiner Rage verguckt und vermutete den Übeltäter in meiner Wohnung. Da ich an diesem Abend nicht da war und auf sein lautes Klopfen und seine Flüche also nicht geantwortet wurde, oblag es dem freundlichen Jürgen den aufgebrachten Mann zu beruhigen. Wohlgemerkt alles Geschichten von ihm und die springen, wann immer wir uns sehen, von seiner Zunge ohne Punkt und Komma, da gibt es immer viel zu lachen und ich hoffe, dass er alle seine Erlebnisse noch aufschreiben wird. Begonnen hat er schon ...
Durch Jürgen habe ich mich das erste Mal mit Architektur beschäftigt. In Berlin gab es einen ambitionierten Architektur-Wettstreit zwischen Ost und West. Die Architektur wurde für beide Seiten ein unübersehbares Aushängeschild. Das erste bemerkenswerte Gebäude, heute fast vergessen, war das Hochhaus an der Weberwiese im Stadtbezirk Friedrichshain. Der Bezirk östlich des Stadtkerns war 1945 im Bombenhagel der Westalliierten fast völlig zerstört worden durch die Ungenauigkeit der Navigatoren, die das Stadtzentrum anvisiert hatten. Eigentlich sollten Arbeiterquartiere nicht zerstört werden, aber die *B-17* und *Lancaster* flogen meist in siebentausend Metern Höhe an und das bedeutete dann Flächenbombardement. Nach dem Abwurf und der folgenden Linkskurve musste einer von der Besatzung nach hinten in den Bombenschacht kriechen und wenn sich eine Bombe nicht gelöst hatte, trat er sie mit dem Stiefel los. Die wollte man bei der Landung nicht noch an Bord haben. Und so fielen auch einige Bomben beim Rückflug nach England auf den Prenzlauer Berg, aber zum Glück nicht viele. Die beiden schönen Eckhäuser, wo die Stargarder in die Schönhauser mündet, hat es aber doch erwischt.
Der Architekt Hermann Henselmann (1905–1995) nannte sein erstes Hochhaus an der Weberwiese den »weißen Schwan«, da das helle Gebäude in der Mitte einer ausgebrannten Wüste entstanden war. Erbaut aus Trümmersteinen im Stil des Schinkelschen Klassizismus. Das 35 Meter hohe neungeschossige Gebäude hatte 33 Wohnungen, die am 1. Mai 1952 bezogen wurden. Überwiegend von Arbeitern, die diesen damals ungewohnten Luxus bestaunten. So sollten in der DDR alle Arbeiter wohnen, was sich allerdings nicht umsetzen ließ: 96 Quadratmeter, Zentralheizung, große Fenster, Fahrstuhl, Müllschlucker, gefliese Bäder. Die Baukosten für diesen Prestigebau liefen aus dem Ruder und waren im Vergleich achtmal so hoch wie später bei den standardisierten Plattenbauten der Wohnungsbauserie WBS 70. Oben auf dem Dach gab es zudem eine Dachterrasse mit einem Blick auf die Stadt und einer Dusche für die Kinder. Das Hochhaus an der Weberwiese war das Prunkstück im Nationalen Aufbauwerk (NAW) der DDR und mit Bussen wurden regelmäßig Westberliner nach Friedrichshain transportiert, um das Bauwunder im Osten zu bestaunen.

Hochhaus an der Weberwiese
Foto: W. B.

Anfang 2015 wurde das Viertel um die Weberwiese vom zuständigen Baustadtrat Friedrichshain, Hans Panhoff, unter Schutz gestellt, als Signal gegen die zunehmende Vertreibung der alten Mieter durch die Umwandlung in Eigentumswohnungen und durch Luxussanierungen. In einem Artikel zu diesem Thema fand ich die Worte »Milieuschutzgebiet« beziehungsweise »Erhaltungsgebiet«. Fünftausend Mieter, viele von ihnen Rentner, sollen vor der Vertreibung geschützt werden. Endlich.
Henselmanns Werk war auch die Stalinallee, damals von seinen westdeutschen Kollegen belächelt, heute ebenfalls eine begehrte Adresse. Hermann Henselmann war garantiert ein hervorragender Organisator (Manager), er hatte ein enormes Erinnerungsvermögen und soll sehr eitel gewesen sein. Er hätte, so berichtete mir Jürgen weiter, alles leiten können – eine Schuhfabrik oder einen Autokonzern. Er kannte die graue Eminenz der DDR, konnte die Sprache der Mächtigen verstehen und simulieren – also mitmischen und hat dadurch einige besondere Ideen seiner hervorragenden Mitarbeiter umsetzen können. Jürgen Schöne: »Dass er damals Micha Kny und mich hofiert hat, als die besten Nachwuchsarchitekten der DDR, versteht sich aus seiner Eitelkeit – niemals hat er sich mit dem sogenannten ‚Mittelmaß‘ umgeben und damit mussten alle um ihn herum sehr gut sein, natürlich knapp eine Stufe unter ihm stehen.« Und Jürgen erzählte mir auch eine Anekdote, die ich noch kurz wiedergeben möchte, zeigt sie doch die

Subalternität in der Szene der Architekten, als Parabel für andere künstlerische oder gesellschaftliche Bereiche: »Ich war vermutlich aus Alibi-Gründen als einziger junger Architekt in den Bezirksvorstand Berlin des Verbandes der Architekten gewählt worden. Um mich herum ernsthaft willige, aber meist karrierebedachte ältere Architekten und Funktionäre, die sich mehr um ihre Linientreue zur Partei als um zeitgemäße Architektur sorgten. So kam es, dass ich auch zum 25-jährigen Verbandsjubiläum in den Festsaal des Bauministeriums eingeladen war. Nachdem wir dort Platz genommen hatten, wurden uns die Verhaltensnormen erläutert, die der Minister während seines Auftritts erwartet. Diese wurden mehrmals eingeübt. Dann war es so weit, die Tür öffnete sich und herein schritt der Bauminister Wolfgang Junker. Alle Architekten, auch Henselmann, sprangen auf und sangen »spontan« das Lied »Bau auf, bau auf ...« (ein bekanntes FDJ-Lied aus der Gründungszeit der DDR – W. B.). Nachdem sich die allgemeine Feststimmung gelegt hatte, hob der Minister zu seiner langen Rede an ...« So klein und kriecherisch war der Umgang mit den »hohen Leuten« des Landes. Junker (geboren 1929) kam im Januar 1990 wegen Amtsmissbrauch in Untersuchungshaft und nahm sich wenige Wochen später das Leben

Auf den »stalinistischen Zuckerbäckerstil« von Henselmann in der Stalinallee, besser: monumental-neoklassizistischen Baustil, reagierte Westberlin mit dem Hansa-Viertel (1957, Oscar Niemeyer, Walter Gropius) – die Bebauung nicht so dicht, aufgelockert, eine grüne Stadt der Moderne. Licht außen und innen, liebevolle Details in der Sachlichkeit aus Stahlbeton. Und wer aus einer feuchten Kellerwohnung kam, fühlte sich wie im Paradies: »Wir können anders bauen als Ostberlin.«
Die zweite Runde des Wettstreits begann mit der Eröffnung der Kongresshalle von Hugh Stubbins im Tiergarten 1958 als ein Geschenk der USA – einfach faszinierend dieses frei schwebende Dach, von den Berlinern »die schwangere Auster« genannt. Als die Konstruktion am 21. Mai 1980 einstürzte, wurden zunächst sowjetische Düsenjäger verantwortlich gemacht, die in Überschallgeschwindigkeit über die Stadt gejagt waren, später fand eine Kommission die Ursache in Fertigungsfehlern. Auch Henselmann, inzwischen Chefarchitekt in Ostberlin, wollte modern bauen. Die erste Gelegenheit ergab sich bei der Neugestaltung des Alexanderplatzes. Zuerst entstand das »Haus des Lehrers«, Eröffnung im September 1964. Auffallend ist die »Bauchbinde«, ein sieben Meter hoher und 127 Meter langer Fries, entworfen von Walter Womacka: das fröhliche Leben in der DDR. Zum Ensemble gehörte noch die Kongresshalle. Mit ihrem Grundriss von nur 50 mal 50 Metern beeindruckte sie (und beeindruckt noch) durch ihre Kuppel, die Spiral- und Wendeltreppen. Sie ist nach meinem Geschmack das Meisterwerk von Henselmann und seine Rückkehr zur Bauhaustradition. 2003 wurde das Gebäude denkmalgerecht

saniert und ist heute eines der schönsten Häuser der Stadt. Das Projekt für einen »neuen Alexanderplatz« wurde bis 1969 durch das *Centrum-Warenhaus* (heute Kaufhof) und das 120 Meter hohe *Interhotel* komplettiert. Hermann Henselmann spielte in der Architektur eine ähnliche Rolle wie der etwa gleichaltrige Brunolf Baade (1904–1969) im Flugzeugbau der DDR, dazu komme ich noch.

Beeindruckend auf der anderen Seite der Mauer war dann aus Sicht der Architekten der achteckige Neubau mit dunkelblauem Dickglas an der Kaiser-Wilhelm-Gedächtniskirche. Das *Kino Zoopalast* am Bahnhof Zoo 1957 führte im Osten direkt zum *Kino International* (von Josef Kaiser), das im November 1963 in der Karl-Marx-Allee eröffnet wurde. Aber das gegenseitige Wettbauen ging ungebremst weiter, immer getragen von dem Wunsch, die andere Seite sichtbar zu beeindrucken.

1966 folgte das *Axel-Springer-Hochhaus*, direkt an der Sektorengrenze, wobei zuvor die Ruine der dort befindlichen Jerusalemkirche gesprengt werden musste. Eine Leuchtschrift an dem 78 Meter hohen Gebäude sollte die neuesten Nachrichten aus der »freien Welt« weithin sichtbar machen – im Osten, in der SBZ (Sowjetische Besatzungszone) oder einfach in der »Ostzone«. Drei Jahre später baute die DDR-Führung die Leipziger Straße mit Hochhäusern zu, acht paarweise angeordnete 23- bis 25-geschossige Wohnhochhäuser, um das ideologische »Ärgernis« halbwegs abzudecken. An diesem Bauvorhaben war Jürgen Schöne auch beteiligt als Projektleiter für die »Winkelhäuser« auf der nördlichen Straßenseite. Unübersehbar wurde dann aber das »Europa-Center« am Breitscheidplatz mit dem Mercedes-Stern in 86 Metern Höhe, das höchste Bürogebäude in Berlin, Einweihung April 1965. Der Stern leuchtete jede Nacht über der ganzen Stadt. Doch Walter Ulbricht blieb die Antwort nicht schuldig. Zwar konnte er das neue Symbol des »freien Westens« nicht einfach abdecken, aber am 3. Oktober 1969 weihte er den Berliner Fernsehturm ein. Noch höher und noch unübersehbarer in der ganzen Stadt mit damals 365 Metern Höhe, heute mit neuer Antenne drei Meter höher. Ein seltsamer Mensch namens Friedrich Dieckmann soll sich 1992 für den Abriss des Turms ausgesprochen haben ... Sicher waren die Ostberliner nicht durchweg begeistert von diesem »Stänkerspargel«, der ihren Westempfang störte, aber stolz waren sie schon, ein wenig. Das war eine architektonische und bautechnische Meisterleistung, obwohl sich die beteiligten Architekten (Gerhard Kosel, Fritz Dieter und andere) noch Jahre später um die wahre Urheberschaft stritten – bis zu ihrem Ableben ... Ich war das erste Mal 1978 auf der Aussichtsplattform, an diesem späten Nachmittag entzündete die Stadt ihre Lichter, ein wundervolles Bild, wenngleich der hell erleuchtete Mauerstreifen deutlich zu erkennen war und natürlich der Mercedes-Stern ...

Ein bemerkenswerter Komplex in der Berliner Baugeschichte war auch der Leninplatz, direkt am »Mont Klamott«. Sieger im städtebaulichen Wettbewerb 1967 war ein Kollektiv um Henselmann, das zwei geschwungene Baukörper vorschlug, die aus der Luft (oder zumindest auf dem Reißbrett) die Buchstaben S und U darstellten – für Sowjetunion. Wilfried Stallknecht hatte die Idee für die »gebogenen Häuser«, die er aus der Plattenbauserie P2 bauen wollte, was ihm perfekt (in Zusammenarbeit mit dem Plattenwerk Grünau) gelang. Von ihm möchte ich kurz eine Anmerkung aus einem Interview zitieren, die ich für aufschlussreich halte: »Die westdeutsche Bauordnung schrieb vor: Gebäudeabstand gleich Gebäudehöhe. Die DDR-Bauordnung schrieb vor, die Gebäude müssen einen so großen Abstand haben, dass jede Wohnung über einen Raum verfügt, der am 22. Februar mindestens über zwei Stunden Sonneneinstrahlung verfügt.«
Vorgeschlagen für den Leninplatz und dann auch verwirklicht wurden zehn Atelierwohnungen für Künstler, also besonders helle Räume im Dachgeschoss. Dominant in diesem Ensemble ist das dreiteilige Wohnhochhaus, entworfen von Heinz Mehlan, das ein rundes Bibliotheksgebäude einfassen sollte mit einem Monument von Lenin in Lebensgröße. Geplante Fertigstellung war der 100. Geburtstag von Lenin am 19. April 1970. Statt dieser angemessenen Würdigung entschied sich Ulbricht für eine monumentale 19 Meter hohe Statue, gefertigt aus rotem Granit von Nikolai Tomski (Ulbricht wollte eine »sensationelle Lösung«). Das wurde dann der Leninplatz – heute Platz der Vereinten Nationen. Es gehört zu den Fehlern der »siegreichen Kapitalisten«, dass sie den Platz gegen massiven Widerstand der Bewohner 1992 schleifen ließen. Die 129 Teile des Denkmals wurden in einer Sandgrube bei Müggelheim vergraben. Kann man Geschichte vergraben? Dieser Leninplatz war und wäre ein guter Platz für deutsche Geschichte gewesen – zum Diskutieren, zum Streiten, zum Nachdenken. Welche Gefühle hinterlassen die Wörter abreißen und vergraben?
Die letzte Runde im Wettstreit West und Ost schien 1969 an das »Kongress-Center ICC« zu gehen, zehn Jahre geplant und unvergleichbar teurer als andere Projekte, man spricht von einer Milliarde Mark. Ich war 1988 das erste Mal dort, ein beeindruckender Bau im Space-Design, direkt neben dem Berliner Funkturm am Messedamm. Das war schon ein gewaltiger Kasten mit einer beeindruckenden Grundfläche: 320 Meter lang, 80 Meter breit und 40 Meter hoch. Die Architekten waren Ralf Schüler und Ursulina Schüler-Witte.
Ulbrichts Nachfolger Honecker zeichnete sich, bezogen auf die Architektur der DDR, in erster Linie durch sein Wohnungsbauprogramm aus. Plattenbauten am Fließband auf der grünen Wiese vor den Städten, optisch nicht sehr attraktiv, aber begehrt wegen Fernwärme und niedrigen Mieten plus bedarfsgerechten Kindergärten, Schule und Einkaufsmöglichkeiten direkt vor der Tür, dazu Anbindung

über S-Bahn, U-Bahn oder Straßenbahn. Mich hätten dort keine zehn Pferde hin gekriegt. Hin und wieder musste ich dorthin reisen, um eine Freundin zu besuchen, aber meistens habe ich mich verfahren. Honecker hatte dann aber doch den Ehrgeiz, wie alle »großen Herrscher«, etwas Bleibendes in der Architekturgeschichte zu hinterlassen: Den Palast der Republik. Es wurde nicht das Goldene Haus mit dem berühmten Oktogon von Kaiser Nero, aber immerhin »Erichs Lampenladen« – berlinische Spottbezeichnung wegen der vielen Glühbirnen, die durch die verglaste Fassade in die Stadt leuchteten. Als geeigneter Standort wurde die Brache des ehemaligen Berliner Stadtschlosses ausgewählt, dessen Ruine 1950 gesprengt worden war. Anfang der 60er Jahre war hier zunächst das »Zentrale Hochhaus« geplant, ein überdimensionaler Turmbau, der aus Kostengründen dem Fernsehturm zum Opfer fiel. Somit war das Baugrundstück frei und wurde als statisches Gegengewicht zum Berliner Dom an der Spree projektiert. Nicht so groß wie das »ICC«, aber doch ein gewaltiger Bau mit einer Länge von 180 Metern, 85 Meter breit und 32 Meter hoch. 1976 war das Haus fertiggestellt nach Plänen von Heinz Graffunder. Kein Raumschiff, sondern ein Traumschiff. Ein Haus des Volkes mit einem großen Konzertsaal, Bowlingbahnen, Jugenddisko, Theater, Galerien, dem Sitz der Volkskammer – alles ganz schick. Viele Lampen, viel Marmor ... In der Jugenddisko habe ich 1984 auch ein paar Abende aufgelegt, aber das war dann doch eher ein Ort für die Profi-DJs ...

Sicher wäre es sinnvoll gewesen, dieses Haus zu sanieren und zu erhalten. Viele DDR-Bürger hatten persönliche Erinnerungen an diesen Ort, egal ob an das *Theater im Palast*, das schöne Hauptfoyer mit seinen überdimensionalen Bildern oder an *Rock für den Frieden* mit den Rockern aus der DDR und Westkünstlern wie Udo Lindenberg, Santana (da konnte ich eine Karte ergattern), Miriam Makeba, Mikis Theodorakis ... Als Teil der DDR-Architektur hätte dieses Haus nicht zerstört werden dürfen, aber 2008 wurde es aus der Geschichte entfernt. »Macht kaputt, was euch kaputt macht«, mal aus einem anderen Mund. Jetzt entsteht dort wieder das alte Stadtschloss. Der Preußen. Viele Menschen in der DDR haben ihren »Palast« geliebt und es war dumm, ihn abzureißen. Vieles war dumm. Er wäre heute ein Zeitdokument und fehlt bei der Erinnerung an die DDR, wie der Leninplatz oder die Werner-Seelenbinder-Halle. Dort sah ich (unvergesslich) Herman van Veen das erste Mal auf der Bühne, später *Feeling B, Depeche Mode* und Rio Reiser. Im Kopf habe ich noch die Sportveranstaltungen (Handball, Eiskunstlauf, Judo, Basketball) und die wilden Radrennen auf der *Berliner Winterbahn*. 1983 wollte ich mit meinem kleinen Philipp ein Konzert beim *Festival des Politischen Liedes* besuchen. Ganz vorsichtig ging er vor mir in den großen Saal hinein und flüchtete dann aber wieder schnell vor diesem riesigen Raum und seinen fünftausend Besuchern wie ein Wiesel durch meine Beine ...

Jürgen arbeitet noch heute als Architekt. Ist immer auf dem Sprung, immer unterwegs, immer voller Ideen – aber er hat sich gerne die Zeit genommen für unser Wiedersehen in unseren Wohnungen. Er war so alt wie ich bei meinem Einzug, also Ende 20, als er 1970 das Haus für sich entdeckte. Fast 15 Jahre hat er hier gelebt und das waren sicher sehr schöne und kreative Jahre für ihn. In den Ratgeber-Zeitschriften der DDR wurde seine kleine Wohnung mit den praktischen Lösungen oft vorgestellt, sozusagen als Anregung. Jürgen zog dann weg, weil seinem Sohn Konrad die schlechte Luft hier nicht gut bekam. Kind geht vor. Und ich wohne jetzt schon über 30 Jahre hier und bin immer noch verliebt. So viel, eigentlich alles ist hier passiert: Lesungen, Konzerte, Hochzeiten, Proben – wunderbar. Wenn ich nur an das leidige Thema Telefon denke. Jürgen bekam dann endlich 1984 Telefon, das einzige im Haus, außer dem des Hausbuchschreibers. Sein Telefon war meine Rettung. Zwar gab es direkt vor dem Haus unter dem »Magistratsschirm« eine Zelle, aber die war meistens überbucht. Manchmal, wenn Jürgen nicht da war, schaute ich aus dem Fenster, und wenn die Zelle frei war, flitze ich mit mehreren 20-Pfennig-Münzen ausgestattet die Treppe runter. Und kam dann doch zu spät. Also warten. Endlich die Hand am Hörer konnte ich zwei, maximal drei Gespräche führen, dann begannen die Wartenden an die Tür zu klopfen. Also raus und hinten anstellen, wieder zwei Telefonate und wieder anstellen und so weiter. Später, Ende der 80er Jahre, gab es dann geteilte Nummern. Das heißt, zwei Personen teilten sich eine Leitung, und wenn man Pech hatte, wurde man mit einem Dauertelefonierer zusammengeschaltet, dann war die eigene Leitung immer tot – ich hatte mit meinem »Partner« Glück. Aber selbst innerhalb von Berlin waren die Verbindungen besonders am Abend eine Katastrophe, nur Rauschen und Knacken. Wenn man sich gar nicht verstehen konnte, rief man noch mal an, in der Hoffnung auf eine bessere Leitung. Und wenn es deutlich hörbar knackte, sagte ich: »Sie können alles mitschneiden, es ist nur privat und von geringem Interesse.«

Ich weiß gar nicht so genau, ob ich mit 61 nicht noch zu jung bin für meine Lebenserinnerungen. Der letzte Abstand fehlt, aber ab dem Sommer 2013 war ich so ausgehungert nach dem Schreiben, nach zwölf schönen, aber ruinösen Jahren als Kinderpsychologe in der Jugendhilfe im Barnim und der Uckermark. Oft, besonders in den letzten Jahren, hat mein Körper vergebens gewarnt: »Mach langsamer, Wilfried.« Aber ich hatte immer das Gefühl, noch nicht fertig zu sein mit dem, was ich begonnen hatte. Mit dem letzten Tropfen Sprit im Tank habe ich die letzte Ausfahrt aber doch noch geschafft. Endlich keine Kriseninterventionen mehr, keine Entwicklungsberichte, keine Fallkonferenzen, keine Teamberatungen, keine Visiten, keine Elterngespräche, keine nächtlichen Besuche bei der Polizei. Sehr anstrengend war es, aus einer vernachlässigten Firma ein Team zu formen

von Erziehern, die sich mögen, respektieren und ihren Job perfekt beherrschen. Ich habe mich immer gefreut, wenn sich die Erzieher bei der Dienstübergabe kurz in den Arm genommen haben, das haben auch die Kinder gesehen. Wie viele Kinder haben wir gerettet? Wie viele haben eine Lehre begonnen und es geschafft? Du hast einige kennengelernt, Matteo. Vielleicht waren es 60 Prozent, die aus einer kranken Umwelt kamen – wohl an die fünfzig kleine Menschen, eine wunderschöne Zahl ...
Das zog sich allerdings hin, aus den geplanten drei Jahren wurden zwölf. Und als ich endlich zufrieden war, gab es ein großes Fest und die Kinder sangen: »Applaus, Applaus, für Deine Worte ...« Du warst ja dabei ... Auf meinen Körper habe ich nicht gehört. Manchmal war ich so müde, dass ich den Heimweg nach Berlin abbrechen musste. Ich stellte das Auto am Straßenrand ab und schlief einfach ein ...
Abstellen, einschlafen, erschöpft sein, überlebt haben. Wirklich? Endlich saß ich wieder an meinem Schreibtisch hoch über der Schönhauser und endlich konnte ich wieder schreiben. »Schreib langsam«, sagte mein Körper, »erinnere dich, erzähle, aber zuerst nimm dir Zeit für mich.«
Mein Körper hat mir nicht verziehen. Er legte mir eine schwarze Karte auf die 10. Rippe der linken Seite. Sie löste sich einfach auf und zerbrach. Was war das? Ich hörte die schweren Medikamente in meinen Adern pochen. Die Venen brannten.
Gerhard Gundermann hat diese Lebenssituation einfühlsam in seinem Lied »Einmal« beschrieben: »Manchmal findet sich 'ne fremde Katze ein, manchmal werde ich das sein«.
Meine Tage schienen im letzten Jahr auf einen Schlag kürzer zu werden, es fühlte sich an wie ein Abschied. Doch ich wurde wieder leicht und unbeschwert, der Kelch war noch einmal an mir vorübergegangen. Vielleicht spürt man sich selbst besser, wenn sich ein mögliches Ende des Lebens andeutet. »Und es wird eine Zeit kommen, du wirst sie erleben, ohne Tränen. Und Liebe wird nicht mehr dein Herz brechen, aber deine Ängste verschwinden. Komm über diesen Hügel und sieh, was du dort findest. Mit Gnade im Herzen und Blumen in deinem Haar« (After the Storm, *Mumford & Sons* 2010). Ich fühle heute ganz viel Liebe von den Menschen, die meine Familie sind. Das hatte ich so nah nicht erwartet ...
Eigentlich sind meine Schlachten alle schon geschlagen, alle Bäume gepflanzt, ein Haus gebaut, ein paar Bücher geschrieben und einen Sohn habe ich auch gezeugt, genauer gesagt vier. Durch den glücklichen Umstand, dass ich mit 50 Jahren noch einmal Vater geworden bin, lebe ich jetzt weiter mit dir, du wundervoller kleiner Mensch, der mich beflügelt. Du sagst: »Papa, ich halte dich fit.« Für uns, mein Söhnchen, mögen die gemeinsamen Tage endlos sein. Werde glücklich und denke immer daran, dass ich dich nie verlassen werde, du wirst mich immer finden, wenn du mich brauchst.

Durch dich entstand auch die Idee zu diesem Buch – mit all dem, was ich dir schon erzählt hab – über meine Jugend, und was ich noch erzählen möchte, solange es geht. Erzählen möchte ich dabei gar nicht so viel über mich, eher über die vielen Menschen, die ich erlebt habe, die mich kritisierten, mich förderten, mir ein Bein stellten, die ich verachtet, gehasst, bewundert und geliebt habe ... Als ich anfing unsere Gespräche aufzuschreiben, habe ich versucht, möglichst viele von diesen Menschen zu treffen, nicht selten war es ein Wiedersehen nach fünfundzwanzig Jahren. Und meistens war es dann so, als hätten wir uns erst wenige Wochen zuvor das letzte Mal gesehen. Nach einem vorsichtigen Entree am Telefon: »Hallo, ich bin Wilfried Bergholz, kannst du dich an mich erinnern?« folgte immer ein freudiges »Mensch, Willi!« – Was für ein Glück ...

Geboren wurde ich im Norden an der Ostsee. Viele von dort nannten sich gern Bewohner von Vorpommern, obwohl es offiziell Bezirk Rostock hieß, und ganz Kecke nannten sich sogar »Südschweden«, da ja dieser Landstrich bis zum Wiener Kongress 1815 zu Schweden gehört hatte. Interessant ist, dass mich mein ganzes Leben ein Buch von Hermann Kant begleitet hat: *Die Aula*. Das war nicht nur ein unverordneter Bestseller in der DDR, sondern auch gut geschrieben und wahr, zumindest aus Kants Sicht. Kant konnte so gut schreiben, weil er es erlebt hatte. Und die *Aula* spielte in Greifswald, meiner Geburtsstadt, und einer der Helden, Trullesand, lebte noch, als wir zur Schule gingen, war Professor für marxistische Philosophie und der Vater meines Schulfreunds Lude. Dieser Professor Ludwig sagte einmal zu uns Halbstarken, es muss so um 1968 herum gewesen sein: »Wenn ihr dieses Land nicht verändert, dann werden es eure Kinder in die Luft sprengen.« Das sagte er beiläufig in seiner knorrigen, an einen alten Seemann erinnernden Art, als wir uns in seinem Garten in der kleinen Straße Am St. Georgsfeld nützlich machen sollten. Er hat es nicht weiter kommentiert, ging einfach weg und ließ uns stehen.
Diese Kinderjahre in Greifswald waren für mich zwiespältig. Die Kindheit ist das Fundament für ein Haus und es hat nur einen sicheren Stand, kann nur dann prächtig ausgebaut werden, wenn es auf festem Grund steht. Als ich 17 war und mit frischem Abitur das elterliche Haus grußlos gen Berlin verließ, nur mit einer Zahnbürste (wie ich immer gerne betone), dachte ich, ich müsste mich nur dreimal kräftig schütteln, dann würde mir diese Kindheit schon aus dem Kleidern fallen. Erst später habe ich gemerkt, dass das gar nicht geht.

2. Gespräch: Kindheit, mein Vater und der Krieg, Wiederbewaffnung in Deutschland, Stalin und die DDR, die 2. Parteikonferenz der SED, Käthe Kollwitz und ihr Sohn Peter, Junge Pioniere, das H in meinem Klassenbuch, Ferien bei Opa Paul, die ABF in Greifswald mit Trullesand, Elise und Hermann Kant

Meine Kindheit war nicht glücklich. Kann ich dir alles erzählen? Kann ich das aussprechen, was ich bisher nur zwei oder drei erwachsenen Menschen anvertraut habe? Und natürlich sind Erinnerungen auch immer selektiv. Mitunter heißt es, die Menschen würden sich nur an die guten Dinge erinnern und das Schlechte verdrängen. Natürlich habe ich ein paar Fotos aus der Zeit, damals gab es noch keine Handys mit eingebauter Kamera, und diese wenigen Fotos erinnern an schöne Tage. Ausflüge nach Usedom, die im Sommer häufig waren. Mein Vater Otto Bergholz hatte einen schicken *Wartburg Camping* und nahm dann immer einen Klapptisch und vier Hocker aus Holz mit und auf der Rückreise machten wir in einem Wald bei Lühmannsdorf eine kleine Pause und aßen gemütlich Abendbrot. Bockwurst mit selbst gemachtem Kartoffelsalat. Meine Mutter war eine gute Köchin. Es gibt Fotos von fröhlichen Geburtstagsfeiern: Ich als Schornsteinfeger und ein anderes Mal als dicklicher Koch. Sehr deutlich sehe ich auch noch die Heimspiele unseres Fußballvereins Einheit Greifswald vor mir. Mein Vater betreute dort ehrenamtlich die Beschallungsanlage und hatte einen Ehrenplatz hoch oben auf der Tribüne. Manchmal nahm er mich mit, ich war noch zu klein, um mich am Spiel zu begeistern, aber ich fand es bemerkenswert, dass er viele Hände schüttelte und dass er diesen Ehrenplatz hatte.

Aber mein Gefühl wehrt sich gegen diese schönen Bilder. Vielleicht ist da ein Splitter in meiner Seele? Es ist schon lange her, da habe ich versucht, mit meinem Vater ins Gespräch zu kommen, bin dann aber steckengeblieben nach seiner Antwort: »So schlimm war es doch nicht.« Meine Therapeutin hat mir erst im letzten Jahr geholfen, diese Kindheit milder zu betrachten, vielleicht auch objektiver ... Was gibt es an Entschuldigungen? Meine Eltern, Otto und Gerda, hatten den Krieg erlebt. Und sie hatten eine Kindheit mit prügelnden Eltern erlebt. Ich denke, das war damals weit verbreitet, in den Elternhäusern und in den Schulen. Meine »kleine Oma« Hedwig, väterlicherseits, machte da bei ihren Enkelkindern keine Ausnahme. Schon bei kleinen Missetaten rief sie: »Ik kniep die!« – was sie dann auch tat, sie kniff uns in den Oberarm, äußerst schmerzhaft. Später mit 14 schließlich lief ich ihr einmal nach dieser Drohung davon und wir beide spurteten um den Küchentisch. Nach ein paar Runden hielt ich ihr freundlich meinen Arm hin, sie musste lachen und hat es dann nie mehr getan.

Sie hatte beide Weltkriege erlebt und Sparsamkeit gehörte zu ihrem Leben. Immer trug sie eine Tasche bei sich, um bei ihren Wegen durch die Stadt Verwertbares aufzulesen und sei es eine halbe Kohle. Ich beobachte dieses Verhalten heute noch bei mir, zwar kann ich mich bei halben Kohlen gerade noch beherrschen, aber der Impuls ist da. Auch den Hang zum Einkochen habe ich von ihr übernommen. Früchte ernten, einkochen, Vorrat schaffen für den Winter. Verrückt. Ihr Zimmer hatte einen ganz speziellen Geruch, den ich noch in der Nase hab, eine Mischung aus Kampfer und Eukalyptus. Diese Oma wollte mir sogar das Stricken beibringen, aber mein roter Schal wurde nie fertig. Stattdessen wurde ich gerne zum Aufräufeln alter Strickwaren eingeteilt. Also beide Hände nach vorne strecken und mit leicht kreisenden Bewegungen den Wollfaden aufwickeln. Später wurde daraus dann ein Knäuel für neue Sachen. Am schlimmsten waren diese Jäckchen aus Schafwolle, die wir als Kinder tragen mussten, mein Bruder und ich, in Weiß mit grünen Rändern. Das hat so gepikst und gescheuert, dass man die Arme nicht am Körper anlegen konnte. Gelaufen sind wir wie der Storch im Salat. Widerspruch zwecklos. Ich weiß gar nicht, ob heute noch jemand etwas anfangen kann mit dem Wort »Aufräufeln«? Oder mit dem Wort »Auftrennen«. Alles, was nicht mehr zu gebrauchen war, wurde aufgetrennt, neu gesäumt und frisch verarbeitet. Am liebsten saß meine »kleine Oma« mit ihrem Strickzeug am Bismarckturm in der Wolgaster Straße. Torsten und ich tobten auf dem kleinen Hügel herum, kletterten in die Bäume und sie hatte Zeit zum Stricken. Von den Bismarcktürmen gab es an die Hundert in Deutschland, die im Osten wurde abgerissen oder umbenannt, ich glaube unserer hieß *Turm der Sportler*. Das war der alten Dame aber herzlich egal, sie saß gern auf den Stufen des Monuments und griff nur kurz ein, wenn ihr unser Jagen und Johlen zu bunt wurde …

Diese kleine, starke Frau und ihr Sohn haben den Krieg überstanden. Geboren wurde mein Vater auf Rügen, auf der schönen Halbinsel Mönchgut, im Fischerdorf Kleinhagen. Aus jener Zeit stammt der Satz, der auf Familienfeiern regelmäßig aufgesagt wurde: »Lüchting, fret Fisch, Tüften sin düer.« Auf Hochdeutsch: »Junge, iss Fisch, Kartoffeln sind teuer.« Alles war teuer und das Leben der Fischer nicht leicht. Und so entschloss sich mein Urgroßvater, das Haus am Deich zu verkaufen und von dem Geld einen Kahn zu erwerben, einen Lastkahn ohne Motor, neuer Wohnsitz wurde das nahe Stettin. Aber das Zuhause war der Kahn mit seinen kleinen Zimmern und der Kombüse. Ich habe irgendwo (aber wo?) ein Foto, da sitzt meine »kleine Oma« vergnügt als junge Frau auf dem Deck und schält Kartoffeln. Fröhlich fuhren sie, wenn man den Bildern glauben mag, kreuz und quer durch das Land. Dabei ging ihr Mann schon im ersten Jahr von Bord wegen einer anderen und so blieben nur noch vier zurück: Oma Hedwig, ihr Sohn Otto, ihr Vater, der alte Gladwig, und dessen Frau. Hierzu ein kleiner Auszug aus meinem Text

Der Blick aus dem Fenster auf die Bank im Park für die Literaturreihe *Passagen*, SFB 1990, eine Geschichte, die ich aus der Sicht meiner Großmutter erzählt hatte:

»Von Stettin im Schlepptau stromaufwärts, in Hohensaaten durch die Schleuse, ein Stückchen die Havel herunter in den Mittellandkanal. Drei Tage Schule für Otto in Duisburg und dann den Rhein rauf und runter. Kohle und Kies, Steine und Schrott. Was gerade kam. Zurück durch den Mittellandkanal, in Hohensaaten durch die Schleuse, die Oder rauf und runter. Ich hatte ein kleines Zimmer ganz für mich gleich hinter der Kombüse, winzig wie ein Fingerhut, mit einer Luke zum Heck. Meinen Mann habe ich nie wieder gesehen. Vater spuckte aus, wenn ich nach ihm fragte: Irgend so'n lausiger Schipper zwischen Duisburg und Stettin. Wenn er den erwischen könnte, dem würde er die Stake in den Achtern jagen! Wir sprachen damals alle platt und wenn ich es heute manchmal im Fernsehen höre, fällt mir immer die schwere Stake ein, die vorn am Bug gleich neben der Ankerkette lag und wirklich sehr gefährlich aussah.

Kurz vor der geplanten Invasion in England wurde unser Kahn eingezogen, zur Wehrmacht, ein alter Kahn ohne Motor. Ein paar Wochen saßen wir in Stettin fest, dann war auch Vater fort, über Nacht verschwunden, ohne eine Zeile. Mir schien, er konnte wohl ohne seinen Kahn nicht leben und Mutter meldete ihn als vermisst. Dann wurde darüber nicht mehr gesprochen. Mutter war eine resolute Frau, klein, drahtig und trotz ihrer achtzig Jahre voller Energie. Als wäre nichts Besonderes passiert, übernahm sie, als die Männer verschwunden waren, sofort das Kommando und alles, was sie mit ihren schmalen Lippen sagte, hörte sich an wie ein Befehl.

Als Stettin Ende 44 seinen ersten schweren Bombenangriff hatte und die Russen näher kamen, zogen wir zu dritt mit einem kleinen Handwagen fort. Wie alle. Aber Mutter hatte ihren eigenen Plan: Immer ein paar Kilometer vor der Front her. Nicht zu weit und nicht zu nah! Manchmal standen noch die dampfenden Kartoffeln auf den Tischen der Bauern. Doch nach ein paar Tagen schnappte die Falle zu. Die Brücke über die Peene war gesprengt worden und die Straße nach Jarmen lag unter Beschuss. Wir hockten neben unserem Wagen und die Front rückte näher, rollte über uns hinweg wie ein furchtbares Gewitter und zog unerwartet schnell weiter. Sie löste sich einfach in Luft auf und war wieder nur grollend zu hören in der Ferne, nicht mehr hinter, sondern vor uns.

An der Peene haben wir Mutter begraben, diese stolze Frau, unter einem Erdhügel an der Straße und zogen weiter nach Greifswald.«

In das Frühjahr 1945 gehört auch ein Bericht meiner Großmutter, der dramatisch beginnt. Als Mutter und Sohn auf ihrem Weg nach Greifswald noch wochenlang auf einem Bauernhof in Drewelow festsaßen, hielt plötzlich ein russischer Jeep vor dem Gehöft. Ein Uniformierter zeigte auf ihren Sohn Otto: »Mitkommen!« Was für ein Schock für die kleine Frau. Als letztes war ihr in den wirren Jahren dieser Sohn geblieben ... Drei Tage hörte sie nichts von ihm. Doch dann kam der Jeep zurück. Der Sohn stieg unbeschadet aus, lachte und hatte ein weißes Betttuch über der Schulter. In die eine der vier Ecken war ein großes Stück Butter geknotet, in die andere Mehl, in die dritte Zucker und in die vierte Salz. Irgendwie hatten die Russen erfahren, dass sich der damals 20-Jährige mit Uhren und Radios auskannte. Und nachdem alle Uhren und Radios repariert waren, wurde er entlohnt und zurückgebracht.

Letztlich entschied sich Otto für die Radios und lernte bei der Firma *Wickleder* in Greifswald und trat sogar der Gewerkschaft bei. Ein oft vorgetragenes Zitat von ihm lautete: »Der Krieg ist vorbei, dachte ich damals und ich war froh, dass meine Kinder nie ein Gewehr in die Hand nehmen müssen.« So dachten viele Väter in Deutschland in dieser Zeit. Gegen die Wiederbewaffnung in Westdeutschland unter Adenauer gab es erheblichen Widerstand, der Staat antwortete mit Gummiknüppeln, Wasserwerfern, und wenn es die nicht gab, mit C-Schläuchen der Feuerwehr. Was nützt die ganze »Freizügigkeit« in einer bürgerlichen Demokratie, wenn am Ende alles so gemacht wird, wie vorher von den Herrschenden schon geplant? Und so hielt Strauß am 7.2.1952 im Bundestag eine flammende Rede gegen die Neutralität. Im Wasserwerk erhoben sich CDU und FDP zu minutenlangem Applaus. Adenauer war froh, dass einer die Drecksarbeit gemacht hatte (»Det ham Se jut jemacht.«), und ließ dann den unheimlichen Emporkömmling 1962 in der SPIEGEL-Affäre stolpern. Wie war es möglich, dass sich die Deutschen in Ost und West die einmalige Chance, in einem Land ohne Waffen zu leben, entreißen ließen? Hatten zwei Weltkriege nicht genügend Elend über das deutsche Volk gebracht, von den anderen Völkern ganz zu schweigen?

Fast täglich komme ich auf meiner Fahrradtour durch den Prenzlauer Berg an dem schönen Denkmal von Käthe Kollwitz vorbei, auf dem Platz, der nach ihr benannt wurde. Sie lebte hier und sie ist hier geblieben. Sie verlor im Ersten Weltkrieg ihren jüngsten Sohn Peter. Er war gerade 18 geworden und wollte, wie viele, freiwillig an die Front. Gegen den Willen ihres Mannes Karl unterschrieb sie die notwendige Einverständniserklärung der Eltern. Nur zwei Monate später fiel Peter Kollwitz in Flandern. Lange quälte sich die Mutter mit dem Gedanken, dass ihr Sohn vielleicht noch leben könnte, wenn sie seinem Drängen nicht nachgegeben hätte. Käthe Kollwitz begann ein Mahnmal für Peter zu entwerfen, aber der Versuch, so den Verlust aufzuarbeiten, misslang. Über 18 Jahre lang arbeitete sie an dem Thema, das schließlich in der Personengruppe *Das trauernde Elternpaar* Gestalt annahm und 1932 auf einem Gräberfeld in Essen aufgestellt wurde. Eine Kopie befindet

sich heute auf dem Soldatenfriedhof in Vladslo in Belgien. Am 11. Oktober 1916 schrieb Käthe Kollwitz in ihr Tagebuch:»Ist es treulos gegen dich, Peter, dass ich nur noch den Wahnsinn jetzt sehen kann im Kriege? Peter, du starbst gläubig. Auch noch Erich, Walter Meier, Gottfried, Richard Noll? Waren die aufgewacht und mussten dann doch in den Abgrund springen? Mussten? Wollten? Wo sind die Schuldigen? Gibt es die? Sind alles Betrogene? Ist es ein Massenwahnsinn gewesen? Und wann und wie wird das Aufwachen sein?«
Im Oktober 1918 antworte Käthe Kollwitz mit einem Offenen Brief auf den Aufruf des Schriftstellers Richard Dehmel zum »Durchhalten«: »Es ist genug gestorben! Keiner darf mehr fallen! Ich berufe mich gegen Richard Dehmel auf einen Größeren (Goethe – W. B.), welcher sagte: Saatfrüchte sollen nicht vermahlen werden.«
Lies mal: *Die verkehrte Welt des Krieges: Studien zu Geschlecht, Religion und Tod* von Regina Schult, CAMPUS 1998.

Alles Mahnen, alle Appelle verhallten. Und noch einmal wurden ab 1939 die Saatfrüchte der Welt in einem großen Morden vermahlen. Eigentlich hätte man 1952, sieben Jahre nach dem Krieg, einen großen Aufschrei gegen die Wiederbewaffnung in Deutschland erwarten müssen. Generalstreik. Aber das Obrigkeitsdenken, der Gehorsam, die Pflichterfüllung waren tief eingebrannt in den Köpfen der Deutschen, in beiden Staaten. Die Nazi-Ideologie hallte noch nach und neue Demagogen waren bereits am Werk. Schau dir mal die Wahlplakate zur Bundestagswahl vom 6. September 1953 an. Da greift ein rotes, schlitzäugiges Gesicht mit einer gierigen Hand nach Deutschland: »Nein, darum CDU«. Da pflügt ein Bauer seinen Acker und hinter ihm geht ein Rotarmist mit einem Totenkopf: »Wo Ollenhauer (SPD-Kanzlerkandidat – W. B.) pflügt, sät Moskau. Darum wählt FDP«. Düstere, Angst einflößende Augen starren den Betrachter an: »Alle Wege des Marxismus führen nach Moskau, darum CDU«. Ein abgemagertes Paar, der Mann am Stock, vor der Karte Ostdeutschlands: »Das ganze Deutschland soll es sein! Denkt an uns, wählt für uns CSU«. Nur vier Beispiele. Hier wurde wenige Jahre nach dem Krieg, nach der Befreiung durch die Rote Armee, nahtlos an alte Klischees (und Plakate) der Nazipropaganda angeknüpft. Dirk Sager (1940–2014), einer der bekanntesten Journalisten der BRD (u. a. Korrespondent in Ostberlin, Moskau, Washington) sagte in einem Fernsehinterview: »Dies machte die Russen wieder zu Untermenschen.«
Und in der DDR? Die meisten Plakate aus den 50er Jahren zeigen fröhliche Pioniere, Stahlarbeiter, Soldaten, Mähdrescherfahrer, die Friedenstaube, einen freundlichen Stalin. Aber es gab auch politische Plakate gegen »den Westen«, zum Beispiel »Unsere Antwort« – ein großer roter Hammer haut auf die krallenartigen Finger einer Person (Adenauer sehr ähnlich), die ihre Finger nach der DDR

ausstreckt, daneben steht ein Mann mit einem $-Zeichen an der Mütze. Oder eine Pistole mit der Aufschrift RIAS steht vor einem Mikrofon: »Lüge, Hetze«. Darunter der Schriftzug: »Die Revolverschnauze«. Ein anderes Plakat zeigt einen Mann mit $-Zeichen an der Mütze, er lenkt einen Panzerkreuzer, sein Steuerrad ist ein Hakenkreuz, im Zentrum ein Gesicht, das an Adenauer erinnert: »Zerbrochen, Kapitän, dein Steuer. Mit neununddreißig Knoten fährst du ins Reich der Toten«. Und fett: »An der deutschen Einheit werden sie zerschellen«. Dominierend aber war der selige Blick in eine rosige Zukunft ...

2. Parteikonferenz der SED 1952
Repro: W. B.

Die SED (Sozialistische Einheitspartei Deutschlands) entstand Ende April 1946 in der Sowjetischen Besatzungszone als Vereinigung von Sozialdemokraten (SPD) und Kommunisten (KPD). Dieser Schritt hatte zunächst keineswegs etwas »Erzwungenes«, wie es heute dargestellt wird, es war eher ein Reflex auf die 12-jährige

Herrschaft des Faschismus in Deutschland, der 1933 durch die Einheit der Arbeiterklasse hätte verhindert werden können. Aber das Sagen in der SED hatten schon bald nur noch die sogenannten Kommunisten unter Walter Ulbricht.
Und so sollte auch in der DDR wieder marschiert werden – »Für den Frieden«. Schon im Juni 1952 wurden die ersten Regimenter der Kasernierten Volkspolizei aufgestellt, nicht selten geführt von Offizieren der Wehrmacht, wenngleich auch das in keinem Verhältnis zu deren Einsatz in Westdeutschland stand. Eine öffentliche Revolte fand nicht statt. Der stalinistische Überwachungsapparat funktionierte bereits, die Gefängnisse füllten sich, die Übersiedlungen in den Westen nahmen zu. Und mein Vater trat wieder aus der Gewerkschaft aus. Er war desillusioniert, aber er trug sich nicht mit dem Gedanken zu gehen. Ein paar Wochen wurde zwischen Mutter und Sohn das Thema Lübeck besprochen, aber in Greifswald hatten sie sich in den Jahren nach dem Krieg aus dem Nichts ein kleines Zuhause geschaffen – und es schien so, als könnten sie hier nach der Flucht endlich sesshaft werden, so nahe an der geliebten Insel Rügen und für Otto mag auch die Liebe eine Rolle gespielt haben ...
Nach ihrer Ankunft bezogen die beiden 1945 ein Zimmer in der Wolgaster Straße. Wie fast alle Neuankömmlinge starteten auch Mutter und Sohn mit einem Zimmer in einer fremden Wohnung, manche hatten dabei eine Schar Kinder unterzubringen ... Die schöne Universitätsstadt hatte den Krieg, obwohl sie eine Garnison der Wehrmacht beherbergte, ohne Zerstörungen überstanden. Am 30. April 1945 wurde sie der Roten Armee durch den Stadtkommandanten Rudolf Petershagen kampflos übergeben. Eine schöne, gemütliche Stadt zum leben, mit engen Gassen, stolzen Bürgerhäusern und erhabenen Kirchen. Wenn man die 264 Stufen von St. Nikolai hinaufsteigt, wie wir es vor zwei Jahren gemacht haben, hat man einen herrlichen Blick auf die Stadt, den nahen Bodden und Rügen ...

Wie schon berichtet, startete mein Vater Otto Bergholz in der Werkstatt von *Wickleder* in der Mühlenstraße. Dort wurde alles repariert: Fahrräder, Uhren, Radios ... Da war er richtig, anstellig und strebsam. Und als er sah, wie gut der Laden brummte und schnurrte, beschloss er, selbst seinen Meister zu machen und selbstständig zu werden. Vorne in seinem späteren Laden in der Straße der Freundschaft 19 hing dann an einem besonders gut sichtbaren Platz die »Meisterurkunde« aus dem Jahr 1952. Er hat gebüffelt und sich reingekniet. Die schulischen Meriten aus den Jahren zwischen Stettin, Berlin, Duisburg und Köln waren nicht die besten, aber er war ehrgeizig. Er lernte in dieser Zeit, mit 26 Jahren, meine Mutter kennen, die drei Jahre jünger war. Schön ist die Geschichte, wie er seine Braut der strengen Mutter vorstellte. Otto kaufte drei Karten für das Kino in der Knopfstraße. Und eine davon gab er seiner Mutter. Die saß dann neben der ahnungslosen Freundin und konnte sie in aller Ruhe in Augenschein nehmen, sozusagen »beschnuppern«. Nach dieser ersten Hürde gab es eine offizielle Vorstellung und die junge Frau zog bald in der Wolgaster Straße ein, in das kleine Zimmer. Gerda stammte auch aus dem Norden, aus Damgarten, hatte Kindergärtnerin gelernt und arbeitete in Greifswald in einem schönen, hellen Haus am großen Kreisverkehr, der damals noch von einer Kleinbahn gequert wurde, die nach Eldena an den Bodden fuhr. Noch 1952 wurde geheiratet und mein Bruder Torsten geboren, ein Jahr später dann ich. Voller Stolz betonte mein Vater immer: »Der Altersunterschied ist ein Tag, ein Monat und ein Jahr.« Keine Ahnung, warum er darauf stolz war.

Da war es wieder, das kleine Glück neben dem großen Unglück in Deutschland. Mein Vater hatte seinen Glauben an die DDR verloren, weil es wieder eine Armee gab und weil es den Handwerkern an den Kragen gehen sollte. Die selbstständigen Handwerker hielten zusammen, wurden aber argwöhnisch beäugt und dauernd bedrängt, in die PGH, die Produktionsgenossenschaft des Handwerks, einzutreten. Eine unsinnige Forderung und letztlich auch, neben der verfehlten Bauernpolitik, der Keim für den ökonomischen Untergang des Experiments DDR. Obwohl die SED auch in den 50er Jahren noch Tausende zum Jubeln, Fahnenschwenken und Fackeltragen auf die Straße bekam, war diese DDR eine Zangengeburt und das mangelnde Selbstwertgefühl ihrer Führer fand in diesen Aufmärschen und Paraden seinen Ausdruck. Das Volk wurde bei diesem gesellschaftlichen Experiment nicht mitgenommen. Dabei hätte man in einer Volksrepublik offen über die politischen und ökonomischen Zwänge sprechen können. Man musste sich in diesen frühen Jahren nach der Staatsgründung kein »neues Volk wählen«, wie Bertolt Brecht das einmal ironisch ausgedrückt hatte, es war da und zu einem großen Teil auch bereit für einen antifaschistischen Neuaufbau. Ich behaupte sogar, dieses Volk war auch bereit für dieses Experiment, wenn es begründet und diskutiert worden wäre. Aber da man es vorzog, das Volk von Entscheidungen auszuschließen, es zu bevormunden, es zu unterdrücken und zu verfolgen, wurde der Glaube des Volkes mit den Jahren zerstört. Es ist für mich bis heute unverständlich, dass sich diese DDR so lange hat halten können.

Zudem wenn man bedenkt, dass die Sowjetunion keine sozialistische Ostzone wollte. Am besten beschreibt dieses Thema Wilfried Loth in seinem Buch: *Stalins ungeliebtes Kind. Warum Moskau die DDR nicht wollte* (Rowohlt 1994). Ich greife nur einen Gedanken daraus auf, der besagt, dass Stalin eine deutsche Teilung auf jeden Fall vermeiden wollte, weil er die Aufnahme der BRD in die NATO fürchtete. Sein »Gegenspieler« Adenauer hatte eine genau gegensätzliche Meinung, die sich in dem Satz zeigte: »Lieber das halbe Deutschland ganz, als das ganze Deutschland halb.« Auf vielen Losungen bis in die 60er Jahre hinein stand in der DDR linientreu: »Konföderation und Friedensvertrag«. Stalin hatte kein Interesse an

Ulbrichts Vabanquespiel. Er wollte einen möglichst großen Puffer zwischen sich und dem Westen, zuerst das gleichgeschaltete Polen und dann ein neutrales Deutschland. Das Dogma dahinter war, nicht noch einmal in die selbst gestellte Falle von 1941 zu tappen.

Ein zweiter wichtiger Aspekt der Nachkriegsgeschichte in Ostdeutschland waren die deutschen Exilanten im *Hotel Lux* in Moskau, das 1911 als *Hotel Frankreich* errichtet worden war. Ab 1921 war dort das Gästehaus der Kommunistischen Internationale untergebracht. 1933 erweiterte man das Haus um zwei Etagen, und damit konnten dann in 300 Zimmern an die 600 Personen untergebracht werden. Nach der Machtübernahme der Nationalsozialisten 1933 flüchteten viele Deutsche ins ausländische Exil. Nach Prag, nach Holland, nach Frankreich, nach Skandinavien oder Mexiko. In die Sowjetunion emigrierten vor allem Kommunisten: Ruth Fischer, Wolfgang Leonhard (1943), Walter und Lotte Ulbricht, Herbert Wehner (1937 bis Anfang 1941), Georgi Dimitroff, Wilhelm Pieck, Josip Broz Tito, Palmiro Togliatti, Clara Zetkin ... Sie waren in der »Freiheit« und lebten jede Nacht in ständiger Angst, wenn morgens um vier Uhr Schritte auf dem Flur zu hören waren: Werden sie an deiner Tür klopfen oder an einer anderen? Das Unglück war oft nur ein paar Meter entfernt. Hunderte von ihnen fielen dem Terror Stalins zum Opfer oder wurden 1939/40 von der Sowjetunion nach Deutschland ausgeliefert, wo sie in Haft genommen wurden und meist umkamen. Am 30. April 1945 kehrte die »Gruppe Ulbricht« (Ulbricht und zehn andere deutsche Emigranten) nach Deutschland zurück, um im besetzten Deutschland die Verwaltung wiederaufzubauen und einen »Block der kämpferischen Demokratie« zu schaffen.

Zuerst bezog die kleine Gruppe in Bruchmühle (in der Nähe von Strausberg) Quartier, in der politischen Hauptverwaltung von Marschall Schukow. Von dort aus wurde in den nächsten Tagen die Lage in Berlin sondiert, am 9. Mai 1945 erfolgte der Umzug der »Gruppe Ulbricht« nach Berlin-Friedrichsfelde, Prinzenallee 80 (heute Einbecker Straße 41) – am S-Bahnhof Lichtenberg. Die täglichen Fahrten dienten auch der Suche nach untergetauchten KPD-Mitgliedern und der Übermittlung der Parteilinie: »Es muss demokratisch aussehen, aber wir müssen alles in der Hand haben.« Es ging darum, eine neue Verwaltungsstruktur aufzubauen aus Mitgliedern der KPD, Sozialdemokraten, Akademikern und Personen aus demokratischen Parteien. Die Kommunisten sollten nicht mehr als ein Drittel der zu vergebenen Posten erhalten, aber die wichtigen. Andere Gruppen folgten aus Moskau: Anton Ackermann für Sachsen und Gustav Sobottka für Mecklenburg. Diese Leute galten als zuverlässig und linientreu im Sinne des Moskauer Imperiums. Im Gegensatz dazu wurden die sogenannten Westemigranten (westliche Exilländer waren zum Beispiel England, USA, Mexiko) als unzuverlässig eingestuft: Alexander Abusch, Horst Brasch, Philipp Daub, Franz Dahlem, Paul Merker ... Die

Verfolgung führender Funktionäre in den 50er Jahren, etwa der »Fieldisten« (nach Noel Field) und der »Zionisten«, war eine erste Säuberung innerhalb der SED und machte dem Vorbild Stalins alle Ehre. Unter diesen Vorzeichen konnte ein gesellschaftliche Neubeginn in der DDR nur misslingen.

Das alles solltest du nachlesen. Hinweisen möchte ich in jedem Fall noch auf die nahezu vergessene Margarete Buber-Neumann als Zeitzeugin und auf das Schicksal von Erwin Jöris.

Die Amerikaner und die Engländer hatten andere Schlüsse aus dem Zweiten Weltkrieg gezogen. Churchill verkündete: »Wir haben das falsche Schwein geschlachtet« und sagte am 26. Januar 1949 im Unterhaus: »Ich glaube, dass der Tag kommen wird, an dem alle zweifelsfrei erkennen werden – und nicht nur die eine Seite dieses Hauses, sondern die gesamte zivilisierte Welt –, dass es eine unermessliche Segnung für die Menschheit gewesen wäre, den Bolschewismus schon bei seiner Geburt erdrosselt zu haben ... Das hätte den Krieg verhindert.« Churchill war bekannt für seine markigen Worte und Sprüche, offener und konfrontierender als bei heutigen Politikern. Einen mag ich allerdings, weil er zu meinem Leben passt: »Wer mit 20 Jahren kein Kommunist ist, hat kein Herz. Wer mit 30 Jahren noch Kommunist ist, hat keinen Verstand!«

Ob Menschen überhaupt dazu fähig sind, eine sozial verfasste Gesellschaftsordnung zu gestalten, erscheint mir fraglich. Gegenwärtig werden das Streben nach Besitz und das Mehrhabenwollen vom Kapitalismus angeheizt. Die Steigerung der Binnennachfrage ist eine seiner wichtigen Säulen. Aber in der DDR strebten die Menschen doch auch nach Besitz, mein Garten, mein Auto, meine Stereoanlage. Ich hatte einen Golf, der war sehr schwer zu beschaffen und sehr schwer zu unterhalten. Aber ich wollte ihn unbedingt, warum? Man könnte einwenden, dass es das westdeutsche Schaufenster gab und dass dieses zusammengemurkste System kein Sozialismus war. Strebten Menschen nicht immer schon nach einem kleinen, privaten Glück, seitdem sie bewusst denken können? Wie lange lassen sie sich von einer sozialistischen Utopie davon abhalten, welche Glaubwürdigkeit und Kraft muss diese Utopie, diese Idee, haben, um die Menschen zu beeindrucken?

Den ersten Verrat an der Idee beging Lenin selbst, als er Trotzki 1917 putschen ließ und wenig später die Sozialrevolutionäre, die Anarchisten und die Matrosen von Kronstadt ausschloss, verfolgte oder vernichtete. Die Matrosen hatten den Aufstand in Petersburg wesentlich mitgetragen, aber schon am 1. März 1921 waren sie desillusioniert, sie forderten eine dritte, eine echte Revolution und hängten an ihre Festung Losungen wie: »Alle Macht den Sowjets – Keine Macht der Partei«. Bei der Erstürmung der Bastion starben Zehntausende auf beiden Seiten und durch dieses Massaker auf dem Eis in der Kronstädter Bucht hatte Trotzki seine sozialistischen Ideale verraten. Mit diesem Verrat war die Diktatur der KP Russlands, genauer gesagt der Bolschewiki, zwar erst mal gefestigt, aber zu welchem Preis? Schon Mitte der 20er Jahre ging die »Revolution« in ihre bonapartistische Phase über, der Tyrann wurde aber nicht Trotzki, wie viele erwartet hatten oder ihm unterstellten, sondern Stalin als Reinkarnation von Iwan dem Schrecklichen. Zuerst untergrub Stalin mit Hilfe von Sinowjew und Kamenjew den politischen Einfluss Trotzkis und schickte ihn dann in die Verbannung. Die beiden Helfer wurden seine nächsten Opfer. Das Aus der noch vorhandenen Diskussionen im Politbüro der Bolschewiki folgte schon Ende der 20er Jahre, als die letzten Opponenten eines gemäßigten Umbaus der Gesellschaft aus der Partei ausgeschlossen wurden: Rykow, Bucharin und Tomski. Der wesentliche Streitpunkt war damals das Tempo und die Form der Kollektivierung auf dem Land. Das kannst du alles genauer nachlesen. Ich erwähne es nur kurz, weil es bestimmte Parallelen auch in der DDR gab. Sicher in abgeschwächter Form, aber auch hier wurde auf Arbeiter geschossen, auch hier wurden Mitkämpfer mit anderen Auffassungen gnadenlos verfolgt und eliminiert. Das alles hatte mit dem sozialistischen Ideal der Freiheit und der Brüderlichkeit nichts zu tun. Aber es eignete sich perfekt als neues Schreckgespenst, eine Konterkarierung des Satzes von Karl Marx: »Ein Gespenst geht um in Europa – das Gespenst des Kommunismus.« Allerdings hatte der große Philosoph das in seinen Thesen ganz anders gemeint. Ab Mitte der 1950er Jahre wurde die DDR zum Schreckgespenst. Und viele aufmüpfige Arbeiter oder Intellektuelle bekamen in Westdeutschland den Satz zu hören: »Wenn es dir nicht passt, dann geh doch rüber in die Zone.«

Dem Kapitalismus konnte nichts Besseres passieren als dieser »Sozialismus« in Osteuropa. Politischer Protest konnte so im Keim erstickt werden, die »soziale Marktwirtschaft« hielt den Dampf im Kessel niedrig, das Leistungsstreben wurde gefördert und schon bald war jeder sich selbst der Nächste. Lebensstandard erhalten oder verbessern, Karriere machen, aufsteigen, mehr Geld verdienen. Das füllte die Menschen ganz aus. Ganz nebenbei schuf der »Kalte Krieg« ideale Voraussetzungen zum Erschrecken der eigenen Bevölkerung und sicherte der Rüstungsindustrie stabile Profite.

Kann das ein Mensch überhaupt erkennen, wenn er unter dem Dauerbeschuss von Ideologen steht? Ist er nicht von Natur aus so angelegt, seine Horde zu schützen, die Nachbarhorde in Schach zu halten und Schätze anzuhäufen. Sicher gibt es in der Geschichte der Menschheit Beispiele von Strukturen, die man ansatzweise demokratisch nennen kann. Vielleicht die Attische Demokratie, die Volksversammlungen bei den Etruskern oder im frühen Rom. Aber letztlich versuchte der gewählte Stammesälteste oder Senator seine Macht zu festigen und wenn möglich auf seine Kinder zu übertragen. Als Alexander der Große im Jahr 336 vor Christus den Thron bestieg, ließ er als Erstes alle Personen am Hof hinrichten, die seiner Macht gefährlich werden könnten. Ob der damals 20-Jährige auch an der Ermordung seines Vaters Philipp II. beteiligt war, ist umstritten. Diese grausamen Vorgänge sind in der Geschichte der Menschheit nicht selten. Als Hitler 1933 an die Macht kam, war Stalin klar, in welche Richtung er marschieren würde, auch ermuntert durch Frankreich und England. Stalin tötete alle seine Weggefährten, die einen Widerspruch gewagt hatten, nicht wegen ihres Verrats oder wegen einer Verschwörung. Er tötete sie in dem Glauben, dass diese Personen ihn verraten und stürzen könnten, wenn die Deutschen erst einmal die Grenze überschritten haben: »Sie sind mir nicht gefährlich, aber sie werden mir gefährlich sein, wenn Hitler angreift.« Dieses Zitat hat der langjährige sowjetische Außenminister Molotow (und Mittäter) in seinen Memoiren veröffentlicht. Am 29. November 1938 verkündete Woroschilow, ein weiterer Lakai im engen Machtzirkel um Stalin, dass über vierzigtausend Menschen »herausgefiltert« wurden. Massenmord als politisches Programm eines Systems, das das hehre Wort Sozialismus beschmutzt hat. Dieses System war Walter Ulbrichts Blaupause und die Arbeiter und Bauern in der DDR hatten nicht die Möglichkeit zu erkennen, welche Form des »Sozialismus« er ab der 2. Parteikonferenz der SED 1952 aufzubauen gedachte.

Man kann guten Gewissens sagen, dass die wenigsten Menschen in Deutschland Ende der 40er Jahre eine BRD oder eine DDR wollten. Das Volk sehnte sich nach Frieden, wollte seine »Strafe« bezahlen und die Besatzer erdulden. Es gab keinen Gedanken an eine Trennung des Landes, nicht in Stuttgart, Hamburg, Berlin oder Dresden. Aber die Politik bestimmten andere. Die großen Konzerne, die Hitler finanziert hatten, um am Krieg zu verdienen, waren immer noch am Ruder. Im Osten wurden Kriegsgewinnler enteignet, im Westen blieb alles beim Alten. Hildegard Hamm-Brücher erinnerte zu Recht daran, dass in den drei Westzonen »die Schicht der Demokraten so dünn war, dass es ohne die Alliierten gar nicht ging.« Und die haben dann auch gleich das Grundgesetz geliefert. Die Mitwirkung deutscher Autoren war marginal. Es lohnt, sich hier genauer einzulesen zu den handelnden Personen wie Konrad Adenauer, Charles de Gaulle, Lucius D. Clay, Sir Brain Hubert Robertson, George C. Marshall, Johannes Semler ... Und die Führer in der DDR, Wilhelm Pieck, Otto Grotewohl und Walter Ulbricht, wurden nicht nur einmal nach Moskau zitiert, um an ihre eigentliche Aufgabe erinnert zu werden: Einheit, neutrales Deutschland, kein Sozialismus.

Aber mit der Währungsreform in den Westzonen 1948 hatten sich die USA durchgesetzt. Zu den Hintergründen ganz kurz ein Zitat von Dr. Frank Unger (FU Berlin), gestorben im Mai 2008: »Die Einbindung Deutschlands bzw. der unter westalliierter Besatzung stehenden Zonen in das im Sommer 1944 in Bretton Woods beschlossene, neu zu formierende kapitalistische Weltsystem nach multilateralen Prinzipien und auf der Basis eines leicht modifizierten Goldstandards war bereits im Frühjahr 1946 beschlossene Sache, damit offiziell verfolgtes Ziel US-amerikanischer Deutschlandpolitik.« Die Sowjetunion genoss nach 1945 in der Welt große Anerkennung und auch Verehrung für ihren Mut und ihre Opferbereitschaft im Krieg gegen den Faschismus. Dieser kostbare Respekt war dann aber endgültig mit der Berliner Blockade verspielt.

Aber zurück zu meiner Kindheit. Irgendwann Anfang der 50er Jahre verbesserte sich unsere Wohnsituation in Greifswald insoweit, dass die vierköpfige Familie plus Oma die ganze Wohnung in der Wolgaster Straße erhielt. Meine Mutter wurde Hausfrau, ich glaube nicht, dass sie das wirklich gewollt hat. Eine Weile half sie im Geschäft bei der Buchhaltung meines Vaters, aber mit zunehmender Entfremdung der beiden hörte das irgendwann auf. Die Erinnerungen an meine Mutter sind seltsam blass. Eine schöne Frau mit der großen Nase ihrer Mutter, meiner Oma Martha, genannt »große Oma«. Sie hat die Form ihrer Nase gerne mit dem Satz kommentiert: »Ein großer Giebel ziert das Haus, ein kleiner sieht nach gar nichts aus.« Meine Mutter war sehr modebewusst, immer nach dem neuesten Trend gekleidet und mit diesem seltsamen Dutt verziert – eine Hochfrisur, wie in den 60er Jahren üblich. Eine Frau auf dem Laufsteg. Ich kann mich auf den Kopf stellen, aber mir fällt kein anrührendes, kein zärtliches Bild ein. Eine fremde Frau, ganz auf sich fixiert und ohne Herzenswärme. Ein typischer Satz: »Was sollen denn die Leute denken.« Alles war irgendwie immer nach außen gerichtet, ein Nest konnte sie für uns Kinder nicht bauen. In schöner Erinnerung habe ich allerdings ein paar Sprüche, die sie von ihrer Mutter übernommen hatte, wie: »Der kommt daher wie Graf Koks von der Gasanstalt« (für eingebildete Leute) oder »Der hat so viel Ahnung davon wie der Hahn vom Eier legen« oder »Wie ein Blinder, der von der Farbe redet« oder »Da schauste wie ein Schwein ins Uhrwerk.« Diese Redewendungen mag ich noch heute und ich hab das Gefühl, dass mit ihrem Verschwinden die deutsche Sprache ärmer wird.

Und mein Vater? Hat er mit mir einen Flitzebogen gebaut? Schiffchen in einen Bach gesetzt? Einen Drachen im Herbststurm gesteuert? Geschichten aus seinem Leben erzählt? Ich habe kein Bild davon in meinem Kopf. Er begann Anfang der 60er Jahre seinen verbissenen Kampf gegen den ungeliebten Staat. Weggehen kam für ihn nicht mehr in Frage. Zu oft hatte er in seinem Leben Umzüge und das Wanderleben auf dem Kahn erlebt. Jetzt hatte er ein festes Zuhause, eine Frau, zwei Kinder, den kleinen Laden mit Werkstatt. Aber seine Kinder wollte er »der Bande« nicht überlassen. So kamen mein Bruder und ich 1956 in den evangelischen Kindergarten in der Rudolf-Breitscheid-Straße. An Gott glaubte mein Vater nicht, aber so wollte er seine Söhne dem Einfluss des Staates weitestgehend entziehen. Ich erinnere mich leider an wenig, nur an die Schwestern mit ihren schwarzen Kleidern und den weißen Hauben und Schürzen, ich fand sie bedrohlich und außerdem waren sie sehr streng. Wenn ich nicht dieses eine Foto hätte, das meinen Bruder in Lederhose und weißen Strümpfen bei einem Sommerfest zeigt, dann wären die Erinnerungen wohl ganz verschwunden.

Kindergarten Torsten 1958
Foto: Archiv W. B.

Ich verstehe nicht, warum man damals in meiner Familie so wenige Fotos gemacht hat von den lieben Kleinen. Heute wird jeder Pups fotografiert, ich nehme mich da gar nicht aus. Zum Glück konnte ich einige der alten Fotos retten, die einen kleinen Blick in jene ferne Zeit ermöglichen. Das Ziel der Familienplanung meines Vaters war eine bürgerliche Welt. Er war kein Intellektueller, aber er wollte eine gehobene Bildung zur Schau stellen. Abends hörte er gerne klassische Musik und wir mussten ihm dabei Gesellschaft leisten, wohl oder übel. Interessant war seine Begründung für diese Tortur: »Wenn ihr einmal mit anderen Menschen Musik hört, dann könnt ihr sagen, dies ist Mozart, das ist Schubert oder Brahms ...« Auf die Idee, uns die Schönheit dieser fremden musikalischen Form nahezubringen, ist er nicht gekommen. Es ging immer nur um die Außenwirkung. Lederhosen waren selten und teuer, also mussten seine Kinder Lederhosen tragen. Und dann diese Jäckchen aus Schafwolle. Sonntags gab es immer einen Spaziergang nach dem Mittag, alle rausgeputzt, das Ehepaar untergehakt, beide mit Hut und davor tippelten

die Kleinen mit den schönen, kratzenden Jäckchen. Und Fußballspielen kam natürlich auch nicht in Frage. Was passte schließlich besser zum äußeren Bild einer bürgerlichen Familie als – Fechtsport? Der hatte eine lange Tradition in der Universitätsstadt Greifswald und wenn der Vater schon kein Professor werden konnte, so sollten seine Jungs wenigstens fechten. Also wurden wir schon in jungen Jahren dem befreundeten Fechtmeister, oder besser: Zuchtmeister Kurt Geilsdorf überantwortet. Und da man als Fechter ja auch einen passenden Anzug brauchte, besorgte die Oma Hedwig weißen Stoff und nähte uns zwei schmucke Uniformen. Ich war nicht gerne Fechter. Ständig hatte ich blaue Flecken auf der Brust von den heftigen Einschlägen des Floretts. Der Säbel war noch schlimmer. Und dann war es üblich, unsere Fechtkünste beim Umzug am 1. Mai vorzuzeigen. Die ganze Stadt war auf den Beinen und am Marktplatz stand eine Tribüne für die Funktionäre der Stadt. Alle zogen da vorbei und winkten mit Blumen, genauso wie im fernen Berlin: die Betriebe, die Sektionen der Universität, die Fischer, die Schüler und Lehrer. Jede Stadt war eine kleine DDR. Es gab Losungen zu lesen, die einige Tage zuvor in der Zeitung auf Seite 1 abgedruckt worden waren und die von fachkundigem Personal (während der Arbeitszeit) auf Tuch und Pappe gemalt werden mussten. Und wir Fechter marschierten in Reih und Glied, das Florett in der Hand. Vor der Tribüne, vor den »großen Herren« der kleinen Stadt, mussten wir dann einen kleinen Schaukampf abhalten, wie peinlich ...
Bei anderen Entscheidungen zeigte mein Vater dann aber doch Realitätssinn. Er schickte uns nicht, wie vorgeschlagen, auf die KJS – die Kinder- und Jugendsportschule. Ich war froh, dass ich nicht weg musste aus meiner Stadt nach Cottbus, weg von meiner Schule, von meinen Freunden kann ich ja nicht sagen, ich hatte damals keine Freunde ... Was diese drei Buchstaben bedeuten, habe ich erst Jahre später begriffen, als ich eine Freundin hatte, die von der KJS geflogen war. Der Rauswurf erfolgte nicht wegen mangelnden Fleißes, Rita wurde einfach aussortiert. Der Kader war riesig und die Zahl ehrgeiziger Eltern auch. Jedes Jahr fanden bis in den kleinsten Teil des Landes hinein Sichtungen statt in den Sportvereinen und natürlich die Kinder- und Jugendspartakiade. Aufgezogen wie Olympische Spiele, mit Fahnenträgern, Fackelläufern, Journalisten – strahlende Sieger in den Zeitungen und im Fernsehen. Das war die Idee einer ganz auf Äußerlichkeiten setzenden Führung: Internationale Anerkennung um jeden Preis, am besten mit Medaillen, und der Medaillenspiegel war immer das wichtigste Thema. Mir kam das seltsam vor, dieses kleine Land und dann immer im Wettstreit mit den USA und der Sowjetunion. Die Staatsführung empfing ihre Gladiatoren mit Orden. Über die Tausenden, die auf der Strecke geblieben waren, sprach keiner. So wie meine kleine Freundin. Klein im Sinne von bedauernswert, ansonsten war sie als Schwimmerin schon gut gebaut. Erst hatte sie Pillen geschluckt und nach dem

Ende nicht richtig abtrainiert – jede Muskelfaser tat ihr weh. Natürlich sprach man öffentlich nicht darüber. Aber alle wussten es, die Sportler selbst, ihre Eltern und alle drum herum. Der Leistungsdruck in der Trainingsgruppe war so groß, dass jedes Mittel recht war, um nicht aussortiert zu werden. Ich habe Anfang der 80er Jahre des Öfteren mit einem jungen Sportmediziner vom TSC Berlin gesprochen, so eine Kaderschmiede für die Leichtathletik, der zu den Stammgästen im *Club Impuls* gehörte, auf den Club komme ich noch. Er war nicht viel älter als ich, aber er kam sich vor wie Gott. Ständig sagte er: »Musst du nicht weitererzählen«, aber er hatte es sicher nicht nur mir erzählt. Die Sache mit den Pillen, und dass er manchmal auch welche nehmen würde, aber nicht die harten. Ach, mein kleines blondes Mädchen, wie oft hast du geweint. Und ich war auch nicht der Richtige für dich. Irgendwann fand ich ein Messer auf dem Küchentisch und Blut auf dem Boden. Ich konnte sie noch retten, mehr nicht ...

Mein Vater unterließ es auch, seine Kinder in die Kirche zu schicken zum Konfirmationsunterricht. Das war möglich und einige Eltern machten das auch, allerdings aus Überzeugung. Ich habe diese Kinder immer bedauert, sie wurden keine Pioniere und traten nicht in die FDJ ein, sie lebten ein eigenes Leben. Etwas abseits, immer ein wenig geheimnisvoll. Sie waren die schwarzen Schafe der DDR, keine regelrechten Feinde, eher Fremde oder Gäste. In der Regel hatten sie auch keine Chance auf ein Studium. In den letzten zehn Jahren der DDR wurden zwischen Staat und Kirche immer mal wieder Vereinbarungen getroffen, die »Altfälle« mit ihren zahllosen Ablehnungen doch noch zuzulassen, wie in meinem Studienjahr ... Ich wurde 1960 ganz normal eingeschult, wurde ein ganz normaler Schüler, wollte den Frieden bewahren und das Land beschützen, bekam das blaue Halstuch der Jungen Pioniere und einen Ausweis mit Foto und den zehn Geboten – denen der Jungpioniere:

Wir Jungpioniere lieben unsere Deutsche Demokratische Republik.
Wir Jungpioniere lieben unsere Eltern.
Wir Jungpioniere lieben den Frieden.
Wir Jungpioniere halten Freundschaft mit den Kindern der Sowjetunion und aller Länder.
Wir Jungpioniere lernen fleißig, sind ordentlich und diszipliniert.
Wir Jungpioniere achten alle arbeitenden Menschen und helfen überall tüchtig mit.
Wir Jungpioniere sind gute Freunde und helfen einander.
Wir Jungpioniere singen und tanzen, spielen und basteln gern.
Wir Jungpioniere treiben Sport und halten unseren Körper sauber und gesund.
Wir Jungpioniere tragen mit Stolz unser blaues Halstuch.
Wir Jungpioniere bereiten uns darauf vor, gute Thälmannpioniere zu werden.

Ganz normaler Schüler stimmt nicht ganz. Denn in die Fritz-Reuter-Schule ging schon mein älterer Bruder Torsten – eine Klasse über mir. Ach ja, mein Bruder – ich werde mich bemühen, seine damaligen Missetaten in ein mildes Licht zu stellen. Außerdem war ich auch kein Unschuldslamm und stand in ständiger Konkurrenz zu ihm. Meine Eltern haben es nicht verstanden, diese verständliche Konfrontation auszubalancieren. Gegen einen Bruder, der ein Jahr, einen Monat und einen Tag älter ist, schafft man es nur mit List. Aber das half nicht immer. Wenn ich aus irgendeinem nichtigen Grund eine Stunde nachsitzen musste, hatte mein lieber Bruder das zu Hause schon vermeldet und ich erinnere mich an diesen einen Tag, an dem mir meine Mutter von Weitem aus dem Fenster entgegenwinkte, mit einem Kleiderbügel in der Hand. Und ich versuche, mir wieder diesen kleinen Jungen vorzustellen mit der Mappe auf dem Rücken, der gegen seinen Willen eine Stunde zu spät aus der Schule kommt. Die Lehrerin hatte diesmal nichts eingetragen in das Hausaufgabenheft, er konnte also hoffen, dieser kleine Junge, und er hatte sich auch schon eine gute Ausrede ausgedacht. Aber als ich um die Ecke bog, wir wohnten inzwischen in der Straße der Nationalen Einheit 24, da sah ich sie schon am Fenster mit dem Kleiderbügel. Sie hatte ihn noch in der Hand, als sie die Wohnungstür öffnete ...

Wie schon gesagt, mein Vater hatte viel um die Ohren, war 12 Stunden auf Arbeit, und er hatte selbst die harte Hand seines Vaters gespürt. Ende der 50er Jahre wurde mit der PGH gelockt und gedroht, aber mein Vater blieb ein selbstständiger Handwerker. Da gab es gutes Geld zu verdienen. Gerade zu Weihnachten oder wenn eine Fußball-WM war und plötzlich die geliebte Mattscheibe schwarz blieb. Da fuhren die Bauern und Fischer alles auf, was sie zu bieten hatten: Filet, Schinken, Aal und Stör, geräuchert oder grün – und natürlich auch Geld. Wenn nur der Fernseher wieder lief. Und dann kam der Zauberer mit seinem *Wartburg* auf die Dörfer gerauscht und machte ein Wunder. Er konnte auch mal eine Röhre auswechseln, die gar nicht defekt war oder einen Zeilentrafo, kein Problem, alles wurde bezahlt, wenn nur der Kasten wieder lief. Ein paar Mal war ich aus irgendeinem Grund in seiner Werkstatt, die war winzig mit einem kleinen Laden vorne dran, und den Geruch von Kolophonium habe ich immer noch in der Nase. Manchmal gab es am Abend auch »Hasenbrot«. Das waren die nicht verbrauchten Brote aus seiner Stullendose, die schmeckten wunderbar und irgendwie auch nach Kolophonium ...

Dabei möchte ich es bewenden lassen. Es ist schon mehr, als ich erzählen wollte. Meine Rettung war, dass ich ein guter Schüler war. In allen Fächern eine Eins oder eine Zwei. In den Kopfnoten, unten links auf dem Zeugnis, stand permanent:

Ordnung 1, Fleiß 1, Mitarbeit 1, Betragen 4, Gesamtverhalten 3. Trotz des schlechten Verhaltens (oder vielleicht deshalb) wurde ich nach der 2. Klasse ausgewählt, um in die neu geschaffene Russischklasse an die August-Bebel-Schule zu wechseln. Das hieß, Russischunterricht schon ab der 3. statt der 5. Klasse, dazu der übliche Lehrplan, der neben den Hauptfächern auch Werken, Verkehrserziehung, Nadelarbeit, Schulgarten, Zeichnen und Musik beinhaltete. Fünf bis sechs Stunden am Tag, einschließlich Samstag. Als Ausgleich gab es acht Wochen Sommerferien, zwei Wochen Herbst- und Weihnachtsferien, drei Wochen Winterferien und eine Woche Frühlingsferien.

Torsten und Wilfried 1962
Foto: Archiv W. B.

Mein neuer Schulweg wurde weiter, aber meinen Bruder war ich los. In der Russischklasse trafen sich die besten Schüler Greifswalds mit der fatalen Folge, dass sich wieder eine Klassenhierarchie bildete, es also oben und unten gab, was die Leistungen betraf. Blödes Experiment. Die Gruppenbildung in unserer Klasse war außerordentlich schwer. Mir war das egal, ich blieb der Beste und ein Außenseiter.

Saß immer in der letzten Reihe, allein an einem Tisch, denn keiner wollte neben mir sitzen. Ich war im klassischen Sinne ein »Stinker«. Die beiden schlechten Zensuren bei meinen Kopfnoten waren mir nicht umsonst verliehen worden. Ich musste immer im Vordergrund stehen, habe gepetzt und gelogen, musste immerzu angeben, wollte alles haben und nichts abgeben, wollte immerzu drankommen im Unterricht, habe geschnipst wie ein Verrückter und über die falschen Antworten der anderen gelacht. Natürlich weiß ich heute, als Psychologe, woher diese Auffälligkeiten kamen, aber damals war ich ratlos und habe oft geweint, wenn ich alleine war ...

In den Klassenbüchern jener Zeit war hinter dem Namen der Kinder ein besonderer Vermerk üblich: soziale Herkunft. Am besten war es, wenn dort ein A stand für Arbeiter. Aber auch Gudrun Lüdicke aus meiner Klasse hatte dort ein A, obwohl ihr Vater der 1. Sekretär der Kreisleitung der SED war. Auch ein B für Bauer war nicht von Nachteil. Dann gab es noch ein I für Intelligenz – nicht so gut. Ganz schlecht war mein Buchstabe, ein H für (private) Handwerker. Die genossenschaftlichen (und braven) Handwerker hatten natürlich auch ein A. Verrücktes Land. Und das wurde mir zu Hause auch immer eingebläut: »Streng dich bloß in der Schule an, du hast ein H im Klassenbuch.«
Nach der Schule fuhr ich mit dem Fahrrad in die Straße der Nationalen Einheit, meine Mutter hatte meistens gekocht. Lernen brauchte ich nicht viel, denn ich hatte ja während des Unterrichts »gebrannt« und alles verstanden. Trotzdem habe ich gelernt. Oft noch kurz vor dem Einschlafen und legte mir dann, um das Wissen mit in die Nacht zu nehmen, das Buch unter mein Kopfkissen. Die guten Zensuren präsentierte ich stolz meinen Eltern und hoffte und hoffte. Mein Bruder war nicht halb so gut wie ich, aber es half alles nichts. Die Zuwendung der Eltern flog ihm zu. Vielleicht weil er meinem Vater so ähnlich sah, weil technisch so begabt war, keine Ahnung.
Obwohl ich eigentlich mit dem Thema Familie abschließen wollte, drängen sich jetzt, da ich mich erinnere, vergessene Bilder und Fragen wieder nach vorn. Was für ein Mensch war mein Vater? Nicht groß, aber stattlich, an wichtigen Tagen mit Anzug, die Haare nach hinten gekämmt, gesellig, nach einem Glas Cognac redselig, dann auch ein Freund von Witzen, die wir schon alle kannten. Als Beispiel für dich mal ein Witz der besseren Art: Ende der 60er Jahre fahren Walter Ulbricht (damaliger SED-Chef) und seine Frau Lotte mit dem Auto durch die Magdeburger Börde. Dann eine Panne. Lotte wird losgeschickt, um bei einem Bauern Hilfe zu holen. Die Bäuerin fragt: »Wer sind Sie denn überhaupt?« Lotte: »Na, ich bin doch die Frau von dem Mann, der gestern im Fernsehen gesprochen hat.« Die Bäuerin ruft in den Stall: »Hans, komm schnell, Frau Kiesinger ist hier!«

Kurt Georg Kiesinger war von 1966–69 Bundeskanzler der BRD, vormals NSDAP-Mitglied und in der »Rundfunkpolitischen Abteilung des Auswärtigen Amtes« mit dem Thema Feindsender betraut, zudem als stellvertretender Abteilungsleiter auch Verbindungsmann zum Propagandaministerium.

Die Außenwirkung war auch meinem Vater wichtig. War er nur geldgierig und wollte seinen Reichtum ausstellen, wie ich lange gedacht habe? Früher habe ich ihn nicht gefragt, weil ich ihn hasste, heute kann ich ihn nicht mehr fragen, da er sich kaum noch erinnern kann. Unsere Gespräche am Telefon sind kurz und keine Gespräche. Einmal im Jahr besuche ich ihn im Altenheim in Greifswald. Ein gebückter Mann, der mit seinem Rollator durch die Flure schlurft und 100 Jahre alt werden will. Sein Herz ist stark, warum nicht – aber warum? Ich brauche vor diesem Otto keine Angst mehr zu haben. Später, als ich mit Mitte zwanzig in Berlin aufgeschlagen war, habe ich mir immer ältere Freunde gesucht, weil die so viel wussten und ich von ihnen lernen konnte. Aber vielleicht war es auch die Sehnsucht nach einem Vater, zu dem ich aufschauen konnte, dem ich vertrauen konnte, der mich liebte.

Die älteren Freunde habe ich sehr verehrt, aber natürlich hatte ich auch gleichaltrige wie Michael Ebert, Peter Skalei, Gerrit Schrader und Manfred Schönebeck. Er schrieb mir den schönen Satz: »Freundschaft ist für mich immer lebenslang – auch wenn sie nicht immer aktiviert ist.« So empfinde ich es auch. Die Atmosphäre in meiner Familie war kalt. Man merkte das schon bei der Begrüßung: Guten Tag. Hand geben, keine Umarmung. Ich kann mich wirklich nicht erinnern, einmal inniglich in den Arm genommen worden zu sein. Ganz doll gedrückt und geküsst. Wenn ich später mal mit einer Freundin zu Besuch in Greifswald war, blieben das immer peinliche Momente, die Begrüßung und die Verabschiedung. Bei meiner Mutter war immer so eine große Verunsicherung zu spüren. Vielleicht wollte sie Herzlichkeit zeigen, aber sie konnte nicht. Ich war soweit vertraut mit diesen hölzernen Ritualen und auch ohne Hoffnung, dass ich sie nie danach gefragt hätte. Das ist eine Schwäche bei mir, die bis heute geblieben ist. Wenn es allzu emotional wird, ziehe ich meine Schneckenfühler ein und suche das Weite. Wenn jemand etwas zu mir sagt, was mich irritiert oder verletzt, dann stelle ich nicht die einfache Frage: »Wie hast du das gemeint?« oder »Das hat mich jetzt verletzt« – ich höre es, schweige und denke dann darüber nach, was er wohl gemeint haben könnte ... Dies wiederum führt zu einer inneren Verstimmung und nicht selten fällt ein Schatten auf die Beziehung. Ohne Not. Somit ist es nicht verwunderlich, dass ich in Liebesbeziehungen durchweg gescheitert bin. Denn nach der Liebe folgt die Beziehung, die gestaltet und gelebt werden muss. Natürlich mit Konflikten. Das heißt ja nicht, dass ich allen Auseinandersetzungen aus dem Wege gehe. Im Gegenteil, ich liebe den kreativen Disput, was meine Arbeit und Projekte angeht, ich bin zwar ein Alphatier, aber teamfähig – was wäre ein Anführer ohne ein gutes Team. Sicher war und bin ich streng, aber am strengsten zu mir selbst. Nur wenn Emotionen ins Spiel kommen, knickt der stolze Krieger ein. Ich habe in meinem Leben ein paar Sprüche geprägt, ein vorzeigbarer lautet:»Machos sind verzauberte Weicheier.« Ich denke, einige meiner Freundinnen haben mich nicht in guter Erinnerung. Aber was sollte ich machen, ohne dieses Grundvertrauen in die Liebe? Dieses Gefühl, das von den Eltern ausgeht, und das unerschütterlich ist: Egal, was auch passiert, wir haben dich lieb! Wenn das der Vater nicht vermittelt oder vermitteln kann, sollte es doch wenigstens die Mutter tun ... Meine Mutter konnte es aber auch nicht.

Sie wurde in der Familie eines Töpfermeisters groß, meines geliebten Opas Paul. Seine Frau Martha war zehn Jahre älter als er und brachte einen Jungen mit in die Ehe, Karl-Heinz. Dann kam ein Mädchen, gleich im ersten Jahr nach der Hochzeit 1924, die Hella. Dann Hans, der später auch Töpfer wurde, ein Jahr danach folgte Charlotte und 1928 als die Jüngste Gerda, meine Mutter. Sie bewohnten ein kleines Haus in der Wasserstraße. Ich habe das Haus immer sehr geliebt, es roch nach Mais, der zum Trocknen an der Treppe aufgehängt war und oben unter dem Dach hatte ich meine Bude. Ich weiß nicht, was schiefgelaufen ist in dieser Familie. Hella habe ich immer als sehr warmherzig erlebt. Sie ging 1962 mit ihrem Sohn Dieter in den Westen, auf einem Schleichweg bei Ratzeburg, aber auch danach riss unser Kontakt nicht ab. Auch meine Großmutter Martha war liebevoll, sie konnte zwar streng sein, aber schon im nächsten Moment streichelte sie mir den Kopf und sagte freundlich:»Lot dat nach, dann is gaut.« Ich glaube heute, dass sie nicht besonders glücklich war mit dem jüngeren, etwas kleinen Mann, der eher ein Hallodri war und schon mal seinen Lohn im Gasthof ließ. Warum Gerda so geworden ist, wie sie dann als Mutter war, kann ich jetzt nicht mehr herausfinden. Sie starb 2003 mit dem Telefon am Ohr. Ich hatte ihr zum 75. Geburtstag einen gemeinsamen Flug nach Spanien geschenkt, um meine kleine Schwester Cordula zu besuchen, die dort lebt. Drei Tage vorher besprachen wir alles ausführlich, dann musste ich das Gespräch beenden, weil ich noch auf Arbeit war. Also rief sie meinen Bruder an und erzählte alles noch mal von vorne. Plötzlich sagte sie:»Oh, Gott.« Das sagte sie immer, wenn sie sich erschrocken hatte, aber als mein Bruder sie dann fand, sah sie ruhig und erlöst aus.

Vielleicht hat meine Mutter das leichte Leben ihres Vaters verachtet, vielleicht wollte sie es besser machen, vielleicht wollte sie raus aus diesem kleinen Haus in der Wasserstraße, das nur für mich gemütlich war. Es hatte einen schönen Garten, einen kleinen Hof für die Hühner und stand direkt neben einem Bahndamm. Dort fuhr damals noch eine Kleinbahn von Damgarten über Barth nach Stralsund. Als Kind hatte ich mir vorgestellt, dass sich die Schienen bewegen und so den Zug antreiben. So versuchte ich, möglichst kurz nach dem letzten Waggon auf die Schienen zu springen, um ein Stückchen mitzufahren, aber es hat nie geklappt – vielleicht war ich nicht schnell genug ... Hinter den Gleisen stand das Wasserwerk und gleich daneben floss der Tempeler Bach vorbei. Dort hat mir Paul mit einer selbst gebauten Rute das Angeln beigebracht und gerne warfen wir kleine Stöckchen in den Bach und feuerten sie beim Wellenreiten an.

Ich habe als Kind vor allem diesen Großvater geliebt, den alten Ofensetzer oder »Pötter«, wie man im Norddeutschen sagte. Wenn meine wohlbetuchten Eltern im Sommer mit meinem Bruder auf die Krim, nach Bulgarien oder was sonst so möglich war, flogen, wurde ich vorher für sechs Wochen bei jemanden aus der Familie abgesetzt. Gelegentlich auf der Halbinsel Mönchgut auf Rügen bei Verwandten meines Vaters, in Kleinhagen direkt hinter dem Deich, wo ich auch gerne war. Eine herrliche Landschaft mit überraschend hohen Hügeln, geschwungenen Buchten, viel unberührte Natur. Dort hatte ich zwei Spielgefährten und den größten Obstgarten der Welt. Die beiden Kinder aus der Familie meines Vaters waren ein paar Jahre jünger als ich und mit Blick auf ihr kleines Dorf kam ich für sie aus der großen weiten Welt, wenn auch nur aus Greifswald. Wir schliefen zusammen in einem großen Bett und vor dem Einschlafen sang ich ihnen meine damaligen Lieblingslieder vor: »Sag' ihr, ich lass' sie grüßen« von Udo Jürgens. Besonders beeindruckt hat die beiden aber »Poupée de cire, Poupée de son« von France Gall – was ich perfekt draufhatte, inklusive aller Instrumente. Das war nicht so leicht bei den vielen Streichern, Bläsern und dem gigantischen Schlagzeug samt diesem »psst-pss-t-hi-hat«, mein Publikum hat gestaunt

Aber am schönsten war es bei Opa Paul in Damgarten. Im Garten behütete er seinen Pfirsichbaum, den er aus dem Ersten Weltkrieg von der Front in Italien mitgebracht hatte. Ich dachte oft, vielleicht bin ich ein zweiter Paul. Er war so unbeliebt in der Familie, wo alle immer was Großes wollten, ein großes Auto, ein großes Haus, den größten Teil vom Kuchen und noch mehr. Und Paul war schon zufrieden, wenn er einen Priem, seinen geliebten Kautabak, einen Schnaps und am Sonntag um 12 Uhr im *Deutschlandfunk* die Blasmusik hatte. Er starb schon Mitte sechzig bei bester Gesundheit während einer Blasenoperation, vielleicht kam die OP ein paar Tage zu spät – keine Ahnung. Er war so anders als alle anderen in dieser implodierenden Familie. Er war kein Geschäftsmann und ging dauernd Pleite, er verspielte Haus und Hof und nur seine gestrenge Frau Martha verhinderte Schlimmeres. Aber auf dem Foto spürt man doch auch etwas von der Liebe, die diese beiden Menschen ein Leben lang verband.

Paul und Martha 1963
Foto: W. B.

Am Sonntag saß Paul immer zum Frühschoppen im *Café Schröder* in der Barther Straße. Wenn das Mittagsessen dran war, schickte mich Martha los, ihn zu holen. Das Café war voller Rauch und fröhlicher Männer. Paul zog dann einen Stuhl ran und setze mich an den Tisch, bestellte eine große Limonade. Das Fest ging weiter. Bis sich die Tür öffnete und Martha wortlos erschien. Man sah nur einen großen Schatten gegen das Licht, eine Szene wie aus einem Western mit der Musik von *Ennio Morricone*: »Spiel mir das Lied vom Tod«. Paul erhob sich schwankend und ich folgte ihm ins Freie. Zu dritt gingen wir schweigend die Wasserstraße entlang. Martha thronend in der Mitte, Paul tippelte rechts und ich tippelte links von ihr. Hinter ihrem Rücken zwinkerte er mir unbemerkt zu, nach dem Motto: »Lot de Olsch man toddern.« Er verspeiste dann das kostbare Mahl schlürfend und begab sich frohgemut zu Bett ... Auch wenn der Haussegen manchmal schief hing, an Scheidung dachte damals keiner. Die fünf Kinder waren in der Welt, Heinz war gefallen, die drei Mädchen waren verheiratet, das Sorgenkind Hans wohnte nebenan.

Hans im Unglück, der so sehr an die Worte des »Führers« geglaubt und sich 1939 freiwillig zu den Panzern gemeldet hatte. So eine schöne schwarze Uniform und der Duft von Benzin und Pulver. Postkarten schickte er aus der halben Welt, aus Brüssel, aus Paris, aus Warschau und Minsk. Er hat am großen Rad gedreht, bis 1945 in Prag seinem Panzer der Sprit ausgegangen war. Hans zog sich eine zivile Jacke an und marschierte als friedlicher Bürger von Prag nach Damgarten und setzte sich einfach wieder an den Tisch seines Vaters. Natürlich sollte Hans auch »Pötter« werden, aber er war kein Mensch mehr. Heute würde man ihn als einen »Veteranen« einstufen und versorgen. Er hatte über sechs Jahre nur geschossen und Erschossene gesehen, er selbst wurde nicht erschossen. Bei den gelegentlichen Treffen der Familie saß er anfangs regelmäßig in einem Sessel und trank still seinen Korn. Ab einem gewissen Zeitpunkt wachte er plötzlich auf, sein Gesicht bekam Farbe, die Augen leuchteten und seine Stimme wurde laut. Wieder und wieder fuhren dann die Panzer mit bedrohlichem Gedröhn im Kursker Bogen aufeinander zu ... Nach einer halben Stunde der wilden Hatz sank Hans müde in sich zusammen, nahm noch ein letztes Glas und ging dann schlafen ...

Meinen Großvater sah ich nur im Sommer und so schaute ich mich in meiner Umgebung nach anderen »Seelenverwandten« oder Vorbildern um. Elise, die Mutter meines späteren Freundes Lude und die Frau der Romanfigur Trullesand im Buch *Die Aula* von Hermann Kant (dort heißt sie Rose Paal), wurde für mich sehr wichtig, bis heute. Was für ein feinfühliger Mensch und ich dachte damals, wie schön wäre es, wenn sie meine Mutter wäre. Erst vor wenigen Wochen sprach ich wieder mit ihr, anlässlich ihres 83. Geburtstages. So klar, so weich, so wissbegierig. Ihr Auto hat sie gerade dem Luden gegeben, weil der eins brauchte, und nun fährt sie täglich mit dem Fahrrad zum Friedhof in Ostklüne, um nach Trullesand zu sehen. Vier Kinder haben sie, das war nicht leicht, denn schließlich waren beide Professoren an der Uni, Philosophie beziehungsweise Politische Ökonomie, da musste alles genau organisiert werden. Elise erzählte mir über ihren Mann: »Ich war berufstätig und mehr als das. Die Seminare, die Klausuren, die Parteisitzungen. Oft kam ich spät nach Haus. Und er hatte alles im Griff, kochte Suppe mit Grieß und am liebsten Pflaumenkuchen und rief dann fröhlich: »Kinderchen kommt, das Abendbrot ist fertig.«
Die Eltern der beiden stammten aus Arbeiterfamilien, Trullesands Vater war Tischler in Stettin, Elises Vater war Landarbeiter, die Mutter Näherin. Und sie trafen sich in der ABF, der Arbeiter- und Bauernfakultät, ein politisches Programm der DDR: gleiche Bildungschancen für alle. Und der Berichterstatter in der *Aula* war Iswall – Hermann Kant. Sein Vater war Gärtner, sein Großvater in Parchim auch »Pötter« und er selbst wurde zunächst Elektriker.

Das neue Land brauchte neue Kader. Von 1945 bis 1948 waren 520.000 Mitglieder der NSDAP aus allen Bereichen der Verwaltung und der Industrie in der Sowjetischen Besatzungszone entfernt worden. Von den rund 40.000 Lehrern wurde die Hälfte entlassen. Von den 16.000 Personen in der Justiz waren etwa 2.500 Richter und Staatsanwälte, zu 80 % Mitglieder der NSDAP, fast alle wurden entlassen. Die meisten Ausgesonderten gingen in den Westen, wo die Regeln, vorsichtig formuliert, milder waren ...

Doch woher sollten die neuen Richter, Lehrer und Betriebsleiter kommen? Als Lösung wurde die ABF geschaffen, die an der Universität Greifswald eingerichtet wurde, wie auch in Halle, Jena, Leipzig, Rostock, Dresden, Freiberg, Potsdam und Berlin. Die bereits 1946 installierten Vorstudienabteilungen erhielten somit im Mai 1949 den Status eigenständiger und gleichberechtigter Fakultäten. Auf ihnen sollten junge Menschen aus der werktätigen Bevölkerung in einem zweijährigen Kurs auf ein Hochschulstudium vorbereitet werden. Bis zur Auflösung der ABF 1963 gab es 30.000 Teilnehmer. Einer von ihnen war Hermann Kant, der dieses Thema in seinem Roman *Die Aula* (1965) dokumentierte. Lesenswert für Interessierte – ein authentischer Blick auf das Innenleben der jungen DDR, Kabale und Liebe, Klassenkampf und Kleinbürgertum ... Kant stammte, wie gesagt, aus einer Arbeiterfamilie und irgendwo habe ich von ihm den Satz gelesen: »Meine Kindheit sah anders aus. Da wurde geknapst, wo immer es ging. Wir hatten nichts, aber was wir hatten, war, dass wir einander gern hatten.« Als ich 16 war, traf ich ihn das erste Mal bei Familie Trullesand – den großen Schriftsteller. Er kam oft nach Greifswald, als könne er dieses Band nicht loslassen in seinem konfliktreichen Leben als Schriftsteller. Dazu der ganze Streit und die gegenseitigen Anfeindungen im Verband der Schriftstellern der DDR, dem er ab 1969 vorstand, erst als Vizepräsident neben Anna Seghers, ab 1978 als Präsident. Viele Jahre später, als ich Kant Ende der 80er Jahre im Verband wiedertraf, fragte ich ihn, ob er nicht Lust hätte, einen zweiten Teil der *Aula* zu schreiben. Es wäre doch spannend zu berichten, was später aus den Absolventen der ABF in Greifswald geworden ist, aus Trullesand, Iswall, Quasi, Filter, Völschow, und natürlich Rose Paal und Vera Bilfert ...

Aber Kant winkte ab: »Nein, nicht einmal gespielt habe ich mit einem solchen Gedanken. Die Geschichte endet dort, wo sie enden musste, mit dem Satz: Und hier wird schon noch geredet werden. Gewiss, aber nicht von mir.« Wir trafen uns dann noch mal 1991 bei ihm zu Hause. Ich konnte ihn nicht überreden, holte mir aber seine Zustimmung ein, mich mit dem Thema »zweiter Teil der Aula« befassen zu dürfen. Und da gerade eine Feier am Laufen war, ich glaube es war sein 65. Geburtstag, fertigte er mich kurz und freundlich ab und schlug vor, dass ich ihm ein paar Fragen schicken möge, sozusagen als Startkapital für meine Recherchen. Und die Antworten kamen prompt zurück.

1. Wie ist Ihr heutiges Verhältnis zu Trullesand, zu anderen Personen aus dem Roman?
»Trullesand ist eine Romanfigur, an die ich sehr freundlich denke. Der Mann, der dieser Figur Züge, aber keineswegs seine Identität abgab, ist mein Freund. Nicht nur mein ältester, auch mein bester. Mit seiner Frau bin ich ebenso lange befreundet. Andere Personen, die anderen Personen im Roman etwas von sich abgaben, treffe ich gelegentlich und ohne Enthusiasmus.«

2. Wie haben Sie den Oktober 89 erlebt, verkraftet – wie standen Sie zum Aufruf von Christa Wolf »Für unser Land?«
»Einen Teil der Antwort können Sie in meinem Offenen Brief an die »Junge Welt« am Montag nach dem 7. Oktober 1989 nachlesen, einen anderen in meiner ersten, letzten, einzigen ZK-Rede. Weitere im *Abspann*. Den Aufruf habe ich unterzeichnet. Verkraftet habe ich nicht viel.«

3. Wann hat sich für Sie die Krise der DDR abgezeichnet? Betrachten Sie den Zusammenbruch der DDR auch als persönliches Scheitern?
»Einzelne Zeichen der grundsätzlichen Krise sah ich seit Jahren. Aber immer meinte ich, die Sache sei reparabel. Ich lief mir in etlichen Angelegenheiten, keineswegs nur literarischen, die Hacken schief. Wessen persönliche Niederlage sollte es wohl sein, wenn nicht meine? Ich werde dergleichen nicht mehr anfassen.«

4. Der Schriftstellerverband der DDR, den Sie »die Arbeit meines Lebens« nannten, aber auch »dafür könnte ich mich verfluchen« – wie erklären Sie diese Diskrepanz?
»Der letzte Satz zu Frage drei gilt in Sonderheit für Schriftstellerverbände.«

5. Welche Punkte waren ausschlaggebend, dass aus dem anfänglichen Elan der »Bau-auf-Generation« später Apathie, Opportunismus und Nischendenken wurden?
»Vor allem anderen die Unfähigkeit, mit zweierlei Macht richtig umzugehen: Mit der gegnerischen anderen, und besonders mit der eigenen.«

6. Was sollten DDR-Bürger heute tun ohne »ihre« Schriftsteller?
»Die Demokratie beim Wort nehmen. Die eigenen Rechte kennenlernen und dann auf sie pochen. Vor allem auch als Einzelne.«

7. Warum lesen Sie gerne im *Zauberberg*?
»Wegen seiner geistigen Schärfe, wegen seiner Opulenz, wegen seiner Sprache, wegen seines Humors, wegen seiner Unendlichkeit.«

8. Sie sagten einmal über Ihre Beziehung zu Christa Wolf, Jurek Becker und Günter Kunert: »Die Politik hat das kaputt gemacht, das tut weh!« Waren es nicht eher die charakterlichen Unterschiede, wäre es nicht vermeidbar gewesen, auch von Ihrer Seite?
»Aber klar, auch durch charakterliche Unterschiede. Aber hier trafen Charaktere auf Politik. Ich glaube nicht, dass unser Konflikt vermeidbar war – allenfalls durch Selbstaufgabe, und die ist meist auch nur Ergebnis eines Konflikts.«

9. Warum haben unsere viel gelesen Autoren der DDR so wenig Einfluss gehabt auf die Entwicklungen der letzten beiden Jahre?
»Erstens stimmt es ja nicht so ganz, manche spielten eine Rolle; zweitens war das mit dem Einfluss nur zu oft ein frommer Schwindel; und drittens sollten Sie ja selbst wissen, wie es mit Autoren und Medien gegangen ist.«

Mein »Roman-Projekt« kam Anfang der 90er Jahre über ein paar Interviews mit den Beteiligten und andere Recherchen nicht hinaus. Erst vor wenigen Wochen konnte ich mich wieder meinem Prosatext *Die Aula. Kein zweiter Teil* zuwenden. Mit dem großen zeitlichen Abstand jetzt eher als Fiktion, ein Monolog von Rose Paal, also Elise, den ich als vierten und letzten Teil meinen *Passagen-Texten* für den *SFB* anfügen möchte. Ich denke, dieser Text wird meinen 1990 begonnenen Zyklus zum Ableben der DDR sinnvoll abschließen.
In diesen frühen Jahren des Umdenkens und Umgewöhnens, es war Anfang April 1992, traf ich Kant das letzte Mal, bei einer Lesung. Irina Pfützenreuter, vormals im Verband der Schriftsteller angestellt und danach Chefin im Arbeitslosenverband Ostberlin, begrüßte die Gäste. Sie lobte die Eröffnung einer literarischen Reihe in der Sozialstation Boxhagener/Ecke Colbestraße in Friedrichshain: *Lesungen für Arbeitslose*. Kant stellte den damals neuen *Abspann* vor und begann überraschend kleinlaut: »Nicht lang genug, um zu sagen, ob es was taugt.« Aber es war schon ein Heimspiel, circa 35 Personen, im Schnitt Ende 60 und alte Genossen, denen im anschließenden Gespräch schon mal ein vertrautes Du rausrutschte. Auch ein paar Leute von der Staatssicherheit waren da, die lautstark ihren Erinnerungen nachhingen mit dem offenbar unvermeidlichen Satz: »Nun ist es so gekommen, wie wir es vorhergesehen hatten.« Die redeten vom MfS wie andere von der BfA. Und hatten noch scheele Blicke für mich übrig, zu jung, langhaarig und dann noch mit einem Notizblock – die Vorhut war noch immer wachsam.
Diese vielschichtige Person Hermann Kant wird heute gerne als »staatsnah« und damit negativ eingestuft. Er selbst hat eine Bilanz versucht in dem schon erwähnten Buch *Abspann* (Aufbau Verlag 1991). Der Text macht auf mich einen fahrigen Eindruck, Entschuldigungen sind seine Sache nicht, auch bemüht er sich um

»günstige Beleuchtung«, wie er selbst schreibt. Und zitiert genüsslich zwei sehr alte Rezensionen aus der Westpresse: »FAZ: Erste konsequente Entstalinisierung in der DDR-Literatur, SPIEGEL:... als stalinistischer Büttel entlarvt.«
Aber seine Erinnerungen liefern auch (leider zu wenige) authentische, zum Teil amüsante Episoden des Augenzeugen und des Akteurs. Das Buch riecht nach Einsamkeit und viele Freunde werden ihm im Alter wohl auch nicht geblieben sein. Einsamkeit, die der »grobe Keil« am Ende auszulöffeln hat. Seine letzte Erzählung, wie er sie selbst nannte, mit dem Titel *Ein strenges Spiel* (Kulturmaschinen-Verlag 2015) liest sich für mich wie ein Abschiedsbrief aus einem »bettlägerigen Blickansatz«, wie ein letzter Gruß an seinem 89. Geburtstag: »Meinen Freunden sage ich Danke, meinen Feinden auch. Ohne diese wüsste ich gar nicht, was ich an jenen hatte.« Ein besseres Vermächtnis sind *Die Aula*, *Das Impressum* und am guten Ende *Lebenslauf, zweiter Absatz* (Aufbau Verlag, Berlin 2011). Gesammelte Erzählungen aus 50 Jahren schriftstellerischer Arbeit ...
Regelmäßig fuhr Kant in den letzten Jahren nach Östklüne, um Elise zu besuchen, jede Woche telefonieren sie. Trullesand ist 2006 gestorben. Er liegt auf dem Friedhof nah bei seinem Haus, Elise: »Damit er nach mir sehen kann.«

Auch den schroffen Kant hätte ich mir als Vater gewünscht. Nun aber genug davon. Fast. Denn dieser Schriftsteller und Funktionär ist ein typisches Beispiel dafür, wie wenig die Vielschichtigkeit und Zerrissenheit innerhalb der DDR heute gewürdigt wird. Dieses Land war kein monolithischer Block und es gab nicht nur Schwarz und Weiß. Kant war Präsident des Schriftstellerverbandes der DDR und hatte als solcher auch mit dem Thema Biermann zu tun, darauf komme ich später noch zurück. Aber er hatte auch mit vielen anderen Autoren zu tun und im Streit mit Honecker gesagt: »Ich mache das nicht mehr.« Da ging es um Erich Loest und dessen Buch *Es geht seinen Gang* (1978). Kant: »Das Buch sollte verändert werden. Um mich dagegen zu wehren, war ich bei Honecker. Der hatte Angst, denn kurz nach seinem Machtantritt war Abrassimow (sowjetischer Botschafter – W. B.) bei ihm gewesen wegen Heiduczeks *Tod am Meer*. Honecker soll gesagt haben: Da kommt hier der Russe wegen eines Buches, das will ich nicht noch mal erleben.« (aus: *Abspann*). Kant setzte sich durch und trotzdem verließ Loest 1979 den Verband und 1981 die DDR ...
Die Aula wurde nicht verfilmt, aber als Theaterstück aufgeführt – mit mehr als 297 Aufführungen gehörte es zu den am meisten gespielten Stücken des *Deutschen Theaters*. Interessant auch der Kommentar von Rolf Becker im *SPIEGEL* 12/1966: »... lesenswert eben nicht nur als Information über ein wenig bekanntes Ausland ...« Ein bemerkenswerter Satz – 1966.

3. Gespräch: Der 17. Juni 1953 in Berlin und Stralsund, Egon Bahr gibt Auskunft als RIAS-Redakteur, Kollektivierung und Bauernflucht, Aufarbeitung des Faschismus in Ost und West, Aufstand der Mediziner 1955 in Greifswald, Volksentscheid zur neuen Verfassung der DDR, mein erster politischer Auftritt

Ich sitze noch immer an meinem Fenster über der Schönhauser. Es ist gleich sechs Uhr und ich warte auf das Abendgeläut der Gethsemanekirche. Dann öffne ich das Fenster und bekreuzige mich. Alles Glück und Gesundheit für meine Kinder – und für mich. Ich war immer gläubig. Auch Fatalist, das mag nicht passen, für mich schon. Ich brauche keine Kirche für meinen Glauben, mir reichen die Glocken, um aufzuwachen. Mein Weg ist vorbestimmt wie ein Lichtstrahl im Kosmos. Ich werde niemals versinken in Trostlosigkeit. Leider kriege ich auch keinen Nobelpreis. Ich bleibe in meinem Korridor, ob am oberen Rand oder am unteren, hängt ab von meinem Fleiß. Ich werde nicht abstürzen. Mehr Trost kann man nicht erwarten. Alles macht irgendwie Sinn. Wenn sie mich 1980 nicht im Rundfunk rausgeschmissen hätten, wäre ich sicher dort geblieben bis 1990, wäre dann wie mein Freund Steffi zum *Ostdeutschen Rundfunk Brandenburg (orb)* gewechselt und all das andere, diese ganzen spannenden Dinge wären einfach nicht passiert. Was ist vorbestimmt, was ist Schicksal oder Zufall? »Ein frei denkender Mensch bleibt nicht da stehen, wo der Zufall ihn hinstößt«, schrieb Heinrich von Kleist ...
Vor der Gethsemanekirche steht ein schöner Jesus. Der *Segnende Christus* aus der 1985 gesprengten Versöhnungskirche in der Bernauer Straße. Immer wenn ich an ihm vorbeigehe oder in mein Auto steige, das ich dort meistens parke, grüße ich ihn und danke ihm. Was für ein schönes Leben: »Mein Freund und Bruder, begleite mich, es wird heute ein schwerer Tag. Ich werde erst spät zurück sein, beschütze mich.«

Jesus Gethsemanekirche
Foto: W. B.

Ich habe in der Schönhauser Allee 71 noch einen anderen wundervollen Menschen kennengelernt: Thomas Knauf, aus der Wohnung unter mir ... Gehetzt und verkannt als Drehbuchautor im Kulturbetrieb der DDR war er oft zerknirscht, an guten Tagen aber ausufernd fröhlich und gesellig. Jetzt lebt er zufrieden mit seinem Hund »Strubbi« am Rande des Volksparks Friedrichshain, kann noch träumen und schreibt Krimis aus dem Prenzlauer Berg – er ist mit sich im Reinen ... Ich traf ihn im letzten Sommer zufällig im Volkspark. Mach's gut, bis bald – aber wann ... So gelöst und beneidenswert frei wirkte er auf mich, als hätte es dieses Leben vorher nicht gegeben. Er wohnt jetzt in einer Platte der besseren Art, wirkte vital, ein paar Jahre älter als ich, und macht mich staunen. Thomas, wo ist das Leben hin? *Rabenvater* (1986, Regie Karl-Heinz Heymann) war ein viel beachteter Film über eine nicht untypische DDR-Familiengeschichte. Ein Vater zieht sich nach der Scheidung von seinem Sohn zurück, steht dann plötzlich wieder vor der Tür und seinem Nachfolger gegenüber. Das Script hatte auch einen persönlichen Hintergrund und der Film war gut besetzt mit Gabriela Zion, Uwe Kockisch und Roland Gawlik. Das Kinoplakat hing bei Thomas gleich vorne in der Wohnung. Wenn du mehr wissen willst über ihn, schau einfach nach. Nennen möchte ich noch die Drehbuchvorlagen für Michael Gwisdeks Spielfilmdebüt *Treffen in Travers* und für Peter Kahanes Film *Die Architekten*, der erst 1990 erschien. Sein liebstes Thema war, als wir unter einem Dach lebten, das Drehbuch zum Film *Die Spur des Bernsteinzimmers*, der 1992 von Roland Gräf realisiert wurde. Etwa zu dieser Zeit hatte Thomas in Berlin Anne Clark getroffen, verliebte sich und ging mit ihr nach New York. Abenteuerlich, ich hätte mich das nicht getraut. In New York versuchte er, sich mit Videoarbeiten und als Auslandskorrespondent der Wochenzeitung *der Freitag* über Wasser und eigenständig zu halten. 1995 kehrte er ungeliebt in den Prenzlauer Berg zurück, war Autor und Regisseur des orb-Kulturmagazins *Querstraße*. Und jetzt Krimis. Das Leben ist wunderschön, wenn man einen Traum hat und an ihm festhält ...

Heute ist der 17. Juni – mal wieder die üblichen Floskeln und die übliche Geschichtsklitterung in den staatlichen Medien. Ich habe 1953 noch nicht gelebt, aber dieser Tag war doch immer präsent in unseren Gedanken und Diskussionen. Im Westen wurde der 17. Juni zum »Tag der deutschen Einheit« und einem willkommenen arbeitsfreien Tag, wobei am Ende keiner mehr recht wusste, um was es dabei eigentlich ging. Im Osten wurde immer wieder der »faschistische Putschversuch« heraufbeschworen. Auch so eine Verballhornung der historischen Wahrheit, wie der »antifaschistische Schutzwall«, so wurde die Mauer in der DDR offiziell genannt, zutreffender gewesen wäre wohl »antikapitalistischer Schutzwall«, wie wir heute wissen.

Der 17. Juni 1953 spielte in Greifswald keine Rolle, es war eine Universitätsstadt mit wenig Arbeiterschaft. Aber mein Vater erzählte später stolz, dass er im benachbarten Stralsund bei der Volkswerft an einem Streik und einer Demonstration beteiligt war. Er hätte davon gehört und sich gleich in den Zug gesetzt. Es wäre sehr aufregend gewesen für ihn, weil diese Losungen von Freiheit, Demokratie und gegen die SED ihn so bewegt hätten. Die Leute standen mutig auf der Straße und riefen genau das, was er auch immer hatte rufen wollen. Aber dann wären die Schützenpanzerwagen gekommen und da sei er dann lieber abgezogen. Er war gerade Vater geworden und seine Frau war wieder schwanger – mit mir ... Im Jahr 2013 wurde in Stralsund ein Denkmal errichtet und heute wird ohne Fachwissen in ganz Deutschland dieses Tages gedacht – dem ehemaligen »Tag der deutschen Einheit«. In Wanderausstellungen und Artikeln ist von einem »Volksaufstand« zu lesen oder sogar von einer »gescheiterten Revolution«. Jörg Roesler, ein Wirtschaftshistoriker, der der LINKEN nahesteht, stellte am 12. Juni 2013 im *Freitag* diese Darstellung in Frage und führte aus, dass es sich primär um eine »Arbeiterrebellion« gehandelt habe. Hierbei stützte er sich auf den Historiker Arnulf Baring, der eher nicht zur linken Szene gezählt werden kann.

Was ist am Dienstag, den 16. Juni und den Tagen danach in Berlin wirklich passiert? Nur ganz kurz ein paar Gedanken. Gewürdigt werden muss in jedem Fall, dass es damals eine offene Grenze nach Westdeutschland und Westberlin gab. Und dass die zwangsweise Einführung der Landwirtschaftlichen Produktionsgenossenschaften (LPG) und die damit verbundene Flucht vieler Bauern in den Westen die Versorgungslage in der DDR spürbar verschlechtert hatte, was sogar zur Wiedereinführung von Lebensmittelkarten führte. 1951 verließen über tausend Großbauern (mit ihrem Fachwissen) die DDR, 1952 kamen weitere viertausend dazu und bis zum Sommer 1953 noch einmal siebentausend.

Über die Kollektivierung der Landwirtschaft in der DDR, eine bessere Bezeichnung wäre Vernichtung der Bauernschaft, habe ich oft mit Bauer Friedrich Wilke aus Gellmersdorf gesprochen, ein Chronist, der sich noch genau an alles erinnern kann. Er war der letzte Bauer im Dorf, der Ende der 50er Jahre in die LPG gepresst wurde. Egal was man ihn fragt, er ist schon 88 und erfreut sich hoffentlich noch lange einer guten Gesundheit, seine Antwort beginnt immer mit einem Datum: »Am 27. Februar 1958 kam einer von der Kreisverwaltung auf unseren Hof, später kamen sie fast jeden Tag. Am Ende kamen sie sogar mit einem Lautsprecherwagen, fuhren durchs Dorf und beschimpften einzelne Bauern wie Wilhelm Fürstenau: Wer gegen die LPG ist, der ist für Adenauer. Eine Schande, was sie alles mit den Bauern gemacht haben: den Strom abgestellt, die Weidezäune durchgeschnitten, die Hühner vergiftet. Alles wegen dieser LPG. Das war eine schlimme Zeit.« Und dabei hatten sie den Neubauern 1945 mit der Bodenreform doch gerade eigenes Land geschenkt: 5 ha und 3 ha Wald. Damit waren erst mal ein paar Mäuler gestopft, aber die Menschen in den Städten hatten Hunger. Die eingesessenen bäuerlichen Familienbetriebe konnten weiter arbeiten, insofern sie nicht mehr als 100 ha hatten. Wer mehr hatte, war ein Großbauer (nach sowjetischer Definition: ein Kulak) und wurde enteignet, mit 99 ha konnte man weitermachen. Verrückte Welt. Max Wilke kam 1948 aus der Kriegsgefangenschaft zurück und führte dann mit seinem Sohn Friedrich den Hof weiter fort. Max nannte sich einen »Quälbauern«, weil sie sich quälen mussten. Wohl reichte es für vier Pferde, doch der Dreschkasten und die Ackergeräte stammten aus den 30er Jahren. Die vom Staat festgesetzten Abgaben waren hoch, mit Sachverstand und einem 14-stündigen Arbeitstag war aber doch ein gutes Auskommen möglich. Im Sommer 1948 mähten Max und drei andere Bauern aus dem Dorf an zwei Tagen vier Hektar Roggen mit der Sense ab. Die Frauen stellten die Garben auf. Zwei Wochen später wurde gedroschen. Aber mit der 2. Parteikonferenz der SED 1952 gerieten nun auch die Mittelbauern in das Visier sozialistischer Ideologen.

Die Neubauern waren ehemalige Tagelöhner und Vertriebene aus dem Osten. Einige konnten wirtschaften, andere nicht. Als die Kollektivierung begann, waren die schwächeren schnell dabei, das Joch abzuwerfen. Die LPG Typ I in Gellmersdorf begann mit 58 ha. Typ I heißt, das Land wurde wieder zusammengelegt, das Vieh konnten die Bauern behalten, das Weideland wurde gemeinsam genutzt. Aber auch ein Betrieb mit 58 ha kann nicht überleben, wenn nur wenige wirklich etwas von der Landwirtschaft verstehen. Und so wurde der Druck erhöht. Auf der MTS, der Maschinen- und Traktorenstation, gab es bei der Ausleihe moderner Technik zwei Tarife: LPG 7 Mark pro ha, Mittelbauern 40 Mark pro ha. Das politische Ziel war die LPG Typ III, in der die Bauern nur noch Landarbeiter waren, mit geregeltem Einkommen und geregeltem Urlaub. Die letzte freie Bauernmesse fand 1952 in Markkleeberg statt, danach wurde der Hahn zugedreht: Zwangskollektivierung. Und wie immer beginnt Friedrich Wilke mit einem Datum: »Das begann am 10.3.1960. Vielleicht haben die von der SED gedacht, noch ist die Mauer offen, sollen die doch abhauen, Hauptsache wir haben das Land.«

Friedrich Wilke konnte sich nicht wehren. Die Bauernschaft in der DDR war abgeschafft, 1945 wurden 12.000 Betriebe enteignet, 1960 waren es 400.000. Als er das Elend in der LPG (in der Kolchose, wie er heute noch sagt) nicht mehr ertragen konnte, machte Wilke seinen Agraringenieur, nicht im gesponserten Fernstudium, sondern nach der Arbeit am späten Abend. Danach hat er 27 Jahre lang im Saatgutbetrieb Angermünde gearbeitet, blieb aber Bauer auf seinem kleinen Hof, mit ein paar Schweinen, zwei Bullen und einem halben Hektar Land – mehr war ihm nicht geblieben.

Friedrich Wilke ist ein stolzer Mann. Ich bewundere ihn, er hat zwei Kinder großgezogen, er hat sich durchgeschlagen und immer offen seine Meinung gesagt, musste im letzten Krieg sogar noch an die »Oderfront«, mit 17 Jahren. Ich finde es traurig, dass er heute noch so verbittert ist, als wäre das Unrecht gestern geschehen. Er ist ganz erregt, wenn wir über diese Jahre sprechen. Seine Frau sagt dann immer: »Nicht wieder über die alten Geschichten reden.« Ein Mann der Wahrheit, der wundervoll erzählen kann und auch ein freundliches Lachen hat. Seine Lebenserinnerungen *Weite Felder* sind bei einem kleinen Verlag in Angermünde erschienen, in kleiner Auflage. Ich habe ihn in den letzten 20 Jahren immer wieder dazu ermutigt, so wie ich andere gern ermutige.

In der DDR ging es Anfang der 50er Jahre spürbar bergab. Den wirtschaftlichen Kollaps vor Augen verkündete die DDR-Führung zum 1. Mai 1953 zahlreiche Sparmaßnahmen: Erhöhung der Steuern für Selbstständige, Erhöhung von Preisen, Erhöhung von Arbeitsnormen. Zwar hatte Stalin die 2. Parteikonferenz der SED 1952 und die Ausrufung des sozialistischen Aufbaus in der DDR nicht verboten, aber er war dagegen und sein Nachfolger Lawrenti Berija stoppte dann, in seiner kurzen Amtszeit, energisch die sozialistischen Flausen von Walter Ulbricht. Berija kannte die Lage in Deutschland genau und hatte sich am 2. Juni 1953 noch einmal deutlich für eine Wiedervereinigung Deutschlands mit Neutralität und Demokratie ausgesprochen. Wenige Tage später mussten Ulbricht und Grotewohl in Moskau erscheinen und kaum waren sie zurück, wurde am 9. Juni überraschend in einem Kommuniqué des Politbüros des ZK der SED mitgeteilt, dass »seitens der SED und der Regierung der Deutschen Demokratischen Republik in der Vergangenheit eine Reihe von Fehlern begangen wurden ...« Diese Erklärung war heuchlerisch und politisch falsch, wies sie doch auf die deutliche Schwächung der SED-Parteiführung hin, die immer darauf bestanden hatte, Recht zu haben und die nun zum ersten Mal zurückruderte:

> Die Partei, die Partei, die hat immer Recht!
> Und, Genossen, es bleibe dabei;
> Denn wer kämpft für das Recht,
> Der hat immer Recht.
> Gegen Lüge und Ausbeuterei.
> Wer das Leben beleidigt,
> Ist dumm oder schlecht.
> Wer die Menschheit verteidigt,
> Hat immer Recht.
> So, aus Leninschem Geist,
> Wächst, von Stalin geschweißt,
> Die Partei – die Partei – die Partei.

Der Text ist von Louis Fürnberg, 1950. Ein rechtschaffener Antifaschist, Schriftsteller, aber dieser Text bleibt an ihm hängen. Kant fiel zu dieser ewigen Rechthaberei der Begriff von der »gesammelten Schlauheit« ein. Hört man heute Journalisten in den staatlichen Medien über diesen 17. Juni reden, so gewinnt man den Eindruck, dieses geteilte, ungeteilte Deutschland wäre eine Scheibe gewesen oder lag auf dem Mond. Aber davon konnte nicht die Rede sein. Berlin war Frontstadt im »Kalten Krieg«, es wimmelte nur so von Spionen und dubiosen Organisationen.

Als Fußnote sei vermerkt, dass Walter Ulbricht nach dem 17. Juni 1953 im Politbüro büßerhaft seinen Rücktritt »nach schweren Fehlern« angeboten hatte. Und seine Gefolgsleute haben ihre Chance nicht genutzt und wurden dafür bestraft, so die Politbüromitglieder Karl Schirdewan, Wilhelm Zaisser, Ernst Wollweber, Fred Oelßner. Kannst du alles nachlesen. Interessant ist, dass die selbst ernannten »Arbeiterführer« mit einem Aufruhr der Arbeiter, die sie ja zu vertreten glaubten, niemals gerechnet hatten. Und anstatt sich sofort an den Ort des Geschehens zu begeben, an die Stalinallee, versteckten sich die Brüder.

In der heute verordneten Sichtweise wird nicht gefragt, wer da mit Steinen warf, wer das Columbiahaus anzündete. Zünden Maurer Häuser an? Das bekannteste Foto vom 17. Juni stammt von Wolfgang Albrecht: Zwei junge Männer werfen Steine auf einen sowjetischen *T-34*. Schulbücher, Bildbände, Dokumentarfilme – überall dieses Foto, sogar auf einer Briefmarke. Aber wer ist auf dem Foto zu sehen? Einer der beiden war Arno Heller und er war Student in Westberlin und kein Bauarbeiter. Bertolt Brecht sprach von »Gestalten der Nazizeit« und »deklassierten Jugendlichen« aus dem Westen ...

Das war schon ein bunter, wilder Haufen damals am Potsdamer Platz, Leute voller Hass, Enttäuschung und Vandalismusgelüsten. Was immer es war, vielleicht Massenstreik, Arbeiterrevolte, Randale, Demonstration – alles denkbar, aber ein »Volksaufstand« war es sicher nicht. Der wäre durchaus möglich gewesen und der *RIAS* (Rundfunk im amerikanischen Sektor) hat alles versucht, um das Feuer anzufachen. Es verblüffte mich zu hören, wie offen Egon Bahr, 1953 Chefredakteur im *RIAS*, vor zwei Jahren, am 12. Juni 2013 in einer Diskussionsrunde im *Deutschlandfunk* Auskunft gab. Als er am 16. Juni die Streikführer aus Ostberlin empfing, hätte er gesagt: »Was sind denn eure Forderungen? Und das haben wir aufgezählt, und dann haben wir das in eine vernünftige Reihenfolge gebracht, und dann haben wir das in vernünftiges Deutsch gebracht, und dann haben wir zugesagt, das werden wir senden.«

Egon Bahr bemerkte nicht ohne Stolz, dass diese fünf Forderungen am darauffolgenden Tag auf allen Spruchbändern standen. Und als die Stahlwerker aus Henningsdorf ihren Marsch nach Berlin begannen, wäre die Beratung im Sender sofort abgebrochen worden und »jeder eilte auf seinen Gefechtsstand oder Kommandostand«, wie Bahr es ausdrückte. Es gibt ein Foto, das zeigt den Marsch der Henningsdorfer Stahlarbeiter durch Westberlin zum Alex, freudig eskortiert von Polizisten.

Da in dieser aufgeheizten Situation dem *RIAS* von den Amerikanern jede weitere Einflussnahme strikt untersagt wurde (»Wollen Sie den Dritten Weltkrieg auslösen?«), lud Bahr schließlich am Abend des 16. Juni den Vorsitzenden des DGB (Deutscher Gewerkschaftsbund der BRD) Ernst Scharnowski ins Studio ein. Seine Ansprache an die Arbeiter in Ostberlin endete mit dem Satz: »Wir sehen uns dann morgen am Strausberger Platz.« Und dann erst knallte es. Egon Bahr kommentierte diesen Winkelzug mit: »Das konnte ja nicht verboten werden ...« Und fügte als Fazit hinzu: »Wir haben die Lehre gezogen, dass es nicht möglich war, mit Druck von unten der Sowjetunion einen Teil ihres Einflussbereiches zu entziehen. Das wurde 1956 bestätigt, das wurde 1968 in der Tschechoslowakei bestätigt.« Die Konsequenz war dann, so Bahr, eine neue Politik: Wandel durch Annäherung.

Am 17. Juni 1953 und den Tagen danach starben 55 Menschen in der DDR, 34 Demonstranten wurden von Volkspolizisten oder sowjetischen Soldaten erschossen, fünf Männer wurden von der sowjetischen Besatzungsmacht zum Tode verurteilt und hingerichtet, zwei Todesurteile wurden von DDR-Gerichten verhängt und vollstreckt, vier Personen starben infolge menschenunwürdiger Haftbedingungen, vier Festgenommene begingen in der Haft Selbstmord, ein Demonstrant verstarb beim Sturm auf ein Volkspolizei-Revier an Herzversagen, fünf Angehörige der DDR-Sicherheitsorgane wurden getötet: zwei Volkspolizisten und ein MfS-Mitarbeiter wurden bei der Verteidigung eines Gefängnisses von Unbekannten erschossen, ein Mitarbeiter des Betriebsschutzes von einer wütenden Menge erschlagen und ein weiterer Volkspolizist versehentlich von sowjetischen Soldaten erschossen (Quelle: Bundeszentrale für politische Bildung). Dabei will ich es belassen, es gibt genug authentische Quellen. Mein Freund Gerrit sagte zu mir: »Lass das weg, das ist Sache der Historiker.« Aber das geht nicht. Es ist so viel Unkenntnis im Umlauf, so viel Propaganda, da braucht es schon die Ermutigung zum gründlichen Einlesen und Aufklärung: »Habe Muth, dich deines eigenen Verstandes zu bedienen!« Wir beide haben auch schon über diesen Tag gesprochen, obwohl du erst 11 bist. Und ich habe es immer verbunden mit der Ermahnung: »Sage nicht, es war so oder so. Sage, mein Vater sagt, es war so oder so.« Jede Meinung hat das Recht, gehört zu werden. Du musst lernen, dir eine eigene Meinung zu bilden. Aber bitte mit Quellenangabe. Wir brauchen eine mündige Jugend, die sich für Politik interessiert und das kostbare Gut (das erstrebenswerte Ideal) Demokratie verteidigt. Die Hoffnung der Manager der »Wiedervereinigung« war, dass sich die soziale Erziehung der Menschen in der DDR in Luft auflösen werde, im allgemeinen Konsumrausch. Sie dachten: Noch eine Generation, dann hat sich das Thema DDR erledigt. Aber die Sozialisation ist manifester, als sie glaubten. Ich erziehe meine Kinder zu sozial denkenden, sich sozial verantwortlich fühlenden Menschen, auch wenn uns der Kapitalismus umgibt als fremdes und menschenfeindliches System. Ein Blick auf die Geburtenzahlen im Osten in den Jahren des Systemwechsels ist deutlich. Waren es 1988 noch 200.000 Kinder, sank die Zahl 1990 rapide, heute beträgt sie etwa die Hälfte. Grundschulen werden reihenweise geschlossen mangels Schülern und natürlich Kreißsäle. Vor kurzem sah ich einen Filmbericht im *rbb* über das Kreiskrankenhaus in Perleberg. Die Geburtenstation dort hat in verkleinerter Form überlebt, aber die Hebamme Ursula Sturm macht sich Sorgen um die Zukunft. In der DDR wurden in Perleberg 1.000 Kinder pro Jahr geboren, heute sind es gerade mal 350. Das bedeutet das Ende der Schulen. Es gibt Soll-Zahlen,

werden die nicht erreicht: Schließung. Der Prenzlauer Berg dagegen ist permanent schwanger. Selten sehe ich eine Frau ohne kugelrunden Bauch oder ohne einen Kinderwagen. Zum Glück. Und zum Glück stammen die meisten Lehrerinnen an deiner Grundschule am Kollwitzplatz noch aus der DDR und vermitteln ihre Ideale (im Rahmen der vorhandenen Lehrbücher und Spielräume) an die Schülerschaft, deren Eltern überwiegend Zuzügler aus dem Westen sind. Somit bleibt doch ein Stück des anderen Menschenbildes erhalten: das WIR steht vor dem ICH, Solidarität mit Schwächeren, Ehrlichkeit geht vor Täuschung und Eigennutz, Mut gegen den Krieg und gegen Geldgier. Im Großen wie im Kleinen. Das Soziale kommt zuerst: »Mach dich bloß nicht so wichtig!« Schau, mit wem du dich gut verstehst, schau, wer deine Hilfe braucht, sei ein Teil der Gemeinschaft, hilf denen, die Hilfe brauchen. Wir müssen nicht angeben, wir haben eine innere Kraft.
Irgendwann vor zwei Jahren kam bei einem Hortfest ein Winzling auf mich zu. Ich stand nur da und erfreute mich am Spiel der Kinder. Der Kleine stellte sich vor mir auf und sagte: »Mein Papa ist viel größer als du.« Das nahm ich gelassen hin, schließlich bin ich nur 1,75 m groß, und lächelte den Jungen freundlich an. Der nächste Satz: »Mein Papa ist Hirnchirurg.« Ich versuchte das Kind zu beruhigen. »Meine Mama ist Richterin.« Dann erst ließ er von mir ab. Ich habe diese Episode schon oft zum Besten gegeben. Was trieb dieses Kind an, was teilen ihm seine Eltern, die sehr sympathisch wirken, in den eigenen vier Wänden mit? Sie waren von weit her in unseren Prenzlauer Berg gezogen und leben gern hier, aber von dem Ort und den Menschen, die früher hier ihr Zuhause hatten, haben sie keine Ahnung. Ist der Mensch an sich nicht Mensch genug? Sicher gibt es Zuzügler, ich kenne einige, die sich einlassen wollen auf die Geschichte der DDR, dieses Stadtbezirks ...
Auch in der nächsten Generation und in der darauffolgenden wird die soziale Prägung der DDR, zumindest im Osten überleben. Das ist offensichtlich und erhöht nur die Anstrengungen der Propaganda, ein surreales Geschichtsbild über die »Schrecken in der DDR« zu erfinden und immer wieder aufzuführen. Es ist soviel Ideologie im Spiel, perfekt verpackt, und so wird sie als solche gar nicht mehr wahrgenommen.
Zum Beispiel entschied sich vor kurzem eine Talkshow in den staatlichen Medien für den Titel »Müssen wir den Russen noch dankbar sein?« Da ging es um den 8. Mai, den Tag der Befreiung vom Faschismus, und die Couch war sehr ausgewogen besetzt: Drei Nein-Stimmen und eine Ja-Stimme. Und ich frage dich: Wer hat diese Frage ins Programm gestellt? Wer hat diese Gäste ausgewählt? Dabei ist schon die Frage allein eine Provokation. Jeder Deutsche sollte den Völkern der Sowjetunion für immer von ganzem Herzen danken, dass sie fast im Alleingang (die Alliierten ließen sich in Europa erst 1944 bitten) den Tyrannen und Massenmörder Hitler besiegt haben. Der 8. Mai sollte und muss wieder ein Feier- und Gedenktag sein, wie er es in der DDR war.

Die Frage des Umgangs mit dem Nationalsozialismus halte ich für sehr wichtig. Diese gesellschaftliche Stimmung in der BRD, wie sie sichtbar wird in Talkshows à la »Müssen wir denen etwa noch dankbar sein?«, wird permanent befördert. Diese Shows werden von vielen gesehen und sie knüpfen an etwas an, sind kaum denkbar, ohne gleichzeitig nicht auch noch eine Deutung dessen zu liefern, worum es eigentlich geht: Die Verbrechen der Nationalsozialisten zu relativieren. Auschwitz erscheint als fern, irgendwo dahinten im Dunst, unerreichbar, kaum zu erkennen, fast als jenseitig. Und genau das ist repräsentativ für die »Aufarbeitung« des Nationalsozialismus in der BRD. Wen wundert das? Richter blieben im Amt, Staatsanwälte blieben im Amt, NSDAP-Mitglieder bekleideten wieder Regierungsämter, selbst KZ-Ärzte mussten sich keine Sorgen machen – vielleicht gab es eine Geldstrafe und sie durften weiter praktizieren. Auschwitz sei »unfassbar« gewesen, »unvorstellbar«. So war es geplant, wo keine Worte mehr sind, wird nicht aufgearbeitet. Aufarbeitung geht nur, wenn das zur Sprache gebracht wird, was aufgearbeitet werden muss. Diese Sprachlosigkeit drückt sich auch noch aus in der Art und Weise des Gedenkens. Manchmal bekommt man den Eindruck, von offizieller Seite aus wird das als etwas Verordnetes empfunden, man muss das jetzt machen. Die Reden sind steif, von einem wahren Entsetzen ist da selten etwas zu spüren. Es ist ein Teufelskreis: Dieses steife, unlebendige Gedenken führt dann dazu, dass manche das verallgemeinern, und das Gedenken als solches in Frage stellen. Die Gedenktage verkommen reihenweise: 10. Mai, 17. Juni, 20. Juli, 13. August, 9. November. Verrückt. Zum Nachlesen ein Hinweis: Das Buch *Die Unfähigkeit zu trauern* (1967) von Alexander und Margarete Mitscherlich thematisiert das Problem aus psychoanalytischer Sicht.

Die »Aufarbeitung« der Nazi-Diktatur fand in Westdeutschland auch in Filmen statt, mal besser, mal schlechter – neben dem »unmenschlichen Leben« in der DDR steht Adolf Hitler auf Platz 2 der Sendeliste der staatlichen Infokanäle. Besteht da ein Zusammenhang oder wird nur dem Interesse der Zuschauer Rechnung getragen? Ein kommerzieller Erfolg war der mit Auszeichnungen versehene Film *Der Untergang* (Oliver Hirschbiegel, 2004). Der Film beschreibt Personen im »Führerbunker« 1945, also die letzten Tage der Nazi-Clique. Adolf Hitler als bemitleidenswerter Tattergreis, der seinen Schäferhund doch so lieb hatte. Der größte Verbrecher in der Geschichte der Menschheit. Und Heinrich Himmler, als, ja eigentlich, ... eigentlich nur ein schneidiger Karrierist. Albert Speer (Rüstungsminister im Nationalsozialismus, verantwortlich für den Einsatz Tausender Zwangsarbeiter u. a. im KZ Mittelbau-Dora, Urteil in Nürnberg: 20 Jahre Haft) als der »gute« Nazi. Die Rote Armee kommt in dem Film nicht besonders gut weg. Man sieht nur ein paar wacklige Aufnahmen von bedrohlich wirkenden Russen, die in den letzten Tagen des von Deutschland angezettelten Weltkriegs Kinder erschießen, die von den Nationalsozialisten zum Fronteinsatz verpflichtet wurden oder einfach nur verblendet waren. Fazit: »Denen müssen wir doch wohl nicht mehr dankbar sein, oder?«

Dieser Film ist ein Teil der gezielten Geschichtsklitterung. Er kommt als unangreifbare historische Wahrheit daher, man ist nicht müde geworden zu betonen, dass man sich an verbürgte Quellen gehalten hat, aus denen halt hervorginge, was man da in diesem Bunker nicht so alles von sich gegeben hat Ende April 1945. Was ja überhaupt nicht entscheidend ist. Entscheidend ist, dass der ganze Kontext ausgeblendet wird. Keine Rede von Konzentrationslagern, von Gestapo, von Mord, Totschlag, Folter, Vergasung, Vergewaltigungen, Erschießungen und wieder Mord, Mord, Mord. Gezeigt werden stattdessen Szenen, wie Hitler einen Teller Nudeln isst. Und dergleichen mehr. Ein chinesisches Sprichwort besagt: »Wenn der Weise auf den Mond zeigt, sieht der Idiot nur den Finger.«

Das nicht zu übersehende Ziel der »Aufarbeitung« in Westdeutschland, und auch heute noch, ist die »Vermenschlichung« von Hitler und die Dämonisierung von SED-Diktatoren wie Ulbricht und Honecker. So kriegt man sie auf eine Stufe: die zwei deutschen Diktaturen. Historisch ist das nicht zu halten und verharmlost dabei die unvorstellbaren Gräuel des Faschismus in Deutschland. Dabei geht es nur um die Frage: Wie hältst du es mit dem Antifaschismus? Das ist vielleicht einer der wichtigsten Unterschiede zwischen den beiden Staaten BRD und DDR, etwas, was sie signifikant voneinander unterscheidet. Die Chefs in den staatlichen Medien haben immer ihre antifaschistische Haltung unterstrichen, aber die Ausrichtung ihres Programms ist antikommunistisch. Der Kern ihrer Ideologie ist der Kampf gegen alles, was einer sozialistischen Idee auch nur im Ansatz nahe kommt. Als Bodo Ramelow als erster Politiker der LINKEN im Dezember 2014 zum Ministerpräsidenten von Thüringen gewählt wurde, übrigens ein ehemaliger Gewerkschafter aus Westdeutschland, gab es Sondersendungen zur Sensation: »Thüringen vor dem Untergang«. Allerdings funktioniert die Rot-Rot-Grüne Koalition reibungslos und das Thema verschwand aus den Schlagzeilen. Man hätte doch mal einen kleinen Bericht machen können, nach 100 Tagen, wie allgemein üblich. Nichts. Weil nicht sein kann, was nicht sein darf.

Gelegentlich erfährt man, wer in den staatlichen Medien hinter den Kulissen die Fäden zieht, in der Regel sind es die Chefredakteure, über die Zusammensetzung des Rundfunkrates erfährt man wenig. Gerade habe ich gehört, dass der Einfluss der Politik in diesem Gremium zurückgedrängt werden soll, wirklich? Das Zugpferd *Tageschau* ist nach dem Sieg über die *Aktuelle Kamera* vom DDR-Fernsehen frei von jeder Objektivität. Aber auch das *Zweite Deutsche Fernsehen* hat an Tiefgang und Unabhängigkeit verloren. Kommt in irgendeinem Land ein Staatsgast zu Besuch, wird er mit feierlichen Ehren empfangen oder sogar mit Salutschüssen. Wenn Präsident Putin in Budapest begrüßt wird, dann sagt Marietta Slomka vom *heute Journal*: Er wurde mit viel Tamtam begrüßt. Und die gewählte Regierung in Griechenland bezeichnet sie geringschätzig als »Tsipras und Co«. Ist das objektiver Journalismus oder gezielte Respektlosigkeit? Eine hochgelobte Journalistin, geehrt mit dem Hanns-Joachim-Friedrichs-Preis. Wer entscheidet das? Der mutige Pfarrer Werner Widrat, der am 7. Oktober 1989 die Gethsemanekirche offen hielt für die bedrängten Demonstranten, sagte mir vor kurzem in einem Gespräch zum Thema Ukraine: »Manchmal kommt es mir vor, als ob sie zum Krieg hetzen, sogar der Deutschlandfunk geht über die Hutschnur, Fernsehen habe ich schon lange abgeschafft. Die Moderatoren fragen so provozierend mit einer vorgefertigten Meinung, als ob sie darauf warten, dass es endlich mal knallt.« Als wir uns das letzte Mal trafen, hatte er eine *Junge Welt* unter dem Arm und sagte mir: »Früher habe ich die Grünen gewählt, aber heute ist die LINKE die einzige pazifistische Partei.«

Die Leute aus der DDR haben ein anderes Verhältnis zu Russland, haben die Sprache in der Schule gelernt, liebten die sowjetischen Märchenfilme, haben sich mit der Kultur des Landes beschäftigt, auch Reisen nach Moskau, Leningrad und Jalta (wie mein Vater) unternommen. Sie haben ein Bild im Kopf von diesem herzlichen und gefühlsbetonten Volk. Die Westdeutschen haben dieses Bild nicht, sie sehen nur den russischen Bär und lassen sich leicht erschrecken, das korrekte Wort wäre: manipulieren. Apropos und da ich gerade die *Aktuelle Kamera* erwähnt habe, das war die abendliche Nachrichtensendung des DDR-Fernsehens. Sehr hölzern, sehr angestrengt, denn die Macher wussten, dass man in Wandlitz, also das komplette Politbüro, zuschaute. Die Vorgaben für die Sendung von 19:30 bis 20:00 Uhr kamen zudem direkt aus der Abteilung Agitation im ZK der SED, von Heinz Geggel, auf den ich noch zurückkomme. Eine langweilige Sendung. Erfolge über Erfolge in der DDR und in der progressiven Welt, der Sozialismus siegt überall. Planerfüllung und Planübererfüllung. Nervtötend war, dass vor dem Namen Walter Ulbricht immer gesagt werden musste: Der Vorsitzende des Staatsrates der Deutschen Demokratischen Republik und Erster Sekretär des Zentralkomitees der Sozialistischen Einheitspartei Deutschlands – die armen Sprecher taten mir leid. Versorgungsengpässe gab es nicht, alle DDR-Bürger waren fröhlich und dankbar – der Partei. Wenn es irgendwo einen Unfall gab bei der Reichsbahn oder auf hoher See oder in einem Betrieb, der sich irgendwie vertuschen ließ, dann erfuhr man das zuerst in der *Tagesschau*, die um 20:00 Uhr folgte. Diese »siamesischen Zwillinge« gehörten irgendwie zusammen, wobei die mangelnde Offenheit den DDR-Nachrichten sehr geschadet hat. Aber die staatlichen Medien heute haben davon leider nichts gelernt und tappen immer tiefer in die Glaubwürdigkeitsfalle.

Bei *ZDFinfo* läuft die Agitation den ganzen Tag lang: *Im Schatten der Stasi. Jugend in der DDR, Ich will nur raus, Heimlich in der DDR. Die Kaderschmiede für West-Revolutionäre, Trauma Umerziehung. Heimkinder in der DDR* – das ist nur eine kleine Auswahl und von einem (!), dem heutigen Vormittag. Im Jubiläumsjahr 2014 gab es auch den Film *Von Schlange stehen bis Selbernähen*. Eine durchaus sehenswerte Zusammenstellung von Schmalfilm-Aufnahmen aus der DDR und Interviews mit sehr interessanten Gesprächspartnern. Überwiegend »einfache Leute«, gewürzt mit einer Prise Promis wie Karin Balzer, Winfried Glatzeder und Sebastian Krumbiegel. Das wäre eine wundervolle Dokumentation geworden, unterlegt mit DDR-Rockmusikschnipseln. Die Aussagen in den Interviews waren so leicht, so selbstverständlich: Seht her, so haben wir gelebt, jeder musste ein Künstler im Improvisieren und Organisieren sein. Besonders beeindruckt hat mich Ingrid Wagner, die sich zusammen mit ihrem Mann Peter und Freunden Surfbretter, die es in der DDR nicht gab, gebaut hatte. Dazu fehlte das notwendige Material: »Wenn man etwas brauchte, wusste man, wohin man gehen muss.« Als alles organisiert war, konnte das erste Muster fertiggestellt werden, alles wurde selbst gemacht, das Surfbrett und die Segel, in Eigeninitiative und mit viel Spaß. Peter Wagner hatte einen so guten Ruf in der Surfszene, dass er sich auch für andere an die Nähmaschine setzte. Das wurde alles gefilmt und natürlich auch die ersten wackligen Versuche auf dem Brett an einem kleinen See und später elegante Törns auf dem Greifswalder Bodden. Frau Wagner sagte: »Für uns war es eine selbst geplante und selbst ausgelebte Freiheit.« Aber das geht natürlich nicht im *ZDF*. Da musste der Unterbild-Sprecher einen leicht ironischen Tonfall annehmen und zudem wurden zwei Historiker aufgeboten, um die echten Filme und glaubhaften Aussagen ins »wahre Licht« zu rücken. Besonders unangenehm war Anna Kaminsky, die in Nürnberg geboren wurde und zum Ende der DDR gerade zwanzig geworden war. Woher sie ihr Wissen wohl hat? Ich schaute nach und siehe da, diese »Historikerin«, die eigentlich was ganz anderes studiert hatte, kam von der Bundesstiftung zur Aufarbeitung der SED-Diktatur. Anders geht es offenbar nicht. Originalfilme und Interviews der Beteiligten reichen nicht raus, um das gewünschte Zerrbild zu erhalten. Es soll offen und ehrlich aussehen, aber die Botschaft bestimmen die Auftraggeber. Schau dir den Film trotzdem an, diese Filmdokumente, diese Menschen sind so natürlich und vieles, was sie berichten, kommt ja auch in meinen Erinnerungen vor. Und der staatlich bestellte Kommentar gehört eben auch dazu. Und das unbekannte Lebensgefühl in der DDR gewinnt heute zunehmend an Interesse. Das »Geschichtsbild« der heutigen Medienmacher ist so grobschnitzig, dass dahinter nicht zu Unrecht ein anderes Bild vermutet wird.

Bevor ich es vergesse, möchte ich dich kurz auf die Dokumentarfilme *Die Kinder von Golzow* (Barbara und Winfried Junge) hinweisen, die den Lebensweg von 19 Schülern darstellen, alle in meinem Alter. Ungewöhnlich sind die Filme wegen der enormen Zeitspanne der Beobachtungen und Gespräche: 1961–2007. Authentisch ist auch der Film *Einmal in der Woche schreien* (1982) von Günter Jordan, in dem ich eine Nebenrolle spielte, dazu komme ich noch. Zu empfehlen ist auch *This ain't California* von Marten Persiel, 2012, mit faszinierenden Originalaufnahmen. Ein verblüffendes Bild der anarchistischen Skaterszene in der DDR. Auf selbst gebauten Boards stürzen sich diese Jugendlichen in einen Rausch aus Beulen und Triumphen. Das *Hurricane-Trio* trat in Kulturhäusern auf, zeigte seine Künste und ermutigte zum Nachmachen. Verrückt ist, wie in diesem Film zu sehen, dass die Staatssicherheit versuchte, ab 1985 »Rollsport-Vereine« zu gründen, die Guten von den Bösen zu trennen, um auch hier internationale Medaillen zu erwerben. Einige Anarchisten konnten mit einem Übungsleiter-Lehrgang geködert werden und dem Versprechen für einen neuen Skaterplatz. Die bekannte Firma *Germina*, die sonst Skis herstellte, brachte sogar das Modell *Spider* auf den Markt. Aber der Kern der Szene ließ sich nicht einfangen ...

War die Jugend in der DDR anarchistisch? Das ist eher eine philosophische Frage und ich will sie hier nur kurz aufwerfen. Der von mir sehr geschätzte Erich Mühsam schrieb in *Die Befreiung der Gesellschaft vom Staat*: »Anarchie, zu deutsch: ohne Herrschaft, ohne Obrigkeit, ohne Staat, bezeichnet somit den von den Anarchisten erstrebten Zustand der gesellschaftlichen Ordnung, nämlich die Freiheit jedes einzelnen durch die allgemeine Freiheit.« Mitte der 1980er Jahre war dem »Staat der Jugend« seine Jugend Schritt für Schritt abhandengekommen. Freie Bands spielten Punk, freie Künstler machten Ausstellungen, freie Schauspieler übten ihre Stücke ein und traten auf in Kellern, Wohnungen oder Hinterhöfen. So viele Sicherheitsleute konnte die Staatsmacht gar nicht aufbieten. Ohne den Protest auf die Straße zu tragen, hatte sich diese Generation eine eigene Freiheit in einem unfreien Land erobert. Und war glücklich. Im Prenzlauer Berg. Das war unser Leben zwischen diesen grauen Kästen aus dem Jahr 1900. In wenigen Jahren waren die Parzellen vor der Stadt nach dem Plan von James Hobrecht zugebaut, trockengewohnt und bevölkert worden. Schmucke Vorderhäuser für die Besserverdienenden und die lichtarmen Hinterhäuser für die Arbeiter. Bis 1989 wurde an den Häusern wenig gemacht. Im Prenzlauer Berg wurden ein paar Hinterhäuser entfernt rund um den Arminplatz und die eine oder andere Fassade wurde erneuert. In den 80er Jahren gab es eine Aktion der FDJ (Freie Deutsche Jugend) unter dem Motto: »Wir steigen der Stadt aufs Dach«. Junge Bauarbeiter sollten sich ehrenamtlich um die maroden Dächer kümmern, viele Dächer und wenige Bauarbeiter. Der Putz bröckelte weiter von den stolzen Vorderhäusern, alles kaputt.

Das Dach über meiner Wohnung habe ich, als die FDJ nicht kam, selbst mit Dachpappe abgedichtet. Auf dem Wäscheboden standen damals zig Eimer und Schüsseln, die bei Regen immer genau justiert werden mussten, und trotzdem gab es Wasserflecken an der Zimmerdecke. Also die Dachpappe hochschleppen und den Kleber. Perfekt. Aus dem Film *This ain't California* stammt der Satz: »Wenn ich an meine Kindheit denke, meine Jugend, dann denke ich nicht an die DDR oder so. Ich denke an meinen kleinen, bescheuerten Bruder Dennis, an meine Freunde von damals. Skateboardfahren, das war für uns wie das graue, langweilige Umunsrum umzuinterpretieren. War unser schöner, geheimnisvoller, hässlicher Betonspielplatz DDR.« Alles grau und unsere Herzen waren voller Farbe ... Heute sieht es hier aus wie in Westberlin, alles bunt, alles lecker – ein schöner, geheimnisvoller, hässlicher Spielplatz ist das nicht mehr ...

Fairerweise füge ich an, dass es in den staatlichen Medien heute auch einige ehrliche Dokumentationen gibt, oft laufen sie erst zu später Stunde, wenn das Volk schläft, aber einige kann man noch in den Mediatheken im Internet finden, wie zum Beispiel *Beutezug Ost. Die Treuhand und die Abwicklung der DDR* von Herbert Klar und Ulrich Stoll (2010). Wer gedenkt eigentlich der Opfer der »Wiedervereinigung«? Warum gibt es keinen Bundesbeauftragten für diese Opfer? Warum gibt es keinen Gedenktag für die Tausenden Entwurzelten, Entlassenen, Selbstmörder, Alkoholiker, Langzeitarbeitslosen – und ihre Kinder?

Vielleicht war meinem Vater später seine »Flucht« aus Stralsund am 17. Juni unangenehm. Auch weil ihm klar wurde, dass es vielleicht eine reale Chance gegeben hatte, den ungeliebten »Spitzbart« (Spitzname für Ulbricht) loszuwerden. Später sagte er: »Wenn da mehr Menschen gewesen wären, hätte es keine Mauer gegeben.« Ich habe dazu nichts gesagt, denn ich war ja für den Aufbau des Sozialismus, damals in der 4. Klasse. Ich trug stolz mein blaues Halstuch der Jungen Pioniere und kannte nur die Version des »faschistischen Putsches«, aber im Grunde wurde das Datum in der Schule nicht erwähnt, so wie alles, was zum Nachdenken hätte anregen können. Diese »Pioniere« waren übrigens eine Massenorganisation, die zur FDJ gehörte. Beide Organisationen dienten äußerlich der Gestaltung eines fröhlichen Jugendlebens mit Ausflügen wie bei den Pfadfindern. Aber die politische Einflussnahme spielte eine ganz zentrale Rolle: Erziehung zum Sozialismus, zum Frieden, zum »Glauben« an die SED-Führung. Das Wort »Kaderschmiede der SED« kommt mir etwas schwer über die Lippen, aber es war doch so, dass aus diesen Organisationen der Nachwuchs für den Staatsapparat in der DDR gewonnen werden sollte und auch wurde. Pluralismus war nicht die Sache dieser Struktur. Die herrschende Ideologie wurde stringent vorgebetet und es gab keinen Raum für kritische Fragen oder Diskussionen. Alles war schön in der DDR: die Schule, die

Armee, die Menschen, die Arbeit, das Wetter. Dass es bis Mai 1958 noch Lebensmittelkarten im Osten gab, wurde nicht thematisiert. Die Kohlenkarte, versehen mit dem sonderbaren Namen »Gutschein zum Bezug von Braunkohlenbriketts zum staatlich gestützten ortsüblichen Grundpreis«, gab es bis zum Ende dieses Staates.

Natürlich gab es politische Idealisten in der DDR, die aus ehrlichem Herzen in der SED waren, die an das Neue glaubten und sich in ihrer täglichen Arbeit dafür einsetzten. Nicht nur Trullesand, Elise und Hermann Kant. Und man musste nicht Mitglied der SED sein, um trotzdem für den Sozialismus einzutreten. Die kleine DDR war angefüllt von diesen Idealisten. Ingenieure wie Brunolf Baade, Autoren wie Volker Braun und Bertolt Brecht, Architekten wie Wilfried Stallknecht, Verleger wie Walter Janka, Wissenschaftler wie Hans-Dieter Schmidt, Historiker wie Jürgen Kuczynski, Musiker wie Hanns Eisler und Anwälte wie Rolf Henrich, der mit seinem mutigen Buch *Der vormundschaftliche Staat. Vom Versagen des real existierenden Sozialismus*, Rowohlt Hamburg 1989, hervortrat. Aufmüpfige Persönlichkeiten, die sich, mal mehr, mal weniger, an der Realität in der DDR gerieben haben. Und vielen war eigen, dass sie nach einer Niederlage einen Schritt zurücktraten, um dann einen neuen Anlauf zu wagen in Phasen des »politischen Tauwetters«, wie Ende 1953 und 1973. Und wenn die Kraft nachließ, wenn die Illusion verblasste, führte das zuweilen zum Bruch mit der Utopie. Gleichbedeutend mit dem Rückzug ins Private oder der Abkehr von der DDR, wie im Fall des Philosophen Ernst Bloch. Künstlerisch dargestellt wurde diese Reibung zwischen den Individualisten und dem halsstarrigen Staat in Kunstpersonen wie Werner Horrath in dem Film *Spur der Steine* von Erik Neutsch oder wie Willi Heyer in *Wege übers Land* von Helmut Sakowski, wie Josef Heiliger und Hubertus Koschenz in *Einer trage des anderen Last* von Lothar Warnecke, aber auch in viel gelesenen Büchern wie *Franziska Linkerhand* von Brigitte Reimann, *Der geteilte Himmel* von Christa Wolf, *Training des aufrechten Ganges* von Volker Braun, *Der fremde Freund* von Christoph Hein, *Die neuen Leiden des jungen W.* von Ulrich Plenzdorf, *Der Laden* von Erwin Strittmatter – nur ein kurzer Blick in mein Bücherregal, aber du kannst dich selber umschauen ...

Viele der Neulehrer, Neujuristen oder Neubetriebsleiter haben bis zuletzt zum Experiment Sozialismus in der DDR gestanden. Elise Ludwig erzählte mir aber, dass bei ihr und ihrem Mann Gerd schon sehr früh Zweifel aufkamen. Sie waren doch Kinder dieses Staates, hatten an der ABF ihr Abitur machen können und sie durften als Arbeiterkinder studieren. Ohne Studiengebühren und mit einem staatlichen Stipendium. Aber sie hatten auch Augen, um zu sehen. Bei Gerd Ludwig begann das schon nach seiner Rückkehr vom Philosophiestudium in Moskau 1957.

»Man kann sagen, er war enttäuscht vom Sozialismus in der Sowjetunion, der ganz anders aussah, als er ihn sich vorgestellt hatte. Die Berichte der sowjetischen Studenten zeichneten das Bild von einem Land voller Armut, kriegsbedingter Zerstörungen, Mangelwirtschaft, Bestechung, Bespitzelung und Verfolgung. Er stürzte sich in seine Arbeit an der Universität in Leipzig und damals begann auch die Zeit des langen Hoffens«, wie es mir Elise beschrieb. Das war der Zipfel, an dem sie sich festhielten: Es musste doch besser werden. Und jeder kleine Fortschritt, jede gute Nachricht nährte diesen Glauben. Der Sozialismus war ein unbekanntes Terrain, ein Experiment, und jeder neue Ansatz, der bekannt wurde, versprach Hoffnung auf Veränderungen. Politische Reformen, ökonomische Reformen, wie zum Beispiel das im Juni 1963 beschlossene Neue Ökonomische System der Planung und Leitung (NÖS), das an die Ideen Lenins zur Neuen Ökonomischen Politik (NÖP, von Bucharin ausgearbeitet) im März 1921 angelehnt war. Es sollte die starre Planwirtschaft in der DDR reformieren und sah eine stärkere Eigenständigkeit von Betrieben und größere Leistungsanreize vor. In der Folge stieg 1964 die Arbeitsproduktivität um sieben Prozent. Elise:»Das war so eine Hoffnung. Die größte aber war der Gedanke an eine Familie, an Kinder. Die wollten wir nicht im Kapitalismus aufwachsen sehen. Sicher war die DDR kein Ideal, aber doch ein Land der Kinder und der Familie«.

Ich bin mir nicht sicher, ob es jemals in der DDR ein Proletariat gab, das sich für den Aufbau des Sozialismus begeistert hatte oder begeistern ließ. Bis zum Bau der Mauer bekamen sie einen geringen Lohn im Osten und aßen das billige Brot im Osten. Die Glückspilze bekamen besseren Lohn im Westen und aßen trotzdem das billige Brot im Osten. Schon nachvollziehbar, dass die Stimmung 1953 nicht gut war. Die alten Steine aus dem zerbombten Friedrichshain für die neue Prachtallee zu Ehren Stalins, das war nur der Plan der Ideologen. Und es klang den Maurern schmerzhaft in den Ohren, dieses zu oft gesungene Lied von Bertolt Brecht:

> Und weil der Mensch ein Mensch ist,
> drum braucht er was zu essen, bitte sehr!
> Es macht ihn ein Geschwätz nicht satt,
> das schafft kein Essen her.

Dieses Einheitsfront-Lied hatte Brecht 1934 auf Bitte von Erwin Piscator für die *Erste Internationale Musikolympiade* geschrieben. Es bedürfte einer genaueren Analyse, ob es in Deutschland jemals ein klassenbewusstes Proletariat gegeben hat: 1918, 1924, 1932, 1945, 1953?

Mit dem noch im Sommer 1953 in seinem Sommerhaus in Buckow entstandenen Gedicht *Die Lösung* reflektierte Brecht mit den Mitteln der Lyrik die Ereignisse

des 17. Juni 1953: »Das Volk hat das Vertrauen der Regierung verscherzt. Wäre es da nicht doch einfacher, die Regierung löste das Volk auf und wählte ein anderes?« Das Gedicht wurde zuerst in der Zeitung *Die Welt* gedruckt (1959), dann in der ersten Buchausgabe der *Buckower Elegien*, die 1964 in Frankfurt am Main erschienen. Helene Weigel setzte 1969 den Abdruck des Textes in der DDR in einem Gedichtband (Aufbau Verlag) durch.
Übrigens soll Brecht seinen Assistenten Erwin Strittmatter am 17. Juni 1953 vom Schiffbauerdamm losgeschickt haben, den Parteioberen mitzuteilen, er wolle rasch Mitglied der SED werden. Er hatte sich davon eine Wirkung auf die Gegner im Westen versprochen. Doch die Parteioberen zögerten – und nach drei Tagen hätte Brecht gesagt: »Nun will ich nicht mehr – der Effekt ist weg.«

Es ist so viel Verwirrung in der Geschichte, weil sie jeder so schreibt, wie es ihm in den Kram passt, wozu er genötigt wird oder was gut bezahlt wird. Geschichte als eine Melange aus bewusster Verdrängung, Vergessen, falschem Zeugnis, Bewahrung und Zeugnis ablegen. Wenn ich heute an der Gethsemanekirche vorbeikomme, treffe ich dort oft Grüppchen von Fahrradtouristen, denen von einem jungen Mann auf Deutsch oder Englisch die DDR erklärt wird. Und im Vorbeigehen fliegen Worte zu mir herüber wie »Berufsverbot, prison, Mauer, violence, Ausreise« ... Woher diese jungen Männer ihre Informationen haben, kann ich nicht beurteilen, aber ich nehme mir vor, mal einen von ihnen zu fragen ... Wirklich konsequent wäre es aber, wenn ich mich selbst als »Reiseleiter« anbieten würde ... Schließlich habe ich ja im Oktober 1989 in der Gethsemanekirche gesessen, voller Angst, und auf Michael Schmitz vom *ZDF* gewartet. Tausende auf der Straße draußen waren eingekesselt, in meiner Hosentasche hatte ich eine Liste von Verhafteten und im Kopf den damals oft gesagten Satz »Nur ein Mensch, der im Westen bekannt ist, kann nicht verschwinden ...«
Aber Greifswald hatte dann doch noch seinen »Volksaufstand« – nicht von Arbeitern, sondern von Studenten. Am 20.4.1955 gab es dazu sogar einen Artikel im *SPIEGEL*, mein Vater konnte mir nichts dazu berichten ... Aber der Hausmeister im Institut für Toxikologie in der Friedrich-Löffler-Straße, wo ich 1971 einen Ferienjob hatte, konnte von nichts anderem sprechen, wenn wir alleine waren. Dabei flüsterte er mir ins Ohr und machte große Augen. Er war einmal Student an diesem Institut gewesen, einer der Aufrührer, einer der Verurteilten. Und er hatte überlebt. Letztlich war es nur ein kleiner Aufruhr, aber mutig in dieser Zeit, wo Leute einfach verschwanden oder erschossen wurden.
Der Hausmeister erzählte mir, dass am 30. März 1955 die 700 Medizinstudenten der altehrwürdigen Alma Mater an der Ostsee einen Vorlesungsstreik durchführten, der für 17 Kommilitonen vor dem Ersten Strafsenat des Bezirksgerichts Rostock ein

schlimmes Ende finden sollte. Auslöser war der Wunsch der Regierung, in Greifswald ausnahmslos Ärzte für die KVP, die Kasernierte Volkspolizei, ausbilden zu lassen. Um diesem Plan die nötige Autorität zu verschaffen, reiste Professor Dr. Gerhard Harig, damals Staatssekretär für das Hochschulwesen, nach Greifswald. Auf die Frage des Dekans der medizinischen Fakultät Prof. Sigwald Bommer, ob dies ein Befehl sei, soll Harig geantwortet haben: »Befehle gibt es in einem demokratischen Staat nicht. Das ist ein unabänderlicher Regierungsbeschluss.«
Wie in ähnlichen Situationen in der DDR gab es dann in Greifswald eine Versammlung der aufgebrachten Studenten, organisiert von der FDJ, im »Maxim-Gorki-Haus« am Marktplatz. Das Ziel der von oben verfügten Veranstaltung war eine Beschwichtigung, also mal Dampf ablassen und dann wird alles so gemacht wie geplant. Zudem wurden die Studenten der ABF (Elise und Gerd waren da schon im Studium) losgeschickt, um sozusagen von Student zu Student zu agitieren. Aber so einfach ließ sich der Aufruhr nicht unterdrücken. Zur Illustration noch eine Erinnerung von Elise, die 1952 mit frischem Abitur eigentlich Medizin in Berlin studieren wollte. Aber die Situation an der Fakultät erwies sich für sie als unerträglich. Anfang der 50er Jahre waren Ärzte sehr gefragt und so schlossen viele Studenten ihr Studium ab, die es im Krieg hatten unterbrechen müssen. Elise: »Eine Kaste selbstverliebter Schnösel, die noch reichlich mit ihren Heldentaten infiziert waren und über das kleine Mädchen aus einem Dorf bei Stettin nur lachen konnten.« Elise wechselte das Fach und studierte Sozialistische Ökonomie.

Am Ende wurden zur Beilegung der Revolte in Greifswald sogar die Kampfgruppen aus dem Reichsbahnbetrieb eingesetzt und KVP-Truppen aus Stralsund. 250 »Provokateure und Rädelsführer« wurden verhaftet. Leider konnte ich nicht ermitteln, was aus den 17 wurde, denen dann in Rostock der Prozess gemacht wurde. Aber ich füge ja diesem Buch meine E-Mail-Adresse an, vielleicht schreibt mir einer, was nach 1955 mit den jungen Männern, alle im sechsten Semester, geschehen ist. Überraschenderweise hatte der Widerstand dann sogar Erfolg. Mit dem Semesterbeginn 1955 wurde die Militärmedizinische Sektion (MMS) an der Uni gegründet, firmierte aber nicht auf dem Campus, sondern bezog einen eigenen, sehr großen Komplex am Volksstadion. Und der Kompromiss? Die medizinische Fakultät der Uni blieb erhalten, was besonders den Professoren zu danken war, die ihre Studenten unterstützten, um die eigene Existenz nicht zu gefährden. Die künftigen Militärärzte blieben außen vor und kamen nur zu den Vorlesungen in die Stadt. Meine Mutter sah diese schneidigen Studenten sehr gern, wenn sie in Uniform auf dem Fahrrad zum Hörsaal fuhren. Vielleicht, weil sie an ihren gefallenen Bruder Karl-Heinz dachte. Das musste ich mir all die Jahre von ihr anhören, wie toll die aussahen und ich hatte löchrige Jeans an und einen Pilzkopf.

Eigentlich lebten wir Anfang der 60er Jahre ganz zufrieden in der Straße der Nationalen Einheit 24, ein üblicher Name damals, heute Rudolf-Petershagen-Straße, in einem recht niveauvollen Neubauviertel. Nur drei Stockwerke hoch, drei Zimmer, Küche und Bad, in der Nähe zahlreiche Läden, dazwischen ein kleiner Park mit einem Springbrunnen. Aber mit wachsendem Wohlstand stiegen die Ansprüche meiner Eltern – ein eigenes Haus sollte es sein. Im Sommer 1964 zogen wir in die Obstbaumsiedlung, in den Rosenweg 14. Standesgemäß ein großes Haus mit Garten. Ich fand es zuerst wunderschön. Vor allem die Stachelbeer- und Johannisbeersträucher am Haus. Einfach Beeren essen, frisch vom Strauch. Es hat mich seltsam berührt, als die dann wegkamen, um Platz für eine bombastische Terrasse zu schaffen. Das schöne alte Haus wurde auf den Kopf gestellt, obwohl jede Art von Baumaterial damals unerschwinglich und fast nicht zu bekommen war. Aber auch auf dem Bauhof geht mal ein Fernseher in die Knie. Und dann regnete es Zement und Fliesen und Parkett. Aber ich denke, mein Vater hat sich an diesem Umbau verschluckt ... Jeden Tag 12 Stunden in der Werkstatt inklusive Kundenbesuche, den Stress mit den Handwerkern im Haus und mit dem Material ... Kinder wurden damals noch als billige Helfer betrachtet. Es gab einen richtigen Arbeitsplan für uns, das Obst musste gepflückt, die Hecke geschnitten, der Rasen gemäht werden. An ein Mammutprojekt erinnere ich mich besonders gut. Das gewaltige Dach sollte umgedeckt werden und da es keine Dachziegeln gab, entschied mein Vater, alle Ziegeln abzunehmen, zu säubern und wieder zu verbauen. Die Säuberung oblag uns Kindern. Ich weiß nicht, wie viele Ziegeln es waren, vielleicht tausend, vielleicht mehr. Die mussten auf einem eigens dafür errichteten Platz mit der Drahtbürste von Moos befreit und neu gestrichen werden. Als Belohnung gab es einen gemeinsamen Kinobesuch. Wenn ich heute gelegentlich an dem großen Haus vorbeigehe, fällt mein Blick auch auf das gewaltige Dach. Es hält noch immer und beschützt die fremden Leute, die seit Jahren darin wohnen.

Wir waren weiß Gott keine Rabauken, mein Bruder und ich, aber wir waren hilflos. Die Eltern haben es nicht vermocht, beiden Kindern die nötige Aufmerksamkeit und Liebe zu geben. Wie leicht wäre es gewesen, den Konkurrenzdruck zu mildern und beide in ihren Stärken zu fördern. Torsten war handwerklich begabt, kannte sich mit Elektronik aus. Bewundert habe ich sein Dedektorradio, das er für mich gebaut hat. Eine kleine Kiste, nicht größer als eine Streichholzschachtel, mit Kopfhörern. Radiohören ohne Strom. Für mich war das wie ein Wunder, aber er erklärte mir fachmännisch: »Bei so einem starken Mittelwellen-Sender, der bei uns nebenan steht, da kannst du mit einem langen Draht, der um einen Stuhl gewickelt wird, sogar eine Glühbirne leuchten lassen.« Ich habe gestaunt und nichts verstanden. War eher ein Leser und Flötenspieler. Wie schön, so unterschiedliche und begabte Kinder zu haben ... Aber wir wurden über einen Leisten geschlagen. Du hast mich schon mal gefragt, warum ich schlechter behandelt wurde. Ich weiß es nicht. Vielleicht lag es daran, dass mein Bruder dem Vater so ähnlich war ... Zudem hatte sich mein Bruder irgendwann eine Strategie überlegt, wie er dem Drama der »Erziehung« entkommen konnte. Er wurde Mamas Liebling, scharwenzelte ständig in der Küche rum, was bei der Bewertung möglicher Missetaten strafmildernd zu Buche schlug. Da wurde dann nicht alles weitergeleitet und den Satz: »Warte mal, bis dein Vater kommt«, bekam ich viel häufiger zu hören. An unsere Missetaten kann ich mich deshalb noch genau erinnern. Besonders schwerwiegend war die Beschädigung einer gerade neu aufgestellten und eingemauerten Badewanne. Wir tobten irgendwie im Badezimmer rum, einer zog kräftig an der Kette der Klospülung, das schwere Ventil flog im hohen Bogen durch die Luft und landete auf der Badewanne. Peng. An dieser Stelle lag dann später immer ein Waschlappen. War doch kein Problem. Einmal spielte ich im Flur Fußball und traf eine Lampe, die zwei Glaszylinder hatte. Einer zerbrach. Ich hetzte mit dem Fahrrad in die Stadt und konnte einen passenden Zylinder finden. Nicht ganz passend, aber es fiel nicht auf. Gott sei Dank. Die Geschichte mit der Schmorgurke hab ich dir ja schon erzählt. Meine Mutter war eine vorzügliche Köchin und wie du weißt, beherrsche ich ihr »Sahnegulasch« auch ganz gut. Nur ein Gericht konnte ich als Kind nicht leiden, Schmorgurken. Macht doch nichts, dann isst das Kind etwas anderes oder nur Kartoffeln mit Soße. Aber nein, die dicke Schmorgurke wurde mir immer wieder vorgesetzt: »Du bleibst jetzt so lange sitzen, bis der Teller leer ist!« Nun, den Teller mussten wir immer leer essen und am Ende mit der letzten Kartoffel auch den letzten Soßenrest aufnehmen. Das mache ich heute noch so, verrückt. Was sollte ich also mit der Schmorgurke anfangen? Einmal kam ich auf eine geniale Idee, ich legte sie in eine große Tonvase, in der bei uns immer Bumskolben standen. Perfekt, der Teller war leer. Leider vergaß ich bei der nächsten günstigen Gelegenheit, die Gurke wieder zu entfernen und ins Klo zu befördern. Nach ein paar Wochen ging meine Mutter schnuppernd durch die Wohnung und fand nach langer Suche den Grund für den Gestank ... Ich denke, es ist an der Zeit, dieses Kapitel endgültig zu beenden. Aber irgendwie kommt immer wieder, wenn ich in den hinteren Schubladen meines Gehirns krame, etwas hoch. Erstmal ist alles gesagt, was ich dir sagen wollte, was ich sagen kann.

Kritische Gedanken über Politik spielten Mitte der 60er Jahre in meinem Leben noch keine Rolle. Wir waren Pioniere und hatten wohl auch eine Gruppenleitung für die Klasse, aber da war ich nicht drin. Für die meisten war das eine vertraute Situation, alles war organisiert. Wir Kinder wurden im Geist des Sozialismus und der Solidarität erzogen. Es gab Patenschaften für schwächere Schüler, Wandertage mit dem blauen Wimpel voran, kleine Konzerte im Altenheim mit fröhlichen sozialistischen Liedern, es gab Sportfeste und es gab das Flaschensammeln. Dabei zogen kleine Gruppen mit einem Bollerwagen von Haus zu Haus und fragten: »Haben Sie Flaschen oder Gläser?« Auch Papier wurde weggeschleppt. Die Sache war ziemlich einträglich, ich erinnere mich, für bestimmte Gläser gab es bis zu 30 Pfennige. Da mein Taschengeld sehr spärlich war, habe ich diese Einnahmequelle noch bis ins hohe Alter von 16 Jahren auch privat genutzt. Flaschen sammeln in diesem Alter fand ich peinlich, aber es war einträglich, wenn man nur 5 Mark Taschengeld im Monat erhält. Die Sammlung in der Gruppe diente natürlich einem guten Zweck, das Geld wurde gespendet für Kinder in Afrika, Kuba oder später Vietnam. Das wichtigste Ritual der Jungen Pioniere war der Fahnenappell an jedem Montag. Da hatte die ganze Schule im Rechteck anzutreten und jede Klasse musste dem Pionierleiter Meldung machen, soundso viele Schüler zum Appell bereit. Gab es etwas Aufregendes in der Welt, hielt die Frau Direktorin eine Rede, es gab auch Lob und Tadel für einzelne Schüler. Ich erinnere mich mit Beklemmung an einen Montag, als ich vor die große Versammlung gerufen wurde. Ein Volkspolizist war anwesend und ich trat vor. Ich hatte in dem kleinen Konsum am Fischmarkt, einem typischen Einkaufsladen, ein paar Bonbons gestohlen, offenbar sehr ungeschickt, denn ich wurde sofort erwischt. Über die Eltern wollte ich ja nichts mehr mitteilen, aber die Reaktion der Schule war in diesem Fall noch schmerzhafter. Wie fühlt man sich, wenn man ganz alleine vor etwa 200 Mitschülern steht und eine drohende Person in Uniform spricht einen Fluch aus. Ich hatte das Volk bestohlen. Ich war ein gemeiner Dieb, der das Wohl des ganzen Landes bedroht, eine unentschuldbare Tat. Unter Tränen stammelte ich so etwas wie, ich würde es nicht wieder tun, und musste mich dann bei den Frauen im Konsum entschuldigen. Dann war die Sache erledigt, denn ich galt ja ansonsten als rechtschaffener Schüler. Politisch gesehen war ich mit 11 Jahren, also in deinem Alter, auf »Kurs«, also auf dem Kurs, der bei den Jungen Pionieren vorgegeben war. Aber vielleicht wollte ich einfach auch hier der Beste sein; mir fehlte die Liebe im Elternhaus und ich suchte nach Anerkennung, wie ich sie damals verstand.

Im Russischunterricht hatte die emsige Frau Kraudzun 1963 angeregt, dass sich jeder der Schüler einen sowjetischen Namen aussuchen sollte, mit dem er dann auch angesprochen wurde in ihren Stunden – wirklich eine verrückte Idee. Da gab es dann einen Aljoscha, eine Olga, Sergej, Pawel, natürlich Juri (nach Juri Gagarin) und German (nach German Titow) und selbstverständlich wollten alle Mädchen Valentina heißen (nach Valentina Tereschkowa) ... Die drei genannten Personen waren Weltraumflieger und unsere Helden. Und welchen Namen hatte ich mir ausgesucht? Aus heutiger Sicht unglaublich, ich wählte Nikita (nach Nikita

Chruschtschow). Aber so richtig in Fahrt kam ich erst 1968, als in der DDR ein Volksentscheid zur neuen »sozialistischen Verfassung« anberaumt wurde. Es war das erste und einzige Mal in der Geschichte des Landes, dass die Bevölkerung mit einem Stimmzettel mit den Möglichkeiten JA oder NEIN abstimmen konnte, und nicht wie bei den üblichen »Wahlen« nur einer Einheitsliste zustimmen konnte oder auch nicht. So viel »Freiheit« war natürlich riskant und so wurde das Ministerium für Staatssicherheit aktiv, um mit der Aktion »Optimismus« laut Befehl 8/68 den Urnengang zu begleiten. Im Kern ging es darum, die führende Rolle der SED in der Verfassung festzuschreiben und die freiheitlich-demokratischen Reste der bestehenden Verfassung von 1949 zu beseitigen, interessant, heute darin zu lesen. Zwar gibt es in der Neufassung die Paragrafen 20 und 27 (Gewissens- und Glaubensfreiheit bzw. Meinungsfreiheit), aber nur zum Schein und nur auf dem Papier. Wer hat sich damals den Text schon durchgelesen vor der Abstimmung? Nach offizieller »Zählweise« ergab sich dann auch eine Zustimmung von 96,37 % der abgegebenen Stimmen bei 3,4 % Nein-Stimmen. So blieb die Zählweise bis zum Ende …

Aber es gab erstaunlichen Widerspruch in der Bevölkerung, was sich in zahlreichen heimlichen Losungen zeigte mit dem Slogan: »Habt Mut! Sagt Nein!« Alles wurde säuberlich in der Zentralen Auswertungs- und Informationsgruppe ZAIG der Staatssicherheit zusammengetragen, wie ein Dokument zeigt. In Greifswald sollen acht Flugblätter aufgetaucht sein mit dem Titel: »STUDENTEN, STIMMT ALLE IN DER KABINE AB!« In den Akten der BStU (Bundesbeauftragter für die Unterlagen des Staatssicherheitsdienstes der ehemaligen DDR) befindet sich dieses »Beweisstück« aus dem VEB (Volkseigener Betrieb) Bergmann-Borsig in Berlin.

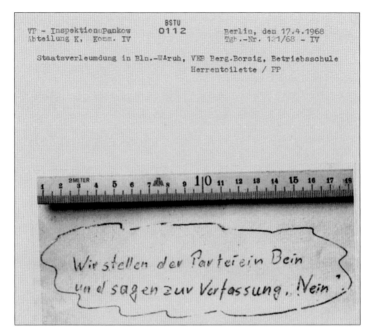

Volksentscheid 1968
Quelle: BStU, MfS, BV Berlin, Abt. XX Nr. 5249, Bd. 2, Bl. 112

Ich war damals für jede kritische Distanz zu unwissend oder zu jung. Überall in der Stadt hingen Plakate und Transparente mit der Aufschrift: »Bürgerinnen und Bürger der Deutschen Demokratischen Republik! Gebt alle euer Ja der neuen Verfassung des sozialistischen Staates deutscher Nation! Gebt verantwortungsbewusst und freudig euer Ja der friedlichen und guten Zukunft unseres Volkes und Staates! Stimmt am Sonnabend, dem 6. April 1968, mit JA!!!«

Ich hab das erste Mal in meinem Leben eine solche Kampagne bewusst wahrgenommen und mit einem gerade aufkeimenden politischen Interesse wollte ich auch meinen Anteil leisten. Ich bastelte mir aus einem Stück Pappe ein dreieckiges Schild, das genau in den Rahmen meines Fahrrades passte. Das Schild habe ich rot angestrichen und mit der leuchtend gelben Aufschrift versehen: Ja! Und damit bin ich dann in der Stadt rumgefahren. Vielleicht haben die Leute mit dem Kopf geschüttelt, aber ich war stolz. Eine gute Tat, ein Bekenntnis – oder nur ein Reflex auf die lästerlichen Reden meines Vaters über diesen verlotterten Arbeiterstaat? Was muss mein Vater sich gegrämt haben, wenn er von seinen Kollegen, den anderen selbstständigen Handwerkern in der Stadt, auf diesen Eklat mit dem Schild an meinem Fahrrad angesprochen wurde. Vielleicht hat er gesagt, dass ich nicht ganz richtig im Kopf sei oder verblendet wäre. Aber es hat mich schon gewundert, dass er den Schmuck von meinem Fahrrad nicht entfernt hat.

Zu dieser Zeit hatte er neben dem großen Haus eine Garage bauen lassen mit einer Werkstatt nebenan und einem kleinen Verschlag mit einem Fenster. In der Werkstatt reparierte mein Bruder Radiogeräte für das Geschäft meines Vaters und in das Zimmerchen daneben zog ich mit 14 Jahren ein. Ich wohnte jetzt also nicht mehr mit meinen Eltern unter einem Dach und bin ihnen ausgewichen, so gut ich konnte. Erstmals hatte ich mein eigenes kleines Reich, konnte die Musik aus meinen Kofferradio *Stern 3*, ein Weihnachtsgeschenk, mal etwas lauter machen und irgendwann kamen die ersten Freunde zu Besuch, was für ein Glück, ich hatte Freunde ... Geschlagen wurde ich zu dieser Zeit nicht mehr. Irgendwie hat mein Vater Ende der 60er Jahre von mir abgelassen und es ergab sich ein Nebeneinander mit so wenig Berührung wie möglich. Ich habe es empfunden wie einen Sieg, wie einen Triumph über die Barbarei, eine Befreiung. Ich hatte gesiegt und gab mich ganz meinen naiven politischen Empfindungen hin: »Es lebe die permanente Revolution! Überall auf der Welt! In Vietnam, in Angola, in Chile, in Südafrika, auf Kuba, Mosambik, Nicaragua, die Black-Power-Bewegung in den USA. In meinen Gedanken lief ich durch Westberlin und rief mit den Studenten »Ho, Ho, Ho-Chi-Minh« und »Che! Che! Guevara« ... Der gesellschaftliche Fortschritt ließ sich einfach nicht aufhalten, dachte ich, und stand dann im Sommer 1968 ratlos auf der Aussichtsterrasse des Flugplatzes in Prag und sah die sowjetischen Transporter einfliegen ...

4. Gespräch: Mein Jahr 1968, Bob Dylan, erste Freunde: Steffi, Lude und das Huhn, unsere Lehrer waren wunderbar, mein Tagebuch, erstes Liebesgedicht, erste Küsse, erster Segelflug, der Jet Baade 152, Eintritt in die FDJ, Lenin und Trotzki, lange Haare, Ferienjobs, drei Tage in Prag im August

1968 war in jeder Hinsicht ein besonderes Jahr für mich, so ganz angefüllt mit Ereignissen, die das Vorhergehende abschlossen und das Nachfolgende ankündigten: Eintritt in die FDJ, Beginn meines Tagebuchs, Beginn der fliegerischen Ausbildung, die Jugendweihe im *Theater Greifswald*, meine Ferien in Prag und die Entdeckung Bob Dylans mit seinem Lied »The Times they are a-Changin'«: »Kommt, Mütter und Väter überall im Land, und kritisiert nicht, was ihr nicht verstehen könnt, eure Söhne und Töchter sind nicht mehr in eurer Hand. Eure alte Straße geht bergab, geht runter von unserer neuen, wenn ihr nicht mit uns gehen könnt, denn die Zeiten ändern sich.« So haben wir den Text damals übersetzt, Lude und ich, und die Worte hatten eine ungeheure Kraft. Ähnlich wie in Amerika vier Jahre zuvor.

Viele Jahre später, genauer gesagt 28 Jahre, traf ich Dylan dann persönlich im Juli 1996 in der Stadthalle Cottbus. Eingeladen hatte mich meine Freundin Heike und bis zur Pause saß ich auch brav neben ihr auf dem Rang. Aber dann zog es mich auf das Parkett und langsam schob ich mich vor, direkt bis zum Bühnenrand, und schaute ihn an. Und er schaute mich an. So schien es mir jedenfalls. Während er sang, sah er nicht ins Publikum, nicht in dieses grelle Licht der Scheinwerfer, er hielt den Kopf gesenkt und schaute stoisch nach vorne. Zu mir? Da ich damals noch einen Presseausweis hatte von der IG Medien, eigentlich wegen der *ILA* (alle zwei Jahre findet die *Internationale Luftfahrtausstellung* in Berlin statt), verließ ich vor dem letzten Lied die Halle und zwängte mich mit erhobenem Ausweis durch den Bühneneingang. Schlängelte mich durch die engen Gänge, stand plötzlich hinter der Bühne und vor Bob Dylan. Er wirkte auf mich klein, zerbrechlich, müde. Ich stammelte etwas von diesem Lied, das meine Jugend erhellt hatte, dass sich damals auch meine Zeit geändert hätte und brachte noch ein »Thank you« hervor. Er lächelte kurz, gab mir einen sanften Stoß mit der Faust auf die Brust und verschwand. Heike hatte ich ganz vergessen ...

Für mich sollte sich 1968 alles ändern. Mein erster Entschluss war, dass ich mich von der häuslichen Küche abmeldete (trotz der Kochkünste meiner Mutter) und an der Schulspeisung teilnahm. Das klingt banal, läutete aber den großen Umschwung ein. Jetzt ging ich nach der Schule nicht mehr allein nach Hause, jetzt aß ich mit den anderen das spärliche Mahl im Keller der Schule. Oder auch nicht: Nicht selten reichte ein Blick in den Kochtopf aus, um zum Marsch zu *Bäcker Witt* zu blasen. Da gab es Quarktaschen für 35 Pfennige, nicht so nahrhaft, aber immer lecker. Und dann gingen wir (endlich auch ich) an die Orte unserer Freizeit: Fußball spielen bei Steffi auf dem Hof, Musik hören, mit dem Fahrrad zum Bodden fahren zum Baden und Quatschen, im Winter Rodeln und Eishockey. Sehr gern war ich beim Huhn. Wir dachten uns immer verrückte Spiele aus, wie etwa Bratpfannen-Tennis auf dem Korridor. Wenn wir auf der Straße eine Konservendose fanden, spielten wir Türfußball. Jede Haustür auf unserem Heimweg war ein Tor, das machte großen Spaß und muss mächtig gescheppert haben. Meine wichtigsten Vorsätze waren: Nicht mehr angeben, nicht mehr petzen, nicht mehr über andere lachen – einen Freund haben ... Und dann waren es drei, und mit den Jahren wurden wir die vier Musketiere. Tolle Jungs, mit denen ich mich noch heute treffe oder telefoniere. Ihnen war das damals sicher nicht klar, aber für mich war es wie ein zweiter Geburtstag. Und ich bekam meinen Namen: Frieder. Was war ich glücklich. Später wurde daraus Tante Frieda, weil ich gern und viel erzählt habe oder nur kurz: Die Tante. »Kommt sie auch?« »Ja, sie kommt.« Jeder hatte so einen Namen. Das Huhn (Arno) hatte seinen Namen von der etwas gebogenen Nase, die Bombe (Dietrich) hatte so eine tolle Locke auf dem Kopf, der Greis (Uwe) hatte sehr helles, fast graues Haar und natürlich hieß sein Vater der Ur-Greis, der Mond (Harald) war so groß, dass er den Mond beim Gehen berührte, alles andere waren Abkürzungen der Namen, wie Steffi, Hansi, Lude oder Jacker.

An der August-Bebel-Schule gab es in jeder Jahrgangsstufe nur eine Klasse und so rückten wir Jahr für Jahr auf bis zur ersehnten 10. Klasse, sozusagen mit den Lehrern auf einer Stufe. Zu unseren Lehrern komme ich gleich. Das war damals ein höchst angesehener Beruf in der DDR, ausgerüstet mit reichlich Respekt. Und wer einmal Lehrer war, kam auch nicht mehr so leicht raus aus dem Beruf, es sei denn, man konnte ein Problem mit der Stimme nachweisen durch ein ärztliches Attest. Aber ich denke, die meisten waren gern Lehrer, besonders auf dem Land oder in solch kleineren Städten wie Greifswald. Dort hatte sich im Bewusstsein der Menschen noch die alte Hierarchie aus der Kaiserzeit (und späteren Zeiten) gehalten: Gendarm, Schulze und Lehrer. Das waren die Stützen des Staates, obwohl es in der DDR keine Beamten gab. Wir haben unseren Lehrern zur Abschlussfeier 1970 ein bleibendes Geschenk gemacht, eine Reportage, in der der Reporter Hans-Peter die skurrilen Eigenheiten der Lehrerschaft auf die Schippe nahm. Eine beachtliche journalistische Leistung für 16-Jährige, zu den Autoren gehörten zuerst Steffi, der Lude, aber auch der Greis. Ich hatte keine Zeit, denn ich war ja meistens auf dem Flugplatz, dazu komme ich noch ... Es sind dabei witzige kleine Szenen entstanden, die die Besonderheiten der Lehrkräfte ironisch überhöhten. Wie bei Frau Klickow – zuständig für Geschichte und mit einem weichen Herz. Sie konnte ihren Schülern einfach nie wehtun, sie war zu gutmütig und

leider nutzten wir Schüler das gern aus: Wir kannten den Knopf, der sie in eine Silvesterrakete verwandelte. Das hätten wir uns bei »Ali« Biester im Matheunterricht nie getraut. Der stand in seinem weißen Kittel wie ein Fels vor der Rasselbande und keiner hat gemuckst. Wenn »Ali« aber doch mal einen Missetäter beim Schwatzen ertappt hatte, hob er drohend seine rechte Hand und spreizte dabei die Finger. Er sagte nur: »Fünf!« und die wurde dann auch eingetragen. Das war damals die schlechteste Note. Ich erinnere mich auch noch gut an Frau Mayenfels, eine drahtige alleinstehende Dame, die ihren Musikunterricht sehr ernst nahm, im Gegensatz zu den Schülern. Gegen Ende der 10. Klasse zelebrierte sie eine Prüfung im Fach Musik, die eigentlich gar nicht vorgesehen war: »Ich will sehen, was die Schüler bei mir gelernt haben!« Es gab sogar eine Prüfungskommission, die aus mangelndem Interesse ihrer Kollegen nur aus zwei Mitgliedern bestand. Zum einen Frau Kuse, die Frau des Hausmeisters, und Ingo, unserem Pionierleiter. Auch den Herrn Streck sehe ich noch heute vor mir, genannt »der Seebär«, wegen seiner Rollkragenpullover. Er gab das unbeliebte Fach Staatsbürgerkunde, ein Fach nach dem Motto: Uns geht es gut und jetzt lernen wir, warum das so ist. Vor allem ja deswegen, weil die Partei immer Recht hat. Um sich dieser mühevollen Aufgabe zu entledigen, entwarf der »Seebär« in den ersten 20 Minuten seiner Stunde mit Hingabe überdimensionale Tafelbilder, die dann alle abschreiben mussten. Wenn damit die Stunde nicht gefüllt war, ließ der »Seebär« Rätsel raten, was ihm deutlich mehr Vergnügen bereitete: »Es hängt an der Wand und ist klein. Was ist das?« Nachdem alle hängenden Gegenstände aufgezählt waren, musste er das Rätsel mit unverkennbarer Freude selber auflösen: »Na, wisst ihr es nicht, es ist eine Zahnbürste.« Wie alt mögen diese Lehrer gewesen sein? Studiert in der DDR oder Neulehrer, also waren sie Ende der 60er Jahre Mitte dreißig oder Anfang vierzig. Für uns waren sie alt und wir hatten gehörigen Respekt, jedenfalls vor den meisten. Es gab aber auch zwei junge Lehrer an der Schule. Frau Hering für das Fach Biologie und Herrn Peter (genannt »Piet« und ein erklärter Stones-Fan), denen wir keck eine Liaison nachsagten. Ihre jugendliche Ausstrahlung hatte eine verblüffende Wirkung auf die Lernergebnisse. Bei der hübschen Frau Hering strengten sich die Jungs besonders an und das Auftauchen von »Piet« führte zu einem Leistungssprung bei den Chemie-Noten unserer Mädchen. Zwar hatten sie nichts begriffen von aliphatischen und alizyklischen Verbindungen, aber immer brav gelernt ... Schwach in Erinnerung ist mir noch Frau Bastian, genannt »das Trapez«, ich glaube, sie gab das Fach Heimatkunde, aber sicher bin ich mir nicht ...
Nicht vergessen möchte ich Frl. Mehlberg, die die zusammengewürfelte Truppe 1962 als Klassenlehrerin übernommen hatte. Sie war eine junge Lehrerin und hatte sich mit Eifer in das Projekt gestürzt. Um uns weiter begleiten zu können, machte sie extern noch eine Weiterbildung, was von wenigen bemerkt und auch nicht

honoriert wurde. Sie erhielt den unschmeichelhaften Namen »Mehle« und hatte bei aller Qualifikation nicht den pädagogischen Sprung geschafft von der Grundschule zu den aufmüpfigen Jugendlichen. Bei einer Weihnachtsfeier in der 10. Klasse hatten wir um festliche Beleuchtung gebeten, aber wie von Geisterhand ging nacheinander eine Kerze nach der anderen aus. Dazu lief kuschlige Musik. Am Ende hockte »Mehle« neben dem Lichtschalter und hielt ihre Hand drauf. Natürlich wurde sie in der satirischen Nachbetrachtung der Schüler auch mitbedacht und sie soll beim Abschlussfest geweint haben, keine Ahnung, ob wegen der Satire oder wegen des Abschieds von »ihrer Klasse«.

In diesem Jahr 1968 fing ich an mein Tagebuch zu schreiben. Mit der beginnenden Pubertät hatte ich gemerkt, dass mit meinem Leben etwas nicht stimmte. Warum fiel es mir so schwer, mich kameradschaftlich zu verhalten? Was sollte aus mir werden, was für ein Mensch wollte ich werden? Hab ich alles noch genau vor Augen. Allein war ich ja inzwischen nicht mehr, aber nicht selten kam der alte »Stinker« doch noch zum Vorschein. Also legte ich dieses Heftchen an, in das ich jeden Tag meine Erfahrungen mit dem Anderswerden hineinschrieb. Ich gab mir Noten, machte mir Mut und tröstete mich über Misserfolge hinweg. Und obwohl es sonderbar klingt, trotz des Chaos in meinen persönlichen Unterlagen, dieses kleine Heftchen und die, die folgten, habe ich heute noch und weiß auch, wo sie sind.

Auf die erste Seite schrieb ich: »Heute beginne ich ein Tagebuch. Es soll mir helfen, meinen Weg besser zu gehen. Mit ihm möchte ich meine Probleme und Tagesereignisse besprechen, um mein Herz von unausgesprochenen Gedanken zu befreien, um Platz zu finden für neue Aufgaben: Schule, Fliegen, Beruf, Liebe.«

Neben den vielen Ermutigungen blieben so Erlebnisse erhalten, die ich sonst wohl vergessen hätte, hier ein kurzes Zitat vom 3. April 1969: »Mein Leben hat sich unwahrscheinlich in diesem Schuljahr verbessert, das merkte ich heute wieder, als fünf aus unserer Klasse im Film »Up the Down Staircase« waren. Ich bin glücklich, Teil der Klasse zu sein, es war nicht leicht, diesen Platz zu finden. Es macht mich so froh, mit den anderen zusammen zu sein. Vielleicht klingt das sentimental, aber wer meine Entwicklung kennt, wird sich denken können, was mich bewegt. Am Abend kam wieder Piet zu mir, brachte zwei Pullen Greifenbräu mit und ich spendierte Äpfel.«

Es tauchen immer mehr Namen auf in diesem kleinen Büchlein. Neben Steffi auch der Lude, das Huhn, der Mond, Rüdi, die Bombe, der Greis, Jacker und Günter. Und ich finde in meinem Tagebuch beständig meine guten Vorsätze wieder. Die habe ich mir immer wieder vorgebetet wie ein Mantra: Nicht mehr angeben, nicht mehr petzen, nicht mehr über andere lachen ... Oft war es so, dass ich mich daran erinnern musste, bevor ich zu einer Fete ging. Ich stand vor der Tür und habe leise mein Mantra aufgesagt.

Lustig ist dieser Eintrag: »Um 18 Uhr kam der Greis vorbei und brachte 5 Mark mit in Pfennigen. Wir pokerten bis kurz vor neun, ich habe gewonnen ...« Natürlich hat der Greis die Leihgabe aus dem Frisiersalon seines Vaters anschließend wieder eingesammelt. Aber nicht selten trafen wir uns auch, um für eine Klassenarbeit zu lernen. Für mich war das alles neu und beglückend. Ich, der ehemalige Einzelgänger, und seine Freunde. Aber so wie ich waren auch meine Klassenkameraden in der Pubertät »erblüht«, wir hatten gleiche Interessen, die lagen im Fußball, in der Musik und den Mädchen – alle kamen sich in diesem Alter näher. Das war mein Glück. Eine Rolle mag auch gespielt haben, dass ich immer sturmfreie Bude hatte in meiner Garage ... Überraschend finde ich auch den Eintrag: »Ich komme mit Vatter ganz gut aus – friedliche Koexistenz. Ich erfülle weitestgehend seine Arbeitswünsche auf dem Grundstück (meist 10 Stunden die Woche) und er lässt mich mein Leben leben ...« Das hatte ich so nicht in Erinnerung. Mag sein, dass es auch schöne, unbeschwerte, glückliche Stunden gab in dieser Kindheit. Doch wenn man sagt, dass in der Erinnerung die schlechten Stunden verblassen und man sich nur an das Gute erinnern kann, warum war es bei mir anders? Ich habe später oft mit meiner Therapeutin darüber gesprochen und sie meinte, vielleicht wären die Erlebnisse so bedrückend gewesen, dass ich alle schönen Erinnerungen verdrängt habe.

Vielleicht werde ich jetzt im Alter doch noch milde oder vielleicht ist dieser gebrechliche Mann im Altersheim Odebrechtstift in Greifswald als Despot einfach nicht mehr erkennbar. Aber wir nehmen uns nicht in den Arm bei meinen Besuchen dort, wir geben uns immer nur die Hand ...

Und was war mit der Liebe? Ich glaube, wir waren damals alle Spätstarter oder Theoretiker. Perfekte Theoretiker und gute Ratgeber. Ich für den Luden, der Lude für mich. Wenn es konkret wurde, sind wir dann aber meistens gescheitert. In meiner Klasse gab es außer Gudrun kein Mädchen für mich, aber ich hatte bei ihr keine Chance oder keine zündende Idee. Die ersten Techtelmechtel ergaben sich nach den Tanzabenden. Wirklich genaue Erinnerungen habe ich heute nicht mehr, nur ein abgegriffenes Heftchen mit der schönen Überschrift: Impressionen. Schon etwas seltsam, meine ersten lyrischen Versuche mit 15 Jahren darin zu lesen. Für Sabine schrieb ich mein erstes Gedicht:

> ich streiche vorsichtig
> eine blonde strähne zur seite
> damit ich deine wange berühren kann
> pfirsichwange
> in der wiege deines mundes
> schaukelt ein keckes grübchen

mühelos erklimme ich den nasenberg
und finde mich
in deinen augen

Nun ja – aber es kam von Herzen ... Sie war so schön und ihre Küsse schmeckten so süß. Sie wohnte in der Fleischerstraße nahe am Marktplatz und die zwei Kilometer in mein kleines Zuhause am Stadtrand bin ich nicht gegangen, sondern über Pfützen geflogen, so beschwingt war ich. Küssen und küssen – mehr war nicht. Spätstarter und Theoretiker oder eine andere Zeit. Schlimm war es mit meiner zweiten Freundin, deren Namen ich vergessen habe und mich nur an meine Hilflosigkeit erinnere. Wir trafen uns immer am Nachmittag und liefen wortlos durch die Stadt – Hand in Hand. Heute würde ich sagen: Prima, es wird schon viel zu viel gesprochen. Damals dachte ich, ich müsste etwas erzählen, irgendetwas Witziges wie Alain Delon oder was Lässiges wie Jean-Paul Belmondo. Sonst war ich ja eher geschwätzig, aber kaum tauchte sie auf, klebte mir die Zunge am Gaumen. Was tun? In meiner Not machte ich mir einen Spickzettel mit fünf Themen. Die waren nach fünf Minuten erledigt und dann gingen wir wieder schweigend durch die Stadt ...

Im Grunde war bei mir zwischen der 3. und 7. Klasse nichts passiert: »Lernen, lernen, nochmals lernen.« Noch besser war die Losung: »Ihr müsst lernen, ihr sollt die Verantwortung übernehmen.« Ob das wirklich so gemeint war, kann ich nicht beurteilen, vielleicht sollten nur einige Auserwählte und Zuverlässige die Verantwortung übernehmen ... Mein Glück war, dass mich 1967 jemand mitnahm zum Flugplatz der GST (Gesellschaft für Sport und Technik) in Schmoldow, vor den Toren der Stadt. Seinen Namen werde ich nie vergessen: Frank Lück. Nach dem Ende der DDR hat er sich um den Flugplatz Tutow bemüht und ich habe ihn dort auch besucht, ein fremder Mensch, aber einer der wichtigsten in meinem Leben. Es waren so viele wundervolle Menschen in meinem Leben, die mich aufgefangen und angeschubst haben, auf eine andere Umlaufbahn brachten, die sich von meinen Ideen begeistern ließen oder die einfach nur zuhören konnten.
Als ich zum ersten Mal die Flugzeuge sah, war ich fasziniert. Die Hallen auf dem kleinen Flugplatz waren wegen leerer Kassen von den Piloten selbst gebaut worden und in ihnen standen wahre Schätze: *Baby IIb*, die *Meise*, der *FES*, die *Libelle*, der *Pirat*, der *Bocian*. Diese Gleiter wurden an ein erstaunlich dünnes Seil gehängt und mittels einer Winde 300 Meter in die Luft katapultiert. Dann wurde ausgeklinkt, normalerweise war der Flug nach einer Platzrunde und fünf Minuten zu Ende. Aber wenn die weißen Blumenkohlwolken am Himmel standen, konnte so ein Flug auch ein paar Stunden dauern. Herrlich. Ich war 14 damals, holte mir am

28. Oktober 1968 die medizinische Zulassung und begann im Frühjahr des folgenden Jahres mit der theoretischen Ausbildung bei den Fluglehrern Christian Wiener und Wilfried Arlt, dem Techniker Klaus Ledderhos und natürlich dem allmächtigen Chef Gerhard Zinke. Der Flugplatz Schmoldow entstand 1954 auf Anregung der Studenten der ABF in Greifswald, Bilder aus diesen Anfangsjahren findest du auf der Homepage des Sportfliegerclubs Greifswald. Gerhard Zinke hat dann den Flugsport an der Ostsee aufgebaut und ich freue mich, dass ich ihn im August 2007, zusammen mit meinem Sohn Robert, auf seiner letzten Lebensstation, dem Flugplatz Zweedorf, noch einmal treffen konnte.

Wochenlang habe ich die Fachgebiete Aerodynamik, Wetterkunde, Instrumentenkunde, Flugrecht, Fallschirmkunde und Navigation gebüffelt. Und da es nur ein einziges Buch im Verein gab, habe ich alles säuberlich abgeschrieben und die Zeichnungen abgemalt. Alle Abbildungen und Diagramme, unvorstellbar. Am 5.4.1969 hatte ich meinen ersten Ausbildungsflug im *FES*. Das war ein Schulgleiter, gebaut in der DDR als winziger Rest, der von der stolzen Flugzeugindustrie 1961 übrig geblieben war ... Der Stolz dieser Industrie war die *Baade 152*. Eigentlich hätte sie *EF 152* heißen müssen, da sie aus dem Hause *Junkers* stammte, das erste Passagierflugzeug mit Turbinen in Deutschland, Projektleiter war Brunolf Baade. Er ist an dem Misslingen seines Lebenstraums mit 65 Jahren früh gestorben. Baade war als begabter Ingenieur in den Flugzeugwerken von *Junkers* in Dessau 1946 zwangsweise mit der kompletten Belegschaft (um die Tausend Leute) in die Sowjetunion umgesiedelt worden, um dort weitab von den Amerikanern neue Düsenbomber zu bauen, Nachfolger der *Ju 287* und der *EF 131*. Die Fachleute mussten mit, es gab kein Entrinnen. Aber es waren auch alles besessene Ingenieure, die weiter arbeiten wollten, und als Deutschland in Schutt und Asche lag, fanden sie sich in ihr Schicksal, ihre Arbeit in einem neuen Zuhause und mit ausgezeichneter Bezahlung fortzusetzen. Die Drehbänke und Werkzeuge gingen auf die Reise und wer von der Familie mit wollte, auch Opa und Oma, bestieg den Zug. Ein Waggon für eine Familie plus ein Waggon für die Möbel. Volldampf Richtung Osten am 22. Oktober 1946 nach Podberesje, nördlich von Moskau. Die Russen haben viel gelernt von den deutschen Fachleuten, denn was die Amerikaner in ihrer kurzen Besatzungszeit an modernen Fluggeräten aus Dessau abtransportiert hatten, war bei den Ingenieuren als Fachwissen noch im Kopf, sogar Weiterentwicklungen. Nach neun Jahren kam Baade zurück in die DDR mit seinem Projekt 152: der erste deutsche Düsenjet. Hundert Flugzeuge wollte er für die Sowjetunion bauen, den Rest für die DDR, vielleicht sogar für Südamerika, wo der Name *Junkers* noch einen guten Ruf hatte. Aber sein Plan ging nicht auf, trotz bester Kontakte zu Walter Ulbricht und Chruschtschow. Erst wurden die neuen Flugzeughallen in Dresden nicht rechtzeitig fertig und dann stürzte der Prototyp am 4. März 1959 nach einem waghalsigen Flugmanöver ab, das Baade angeordnet hatte. Er war drei Jahre hinter seinem Zeitplan zurück und wollte zur Leipziger Messe in einem Akt der Verzweiflung den Wundervogel Nikita Chruschtschow, der die Messe besuchte, im Tiefflug vorfliegen – gegen alle Regeln. Der Absturz forderte vier Menschenleben.

Zwar startete der zweite Prototyp im Folgejahr, am 26. August, aber für das Programm kam der Flug zu spät. Die DDR hatte sich verschluckt, brachte zwar noch ein modernes Düsentriebwerk an den Start, aber der Großkunde Sowjetunion hatte in der Zwischenzeit sein eigenes Flugzeug mit Strahltriebwerken entwickelt, die *Tu-104*, und schon in den Liniendienst aufgenommen. Ulbricht wollte ansetzen zum großen Überflug, aber das kleine Land hatte sich mit den drei Milliarden, die das Programm verschlang, übernommen und als die Sowjetunion den Jet, der sich immer mehr verzögerte, nicht mehr haben wollte, kam das Aus.

Wie konnte ein Mann wie Baade das aushalten? Man gründete für ihn das Institut für Leichtbau in Dresden, dessen Direktor er wurde, aber das konnte ihn nicht retten. Die Flugzeugindustrie der DDR wurde am 28. Februar 1961 aufgelöst, leitende Ingenieure gingen in den Westen und waren später am Aufbau von *Airbus* in Hamburg beteiligt. Und in meinem Zimmer hing die ganze Zeit über neben den Fotos von *Uriah Heep, Deep Purple*, den *Beatles* und Che Guevara auch eine Abbildung der *EF 152*, die ich aus einer alten Nummer der Zeitschrift *Jugend und Technik* ausgeschnitten hatte. Aber darüber durfte nicht gesprochen werden. Ab 1961 wurde das Thema nicht mehr erwähnt: »Niemand hatte die Absicht, einen Jet zu bauen.« Anstatt sich über den Erfolg, die grandiose Leistung zu freuen, wurde es als Misserfolg bewertet und deshalb totgeschwiegen. Aus heutiger Sicht ist es unverständlich, warum die Flugzeuge nicht in Ruhe fertiggestellt, erprobt und dann in der DDR eingesetzt wurden. Alle Flugzeuge wurden verschrottet, um das (vermeintliche) Scheitern zu verbergen, nur wenige Rümpfe überlebten. Einer (die 011) ist heute im Flugplatzgebäude Dresden zu besichtigen, der Rumpf der 008 wurde bis 1990 auf dem Flugplatz Marxwalde (heute Neu-Hardenberg) als Aufenthaltsraum genutzt, ein abgetrenntes Teil davon ziert jetzt die Ausstellung im Flugzeughaus in Gellmersdorf.

2010 erfüllte ich mir einen alten Traum und baute die *152* nach, als eine maßstabsgerechte Illusion. Dazu verzauberte ich einen alten Schweinestall in Gellmersdorf, der zufällig auch 31,40 m lang war. Das Dach wurde mit Zinkblech überzogen und den Rest der Verwandlung erledigten zwei versierte Fassadenmaler. So hat dann doch noch eine *152* überlebt. Vorne am Bug steht Brunolf Baade mit seinen Ingenieuren und aus den Fenstern schauen meine Kinder ...

Gebaut wurden nach 1961 in der DDR nur noch ein paar Segelflugzeuge und damit zurück zu mir, dem jungen Piloten. Zuerst wurden die einzelnen Flugübungen mit

legendären *Schwalbe*) reduzierte sich die Anreise um die Hälfte, aber mit der »steilen Wand« hatte auch der ausgelutschte 50-Kubik-Motor so seine Probleme. Dieses erste Moped, Spitzname »Pedi«, hatte ich 1969 gekauft, denn ab 15 konnte man Moped fahren und ich hatte als Telegrammbote bei der Deutschen Post ausreichend Fahrpraxis, dazu gleich. Auch hatte ich endlich die 400 Mark zusammengespart, bei meiner Ferienarbeit. Mein Vater wollte unbedingt mitkommen zur Besichtigung des etwas altersschwachen Gefährts, zuerst fand ich das unpassend, aber dann war es doch gut, dass er bei den »Verhandlungen« dabei war. Später hatte ich so viel Geld zusammengespart, um mir einen nagelneuen *Star* zu kaufen, auch aus dem Hause *Simson Suhl*, für 1000 Mark. Der wurde immer auf Hochglanz poliert und brachte es auf 60 km/h, wenn ich mich tief über den Lenker beugte. Für mehr Speed wurde auch am Vergaser geschraubt, manche haben sogar am Kolben rumgefräst und kamen so auf 70 Sachen. Heute habe ich noch einen *Star* und eine *Schwalbe* in Gellmersdorf und wann immer es möglich ist, veranstalten wir wilde Wettrennen auf diesen beiden Veteranen, die sind fast wie neu – und wenn deine Beine erst mal etwas länger sind, geht der Spaß richtig los ...
Das Fliegen so am Rand der Ostsee, das Gleiten auf den Wellen der Luft hat meine geschundene Seele verzaubert. Fliegen vermittelt ein wundervolles Gefühl der Schwerelosigkeit, der Freiheit, wie ein Vogel über das Land zu segeln. Auch diese neue Gemeinschaft außerhalb der Schule war wundervoll. Gleichgesinnte junge Burschen aus der Gegend, die auch fliegen wollten. Das ganze Vergnügen kostete uns nur 5 Mark pro Jahr. Und so war das Geld auf dem Flugplatz natürlich immer knapp. Wenn wir keinen Diesel für die Winde hatten, zog der ganze Trupp als Erntehelfer zur LPG, der Landwirtschaftlichen Produktionsgenossenschaft, die unseren Einsatz auf den Feldern mit einigen Fässern Diesel entlohnte. Auf dem Papier war der Flugplatz eine vormilitärische Organisation zur Rekrutierung des Nachwuchses für die Luftstreitkräfte. Das war auch mein Ziel, fliegen mit einem Düsenjäger, und es gab auch Appelle und Uniformen. Aber wir hatten nicht diese grauen Dinger, die sonst üblich waren, sondern schmucke hellblaue Hosen und Jacken – die habe ich, wen wundert's, heute noch, und wie du weißt, sie passen noch ...
Im Grunde war da aber wenig Militärisches. Die Ausbilder und Flieger, fast alle Mitte dreißig, waren in erster Linie Leistungspiloten und versuchten auf der *Libelle Laminar* oder dem *Pirat* möglichst neue Rekorde zu erfliegen, was so nah an der Ostsee schwierig war. Aber die *Silber C* sollte man schon schaffen, das waren (und sind heute noch): fünf Stunden Dauerflug, 50 km Strecke und 1000 m Höhengewinn nach dem Ausklinken. Die Strecke habe ich auf dem *Pirat* geschafft, auch die Startüberhöhung, fünf Stunden Dauerflug waren nicht drin. Keine Silber C. Aber das war das Maß der Dinge seit den ersten Flugtagen an der Wasserkuppe in der Röhn Mitte der 20er Jahre und galt auch in Westdeutschland

als der Ritterschlag unter den Segelfliegern. Die ersten Personen, die diese Auszeichnung erhielten, waren Wolf Hirth und Robert Kronfeld, am 15. Februar 1931. Auch die anderen Rituale der Flieger waren in Ost und West traditionell: Nach der A-Prüfung, dem ersten Alleinflug, trat die ganze Truppe an, der »Auszuzeichnende« musste seinen Allerwertesten herzeigen und bekam von allen einen heftigen Schlag darauf – natürlich immer auf dieselbe Stelle. Manche zogen sich für diese Prozedur extra einen Lederhandschuh an und wenn dreißig Flugsportler anwesend waren ... Aua! Ein kleiner Schritt war es dann zur B-Prüfung, dem ersten Flug auf einem Einsitzer. Zu diesem Anlass drückte mir der Flugplatzleiter Gerhard Zinke einen Strauß Disteln in die Hand. Gerhard war sehr streng, ein dekorierter Segelflieger und der Chef. Für mich war er eine Art Vaterfigur, die ich achten konnte und an der ich mich auch gerieben habe. Es kam nicht selten vor, dass er mich am Morgen auf den *Lanz Bulldog* einteilte. Das hieß, den ganzen Tag zwischen Startplatz und Seilwinde hin und her knattern, um die eingerollten Seile wieder zum Start zu ziehen. Mitunter war das prächtigste Flugwetter, die Maschinen stiegen auf und machten unter den Cumuluswolken Höhe. Und ich saß auf dem Traktor. Besser: Ich stand. Bei voller Fahrt und dem unebenen Platz konnte man es nur so schaffen, wobei man sich am Lenkrad festhalten musste. Hatte Zinke mich vergessen? Erst gegen Abend gab er mir ein kurzes Handzeichen, endlich rein in die *Meise*. Wenigstens noch drei Starts, allerdings ohne Chance auf Thermik. Aber ich war glücklich ...

Frieder in der Meise 1971
Foto: Archiv W. B.

Die Ausbildung wurde mit der C-Prüfung abgeschlossen, und ich erhielt das ersehnte blaue Abzeichen mit den drei Schwingen für drei korrekt geflogene Platzrunden, saubere Kreise und Landung mittels Slip an einem vorgegebenen Punkt. Der Slip war immer eine aufregende Übung, man trat im Landeanflug das rechte (oder linke) Seitenruder durch und drückte das Querruder in die entgegengesetzte Richtung. Dann ging es abwärts wie im freien Fall. Damit war ich also nun ein richtiger Segelflieger und es begann der Wettstreit um Höchstleistungen bis zum Ende meiner Schulzeit 1972. Das kleine blaue Abzeichen trage ich noch heute an der Fliegerkombi als Glücksbringer, wenn ich mit meinem Ultraleicht-Flugzeug in der Uckermark an den Start gehe ...

Auch die Abende auf dem Flugplatz Schmoldow Anfang der 70er Jahre waren voller Tradition. Gemeinsam wurde der Flugtag ausgewertet mit Lob und Tadel und wenn es etwas an den Flugzeugen zu reparieren gab, wurde der Schaden gemeinsam behoben. Danach saßen wir oft am Lagerfeuer und die »Alten«, sie werden so um die sechzig gewesen sein, erzählten von ihren Luftkämpfen im Zweiten Weltkrieg mit den *Jaks* und *Spitfires*. Und wir konnten nicht aufhören ihnen zuzuhören.

In diese Zeit der Veränderungen gehört eigentlich auch die Jugendweihe im April 1967. Aber für mich war das eher ein lästiges Ritual. Alle wurden herausgeputzt, die Jungs bekamen ihren ersten Anzug und die Mädchen das erste festliche Kleid. An die Rede im Theater Greifswald kann ich mich nicht mehr genau erinnern. Alle mussten auf die Bühne, bekamen Blumen und das Buch *Weltall – Erde – Mensch*. Uns wurde gesagt, dass wir jetzt in die Reihen der Erwachsenen aufgenommen seien. Aber erwachsen wird man nicht mit einem Buch und einem Blumenstrauß. Wichtiger war da schon im gleichen Jahr unsere Aufnahme in die FDJ – die Freie Deutsche Jugend. Was für ein schönes Wort, aber leider konnte die Organisation diesem Anspruch nicht genügen. Das blaue Hemd der FDJ war nicht sonderlich beliebt, mit einer Ausnahme, es zeigte, dass man kein Kind mehr war. Besonders die Mädchen fanden das wichtig und haben das Hemd dann wenigstens unter einem Pullover getragen, natürlich musste der Kragen zu sehen sein ... Und dann standen die ersten Wahlen an in unserer Klasse. Die Wahl der FDJ-Gruppenleitung. Was gab es da für Posten zu vergeben? Den Kassenwart, einer für Propaganda, einer für Kultur und Sport und natürlich der Gruppenratsvorsitzende. Jede Klasse in der DDR musste das vorweisen und keiner dieser Posten war begehrt, schon gar nicht der Chefposten. Kleines Rätsel: Wer wurde 1968 vorgeschlagen und einstimmig gewählt? Frieder.

Sicher war das ein blöder Posten, aber ich konnte mein Glück kaum fassen. Ich saß schon lange nicht mehr allein in der letzten Bank, ich saß neben dem Luden und hatte Freunde und vielleicht ließ sich aus dem »Posten« ja etwas machen. Ich stand damals sehr weit links. Das hieß nicht, dass ich die aktuellen Beschlüsse der SED deklamieren konnte. Links sein hieß für mich zuerst Che Guevara, Ho Chi Minh, Fidel Castro, Rudi Dutschke, John Lennon, Bob Dylan, Ernst Busch ... Das größte Kompliment machte mir Jahre später mein Klassenkamerad Axel, Typ Ringo Starr, auch Trommler in einer Band. Er saß auf der Penne neben mir und trommelte mir immer irgendwelche Grooves plus Fill-In auf den Oberschenkel. Heute ist er Postausträger in Bad Freienwalde und wohl der Einzige von uns, der seinen jugendlichen Frohsinn nicht verloren hat. Axel ist auch heute noch so, wie er damals war: beneidenswert. Und er lebt in mir mit dem Satz: »Frieder, du bist zwar eine rote Socke, aber trotzdem ein toller Kumpel.«

Was also tun? Was mache ich mit der ungewohnten Verantwortung? Ich krempelte den ganzen miefigen Laden um. Und alles, was vorher als lästig und unausweichlich empfunden wurde, sollte jetzt Spaß machen und einen Sinn haben. The Times they are a-Changin'. Ich stellte meine »Regierung« zusammen: Äußeres, Inneres, Kultur, Finanzen. Nur wer wirklich Lust auf den Job hatte, konnte ihn auch bekommen: Gudrun, Angelika, der Mond, Steffi. Und diese »Regierung« beschloss auf einer ihrer ersten Sitzungen, dass Leute, die keinen Bock auf das ganze hatten, aus der FDJ ausgeschlossen wurden. Das war zwar verboten, aber wir machten es. Die Sache bekam plötzlich Zug und wurde spannend. Richtig Lust hatte zuerst niemand, aber ausgeschlossen werden wollte auch keiner. Natürlich gab es nach wie vor die gleichen Aufgaben: Altpapiersammlung, Hilfe für alte Menschen, Unterstützung der Kleinen beim Lernen, Patenschaften mit schwächeren Mitschülern. Aber irgendwie machte es uns mehr Spaß, weil jeder selber entscheiden konnte, was er machen wollte. Und was vorher ein notwendiges Übel war, machte jetzt Freude. Und wir standen im Wettbewerb mit anderen Klassen. Soweit ich es überblicke, war der Wettbewerb keine Erfindung der DDR. Schon beim Bau der Pyramiden gab es diesen Wettstreit und die Kolonne, die die meisten Steine auf der schrägen Rampe emporgeschleppt hatte, bekam am Abend ein Bier extra, genannt: Henqet. Doch der Hammer kam für uns 1969. Als einzige Klasse aus der Stadt Greifswald wurde unsere ausgewählt, am *Treffen junger Sozialisten* in Berlin teilzunehmen, zum 20. Jahrestag der DDR. Wir wurden in einer Schule in Heinersdorf untergebracht und bekamen einen bedruckten Beutel mit Verpflegung plus eine Banane. Den Beutel kann ich dir als Beleg noch zeigen, nur die Banane ist weg. Es wurden aufregende Tage für uns in Berlin. Volles Kulturprogramm, dazu Diskussionsforen, Jugendtanz und der offenbar unvermeidliche Fackelzug vor einer Tribüne. An einem Abend zog ein heimlicher Marsch zum *Springerhaus* an der Leipziger Straße, weil dort die *Stones* spielen sollten. Das war übrigens auch so eine »Botschaft« des *RIAS*, ein Jux des Moderators Kai Blömer. Die *Stones* spielten natürlich nicht und wir hielten genügend Abstand, um nicht verhaftet zu werden. Ganz sicher waren dies meine wichtigsten und schönsten Jahre mit 15, 16 – anders, jedoch vergleichbar mit den schönen Jahren 1988/89. Ich fühlte mich damals wie erweckt. Diese ungewohnte Anerkennung unter meinen Schulfreunden und dazu die Fliegerei.

Bei all der verständlichen Ablehnung gegenüber dem drögen Staatsbürgerkundeunterricht wurden wir schon mit 15 Jahren bekannt gemacht mit Namen wie Feuerbach, Kautsky oder Lasalle. Im Lehrplan stand auch, welche Rolle August Bebel spielte, später Scheidemann, Noske und Ebert. Die meisten hat das nicht interessiert, mich schon. Viele der Jungs haben sich bei Nachfragen weggeduckt und die Mädchen haben brav gelernt und den Text aufgesagt. Und »der Seebär«, die zuständige Lehrkraft, befragte am liebsten die Mädchen. Irgendwie haben wir dennoch gelernt, wie der Kapitalismus funktioniert, welche gesellschaftlichen Kräfte dort wirken, die Rolle des Kapitals und der Konzerne verstehen gelernt, die untergeordnete Rolle der Politik. Das hilft noch heute nach dem erfolgreichen Rollback des Kapitalismus in der DDR. Wenn man diese Gesellschaftsform versteht, die Wesenszüge des Kapitalismus, ist man resistenter gegenüber seiner Ideologie, weniger verführbar durch die nahezu unbegrenzte Möglichkeit zum Konsum oder durch »freie Wahlen« und die *Tagesschau*. Und man unterliegt vielleicht nicht länger dieser fundamentalen Täuschung, dass diese Zustände, die viele Menschen als eigentlich unhaltbar wahrnehmen, »von Natur aus nun mal so sind«. Denn das ist der Kern der kapitalistischen Ideologie: Außer ihm gäbe es nichts. Was den Kapitalismus auszeichnet, ist, dass er als Ideologie gar nicht mehr auftritt, er erscheint als ein Naturgesetz. Dabei durchzieht die Ideologie des Kapitalismus alle gesellschaftlichen Bereiche, die Medien, die Wissenschaft, die Politik, die Kunst. Wichtigstes Ziel, das Volk ruhig halten. Marx hat schließlich einen Teil seiner Studien auch diesem Aspekt gewidmet, der Ideologie, zu Recht. Und in seinen *Thesen über Feuerbach* (1845) lautet die 11. These: »Die Philosophen haben die Welt nur verschieden interpretiert, es kommt darauf an, sie zu verändern.«
Wenn man sich von der Gesellschaft entfernt, verloren im Ich lebt, wie wir es heute bei vielen beobachten, dann ist der Einzelne nur noch ein Blatt im Wind und somit unmündig. Sapere aude!

Welcher Jugendliche in Westdeutschland wurde 1970 mit 16 Jahren, so wie wir, mit Karl Marx vertraut gemacht? Dem großen Analytiker. Natürlich war uns auch Rosa Luxemburg vertraut, vielleicht die bemerkenswerteste Person der europäischen Sozialdemokratie. Ich bin glücklich, dass in der hemmungslosen Entweihung ehrbarer Personen nach 1990 der Rosa-Luxemburg-Platz nicht angetastet wurde. An Georgi Dimitroff haben sie sich vergriffen, obwohl sich eine Bürgerbefragung im Prenzlauer Berg dagegen ausgesprochen hatte. Auch Lenin wurde getilgt. Uns wurde viel über den »großen Lenin« im Unterricht vermittelt, sorgfältig verklärt, und dabei fiel eher zufällig der Name Trotzki. Was für ein schöner Name. Wer war das? Lude zog seinem Vater ein paar Informationen aus der Nase, die beruhigen sollten, die aber unsere Neugier nur angefacht haben. 1971 brachte meine Tante Hannchen aus Spandau ein dünnes Büchlein mit, das sich gut unter dem Mantel verstecken ließ und heute reichlich zerlesen aussieht: *rororo Trotzki* von Harry Wilde. Da tauchten sie alle auf, Bebel und die anderen Sozialdemokraten, aber aus einer anderen Sicht als der vom »Seebär«. Nicht verkürzt auf die Bewilligung der Kriegskredite 1914; zugegeben das größte Fiasko der stolzen Sozialdemokratie und nicht nur in Deutschland. Anstatt geschlossen über die Grenzen hinweg in den Generalstreik zu ziehen, zogen die Proletarier aller Länder johlend an die Fronten des Völkerschlachtens, Blumen im Gewehrlauf. August Bebel blieb das Drama erspart, aber Hugo Haase (Vorsitzender der SPD und vormals ein »vaterlandsloser Geselle«) marschierte fröhlich mit: »Das würden die Arbeiter nicht verstehen.« So endete das Ringen einer großen Partei um den richtigen Weg raus aus dem Kapitalismus und es wurde nach dem Krieg nicht besser. Zuerst mussten sie sich von Rosa Luxemburg und Karl Liebknecht distanzieren, dann hatten sie ihre Mühe mit einer erstarkten KPD und letztendlich machte 1933 Stalins verrückte Doktrin von den Sozialdemokraten als »Sozialfaschisten« Hitlers Machtübertragung erst möglich ...

Ich hatte endlich mit diesem kleinen Büchlein ein fassbares Bild von Leo Dawidowitsch Bronstein, genannt Trotzki, der in seiner Jugend dem Luden etwas ähnlich sah. Und wir lasen mit roten Ohren, wie Lenin nach der Zimmerwalder Konferenz einsam und isoliert dastand. Wie er sich verspotten lassen musste als »der ewige Emigrant«, der die revolutionäre Arbeit scheute. Wir lasen, wie er 1915 kleinlaut über Karl Radek Kontakt zu Trotzki aufnahm, um nicht ganz den Anschluss zu verlieren. Die wichtigsten Forderungen von Trotzki waren inzwischen zu akzeptierten Programmpunkten der Bolschewiki geworden, dem linken Flügel der russischen Sozialdemokratie. Kein Gedanke mehr an »Trotzki, das Schwein« (Lenin) und Lenin, der Taktierer, ruderte weiter zurück. Im September 1915 fuhr er sogar aus seinem Exil in der Schweiz nach Paris, um Trotzki zu treffen. Die russischen Emigranten jener Jahre nagten oft am Hungertuch und mit ihnen ihre Familien. Ein wenig Geld bekamen sie von der Partei, das meiste mussten sie mit Artikeln selbst erwirtschaften.
Aber Ende 1915 hatte Lenin plötzlich sehr viel Geld. Sogar sein Lieblingsprojekt, die Veröffentlichung der Zeitschrift *Revue* in russischer Sprache, konnte er verwirklichen. Heute gilt als gesichert, dass das Geld von der deutschen Reichs-

regierung stammte, die Lenin schließlich sogar nach Russland schickte, um den Krieg im Osten zu beenden. Trotzki wurde währenddessen durch halb Europa gehetzt, und sogar bis in die USA, nach New York. Als er am 17. Mai 1917 dann endlich auf dem Finnischen Bahnhof in Petrograd eintraf, war Lenin schon einen Monat da. Mit Trotzki kam die Revolution erst ins Rollen oder besser: der Putsch. Trotzki wurde zum idealen Schreckgespenst der Kapitalisten in Europa und der Welt. Zwar respektiert wegen seiner Siege mit der Roten Armee über die europäische Intervention, aber noch mehr gefürchtet wegen seiner Theorie der permanenten Revolution. Dieser »Trotzkismus« wurde zu Stalins Stempel unter die Todesurteile gegen die alte Garde der Bolschewiki 1936–38 und dann auch gegen viele ehrliche Kommunisten in der frühen DDR.

So weit war mein, unser Denken 1971 natürlich noch nicht. Namen wie Sinowjew, Kamenjew, Rykow, Tomski, Kirow oder Bucharin wurden mir erst später geläufig. Ich kann dich nur ermutigen, dich später einmal mit diesen Männern zu beschäftigen. Die Geschichte der Sowjetunion ist nichts Nebensächliches, sie ist interessant, was gesellschaftliche Gegenentwürfe angeht, die aber erst mit der zu erwartenden Implosion des Kapitalismus wieder aktuell werden können. Der Zusammenbruch steht bevor, einige meiner Freunde sagen, ich würde ihn noch erleben, aber ich denke, diese Krake hat zu viele Arme und zu viel Erfahrung im Überleben. Trost hat mir manchmal ein Lied von Peter Licht gespendet, das »Lied vom Ende des Kapitalismus« (2006). Ein freundliches Abschiedslied, das man gut (und auch gerne) mitsingen kann.

Sehr geliebt habe ich in meiner Jugendzeit die Gespräche zu diesem Thema mit dem Luden. Wir saßen oft stundenlang vor seinem Elternhaus. Wir redeten über Marx und Trotzki, ob das denn alles stimmen kann, was im FDJ-Studienjahr so verkündet wurde. Waren nicht die Arbeiter, die wir in ihren Betrieben erlebt hatten, sehr weit entfernt von einer revolutionären Gesinnung oder der »permanenten« Revolution, die Trotzki forderte? Was sollte aus uns werden? Wem konnten wir glauben? Wem konnten wir uns anvertrauen? Gelesen haben wir beide die selben Bücher: *Der Fänger im Roggen* von Salinger, *Wie der Stahl gehärtet wurde* von Ostrowski, *Unterm Rad* von Hesse, *Der große Gatsby* von Scott Fitzgerald. Natürlich sprachen wir auch über Mädchen, das aber meist sehr leise. Lude vermutete, wenn wir unten vor dem Haus saßen, damals noch in der Robert-Blum-Straße, seine Eltern »permanent« auf dem Balkon, um uns abzuhören. Genannt haben wir es »das Ohr«. Ich glaube nicht, das da einer hockte, aber leise Töne schweißen zusammen oder wie ein chinesisches Sprichwort sagt: »Leise Worte dringen weiter als laute.« Er war mein wichtigster Gefährte in diesen bewegten Jahren, der Lude.

Er war wie sein Vater, friedlich, wortkarg, immer ein wenig auf den Witz aus, der hinter der alltäglichen Einförmigkeit zu finden ist. Eine Zeit lang brillierte er mit dem Spleen, uns Tag für Tag ein neues Fremdwort vorzuführen, dass er »unauffällig« in einem Satz platzierte. Und mit ihm konnte man herrlich revoluzzern. Wer spricht heute noch von der Konvergenztheorie der 60er Jahre, allein die Nennung dieses Namens zog damals schwerwiegende Folgen nach sich. War es wirklich denkbar, dass sich die Systeme in Ost und West durch den ökonomischen Zwang der Rationalisierung annäherten? Was sollte aus der DDR werden? Wir nahmen die Warnung von seinem Vater Trullesand ernst, dachten über Veränderungen im System nach, bevor unsere Kinder es in die Luft sprengen würden. Als seine Familie später in ein kleines Haus am Stadtrand gezogen war, hockten wir viele Abende mit roten Ohren auf dem Dachboden und hörten zu dritt oder zu viert auf einem Tonbandgerät Marke *Smaragd*, made in GDR, die zigste Überspielung Biermannscher Lieder an. Ich glaube, es waren Lieder aus *Chausseestraße 131*, eine Sammlung, die 1968 überwiegend auf Tonband verbreitet wurde. Einer musste auf der Treppe lauschen, damit wir nicht überrascht wurden. Nicht, dass diese Gefahr wirklich bestand, aber es verschärfte die Konspiration, machte unser Tun gefährlich.

Lude war der Erste von uns mit einer festen Freundin, Cornelia. Abschlussfest der 12. Klasse. Wildes Treiben auf der Tanzfläche, Stampfen, Stöhnen, Dampfen, Grölen. In diesem Tohuwabohu sehe ich noch immer das einsame Paar sich still im Kreise drehen. Lude mit einem schwarzen Zylinder auf dem Kopf, was die Szene noch unwirklicher machte, Cornelia als Marienkäfer. Nicht eng umschlungen wie andere, sie hielten sich bei den Händen und drehten sich einfach so für sich, egal welches Lied gerade gespielt wurde. Vielleicht wussten sie einfach nicht, was sie anderes tun sollten. Oder sie hatten Angst, etwas anderes zu tun und hielten sich fest. Später verbrachten wir viele gemeinsame Nachmittage bei Cornelia in der Breitscheidstraße. Ich fand die Mutter sehr diskret, sie öffnete nur manchmal ein wenig die Schiebetür, um uns frische Schnittchen reinzureichen.

Lude war eigentlich immer unser Sorgenkind. Typisch war der Satz: »Bringen wir ihn durch?« Er war so dünn. In der 11. Klasse wog er bei der Musterung gerade mal 58 kg und wurde zurückgewiesen. Panik. Denn Lude musste dringend zur Armee und zwar für drei Jahre, er wollte Arzt werden, aber die Zensuren waren nicht danach und seine Eltern entstammten der Intelligenzija. Da half nur futtern: Quarktaschen bei *Bäcker Witt*. Bei der Nachmusterung brachte er 63 kg auf die Waage, geschafft. Er versuchte zwar, seine Bedingung »Sani« durchzusetzen, landete jedoch als Leichtmatrose auf einem Minensuch- und Räumschiff der Volksmarine. Spezielle Ausbildung als Hydrogast. An der untersten Stelle des Schiffs befand sich sein »Arbeitsplatz« und nicht ohne Häme erfuhr er von den anderen Rekruten: »Wenn wir absaufen, bist du der Erste.« In seiner Not enthüllte Lude nun, dass er seit früher Kindheit Rheuma habe und wurde dann von seinem Posten und dem Dienst an Bord enthoben. Die Lösung war eine Versetzung zur Wachkompanie, allerdings nur für anderthalb Jahre. Jedoch wurde bei seiner Bewerbung an der Universität sein guter Wille gewürdigt. Angenommen.

Meine Erinnerungen an diese Jahre sind erfreulicherweise sehr präsent, fühlen sich so bunt und so lebendig an. Wir waren in der 10. Klasse schon so erwachsen, selbstständig und in einem sehr bescheidenen Rahmen auch aufmüpfig. Um das klar zu sagen, dieses Aufbegehren hält in keiner Weise dem Mut stand, den 1988 Schüler an der Ossietzky-Schule in Berlin-Pankow gezeigt hatten. Das war ein politisches Aufbegehren mit Handzetteln gegen die Aufrüstung, gegen Militärparaden und für die polnische Gewerkschaftsbewegung. An einen »Speakers Corner« in Greifswald, wie in London, haben wir 1970 nur gedacht, das zu fordern, wäre uns nicht in den Sinn gekommen. So weit waren wir und die Zeit in Greifswald damals noch nicht. Wir waren nur aufmüpfig und mit unseren langen Haaren, das hieß: etwas mehr als Fassonschnitt, gab es in der 10. Klasse natürlich Ärger. Schließlich weigerten sich einige der älteren Lehrer, wie »Ali« Biester, uns »Gammler« zu unterrichten: »Schert euch raus und geht zum Friseur!« Dieser freundlichen Aufforderung wurde von den »langhaarigen« Jungen gerne Folge geleistet und wir beschlossen einen Schulstreik. Demo im Speisesaal, bis uns die dicke Köchin Elli mit dem Kochlöffel vertrieb. Wir setzten uns dann demonstrativ auf den Rasen vor der Bebelschule und ließen die schönen Haare im Wind wehen. Aber so richtig lang waren sie ja eigentlich nicht. Nach zwei Stunden kam die Direktorin, Frau Doß, zu uns, um jedes weitere Aufsehen in der Öffentlichkeit und an ihrer Schule zu vermeiden. Außerdem wollte sie Schaden von ihrer 10. abwenden, ihrem ganzen Stolz. Wir einigten uns auf fünf Zentimeter Kürzung und der Frieden war wiederhergestellt. Den größten Druck aber bekam ich in dieser Sache von Gerhard Zinke und meinen Fluglehrern – und bei denen bin ich natürlich nicht in den Streik getreten: »Wenn wir die Cockpithaube nicht mehr schließen können, wegen deiner langen Haare, nun ja, dann kannst du nicht fliegen.« Weil es gerade passt, rasch noch ein Foto von unserer Fußballauswahl 1970, nach einem Match gegen die Lehrer, ein heißes Duell, das wir leider mit 1:2 verloren haben, da ich den entscheidenden Schuss nicht im Tor unterbrachte. Hier die Mannschaft nach dem Spiel und nach dem Besuch beim Friseur.

Mannschaftsfoto Fußball 1970
Foto: Archiv W. B.

Oben von links: Piet, Arlter, Frieder, der Greis – unten: der Mond, Hansi, Steffi, die Bombe. Alles andere, was wir so machten, waren eher Streiche. Wir haben uns diebisch gefreut, wenn wir im Namen eines ahnungslosen Bürgers per Telefon eine große Sahnetorte bei *Bäcker Käßler* in der Wolgaster Straße bestellt haben. Es sollte aber unbedingt oben draufstehen: »Für Otto zum 70.«, und es wäre sehr eilig. »Bitte in die Marienstraße 4.« Und dann lauerten wir auf der Straße gegenüber, bis das Präsent angeliefert – und wieder fortgeschafft wurde. Eigentlich blöd, aber lustig. Fröhlich weiter. Damals gab bei den öffentlichen Fernsprechern einen Trick: Wenn man auf der Wählscheibe ganz langsam die Zahlenfolge 9 und 0 ablaufen ließ, hatte man ein Freigespräch. Und so haben wir die halbe Stadt angerufen mit dem Text: »Hier ist die Störungsstelle, wir überprüfen Ihre Leitung, bitte zählen Sie ganz langsam bis zehn.« Wenn zu schnell gezählt wurde, wurde der »Kunde« ermahnt. Danach erfolgte der Hinweis: »Bitte bleiben Sie dreißig Minuten am Apparat sitzen, wir rufen Sie zurück.« Ein köstlicher Zeitvertreib. Trotzdem waren die Wenigen mit Telefonanschluss hoch erfreut über einen Anruf der »Störungsstelle«, denn Störungen gab es jeden Tag. Als ich viel später in meinem Leben Ende 2000 meine Produktion *Gerhard Schöne singt Kindergedichte* vorbereitete, stieß ich auch auf das Gedicht *Das verhexte Telefon* von Erich Kästner. Gerhard hat das Gedicht perfekt vertont und ich fühle mich sehr nah an meiner Jugend, wenn ich das Lied heute höre ...

Mit 16 Jahren war unser Leben ausgefüllt mit den Themen Schule, ersten Erfahrungen mit der Liebe, politischen Diskussionen, fröhlichen Bierabenden (was auf das gleiche hinauslief), perfekt inszeniert bei rituellen Festen wie der Sonnenwende am Strand der Ostsee.

Wir setzten uns auf die Fahrräder, verstauten so viele Bierflaschen, wie wir transportieren konnten, und machten uns fröhlich auf den Weg nach Ludwigsburg. Am Strand sammelten wir ganze Berge von Treibholz ein und entzündeten ein prächtiges Feuer. Dann warteten wir, bis die Sonne im Nordwesten über Greifswald unterging und das Fest konnte beginnen. Wenn ich mich recht entsinne, waren Mädchen nicht dabei. Wir sangen alte Shantys, freche Studentenlieder und russische Folklore – bis die Sonne im Osten wieder aufging. Allerdings haben diesen erhabenen Augenblick nicht mehr alle erlebt. Der Lude nie.

Aber es gab nicht nur Feste. Unsere Jugend war ständig bestimmt durch Ferienarbeit, um Geld zu verdienen. Das fing mit niedrigen Arbeiten an. Bei mir war es ein Gemüseladen in der Straße der Freundschaft. Es oblag mir, aus den Kartoffelsäcken die faulen Kartoffeln auszusortieren. Genauso eklig war das Entfernen von angefaulten Blättern an Rotkohl- und Weißkohlköpfen. Heute würde man sie wegwerfen. Aber hatte ich erst mal die äußeren Blätter entfernt, sah der Kohl wieder richtig lecker aus und kam ins Regal zurück. Diese Läden hießen OGS, Obst, Gemüse, Speisekartoffeln. Es gab aber Zeiten, da gab es kaum Obst, nur Gemüse, meist Rotkohl, Weißkohl, Sauerkraut und Kartoffeln. Ganz selten mal die Apfelsinen aus Kuba, die man nicht abpellen konnte, aber der Saft war lecker. Angenehmer war da schon mein nächster Job im Baustoffhandel in der Gützkower Landstraße. Da half ich beim Verladen von Brettern, Ziegelsteinen und Zement – konnte mich aber auch ganz leicht in einer Ecke verdrücken, um auf einem Stapel mit Schaumstoffmatten ein Nickerchen zu halten. In den Winterferien (drei Wochen) und den Sommerferien (acht Wochen) gab es ja ausreichend Gelegenheit zum Arbeiten, meistens als Urlaubsvertretung. Was wir dafür bekommen haben, weiß ich nicht mehr genau. Ich denke, es waren 2 Mark pro Stunde, also etwa die Hälfte des üblichen Entgelts. Aber 8 mal 2 ist 16 pro Arbeitstag und somit 240 Mark in drei Wochen, ein wahres Vermögen als Grundstock für ein Tonbandgerät, ein Kofferradio oder ein gebrauchtes Moped. Jeder hatte so seinen Traum.

In einem Sommer war ich Briefträger in der Wilhelm-Külz-Straße, gefühlte tausend Meter die Straßen rauf und an der anderen Seite wieder runter – von der Nummer 1 bis zur Nummer 120. Heute heißt die Straße Lange Reihe, keine Ahnung, warum. Külz (1875–1948) war ein angesehener Liberaler und nach 1945 Chef der Liberal-Demokratischen Partei Deutschlands, der zweitstärksten Partei in der sowjetischen Zone. Er war ein Weggefährte von Theodor Heuss, mit dem er sich aber später zerstritt. Vielleicht hat Heuss ihm vorgeworfen, dass er gemeinsam mit

Otto Nuschke (CDU) und Wilhelm Pieck (SED) 1948 den Vorsitz des *Deutschen Volksrates* übernommen hatte, der späteren Volkskammer. Übrigens hatten diese Blockparteien dann in der DDR auch alle ihre eigenen Zeitungen und die schleppte ich in einer riesigen Tasche die Straße rauf und runter: Die *Ostsee-Zeitung*, den *Morgen*, die *Norddeutschen Neuesten Nachrichten*. Bei mir hat das Verteilen dreimal so lange gedauert wie bei einem Profi, ist doch logisch. Und so kamen die Leute über die Straße gelaufen, um sich schon mal ihre Zeitung zu sichern. Ich hatte zwar einen Verteilerplan, aber auf diese Weise geriet er gehörig durcheinander und für die letzten zwanzig Häuser fehlten mir dann die Zeitungen. Also ließ ich zwischendurch den einen oder anderen Briefkasten aus und brachte so meine drei Wochen über die Runden.

Der beliebteste Job für »Halbstarke« war natürlich in der Brauerei Greifswald, wo sich unsere spätere Trinkfestigkeit herausbildete, dazu komme ich noch. Für mich ergab sich irgendwann der Traumjob als Telegrammbote bei der Post am Marktplatz. Mein Arbeitsgerät war ein *Spatz* von *Simson Suhl*. Der machte richtig Speed, kein Vergleich zu meinem etwas altersschwachen *KR-50*. Der Job hatte nur den Nachteil, dass ich mit Helm fahren musste, was äußerst uncool war, aber ansonsten bestand er aus kostenlosem Rumkutschen über die Dörfer. Ein Telegramm nach Neuenkirchen, sehr gut, nach Kemnitz, wunderbar. Rauf auf die Kiste und Vollgas. Den Tank füllte die Post und Lohn gab es auch noch.

Man könnte aus meinen bisherigen Erinnerungen zu meiner Schulzeit den Eindruck gewinnen, wir hätten die Schule nicht ernst genommen. Dem war keineswegs so. Es gab natürlich Hausaufgaben und zu den Klassenarbeiten wurde ordentlich gebüffelt, in der Regel in kleinen Gruppen oder zu zweit. Was kann man heute über die Schule in der DDR sagen? Die Meinungen gehen weit auseinander. Von Drill höre ich und von Freude am Lernen und einem gleichberechtigten Angebot für alle Kinder. Die Schweden und die Finnen haben sich das angeschaut und vieles übernommen. Das finnische Bildungssystem gilt heute als besonders vorbildlich und beschert den Finnen ein hohes Ausbildungsniveau und regelmäßig einen vorderen Platz in der Bewertung der OECD, also in der PISA-Studie. Ihre Einheitsschule ist stark darauf ausgerichtet, Chancengleichheit herzustellen, von der wir heute in Deutschland weit entfernt sind. Soziale Leistungen, das Schulessen und Bücher sind kostenlos. Die finnische Erziehungswissenschaftlerin Thelma von Freymann bestätigte, »dass das Schulsystem der DDR Vorbild für das finnische war«. Und im *Deutschlandradio* wurde die frühere Bildungsministerin Edelgard Bulmahn mit der Frage konfrontiert: »Ist es nicht ein bisschen absurd, Frau Bulmahn, da reisen nach der ersten PISA-Studie die Bildungsexperten (der BRD – W. B.) nach Finnland und die Finnen sagen: Ja, wir haben das von der DDR eigentlich gelernt. Ist da nicht irgendetwas schiefgelaufen im deutschen Einigungsprozess? Hätte man das nicht alles schon haben können 1990?« Die Ministerin antwortete: »Ich denke, es ist sicherlich versäumt worden, im Einigungsprozess kritisch zu fragen, was sind eigentlich Errungenschaften im DDR-Bildungssystem, die wir auch erhalten sollten. Zum Beispiel war die enge Zusammenarbeit zwischen Kindergarten und Grundschule sicherlich eine Errungenschaft, die man hätte erhalten sollen in den neuen Ländern und die auch hätte von den alten Bundesländern übernommen werden können, das finde ich schon. Oder zum Beispiel eine stärkere Praxisorientierung in der Lehrerausbildung und -fortbildung oder eine größere Bedeutung und Gewichtung zum Beispiel der praktischen Anwendung von etwas Erlerntem ...« (zitiert aus einem Aufsatz von Ralph Hartmann, Ossietzky 5/2007).

Obwohl die Bildungspolitik in der DDR fortschrittlich war und Kinder aus Arbeiter- und Bauernfamilien besonders gefördert wurden, blieb ihre Zahl auf der EOS (Erweiterte Oberschule) gering. Das Leistungsprinzip galt und musste gelten und so waren die meisten meiner Mitschüler Kinder von Ärzten, Verwaltungsleuten (das Huhn), Funktionären (Gudrun), Journalisten (Steffi), Dozenten (Lude) oder eben Handwerkern wie ich. Um dem entgegenzuwirken, wurde beharrlich die ideologische Keule geschwungen. Im Unterricht, mit dem FDJ-Studienjahr, durch die regelmäßige Ehrung revolutionärer Arbeiterführer, Tage in der sozialistischen Produktion oder bei der Patenbrigade, dazu Ernteeinsätze auf dem Land – fast immer in den Herbstferien ging es in die Kartoffeln. Da mussten wir dann auf dem Acker die kostbaren Knollen nachlesen, aber es gab ordentliches Geld. Wenn ich mich recht entsinne 20 Pfennige für einen vollen Korb. Meist saß ein älterer Bauer auf dem Kutschbock und gab Marken aus für jeden Korb. Die der Jungs mussten randvoll sein, die der Mädchen halbvoll: »Dat is nauch, min Dörn.« Arbeitseinsätze in den Ferien gab es ständig und wenn es irgendwo klemmte, sogar bei Straßenbauarbeiten, wurden wir gerne herangezogen, wie bei der neuen Straße zum Kernkraftwerk *KKW Lubmin*, das ab 1969 vor den Toren der Stadt errichtet wurde. Wir wurden auch zu Meliorationsarbeiten eingesetzt, also Gummistiefel an und Gräben schaufeln und ausbessern, hier ein Bild von unserer »Baustelle« in der Nähe von Gristow aus dem Jahr 1971.

Arbeitseinsatz Gristow 1971
Foto: Archiv W. B.

Das Foto zeigt die »Helden der Arbeit« – von links: Axel, die Bombe, Günter, der Mond, Frieder, Riese, das Huhn und Manfred. Und dann gab es natürlich die GST – die erwähnte *Gesellschaft für Sport und Technik*. Nicht meine gemütliche Flieger-GST, sondern die normale GST. Genauer gesagt: Wehrsport und Wehrtechnik. Da gab es Vorträge, theoretische Ausbildung und Kampfspiele mit einem Gewehr aus Holz – die *Hans-Beimler-Wettkämpfe*. Räuber und Gendarm auf sozialistisch. Die Guten gegen die Bösen, und die Bösen wurden immer gefangen genommen. In Helmshagen oberhalb von Greifswald gab es einen Übungsplatz, auf dem wir rumtobten – das »Beimler-Lied« auf den Lippen: »Eine Kugel kam geflogen, aus der Heimat für ihn her. Der Schuss war gut erwogen. Der Lauf war gut gezogen. Ein deutsches Schießgewehr ...« Der Text stammte von Ernst Busch, der auch Spanienkämpfer war, ein neuer Text auf die Melodie von Friedrich Silcher »Ich hatt' einen Kameraden« (1825).
Der Spanische Bürgerkrieg ist ein spannendes, kontrovers diskutiertes Thema, und auch die Geschichte von Hans Beimler ist bei Historikern umstritten. Starb er durch einen Heckenschützen wie sein Begleiter Louis Schuster – aber warum entkam der Dritte im Bunde, Richard Staimer? War der ein Agent der GPU (die Geheimpolizei der Sowjetunion) von Stalin, der den Auftrag hatte, den missliebigen Beimler zu erschießen? In dieser Theorie taucht auch der Name Erich Mielke auf, der als Kaderoffizier der 27. Division für die Durchsetzung stalinistischer

Positionen zuständig war. Eine interessante Geschichte. Wie es scheint, heißt die frühere Saarlandstraße in Greifswald heute noch immer Hans-Beimler-Straße und wer will schon den Stab brechen nach so vielen Jahren. Viele Straßen, aber nur in kleinen Städten, tragen noch immer Namen von Personen, die nicht mehr in die Zeit zu passen scheinen. Und doch wäre es gut, wenn diese Namen blieben als Anstoß zum Nachdenken – allemal besser als wieder Städte hervorzukramen, die heute in Polen liegen. Die heutige Danziger Straße im Prenzlauer Berg bleibt für mich die Georgi-Dimitroff-Straße.

Wir haben damals in Helmshagen aus ehrlichem Herzen und mit viel Spaß gekämpft und die Sieger bekamen die Hans-Beimler-Medaille, ich wohl nicht, jedenfalls habe ich die Auszeichnung nicht in meiner »Schatztruhe«. Aber ich fand dann doch noch eine Urkunde, in einer Disziplin, die sich »Einzelwettkampf wehrsportlicher Mehrkampf« nannte, in der 9. Klasse: Wilfried Bergholz, 1. Platz mit 274 Punkten vom 5.2.1969. Medaillen spielten in der DDR allgemein und schon in unserem Schülerleben eine große Rolle. Was kann ich da vorweisen? Also das »Abzeichen für gutes Wissen in Gold«, überreicht am 3.5.1972, ich glaube da ging es wohl eher um eine politische Unterweisung im Rahmen des FDJ-Studienjahres. Und so ziert die Urkunde ein Zitat von Karl Marx (aus dem Vorwort zur französischen Ausgabe des *Kapitals*): »Es gibt keine Landstraße für die Wissenschaft, und nur diejenigen haben Aussicht, ihre hellen Gipfel zu erreichen, die die Ermüdung beim Erklettern ihrer steilen Pfade nicht scheuen.«

Hatte ich das schon erwähnt? Dieses FDJ-Studienjahr war so angelegt wie eine Extrastunde in Staatsbürgerkunde, erteilt nicht von einem Lehrer, sondern von einer anderen, auf den ersten Blick unverfänglichen, aber doch zuverlässigen Person. Diese Ehre sollte mir für kurze Zeit viel später selbst zufallen, aber dazu komme ich noch. Für gute Schüler im Fach Russisch gab es die *Herder-Medaille*, die ich auch bekam, obwohl nur in Bronze. Auch eine Urkunde für den 3. Platz bei der III. Kreis-Kinder- und Jugendspartakiade 1967 in der Disziplin Säbel habe ich noch und aus dem gleichen Jahr einen 3. Platz im Kugelstoßen mit 8,18 m. 1968 wurde ich Kreismeister im Crosslauf über 3000 m. Als Pionier erhielt ich wiederholt das Abzeichen »Für gute Arbeit in der Schule«.

Es gab die reinste Schwemme von Medaillen in der DDR, sogar »Verdienter Züchter« oder »Verdienter Seemann«. Und natürlich hatte jede Berufsgruppe ihren Ehrentag – fast an allen Tagen des Jahres wurde gefeiert und Orden verliehen: Tag der Eisenbahner, Tag der Werktätigen in der Nahrungsgüterindustrie, Tag der Genossenschaftsbauern – Tag der Staatssicherheit gab es auch. Und dann gab es kleine und große Feiern, kleine und große Sträuße, kleine und große Orden. Und reichlich Alkohol. 1984 schrieb ich eine kleine Skizze zum Frauentag:

»Frauentag. In der S-Bahn grölende Frauen. Grell geschminkt. Alle Jahre wieder, so ein wunderschöner Tag wie heute. Wie dieser. Blasse Blumen bündelweise im Arm. Derbe Sprüche auf den Lippen. Wie der Hase im Rausch. Ängstlich und lästig laut: »Wir sahn in dieser Stadt noch ganz andre Ungeheuer hausen und machten ihnen doch den blutigen Garaus!« Kreischend und noch heischend nach jedem Straßenwitz. Hier und da eine rote Mappe. Ein beschwipster Orden am Revers. Mannsbilder in Weiberröcken mit geschwollnem Kamm. Zu wilden Taten wild entschlossen, bündelweise. Heut wartet Papa mit dem Abendbrot. Hat einen guten Tropfen kalt gestellt. Zum Dank. Und hinterher wischt er auch das Bad und besorgt es ihr, wie sie es gerne hat. Ein Tag wie aus der Murkelei.
Die Leiterin vom Kindergarten nebenan schleppt sich mit Blumen und Geschenken ab. Sie hat fünfzehn Frauen in der Einrichtung und der Hausmeister ist faul. Sie lächelt, aber es kotzt sie an.«

Das deutsche Land im Osten hatte sein »Eigenleben« entwickelt. Ich habe mich oft gefragt, warum die Menschen in der DDR den Mauerbau 1961 geduldet haben, die einfachen Menschen. Warum sie sich eingerichtet haben und dann einrichten konnten. Sicher waren die Verbesserungen im alltäglichen Leben zu spüren. Nicht wenige in Ostberlin waren auch froh, dass jetzt Ruhe war mit dem Hin und Rüber, den leergekauften Läden, dem Verlust an Ärzten, Lehrern und Ingenieuren. Der Aufstand in der DDR gegen die Mauer blieb aus. Warum? Dabei war es zuerst nur ein Zaun, den ein paar Tausend Arbeiter schnell hätten einreißen können, wie dann am 9.11.1989. Kein Impuls wie beim Aufbegehren 1953, keine Empathie für die Ungarn 1956 und Jahre später wenig Reaktion auf Prag 1968. Als der »Prager Frühling« blühte, wurden in der DDR an die 500 Demonstranten verhaftet, etwa 1000 wurden namentlich erfasst. Ich habe von Gleichaltrigen in der DDR gehört, die schon damals Petitionen unterschrieben haben wollen. Heute kann jeder Unfug verbreitet werden, um sich an der Futterkrippe zu halten. Die Erhebung in Prag war übrigens zunächst kein Volksaufstand, sondern eine »Revolution« von oben, ausgelöst durch die am 4. Januar 1968 erfolgte Wahl von Alexander Dubcek zum 1. Sekretär der KPTsch mit dem Segen der sowjetischen Führung. Die Aufhebung der Pressezensur brachte dann das schlingernde Schiff in eine andere als die gewünschte Richtung. Ein besonderer Tag war der 20. März 1968, an dem ein Treffen zwischen der Parteiführung und Jugendlichen stattfand. Neu war auch: Das ganze Land konnte das Gespräch in einer Rundfunkdirektübertragung hören. Ein Ergebnis war ein Brief an die Abgeordneten, die laufenden Reformen fortzusetzen, ein Manifest mit weiteren Forderungen verlas der Studentenführer Jan Kavan: »Unverzügliche Aufhebung der Zensur, die Novellierung des Gesetzes über das Versammlungsrecht, Reisefreiheit, die Errichtung eines Verfassungsgerichts und wahre Informationen über den aktuellen Stand der Volkswirtschaft.« Das waren die Grundzüge des »Sozialismus mit menschlichem Antlitz«, der vielleicht eine Chance gehabt hätte, aber Dubcek erwies sich als schwacher Führer, wie 20 Jahre später Michail Gorbatschow. Denn nichts passiert im luftleeren Raum und die Propaganda aus Westdeutschland lief 1968 schon auf vollen Touren, und hat vielleicht vieles kaputt gemacht, siehe *Freies Radio Tschechoslowakei* oder *Freies Radio Nordböhmen*. Interessant nachzulesen in dem Buch *Prager Frühling – Das internationale Krisenjahr 1968*, herausgegeben von Stefan Karner und anderen, Böhlau 2008.

Meine Eltern hatten auf ihren Reisen in die ihnen zugängliche Reisewelt einen Freund kennengelernt, Vratislav Peknice – einen Anwalt aus Prag. Der hatte großes Interesse an der Ostsee (und dem FKK) und ein großes Haus in Prag. Also besuchte man sich Jahr für Jahr im Wechsel. 1968 war dann ich ausnahmsweise mal dran mit einer Reise. Ich war pflegeleicht, man brauchte mich nur morgens am Flugplatz Praha-Ryzyne absetzen und am Abend wieder abholen. Mein Fliegerherz schlug Purzelbäume. Dort habe ich sie alle gesehen und fotografiert: die *Tu-104*, die *Bristol Britannia*, die *Trident*, die *Caravelle*, die *Il-18*. Was für ein Fest. Doch am 21. August war der Zauber vorbei. Juri Andropow, damals Chef des KGB (Komitee für Staatssicherheit), hatte sich in Moskau durchgesetzt. Die zivilen Flugzeuge wurden abgestellt oder suchten das Weite und auf der Rollbahn landeten die schweren Transporter *An-12* und aus ihrem Bauch fauchten Panzer. Irgendein Mann nahm mir meinen letzten Film aus der Kamera und schubste mich von der Besucherplattform. Zum Glück kam Vratislaw bald und holte mich vom Flugplatz ab. Meine Eltern hatten sich nach der Besetzung der Stadt durch die sowjetische Armee über einen Schleichweg durch das Riesengebirge nach Norden abgesetzt, nachdem die Heckscheibe ihres *Wartburgs* mit einem Pflasterstein eingeworfen worden war. Sie hatten den Aufkleber DDR am Auto und die Tschechen rechneten auch mit einem Eingreifen der NVA. Die Truppen lagen zwar hinter der Grenze in Stellung, aber ihr Einsatz wurde zum Glück gestoppt.
Ich fuhr mit Vratislav durch die Stadt und konnte nicht glauben, was ich sah. Überall Menschen, Plakate, Gesang und Jubel. Und überall sowjetische Panzer mit Soldaten, die verzweifelte Gesten machten: Geht nach Hause, wir können nichts dafür, wir haben Befehle … Dann fielen Schüsse und die Stadt war voll von Geschrei und dem beißenden Qualm der Panzer. Als wir am Wenzelsplatz vorbeikamen, auf dem blutverschmierte Menschen am Boden lagen, hielt mir Vratislav die Augen zu. Ich habe nichts verstanden und nichts gewusst, woher auch? Konterrevolution hörte ich später und glaubte es. Aber in meinem Herzen spürte ich das erste Mal eine mir bisher unbekannte Melodie. Zunächst waren es nur

diffuse Gedanken: Aufbruch der verkrusteten Strukturen, Konvergenz, weg mit den Armeen, Sozialismus mit Demokratie, die *Stones* spielen am Alexanderplatz, ich fahre zu Tante Hella nach Krefeld ...
Vratislav kümmerte sich um mich, holte Informationen ein und nach einigen Tagen steckte er mich in einen Zug nach Berlin, dort warteten meine Eltern.

5. Gespräch: Beatmusik in Greifswald und Berlin, Tanz am Samstag im Kreiskulturhaus, Schlepper und Zähler, das Filmerlebnis Mackenna's Gold, zwei Jahre auf der Erweiterten Oberschule, erster Diskobesuch, die Sputniks, das 11. Plenum der SED 1965, Hartmut König, der Oktoberklub

Wie schon berichtet, bemühten wir uns mit 16 Jahren um lange Haare und hörten ausschließlich Beatmusik. Lange Haare hieß, etwas länger als der übliche Fasson-Schnitt, eine richtige »Mecke« trugen wir erst 1970 auf der Penne, also der EOS, der Erweiterten Oberschule, dem Gymnasium der DDR. Die Beatmusik nahm wohl die Hälfte unserer Freizeit ein, allerdings hatten wir nur Fotos von unseren Idolen, denn in Greifswald waren wir am Ende der Welt und bekamen die Westberliner Sender schlecht rein. Mein Vater, als Experte, hatte sich eine drehbare Antenne auf das Dach gesetzt und wenn es dunkel wurde, drehte er sie in Richtung Hamburg und bei Überreichweiten war dann das Westfernsehen zu empfangen. An diesen Abenden schloss ich mich schon mal der Familie an. Bilder aus einer fernen Welt. Jeden Morgen hörte ich den *Deutschen Soldatensender 935* auf Mittelwelle, der bis 1972 von der DDR als Propagandaprogramm für die Bundeswehr produziert wurde, gegründet 1960 als Antwort auf den Westsender *Rundfunkbataillon 990*, der für die Soldaten der DDR bestimmt war. Kalter Krieg mit heißen Rhythmen. Wir hörten diesen *Soldatensender* auch nur wegen der Westmusik, sein Erkennungssignal waren die vier Trommelschläge. »Moscow« von *Wonderland* (Achim Reichel) war einer der Hits dieser Zeit. Um 7:15 Uhr endete die Sendung, dann packte ich meine Schulsachen ein und wartete, bis mein Vater das Auto aus der Garage fuhr. Wenn er weg war, holte ich mein Pausenbrot aus der Küche und fuhr mit dem Fahrrad zur Schule. Das Fahrrad, die genialste Erfindung der Menschheit, sie macht aus Gehen Fliegen. Man ist so schnell und hat doch den Duft der Stadt in der Nase. Abends war es dann genauso, entweder war ich unterwegs oder vermied es, gegen 20 Uhr, um diese Zeit kam mein Vater immer zurück, mein kleines Reich zu verlassen. Es mag acht Quadratmeter groß gewesen sein. Ein Bett mit Regal darüber, ein Schreibtisch, ein Fernseher, ein Fenster zum Garten. Überall Flugzeugmodelle und an den Wänden Fotos von Che und den angesagten Rockgruppen aus dem Westen ... Die Fotos so kostbar. Eingeschmuggelt in den duftenden Westpaketen zwischen Kaffee und Kakao meiner liebevollen Tante Hannchen aus Spandau oder eingetauscht für eine andere Kostbarkeit, aber auch abfotografiert und dann in meinem winzigen Labor selbst entwickelt ... Und wenn der Wind gut stand, konnten wir am Freitagabend oft gemeinsam unsere Idole auf Mittelwelle hören: »Hier ist die Europawelle Saar – Hallo Twen mit Manfred Sexauer.« Endlich hatte ich mir ein *anett* zusammengespart, ein Radiogerät mit

Kassettenteil, und konnte die Lieder mitschneiden. Leere Kassette lagen immer bereit ... Das gleiche versuchte Steffi mit seinem Tesla-Tonbandgerät, ein Grundig-Nachbau, und in den Tagen danach wurden die besten Aufnahmen getauscht mittels Diodenkabel. Am begehrtesten waren die Aufnahmen ohne Rauschen und Schwankungen, mit denen man bei Mittelwelle immer rechnen musste ...
Zum Glück hatten wir auch unsere eigenen Bands. Ein paar kleine vor Ort, wie die *EC-Combo* mit Eckard Kremer, der später in der Band von Veronika Fischer spielte. Lokalmatadore waren auch die *Baltics* mit Wolfgang Ziegler, von dem noch die Rede sein wird. Die kleinste Band war sicher die von Axel. Also der, der mir manchmal mitten im Unterricht ein wirres Fill-In auf den Oberschenkel trommelte. Sein Vater hatte ein Fuhrunternehmen (mit zwei Pferden) und brachte das ganze Equipment im Schneckentempo nach Weitenhagen, Jeeser, Hanshagen, wo halt gerade Dorftanz war. Ich wollte auch so ein Held auf der Bühne werden und bekam meine Chance an einem Abend am Bass, aber nach dem ersten Lied hat mir Axel den Stecker rausgezogen, allerdings so, dass ich es nicht merkte und so wurde es ein wundervoller Abend ... Gut in Erinnerung habe ich noch die rauschenden Feste in der *Fähre* im Vorort Wieck, direkt am Fluss Ryck. Hier traten die lokalen Bands auf. Unvergessen ist der Türsteher »Pflaume« – genauso hoch wie breit und unüberwindlich selbst für eine Amöbe wie das Huhn.
Ein besonderes Erlebnis waren aber die Konzerte der großen Bands aus Dresden und Berlin. Wir waren alle um die 16, als die Invasion begann, zum Teil hatten die Bands Berlin-Verbot oder Verbot in Leipzig. Damals stemmten sich die »SED-Fürsten« in den Bezirken schon gerne mal gegen das Kulturministerium, das ab 1973 mit dem Amtsantritt von Hans-Joachim Hoffmann dann wirklich an Profil gewann. Aber die Rockmusiker waren immer ein leichtes Wild: streichen, sperren oder einfach verbieten. Das konnte für uns nur gut sein, wir waren ja hoch im Norden und hatten in Harry Tisch einen eher milden »SED-Fürsten« (bis 1975), der auch ein Freund des Wodkas war. Als in dieser Zeit unser neues Betonwerk in der Saarlandstraße eingeweiht werden sollte und Tausende Menschen (auch wir Schüler) an einem kalten Februartag aufgeboten wurden, sagte Harry statt einer labberigen Rede über Sozialismus und Weltfrieden nur ganz kurz: »Euch ist kalt, mir ist kalt – ich erkläre das Betonwerk für eröffnet.« So einem Menschen macht auch die Rockmusik keine Angst.

Das Kreiskulturhaus in Greifswald (heute Stadthalle, eröffnet 1914) hatte einen prächtigen Saal und schon vor dem Beginn des Konzerts am Samstag, das immer ein Tanzvergnügen war, wurde unsere Clique eingeteilt in die Kategorien: Schlepper, Zähler und Rekordtrinker. Es war nicht leicht für die Schlepper an die damals üblichen »Trommeln« heranzukommen, also Tabletts, auf die circa 10 große

Biergläser passten. Die mussten dann auch noch mit Geschick und List, oft über die Köpfe der anderen, balanciert und zum Tisch gebracht werden. Am geschicktesten war dabei Arno, das Huhn. Er konnte sich in der Schlange der Wartenden unbemerkt nach vorne schieben, er machte sich irgendwie unsichtbar und war schon nach fünf Minuten zurück. Prost. Besonders hilfreich war diese Gabe, wenn wir im Kino in der Knopfstraße einen ausverkauften Film sehen wollten. Ich erinnere mich noch an *Mackenna's Gold*, der recht früh, ich glaube schon 1971, in die Kinos der DDR kam, mit Gregory Peck, Omar Sharif und Telly Savalas. Eine riesige Menschentraube stand vor dem Kino und einer rief immerzu: »Ausverkauft! Ausverkauft!« Und das Huhn machte sich unsichtbar, grüßte plötzlich durch die Glasscheibe von der anderen Seite der Tür und war also schon drin. Wenig später erschien er mit vier Karten, zwar schon abgerissen, aber was machte das? Schwupps, waren wir vier drin. Da keine Plätze mehr vorhanden waren, zwängten wir uns oben auf dem Rang, direkt unter der Decke, auf die beiden Feuerwehrsitze. Und schwitzten in der Hitze und ritten und schossen wild durch die Prärie. Nach jedem Film tranken wir immer noch ein Bier in der *Hütte* am Marktplatz und verteilten Noten. Es gab vier Bewertungen: 1, 2, 3 und als schlechteste Kategorie: »Man sollte ihn gesehen haben.«

Bier durfte man in der DDR ab 16 trinken und zu unserer Entschuldigung sei gesagt, dass das Bier in jener Zeit recht dünn war. *Berliner* war besser, *Radeberger* sowieso, aber wir hatten nur unser *Greifswalder Pils*. Wie schon berichtet führte uns einer der zahlreichen Ferienjobs auch in die Greifswalder Brauerei. Da gab es unterschiedliche Aufgaben, am besten war es im Sudhaus und bei der Flaschenabfüllung, weniger angenehm war das Ausspritzen der Fässer. Aber wir waren Arbeiter und jedem Arbeiter in der Brauerei stand sein »Haustrunk« zu. Das waren speziell gekennzeichnete Flaschen und jeder Mann bekam nach Feierabend drei Flaschen mit – vielleicht, damit nicht so viel geklaut wurde. Nach unseren drei Wochen in der Brauerei trugen wir alles zusammen und ich errichtete eine mehr als einen Meter hohe Bierpyramide auf dem Rasen vor meinem Fenster. Das Tonbandgerät ins Fenster gestellt und schon war alles bereit für das Sommerfest. Meine Eltern mussten natürlich verreist sein. Wir vier Musketiere hatten uns vier Mädchen aus der Klasse eingeladen: Angelika, Petra und noch zwei andere. Und dann wurde getanzt. Lude hatte besonderes Gefallen an Angelika gefunden, die zwar etwas korpulent war, aber mit großer Oberweite: »Holz vor der Hütte«, so nannten wir das. Und so drehte sich Lude wohl einige Stunden mit seiner Angelika im Kreis und immer wenn er sich auf der unsichtbaren Rückseite des Mondes wähnte, hat er sie zärtlich berührt. Wir haben uns amüsiert wie Bolle, vor allem, als er am nächsten Tag damit angeben wollte, dass wir es nicht gesehen hätten ...

Aber ich war bei den Tanzabenden stehengeblieben. Noch ganz schnell, die

»Rekordtrinker« tranken an jedem Tanzabend um die Wette, ich glaube ich hielt irgendwann mit 17 Jahren bei einer Klassenfahrt nach Glowe mit 22 kleinen Bieren kurzzeitig den Spitzenwert. Die »Zähler« mussten alles genau auf dem Bierdeckel festhalten und der Wirt musste unterschreiben, sonst zählte es nicht.
Natürlich wurde im Kreiskulturhaus Greifswald in erster Linie getanzt und Ausschau nach Mädchen gehalten. Unsere Lieblingsband waren die *Puhdys*. Die hatten sogar eine Lichtschau, zwei Lichttürme rechts und links auf der Bühne. Bei tiefen Tönen leuchteten sie rot, bei hohen Tönen grün. Das brachte Dieter Birr, dem Sänger, bei uns den Spitznamen »Froschmaul« ein. Keiner, außer Ian Gillan, konnte »Child in Time« so gut singen wie er und bei den schönsten hohen Tönen erstrahlte er in grellem Grün. Die Musiker hatten alle das Konservatorium oder eine Musikschule besucht und waren exzellent in ihrem Ehrgeiz, die kleinen Kunstwerke live möglichst so vorzutragen, wie wir sie aus dem Radio kannten. Verziert noch durch gnadenlose Schlagzeugsolos, manchmal dauerten diese Einlagen zwanzig Minuten und waren immer das Zeichen für die »Schlepper«, in Aktion zu treten. Die *Puhdys* spielten auch viele Titel von *Uriah Heep* nach. Besonders bei »Gipsy Queen« musste man zusehen, dass man einen Platz ganz vorne an der Bühne ergattern konnte. Dann festkrallen am Bühnenrand, mitsingen und dabei das lange Haar im Takt durch die Luft fliegen lassen: »I was only seventeen, I fell in love with a Gypsy Queen ...« Unbedingt anhören.

Wer war noch alles da? Das *Dresden-Sextett* um Rudolf Ulbricht, das sich speziell auf die Titel von *Blood, Sweat & Tears* spezialisiert hatte. Alle Bands spielten zuerst ausschließlich westliche Titel, 1971 erteilte man der nunmehr *Dresden-Septett* (später: Lift) genannten Formation ein Auftrittsverbot für den Bezirk Leipzig, da sie gegen die 60/40-Regel verstoßen hatten. Verrückte Geschichte, Verbot in einem kleinen Bezirk. Diese Regel, also 60 % DDR-Musik, 40 % Westmusik, galt auch in den 80er Jahren noch während meiner Zeit als DJ im Prenzlauer Berg, aber wirklich daran gehalten hat sich kaum einer, höchstens wenn verdächtige Besucher aufgetaucht waren. Nur der AWA-Bogen (die Anstalt zur Wahrung der Aufführungs- und Vervielfältigungsrechte auf dem Gebiet der Musik war so etwas wie die DDR-GEMA) musste immer korrekt ausgefüllt sein. Und die »Kollegen«, sprich die Urheber im Westen, haben es nur äußerst ungern verschmerzt, dass sie ihre Tantiemen aus der kleinen DDR nicht erhalten haben. Die AWA bot aber nur den Schutz der Urheberrechte, nicht den von Leistungsschutzrechten. Ich kann das Thema an dieser Stelle nur kurz skizzieren, wenn du Lust hast zum Einlesen, es gibt heute dazu alle Möglichkeiten ...
Eine wichtige Band in den Jahren 1969 bis 70 war die *Renft-Combo*. Gegründet wurde sie schon 1958 als die *Butlers* von Klaus Jentzsch (Künstlername: Renft) in

Leipzig. Damals wurde unter uns so geredet, dass er vom handwerklichen Niveau her nicht so ganz in das feine Ensemble passte, aber seine Großmutter namens Renft hätte die Kohle für die Anlage beigesteuert. Keine Ahnung, ob das stimmte. Neben dem dampfenden Rock aus dem Hause *Led Zeppelin* und *Pink Floyd* (Sänger war damals Hans-Jürgen Beyer) waren die kurzen Sequenzen bemerkenswert, wenn Gerulf Pannach in den Pausen solo auf der Gitarre Songs von Steve Windwood oder erste eigene Texte vortrug. Generell machte *Renft* keine Glitzershow wie die anderen Bands und die Musiker auf der Bühne waren nicht wesentlich älter als wir, vielleicht drei oder fünf Jahre, und das erzeugte eine unglaubliche Faszination und Nähe in uns ...

Und dann *Panta Rhei* oder genauer gesagt *Die Alexanders*, aber schon mit Herbert Dreilich und Ulrich Ed Swillms. Die Gruppe spielte Blues und Soul, vorwiegend aber melodische Titel unter anderem von *Crosby, Stills and Nash* und produzierte 1970 sogar die deutsche Fassung »Hoffnung« von »Helplessly Hoping« im Rundfunk, die ich vor kurzem wieder gehört habe. Denn zum Glück ist noch alles vorhanden im Rundfunkarchiv, bei *YouTube*, aber auch beim Label *BuschFunk* auf einem Sampler. Henning Protzmann, Herbert Dreilich und Ed Swillms gründeten schließlich Ende 1974 die Band *Karat*, die es zu einer beachtlichen Popularität brachte, siehe »Über sieben Brücken«.

Die Erinnerung könnte jetzt so weiter gehen, aber beenden möchte ich die Geschichte mit der *electra-Combo*. Auch studierte Musiker um Bernd Aust und Peter »Mampe« Ludewig. Hier war das Repertoire bestimmt durch *Jethro Tull*. Bernd Aust mit Querflöte auf der Bühne, auf einem Bein stehend wie *Ian Anderson*: »Locomotive Breath«. Der Song war 1971 gerade auf *Aqualung* erschienen und wenige Wochen später hoben wir darauf ab.

Schnell noch eine, die *Stern-Combo-Meißen* unter Martin Schreier. In seinem Studio in Berlin-Wilhelmshagen habe ich dann 1993 meine fünfte CD mit *Ulf & Zwulf* produziert. Die *Stern-Combo* spielte 1970 vor allem Synthesizer-Songs von *Emerson, Lake & Palmer*, *Pink Floyd* und *Genesis*.

Getanzt wurde nach einem altmodischen Ritual: drei Titel – Pause. Das war nicht leicht. Wenn die Musiker auf der Bühne erschienen, saßen wir schon in den Startlöchern. Der Weg war mitunter weit, quer über die Tanzfläche zu einem bestimmten Tisch, zu einem bestimmten Mädchen. Auf die Plätze, fertig, los! Manchmal machten sich die verehrten Musiker auch einen Spaß und taten so, als ob es losginge. Drei Takte auf dem Schlagzeug, dann Pause. Sehr komisch, wenn man da schon am Spurten war ...

Bekam ich einen Korb, drehte ich elegant ab und ging aufs Klo, als wollte ich ja eigentlich nur mal zum Klo gehen. Ich musste mir dort immer die Augen auswaschen, denn von dem beißenden Qualm, ich war damals Nichtraucher, bekam ich immer tränende Augen – gar nicht gut. In dem Fall, dass die Auserwählte aufstand, war der Abend schon halb gerettet. Man musste allerdings nach dem dritten Lied fragen: »Tanzen wir das nächste Mal auch zusammen?« Wenn diese Frage bejaht worden war, konnte man beim ersten Takt der nächsten Runde entspannt wie James Dean über das Parkett schlendern und seine Schönheit abholen. Etwas ungünstig wirkte sich allerdings aus, dass die meisten Mädchen zu zweit zum Tanzen gingen, meist eine Schönheit mit ihrer etwas weniger schönen Freundin. Um den aufregenden Nachhauseweg zu sichern, musste für die Freundin auch eine Begleitung her. Das wurde aber vorher schon alles geklärt. Meist war Lude mein Partner und es lief nach dem bewährten Muster: Heute nimmst du die Schöne und nächste Woche bin ich dran ...

Alles haben sie damals gespielt, die Hitparade rauf und runter. *Renft* war dann die erste Band mit eigenen, deutschen Songs, geschrieben von Kurt Demmler und zunehmend von Gerulf Pannach. Die Bands haben sich in den 70er Jahren emanzipiert. Neue Personen traten in den Vordergrund: Peter Cäsar Gläser (Renft), Veronika Fischer (Panta Rhei), Gerhard Zachar (Lift), Stephan Trepte (electra). Es war ein seltsames Déjà-vu-Erlebnis für mich, als ich später in Berlin diese Helden aus meiner Jugend unversehrt wiedertraf, als junger Journalist bei *DT64* Interviews mit ihnen führte, später Artikel schrieb oder CDs produzierte. Besonders schön war es für mich, als Stephan Trepte 1996 bei einem von mir geschriebenen Song (für *Ulf & Zwulf*) mitsang.

Natürlich interessierte uns sehr früh schon Udo Lindenberg. Auch er hatte Anfang der 70er Jahre angefangen, deutsche Texte zu schreiben: »Daumen im Wind«, »Hoch im Norden«. Die Themen waren die gleichen. Frei sein, ein selbstbestimmtes Leben führen, Ablehnung des Antiquierten, Suche nach einem neuen Leben, nach beständiger Liebe. Bei Udo flockig und locker, die DDR-Rocker benutzten eher Bilder und Anspielungen. Sogar das Subversive: »Live fast, love hard, die young« von Janis Joplin schwappte zu uns herüber. Ich denke, der Osten hat sich immer viel mehr für den Westen interessiert als andersrum. Irgendwann ist der Faden zwischen den Jugendlichen in Ost und West gerissen. Vielleicht gab es Anfang der 60er Jahre noch ein Wir-Gefühl in den getrennten Familien. Manfred Schönebeck, er wurde mein Freund im Rundfunk, erzählte mir gerade, dass sich seine Familie über Jahre hinweg noch jedes Wochenende an einer bestimmten Stelle der Mauer verabredete, um sich zuzuwinken. Bereits Ende 1963 wurde das *Passierscheinabkommen* verabredet, allerdings nur für Reisen von Westnach Ostberlin. Die halbe Stadt war auf der Reise, Autostau am Alex und Familiengespräche an der wiedervereinigten Kaffeetafel. Der Kaffee wurde mitgebracht und im Osten wurden die Schaufenster aufgefüllt: Auch uns fehlt es an nichts! Schau dir mal den Film an »Auf Kurzbesuch in Ostberlin« (ZDF 2015). Aber der

Dauerbeschuss der westdeutschen Ideologie fraß sich langsam in viele Seelen. Das war so wie heute mit dem »bösen Putin«, der schon wieder als Schreckgespenst hergerichtet wird. Für viele Westdeutsche begann hinter der Elbe Russland und die, die da lebten, wurden immer fremder. Noch 1988 dachte meine Cousine Brunhilde in Köln, dass in der DDR alle in der SED seien. In der Tat waren es fast zwei Millionen und viele hatten dabei ihre Karriere im Blick. Doch das richtige Parteibuch war auch im Westen von Vorteil für den gut bezahlten Job. Karriere, Karriere. Auch ich hatte mich als junger Mitarbeiter bei *DT64* mit 19 Jahren um eine Mitgliedschaft in der Sozialistischen Einheitspartei beworben, aber nach meinen ersten Eskapaden wollten sie lieber auf mich verzichten. Andererseits konnte ich mich dem Argument junger Genossen, wie meinem Freund Wolfram Seyfert, nicht verschließen: »Wenn du etwas ändern willst in der DDR, musst du in der Partei sein.« Aber nachdem sie mich als Querulanten nicht wollten, wollte ich dann auch nicht mehr. Überhaupt gab es viel zu viele Karrieristen in der SED und zu wenige Arbeiter. In manchen Stadtbezirken von Berlin gab es faktisch einen Aufnahmestopp für die SED, zum Beispiel in Mitte, weil da überwiegend »Höhergestellte« wohnten. Von Zeit zu Zeit gab es deshalb den »Umtausch der Parteidokumente«, um die Spreu vom Weizen zu trennen und Karrieristen auszusortieren. Umtausch war eine freundliche Umschreibung einer Kontrolle aller Mitglieder, ob deren Mitgliedschaft noch sinnvoll war – die letzte Kontrolle im Oktober 1989 wurde aus den bekannten Gründen nicht beendet ...
Aber die SED war durchaus nicht nur ein Verein von Duckmäusern, siehe Robert Havemann (der zusammen mit Erich Honecker in Brandenburg eingesessen hatte), Rudolf Herrnstadt, Walter Janka, Rudolf Bahro, Wolfgang Harich, Gustav Just ... Die haben Mut bewiesen, auch viele »kleine« Genossen, und wenn du willst, kannst du dich weiter einlesen. Aus den 50er Jahren fehlt noch eine wichtige Person, die den Widerstand gegen Ulbricht inspirierte, Georg Lukács, dessen Aufsatz *Fortschritt und Reaktion in der gegenwärtigen Kultur* der Aufbau Verlag 1957 veröffentlicht hatte. Und Mitte der 50er Jahre schien das ganze sozialistische System zu zerbröseln ... Auf allen Ebenen standen Menschen auf, um für einen demokratischen Sozialismus, anders funktioniert er eben nicht, zu kämpfen. Und wurden von der feudalen Oligarchie an der Spitze des »Arbeiter- und Bauernstaates« verfolgt. Das Rückgrat gebrochen, aus dem Amt gejagt, eingesperrt, zum Bußgang genötigt, ins Exil getrieben. Getreu dem Grundsatz: »Wer nicht für uns ist, ist gegen uns.« Aber Schwarz ist nicht Schwarz, und Weiß ist nicht Weiß. Trotz aller Säuberungen blieben in der SED weiter eine Reihe von Reformern aktiv. Einige hingen einem »dritten Weg« an zwischen Kapitalismus und Sozialismus, andere wollten das erstarrte System aufbrechen und demokratische Strukturen einführen, wie Hans Bentzien, Volker Braun, Gerhard

Schürer, Uwe-Jens Heuer (Marxismus und Demokratie, 1988), Dieter Klein oder Michael Brie (Grundlagen der Sozialismustheorie von 1988, nicht veröffentlicht).

Meine zwei Jahre auf der EOS waren nicht mehr so aufregend und bunt. Das ganze Gebäude aus dem Jahr 1870 hatte etwas von einem Bahnhof oder einem Justizgebäude. Diese langen, halligen Flure, diese großen Türen, so hatten es die Bauherren geplant: »Das Haus ist groß, der Mensch ist klein, nun lernt mal schön und achtet eure Lehrer« – diesen Eindruck hatte ich auch noch 1970. Der Stil des Hauses blieb der einer »höheren Schule«, sozialistisch angemalt, aber im Inneren eher konservativ, was das Personal betraf.

Normalerweise besuchte man in der DDR die POS, die Polytechnische Oberschule, von der 1. bis zur 10. Klasse gemeinsam. Was sinnvoll war im Verhältnis zum heutigen sozialen Crash nach der 6. Klasse. Eine Ausnahme waren die Schüler im oberen Leistungsspektrum, die ab der 9. Klasse auf die EOS, die Erweiterte Oberschule, wechselten, um ihr Abitur abzulegen, vielleicht zehn Prozent. Dafür diente ein Zensurendurchschnitt von 1,7 als Orientierung, also ganz ähnlich wie heute bei dir. Es gab aber auch die Möglichkeit, das Abitur mit einer Berufsausbildung zu koppeln, mein Bruder hat es so gemacht. Für uns Schüler der ersten Russischklasse im Ort gab es noch eine Ausnahme zur Ausnahme. Wir mussten oder besser durften bis zur 10. Klasse zusammenbleiben, was sehr zu dem schon beschriebenen Zusammenhalt und der engen Bindung beitrug. Ich habe diese jungen Männer an meiner Seite damals sehr geliebt und ich liebe sie noch heute.

Aber nach der 10. Klasse wurde bei uns noch einmal sortiert, die meisten schlossen die Schule ab und begannen eine Lehre. Die Leistungsstärkeren wechselten sozusagen als Nachzügler zur EOS, was allerdings nicht reibungslos ablief. Eine schon bestehende Klasse wurde nun mit uns Späteinsteigern aufgefüllt, zwei in sich stabile Systeme vermischt, zwei Strukturen. Und zwei Alpha-Tiere. Ich selbst war zunächst mit der Situation sehr zufrieden. Ich hatte ja genug um die Ohren, endlich in der Pubertät angekommen, und war dann froh, meinen Chefposten (als Gruppenratsvorsitzender) loszuwerden. Also sollte Manfred den Job ruhig weiter machen ... Somit blieb für mich einfach nur, die neu gewonnenen Freundschaften zu genießen, das Fliegen, die ersten Küsse, die verrückten Ballspiele mit dem Huhn, die Musik mit Steffi, die endlosen philosophischen Diskussionen mit dem Luden. Aber was ist dann passiert? Ich kann es aus der Distanz nur noch schwer rekonstruieren. Diese beiden Teile der Klasse 11 wollten einfach nicht zusammenwachsen. Es gab Querelen und Gezänk jeden Tag, die alte, so geliebte schulische Harmonie war futsch. Keine Ahnung, ob ich von »meinen Leuten« gedrängt wurde oder das »Alpha-Syndrom« wieder von mir Besitz ergriffen hatte. Nach etwa einem halben Jahr kam es zur Revolte. In einer außerordentlichen Gruppen-

versammlung wurde Manfred seines Amtes erhoben und wer wurde gewählt: Frieder. Wir beide haben in dem darauffolgenden Jahr nie wieder ein Wort gewechselt. »Manni« war schwer verletzt, sammelte ein Trüppchen seiner »Anhänger« um sich und zu einer richtigen Gemeinschaft wurde unsere Klasse dann nicht mehr, bis zum Abitur 1972. Die Lehrer waren an diesem Vorgang eigentlich nicht beteiligt oder ich habe es nicht wahrgenommen.
Überhaupt empfand ich die Lehrer an der EOS als farbloser, aber es gab auch unvergessliche, weil skurrile Persönlichkeiten. Wir standen in der Blüte unseres Schülerlebens und waren schon deutlich kritischer. Vielleicht sind Schüler in diesem Alter auch mehr mit sich selbst beschäftigt und nicht mehr so fixiert auf Lehrkräfte, was sich in einem Mangel an Respekt ausdrückt. Unser Klassenlehrer war Herr Bramschneider, genannt »das Braam«. Ein dynamischer, jugendlicher Typ mit einem Akzent, der mit dem rollenden R an das Niederschlesische erinnerte, in seinem Auftreten war er aber eher sachlich und unterkühlt, meist mit einem Anzug bekleidet. Mathematiklehrer. In Erinnerung geblieben ist mir vor allem sein Auftritt bei einem Schulfasching im Februar 1971, wieder im Kreiskulturhaus, wo wir sonst unsere Tanzabende feierten. Zu später Stunde hatte »das Braam« wohl etwas tief ins Glas geschaut, denn gegen Ende der Veranstaltung versuchte er unverdrossen, sich mit seinem Podex so auf einen Luftballon, der am Boden lag, zu stürzen, bis der zerplatzt. Das erinnerte dann ein wenig an die »Feuerzangenbowle«. Als wir uns zum Aufbruch rüsteten, bemerkten wir, das sich »das Braam« sehr um eine Schülerin der 12. Klasse bemühte, ihr in den Mantel half, allerlei Späße machte, er war wie aufgezogen, wie Pfeiffer mit drei »f«. Was aber keinen weiter überraschte nach seinem Auftritt mit den Luftballons. Auf unserem heiteren Heimweg, wir waren ja auch etwas angedüselt, beobachteten wir auf der anderen Straßenseite einen schlanken Mann und eine kleine Frau. Nichts Besonderes, aber die wilden Tanzschritte, das Drehen und Feixen ließen nur einen Schluss zu: »das betrunkene Braam«. Es war nicht leicht, dem Paar zu folgen, denn wir hatten noch den Luden im Schlepptau. Lude war immer ein fröhlicher und wortgewandter Zechbruder, aber am Ende neigte er dazu einzuschlafen, wo er gerade ging, stand oder saß: »Bringen wir ihn durch?« Ein paar Mal passierte es auch, wenn er sich auf dem Klo eingeschlossen hatte und einschlief. Da mussten wir über die dünne Trennwand steigen, um ihn aufzuwecken und zu befreien. Später wurde er bei diesem Gang zu vorgerückter Stunde sicherheitshalber immer von einem »Schlepper« begleitet. Als wir ihn an diesem Abend glücklich an seiner Haustür abgesetzt hatten, schlug auch Steffi den Heimweg ein und gemeinsam mit dem Huhn machte ich mich auf die Verfolgung des sonderbaren Paares. Wie geht die Sache aus? Beide verschwanden urplötzlich im Keller eines Wohnblocks im Bernhard-Birkhahn-Weg. Was tun? Da reichlich Schnee gefallen war, entschieden

wir uns, das Kellerfenster mit Schneebällen unter Beschuss zu nehmen. Dann würde der Schwerenöter sicher Reißaus nehmen, wir hätten eine gute Tat vollbracht und auch noch einen guten Spaß bei der heillosen Flucht unseres Klassenlehrers. Ganze Salven krachten an das Fenster. Endlich erschien »das Braam«. In würdevoller Haltung stieg er die Stufen der Kellertreppe hoch, wandte sich in unsere Richtung und sagte laut und vernehmlich: »Lassen Sie diesen Unfug, meine Herren«, und verschwand wieder im Keller. War das Mädchen schon 18, wahrscheinlich nicht. Wollte sie in dem Keller sein, offenbar schon. Wir überlegten kurz, aber zu einem halbstündigen Rückweg zur Polizei waren wir nicht mehr fähig ... In den nächsten Wochen war »das Braam« noch verschlossener als früher und sah oft nachdenklich in die Klasse, als wolle er herausfinden, wer ihn in dieser Nacht gestellt hatte.

Bei dem Namen Bernhard Birkhahn fällt mir noch eine kleine Geschichte ein. Als die neue Südstadt in Greifswald Ende der 1960er Jahre errichtet wurde, brauchten die Stadtplaner natürlich passende Namen. Aber alle üblichen Namen wie Thälmann, Beimler, Luxemburg oder Liebknecht waren schon vergeben. Und Apfelweg oder Rosenstraße passte nicht sonderlich gut zu einem sozialistischen Wohnviertel. Und da kam einer auf die Idee, mal unter den Opfern des Kapp-Putsches 1920 nachzuschauen und fand auch fünf Tote in Greifswald, die sicher würdig waren, einer Straße ihren Namen zu geben: Bernhard Birkhahn, Max Hagen, Karl Behrendt, Erwin Haack und Ernst Wulff. Zwei weitere Tote soll es noch gegeben haben, die aber unbekannt blieben. Es wurde sogar ein Steinquader auf dem Thälmann-Platz errichtet mit der Inschrift: »In den revolutionären Kämpfen gegen den Kapp-Putsch ermordeten militärische Kräfte am 20. März 1920 die Greifswalder Arbeiter ...« Und dann folgten die Namen, die für die neuen Straßen ausgewählt wurden. Alles gut, denn den Mietern war ja egal, wie ihre Straße hieß, der Bezug einer Neubauwohnung war wie der Einzug im Garten Eden. Aber dann kam es zu dem fatalen Wunsch meines Lehrers für Staatsbürgerkunde, dem »Seebär«, für eine Jahresarbeit das Leben der beiden noch unbekannten Helden zu erkunden und sie in einem Vortrag vorzustellen. Gleichsam als Namensgeber für neue Straßen. Ich machte mich mit drei Mitschülern an die Sisyphusarbeit. Keiner konnte sich erinnern. Am Ende half uns nur ein Blick in das städtische Sterberegister und da wurden wir fündig. Die beiden starben wirklich am 20. März 1920. Der erste stürzte im Rausch eine Treppe hinunter und der zweite erlag den Verletzungen aus einer Schlägerei. Damit hatten wir unseren Auftrag erfüllt, aber der »Seebär« verweigerte den Vortrag. Er lobte unseren Eifer, jeder bekam eine Eins und die eindringliche Ermahnung, Stillschweigen zu bewahren. Man entschied sich dann in der Stadtverwaltung beim nächsten Neubauprojekt für Dostojewskistraße und Puschkinring, da konnte man nichts falsch machen ...

Wie schon gesagt, auf der EOS hat die Lehrerschaft in keiner Weise das erheiternde Niveau eines »Seebären« erreicht. Mit einer Ausnahme: Dr. Stamm. Er gab nicht nur das Fach Russisch, er lebte es. Möglicherweise war er Wolgadeutscher, seine Aussprache hatte einen ungewöhnlichen Akzent. Er hatte eine auffällig rote Nase und dazu, wie wir es nannten, Kassler-Haut. Er war ein hagerer Mann mit einem stechenden Blick und sehr schnellen theatralischen Gesten und Bewegungen. Da das Fach nicht zu unseren Lieblingsfächern zählte, hatte er seine Mühe mit uns. Das Huhn erinnerte sich kürzlich, anlässlich seiner Feier zum 60. Geburtstag, daran, dass ich »ständig« in der neuesten Ausgabe der *Flieger-Revue* gelesen hätte. Und einmal, als ich unversehens zur Mitarbeit aufgefordert wurde, hätte ich mir einfach sein Heft geschnappt und daraus vorgelesen. Damit war das Huhn blank und bekam eine Fünf. Es war schon hilfreich, bei Dr. Stamm schnell zu antworten. Einmal griff er einem Schüler an die Gurgel, um seinen Lerneifer zu steigern. Wirklich auffällig waren seine derben Flüche, mit denen er unbotmäßige Schüler überzog. Wir legten uns ein kleines Heft an, in dem wir die schönsten notierten. Dieses Heftchen ging auf meiner langen Odyssee verloren, was sicher gut ist, geblieben sind in meinem Kopf nur diese Sprüche:

»Du hast keinen Verstand, nicht mal am Hintern, alles abgetreten.«
»Du bist wie der Rotz im Bart eines alten Mannes.«
»Du bist die Königin der Landstraße.«
»Dich müsste man embryonal zurückentwickeln und dann abtreiben lassen.«
»Hör doch endlich zu, Blaschek!«

Blaschek, das war sein Lieblingswort für Blödmann. Als es dann noch ein paar heftige Sprüche gegen unsere lieben Mädchen gab, haben wir uns beschwert und Herr Stamm wurde entfernt. Das haben wir aber schnell bereut, denn sein Nachfolger Herr Ganz war ganz einfach nur ein Lehrer, der uns diese fremde Sprache freudlos näherbringen wollte. Früher konnten wir das leicht verhindern, wenn wir Herrn Stamm um ein paar Erinnerungen aus seinem Leben baten. Zwar sagte er anstandshalber: »Ihr wollt doch nur vom Stoff ablenken«, ließ sich aber gern dazu verführen ... Das war nun vorbei.

Wir waren keine braven Schüler. Das Wort Bier ist sicher schon mehr als genug gefallen, aber es war ein Bestandteil unseres Lebens. Wir hatten unsere Lieblingskneipen, in denen wir uns mit 16 trafen, um zu plaudern und zu würfeln. Einige haben wohl auch schon geraucht, ich nicht. Da wir alle ständig Ferienjobs hatten, waren wir auch immer flüssig. Ich kann mir das heute gar nicht mehr vorstellen. Wenn mal am frühen Nachmittag auf der Penne eine Freistunde war, gingen wir rüber zur *Deutschen Eiche* in der Gützkower Straße und tranken ein »Blitz-Bier«.

Verrückt, das müssen die Lehrer doch gerochen haben. Keine Ahnung, es passierte ja auch nicht jeden Tag. Und wir waren auch nicht jeden Abend unterwegs, wie ich meinem Tagebuch entnehme. Da meine Erinnerungen so ihre Lücken haben, ist das Büchlein schon ein authentisches »Dokument«. Ich bin immer überrascht, was sich die Menschen von ihrer Vergangenheit merken. Dem einen ist dies wichtig, dem anderes das. Und ein und dieselbe Szene wird von zwei Beteiligten gänzlich anders erinnert und dargestellt. Dabei spielt sicher auch die selektive Wahrnehmung eine Rolle. Solange das im Privaten passiert, mag das angehen, aber bei manchen Publikationen wundere ich mich schon, an was sich manche Erzähler alles erinnern. Da war die DDR ein permanentes Gefängnis und jeder fühlte sich durch die Willkür der Staatsgewalt unmündig, bevormundet und bedroht.

Anfang der 70er Jahre hielt die erste Disko Einzug in Greifswald, im *Haus der Jugend* in der Wilhelm-Külz-Straße. Also nicht mehr Tanz mit einer Band und drei Titeln am Stück, sondern Musik den ganzen Abend ohne Pause vom Rekorder – und es gab ein neues Getränk: Cola-Wodka. Für uns Biertrinker ungewohnt, aber es passte zum Ambiente. Ein fast vollständig dunkler Raum, eine Glitzerkugel an der Decke, spärliches Licht am Tresen. Und Mädchen, Mädchen, Mädchen. Mit 60/40 hatten es die DJs, die offiziell Schallplattenunterhalter hießen, immer schwer. Gottlob gab es für den 60-prozentigen Ostanteil ja auch noch Polen, Ungarn und die CSSR: *Omega*, die *Roten Gitarren*, *The Matadors*. Nie vergessen werde ich Czeslaw Niemen (1939–2004) mit seinem Hit »Jednego Serca« – »Ein Herz! So wenig, was ich brauche. Aber ich sehe, dass ich zu viel verlange!« Wenn du diesen Song nachhörst, wirst du unsere damalige Verzückung vielleicht nachempfinden können. Bei *YouTube* steht er aktuell bei deutlich über zwei Millionen Besuchern. Der ganze Saal des Jugendklubs schwofte und sang, kuschelte und küsste, die Beine eng aneinandergeschmiegt. Und die Nichttänzer stimmten in die infernalischen Schreie des Sängers ein, ein episch anmutendes Stück, das einen Vergleich mit »Child in Time« aus der gleichen Zeit nicht scheuen musste.

Ich trug damals, der Mode folgend, sehr enge Cordhosen, die trug ich jeden Tag und der Cord bröselte schon ab. Sie waren hellbraun, eher gelblich, und in ihrem Urzustand aus der »Jugendmode« unzumutbar. In mühevoller Kleinarbeit, Stich für Stich, machte ich sie so eng, dass ich sie nur mit Mühe anziehen konnte, in die Hocke gehen war ausgeschlossen und hätte zu einer Katastrophe geführt. Natürlich musste die Hose kurz sein, knapp über dem Knöchel, und die Füße steckten in hohen Schuhen aus Wildleder-Ersatz. Für den Oberkörper hatte ich zwei, drei T-Shirts, auch knalleng. Das war Usus, das musste sein. Ich bin schon gespannt, mit welcher Mode du mich in den nächsten Jahren überraschen wirst ...

Auf dem gemeinsamen abendlichen Heimweg nach der Disko pflegten wir in angeregter Stimmung das Lied der Wolgaschlepper anzustimmen: »Ei, uchnem!«, was so viel bedeutet wie: »He, hauruck!« In meiner Erinnerung habe ich noch einen kleinen Film im Kopf, wie wir zu viert mitten auf der Külzstraße gehen oder torkeln und aus voller Kehle singen, besonders das »Aj-da da, aj-da« ist uns immer gut gelungen. Die vier Tenöre – aus Greifswald. Als ich später meine schöne Wohnung in der Schönhauser Allee hatte, zog auch dieses Lied mit ein. Herrliche Musik für den Sonntagmorgen hoch über der Stadt. Zu meinen Lieblingsstücken für diese besonderen Stunden gehörte auch das zwölfminütige Stück »Bema pamieci rapsod zalobny« von Niemen und liturgische Gesänge aus Russland. Und wenn sich dann die hymnischen Klänge von Sergej Rachmaninow, das große »Morgen- und Abendlob opus 37« mit dem Glockenklang der nahen Gethsemanekirche vermischte, war der Frieden mit Händen zu greifen. Ein vergleichbares Wohlbefinden konnte da nur Manfred Krug bieten mit dem schönen Lied: »Sonntag, es fällt nie wieder Schnee, Blüten fallen ins Dekolleté ...« Die erste LP von Krug gehörte sozusagen zum Inventar eines kultivierten Haushalts in der DDR und wurde eben besonders am Sonntag aufgelegt, wenn die Kirchen dazu ihre Geläut beisteuerten. Besonders gerne im Frühling, wenn endlich die Fenster auch am Tage lange offen standen und sich das Innen mit dem Außen mischte: Der Duft aufgebackener Brötchen, ein Mädchen, das in der Küche summt, leuchtende Blumen auf dem Tisch, das Gebrummel der U-Bahn und die Flieger nach Tegel. Die flogen damals nur eine kurze Runde um den Fernsehturm und bogen dann direkt über meinem Haus zur Landung ein: »Auf dem Segel ab nach Tegel, wenn man dich nur lässt.«

Krug war ein Volkskünstler in der DDR. Fast alle hatten ihn in ihrer Kindheit als *König Drosselbart* gesehen, als mutigen Haudegen in *Mir nach, Canaillen*, als Spanienkämpfer in *Fünf Patronenhülsen* und einige auch in *Spur der Steine*. Der Film lief ein paar Tage in den Kinos und verschwand dann wie viele andere Filme im »Giftschrank«. Ich habe ihn erst 1990 gesehen, ein bemerkenswerter Blick auf das Innenleben der DDR auch noch heute. Eine lebendige, kontroverse und kraftvolle Gesellschaft, wie wir sie heute nicht mehr kennen.

Krug war sehr beschäftigt: Jedes Jahr ein Film bis zum Protest gegen die Ausbürgerung von Wolf Biermann. Krug selbst sagte später, er habe seine Unterschrift als nicht so dramatisch angesehen und erwartet, dass sich die Wogen in ein paar Monaten wieder glätten würden ... Ich habe Biermanns Auftritt vom 13. November 1976 in der Kölner Stadthalle im Fernsehen gesehen – in der *ARD* am 19. November ab 22.05 Uhr in voller Länge: »... so soll es sein, so soll es sein, so wird es sein.« Hatte man ihn bewusst in die Falle tappen lassen, schließlich wussten die Funktionäre (die »verdorbenen Greise« – Biermann) wohin er fuhr oder wollte er die Konfrontation? Andererseits wird es schon eine große Ratlosigkeit im Politbüro der SED gegeben haben, wie man mit dem aufmüpfigen Sohn des ehrenwerten Kommunisten Dagobert Biermann (1904–1943) umgehen sollte. Biermanns Antrag auf Mitgliedschaft in der SED hatte man, nach zwei Jahren als Kandidat, 1963 abgelehnt. Und dann hatte das für die Kultur in der DDR so verhängnisvolle 11. Plenum des ZK der SED im Dezember 1965 ein totales Auftritts- und Publikationsverbot in der DDR gegen ihn verhängt. Aber er sang natürlich weiter, machte Aufnahmen in seiner Wohnung in der Chausseestraße, die wie Kassiber bei uns von Hand zu Hand gingen. So war, so blieb er lebendig für uns. Was wollte er im Westen? Die haben ihn ausgenutzt und ausgelutscht, was er sehr genossen hat, dann wurde er langweilig. Wurde nur noch zu bestimmten Anlässen aus der Schublade geholt in den staatlichen Medien. Dieses Thema habe ich zehn Jahre später mit Stephan Krawczyk ausführlich diskutiert und fast hätte ich ihn überzeugt zu bleiben. Ich nenne hier nur den Namen, die Geschichte dazu folgt.

Klaus Laabs erzählte mir, dass am 13. November 1976 in Köln ein Auto für Biermanns Rückreise nach Ostberlin bereitgestanden hätte. Ist das wahr? Vieles spricht jedenfalls dafür, dass Biermann wusste, was er tat. War es ein bewusster Affront, um sich einen guten Start in Westdeutschland zu ermöglichen? Das ist, soweit ich es überblicke, nicht gelungen. Was mir unklar bleibt, ist die Naivität all jener, die die Protestbotschaft unterschrieben haben. Waren die oberen Kulturgurus schon so abgehoben? Warum wurde der Bildhauer Fritz Cremer auf dem Krankenlager zur Unterschrift gedrängt? Ein paar Tage später zog er sie wieder zurück. Ging es noch um Biermann oder um etwas anderes, etwas Persönliches? Auf Manfred Krug komme ich sicher noch zurück ...

Schule, Freunde, Musik, Fliegen, Mädchen – so könnte ich meine Jugendzeit kurz zusammenfassen. Neben den schon genannten Bands interessierten uns natürlich die *Stones* und die *Beatles*, ich war eher ein Beatles-Fan und das *Weiße Album* brachte eines Tages der Greis mit, was für ein Schatz! Jeder wollte einen Umschnitt haben und wir sangen gemeinsam aus voller Kehle mit: »Birthday«, »Back in the USSR« und natürlich »Helter Skelter«. Der reine Wahnsinn ...
Unsere vergänglichen »Tagesschlager« kamen von *CCR, The Troggs, Slade, Dave Dee, Dozy, Beaky, Mick & Tich, Herman's Hermits, Manfred Man, Ray Davies* und *The Kinks, The Who* oder »My Friend Jack« von *The Smoke* mit diesen infernalischen Gitarrenriffs ... Und natürlich hatten wir auch das bombastische Werk »April« von *Deep Purple* auf Band und das unvergessliche »You keep me hangin' on« von *Vanilla Fudge* – die Ursuppe, aus der die Ian Gillan und andere gelöffelt haben. Und traumhaft schön war: »In a Gadda da Vida« von *Iron Butterfly*. Für ruhige

Stunden bevorzugten wir aber eher die Lieder von Joan Baez, Cat Stevens und Bob Dylan.
Diese Musik begleitete uns, auch wenn sie aus einer fernen Welt kam, die wir aber nicht als fern empfunden haben. Und mit einer klapprigen Klampfe konnte man mit vier, fünf Akkorden auch das meiste nachspielen. Ich glaube, meine Spitzenleistung war »Heart of Stone« von den *Stones*. Das war unsere Musik. Sicher gab es da irgendwo Richtung Westen eine Grenze, aber wir waren in Greifswald, in Südschweden, und wir hatten diese Grenze nie gesehen. Wir haben damals unser Land nicht in Frage gestellt und unsere Aufmüpfigkeit war eher pennälerhaft. Obwohl ich inzwischen ein anerkanntes Mitglied meiner Schulklasse war, hatte meine große Klappe überlebt. Ungerechtigkeiten brachten mich in Rage und da machte ich auch nicht halt vor »Vorgesetzten«. Einmal hatte ich, als ich in der 10. Klasse war, Frau Sonntag, genannt »die Lady«, eine große, voluminöse Unterstufenlehrerin, dabei erwischt, wie sie einen kleinen Wurm am Ohr zupfte. Ich wies sie etwas unhöflich auf die Überschreitung hin und sang im Gehen sehr laut »Lady Sunday and Mr. Moon – gar nicht schön, was Sie da tun.« Vor allen Kindern. Das hatte für mich einen außerordentlichen Besuch bei der Direktorin Frau Doß zur Folge und da ich uneinsichtig blieb, gab es einen Tadel, was heftig war. Meine Eltern brauchte ich zu dieser Zeit nicht mehr fürchten, aber wie sieht das aus, ein Tadel auf dem Abschlusszeugnis des »Musterschülers«? Das haben am Ende wohl auch die Lehrer eingesehen, strichen den Tadel und fügten meiner Beurteilung den Satz hinzu: »Wilfried hat sich positiv entwickelt. Er muss sich aber bemühen, Erwachsenen gegenüber den richtigen Ton zu finden.« Prädikat: Mit Auszeichnung.
In den frühen 70er Jahren hörten fast alle Jugendlichen in der DDR die bekannten Musiksendungen aus dem Westen: *Hallo Twen* mit Manfred Sexauer, *SFBeat* mit Henning Vosskamp oder *RIAS2* mit Gregor Rottschalk. *DT64* hielt später erfolgreich dagegen mit Christine Dähn und Andy Fürll. Aber die Jugend in der DDR war nach dem Mauerbau 1961 von ihren Klubs und Schallplattenläden im Westen abgeschnitten. Einen guten Einblick in das Leben der »Halbstarken« damals vermittelt der Film *Berlin – Ecke Schönhauser ...* von Gerhard Klein und Wolfgang Kohlhasse. Der Film kam schon 1957 in die Kinos und wurde einer der erfolgreichsten der *DEFA* – diese Rückblende ist aber noch heute amüsant. Damals konnten die jungen Leute noch mit der U-Bahn rüber in den Westen fahren, um sich ihre Musik abzuholen. 1961 kam der Cut und 1965 wurde einer ganzen Bigbeat-Generation in der DDR der Stecker gezogen.
Wenn ich in meinem Plattenschrank krame, stoße ich schnell auf die LP *BIG BEAT II* (Amiga 8 50 049), auf der vier Titel der Band *The Butlers* aus Leipzig, darunter »Butlers Boogie« für die Nachwelt festgehalten sind. Noch 1964 erhielt die erste Band von Klaus Renft von der FDJ das Prädikat »sehr gut« und ein Jahr später

wurde sie verboten, da ihr Auftritt »im Widerspruch zu unseren moralischen und ethischen Prinzipien« gestanden haben soll. Stecker gezogen. Aus den *Telestars*, die Henry Kotowski 1962 als 17-Jähriger zusammen mit Freunden gegründet hatte, wurden zwei Jahre später auf Wunsch der Schallplattenfirma *Amiga* die *Sputniks*. Zur Band gehörten Gerd Hertel, Bernd Emich und Achim Döhring. Zum »Gitarren-Twist« (Komposition Döhring) konnte ich herrlich Luftgitarre spielen und wild tanzen, wenn ich unbeobachtet war. Und die Cover der LPs unterschieden sich wenig von den damaligen Veröffentlichungen der *Beatles* oder den *Shadows* im Westen.

BIG BEAT 1964
Repro: Amiga / Prust

Zunächst waren englische Namen kein Tabu und das Nachspielen der westlichen Vorbilder wurde geduldet. Englische Texte allerdings nicht und so war der ostdeutsche Big Beat wortlos. Anfang der 60er Jahre gab es Hunderte Beatgruppen (offiziell Gitarrengruppen), die in den Klubs für wildes Tanzvergnügen sorgten. Neben den gängigen Westtiteln komponierten sie selbst sogenannte Gitarrenbeats, alles instrumental mit Ausnahme des Titels »Mich hat noch keiner beim Twist geküsst« mit Ruth Brandin. Es wurde auch eine deutsche Version des Beatles-Songs »She loves you« aufgeführt. 1964 schnitt *Amiga* ein Konzert im *Twistkeller* in Berlin-Treptow mit. Daraus wurde eine Single veröffentlicht mit dem »Gitarren-Twist«

und »Shazam«. Das muss eine tolle Zeit gewesen sein – umso katastrophaler war das plötzliche Aus. Gerd Hertel erinnerte sich später: »Der spektakuläre Auftritt der Stones im September 1965 in der Berliner Waldbühne war Anlass für die DDR-Führung, der Beatbewegung Einhalt zu gebieten.« Über zwanzigtausend Jugendliche hatten sich in der Waldbühne versammelt und zerstörten dann nahezu alles um sich herum: Wasserhydranten, Absperrungen, Laternenmasten, Bänke. Die *Stones* hatten schon nach 20 Minuten die Bühne verlassen, aus Furcht vor der tobenden Masse, was zu verstehen war nach ihren Erlebnissen in Manchester. Vier bis fünf Stunden hat das Inferno gedauert und setzte sich auch in den Zügen der S-Bahn fort, die der DDR gehörte: 17 Waggons wurden demoliert. Ich erinnere das nur kurz, um die Schockwirkung auf die DDR-Oberen zu illustrieren.

Schon im Dezember kam die Kehrtwende. Ein einziger, heute kurios anmutender Satz zerstörte die Existenz einer einzigartigen Musikszene in der DDR. Auf dem 11. Plenum des ZK der SED (16. bis 18. Dezember 1965) sagte Walter Ulbricht: »Ist es denn wirklich so, dass wir jeden Dreck, der vom Westen kommt, nu kopieren müssen? Ich denke, Genossen, mit der Monotonie des Je-Je-Je, und wie das alles heißt, ja, sollte man doch Schluss machen.« Weniger kurios war die einschneidende Wirkung auf die ganze Kulturszene: Zahlreiche Theaterstücke, Bücher und Filme wurden im gleichen Atemzug verboten: *Das Kaninchen bin ich* von Kurt Maetzig, *Denk bloß nicht, ich heule* von Frank Vogel, *Der Bau* von Heiner Müller, *Der Tag X* von Stefan Heym und *Spur der Steine* von Frank Beyer ...

1966 lösten sich viele Bands auf, auch die *Sputniks*. Henry Kotowski spielte später bei *Lenz*, dem *Gerd-Michaelis-Chor*, bei *Modern Soul* und der *Uve Schikora Combo*. Er blieb ein »bunter Hund«. Und wie er suchten sich viele der jungen Musiker eine neue musikalische Zukunft im unproblematischen Schlagergeschäft. Wie sich die offizielle Kulturpolitik den gepflegten sozialistischen Beat vorstellte, zeigte dann die LP *Die Straße* von *TEAM4*, umbenannt in *Thomas Natschinski und seine Gruppe* (u. a. mit Detlev Haak und Thomas Krüger, beide Ex-Oktoberklub). Diese neue Beatmusik hatte Texte und zwar deutsche, geschrieben von Hartmut König, auf ihn komme ich gleich. Natschinski stammte aus einem musikalischen Elternhaus und zählte zu den vielseitigsten Komponisten der DDR. Anfang der 90er Jahre hatte ich als Liedtexter die Freude einer kurzen Zusammenarbeit, unsere *Märchenfee* gehört noch heute zu meinen liebsten Kinderliedern, aber das nur nebenbei ... Seine erste LP *Die Straße* wurde 1967 aufgenommen und ist meines Wissens die erste »Rock-LP« mit deutschen Texten. Udo Lindenberg, dem diese Ehre gemeinhin zuerkannt wird, brachte 1971 seine LP *Lindenberg* mit englischen Texten heraus, die ich sehr mochte, die aber keine Käufer fand. Ein Jahr später folgte dann (wie schon erwähnt) *Daumen im Wind*, von der nur ein paar Tausend verkauft werden konnten. Für mich als Norddeutscher waren der Titelsong und das Stück »Hoch im Norden« aber auf meiner persönlichen Hit-Liste. Bei Lindenberg habe ich immer bewundert, dass er seine Texte selber schreibt, sein Leben in wundervolle Geschichten fasst, dabei Niederlagen und Emotionen nicht aus dem Weg geht. Er hat mich mein ganzes Leben lang begleitet und die meisten seiner Lieder kann ich noch heute mitsingen, besonders ans Herz gehen mir »Alkoholmädchen«, »Leider nur ein Vakuum« und »Kommen und Gehen«. In meinen Augen ist, neben dem Fahrrad, die Musik die größte Erfindung der Menschen, in Sonderheit das Lied. Einfach phantastisch, welche Gefühle, welche Erfahrungen, welche Botschaften in oft nur drei Minuten verborgen sind und zum Mitschwingen einladen.

Als kulturpolitisches »Angebot« nach dem katastrophalen Kahlschlag 1965 hob die Führung der SED den *Hootenanny-Club* aus der Taufe, aus dem später der *Oktoberklub* wurde, nach dem Motto: Wenn die Jugend singen will, dann soll sie singen, aber bitte ohne Je-Je-Je. Inspiriert wurde die Singebewegung in der DDR durch Pete Seeger und direkt unterstützt von Perry Friedman, der 1959 aus den USA gekommen war. Ja, es sollte eine Bewegung werden und es wurde eine Bewegung, es gab Hunderte Singeklubs in Betrieben, Schulen und bei der NVA. Die Förderung oblag der FDJ, aber auch dem jungen Jugendradio *DT64* (besonders Marianne Oppel und Tanja Braumann). In meinem Bücherregal habe ich noch *Das DT64 Liederbuch*, erschienen 1969, schon reichlich abgegriffen durch lebhaften Gebrauch in »meinem« Singeklub bei der NVA. Oh, ich sehe gerade einen Stempel in dem Buch: »NVA Dienststelle Zwickau«, ich hoffe, ich habe es nicht geklaut ... Was waren das für Lieder? Überwiegend welche aus dem *Oktoberklub*, da sind viele Lieder entstanden, leise, aber vor allem laute, die mit Inbrunst und Lebensfreude in großer Besetzung vorgetragen wurden. Wenn ich mich recht entsinne, haben wir für uns ausgesucht: »Sag mir, wo du stehst« (Hartmut König), mit E-Moll, D, C, A7 und G recht leicht zu spielen. Das war der ›Tophit‹ der Singebewegung, den es heute auch als hörenswerte Punkversion gibt:

> Wir haben ein Recht darauf, dich zu erkennen.
> Auch nickende Masken nützen uns nichts.
> Ich will beim richtigen Namen dich nennen
> und darum zeig mir dein wahres Gesicht.

Klare Aussage, klarer Rhythmus, wie gesagt mit ein paar Harmonien schnell zu lernen. In unserer konservativen Penne in Greifswald hatten wir keinen Singeklub, aber 1972 nach meinem Eintritt in die Armee kam ich dann zu meinem ersten Auftritt in der Kaserne und vor der Patenbrigade in Zwickau. Das bedeutete

Extra-Ausgang und es hieß vor allem: »Kompanie raustreten zur Sturmbahn, der Singeklub bleibt im Objekt.«

Was haben wir noch gesungen? Natürlich das wunderschöne »Ballen sie ihre Fäuste« (Mikis Theodorakis), »Bandiera rossa« (deutscher Text Peter Hacks), »Wer bin ich und wer bist du« (Demmler, Steineckert), »Carpe diem – nutze den Tag« (Bernd Walther) ...

Das Radioprogramm von *DT64* war zum Deutschlandtreffen 1964 erstmals auf Sendung gegangen und dann zu einem festen Bestandteil der Medienkultur in der DDR geworden. Zuerst nur drei Stunden wochentags, aber immerhin. Ich war von 1975 an drei Jahre beim Rundfunk und komme auf meine Zeit als Redakteur bei *DT64* sicher später noch zurück. Wichtig ist noch anzumerken, dass die Singebewegung zum Ausgangspunkt für die Szene der Liedermacher Ende der 70er Jahre wurde – mit so beeindruckenden Künstlern wie Norbert Bischoff, Arno Schmidt, Kurt Demmler, Reinhold Andert, Barbara Thalheim, um nur ein paar Namen zu nennen, einen anderen Werdegang hatten Hans-Eckardt Wenzel (*Karls Enkel*), Stephan Krawczyk (Folk) und Gerhard Schöne (Kirche). Alle Liedermacher mischten sich nach Kräften ein in ihrer DDR. Sie wurden Mitte der 80er Jahre eine bemerkenswerte Kraft der politischen Aufklärung der Jugend. Da waren mutige und klare Worte zu hören von talentierten Textern, auch inspiriert durch Bulat Okudschawa, Wladimir Wyssotzki (unbedingt nachlesen), Wolf Biermann, Heinrich Heine oder Hannes Wader. Zwar hat da auch immer einer von den Kulturfunktionären draufgeschaut und draufgehauen, aber das Gras war dicht und wuchs beständig weiter. Die Konzerte der Liedermacher waren überfüllt und überall im Land kursierten Mitschnitte auf Kassette.

Noch kurz ein Satz zu Hartmut König. 1966 hatte er in Berlin sein Abitur gemacht und gehörte als Texter zur Gruppe *TEAM4*. Überwiegend Liebeslieder wie »Der Abend ist gekommen« oder »Als du von mir gingst«, aber auch Anklänge aus der Singebewegung mit »Student in einer fremden Stadt« und »Ich bin in diese Stadt gekommen«. Mein Lieblingslied der ersten LP ist heute noch das witzige »Zwischen Dimitroffstraße und Senefelder Platz«. Wie schon erzählt, wurde im Zuge der großen Restauration nach 1990 auch der Name des mutigen Antifaschisten Georgi Dimitroff getilgt, schau dir doch mal den Reichstagsbrandprozess in Leipzig von 1933 an. Am Anfang hatte die Propaganda der Nationalsozialisten den Prozess mit Lautsprechern in der ganzen Stadt übertragen lassen, was jedoch schnell eingestellt wurde, nachdem Dimitroff den Gerichtssaal in ein Tribunal gegen den Faschismus verwandelt hatte.

Die Bezirksverordnetenversammlung im Prenzlauer Berg hatte nach dem Ende der DDR eine Rückbenennung der Dimitroff-Straße in Danziger Straße (nach dem polnischen Gdansk) abgelehnt, aber die U-Bahn war in Zeitnot und entschied sich für »Bahnhof Eberswalder Straße«. Und zum 1. November 1995 setzte sich der Berliner Bausenator Herwig Haase (CDU) über das gegenteilige Votum des Bezirksparlaments und den Widerstand der Anwohner hinweg und ließ den gesamten Straßenzug in Danziger Straße umbenennen – anders lief die Sache in Leipzig. Schon oft habe ich dir die Textzeile von Hartmut König vorgesungen, wenn wir mit der U2 von der Eberswalder Straße zum Senefelder Platz gefahren sind – vom hellen Viadukt in den dunklen Untergrund:

> Und wenn im Zug
> das Licht einmal nicht anginge,
> wo es angehn muss,
> hätt' ich vielleicht heute Mut genug
> zu einem Kuss.

Hartmut König war eine führende Person und gleichsam ein »Kind« des *Oktoberklubs*. Dieser Klub wurde generell zum Springquell für zukünftige Kulturfunktionäre, Redakteure, Journalisten, Politiker – für alle möglichen Aufgaben. Karl-Heinz Ocasek, Volkmar Andrä und René Büttner gingen zu *Amiga*, einige gingen zum Rundfunk wie Bert Ostberg oder begannen eine Solokarriere wie Bettina Wegner, Gina Pietsch, Tamara Danz, Aurora Lacasa und Jürgen Walter – auf den ich noch zurückkommen muss ...
Am höchsten ist sicher Hartmut König aufgestiegen. Er wurde Mitglied im ZK der SED und schließlich stellvertretender Kulturminister der DDR. Geboren 1947 in Berlin gehörte er schließlich zu der jungen Generation in der SED, die nach dem zu lange abgewarteten Ende der Ära Honecker die Macht übernehmen wollte. Möglicherweise war er von diesem schönen Gedanken zu sehr beeindruckt, denn als Reformer machte er sich keinen Namen ... Ihm haftete bald der Geruch eines Apparatschiks an: immer höher steigen, nur nichts falsch machen, immer höher steigen ... Er beendete sein Berufsleben vor wenigen Jahren als Redakteur einer Anzeigenzeitung in Brandenburg an der Havel. Vor ein paar Monaten sah ich ihn in einer Dokumentation wieder, er wirkte seltsam blass auf mich, distanziert und un inspiriert.
Dabei war König auch beteiligt, als das *Festival des Politischen Liedes* 1970 aus der Taufe gehoben wurde, das dann jährlich im Februar in Berlin stattfand. Sieben Jahre später war ich das erste Mal selbst dabei, leider habe ich daran keine guten Erinnerungen. Aber ich werde nicht umhin kommen, dir darüber zu berichten ...
Das Festival hob die Singebewegung auf eine andere, eine internationale Stufe. Als Reflex auf die Befreiungsbewegung traten dort Sänger und Gruppen aus der ganzen Welt auf: aus Chile, Südafrika, Kuba, Vietnam, Griechenland, Namibia – und

vertreten waren auch westdeutsche Künstler wie Hannes Wader, *Floh de Cologne*, Franz Josef Degenhardt und *Lokomotive Kreuzberg*. Bemerkenswert der Auftritt von *Renft* bei einem Extra-Festival im Rahmen der *X. Weltfestspiele* 1973 für Jugend und Studenten (28.7. bis 5.8.), aber in diesen Tagen der Selbstdarstellung war ja in Ostberlin fast alles möglich. Die DDR als weltoffenes Land und 25.000 Jugendliche aus der ganzen Welt waren zu Gast. Klaus Renft schrieb in sein Tagebuch: »Wir kommen gerade von den X. Weltfestspielen. Es war ein bedeutendes Ereignis. Am letzten Nachmittag hatten wir einen Auftritt zur Abschlussfeier des PLX (Politische Lieder zum X. – W. B.). Es hat, so glaube ich, derzeit eine neue Epoche für uns begonnen.« Zitiert aus: *Die Bewaffnung der Nachtigall. Tagebücher von Klaus Renft 1968 bis 1997* (BuschFunk 2015). Allerdings hießen ihre Lieder damals noch »Ketten werden knapper« (Pannach) und »Chilenisches Metall« (Demmler). Das zweite Lied war eine Ehrung des chilenischen Volks und seines Präsidenten Salvador Allende, der wenige Wochen später am 11. September im Präsidentenpalast Moneda von der eigenen Luftwaffe bombardiert und in den Suizid getrieben wurde. Wesentlich beteiligt an diesem Putsch waren die US-Regierung und die CIA.

Zurück zur Rockmusik. Mit der LP *Die Straße* war allen Musikern klar, wie der Hase läuft. Und so gingen die aufgelösten Mitglieder der Gitarrengruppen auf die Suche nach Poeten und Lyrikern, die es reichlich gab – überwiegend in vorzüglicher Qualität und mit der besonderen Fähigkeit, brisante Inhalte zwischen den Zeilen und in Bilder zu verstecken und doch erkennbar zu halten. Die *Puhdys* (1965 gegründet als Udo-Wendel-Combo) fanden Wolfgang Tilgner – sozusagen *Led Zeppelin* und *Deep Purple* mit deutschen Texten: »Türen öffnen sich zur Stadt. Wo es tausend Straßen hat. Nicht jede ist leicht zu spaziern. Jede wird dich ein Stück vorwärtsführn. Tiefer ins Leben hinein ...« (tolles Video auf *YouTube*)
Das Lied entstand übrigens für die Musiksendung »Die Notenbank« (Regie: Bernd Maywald) im DDR-Fernsehen, die erste (!) Deutschrock-Sendung, die es zwischen 1969 und 1972 auf acht Ausgaben brachte (siehe ZAPP 2015 – unbedingt ansehen). Ihre Fans gewannen die Puhdys aber in erster Linie Ende der 60er Jahre auf den vielen Konzertbühnen der DDR, wie bei uns in Greifswald. Die Musiker von *Renft* fanden in Kurt Demmler ein kongeniales Sprachrohr ihrer Ideen. Zu Demmler später mehr. Das *Dresden-Septett* (1971, später Lift) bediente sich bei Ingeburg Branoner. Die *electra-Combo* (1969) mit Bernd Aust machte eigene Texte und holte vieles von Demmler. Und es gab zahlreiche andere gute Texter wie Fred Gertz, Jens Gerlach, Burkhard Lasch, später Jan Witte (für *Magdeburg*), Gisela Steineckert, Norbert Kaiser (für *Karat*) und der herausragende Werner Karma für *Silly* und *Pension Volkmann*. Ende der 70er Jahre hatte sich die Rockmusik der

DDR erholt und eine unerwartete Eigenständigkeit erreicht, bei gelegentlichen musikalischen Zitaten ihrer Vorbilder aus dem Westen, zudem gab es inzwischen ein System der Förderung durch das Komitee für Unterhaltungskunst, den Rundfunk und die Plattenfirma *Amiga*. Amateurbands schossen wie Pilze aus dem Boden und drängten zu den begehrten, wenn auch raren Futtertrögen. Rundfunkaufnahmen waren begehrt, aber die Krönung war eine eigene LP. Es entstanden wundervolle Lieder, schwer, hier die wichtigsten zu nennen. Aber für mich ragen, besonders was die Textautoren betrifft, einige heraus: »Als ich fortging« (Gisela Steineckert), »Der Albatros« (Norbert Kaiser), »Wenn ich zwei Leben hätt« (Jan Witte), »Am Fenster« (Hildegard Maria Rauchfuß), »Wenn ein Mensch lebt« (Ulrich Plenzdorf), »Die Tagesreise« (Jo Schaffer). So viele Lieder und im Grunde öffne ich nur ein Fenster. Ich wünschte mir, dass du bei Gelegenheit den vielen Namen nachgehen wirst und vor allem den Liedern. Das passiert mir sogar beim Erzählen, wie bei der Ballade »Tritt ein in den Dom« von Kurt Demmler, gesungen von Peter Ludewig und Stephan Trepte. Da werden schon mal meine Augen feucht, zumal ich viele der Musiker später als Journalist kennengelernt habe. Der »Dom« wurde schon 1972 aufgenommen, aber erst 1980 veröffentlicht. Hier ein kurzes Zitat, das Lied ist im Internet in verschiedenen Besetzungen nachzuhören:

> Tritt ein in den Dom, durch das herrliche Portal.
> Tritt ein in den Dom, alle verrückten Tage einmal.
> Tritt ein in deinen staubigen Schuhn. Tritt ein in den Dom.
> Tritt ein, ein paar Minuten zu ruhen – tritt ein in den Dom –
> kleiner Mensch, tritt ein! Tritt ein, tritt ein in den Dom.

Ich hoffe, Kurt sieht mir, hoch im Himmel, hier den Abdruck dieser Zeilen nach. Darin war er immer sehr pingelig. Kurt, es ist eine Hommage in einer Zeit, in der sich viele von dir abgewandt haben, ich nicht. Der »Dom« wurde später glänzend mit dem *Filmorchester Babelsberg* aufgeführt und gehört zu den beliebtesten Titeln bei den Konzerten von *electra* und heute des *Sachsendreiers* (*electra, Lift, Stern-Combo*). Leider habe ich bei ihnen nie ein Wort zu Kurt oder eine Verbeugung vor dem Autor ihrer schönsten Lieder erlebt. Kurt Demmler hat alle die Texte geschrieben, von denen ihr Ruhm herrührt. Als ich Stephan Trepte im letzten Jahr nach einem Konzert darauf ansprach, sagte er nur: »Hast ja recht ...«

Das staatlich gelenkte und geförderte Unternehmen DDR-Beatmusik hatte letztlich Erfolg. Wohlverhalten der Bands wurde mit Tourneen, Plattenproduktionen und Auftritten im Fernsehen belohnt, Widerworte mit dem Gegenteil. Bis zum Ende der DDR blieb die technische Ausrüstung der Bands ein Problem, wer konnte, schaffte Technik aus dem Westen ran, nutzte heimische Technik wie die Anlage *Regent 600* oder das Röhrenradio *Beethoven Super* als Verstärker für die Bassgitarre (TEAM 4). Das Komitee für Unterhaltungskunst, dazu komme ich noch, half, so gut es ging, bei den immer gleichen Sorgen der Musiker: Anlage und Kleintransporter. Über die »Lichtshow« der *Puhdys* hatte ich schon berichtet. Natürlich war auch die 60/40-Regel ein Vorteil, die für den Rundfunk genauso galt wie für DJs oder für Konzerte. Über diese Regel wurde oft geklagt, aber wenn ich mich recht erinnere, gab es damals in Frankreich eine ähnliche Vorgabe, die 70/30 hieß. Für die Bands in der DDR war diese Regel sinnvoll. Sicher haben wir immer nach England und den USA geschielt, aber heute nach 25 Jahren hat sich ein unerwartetes Comeback eingestellt. Der Verlust an Geborgenheit, Identität, Wertschätzung – im Grunde »Heimat« – hat bei vielen Menschen, die in der DDR aufgewachsen sind, zu einer Rückbesinnung auf die DDR-Hits ihrer Jugend geführt. Dieser Pawlowsche Reflex ist durchaus nachzuvollziehen und ich spüre ihn auch in mir. Jan Josef Liefers hat das sehr genau nachempfunden in seinem Buch *Der Soundtrack meines Lebens*, von dem es unlängst auch eine mdr-Produktion (Sergej Moya) gab. Ein lebendiger Lebensbericht mit Filmbildern seines Vaters, sehr persönlich, nur sein Part zum Thema Biermann wirkte seltsam aufgesagt, wie von der Redaktion bestellt. Liefers erinnerte an Lieder wie »Leb deinen Traum« (Trepte/Demmler) oder »Schlohweißer Tag« (Silly/Karma). Er beschrieb seine DDR mit den drei Punkten: »1. Wie sie war, 2. Wie sie in der Zeitung stand und 3. Wie man sie sich gewünscht hätte.« Und er beschrieb in diesem Film auch seinen Auftritt am 4.11.1989 am Alexanderplatz bei der Demo, die von den Theaterleuten in Ostberlin organisiert worden war. Ich erinnere kurz an die Protestversammlung im *Deutschen Theater* am 15.10.1989: Antrag für eine Demonstration. Gregor Gysi hätte gesagt, das wäre legal und in der Verfassung vorgesehen, man muss nur einen Antrag stellen und für Ordnung sorgen. Und so kam es zu den gelben Schärpen mit dem Aufdruck: Keine Gewalt! 700.000 Menschen waren da versammelt, die wollten die DDR nicht abschaffen, sondern umbauen. Ich hatte an diesem 4.11. ein zwiespältiges Gefühl. Das Volk war auf der Straße, die Revolution hatte gesiegt. Keine Angst mehr vor plötzlicher Verhaftung. Aber die junge Opposition verlor sich in endlosen Diskussionen, anstatt die Macht zu übernehmen – und die alte SED versuchte mit Winkelzügen das noch verbliebene Terrain zu behaupten. Ich war glücklich, erleichtert, aber irgendwie auch erschöpft und leer und ratlos. Nirgendwo gab es eine Person, die das Volk führen konnte, die es wenigstens versucht hätte. Die einen haben nur geredet und geredet und andere haben geklatscht und gejubelt. Dann gingen alle nach Hause und nach einer Woche folgte auf meine innere Leere die Resignation an der Bornholmer Brücke. Es war vorbei, bevor es begonnen hatte. Das ist so lächerlich, so abstrus. Alle reden heute immer wieder von der Öffnung der Mauer und zeigen den Strom der Menschen von Ost nach West. Keiner zeigt den Strom der Menschen von West nach Ost in den folgenden Tagen: Spekulanten, Seelenhändler, Alteigentümer, Wendegewinnler, Hasardeure, politische Pappnasen ...

Wünschenswert wäre mir eigentlich ein interaktives Buch, dann könnte ich jeden Namen blau unterstreichen und mit einem Klick könntest du alles das lesen, wozu mir keine Zeit bleibt. Aber ich hoffe, du hast schon gemerkt, dass diese DDR ein interessantes Land war, so bunt, so lebendig und aufmüpfig, wie es sich viele gar nicht vorstellen können. Ich wünschte mir und ermutige heute viele Gleichaltrige, ihre Erlebnisse aufzuschreiben. Sich der Diffamierung ihrer eigenen Jugend zu widersetzen. Natürlich haben wir es heute gegen die staatlichen Medien schwer, aber wir dürfen uns doch nicht einfach ergeben. Wenn ich höre, es gab keine Selbstverwirklichung, wie ist dann der *Club Impuls* einzuordnen? Wenn ich höre, es gab kein freies Wort, wie passt das zu den vielen Liedermachern und Rocktextern? Wenn ich höre, die Bildende Kunst wurde unterdrückt – wohl kein Land hatte so viele Maler und Bildhauer. Und erst die wundervollen Filme wie *Solo Sunny, Einer trage des andern Last, Die Alleinseglerin, Glück im Hinterhaus, Das Versteck, Der nackte Mann auf dem Sportplatz, Der Dritte* – unendlich viele, kostbare Filme. Einzigartige Regisseure, Drehbuchautoren und Schauspieler. Und wenn ich höre, es gab keinen Breitensport, auch so ein Quatsch. Spitzensport ist ohne Breitensport nicht möglich. Jeder Betrieb, der auf sich hielt, hatte eine Betriebssportgemeinschaft: »Jedermann an jedem Ort – einmal in der Woche Sport.« Als ich keine Lust mehr hatte, ein schmucker Vorzeige-Fechter zu sein, wurde ich Mittelstreckenläufer. Im Kreis Greifswald ganz gut, auch mal mit vorderen Plätzen, aber ohne Ambitionen auf die Olympischen Spiele ... Obwohl, ich hatte einen Trainingsplan, der sah wöchentlich 100 km vor, die ich auch wacker absolviert habe. Leider ist davon heute nichts mehr geblieben. Auf der Stadionrunde bist du jetzt schon schneller als ich, nur im Sprint bringe ich noch ein flottes Staccatissimo auf die Bahn. Und ich freue mich über dein fröhliches Lachen: »He, Papa, wie machst du das?«

Und dann der Fußball, des deutschen Mannes liebstes Kind. Wird heute von Sportsendungen in der Historie des Fußballs geblättert, ist alles nur West, da taucht dann höchstens das Schreckgespenst Jürgen Sparwasser auf, der 1974 bei der WM gegen die Mannschaft von Franz Beckenbauer in Hamburg das Siegtor erzielte. Viele große Traditionsvereine wurden einfach getilgt, wie der FC Carl Zeiss Jena (Finalist im Europapokal der Pokalsieger 1980/81), Dynamo Dresden (drei Mal Viertelfinale im Europapokal der Landesmeister), der 1. FC Magdeburg (Gewinner des Europapokals der Pokalsieger 1974) oder der 1. FC Lokomotive Leipzig (Finalist im Europapokal der Pokalsieger 1987). Wer hat diesen Verlust an Geschichte, den Verlust an Heimat angeordnet und warum?

Der Verein meiner Jugend war natürlich Einheit Greifswald, von dem schon die Rede war. In den 50er und frühen 60er Jahren war das die zweitbeste Mannschaft neben Hansa Rostock nördlich von Berlin und sie spielte in der 2. DDR-Liga. Kurios ist die Geschichte von dem Erfolgstrainer Trainer Franz Schopp, der die Mannschaft im Frühjahr 1953 übernahm. Vier Jahre später wurde er entlassen, weil die Eröffnung einer eigenen Kneipe in der Stadt den Verantwortlichen nicht zusagte. Bis Mitte der 60er Jahre konnte sich »Einheit« gut behaupten, zu den Spitzenspielen kamen an die zwölftausend Zuschauer. Der Verein wurde aber immer wieder zurückgeworfen, wegen der Abwerbung der besten Spieler durch den Erstligisten Hansa Rostock, wie Helmut Hergesell oder Lothar Hahn. Dann schäumte die Volksseele auf. Ich erinnere mich noch an einen Stadionbesuch mit meinem Freund Steffi, als die »Delegierung« eines Spielers nach Rostock über Lautsprecher bekannt gegeben wurde. Die Leute riefen »Buh« und neben mir schrie ein dicker Mann: »Wie lange sollen wir noch die gemolkene Kuh für Hansa sein?« Volkes Wille. Das hat mich sehr beeindruckt.

Jetzt habe ich mich etwas verzettelt. Wo war ich stehengeblieben? Ich bin noch immer Schüler in Greifswald und dazu passt eine lustige Episode über die Russisch-Olympiade 1970 in Rostock. Auch so ein Leistungstest. Dafür hatten wir ein kleines Theaterstück auf Russisch einstudiert. Abfahrt an der Schule um 7:00 Uhr, Auftritt in Rostock um zehn. Als ich auf den Wecker sah, zeigte er 7:15 Uhr. Meinen Vater brauchte ich nicht um Hilfe fragen und ich wollte es auch nicht. Gut 100 Kilometer. Ich schaff das! Rauf aufs Fahrrad und im Höchsttempo durch die Stadt Richtung Neuenkirchen, einem Vorort im Norden. Fahrrad anschließen, Daumen im Wind. Ich stand an der F 96 und an diesem Sonntag war gutes Wetter und viel Verkehr. Trampen war in der DDR eine beliebte Art der Fortbewegung. Die Fahrer hielten gerne an, ich später auch, und hatten nichts zu befürchten. Eine kleine Reisebekanntschaft und eine gute Tat. Ich werde meine Reise nach Rostock nicht vergessen. Zuerst mit einem kleinen LKW bis Reinberg, dann ein Stück auf einem Traktor, viel zu langsam, Wechsel auf ein Moped Marke *Schwalbe* bis Brandshagen. Dann mit einem *Trabant* weiter bis nach Stralsund. Die Frau war nett und fuhr mich noch ein Stück raus aus der Stadt an die 105. Wieder warten und die Uhr tickte. Ein Bus kam. Leider nur bis Löbnitz, dann bog er ab nach Barth. Da war es kurz nach neun. Und keiner kam, wo waren sie alle hin? Ich war nah am Flennen und fing an zu laufen. Sollte die Aufholjagd hier enden, im Nichts? Endlich ein Motorrad mit Beiwagen: »Können Sie mich mitnehmen, es ist sehr dringend?« Bis Damgarten fuhren wir. Ich rannte über die Recknitzbrücke, weiter nach Ribnitz. Ein *Wartburg* hielt: »Wohin?« »Nach Rostock.« »Steig ein!« Und dieser freundliche Wartburg-Fahrer brachte mich bis zur Schule, wo unser Auftritt stattfinden sollte. Vor der Tür erkannte ich Frau Kraudzun, die Lehrerin. Als sie mich aussteigen sah, lief sie auf mich zu und drückte mich an ihren großen Busen: »Ach, Nikita, ich habe gewusst, dass du es schaffst!« Zum ersten Mal klang dieser, mir inzwischen schon verhasste Name ganz weich und schön. Besonders aus dem Mund einer Lehrerin, die ich vordem eher als spröde empfunden hatte ... Irgendwie hatte meine trostlose Kindheit in mir eine Widerstandskraft erzeugt, diesen Willen, nicht unterzugehen, nicht zu unterliegen, nie aufzugeben. Das ist bis heute so. Matteo, du hast oft über mich gelächelt und gesagt: »Papa, man muss auch mal aufgeben können.« Dir fällt das nicht schwer, zum Glück. Hier mal ein Bild aus den fernen Tagen des Nikita, der sich schon deutlich, auch äußerlich, von seinem Namenspatron unterschied ...

Frieder 1972
Foto: Archiv W. B.

Was soll ich sagen? Es war eine unbeschwerte Jugend, die schulischen Pflichten wurden erfüllt, die Freiräume genutzt. In Greifswald so wie sonst auch in Jena oder Dresden, wie in Braunschweig, Dortmund oder München. Die aktuellen Hits hatten wir am selben Tag, die soziale Rebellion in Westdeutschland 1968 erreichte die DDR-Jugend deutlich, vielleicht fünf Jahre später. Da war ich dann schon in Berlin und also auch ein Stück näher an diesem anderen deutschen Staat und etwas älter ... Aber es fehlen noch ein paar Erinnerungen an die letzten Monate auf der Penne, das Abitur und das Damoklesschwert Nationale Volksarmee. Das Schwert bedeutete dann zuerst, die Schere an die geliebte Haarpracht anlegen, aber das war das geringste Übel. Ende 1971 war noch alles in Ordnung, sogar Gerhard Zinke als Flugplatzchef hatte schließlich ein Einsehen, denn mit einem Zopf ließ sich die Cockpithaube doch noch problemlos schließen ...

6. Gespräch: Mein Traum von der MiG-21, keine Lust mehr auf Schule, Abitur 1972, mit 'ner Zahnbürste nach Berlin, unser Ferienjob in Brno, eingezogen zur NVA nach Schneeberg, Wehrpflicht und Bausoldaten, preußischer Drill, das Elend zwischen EK und Sprilli, Panzerfahrer in Eggesin

1972 neigte sich meine Schulzeit dem Ende zu. Ich war zu dieser Zeit der zweitbeste Schüler in meiner Klasse, dauerhaft hinter Erika; sie war aus dem Saarland in die DDR gekommen. Was ihre Eltern machten, wusste keiner, interessierte uns auch nicht. Ich hatte zu dieser Zeit einen »Heiligenschein«, jedenfalls in den Augen der Lehrer. Ich war Offiziersbewerber. Mir hat dieser Begriff nichts bedeutet, ich war Segelflieger und wollte Pilot in einer *MiG-21* werden, dem besten Jet jener Zeit und nicht wenige fliegen heute noch. Das war mein Traum: Start auf dem Flugplatz Peenemünde, Nachbrenner rein, beschleunigen, steil nach oben und dann mit Mach 2 durch die Wolken düsen. Für diesen Spaß musste ich Offizier werden, doch eine militärische Laufbahn hatte ich nicht im Kopf – nur den Speed. Allerdings wurde ich damit für die Schulleitung unter Herrn Kliewe schon zu einem »Vorbild«. Abgenommen habe ich ihm das nie, diesem kleinen Mann mit dem Doppelkinn, die reinste Scheinheiligkeit oder permanente Verstellung. Alle Abiturienten sollten Offiziersbewerber werden oder zumindest für drei Jahre in der NVA unterschreiben. Kliewe ging es nur um die Zahlen, Hauptsache, er hatte seine Ruhe. Wann immer die Schülerschaft im Quadrat antreten musste, ob am 1. Mai oder am 7. Oktober, wurden stets die Besten nach vorne gerufen. Ich nicht mehr als der Bonbon-Dieb im Konsum, sondern als militärisches Vorbild, mit der Frisur von Jimmy Page. Jedes Mal bekam ich ein Buch geschenkt. Aber noch war gar nicht entschieden, ob ich für einen Überschalljäger tatsächlich tauglich sein würde. Segelfliegen in der DDR, das konnte jeder machen, wenn nicht gerade einer aus der Familie »abgehauen« war, die Motorflugausbildung auf einer *Jak-18* setzte aber voraus, dass man von den Luftstreitkräften akzeptiert worden war.

Mit Zuversicht fuhr ich Anfang 1972 ins Lazarett der Luftstreitkräfte Königsbrück, dort sollte die medizinische Tauglichkeitsuntersuchung erfolgen: Körperliche Fitness, Blutwerte, Zentrifuge und am Ende wurden wir auf einem Schleudersitz zehn Meter in die Luft katapultiert und sollten oben die Hände ausbreiten, nach dem Motto: »Ich bin noch da«. Alles gut überstanden, aber dann der Schock! Wegen meiner Augen musste ich den Traum von der *MiG* begraben und alles änderte sich schlagartig. Die Diagnose werde ich nie vergessen: Astigmatismus und Hornhautschaden in geringem Grade. Auf der Rückfahrt im Zug hab ich geheult. Keine Motorflugausbildung auf der *Jak-18*, keine *MiG-21* und zehn Jahre danach (wie damals üblich) keine Karriere bei der *Interflug* auf einer *Il-18* oder einer *Tu-134*. Der

Journalist und Pilot Ulrich Unger hatte das gleiche Schicksal erlebt. Von 100 Bewerbern wurden damals nur etwa zwei angenommen. Unger saß auch weinend in seinem Zug und musste, wie er mir erzählte, in Wilkau-Haßlau umsteigen. Auf dem Bahnsteig traf er einen Freund, der auf dem Weg zum Flugplatz Schönefeld war, mit der Botschaft: »In diesem Jahr darf die Interflug selber Piloten ausbilden.« Das war eine große Ausnahme. Mich hat diese Nachricht leider nicht erreicht. Ulrich Unger wurde bei der *Interflug* angenommen und flog dann bis zum letzten Jahr noch einen *Airbus* bei der *Condor*. Das war traurig für mich. Aber manchmal, wenn ich morgens um 6 Uhr die Maschinen aus Tegel beim Starten höre, denke ich als notorischer Langschläfer, vielleicht war es ganz gut so und drehe mich genüsslich in meinem Bett noch einmal um. Heute bin ich Freizeitpilot und fliege, wenn ich ausgeschlafen bin ...

Nach meiner Rückkehr aus Königsbrück wurde ich jede Woche in das Wehrkreiskommando in Greifswald einbestellt, um mir zu verdeutlichen, dass man in der NVA auch an anderer Stelle einen tüchtigen Offizier brauchen könne. Aber ich wollte nicht Offizier werden, ich wollte einen Düsenjäger fliegen. Diese Verhandlungen zogen sich über Monate hin. Von »Folter« will ich nicht sprechen, aber es war sehr zermürbend. Am Ende stellte ich die hartnäckigen Werber mit der Zusage ruhig, mich wenigstens für drei Jahre zu verpflichten. Das hätte ich in meiner Situation sowieso gemusst, denn in meinem Klassenbuch stand noch immer das »H« hinter meinem Namen, und das hieß: Studium ja bei sehr guten Leistungen, aber kein staatliches Stipendium. Studenten erhielten normalerweise ein staatliches Stipendium. Zu meiner Zeit, also 1972, waren das etwa 80 % der Direktstudenten, ab 1981 bekamen alle Hochschulstudenten ein elternunabhängiges, einheitliches Grundstipendium von etwa 190 Mark. Hinzu kam eine Berlin-Zulage von 15 Mark. »Geistige Überflieger«, etwa 40 % der Studenten, erhielten in den 80er Jahren ein zusätzliches Leistungsstipendium zwischen 60 und 150 Mark monatlich. Für mich als Kind eines selbstständigen Handwerkers gab es 1972 nichts. Es war also ein Albtraum für mich mir vorzustellen, dass ich als Student jeden Monat meinen Vater um ein Almosen bitten müsste. Sicher hätte es andere und bessere finanzielle Alternativen gegeben, aber davon hatte ich damals keine Ahnung. Also drei Jahre, so mein naives Denken, ist ja auch nicht so viel mehr als die achtzehn Monate, die ohnehin Pflicht waren. Dafür gab es ein ordentliches Gehalt, das ich sparen könnte, und hinterher zahlte mir der Staat 300 Mark Stipendium – als Dank. Ein Vorteil war auch, dass man gleich nach der Schule »gezogen« wurde und nicht erst Jahre später, wenn es nicht mehr in die Lebensplanung passte. Aber wenn ich gewusst hätte, was da auf mich zukommt ... Viele Jungs in meiner Klasse haben sich für diese drei Jahre entschieden, auch weil sie Medizin studieren wollten und die Noten das nicht hergaben. Ein kapitaler Fehler von mir war, aus heutiger Sicht, nicht zu den Luftstreitkräften zu gehen. Aber ich hatte einfach das Gefühl, dass ich es nicht ertragen könnte, für den Piloten die Leiter an die *MiG* anzustellen und dann zuzusehen, wie er in die Wolken davonjagt. Alles andere, aber nicht das ...

Für die Schulleitung war es ein Drama: Ein Offiziersbewerber weniger, von ohnehin zu wenigen, schlecht für den Bericht. Und obwohl meine Beurteilung auf dem Abiturzeugnis im Mai 1972 schon geschrieben war, voll von lobenden Worten bis zur letzten verfügbaren Zeile, haben sie sich nicht verkneifen können, aus dem letzten Punkt ein Komma zu machen für den reingequetschten Nachsatz: »... er muss aber lernen, zu seinen Entscheidungen zu stehen.« Mir hat in den anstrengenden Wochen der Abschlussprüfungen der Verzicht auf meinen geliebten Berufswunsch heftig zugesetzt, ich war down. Meinen »politischen Posten« gab ich auf und die Prüfungen gingen alle daneben. War es die Rache der Lehrer? Ich glaube nicht. Vielleicht begann das Thema Schule für mich seinen Reiz zu verlieren, es war nicht mehr das einzige Feld für mich, um Selbstbestätigung zu finden. Meinen letzten großen »Auftritt« hatte ich bei der Ausgabe der Abiturzeugnisse in der Aula der EOS. Immer noch das Prädikat »Sehr gut«, aber die Aufzählung meiner Resultate führte dann schon zu einem Raunen im Saal: Deutsch: Vornote 1, Prüfung 3 – Gesamtnote 2, Mathematik: Vornote 1, Prüfung 3 – Gesamtnote 2 ... Und so weiter. Für mich war die fallende Leistungskurve eher eine Bestätigung. Ich war nicht mehr das Aushängeschild der Lehrer, das machte mich in den Augen meiner Freunde eher sympathischer. Und Abitur ist Abitur ... Ich füge mal ein Bild ein. Viele habe ich nicht aus dieser Zeit, aber dies mag ich besonders. Es zeigt die Zeugnisübergabe 1972.

Zeugnisausgabe Abitur 1972
Foto: Archiv W. B.

Ganz links Steffi, er schaut neugierig auf die Szenerie. Daneben der Mond, fast im Weltall und gewohnt distanziert. Ich in der Mitte mit einem orangefarbenen Schlips, dann Hansi auch eher als Beobachter, und Lude scheint verzweifelt zu fragen: »Sollen das etwa meine Zensuren sein?« Ganz rechts neben »dem Braam« ist noch das Huhn zu erahnen. Wie immer hatte es sich (fast) unsichtbar machen können ...

Nach dem Abitur 1972 steckte ich mir eine Zahnbürste ein und fuhr per Anhalter nach Berlin. Wir fuhren immer per Anhalter. In »Daumen im Wind« sang Udo Lindenberg im gleichen Jahr: »Ich steh' noch immer an der Autobahn und träume von der weiten Welt. Vielleicht sollt' ich den Daumen etwas höher heben, denn ich will meine Träume nicht nur träumen, ich will sie auch erleben ...« Greifswald ade, Eltern ade, Kindheit ade – dachte ich: Nur einmal kräftig schütteln und der ganze Schrott ist weg. Steffi war als Volontär bei *DT64* angenommen worden, musste also nicht drei Jahre zur Armee, und bewohnte stattdessen diese wacklige Wohnung in Köpenick im Glienicker Weg 8, die ich schon erwähnt hatte. Lude war auch vor Ort, denn wir beide warteten auf unsere Einberufung zur NVA, im Herbst. In unserem letzten gemeinsamen Sommer gab es noch eine kleine Zugabe, einen köstlichen Abschluss der Schulzeit. Der Vater des Huhns, nach unserer Namensgebung also das »Ur-Huhn«, war ein hoher Verwaltungsmensch an der Uni Greifswald und somit in der Lage, für seinen Sohn und seine drei Freunde einen

vierwöchigen »Studentenaustausch« mit der befreundeten Uni in Brno zu verabreden. Kurz vor der Abfahrt traf mich noch ein Missgeschick, beim letzten Sportfest meiner Schulzeit im Philipp-Müller-Stadion wollte ich beim 100-Meter-Lauf der Erste sein, stürzte ins Ziel, gewann – und brach mir das Schlüsselbein. Das war ein Schock so kurz vor der Reise ... Mit dem sogenannten »Rucksack«, der bei dieser Verletzung Usus ist, konnte ich aber dann doch mitfahren und die anderen haben meinen Koffer geschleppt. Die Reise war toll, eine Reise in eine andere Welt. Wir hatten in der Rezeption des Hotels, in dem wir auch wohnten, unseren Dienst zu versehen und trotzdem viel freie Zeit. Es gab dort auch Studenten aus der arabischen Welt, mit ihnen führten wir viele Gespräche, die unseren Horizont deutlich erweiterten. Und es gab Schwarzbier. Damit waren neue Rekorde nicht mehr zu schaffen, aber aus dem Alter waren wir inzwischen auch raus ... Als Abschluss gab es obendrauf noch sieben Tage Prag und für uns vier bleibt für immer die alte Frau am Bahnhof von Brno in Erinnerung, die uns mit ihrer fistelnden Stimme freundlich nachrief: »Jdi do Prahy, po sedmi dní. Na shledanou!«
Prag hatte sich total verändert, alles war wieder ruhig. Nur als wir über den Wenzelsplatz schlenderten, holten mich die alten Bilder noch mal ein. Sicher war es kein »Gulasch-Sozialismus« wie in Ungarn, aber es ging doch deutlich liberaler zu als in der DDR. Ich wunderte mich über die Schlangen und Diskussionsrunden vor den Zeitungskiosken – für uns interessanter war damals jedoch die große Auswahl in den Modegeschäften. Nach dieser Woche kampierte ich abwechselnd bei Steffi in Berlin oder bei Maria in Leipzig. Es stellte sich für wenige Wochen ein Gefühl unendlicher Freiheit ein. Keine Schule, keine Eltern, jeden Tag ausschlafen, Musik machen, Musik hören – und es war Sommer. Ein paar Mal traf ich mich mit Gerulf Pannach, den ich in Greifswald angesprochen hatte. Er war damals nicht mehr im Leipziger Kabinett für Kulturarbeit angestellt, sondern schon freiberuflicher Texter. Ich zeigte ihm ein paar Gedichte, die jetzt nicht mehr nur von Liebe handelten, viele krause Gedanken. Pannach hatte seine Armeezeit schon absolviert und machte mir Mut: »Pass auf, da gibt es viele Fallen. Lass dich nicht zerquetschen, behalte deinen Stolz.« Daran habe ich mich später oft erinnert.
Mein Freund Steffi berichtete von seinen ersten Gehversuchen beim Rundfunk. Er war schon immer äußerst redegewandt, schrieb die besten Aufsätze und hatte sehr früh den Wunsch, Journalist zu werden. Er und der Greis hatten sich in der 11. Klasse beworben, der Greis fiel durch und Steffi wurde angenommen. Er war allerdings durch sein Elternhaus »vorbelastet«, hatte deswegen von vornherein ganz gute Karten. Steffi wohnte in der Steinstraße 13 zusammen mit seiner Mutter und seiner Tante. Was aus seinem Kindermund nach Muddi und Taddi klang, wurde später zu unserer »amtlichen« Bezeichnung. Taddi arbeitete als Journalistin bei den *Neusten Norddeutschen Nachrichten*, der Zeitung der NDPD,

der National-Demokratischen Partei Deutschlands. Also eine der Blockparteien in der DDR. Sie war so etwas wie eine »rasende Reporterin«, denn die kleine Zeitung konnte sich ihre Leserschaft nur erhalten, wenn über die lokalen Ereignisse ausführlicher, genauer und vielfältiger berichtet wurde als in der *Ostsee-Zeitung*, die von der SED herausgegeben wurde. Eine respektierte und respektable Persönlichkeit im öffentlichen Leben der Stadt. Ihr fiel in der kleinen Familie die Vaterrolle zu, vor drei Jahren ist sie gestorben. Der eigentliche Prinz war das »gemeinsame« Kind Steffi und so hatte er eine wohlbehütete Kindheit, um die ich ihn oft beneidet habe. Er ist bis heute ein Familienmensch geblieben, ein Mensch, der gerne alle seine Weggefährten im Auge behält und so war auf der Feier zu seinem 60. Geburtstag im letzten Winter ein buntes Spektrum von Freunden vertreten, Schulfreunde wie Holger und ich, dazu Tischtennisfreunde aus vier Jahrzehnten, Kollegen von *DT64* und vom rbb-Fernsehen, wo er heute arbeitet, und natürlich seine Kinder.

Bevor ich Steffi in der 3. Klasse kennenlernte, haben wir uns aber schon ein paar Mal getroffen. Denn bei ihm in der Steinstraße 13 wohnte auch meine Großmutter Hedwig, eine Etage tiefer. Also meine »kleine Oma«, im Gegensatz zur »großen Oma«, von beiden habe ich schon erzählt – Martha wurde 96, Hedwig sogar noch zwei Jahre älter. Und schon Anfang der 60er Jahre war Hedwig stolze Besitzerin eines Fernsehers, ein Zauberkasten aus dem Hause *RaFeNa* namens *Patriot* (ein seltsamer Name für ein Fernsehgerät). Natürlich nur, weil ihr Sohn den Rundfunkladen hatte. Und so ergab es sich, dass der kleine Steffi bettfertig angezogen die Stufen hinabstieg und bei »Oma Bergholz« klingelte, um kurz vor sieben das *Sandmännchen* zu sehen. Ein paar Mal soll sie aber auch nicht geöffnet haben, was sich so tief als Enttäuschung eingegraben hat, dass sich der erwachsene Mann heute noch daran erinnert ...

Zehn Jahre später, 1972, war er bei *DT64* gelandet, und damit war sein weiterer Weg vorgezeichnet. Bis zum Mai 1973 Volontariat, dann 18 Monate Armee und anschließend vier Jahre Journalistikstudium in Leipzig. Leider waren wir aus diesem Grund nie gemeinsam bei *DT64*. Ich verbrachte 1972 viel Zeit in Berlin, in dieser zugigen Rundfunkwohnung in Köpenick. Wir haben jeden Tag genossen, auch weil wir wussten, dass uns der Militärdienst bevorstand. Der Termin für den Luden, das Huhn und mich war Anfang November, aber trotz der unguten Vorahnungen wusste keiner von uns, was ihm wirklich bevorstand.

Auch als ich nach Schneeberg eingezogen wurde, riss der Kontakt zu meinen drei Schulfreunden nicht ab. Ich habe ein paar Schuhkartons voller Briefe und als Steffi seinen 50. feierte, habe ich ihm die schönsten kopiert. In den ersten Monaten, eingesperrt hinter Mauern, las ich fasziniert seine Mitteilungen aus der großen, bunten Rundfunkwelt. Darin zeichnete er das Leben beim Jugendsender in den schönsten Farben. Besonders seine Erlebnisse aus dem »Sockel«, einer kleinen Kantine im Block E, las ich mit roten Ohren. Da tauchten Namen auf, die vorher weit entfernt waren, wie Wolfgang Hempel, Andreas Fürll, Christine Dähn, ein paar Bands, die wir aus Greifswald kannten, und auch vom wohl berühmtesten aller DDR-Radiomacher, Heinz-Florian Oertel, wurde berichtet. Ich hatte meine journalistische Begabung immer unter der von Steffi gesehen. Da ich kein Pilot werden konnte, musste ich langsam nach einer neuen Richtung in meinem Leben suchen und so blieben die Briefe von Steffi nicht ohne Wirkung.

Kurz ein paar Sätze zur Wehrpflicht in der DDR. Anderthalb Jahre waren Pflicht, aber da musste man nehmen, was kam. Beliebt war die Volksmarine wegen der deutlich schöneren Uniformen und wegen des deutlich entspannteren Klimas an Bord. Bei den Luftstreitkräften war es auch gut, aber da wollte ich ja nicht hin und außerdem nahmen die gerne Leute mit einer technischen Ausbildung. Dann gab es die Panzerregimenter, die Transporttruppen, die Artillerie, die Funker und die Landstreitkräfte, genannt »Mucker«. Am schlimmsten waren die dran, die zur Grenze eingezogen wurden, da schon klar war, dass dort auf Menschen geschossen wird. Das heißt, es gab Meldungen der Westsender, wenn an der Grenze Menschen erschossen worden waren und später hörte ich auch Berichte von entlassenen Soldaten: »Ich bin nur froh, dass ich keinen erschossen habe.« Mir war das immer schleierhaft, wie jemand auf Gleichaltrige schießen konnte; unvorstellbar, man konnte doch vorbei schießen ... Diese Grenze ist für mich das dunkelste Kapitel in der Geschichte der DDR. Leute einsperren und schikanieren ist das eine, Leute erschießen etwas anderes.

Eine spezielle Truppe war das Wachregiment Berlin, die mussten nicht diese kratzigen Filzuniformen tragen wie wir, sondern hatten Offizierssachen. Überwiegend nahmen sie Dreijährige und es kursierten Gerüchte, dass sich dort die Kaderschmiede für die Staatssicherheit befand. Soviel ich weiß, wurde aber jeder entlassene Soldat, kurz bevor sein Martyrium endete, befragt, ob er sich eine Zusammenarbeit mit dem MfS vorstellen kann. Für mich war das eine idiotische Idee, nach diesem Drill, dieser Schleiferei und der ganzen Unmenschlichkeit, die ich da zum ersten Mal in meinem Leben erlebt hatte, eine solche Frage zu stellen mit der Hoffnung auf eine positive Antwort.

Manche gingen zu den Bausoldaten, Christoph Schambach ist einer, den ich kenne. Er wird heute noch wütend bei diesem Thema und die Geschichten sprudeln nur so aus ihm heraus, über die Zeit in einem Wald bei Spremberg, wo sie ein Straflager für politische Häftlinge bauen sollten. Und die Offiziere sagten zu ihnen: »Ihr werdet die Ersten sein, die hier einziehen.« Und Gerhard Schöne kenne ich, der auch Soldat war mit einem Spaten auf den Schulterstücken.

Zum Nachlesen interessant: *Bausoldaten in der DDR* von Bernd Eisenfeld (Ch. Links Verlag 2011). Aus religiösen Gründen konnte man den 18-monatigen Dienst nicht wie sonst an der Waffe, sondern in einem Bautrupp der NVA oder bei Bauobjekten der Industrie ableisten. Und es gab Totalverweigerer, die mit einer zweijährigen Haftstrafe verfolgt wurden, wobei dann nicht selten eine erneute Einberufung erfolgte. Diese Vorgehensweise wurde erst allmählich Mitte der 80er Jahre abgeschafft.

Die Verweigerung des Waffendienstes war mühevoll. Im Westen zog man einfach nach Westberlin, im Osten setzte es einen kirchlichen Hintergrund voraus und verlangte Stehvermögen. Dazu fehlten uns der Mut und der Grund. Ich war so voller Gottvertrauen oder Vertrauen in das Gute im Menschen, voller Leichtsinn und Naivität: Jetzt mach ich mal kurz meinen Wehrdienst und sehe meine Freunde dann fröhlich in Leipzig oder am besten in Berlin wieder. Fröhlich, munter und voller Phantasie. Wie lang 1095 Tage werden können und was in dieser Zeit alles passieren kann, war mir nicht klar. Woher auch? Gedankenlos hatte ich mir die doppelte Portion aufgeladen, drei Jahre meines jungen Lebens. In denen ich mich eigentlich hatte aufschwingen wollen, gelöst von den Ketten der Eltern, befreit für die Reise in das verheißungsvolle Land von Bob Dylan, Pete Seeger, Hannes Wader und Heinrich Heine ...

Diese Armeezeit wurde für mich ein glatter Fehlstart in mein neues Leben, eine Bauchlandung, ohne vom Boden abgehoben zu sein. Warum nur die doppelte Portion, das habe ich mich in diesen drei Jahren oft gefragt. Ich hatte ein gutes Zeugnis, immerhin noch »Sehr gut« im Abitur, trotz deutlicher Schulunlust am Ende. Ich hatte gelernt, dass ich nicht mehr der Klassenprimus sein musste, um Anerkennung zu erhalten. Und ich hatte keine Ahnung, wie lang drei Jahre sind – unter den mir ebenfalls unbekannten Umständen. Aber auch das Huhn machte drei Jahre, und ebenso der Lude und Hansi. Aber sie wollten Medizin studieren und hatten nur ein »I« im Klassenbuch. Also traten wir gemeinsam, leider nicht zusammen, unsere Fron an. Glück hatte nur Steffi, der bloß anderthalb Jahre ableisten musste. Und dann hatte auch Lude Glück, er war einfach zu dünn und wurde wegen Untergewicht von der Marine nach Hause geschickt – sozusagen Leichtmatrose a. D. Das Huhn und Hansi verbrachten die drei Jahre bequem auf einem Sankra (Sanitätskraftwagen), das war meist ein *Robur LO* mit Rotkreuz-Zeichen, der irgendwo an einem Schießplatz rumlungerte – für den Fall, einer schießt sich ins Knie. Diese beiden »Drei-Ender« hatten ein leichtes Leben, da vergeht die Zeit wie im Fluge. In der NVA ging es bei den Rekruten nur um die Anzahl der Tage. Der »Sprilli« hatte 548 Tage, der »Mittelpisser« 365 Tage und der EK (Entlassungskandidat) 182 Tage und machte sich einen Knick in die Schulterstücke. Ab dem 150. Tag führte der EK ein Bandmaß mit sich, das gerne in einem Messingzylinder aufbewahrt wurde, und jeden Abend durfte ein »Sprilli« einen Zentimeter abscheiden, nachdem er das Revier des EK (zusätzlich zu seinem) erledigt hatte. Das hieß zumeist: Flur wischen, Waschraum säubern, Vorgarten harken und Ähnliches ...

Mich hatte das Elend voll erwischt. Zu blöd, irgendeinen Job bei der fliegenden Truppe anzunehmen, kam ich zu den Mot-Schützen, den Muckern. Und drei Jahre bedeutete dort: Ausbildung zum Zugführer, dem untersten Vorgesetzten, aber doch Vorgesetzter. Frieder als Vorgesetzter. Der Freund sozialistischer Demokratie als Schreihals auf dem Exerzierplatz. Ich habe es versucht, aber meine Stimme klang immer so zart und ... so leise. Ich war zu dieser Zeit in der Kaserne in Schneeberg im Erzgebirge. Einmal sagte der Fähnrich zu mir, besser: Er schrie mich an: »Ich gehe jetzt an das Ende des Platzes und wenn ich Sie dann nicht höre, dann lernen Sie mich kennen.« Er wackelte los in seinen Knobelbechern und mein Nebenmann im Glied war so freundlich, für mich zu schreien. Der Ausbilder kam zufrieden zurück und sagte: »Warum nicht gleich so!« Wir hockten oben auf dem Berg und sahen unten im Tal die Menschen beim *Schneeberger Lichterfest* feiern. Stampften dampfend mit Gepäck durch den Wald, quälten uns über die Sturmbahn, übten Gleichschritt und marschierten nach der Grundausbildung unserer feierlichen Vereidigung entgegen. Diese Feier fand an einem Nachmittag unten im Ort statt und irgendwie gelang es uns, eine Flasche Wein an Land zu ziehen. Der Transport des kostbaren Guts wurde aus unerfindlichen Gründen mir zugewiesen. Ich glaube manchmal, dass ich in meinem Leben niemals wirklich Glück gehabt habe, immer war es ein erzwungenes, ein erarbeitetes Glück. Aber vielleicht stimmt das auch nicht so ganz ...

Und so passierte am Abend in der Kaserne, was passieren musste: »Zug antreten!« Es fehlte nur noch eine Sekunde zum: »Zug wegtreten!« Genau in diesem Augenblick rutsche mir die schöne grüne Weinflasche unter dem Koppel durch und zerbrach am Boden. Es folgte natürlich die Frage: »Wer war das?« Daraufhin trat der ganze müde Haufen einen Schritt vor. Damit war die Vereidigung für uns beendet, wir mussten mit Zahnbürsten ausgerüstet den Duschraum der Kompanie, der heutigen Ansprüchen übrigens nicht genügen würde, putzen. Wie Würmer krochen wir die ganze Nacht auf den Knien von Fuge zu Fuge. Die stolze Armee des Arbeiter- und Bauernstaates. Wir jungen Rekruten haben das aber klaglos, eher trotzig hingenommen. Wir haben geputzt, bis es hell wurde und haben es als einen Sieg über den preußischen Drill empfunden ...

Schon nach wenigen Tagen wurde mir bewusst, dass aus mir kein Zugführer, kein Vorgesetzter zu machen war. Also hoch zum Regimentschef und fragen, ob er nicht etwas für mich hätte, wo ich nicht befehlen muss. Hatte er. Die Alternative hieß Panzerfahrer plus Wechsel nach Zwickau. Gott sei Dank. Das erste halbe Jahr, also die Ausbildung zum Unteroffizier, wurde durchaus interessant, Ausbildung an einem *T-54*. Noch ohne Servolenkung, aber so wurde mir im Winter nie kalt. Alles wie beim Auto, aber statt eines Lenkrads hatte man zwei Knüppel, mit denen die jeweilige Kette abgebremst wurde. Rechts abbremsen gleich rechts rumfahren. Dazu Hauptgetriebe, Zwischengetriebe, Wechselgetriebe – alles gelernt. Ein 40-Tonnen-Kollos mit 500 PS. Im April 1973 war die Ausbildung beendet und der Unteroffiziersschüler Wilfried Bergholz wurde Unteroffizier und kam zurück in die »Heimat« nach Eggesin, in das Panzerregiment 23 »Julian Marchlewski«. Auch das wieder so ein ehrenwerter, vergessener Name – Sozialdemokrat, Mitstreiter von Rosa Luxemburg im Kampf für eine internationale Revolution des Proletariats gegen Kapitalismus und Militarismus, und 1916 Mitgründer des Spartakusbundes.

Eggesin klang zuerst nach »nahe an Greifswald« und der geliebten Ostsee, aber wir wurden eingesperrt und es fühlte sich dann an wie »nahe an Sibirien«. Mitten im Wald gab es eine Lagerstraße mit fünf Regimentern, Kasernen gebaut wie am Fließband. Wenn ich mich recht erinnere: Pioniere, Ari, Mucker, Panzer, Funker. Zweistöckige Gebäude in Reih und Glied um einen rechteckigen Platz herum aufgestellt, auf dem ich gefühlte Jahre später zusammen mit Lutz Büchler meine erste Disko veranstaltete. An der Frontseite das Stabsgebäude, rechts und links je zwei Gebäude, drei für die Panzerkompanien und eins für die Instandsetzungskompanie (IK) und die Transportkompanie (TK). Dem Stabsgebäude gegenüber lag das Küchengebäude und ergänzt wurde der Trakt durch ein Kulturhaus, dahinter der Med-Punkt, daneben die Duschen und etwas weiter entfernt die Hallen für die Panzer und andere Fahrzeuge. Dieser ungemütliche Ort existiert noch heute und wenn du magst, kannst du dir die Objekte im Internet ansehen, sie sind noch in Gebrauch ...

7. Gespräch: Mein Soldatenleben in Eggesin, die Volksarmee, grüner Rasen im November, We shall overcome, Kerzen im Keller, Gerhard Schöne, der tote Wachposten, meine Jawa 350 im Versteck, nächtliche Ausflüge aus der Kaserne, die Schreibmaschine: meine Rettung, Ich war neunzehn, Armee-Disko mit Lutz

Ich habe mich damals schon gefragt, warum man Soldaten an das Ende der Welt verbannte. Die Kaserne einer »Volksarmee« sollte doch in den Städten beim Volk sein. Das Volk sieht seine Armee und die Soldaten sehen, was sie beschützen wollen oder sollen. Stattdessen waren wir im Land der drei Meere angelangt, wie wir es sarkastisch nannten: dem Sandmeer, dem Waldmeer und dem Garnichtsmehr. Für mich überraschend gibt es heute sogar einen Traditionsverein des *PR-23*, in dessen Präsentation zu lesen ist: »Für die Entwicklung des Panzerregiment 23 war förderlich, dass der übergeordnete Stab, die Führung der 9. Panzerdivision, und die wichtigsten Ausbildungsplätze in unmittelbarer Nähe des Regiments lagen. Dagegen erschwerte die Lage des Dislozierungsraumes im äußersten Nordosten der DDR, abseits bedeutender Verkehrswege, das Leben aller Angehörigen des Regiments, aber auch das der Familien der länger dienenden Soldaten. Diese und andere Besonderheiten übten einen nicht zu unterschätzenden Einfluss auf die unmittelbare tägliche Dienstdurchführung und Ausbildung aus.«
Diese »länger dienenden Soldaten« waren in der Regel Offiziere und Berufsunteroffiziere, die in einer Waldsiedlung direkt neben den Kasernen untergebracht waren. Für sie gab es im Kiefernwald an die hundert Einfamilienhäuser, die genauso genormt waren wie die Kasernen. Dass in diesem Umfeld Alkoholismus und soziale Spannungen blühten, war dann nur logisch. Diese Menschen waren zudem nicht die intelligentesten, denn wer geht schon freiwillig für immer zu so einer Armee. Eine Ausnahme waren vielleicht die höheren Ränge, wie Major Bastian, der Regimentschef, Sohn einer meiner Lehrerinnen aus der Bebelschule. Gesehen habe ich ihn nur ein Mal in der ganzen Zeit, an meinem Entlassungstag. Volksarmee ist ein schöner Name und weckt die Vorstellung, dass sich das Volk da aus freien Stücken zusammengefunden hätte, aber in dieser Truppe dienten überwiegend Wehrpflichtige, die da eher nicht hinwollten, die in der Blüte ihrer Jugend hinter Mauern eingesperrt wurden. Noch schlimmer war das für junge Familienväter. Aber der Begriff Volk wurde ja ständig missbraucht, mit der Volkskammer, den *Volkseigenen Betrieben* oder »Im Namen des Volkes«. Und dann noch der Zusatz »national« in »Nationale Volksarmee« (NVA). Nationen sind Menschengemeinschaften mit gemeinsamer Kultur und Traditionen, mit vergleichbarer Abstammung und Gebräuchen. Die SED wollte ja am Ende ihrer Herrschaftszeit ein »Volk der DDR« schaffen und bemühte dazu sogar Soziologen für entspre-

chende Expertisen. Die meisten Bewohner des kleinen Landes haben darüber gelächelt, aber nach 1990 stellte sich heraus, dass es da doch etwas gegeben haben muss in der DDR, eine andere, eben nicht vergleichbare Kultur, neue Traditionen, auch andere Gebräuche, zum Teil eine andere Sprache. In jedem Fall eine andere Sozialisation: Mehr WIR als ICH, mehr Interesse am Nachbarn, mehr Solidarität, die Verinnerlichung, dass man in einem Kollektiv lebt. Wurde im Osten ein Mensch für seine guten Leistungen gelobt, sagte er stets: »Aber wir haben es doch zusammen gemacht, ohne die anderen hätte ich es nicht geschafft.« In Westdeutschland stellte man sich bei solchem Lob eher auf die Zehenspitzen ... Das Wort Kollektiv wurde dort kaum benutzt, vielleicht weil es so sehr nach Ostdeutschland roch. Wenn es heute noch manchmal zu hören ist, klingt es wie ein Fremdwort. Zeitgemäß klingt »Team« und »Teamfähigkeit« ist eine Schlüsselqualifikation ...

Unsere Tugenden des menschlichen Umgangs endeten jedoch am Kasernentor und diese »Volksarmee« war keine Armee des Volkes. Nach dem Desaster seiner Berlin-Blockade soll ein resignierter Stalin zu Ulbricht gesagt haben: »Stellt eine Armee auf; wenn ihr eine Armee habt, werden sie euch ernst nehmen und mit euch sprechen.« Allerdings hatte die Sowjetische Militäradministration (SMAD) in ihrer Zone schon vorgearbeitet. Zuerst wurden ab Oktober 1948 vierzig Bereitschaften mit je 250 Polizisten aufgestellt und kaserniert, in erster Linie um die Zonengrenze zu bewachen. Diese Einheiten unterstanden nach der Gründung der DDR dem Ministerium des Inneren. Ab dem 1. Juli 1952 wurde daraus die Kasernierte Volkspolizei und am 18. Januar 1956 verabschiedete die Volkskammer das »Gesetz über die Schaffung der Nationalen Volksarmee und des Ministeriums für Nationale Verteidigung«. Und keiner erhob seine Stimme dagegen. Die Schuldzuweisung der DDR-Führung nach dem gerade überstandenen Krieg war eindeutig und so wurde es uns auch vorgetragen, in der Schule und dann bei der Armee: *Krupp* und andere Konzerne sind noch da, die Nazis als deren Erfüllungsgehilfen sind weiter am Ruder und die westdeutschen Soldaten wurden beschrieben mit einem Zitat von Bertolt Brecht: »Hinter der Trommel her trotten die Kälber. Das Fell für die Trommel liefern sie selber« aus seinem Gedicht *Der Kälbermarsch* von 1943.

Um diese Weltsicht zu unterstreichen wurde in der DDR, anders als in der BRD, den wenigen Kräften des Widerstands gegen den Nationalsozialismus größte und verdiente Aufmerksamkeit geschenkt: Anton Saefkow, Adam Kuckhoff, Arvid Harnack, Walter Mehring, Georgi Dimitroff, Liselotte Herrmann, Arthur Becker, Herbert Baum, Harro Schulze-Boysen, Theodor Neubauer, Carl von Ossietzky ... Lesenswert in diesem Zusammenhang ist das Buch von Kurt Grossmann (Generalsekretär der Deutschen Liga für Menschenrechte bis 1933) aus dem Jahr 1957: *Die unbesungenen Helden*, das dem Mut einzelner Deutscher im Kampf gegen den Faschismus in Deutschland ein literarisches Denkmal setzt.

In Geiste dieser aufrechten Antifaschisten sollte die Nationale Volksarmee entstehen, auch in Anlehnung an das »Nationalkomitee Freies Deutschland« (NKFD), das in der Sowjetunion im Zweiten Weltkrieg entstanden war. Die Gründung erfolgte im Lager Lunjowo in der Nähe von Moskau. Am 31. Mai 1942 unterschrieben 23 gefangene Offiziere eine Resolution, die zum Widerstand gegen Hitler und zur Beendigung des Kriegs aufrief. Teilnehmer waren Erich Weinert (Vorsitzender), Johannes R. Becher, Bernt von Kügelgen, Walter Ulbricht und Wilhelm Pieck, später Alfred Kurella und Rudolf Herrnstadt, einigen sind wir schon begegnet ... Ähnliche Komitees gab es auch in Frankreich, Schweden, Griechenland und Mexiko. Als sich zu diesem Zeitpunkt schon deutlich der Zusammenbruch der Fronten abzeichnete, wuchs der Einfluss dieser Komitees, wie am *Aufruf der 50 Generäle* vom 8. Dezember 1944 abzulesen ist; er forderte, das sinnlose Kämpfen und Morden einzustellen. Der Aufruf verhallte und in den letzten Monaten des Kriegs starben weitere Millionen Soldaten, Gefangene, Lagerhäftlinge und Zivilisten. Mit dem 8. Mai 1945 löste sich das NKFD auf, die meisten Offiziere wurden unverständlicherweise weiter interniert und kehrten erst ab 1948 nach Deutschland zurück. Ein kleinerer Teil nahm in Ostdeutschland am Aufbau der Kasernierten Volkspolizei und der NVA teil. Wo sollten diese progressiven Offiziere der Wehrmacht, die Offiziere des Widerstands gegen Hitler auch hin? In der BRD galten sie damals als »Feiglinge und Verräter«, informativ dazu ist der gleichnamige Artikel von Johannes Tuchel in *ZEIT ONLINE* vom 29. April 2009. Witwenrenten von Ehefrauen dieser »Verräter« mussten vom westdeutschen Staat auf dem Klageweg eingefordert werden. Also stellten sich einige von ihnen in den Dienst des »Arbeiter- und Bauernstaates«. Keine Ahnung, wann sie merkten, ob sie überhaupt merkten, wohin die Reise ging. Denn es entstand eine Armee nach sowjetischem Vorbild: bedingungsloser Gehorsam, Drill, Politoffiziere, strenge Kasernierung und die Unterdrückung von Individualismus.

Wie ging es mir im Frühjahr 1973, als ich in Eggesin ankam? Die Kaserne wirkte bei meiner Ankunft auf mich trist, bedrohlich und grau. Ich war vor ein paar Jahren mal wieder dort, eigentlich um den Luden zu besuchen, der ganz in der Nähe ein Haus hat. Die Bundeswehr hat die Anlagen übernommen und sich bemüht, die Gebäude optisch aufzuwerten. Soldaten habe ich kaum gesehen, aber bei denen ist das ja heute alles anders. Die haben ihre Zivilklamotten im Schrank, haben regelmäßigen Ausgang und es gibt auch Menschen, bei denen sie sich beschweren können, hoffe ich jedenfalls. Einige tragen sogar lange Haare. Ab Freitag um eins haben alle frei. Es gab damals einen schlechten Witz in der NVA: »Wenn wir am Freitag um eins angreifen, stehen wir am Montagmorgen am Rhein und begrüßen die Soldaten der Bundeswehr zum Dienstbeginn am Kasernentor.« Ich glaube nicht, dass es ernsthaft einen Plan X gab in der DDR, um Westberlin zu besetzen oder die ganze BRD, aber es passt heute so schön in alte neue Feindbilder ...

Mein erster Eindruck war wie gesagt: grau. Aber schon nach ein paar Wochen zeigte sich, dass in der NVA an Farbe nicht gespart wurde. Ende 1973 hatte sich der Minister für Verteidigung, Heinz Hoffmann, zur Inspektion angesagt, mitten in einem fahlen November. Und dann diese fahlen Gebäude, diese fahlen Bäume. Was sollte der General denn für einen Eindruck bekommen? Dass hier alles trist und grau wäre? Also wurden zuerst alle Bordsteine mit weißer Farbe angemalt. Die Ausbildung fiel aus, jeder Soldat ein Maler – Schwerter zu Pinseln. Alle Türen und Fenster wurden von außen gestrichen, jedes Haus sollte eine andere Farbe bekommen. Aber bei dieser Anforderung verließ den Regimentschef Bastian der Mut (oder die Phantasie) und so wurden nur verschiedene Grüntöne herbeigeschafft und sorgsam verstrichen. Und der Rasen, wie sah der denn aus? Da genügend grüne Farbe vorhanden war, wurden die Rasenflächen, an denen der General vorbeigeführt werden sollte, mittels eines Kompressors grün gespritzt. Für eine bessere Kontrastwirkung wurden die Birken dazu noch weiß getüncht, und ich hörte damals, dass anderenorts sogar Blätter aus Papier an Bäume geklebt worden sein sollen und dass eigentlich unerschwinglicher Rollrasen beschafft wurde, um ein freundliches Ambiente zu schaffen. Und auch die Fahrzeuge und Panzer sahen an diesem Tag aus wie frisch aus der Fabrik geliefert. Eine Welt des hohlen, verlogenen Scheins – bis zum Ende. In Ostberlin wurden immer die unteren Etagen der Häuser bunt angestrichen, wenn der Generalsekretär der SED vorbeifahren sollte. Gerade so hoch, wie er aus seinem *Volvo* blicken konnte – Potjomkinsche Dörfer, Fassaden aus Pappmaschee für den Zar ...

In den betriebsamen Tagen vor dem »hohen Besuch« war auch der Umgang mit den Soldaten ganz verändert. Nicht, dass mal jemand auf die Idee gekommen wäre, statt »Genosse Bergholz« »Herr Bergholz« zu sagen, aber irgendwie war der Ton der Befehle milder ... Und Ausgangsscheine waren kein Gottesgeschenk mehr. Es sollte im November eben alles so aussehen wie im Frühling und die Soldaten sollten nicht auf dumme Gedanken kommen. Von mir aus hätte jeden Tag ein General kommen können. Wir haben den älteren Herrn natürlich nur von Weitem gesehen. Standen in Reih und Glied und sangen zur Begrüßung das Lied: »Spaniens Himmel«, in dem es heißt: »Spaniens Himmel breitet seine Sterne über unsre Schützengräben aus. Und der Morgen grüßt schon in der Ferne, bald geht es zum neuen Kampf hinaus. Die Heimat ist weit, doch wir sind bereit, wir kämpfen und siegen für dich – für unsre Freiheit.« Das letzte Wort haben wir mit Inbrunst gesungen, besser: gebrüllt. Das Lied komponierte Paul Dessau (unbedingt nachlesen) 1936 unter dem Eindruck des Spanischen Bürgerkriegs im Pariser Exil, der Text stammt von seiner damaligen Frau Gudrun Kabisch.

Dieses Lied sollten wir also singen, weil General Hoffmann in Spanien gekämpft hatte. Manche beschreiben ihn eher als Schürzenjäger und Freund des Wodkas. Erich Mielke, Chef der Staatssicherheit, soll alles versucht haben, dieses »Sicherheitsrisiko« loszuwerden, aber Hoffmann blieb unantastbar, bis zu seinem 75. Geburtstag und dem dazugehörigen finalen Wodka-Fest ... Ich habe mich nach seinem Besuch gefragt, warum merkt der Heini nicht, was hier läuft: grüner Rasen im November ... Warum zeigt er seinen Leuten nicht einen Vogel?

Gesungen wurde in der NVA generell viel. Kaum hatte sich die Kompanie, egal mit welchem Ziel, in Bewegung gesetzt: »Links, zwo, drei«, rief schon der Unteroffizier vom Dienst (UvD): »Ein Lied!« Ich habe in meinem ganzen Leben nie wieder so viel gesungen. Vom Himmel in Spanien, den Partisanen am Amur, von Monika (so ähnlich wie das Lied »Erika« in der Wehrmacht) oder einfach »Dem Morgenrot entgegen« (Arbeiterlied von 1907). Und irgendwann gab es einen Tag, da hatte der hungrige Haufen keine Lust zum Singen, auf dem Weg zum Essensgebäude. Und der Doof rief immer wieder: »Ein Lied!« Und hat uns dann die ganze halbe Stunde unserer schönen Essenszeit um die Küche herummarschieren lassen. Da war der General ja schon wieder weg. Kein Lied – kein Essen, aber doch ein Hauch des Gefühls aufzubegehren, etwas Zuversicht für einen verunsicherten 19-Jährigen, der seine drei Schulfreunde so vermisste und sich an diesem Ort einsam fühlte.

Ja, ich war jung damals. Ich hatte für drei Jahre unterschrieben, ich musste keinen anschreien, musste keine Befehle geben, ich musste nur einen Panzer fahren. Aber was mir erst nach meiner Ankunft in Eggesin gesagt wurde, war, dass dort die sowjetische Zimmerordnung galt. Panzerfahrer wohnten in den Stuben der Soldaten. Also nicht in einem kleinen Zimmer wie die drei ebenfalls dreijährigen Kommandanten, sondern in einem Zimmer mit drei Ladeschützen, drei Richtschützen und vier Fahrern, ich war der vierte – der Fahrer des Zugführers. Zehn Menschen. Die Fahrer allerdings mit der doppelten Dienstzeit oder der doppelten Tagesanzahl, genannt: »Tagesäcke«. Also selbst die jungen anderthalbjährigen Rekruten, die mit mir im Frühjahr 1973 nach Eggesin gekommen waren, würden diesen ungemütlichen Ort noch ein Jahr früher verlassen als ich. Und das haben mich diese Schnösel auch spüren lassen, wenn gerade kein EK, also der Chef im Zimmer, zugegen war. Ich kannte fast alle Texte von Bob Dylan, die schönsten Lieder der *Stones* und der *Beatles*, war ein freundlicher Mensch, ein guter Junge – alles ohne Gewicht. Ich traf auf mir gänzlich fremde Menschen. Die hatten doch von Bob Dylan, Wladimir Majakowski, Charles Bukowski oder Hölderlin noch nie etwas gehört. Das meine ich gar nicht negativ – sie waren einfach anders. Von Anfang an vergiftete den Alltag die Frage: »Wie viele Tage hast du noch?« Und seltsamerweise wurde nichts dagegen unternommen. Kein Offizier kam mir zu Hilfe.

Die Ausbildungsziele mussten erfüllt werden, der Rest war »Privatsache«. Aber wie sollte ein privates Leben möglich sein in einem kleinen Zimmer mit fünf Doppelstockbetten auf der einen Seite, zehn Spinden auf der anderen, einem Tisch in der Mitte und zehn Hockern? Wie groß mag das Zimmer gewesen sein? Vielleicht acht Meter lang und sechs Meter breit, ein Fenster, eine Tür. Ich will mich eigentlich gar nicht so sehr vertiefen in meine Beklemmungen und Ängste, aber neben dieser ungewohnten Enge, dem rauen Befehlston, diesen »Kameraden«, gab es ja auch noch den Spieß, den Hauptfeldwebel, den strengen Zuchtmeister der Kompanie. Er und das ganze Umfeld waren eine unheilvolle Mischung aus preußischem Kadavergehorsam und sowjetischen Normen. Stubendurchgang zwei Mal am Tag: »Spind des Genossen Bergholz zum Stubendurchgang bereit.« Einmal ließ dieser Hauptfeldwebel meine Tasse auf dem Steinfußboden zerspringen und sagte dann mit einem Grinsen: »Sie war glitschig, sie ist mir aus der Hand gerutscht.« Das Bett musste »auf Kante gebaut« sein mit faltenlosem Bezug. Dazu wurde extra eine Pappe ausgeschnitten und untergelegt, um diesen Anspruch zu erfüllen. Das gleiche galt für die Unterwäsche auf dem Hocker. Was für ein Irrsinn. Aber der Spieß war Gott. Jeden Morgen hieß es: »Kopf nach vorn!« – und dann wurde die Kragenbinde kontrolliert, die musste schneeweiß sein. Kragenbinde? Das war so ein längliches Stoffteil, das am Hals in die kratzende Filzuniform eingeknöpft wurde. Besonders ärgerlich war diese Kontrolle vor den seltenen Ausgängen. Keine saubere Kragenbinde, kein Ausgang. Dabei gab es nicht mal warmes Wasser. Ein Boiler pro Kompanie war vorhanden, aber nach den ersten zehn Leuten war das Wasser kalt und es kamen noch 30. Die vermaledeite Kragenbinde war das eine, die Hände das andere. Wie sahen meine Hände wohl aus, wenn ich zehn Stunden lang an meinem alten *T-55* geschraubt hatte? Schwarz sahen sie aus. Da konnte ich mit der Waschpaste *Linda Neutral* (gibt es heute noch) schruppen wie ich wollte, sie wurden nur etwas heller ...

Schon wenige Wochen nach meiner Ankunft in Eggesin begann ich die Suche nach Gefährten, die meinen Schulfreunden ähnlich waren. Und es fand sich eine kleine Gruppe zusammen von vier, fünf Leuten, mit denen ich die langen trostlosen Abende gemeinsam verbringen konnte. Während in den Mannschaftsräumen eine derbe Sprache herrschte und gerne auch mal einer gehoben wurde, hatten wir uns im Keller einen Verschlag eingerichtet, wo wir bei Kerzenschein Gedichte lasen oder Gitarre spielten. Der Besitz einer Gitarre wurde mir erlaubt, allerdings nur mit der Auflage, dem Singeklub beizutreten. Der traf sich einmal die Woche im Kulturhaus und probte auf der Bühne die Lieder, die ich vom *Oktoberklub* kannte: »Sag mir, wo du stehst« und »We shall overcome« – wir werden es überwinden, ich werde es überwinden ...

Wie konnte ich bloß der Isolation in dieser Kaserne entkommen? Ich war so jung.

Alle vier Wochen ein kurzer Ausgang in das trostlose Dorf Eggesin, das wurde uns zugestanden. Gut, man konnte an einer unauffälligen Stelle über die Mauer springen hinten bei den Garagen. Aber was dann? In Uniform ins Dorf gehen? Keine gute Idee. Ich fand eine ältere Dame am Rande des Dorfs, die mir ihren Holzschuppen vermietete, für 20 Mark pro Monat, ein stolzer Preis. Allerdings inklusive des Nutzungsrechts für ein klappriges Fahrrad und einen kleinen Schrank für meine Zivilklamotten. Ein Hauch von Freiheit. Ich zog mich hastig um, rauf aufs Fahrrad und rein ins Dorf. Meine Haare waren zu kurz für diese Zeit, aber ich hatte keine Uniform an und konnte wer weiß wer sein. Ich hatte ja auch kein Ziel. Ich wollte nur ein paar Menschen sehen, die nicht uniformiert waren, in einen Konsum gehen, um etwas Süßes zu kaufen für die Seele, ein paar Mädchen ansehen, einfach so rumfahren auf dem Fahrrad. Eine Stunde oder zwei, was für ein Glück. Dann zurück in den Verschlag, Uniform an, gebückt durch den Wald und wieder über die Mauer ...

Ganz nebenbei, in den ersten Wochen bei der NVA hatte ich meinen geliebten Spitznamen Frieder verloren. Das war den anderen zu kompliziert und so wurde aus Wilfried Willi, der Name gefiel mir zwar nicht, aber er hatte für die anderen etwas Kumpelhaftes. Wenn sie mich nur in Ruhe ließen. Mir war schon klar, dass ich irgendwie auskommen musste mit diesen mir so fremden Menschen. Für eine lange, unendlich erscheinende Zeit. Die Tage waren angefüllt mit einem vollen Stundenplan. Nach dem Frühsport um sechs (Waldlauf, bei jedem Wetter) und dem Frühstück nach Gesang gab es Beschäftigungen wie die Strapazen auf der Sturmbahn, gerne mit Gasmaske, dann politischen Unterricht, Technikausbildung und natürlich das tägliche Putzen der Waffen und der Unterkunft. Ich habe in meinem ganzen Leben nie wieder so oft geputzt wie in dieser Zeit. Dazu hatte ich »meinen« Panzer zu pflegen, einen *T-55* mit Schiebeschild vorne dran. Das hatte sein Gewicht und machte das Fahren nicht leichter. Es gab zwei Arten das Ungetüm zu pilotieren. Meistens Sitz unten und Klappe zu, das hieß, man schaute durch zwei Sehschlitze, bei Dunkelheit durchs Nachtsichtgerät. Bequemer war natürlich Sitz oben und rausgucken. Gesteuert wurde das Gerät mit zwei Lenkhebeln, beim *T-55* schon mit Servolenkung, und wenn man beide Hebel ruckartig nach hinten zog, blieb der Panzer auf der Stelle stehen. Dann musste ich mich so weit wie möglich nach vorne verkriechen, denn bei dieser Ungeschicklichkeit folgte sofort ein Fußtritt des Kommandanten, der sich gerade die Nase gestoßen hatte. Zur Besatzung gehörten noch ein Richtschütze, der die Kanone bediente, und ein Ladeschütze, der die Granaten in das Rohr der Kanone wuchten musste. Wo sind wir denn so hingefahren? Regelmäßig gab es nachts Alarm, Gefechtsalarm. Alle rannten los, aufsitzen, Motor an, vorwärts. Meistens ging es nur bis zum Schießplatz Drögeheide um die Ecke, mitunter fuhren wir aber auch viel

weiter, bis zum Truppenübungsplatz bei Brück. Und einmal im Jahr ging es zur Elbe, zur Unterwasserfahrt. Davor hatten sogar die Hartgesottenen Respekt. Das Ansaugrohr für die Luftzufuhr des Motors durfte nicht unter Wasser kommen, weil der Motor weiter Luft gezogen hätte und die Besatzung dann erstickt wäre.
Am langweiligsten war das Schießen. Den ganzen Tag die Schießbahn rauf und runter. Die Richtschützen wechselten, aber die Fahrer blieben die ganze Zeit im Einsatz. Im Sommer konnte man auf dem »Eisenschwein« Spiegeleier braten. Und natürlich sah ich auch immer die schläfrigen Jungs neben ihrem Sankra sonnenbaden und musste an das Huhn denken – und mir wurde leichter ums Herz.
Nur wenige Monate nach meiner Ankunft in Eggesin wäre ich um ein Haar gestorben – von den zwei Zähnen, die ich in meinen drei Dienstjahren wegen der mangelhaften Versorgung verloren habe, will ich gar nicht sprechen. Im September 1973 stand ein 3000-Meter-Lauf an, natürlich mit Marschgepäck. Obwohl ich ein gut trainierter Mittelstreckenläufer war, bekam ich schon nach der ersten Runde heftige Magenschmerzen. Ich zeigte das an, wurde aber als Simulant beschimpft und weiter angetrieben. Nach der zweiten Runde wurde mir schwarz vor Augen: Notarzt, Blaulicht, Krankenhaus Ückermünde, OP am Blinddarm. Meine Eltern kamen. Es war eine ungewohnte und unangenehme Situation für mich: ich, der große Weltverbesserer, hilflos mit Schmerzen im Bett und diese beiden Menschen davor mit meiner kleinen Schwester, die 1968 geboren worden war. Aber auch meine Seele schmerzte und so habe ich mich doch gefreut. Jeder Strohhalm war willkommen, auch wenn es nur der Besuch meiner Eltern war ...
Kurz eine Erinnerung an meine Schwester Cordula. Sie ist 14 Jahre jünger und ich konnte keine besonders enge Beziehung zu ihr aufbauen. Sie erhielt den Namen »Süßi« und durfte alles machen, was ihren großen Brüdern strengstens verboten war. Das Schubfach mit Schokolade war kein Tabu, es wurde gekocht, was »Süßi« schmeckte, Arbeitsleistungen auf dem Grundstück hatte sie nicht zu erbringen – Papas Liebling. In der Schule war sie eher durchschnittlich und fand sich eines Tages dann hinter dem Schalter der Greifswalder Post wieder. Meiner Mutter war das, wie sie sagte, peinlich und so war sie wohl ganz froh, als sich Cordula freiwillig zur NVA meldete, um als Telefonistin zu arbeiten. Die Rekruten waren begeistert. Nach dem Ende der DDR lernte sie einen jungen Mann vom Rhein kennen, der hatte eine Fahrschule und wollte noch mehr Fahrschulen haben. Um das zu schaffen, ließ er sich in der Karnevalszeit zum Prinzen wählen, Cordula wurde die Prinzessin. Ich habe sie damals besucht, es mag 1994 gewesen sein, und das erste Mal die Sitzung eines Karnevalsvereins erlebt: *die dreistufige Rakete*. Leider hatte der Prinz übersehen, welche Kosten nach seiner Krönung auf ihn zukommen würden – ruinöse Kosten. Heute lebt das Paar in Spanien, kann wohl in absehbarer Zeit nicht nach Deutschland reisen

und nach dem Tod meiner Mutter ist der Kontakt zu Cordula leider ganz abgebrochen.

Ich habe meine Blinddarmoperation in letzter Minute überlebt und niemand verlor ein Wort des Bedauerns darüber. Gesund gleich dienstfähig. Die Tretmühle drehte sich weiter. Ich war ein guter Sportler und konnte auch die Normen auf der Sturmbahn locker schaffen, aber es war so viel unnötige und sinnlose Schikane im Spiel. Ich hatte den Eindruck, das Individuum sollte gebrochen und in den Trott einer dumpfen Masse gepresst werden. Die industrielle Fertigung von willenlosen Soldaten. Im Sommer gab es kein Erbarmen bei Gewaltmärschen mit vollem Gepäck, oft stundenlang mit Gasmaske: »Kompanie, Gas!« Das geht mir noch heute durch Mark und Bein. Einmal haben wir uns im Winter, als wir im Freien kampieren mussten, ein kleines Feuer gemacht, um so den strengen Frost aushalten zu können. Dabei wurde meine Wattehose leicht angekokelt. Aber kein Erbarmen, stattdessen Regress: Hose bezahlen.

Ich glaube einmal im Monat mussten wir auch Wache schieben. Aufmunitioniert und mit einer *Kalaschnikow* versehen. Ansonsten hatten wir 9-mm-Pistolen der Marke *Makarow*. Der Wachdienst war schrecklich, weil schrecklich lang. Zwei Stunden am Zaun, zwei Stunden schlafen, zwei Stunden Bereitschaft. Ich wollte immerzu nur schlafen. Manche haben sich mit ihrem Tragegestell irgendwie am Zaun festgemacht und stehend geschlafen. Wer sollte uns hier am Ende der Welt schon überfallen und unsere alten Panzer klauen? Damals habe ich leider angefangen zu rauchen. Aber alle haben geraucht und standen in den Pausen eng zusammen. Wer gerade Zigaretten hatte, gab eine Runde aus und alle wärmten sich gegenseitig beim Erzählen von Witzen, dem Lagertratsch und wahren oder ausgedachten Liebesabenteuern. Wir waren alle im besten Jugendalter und wir waren alle eingesperrt. Es hieß damals, man würde eine Substanz, Hängolin, in unseren Tee geben, um unsere Libido ruhigzustellen. Keine Ahnung, ob das so war. Und wenn es irgendwo auf der Welt eine Krise gab, hatten wir als »Linieneinheit« Ausgangssperre. Manchmal mehr als acht Wochen. Wenn es dann doch einmal Ausgang gab, waren die Mädels in Eggesin erste Wahl. Ob dick, ob dünn – alle waren heiß begehrt. Und wenn ich nach Greifswald fuhr, waren noch in Pasewalk alle Mädchen schön, der »alte Geschmack« stellte sich erst nach ein paar Tagen wieder ein. Wo sollte ich hinfahren bei einem verlängerten Wochenende oder einem Kurzurlaub? Alle waren »bei der Fahne«, wie das damals hieß, und mir blieb nur das 80 km entfernte Greifswald und die gute Küche meiner Mutter. Sie liebte immer Uniformen und meine jetzt kurzen Haare. Und da die NVA-Uniform deutlich an die der Wehrmacht angelehnt waren, erinnerte sie vielleicht auch an ihren Lieblingsbruder Karl-Heinz, der im Krieg gefallen war. In ihrem Elternhaus hing sein Bild an der Wand. Blass, sehr fein, schöne Augen und lockiges Haar ...

Einmal hörte ich auf meinem Wachposten wirklich einen Schuss. Alles lief wild durcheinander und wir schlichen uns dann vorsichtig in die Richtung, aus der der Knall gekommen war. Ein Soldat aus der Kompanie nebenan hatte sich erschossen. Christian. Wie ich später erfuhr, hatte er am Vortag einen Brief von seiner Freundin erhalten, in dem stand, dass sie ihn noch immer liebe, dass sie aber nicht warten könne, sie sei so jung und sie habe nicht die Kraft ... Die Wachen wurden abgelöst, wir trotteten in unsere Unterkunft, schlafen konnte keiner. Es gibt dazu einen sehr berührenden Text von Kurt Demmler, gesungen von Veronika Fischer auf ihrer zweiten LP von 1977, Musik: Franz Bartzsch. Ein kurzes Zitat:

> Klar, werd' ich warten
> Mach dir keine Sorgen um mich
> Klar, ich warte auf dich
> Sei ruhig die anderthalb Jahr
> Es wird sein, wie es war
> Und doch nicht mehr, wie es war ...

Das geht mir ans Herz ... Auch ich hatte inzwischen eine Freundin, die auf mich warten wollte. Susanne, eine blonde Studentin aus Greifswald. Ich lernte sie bei einem Tanzvergnügen im *Boddenhus* kennen, wo ich zusammen mit dem Luden und dem Huhn auf »Brautschau« gewesen war. Wir genossen es sehr, wenn wir ein oder zwei Wochenenden im Jahr zusammen waren, es war auf wundersame Weise so wie früher, als würde es diesen bedrückenden Waffendienst nicht geben. Wir waren dann ganz leicht. Susanne war ein stilles Mädchen, weiß und zart. Ich hatte kurz vor dem Abitur mein geliebtes Moped *Star* gegen eine *Jawa 350* eingetauscht. Das war das Beste, was man fahren konnte in diesem Alter in diesem Land. Wenn ich im dritten Gang mit 50 km/h durch die Stadt fuhr, dann blubberten die beiden Auspuffrohre einen berauschenden Sound, den ich dir schon oft vorgesungen habe. Als ich später nach Berlin ging, habe ich die *Jawa* schweren Herzens verkauft.

1973 aber war sie mein feuriges Ross auf dem geliebten und sehnsuchtsvoll erwarteten Weg von Eggesin nach Greifswald, in das Studentenwohnheim in der Geschwister-Scholl-Straße. Natürlich passten dieses Gefährt und der strenge Kommiss nicht zusammen. Aber ich hatte ja meinen kleinen Schuppen, musste nur nach dem Abendbrot über die Mauer hopsen und war eine Stunde später in einer anderen Welt. Das hat mir sehr geholfen, über die Trostlosigkeit dieser Zeit hinwegzukommen. Nur einmal geriet ich in Not, als bei der Rückkehr starker Regen einsetzte und ein Topp des Zweizylinders aussetzte. Mit 50 km/h schlich ich durch die Gegend und es wurde langsam schon hell. Mit Müh und Not schaffte ich es zum Frühstück und es gab nur keinen Ärger, weil mich ein Freund gedeckt hatte: »Willi muss noch die Noten holen für den Singeklub.« Das war kein Spaß. Im Strafgesetzbuch der DDR stand unter § 255 Unerlaubte Entfernung: »Wer sich unerlaubt länger als vierundzwanzig Stunden von seiner Truppe, seiner Dienststelle oder einem anderen für ihn bestimmten Aufenthaltsort entfernt oder ihnen unerlaubt fernbleibt, wird mit Freiheitsstrafe bis zu drei Jahren oder mit Verurteilung auf Bewährung oder mit Strafarrest bestraft.«

Natürlich haben auch andere nachts die Mauer übersprungen, meist ging es darum, etwas »Fusel« zu organisieren. Wer erwischt wurde, kam in den »Karzer«, also in den Strafarrest. Das war ein fensterloser Kellerraum im Stabsgebäude und wer dort sieben Tage zugebracht hatte, zog es dann vor, die Mauer zu meiden. Ich hatte Glück. Natürlich mussten die Ausflüge sorgfältig geplant werden. Eine Mondnacht war nicht zu empfehlen, auch war es sinnvoll einen Abend auszuwählen, an dem Leute Wache schoben, die man kannte. So hatte ich mich Anfang 1974 halbwegs eingelebt an diesem fremden Ort. Und langsam gewann ein neuer Gedanke Platz und Kraft: Im nächsten Jahr wirst du von hier weggehen, gehst einfach durch das Tor und schaust dich nicht um. Langsam hatte ich gelernt, diese düstere Zeit zu überstehen und so ging es auch den anderen bei unseren Kerzen-Abenden im Keller. Wir lasen uns Gedichte vor, auch eigene, hatten oft nur eine gemeinsame, ruhige Stunde, auf die wir uns den ganzen Tag freuen konnten. So mag es auch Gerhard Schöne ergangen sein – er schrieb während seiner Armeezeit seine unvergesslichen Kinderlieder, als Bausoldat. Auch achtzehn Monate. Und er schrieb gegen die Rohheit an mit zärtlichen Kinderliedern: »Schmusen muss sein«, »Kalle, Heiner, Peter«, »Augen, Ohren und Herz«. Diese Lieder mag ich sehr, sie sind heute noch immer ergreifend und wie neu. Dreißig Jahre später haben wir beide dann zusammen *Gerhard Schöne singt Kindergedichte* produziert – wunderbar. Das Thema Bausoldaten wurde in der DDR ausgeblendet und als es die Gruppe *Renft* in ihrem Song »Glaubensfrage« doch aufgriff (»Du, woran glaubt der, der nicht anlegt, der als Fahne vor sich her einen Spaten trägt?« – Text: Gerulf Pannach) , genau in der Zeit, als ich bei der Armee war. Das Lied wurde natürlich verboten und kurz darauf die Band.

Die Armee als »Schule fürs Leben« zu bezeichnen, wie ich es mal in einem Artikel gelesen habe, wäre wohl zu viel des Guten, aber ich wurde stärker, selbstbewusster und klarer in meinen Gedanken: »Zeit macht uns reifer, Warten macht stark, wenn man die Zeit nicht verwartet, als wär sie nicht da«, wie es bei Kurt Demmler heißt. Vorher war vieles in mir Theorie oder Utopie, jetzt war ich im Leben angekommen. Ich hatte es satt, dass diese Grobiane über mich lachten und setzte durch, dass auf jeder Stube der Kompanie ein Radiogerät aufgestellt werden konnte, weil wir ja »das Weltgeschehen verfolgen« müssten. Da war nichts gegen zu sagen. Allerdings mussten die DDR-Sender auf der Skala markiert werden, damit bei einer Kontrolle schnell festzustellen war, ob nicht doch ein »falscher« Sender lief. Wir haben viel die *Ostsee-Welle* (ein Urlauberprogramm an der Ostsee) und natürlich *DT64* gehört, leider ohne Steffi, da der zu diesem Zeitpunkt schon seine anderthalb Jahre angetreten hatte. Verpasst habe ich auch die *10. Weltfestspiele* 1973 in Berlin. Die erste Veranstaltung dieser Art hatte schon 1951 stattgefunden, eröffnet durch Erich Honecker, der damals FDJ-Chef war. 22 Jahre später stand er wieder am Mikrofon mit dieser unerträglichen, sich überschlagenden Stimme. Nicht auszuhalten. Aber er war der neue König der DDR. Ganz nebenbei, das Land trug eher feudale Züge als diktatorische. Honecker war durch einen Putsch an die Macht gekommen, daher brauchte er den Personenkult, gehuldigt von einem Neuadel plebejischer Herkunft.

Während die Jugend der Welt 1973, ich glaube die Teilnehmer kamen aus 140 Ländern, am Alex feierte, bewachte ich den Frieden der Welt. Honecker pries gut gelaunt seine fröhliche, offene DDR und hatte mit ihr nur Gutes im Sinn. Er wollte ab 1971 noch einmal antreten zum Wettlauf mit dem anderen deutschen Staat, er wollte Wohnungen bauen, die Versorgung verbessern, alles auf Pump. Aber das Verwöhnprogramm bekam schnell Risse, als die Rohstoffpreise explodierten, allein Erdöl wurde um 50 % teurer. Die Russen kannten kein Pardon und so musste Honecker sein Umweltprogramm, das er auf dem VIII. Parteitag der SED proklamiert hatte, kippen und vermehrt wieder auf Braunkohle setzen. Er wollte eine »Einheit von Wirtschafts- und Sozialpolitik« durchsetzen – aber wie bezahlen? Die DDR war als hoch industrialisiertes Land auf den Import von Rohstoffen angewiesen und musste Fertigprodukte exportieren, am besten für Devisen, denn die DDR-Mark war nicht konvertierbar. Im Rahmen des RGW war das kein Problem und die kleine Republik wurde zum größten Handelspartner der Sowjetunion, aber es musste Westgeld her. Alles, was irgendwie im westlichen Ausland begehrt war, wurde exportiert, selbst auf die Gefahr hin, dass es im Binnenhandel fehlte: *Meißner Porzellan*, *Zeiss-Jena-Optik*, Jagdwaffen aus Suhl, Kinderwagen aus Zeitz. Und in westdeutschen Versandhauskatalogen wurde alles mögliche angeboten unter der Marke *Privileg*, vom Kühlschrank über Schreibmaschinen bis zum Rührgerät *Privileg RG28s*, das heute noch in vielen Küchen seinen Dienst versieht.

Andere Handelspartner hatten selbst kein Geld und so einigte man sich auf Kompensationsgeschäfte. Eine Zementfabrik auf Kuba für Zucker, Südfrüchte und Nickel. Auch personell legte sich Honecker ins Zeug: Bis zu dem 1980 einsetzenden Bürgerkrieg in Mosambik waren 1.200 Entwicklungshelfer aus der DDR vor Ort, ähnliche Einsätze gab es in Angola. Im Rahmen der Unterstützung der jungen

Nationalstaaten wurden auch LKW vom Typ *W-50* und Traktoren nach Afrika geliefert und gegen so dringend benötigten Kaffee eingetauscht. Es rumorte schon gehörig in der sonst sehr geduldigen Bevölkerung, als 1977, nach dem heftigen Anstieg der Weltmarktpreise, plötzlich kein Kaffee mehr zu haben war.
Ein kurioses Beispiel ist der Jeanskauf von 1978. Auch die Jugend in der DDR wollte Jeans tragen, eine eilig aus dem Boden gestampfte Industrie lieferte aber mit *Wisent* und *Boxer* wenig attraktive Modelle. So unterschieb Honecker im Oktober 1978 eine Kauforder über 1 Million (!) Jeans der Marke *Levis*, die mit Frachtflugzeugen eingeflogen wurden, verrückte Geschichte. Die große Hoffnung von Honecker war die internationale Anerkennung der DDR, die Aufnahme in die UNO. Der Außenhandel sollte endlich lukrativ laufen, das war die einzige Rettung. Dafür unterschrieb er am 1. August 1975 sogar die Schlussakte von Helsinki (KSZE), die auch die Achtung der Menschenrechte und der Gedanken-, Gewissens- und Glaubensfreiheit mit einschloss. Viel geholfen hat das nicht und ich möchte daran erinnern, dass es in der Verfassung der DDR (vom 6.4.1968) einen Artikel 27 gab, in dem es hieß: »Jeder Bürger der Deutschen Demokratischen Republik hat das Recht, den Grundsätzen dieser Verfassung gemäß seine Meinung frei und öffentlich zu äußern. Dieses Recht wird durch kein Dienst- und Arbeitsverhältnis beschränkt. Niemand darf benachteiligt werden, wenn er von diesem Recht Gebrauch macht.« Natürlich hatte man dabei an konstruktive Meinungen zur Lösung gesellschaftlicher Probleme gedacht und nicht an destruktive Kritik, die absichtlich den Aufbau des Sozialismus beschädigen wollte. Meinungsfreiheit wurde durchaus gewährt, aber nur »den Grundsätzen dieser Verfassung gemäß«.

Eine gewisse Entspannung gab es nach Helsinki lediglich im Verhältnis zur Kirche, was Honecker 1985 eine Audienz bei Papst Johannes Paul II. einbrachte. Am 11. Juni 1989 sah ich Honecker in Greifswald, ich war gerade zu Besuch bei meiner Mutter, ich sah ihn da das erste Mal, ein kleiner, fast unscheinbarer Mensch, der von Nahem erstaunlich gebrechlich aussah. Er hatte den Dom nach einer aufwendigen Renovierung eingeweiht und nahm auch an einem Gottesdienst teil. Bischof Horst Gienke hatte ihn eingeladen, ohne Rücksprache mit der Synode, und bekam Ärger. Mitunter ist von einem »Schmusekurs« zwischen Kirche und Staat in den 80er Jahren zu lesen, aber das geht sicher zu weit. Man sah aber zu, auf beiden Seiten, dass man sich nicht zu sehr auf die Füße trat. Die Kirche in der DDR blieb, neben dem Westfernsehen, die wichtigste Kraft und Inspirationsquelle des Widerstands gehen die regierende Parteiführung. Deren Lockerungen in der Kulturpolitik rund um die Weltfestspiele wurden bald zurückgenommen, die Grenze nach Westdeutschland weiter ausgebaut und die Polizei wurde in keiner Weise auf die Einhaltung der Menschenrechte hingewiesen.

Ich hatte Ende 1973 dann doch noch meinen großen Auftritt in Berlin, als Teilnehmer an der NVA-Parade im Oktober. Die Bilder habe ich dir schon mal gezeigt: Auf Hochglanz polierte Panzer fahren in Zweierreihen an der Tribüne in der Karl-Marx-Allee vorbei. Wochenlang hatten wir das auf der Autobahn trainieren müssen, etwas nördlich von Potsdam auf einem Teilstück des Berliner Rings, der damals noch nicht geschlossen war. Unangenehm war das ständige Putzen, das ständige Herausnehmen eines Kettenglieds, da die Ketten den Beton nicht so gut vertrugen. Wirklich in Erinnerung geblieben ist mir nur meine Fahrt von der Karl-Marx-Allee, am Rosa-Luxemburg-Platz vorbei, die Schönhauser hoch bis zum Verladebahnhof Pankow. Die Schönhauser hatte damals noch Kopfsteinpflaster und es gab einen irren Sound, als ich dort im höchsten Gang mit 50 km/h entlangdonnerte, genau an der Stelle vorbei, an der ich heute sitze. Am Bahnhof Pankow war die Fahrt leider schon zu Ende. Das Verladen auf die Waggons war immer eine heikle Sache, da die Ketten rechts und links ein paar Zentimeter überstanden; man musste sehr langsam seitlich auf den Waggon fahren und im richtigen Moment auf der Stelle drehen, zum Glück bin ich nie runtergefallen ... Und damit komme ich zu dem »Kampf« um meine Schreibmaschine. Streng verboten, keine Ahnung, warum. Eine *Erika* aus DDR-Produktion. Nach jedem Urlaub brachte ich sie mit und versteckte sie im Kerzenkeller, aber nachdem das Klappern aufgefallen war, wurde sie eingezogen: Wegschaffen beim nächsten Urlaub! Aber sie kam immer wieder zurück, diese verflixte Schreibmaschine. Leider hab ich sie heute nicht mehr, ihr würde ein Ehrenplatz auf meinem Klavier zustehen neben der bulligen *Wanderer* und der kleinen *Continental*, auf denen ich bis Ende 1988 alle Texte geschrieben habe. Die *Continental* für den kleinen, schnellen Text, die *Wanderer* für das Wichtige, denn sie schaffte drei Durchschläge. Außerdem hatte sie ein so altes Schriftbild, was die Fahndung nach Flugblättern, die ich auf ihr geschrieben hatte, äußerst schwierig machen würde – so hoffte ich jedenfalls. Aber natürlich kannten diese Brüder meine *Wanderer* längst und hatten Schriftproben erstellt, aber das erfuhr ich erst später ...

Irgendwann müssen sich die Kompaniechefs mal unterhalten haben über diesen Verrückten, der dauernd seine Schreibmaschine anschleppte. Was macht man mit so einem Idioten? Nur Hauptmann Thom von der Instandsetzungskompanie spitzte die Ohren: Da ist einer, der Schreibmaschine schreiben kann, der könnte doch seine Unterlagen und Befehle schreiben, all diese lästigen Sachen, die ihm Kopfschmerzen bereiten. Sein Ratschluss: »Gib mir den Mann, dann bist du ihn los.« So wechselte ich nach einem Jahr in Eggesin von dem viel zu engen Mannschaftsraum in ein Zwei-Mann-Zimmer, zusammen mit dem Spießschreiber, leider habe ich seinen Namen vergessen. Ich wurde zum Unterfeldwebel befördert und zur rechten Hand des Kompaniechefs. Wow! Zwar hatte ich immer noch einen Panzer an der Backe, allerdings nun einen monströsen Bergepanzer, der sehr störanfällig war und nur zu wichtigen Ereignissen bewegt werden dufte, also selten bis nie. Die Hydraulik machte ständig Probleme. Mein »Kampfbereich« war jetzt das Büro. Ich schrieb Berichte, Tagesbefehle, Auswertungen und hatte den besten Kontakt zum Schreiber vom Spieß. Der Spieß, die amtliche Bezeichnung war Hauptfeldwebel (ähnlich wie in der Bundeswehr), war für den Innendienst einer Kompanie zuständig, für Ordnung und Sauberkeit und für die blütenweißen Kragenbinden. Aber er war auch, was ihn besonders mächtig machte, für die Ausstellung oder Verweigerung von Ausgangs- und Urlaubsscheinen zuständig. Ausgefüllt wurden diese kostbaren Zettel dann vom Spießschreiber. Aber ich brauchte jetzt keinen Ausgangsschein mehr, mein neuer Job bescherte mir eine »Dauerkarte«, die eigentlich jeder Soldat verdient hätte.

Wenn mal wieder Übung war, musste ich nicht mehr in einen Panzer steigen, an Übungen nahm ich nun mit einem *Robur LO* teil, einem kleinen LKW, ausgerüstet mit einer Lautsprecheranlage und einer Wandzeitung. Und wenn die Soldaten müde vom »Acker« kamen, spielte ich ihnen keine Kampflieder vor, sondern Rockmusik. Die Musik stammte von meinem Kassettenradio *anett* aus Greifswalder Tagen und natürlich hatte ich meine kostbaren Kassetten mit dabei. Und so hallte häufig das dramatische »Moscow« von *Wonderland* durch den Kiefernwald. Eines der wenigen Fotos (Fotografieren war streng verboten) zeigt mich und den Spießschreiber in der Tür meiner fahrbaren Musikanlage. Die Szenerie erinnert mich irgendwie an den DEFA-Film *Ich war neunzehn* mit Jaecki Schwarz aus dem Jahr 1968 (unbedingt ansehen), der die letzten Kriegstage einer sowjetischen Agitprop-Truppe 1945 beschreibt. Ich war damals 20 und es ging bei mir nicht um Leben oder Tod, sondern nur darum, die Zeit durchzustehen ...

Lautsprecherwagen 1975
Foto: Archiv W. B.

Noch hatte ich ein Jahr abzusitzen, aber jetzt doch in einer gemütlichen Nische der militärischen Maschinerie. Hauptmann Thom und seine »Kollegen« von der Transportkompanie und vom Stab spielten schon am Vormittag gerne, wenn alle Rekruten beschäftigt waren, eine Runde Skat mit reichlich Wodka und ohne jede Scheu. In regelmäßigen Abständen wankten sie aus dem Dienstzimmer des Kommandeurs in Richtung der gegenüberliegenden Toilette, ohne mich zu beachten, obwohl die Tür zu meinem Büro offen stand. Heute frage ich mich, warum ist das niemandem aufgefallen bei den höheren Chargen? Diese Leute hatten doch schon am Mittag im Speiseraum der Offiziere eine Fahne. Ja, leider stimmt auch das – sie hatten einen eigenen Speiseraum mit Kellnern in Weiß und einem anderen Menü. Alkohol gehörte irgendwie zur NVA. Die Oberen tranken Wodka und Goldbrand, die Unteren bevorzugten Primasprit mit 96 Prozent, der mit Apfelsaft oder Cola verdünnt wurde, was zu schweren Verätzungen führen konnte. Wir Kerzen- oder Kellerkinder bevorzugten gelegentlich eine Flasche Wein der Marken *Cabernet* oder *Grauer Mönch*. Geld spielte für die Dreijährigen keine große Rolle. Ich kann mich nicht mehr genau an die Zahl erinnern, aber ich glaube, ein Soldat bekam 120 Mark im Monat, ein Unterfeldwebel das Doppelte. Hundert Mark im Monat konnte ich sparen für die neue Zeit, das neue Leben, das Leben danach ... Mit diesem Gedanken ließ sich alles besser überstehen in diesem seltsam kalten, herzlosen Archipel im Land der Kiefern und des Sandes, das noch heute so riecht wie damals. Ein Wort darf ich nicht vergessen: Schwedt. Als ich noch nicht in der Instandsetzungskompanie war, passierte ein tragischer Unfall hinten in der Panzerhalle. Beim Rangieren verlor ein Fahrer die Kontrolle und quetschte einen Soldaten zwischen zwei Panzern ein. Er starb. Was folgte, war: Militärstaatsanwalt, Untersuchung, Schuldspruch. Der Fahrer kam für zwei Jahre nach Schwedt an der Oder, in den Militärknast. Er war einer dieser Hartgesottenen, Typ Marlon Brando. Kurz bevor ich entlassen wurde, kam er zurück. Ganz bleich, ganz dünn, scheu, schaute auf den Boden, wenn man ihn ansah. Seine »Restzeit« hatte er noch abzudienen. Gesprochen hat er nicht und gefragt hat ihn auch keiner – nach seinen Erlebnissen in Schwedt ...

Ich war bestimmt kein Soldat Schwejk (wie die Romanfigur von Jaroslaw Hasek), obwohl sich das Nachfolgende etwas danach anhört. Im Jahr 1974 begab es sich, dass der 25. Jahrestag der DDR zu feiern war. Und so betrachtete ein jeder Kompaniechef seine Etage und fragte, mehr die anderen als sich selbst: »Wie sieht es denn hier aus?« Jedes Jahr gab es den Wettbewerb um die beste Kompanie und noch nie hatte Hauptmann Thom gewonnen. Aber jetzt sollte es endlich klappen, denn er hatte ja den Mann mit der Schreibmaschine.
Ich will hier nichts schönreden. Diese NVA war ein schrecklicher Ort. Das bezieht sich auf ihre unmenschlichen Regeln und das rabiate Auftreten einiger Rekruten. Wer das ohne Schaden überstanden hatte, konnte erleichtert und stolz sein. Als ich dort aufschlug, war ich naiv, voller Ideale – ein Philanthrop. Ich will nicht sagen, dass mir die Schwingen gebrochen wurden in diesen drei Jahren, aber ich musste lernen zu kämpfen. Musste versuchen, den Glauben an die Menschen zu behalten. Nicht verzweifeln, nicht untergehen. In dieser Situation blieb noch viel vom alten Frieder übrig, der seine FDJ-Gruppe umgekrempelt hatte, und es entstand ein erstes Selbstbewusstsein in diesem neuen Willi, der sich gegen diese grobschlächtigen Gesellen hatte behaupten können. Ich habe mich immer wieder an die Worte von Gerulf erinnert: »Nicht zerquetschen lassen.«

Hauptmann Thom wollte ein Konzept und Willi lieferte es. Diese Episode mag wenig glaubhaft klingen, aber sie ist wahr. Unsere Unterkunft sah zerschlissen aus, damit macht man nicht den 1. Platz. Zuerst orderte ich zwei Maler und einen Tischler, die die alten Schränke aufarbeiten sollten. Die drei wurden freigestellt und freuten sich wie Bolle. Karsten war Berliner und die erste Wahl für unser Vorhaben. Ausgerüstet mit reichlich Geld wurde er nach Hause geschickt, um Holztapete zu organisieren. Lange haben wir nichts von ihm gehört, aber nach 14 Tagen kam er endlich zurück mit allem, was wir brauchten. Da die Schränke arg ramponiert waren, wurden sie ... tapeziert. Die meisten DDR-Bürger haben wohl ihre Diele

oder Wände tapeziert, wir Schränke. Danach kamen die Doppelbetten dran. Helle, freundliche Farben. Und dann die Wände, jedes Zimmer in einer eigenen Farbe, alles Ton in Ton. Die Hälfte der Kompanie musste sich nun nicht mehr in der Panzerhalle rumplagen, jeden Tag wurde gemalert. Und am Ende kam dann der Feinschliff, Plakate mussten her: »DDR – 25 Jahre«. Aber nicht so wie auf dem Kasernenplatz, sondern in dieser poppigen, bauchigen Schrift der 70er Jahre, die ich von den Covern der Westplatten kannte. Auf Pappe gemalt wurde noch ein Schlagschatten hinzugefügt und das ganze unter dünnem Plexiglas verklebt. Ich glaube, Karsten war in diesen Wochen öfter in Berlin als in Eggesin, aber er schaffte alles ran. Hinzu kamen noch bunte Schautafeln über die Erfolge des Sozialismus und die Illusion war perfekt. Möglicherweise haben sich auch die Rekruten wohler gefühlt in ihrer bunten Unterkunft, in jedem Fall war der Einsatz im Malerkommando sehr beliebt. Und Hauptmann Thom hat dann doch wirklich den 1. Platz gewonnen. Er war kein schlechter Mensch. Er und seine Familie litten auch unter der Ghettoisierung, aber wir hatten eine Hoffnung …
Und noch eine Erinnerung und ein Foto. In der Transportkompanie hatte ich Lutz Büchler kennengelernt, auch so ein »Hans Dampf«, und mit ihm entstand die Idee, Mitte 1975 eine »Disko« auf dem Kasernenplatz zu veranstalten. Mit von der Partie war Soldat Ostermann, der auf dem Foto gerade in eine LP beißt, keine Ahnung warum. Einige Hundert Soldaten kampierten entspannt auf der Wiese, auf der sonst exerziert wurde. Dazu hatten wir zwanzig Mädchen aus dem Krankenhaus Ückermünde eingeladen, aber getanzt wurde nicht, nur ein bisschen geflirtet und gekichert. Aber es gab diesem unwirtlichen Platz für ein paar Stunden ein menschliches Antlitz …

Soldaten-Disko 1975
Foto: Archiv W. B.

Aus dem Panzerfahrer Willi war der »Gute-Laune-Willi« geworden und die hatte ich am Ende wirklich. Die schwere »Tageslast« war mit der Frühlingssonne 1975 geschmolzen, endlich war ich auch EK, Entlassungskandidat, aber den Quatsch mit dem Bandmaß hab ich mir verkniffen ...
Und dabei will ich es bewenden lassen. Vielleicht noch ein Schlussakkord, der den unmenschlichen und auch ganz unnötigen Drill in der Nationalen Volksarmee noch einmal zeigt. Als die Entlassung im Herbst nahte, haben wir uns alle die Haare ein wenig länger wachsen lassen, also eine »Mecke«, so hieß das. Keinen Pferdeschwanz, nur etwas mehr als der Fasson-Schnitt, der Usus war. Die Haare wurden so unter der Mütze oder dem Käppi versteckt, dass es nicht auffiel. Und dann der letzte Tag. Antreten vor dem Stabsgebäude, schon in Zivil, also ohne Kopfbedeckung. Major Bastian schritt die Reihen ab, hielt eine Rede. Und dann, ohne ersichtlichen Grund, erfolgte die Ansage: »Mit diesem Haarschnitt entlasse ich keinen!« Das war der »Dank« für 1095 Tage Hitze und Frost, einen fast geplatzten Blinddarm, sozialer Isolation, sexueller Enthaltsamkeit, kultureller Verarmung. Also mit Fasson-Schnitt in die Freiheit und es blieb kein gutes Haar an diesem fernen, fremden Ort ...

8. Gespräch: Manfred Krug, Wirtschaftswunder in Westdeutschland, Rassismus in den USA, mein Start 1975 bei DT64, die Kleinstadt Rundfunk, erstes Interview, Rote Lieder, mein Crash an der Laterne, die Medienwelt heute, Manfred, Mischko, Horst Grassow und unser Rundfunkkonzept

Geschichte kann man nur verstehen, wenn man sie mit den Augen der Zeit betrachtet, so in etwa hat es Prof. Herfried Münkler, Humboldt-Universität Berlin, ausgedrückt. Das würde den Schluss zulassen: Nur wer in der DDR gelebt hat, kann auch wirklich Auskunft geben. Manfred Krug sprach in seinem Gespräch mit Hermann Schreiber zwei Jahre nach seinem »Umzug« von Ost- nach Westberlin 1979 (die Sendung musst du dir unbedingt ansehen: »Lebensläufe im Gespräch«) sehr bewegende Sätze. Er sprach von einer großen Zeit in der DDR, dem gewaltigen Versuch, nach dem Mauerbau 1961 dort eine neue Gesellschaft aufzubauen, die besser wäre als der Kapitalismus. Und wörtlich: »Alles, was Marx und Engels und Lenin darüber gesagt haben, ist sehr einleuchtend und schön. Und das war dann die Basis für das Feuer, das es in der DDR in gewissen Zeiten gab.« Und später: »Es ist sehr viel von dem, was möglich gewesen wäre zu entwickeln, verspielt worden. Und sehr viel, fast alles von dem Elan, der damals vorlag, scheint mir zertrümmert zu sein. Die Leute, die diese Allgegenwärtigkeit des Staates satt haben, ziehen sich mehr und mehr in ihre privaten Sphären zurück.« Es ist ein Jammer, dass bisher nur 24.000 Menschen dieses wundervolle, menschlich ergreifende Gespräch gesehen haben. Ich hoffe, das ändert sich. Nur kurz noch ein Satz aus dem Interview, der mir wichtig erscheint: »Wenn man die 17 Millionen Bürger in der DDR austauschen würde gegen 17 Millionen Bürger aus der Bundesrepublik Deutschland, dann glaube ich, dass die Anpassungsschwierigkeiten nicht sehr lange dauern würden. Ich glaube, dass sich die verpflanzten Bundesbürger ziemlich bald an den Apparat in der Deutschen Demokratischen Republik anpassen würden und dort funktionieren würden. Anfangsschwierigkeiten eingerechnet, dass da ein paar vorübergehend aus dem Verkehr gezogen werden wegen Aufmüpfigkeit, ist klar. Und ich glaube, dass die 17 Millionen DDR-Bürger sehr schnell sich in den Reigen der Konsumfreuden in der Bundesrepublik einordnen und mitmachen würden. Und es würde alles ganz prima funktionieren.«
Es stellt auch aus meiner Sicht keine besondere Leistung dar, noch lässt sich daraus ein Grund zur Häme ableiten, dass ein Mensch im August 1961 zufällig in Lübeck und nicht in Wismar, in Magdeburg und nicht in Braunschweig, in Frankenheim (Röhn) und nicht in Ehrenberg (Röhn) gewohnt hat. Ich weiß nicht, wann es angefangen hat, dass dieser unverdiente »Vorteil« zu einem Ressentiment wurde. Irgendwann fingen die Westdeutschen an, die Nasen hoch zu tragen.

Leider ist es vielerorts noch heute so. Wie ich gerne sage: Der westdeutsche Mensch sieht äußerlich genauso aus wie wir, aber er ist im Kopf anders verdrahtet. Dieser Prozess brauchte zwei Jahrzehnte und zum Glück sind nicht alle so. Als Psychologe erinnert mich das an Projektion: Die Übertragung eines individuellen Konflikts und damit eigener Emotionen und Wünsche, die im Widerspruch zu gesellschaftlichen Normen stehen, auf andere Personen oder Menschengruppen. Nase hoch und den Lustgewinn in Leistungen finden, die von der Gesellschaft anerkannt werden. War das die Basis des Wirtschaftswunders in Westdeutschland? Wirtschaftswunder? Es war die reinste Maloche und Ausbeutung der Arbeiter. Wenn du die Ursachen für das »Wunder« kennenlernen willst, kannst du es nachlesen, am wenigsten hat es mit Ludwig Ehrhard zu tun. Nicht zu vergessen der Schuldenschnitt für die BRD, den Hermann Josef Abs auf dem Londoner Schuldenabkommen am 27. Februar 1953 erreichen konnte. Nicht zu vergessen der Marshall-Plan. Nicht zu vergessen die geschenkten Reparationen. Mit einem größeren Fleiß der westdeutschen Bürger hatte es also weniger etwas zu tun. Aber genau das wurde von der westdeutschen Propaganda herausgestrichen. Als hätte man in der DDR nicht auch malocht. Im Westen galt: Leistung statt Sühne, der Blankoscheck für die unterdrückte Entnazifizierung. Wir sind wieder wer! Fußballweltmeister 1954. Das gesellschaftliche Leben in der BRD in den 50er und frühen 60er Jahren wird heute völlig falsch oder gar nicht dargestellt. Und was wurde aus den Konzernen der Nazi-Zeit? Diesen Kriegstreibern und dann Kriegsgewinnlern? Nur ein Beispiel – die Firma *Bayer* in Leverkusen. Ein Konzern, der im Ersten Weltkrieg an der Produktion von Chlor- und Senfgas verdiente und im Zweiten Weltkrieg (als I.G. Farben) an Zyklon B für die Gaskammern in Auschwitz weiter verdiente, über die Tochtergesellschaft *Degesch*, die nach 1945 weiter existierte. Unvorstellbar. Überdies setzten die Eigentümer der *I.G. Farben* über viertausend Zwangsarbeiter ein, die kosteten »pro Stück« 150 Reichsmark. Viele verhungerten oder wurden erschlagen. Und die Verantwortlichen, die ein Jahr vor der Machtübertragung an Hitler noch 400.000 Reichsmark an den »Hoffnungsträger« gespendet hatten? Diese Männer wurden 1946 als Kriegsverbrecher verurteilt, kamen wegen »guter Führung« nach zwei Jahren aber wieder auf freien Fuß und wurden mit Limousinen am Gefängnistor abgeholt. Sie wurden wieder gebraucht, oder: immer noch.

Als jemand, der diese Jahre mit den »Augen der Zeit« gesehen hat, bietet sich Wolfgang Staudte an, Regisseur und Autor. In seinem Film *Kirmes* (1960) beschreibt er, wie bei Ausschachtungsarbeiten für ein Karussell das Skelett eines Mannes entdeckt wird. Es ist die Leiche des jungen Soldaten Robert Mertens (Götz George), der 1944 desertiert war und in seinem Heimatdorf in der Eifel wenige Wochen vor dem Ende des Kriegs Schutz suchte. Vergeblich. Der Film endet mit der Erkenntnis, dass der Mann, der Robert Mertens zu Tode hetzte, in der Ära

Adenauer wieder zu Amt und Ansehen kam. Die, um es vorsichtig zu formulieren, ablehnende Reaktion auf diesen Film erlaubt zudem einen beklemmenden Einblick in die damalige »Stimmungslage« in Westdeutschland. Übrigens wurde ein anderer Film Staudtes zu diesem Thema (Die Mörder sind unter uns) bereits 1955 im DDR-Fernsehen ausgestrahlt, in Westdeutschland 1971. Man zog es vor, die nazistische Vergangenheit ruhen zu lassen und als Vorbild wurden die USA aufgebaut, leicht zu vermitteln mit Kaugummi, *Coca-Cola*, Elvis Presley und Gary Cooper – der Planwagen-Treck war noch gut in Erinnerung. Aber wie kann man ein Land verehren, in dem Präsidenten reihenweise (und meistens unaufgeklärt) erschossen werden, wo Schwarze unterdrückt werden (nach wie vor). Auch hier empfehle ich dir einen bedrückenden Film: *Ein Mann wird gejagt* aus dem Jahr 1966 – Regie: Arthur Penn. Brillant besetzt mit Marlon Brando, Jane Fonda und Robert Redford. Beeindruckend finde ich auch die Geschichte der »Greensboro Four«, vier junge Studenten, die am 1. Februar 1960 mit einem Sit-in gegen die Rassentrennung in den USA protestierten und ihr Leben aufs Spiel setzten. Unbedingt nachlesen. Selbst 1968, als in Prag um einen demokratischen Sozialismus gekämpft wurde, durften Schwarze und Weiße in den USA nicht mal auf derselben Bank sitzen und Schwarze wurden in Restaurants für Weiße nicht bedient. Du musst dir das mal vorstellen: In den Bussen saßen die Weißen vorne, die Schwarzen mussten hinten sitzen. Als die mutige junge Frau Rosa Parks eines Tages nach einem langen und harten Arbeitstag einmal einfach sitzen blieb, als ein Weißer ihren Platz einforderte, war das die Initialzündung für die damalige Bürgerrechtsbewegung. Auf den Friedensmärschen in den 60er Jahren sang Pete Seeger sein berühmtes Protestlied:

> If you miss me at the back of the bus,
> You can't find me nowhere.
> Come on over to the front of the bus,
> I'll be riding up there.

> Wenn du mich hinten im Bus vermisst,
> kannst du mich nirgends finden.
> Komm doch mit nach vorne in den Bus,
> genau dort vorn werde ich fahren.

Zwar gab es ab 1964 den Civil Rights Act, aber der stand nur auf dem Papier und ist bis heute landesweit nicht durchgesetzt, am wenigsten bei der Polizei. US-Präsident Barack Obama sagte am 26.06.2015 auf der Trauerfeier für die neun Afroamerikaner, die von einem Weißen in Charleston erschossen wurden: »Niemand sollte einen Wandel der Rassenverhältnisse über Nacht erwarten.« Aber

Fluglehrer trainiert, in einem Doppelsitzer des Typs *FES* oder *Bocian*. In der Ausbildung ging es um den Geradeausflug, saubere Kreise und Kurven, eine exakte Platzrunde, das Starten und am Ende die Landung. Fliegen heißt landen. Natürlich gab es Noten, ich zeige dir mal eine Seite aus meinem Flugbuch. Die drei Bewertungen ganz rechts stehen für Start, Kreise, Platzrunde – die Anmerkungen dazu sagen: Kreise unsauber geflogen, Platzrunde nicht eingehalten …

Flugbuch GST 1969
Repro: W. B.

Ich war mit einem Schlag wie verwandelt. Alles war von mir abgefallen: Kein Bruder mehr, kein Vater mehr, kein Leben mehr ohne Freunde. Am Samstag die Mappe in die Ecke geschmissen, rauf aufs Fahrrad und rauf auf den Berg. Das waren gefühlte Berge im Flachland, Kurs 180 Grad, also schnurstracks nach Süden. Der schwerste Anstieg war vor Helmshagen, dann ging es eben weiter bis zur »steilen Wand« vor Dargelin und dann war das Schlimmste geschafft. 15 km, Rekordzeit: 45 Minuten, bei Südwind deutlich länger. Und immer noch das alte Fahrrad Marke *Diamant*, ohne Gangschaltung und zu dieser Zeit auch ohne politische Reklame. Wenn es schwer ging, musste ich aus dem Sattel, aber da winkte in der Ferne schon das Glück meiner Jugend – der Flugplatz. Die anderen Jungs kamen aus Jarmen, Gützkow oder den Dörfern in der Gegend, die hatten es wesentlich kürzer und bequemer. Aber bequem ist nicht immer gut, wenn man ein Ziel hat. Natürlich bin ich dann aber gern auf ein Moped umgestiegen. Mit dem *KR 50* (Vorläufer der

»Agent Orange«. Ein Entlaubungsmittel, um ein besseres Schussfeld für die Piloten zu schaffen, das von amerikanischen Sprühflugzeugen über das Land verteilt wurde, ein toxisches Gift auch für Menschen. Das Gift wurde in Zusammenarbeit mit der *Bayer AG* produziert, von diesen Leuten war schon die Rede. Die Reihe militärischer Interventionen der USA ist lang, sie reicht von Kuba 1962 über Laos, Vietnam, Bolivien, die Dominikanische Republik, Grenada und Panama bis zum Irak. Die USA sind das einzige Land der Welt, das Atombomben eingesetzt hat. Dabei wurden die Ziele Hiroshima und Nagasaki perfide ausgewählt: Sie wurden vorher nicht mit Brandbomben belegt und sollten möglichst viele Einwohner haben, um die Wirkung der Bombe genau ermitteln zu können. Beide Bomben wurden am Vormittag abgeworfen, wenn die Menschen unterwegs sind. Frauen und Kinder. Möglichst viele – so war es geplant. Zwei Bomben auf einen besiegten Gegner, der zur Kapitulation bereit war, alle Rechtfertigungen sind gelogen, leider auch in unseren Schulbüchern. Ein Schandmal.
Nur am Rande erwähnt sei die Iran-Contra-Affäre 1985 unter Präsident Reagan. Immer ging es um politischen Einfluss und natürlich um die Herrschaft über Bodenschätze, egal ob Nickel, Zinn, Kobalt oder Erdöl. Bevor Busch jun. als Teil der Erdöl-Connection, die im Jahr 2000 ins Weiße Haus eingezogen war, seinen Krieg um die Ölfelder im Irak mit erlogenen Anschuldigungen begann, sagte er in einer Rede am 20. September 2001: »Jedes Land in jeder Region muss sich jetzt entscheiden – entweder es steht an unserer Seite oder an der Seite der Terroristen.« Und wie sieht es mit den amerikanischen Heldentaten im Zweiten Weltkrieg aus? 1944 mussten die USA in Europa zum Kämpfen überredet werden, als sich die erwartete Hoffnung (und Planung) nicht einstellte, mit Hitler würde auch Stalin erschöpft am Boden liegen – als leichte Beute. Ich bitte dich, die Zahlen nicht falsch zu verstehen, aber sie müssen genannt werden, um eine Relation zu haben: Im Kampf gegen den Hitlerfaschismus und Japan starben 400.000 amerikanische Soldaten, keine Zivilisten. Die Sowjetunion bezahlte für ihren Sieg über Hitler mit 13 Millionen Soldaten und 14 Millionen Zivilisten. Schuld überträgt sich nicht, aber Verantwortung.

Warum Manfred Krug 1977 gegangen ist, vermag ich nicht zu beurteilen. Vielleicht gibt er selbst die Antwort mit der Liedzeile: »Um die weite Welt zu sehn, man, die Welt ist schön. All die Mauern dieser Stadt hab ich satt! Könnt ihr mich verstehn ...« aus seiner fünften LP, die dann gleich im Westen erschien. Ganz im Stil von Günter Fischer, hochwertig ersetzt durch Peter Herbolzheimer. Aber die Platte, Ende 1978 produziert, floppte, weil im Westen niemand etwas damit anfangen konnte ... Vielleicht war ihm die DDR zu klein geworden oder er war zu groß für die DDR. 1977 war die politische Führung noch nicht bereit zu einer Lex Krug.

Er wird als sehr selbstbewusst beschrieben, unantastbar, und der Staat begann den Kampf gegen ihn erst nach seiner Unterschrift gegen die Ausbürgerung von Biermann. Eigentlich hatte er schon einen persönlichen Brief an Honecker verfasst und hat dann doch nur das Traktat anderer unterschrieben. Nach meinem Eindruck war Biermann vielleicht nur ein Vorwand für ihn. Nicht wenige DDR-Stars träumten damals von einer Super-Karriere im Westen: Stefan Diestelmann, Franz Bartzsch, Holger Biege – um nur einige zu nennen. Krug berichtete später von abgesagten Filmprojekten, Konzerten mit bestelltem Publikum, Bevormundung und Schikanen in der DDR. Dabei war er per Du mit Werner Lamberz, einem der wichtigsten Kulturfunktionäre im Politbüro. Als die Fronten schon total verhärtet waren, machten die Funktionäre alle erdenklichen Angebote: Filmprojekte, Musikprojekte, Tourneen, Reisen mit der Familie in den Westen – aber Krug wollte nicht mehr. Ich kann mich an die letzten Tage noch gut erinnern, denn ich hatte Wochenenddienst im Funkhaus und musste morgens immer die *Argu* – die *Argumentation*, die direkt aus dem ZK der SED kam – einholen. Da gab es allerlei Einschränkungen und Vorgaben, und es ging auch um Manfred Krug. Am Freitag hieß es: Krug darf nicht gespielt werden. Am Samstag folgte: Krug darf gespielt, aber nicht angesagt werden. Und am Sonntag hörte ich mit Erleichterung: Mit Krug wurde gesprochen, alles wird gut, er darf gespielt und angesagt werden. Umso überraschter war ich, als ich am darauffolgenden Montag dieses Foto in der *Tagesschau* sah, Krug bei der Ausreise nach Westberlin in seinem Mercedes. Offenbar ist schon mit ihm gesprochen worden, mit Hoffmann, dem Kulturminister, aber da ging es wohl nur noch um das Mitnehmen seiner Sachen, besonders der fünf Oldtimer – die Wohnung in Westberlin hatte er zu diesem Zeitpunkt schon angemietet. Aus. Es wirkte wirklich wie ein ganz normaler Umzug. Uns blieben nur seine Platten, die sogar noch verkauft werden durften, alle seine Filme wanderten in den »Giftschrank«, bis 1990.

Letztlich war er aber in Westberlin auch eingemauert. Ich habe es sehr bewundert, wie sich Manfred Krug wieder hinten angestellt hat, sich mit der *Sesamstraße* und als Fernfahrer *Franz Meersdonk* über Wasser hielt und umso mehr habe ich mich über seinen Durchbruch mit den Drehbüchern seines Freundes Jurek Becker gefreut, als amüsierfreudiger Anwalt … In meinen Erinnerungen leben aber in erster Linie seine DDR-Filme und der Vortrag von der *Kuh im Propeller* weiter, letzterer nachzuhören auf der LP *Jazz, Lyrik, Prosa* (AMIGA 1967). Und dann seine wundervolle Stimme. Gleich als ich 1975 nach Berlin kam, sah ich ihn als *Sporting Life* in der Oper *Porgy and Bess* an der *Komischen Oper Berlin*. Neben seinen Fischer-LPs und den Jazz-Konzerten gibt es aber noch herrliche Aufnahmen wie »Que será« oder »Es steht ein Haus in New Orleans«. Im Text lehnte er sich an »The House of the rising Sun« an, ein Volkslied, das 1961 von Bob Dylan aufgenommen wurde und 1964 durch Eric Burdon zum Welthit wurde. Im gleichen Jahr nahm Krug seine Version mit dem *Franke-Echo-Quintett* auf. Sein Text wurde ein berührender Reflex auf die Unterdrückung der Schwarzen in den USA. Die dagegen protestierende Bürgerrechtsbewegung wurde in der DDR sehr aufmerksam beobachtet, besonders nachdem Martin Luther King am 13. September 1964 in der Marienkirche in Berlin (und vorher in der Waldbühne) gepredigt hatte. Mit seinen Worten: »I have a Dream« konnten durchaus auch junge Menschen in der DDR etwas anfangen. Krugs Lied von der »blonden Frau« und dem »schwarzen Mann« war sehr eingängig und mit wenigen Harmonien (Am, C, D, F, E, E7) leicht nachzuspielen, was sogar mir als glücklosem Gitarristen einigermaßen gelang. Heute üben wir beide zusammen manchmal Lieder, neue Lieder nach deinem Geschmack. Du spielst Schlagzeug und ich schlage mich mit der Gitarre rum, aber wir schaffen das schon ...

Ende 1974 hatte ich mich, dem guten Rat Steffis folgend, bei *DT64* als Volontär beworben. Ich war gerade 21 und keine 18 mehr. Meine Freundin Susanne hatte ich im letzten Jahr verloren. Gefunden – verloren, gefunden – verloren, bis an das Ende meiner Tage. Jetzt erst mal zu meiner Ankunft im Rundfunk der DDR im November 1975. In der Nalepastraße an der Spree, im Block E in der oberen Etage sollte ich mich vorstellen bei Marianne Oppel. Ich hatte mich auf dieses Gespräch mit Steffi akribisch vorbereitet, nur nicht auf die erste Frage: »Wie nennt man dich?« Aufgeregt wie ich war, sagte ich »Willi« und wollte mich gleich daraufhin korrigieren: »Frieder«. Aber es war zu spät. Marianne gefiel der Name, überhaupt wirkte sie sehr freundlich, eher herzlich. Marianne war für das Politische Lied zuständig, zusammen mit Tanja Braumann, aber auch für die Bands in der DDR. Da war ich genau richtig und wurde auch angenommen als Volontär. Zuerst schrieb ich kleine Texte für die Moderatoren, später Porträts über Liedermacher aus der DDR und dem Ausland, wie *Moncada* (Kuba), *The Whistlebinkies* (Großbritannien), *Quinteto Clave* (Argentinien), die *Bots* (Niederlande) und andere. Ich ging ins Musikarchiv und suchte mir ein paar Lieder aus, damals alle auf Bobbys. So ein Bobby war ein rundes Metallteil für den Bandteller, auf den mit großer Geschwindigkeit das Band, auch »Schnürsenkel« genannt, aufgewickelt wurde. Das war damals gängige Studiotechnik. Das Bandmaterial für die Tagesberichte kam von *ORWO Wolfen*, für wichtigere Aufnahmen gab es Material von *Agfa* aus dem Westen. Wenn ich die Lieder ausgesucht hatte, stellte ich ein paar Informationen zusammen und diktierte der Sekretärin meinen handgeschriebenen Text in die Maschine. Saß lässig auf einer Kante ihres Tisches und wenn alles aufgeschrieben war, ging es runter in den Keller, in den »Sockel«. Den kannte ich ja schon aus den vielen Briefen von Steffi. Es gab noch andere Lokalitäten in diesem weitläufigen

Areal, aber der »Sockel« wurde von allen geliebt. Im Block A waren *Stimme der DDR* und *Radio Berlin International* untergebracht, sowie die Leitung des Staatlichen Komitees für Rundfunk beim Ministerrat der DDR, wie es offiziell hieß, damals glaube ich geführt von Rudi Singer. Im Block E waren *DT64*, der *Berliner Rundfunk*, *Radio DDR I* und *II* und die Intendanzen dieser Sender. Daneben der Sendetrakt mit vier identischen Studiobereichen. Die hatten jeweils einen Vorsenderaum für die Sendefahrerin und einen Technikraum mit den Bandmaschinen, die ein Techniker bediente, der seltsamerweise bei der Deutschen Post angestellt war. Dazu zwei Studios für die Sprecher. Zudem gab es noch separate Aufnahmeräume für Vorproduktionen. Der Rundfunk war eine komplette Stadt. Mit einem Buffet im großen Speiseraum und einem Kultursaal, der auch für Vollversammlungen der einzelnen Sender, FDJ- und Parteiversammlungen genutzt wurde. Zudem gab es einen Friseur, eine Eisdiele, die Rundfunk-Poliklinik und sogar einen Zahnarzt, einen Masseur und eine Verkaufsstelle, in der es öfter Bananen gab als außerhalb dieser Enklave. Und im Sommer saßen wir gerne mit einem Eis an der Promenade zur Spree, die träge in die Stadt floss. Das größte Gebäude, ich glaube Block B, beherbergte den Großen Sendesaal für die Orchester und kleine Studios für Bands und Hörspielproduktionen. In einem gesonderten Haus gleich vorne am Eingang saß die Funkdramaturgie. An die dreitausend Mitarbeiter arbeiteten beim Rundfunk der DDR, in diesem umgebauten Industriegelände, das heute unter Denkmalschutz steht und auch weiter für Musikaufnahmen genutzt werden kann. Der Umbau war notwendig geworden, als die Sendungen des *Berliner Rundfunks* (der DDR) Anfang der 1950er Jahre nicht mehr in der Masurenallee (Westberlin) produziert werden durften. Vor dem *Haus des Rundfunks* in der Nähe des Funkturms stand damals übrigens ein Schild mit dem Text: »Hier werden keine Sendungen aus West-Berlin gesendet, hören Sie lieber den RIAS ...«

Von Marianne Oppel habe ich zuerst das Cuttern gelernt, dafür gab es Schneideräume mit jeweils zwei Bandmaschinen. Sie war beim Cuttern sehr streng und bei diesen Lektionen musste ich unwillkürlich an *Doktor Murkes gesammeltes Schweigen* von Heinrich Böll denken. Meine Lehrerin nahm es sehr genau und daher habe ich es später perfekt beherrscht. Hatte mir extra einen Bobby mit »Einatmern« zugelegt, um meine Schnitte noch sauberer erscheinen, im Idealfall ganz verschwinden zu lassen. Es gab lange »Einatmer« und kurze, tiefe und flache, je nach Bedarf. Einmal habe ich mit einem anderen Volontär aus einem Kommentar eines Chefs zwölf Mal das Wort »nicht« herausgeschnitten und durch »Einatmer« ersetzt. Das Ergebnis war sehr amüsant. Das konnten wir uns aber nur in der Nachtschicht erlauben und haben das Band schnell in den Abfall geworfen.

Und dann die ersten Einsätze mit dem Reportergerät. Umfragen. Die habe ich gehasst. Einmal stand ich vor dem Lehrerinstitut in Köpenick, an einem kalten und zugigen Morgen im Januar, und musste die Studenten zu irgendeinem politischen Ereignis befragen. Die haben dann schon gewusst, was sie zu sagen hatten. Zusammenschneiden auf 1:30, Vormoderation diktieren und ab in den »Sockel« zum Aufwärmen. Oft stand ich auch auf dem Alex und es war sehr mühselig ein paar verwertbare Äußerungen des Volkes einzufangen. In dieser Zeit war Steffi schon beim Studium in Leipzig und so haben wir nie zusammengearbeitet, was wir uns sehr gewünscht hatten. Aber ich freundete mich mit Manfred Schönebeck an, der seine Umfragen mit mehr Courage absolvierte als ich. Wenn die Leute ihm irgendwelche Parteiphrasen ins Mikrofon sprachen, fragte er: »Würde es dir gefallen, wenn du so was im Radio zu hören kriegst?«, und bekam meist eine zweite Antwort, die dann ehrlicher war.

Mein erstes »richtiges« Interview werde ich nie vergessen. Wolfgang Ziegler war mein Auftrag, damals noch bei der Gruppe *WIR*. Das Gespräch fand in einem kleinen Kino in der Oranienburger Straße statt. Ich hatte mich bestens vorbereitet und Ziegler war sehr freundlich. Es hätte ein entspanntes Gespräch werden können über die *Baltics* in Greifswald und seine aktuelle Karriere. Aber ich war so aufgeregt und stotterte meine Fragen, die deutlich auf einem Zettel standen, ins Mikrofon. Ich wollte später retten, was nicht zu retten war, sprach in einem Aufnahmeraum meine Fragen nach und schnitt sie zwischen die Antworten. Aber die Atmosphäre war eine ganz andere und der Bruch war nicht zu überhören, da halfen mir auch meine schönsten »Einatmer« nicht. Trotzdem, was blieb mir anderes übrig, stellte ich Marianne mein erstes Interview vor. Sie blieb ganz ruhig und freundlich. Öffnete nach der Vorstellung das Fenster, hielt den Bobby zwischen Daumen und Zeigefinger aus dem Fenster und ließ mein »Erstlingswerk« in aller Ruhe abrollen ... Dann sagte sie noch: »Das kannst du besser.«

Natürlich hat mich das gewurmt, aber es ist sicher nachvollziehbar, dass ich mich, nach den Jahren im Ghetto von Eggesin, jetzt wie im Paradies fühlte. So viele bunte Menschen, die von Steffi angekündigten Berühmtheiten im »Sockel«, diese ungewohnte Freizügigkeit ohne Kasernenmauer, Uniform, Appell, Kragenbinde, Vergatterung, Fassonschnitt, rauen Umgangsformen und rauen Gefährten. Zu *DT64* muss ich nicht viel erzählen, das ist bekannt und du kannst es leicht nachlesen. Ich empfehle dir die Artikelserie *Die DT64-Story* von Christiane Dombrowski in der *SuperIllu* 2014. Entstanden war das Jugendradio zum Deutschlandtreffen 1964, als es noch die Gitarrenbands in der DDR gab, über diese Zeit habe ich schon berichtet, interessant sind dazu auch der Film *Beat und Propaganda* von Lutz Rentner und Frank Otto Sperlich (rbb 2004) und das Buch *Pop und Propaganda*, herausgegeben von Klaus Arnold und Christoph Classen (Ch. Links Verlag 2004). Zu meiner Zeit sendeten wird drei Stunden, Mo–Fr 16:00 bis 19:00 Uhr. Zu einem eigenständigen Sender wurde *DT64* im März 1986 durch den Zusammenschluss mit dem Jugendjournal von *Stimme der DDR*, wobei die Sendezeit schrittweise erweitert wurde. In der DDR war *DT64* ein durchaus beliebter Sender wegen seiner lockeren Moderation, den Beiträgen zu Jugendthemen, Politik, Sport und Musik. Der »Einigungsvertrag« verfügte die Auflösung der DDR-Rundfunkstrukturen zum 31.12.1991. Es gab Demonstrationen, einen Hungerstreik, aber der Jugendsender sollte weg. Das *Sandmännchen* im Fernsehen durfte, auch nach vielen Demos, bleiben, aber *DT64* war ein Politikum.

Die Redakteure beim Jugendsender, so wie ich, standen zur DDR – wie wir sie uns idealerweise vorstellten. Diese Ideale beinhalteten einen Rundfunk des offenen Wortes und sahen im »real existierenden Sozialismus« nur eine Übergangsperiode, die es zu überwinden galt auf dem Weg zum demokratischen Sozialismus, was sonst. Niemand von den jungen Leuten, die mich in Berlin umgaben, wäre auf die Idee gekommen, ein kapitalistisches Deutschland mit seiner Scheindemokratie zu bevorzugen, diese Diktatur des Kapitals.

»Unsere DDR« sollte einen anderen Weg gehen und brauchte dafür eine radikale Veränderung, das war uns klar, und wir sahen in uns jene, die sie vollziehen würden. Natürlich muss ich kritisch anmerken, dass wir mit unserer Arbeit im Radio auch ein Sprachrohr der bestehenden, ungeliebten Realität waren, in der ideologischen Auseinandersetzung mit den Westsendern (RIAS und SFB). Beide Seiten befeuerten sich jeden Tag nach besten Kräften. Die Ideologie auf der östlichen Seite der Mauer war klar gegen den Westen gerichtet und kam direkt von der SED-Führung. Was an Munition zu kriegen war, wurde verschossen: Berufsverbote und Radikalenerlass, Notstandsgesetze, NATO-Manöver, Zechensterben, Arbeitslosigkeit, verarmte Rentner, der Chemieunfall in Seveso. Aber das war eher Sache der Kommentatoren, unsere Aufgabe war die Darstellung des schönen Gegenentwurfs in der DDR. Das bedeutete aber nicht zwangsläufig die Aufgabe der eigenen Identität. Wir haben um kritische Sätze beim Abzeichnen unserer Beiträge, oft um ein paar Wörter gekämpft, wollten auf Probleme hinweisen, nachdenkliche Stimmen zulassen. Aber wir haben doch funktioniert und wurden dafür bezahlt (635 Mark bekam ich pro Monat) und hatten einen schönen Arbeitsplatz an der Spree. Aber umso mutiger die Menschen in der DDR wurden, desto mutiger wurden auch die Radiomacher, sagte mir Marion Brasch, als ich 1990 über sie einen kleinen Artikel schrieb. Eine besondere Zäsur war das Verbot der beliebten sowjetischen Zeitschrift *Sputnik* 1988 in der DDR, weil sie Gorbatschows Kurs des Wandels in die DDR transportierte. Da meldete die Moderatorin Silke Hasselmann den Absturz eines »Sputnik-Satelliten« und spielte danach den Song »Aufruhr in den Augen« von *Pankow*. Silke wurde strafversetzt, der verantwortliche Redakteur bekam Mikrofonverbot.

Das Wort »Abzeichnen« bedeutete übrigens, dass jeder Beitrag vom Chef vom Dienst gehört und für sendbar befunden werden musste. Und in den kleinen

Schneideräumen entstand dieses zähe Ringen um einen Satz oder eine Andeutung: »Das geht nicht!« – »Warum denn nicht?« Wenn man wusste, dass Kollege X als Chef vom Dienst eingeteilt war, konnte man sich das allerdings sparen. Ich als Mann der Musik hatte damit weniger Sorgen. Schwierig war es nur bei einer längeren Sendung über Joan Baez, die Freundin und Geliebte von Bob Dylan – meinem Idol. Über Wochen saß ich mit Werner Trzionka, den ich sehr verehrt habe, im »Sockel« zusammen, um den Text so zu gestalten, dass ihr Pazifismus in das offiziell gewünschte Bild passte. Wenn ich mal etwas mehr Zeit habe, werde ich im Deutschen Rundfunkarchiv danach kramen.

Somit hatte sich für mich alles zum Guten gewendet und da ich partout nicht zum Journalistikstudium nach Leipzig wollte, wurde mein Volontärvertrag Mitte 1976 in einen Arbeitsvertrag geändert – nun war ich also redaktioneller Mitarbeiter. Ich sagte mir damals: Was soll ich in Leipzig lernen, wie man ein Mikrofon halten muss, das weiß ich schon. Und drückte mich vor diesem Studium, das eher ein politisches Studium war.

Allerdings musste ich als Neuling auch mit der »Wohnung« im Glienicker Weg 8 vorliebnehmen, die ich dir schon vorgestellt hatte. Im Sommer zu heiß und im Winter zu kalt. Jedenfalls war das kein Zustand und so zog ich im Funkhaus ein: »Abends der Letzte, morgens der Erste.« Aber meine »Karriere« sollte schon bald eine heftige Delle bekommen. Vom 7. bis 14. Februar 1976 stand das *6. Festival des Politischen Liedes* auf dem Programm. Hochbetrieb für *DT64*. Ich möchte zu meiner Entlastung anführen, dass ich zu diesem Zeitpunkt gerade erst 22 geworden war, gerade einem »Gefängnis« entkommen war und gerade drei Monate als Volontär absolviert hatte. Die Konzerte fanden an verschiedenen Orten in Berlin statt, die großen in der Kongresshalle am Alex oder im *Kino International*, kleinere in den Jugendklubs der Stadt. Zu später Stunde trafen sich die Sänger aus aller Welt im *Haus der Jungen Talente* (HdJT) in der Klosterstraße, heute *Palais Podewils*. Da gab es weitere Konzerte, persönliche Gespräche und Gelegenheit zum Interview. An einem Abend hatte ich eine dänische Gruppe zu befragen, inzwischen konnte ich übrigens meine Interviews auch ohne Stottern absolvieren. Die Sänger tranken zu später Stunde etwas Wein, was ja verständlich war, ich an diesem Abend aber auch. Gänzlich unverständlich. Unter Verkennung der Tatsache, dass ich nicht wie sonst mit der U-Bahn angereist war, sondern mit einem Dienstwagen der Marke *Wartburg Tourist* und dem Dienstauftrag, in der Nacht die Mitschnitte des Tages einzusacken, um sie am nächsten Morgen ins Funkhaus zu bringen. Ich wusste, dass ich »angeduselt« war, fuhr aber dennoch kurz nach 1 Uhr mit den Bändern los – zum Glienicker Weg. Über die Holzmarktstraße, die Stralauer Allee, die Elisenbrücke, Am Treptower Park entlang, dann die Köpenicker Landstraße über das

Adlergestell bis zur Kreuzung am S-Bahnhof Adlershof, dann links rein in den Glienicker Weg. In Höhe Nipkowstraße ist es dann passiert. In der Nacht hatte der Frost angezogen, die Straße war glatt, in einer leichten Rechtskurve scherte der etwas hecklastige Wagen aus, ich versuchte gegenzusteuern und rammte frontal einen Laternenmast. Ich wurde aus dem Wagen geschleudert, damals ohne Gurt und Airbag, flog auf die Wiese nebenan und sah (in Zeitlupe), wie sich der Laternenmast langsam neigte und genau längs auf den Wagen krachte: Knirsch! Mein erster Gedanke war seltsamerweise: den Mast wegräumen und weiterfahren. Ich versuchte den Betonmast anzuheben, aber da rief schon eine Stimme aus dem Haus gegenüber: »Keine Sorge, wir haben schon die Polizei gerufen.«

Alles – diese schönen drei Monate – zerplatzte wie eine Seifenblase: Knirsch! Der Wagen wurde abgeschleppt, die Bänder gesichert und eine Alkoholkontrolle auf dem Revier ergab 0,6 Promille. Keiner stellte die Frage: Haben wir den jungen Mann überfordert, keiner legte ein gutes Wort ein. Vielleicht ein wenig Axel Blumentritt, der Redaktionsleiter von *DT64*, aber seine Worte in unserem Gespräch waren, wie es seine Art war, salbungsvoll, voller Verständnis – und doch klar: »Das ist nun mal die Sache, wir von DT müssen auch Vorbild sein.« Eine Woche vorher hatte ich meinen Antrag abgegeben, um Kandidat der SED zu werden, Probezeit. Aber mein Schicksal war schon besiegelt und keine Stimme erhob sich. Obwohl, das stimmt nicht ganz. Es gab einen großen »Prozess« im Kultursaal des Rundfunks. Man, war mir das peinlich. Hunderte von Kollegen und mein »Fall« wurde verhandelt: »Wer will etwas dazu sagen?« Es folgten verschiedene Äußerungen des Tadels: »Unverantwortlich«, »Volkseigentum zerstört«, »Als Kandidat nicht geeignet«. Wenn ich mich recht entsinne, gab es vier Fürsprecher: Andreas Fürll, Tanja Braumann, Manfred Schönebeck und Günter Deckwerth vom *Berliner Rundfunk*. Sinngemäß: Willi hat seine Begabung bewiesen, unentschuldbares Ereignis, aber zweite Chance ... Ich musste aufstehen, stand da wie ein Häuflein Unglück und alle starrten mich an, wieder der Ladendieb. Ende der Diskussion, Abstimmung. Vorschlag: »Versetzung in ein gefestigtes Kollektiv, um die Persönlichkeit des jungen Kollegen zu stärken.« Gemeint war der *Berliner Rundfunk* mit dem Redaktionsleiter Günter Deckwerth. Das war natürlich eine Ohrfeige für Axel Blumentritt von *DT64* und er schlug eine einjährige Bewährungszeit in seinen (auch gefestigten) Reihen vor. Vorschlag angenommen. Ich durfte »auf Bewährung« bleiben und die nächsten Monate wurden die kreativsten für mich. Damals eröffnete ich einen Aktenordner mit der fetten Aufschrift »POP« und platzierte ihn in einem Regal über meinem Schreibtisch. Ich sollte und durfte, mit Unterstützung von Marianne, halbstündige Porträts machen über westliche, genauer gesagt westlich-progressive Künstler. In der Regel keine Pop-Künstler, zuerst natürlich Bob Dylan, dann John Lennon, Aretha Franklin, Cat Stevens, Pete Seeger. Und Stevie

Wonder. Ich hatte diesen Beitrag schon vorher produziert und als er dann über den Sender lief, passierte etwas Wunderbares. Aus den anderen drei Studios kamen die Sendefahrerinnen und Sprecher swingend und tanzend in den Sendebereich von *DT64*: »Superstition«. Wen hält es da auf dem Hocker?

Ja, Manfred Schönebeck hatte sich für mich eingesetzt. Zwei Jahre jünger und ein Jahr früher bei *DT64*, da er sich mit allerlei Tricks (mal eine Krankheit, mal ein Wohnungswechsel) dem Armeedienst entziehen konnte. Aber sie waren natürlich hinter ihm her. Auf viele im Funk wirkte der damals erst 19-Jährige arrogant oder abweisend. Aber er war sehr warmherzig, mitfühlend und hat sich immer um andere gekümmert. Er verstellte sich einfach nicht und ließ sich nicht verbiegen. Von ihm erfuhr ich, dass sich nach meinem Knall gegen die Laterne viele für mich ausgesprochen hatten: »Der freundliche und fleißige Willi«. Aber dann wurde es im großen Kultursaal sehr politisch, da wollten sich die meisten nicht den Mund verbrennen. Vielleicht verständlich? Nur die vier Genannten haben sich getraut, wobei ich mich besonders über Tanja Braumann gefreut habe, die immer sehr direkt und offen war. Ihre Schwiegermutter war eine wundervolle Sprecherin und immer wenn ich Michael Braumann, ihren damaligen Mann, heute im Radio höre, ist es so, als säße ich nebenan im Studio ...

Vielleicht ist es zu verkürzt, aber es liegt nahe, die DDR in fünf Klassen einzuteilen. Die dünne Nomenklatur und deren »sachliche Anhängsel« Polizei, Gefängnisse, Feuerwehr, Armee, Staatssicherheit, dann die Masse der Bevölkerung, zudem die reichen Handwerker und die zahlenmäßig geringe Intelligenz. Das waren vielleicht 5 %, so viele Leute gehen auch heute noch regelmäßig ins Theater ... Diese letztere kleine Gruppe wurde umworben, denunziert, verprügelt, gehätschelt, eingesperrt, gefördert, zur Kenntnis genommen und verfemt. Aus ihren Reihen stammten die großen Künstler der DDR, die aufrechten Gerechten oder aufrechten Ungerechten, die Informanten, die Selbstmörder, die Enthusiasten, die zähen Kämpfer, die Verzagten, die Zauderer, die Widerstandskämpfer, die Querulanten. Sie waren Ingenieure in den Stahlwerken, im Flugzeugbau, Wortführer in den Verlagen, Künstler aller Art, Philosophen und Soziologen, aber auch Mitarbeiter in den Kreisleitungen der verschiedenen Parteien oder in den unteren Chargen im Zentralkomitee der SED. Sie waren überall. Sie waren das eigentliche Rückgrat der DDR, das erst zerbrach, als der Masse der Bevölkerung »blühende Landschaften« versprochen worden waren. Sozialistische Ideologie perdu, sozialistische Ideale perdu. Und weil es mir gerade in den Sinn kommt, sehr lesenswert ist das Buch: *Die philosophischen und soziologischen Grundlagen des Marxismus*, Wien 1899 von Tomás Garrigue Masaryk. Von ihm stammt auch das Zitat: »Jesus, nicht Caesar – so lautet die Losung des demokratischen

Europas«. Ein bemerkenswerter Denker und Politiker, der heute vergessen ist, daher der kurze Einschub.

Und wer von der Intelligenz bei den Massenmedien der DDR arbeitete, bei den Zeitungen, im Rundfunk oder beim Fernsehen, hatte sich an die *Argu* zu halten – die erwähnte *Argumentation*. Diese tägliche Handreichung bestimmte das Leben der Journalisten. Etwas in dieser Art gibt es auch heute noch, aber die Einflussnahme ist viel eleganter. Da kommt dann einfach ein freundlicher Anruf an den Redakteur einer Sportsendung des *mdr* aus der Zentrale in Köln: »Ich schicke Ihnen mal einen interessanten Bericht über die Verletzung der Menschenrechte in Russland. Schauen Sie sich den mal an, vielleicht passt er in Ihre Sendung?« Der Anruf kommt vom Chefredakteur. Und was macht der kleine diensthabende Redakteur? Er sendet den Beitrag. Keiner will das eigentlich sehen, es ist doch eine Sportsendung. Und der Moderator setzt eine ernste Mine auf und sagt: »Die Olympiade in Sotschi ist gut vorbereitet, aber wir müssen auch über ein ernstes Thema sprechen.« Dann der Beitrag und anschließend ist wieder ein fröhlicher Moderator im Bild.

Über die heute so verkommene *Tagesschau* in der *ARD*, mit ihren sachlich falschen Berichten über China, den Nahen Osten oder die Ukraine, muss ich weiter nichts sagen, jeder hat ja selbst Augen und Ohren und liest sich besser woanders ein ... Interessant ist zum Beispiel, wie man die Zahl der Arbeitslosen deutlich nach unten manipuliert. Man zählt einfach nicht alle mit. Vor kurzem sah ich eine der vielen Gesprächsrunden zum Thema Putin. Wie immer war eine russische Stimme, in diesem Fall eine Journalistin, eingerahmt von mehreren »Rechtgläubigen«. Die junge Frau sagte, dass sie nicht verstehen könnte, dass die Polen und die Balten so eine große Furcht vor Russland hätten, viel mehr Furcht sollten sie doch vor den Deutschen haben. Das war natürlich ein historischer Spagat, der einer genauen Analyse bedürfte, aber es ist zutreffend, dass Lenin die baltischen Staaten 1918 in die Unabhängigkeit von Russland entlassen hatte und die grauenhaften Morde deutscher Soldaten im Zweiten Weltkrieg, auch an Frauen und Kindern, sind nicht vergessen. Was mich an dieser Sendung wirklich geschockt hat, war, dass das Publikum nach der Aussage der jungen Frau gebuht hat. So weit haben sie es schon gebracht.

Zur aktuellen Situation in Russland kann ich dir wenig erzählen, das letzte Mal war ich im Sommer 2001 in Moskau. Aus der Ferne ist ein klares Bild nicht zu erkennen, es ist so viel Ideologie im Spiel, auf beiden Seiten. Offensichtlich ist, dass dieses riesige Land, dieser Vielvölkerstaat eine andere Regierungsform benötigt als die kleinen mitteleuropäischen Staaten. Schon die Beispiele Irak, Syrien und Libyen zeigen, was passiert, wenn man die autokratischen Machthaber wegsprengt. Auch Mitteleuropa brauchte Jahrhunderte, um sich vom Feudalismus zu befreien. Jedes

Land hat seine eigene Geschichte und seinen eigenen Stand der gesellschaftlichen Entwicklung. Unter Missachtung dieser Erkenntnis kam es 1979 zur Intervention der Sowjetunion in Afghanistan. Nicht zu vergleichen mit dem Vietnamkrieg, aber doch ein verhängnisvoller Fehler, der bis heute nachwirkt und dazu herhalten muss, das Aggressive in diesem Volk herauszustreichen. Dabei sind die Russen prachtvolle Menschen: gastfreundlich, schwermütig, herzlich und übermütig. In ihren Herzen ist die Erfahrung lebendig, dass Napoleon und Hitler vor den Toren Moskaus standen. Das Volk ist daran nicht zerbrochen. In unseren Tagen stehen die Truppen der NATO in Estland, 160 km vor Sankt Petersburg, dem früheren Leningrad. Ich erwähne das nur, um dir einen anderen Blickwinkel zu ermöglichen. Die »russische Gefahr« und die Ängste der Russen ...

Die offiziellen »Nachrichten« sind heute ein raffiniertes Agitprop-Programm, von oben angeordnet und zensiert. Als ich vor zwei Jahren am Nachmittag zufällig einen Bericht über die Opel-Werke in Bochum sah, sagte eine entlassene Arbeiterin etwas Kritisches über den Kapitalismus. Sie und ihr Satz waren am Abend eliminiert. Rausgeschnitten. Derselbe Beitrag lief in der *Tageschau* um 20 Uhr noch einmal, aber die Frau war weg. Wer hatte das veranlasst? Wenn am Nachmittag ein Reporter davon spricht, dass die Toten auf dem Majdan Nesaleschnosti (Platz der Unabhängigkeit) in Kiew möglicherweise von den »eigenen« Leuten erschossen wurden, darf er das am Abend nicht wiederholen. Diese Behauptung sorgte im Internet für Wirbel, aber in den staatlichen Medien kein Wort mehr darüber. Auch nicht über die horrenden Summen, die die USA für die Schaffung der Unruhen in der Ukraine bereitgestellt haben, und der Milliardär George Soros mit seiner Stiftung »Renaissance in der Ukraine« – siehe: »Open Society Foundations«. Jeder, der nur irgendwie einen Knüppel halten konnte, bekam 25 Euro am Tag. Flugzeuge sollen das Geld in diplomatischen Containern nach Kiew geflogen haben. Ich war nicht dabei, lese hier und lese dort, und wäre gerne objektiv informiert durch unsere »öffentlich-rechtlichen Medien« – was bedeutet dieser Begriff? Es wäre gut zu wissen, was genau passiert ist. Schon Monate im Voraus sollen Hunderte »Kämpfer« in den baltischen Republiken ausgebildet und ausgerüstet worden sein. Und die staatlichen Medien stellten auch keine Fragen zur militärischen Ausrüstung der »Kämpfer«: Uniformen, Schutzschilde oder Splitterhemden für dreitausend Dollar das Stück. Bilder von »Aufständischen« mit Knüppeln wurden nur ein Mal gezeigt. Rausgeschnitten. Wer schneidet raus, wer entscheidet, was dem Volk bis 23 Uhr vorgesetzt wird? Von »unpassenden« Fakten erfährt der Zuschauer in Deutschland nichts oder nur kurz aus Versehen ... Die Manipulation der Bevölkerung funktioniert wie im »Kalten Krieg«. Und *Stern, SPIEGEL, FOCUS* marschieren im Gleichschritt mit. Obwohl diesen Redakteuren alle Quellen (so wie mir) zur Verfügung stehen, etwa die *Deutschen Wirtschaftsnachrichten* von

Michael Meier (vormals *Berliner Zeitung*) im Internet. Die Redakteure lesen das auch, aber sie sagen und schreiben, was verlangt wird. Jeder will doch mal Redaktionsleiter werden oder vielleicht sogar Pressesprecher der Regierung ... Und als Höhepunkt der perfekten Indoktrination, sozusagen als Lackmustest für die eigenen Bemühungen, wird im Fernsehen am Ende der Woche eine Umfrage zur Stimmung im Volk präsentiert: »56 % der Deutschen fürchten sich vor Putin.« Gut gemacht, aber da geht doch sicher noch mehr. Vielleicht zetteln die USA ja doch noch einen Krieg in der Ukraine an und dann ist es gut, wenn die eigene Bevölkerung nicht auf die Barrikaden geht ... Hoffnungsfroh stimmt mich allerdings eine Umfrage, die *DIE ZEIT* im Heft 26/2015 unter dem Titel: »Alles Lügen?« veröffentlichte. Danach haben 39 % der Befragten großes bis sehr großes Vertrauen in die Medien, 60 % wenig bis keins. Beim Thema Ukraine vertrauen der Berichterstattung 32 % und 66 % sagten nein. Der Rest: weiß nicht ...

Aber zurück zu mir, damit ich nicht den Überblick verliere. 1978 war ich im dritten Jahr beim Radio, wohnte noch immer in Köpenick im Glienicker Weg 8. Im Sommer fuhr ich am Morgen mit der S-Bahn von Spindlersfeld bis Baumschulenweg. Dann ein kurzer Weg zur Spree, Übersetzen mit der Fähre, da konnte man schon diese gewaltigen Gebäude aus rotem Backstein sehen. Ein Stück noch durch die Gärten, schnell durchs Tor und rein in den Block E, in den Paternoster springen und schon saß ich in meinem Zimmer. Wenn ich mich recht entsinne, gab es morgens um halb neun immer die Redaktionssitzung mit der *Argu*. Einige Mitarbeiter hatten die komplette Sendung vom Vortag gehört, von 16 bis 19 Uhr, und mussten berichten. Da gab es immer so ein paar »Vorlieben«: Der eine hat den gelobt und der andere einen anderen, und der wurde von dem kritisiert und der von einem anderen. Seltsamerweise soll das heute in der *ARD* auch noch so sein, vielleicht einfach menschlich ... Die *Argu* wurde bei uns meistens von einem der Chefs vorgetragen, Alex Blumentritt oder Marianne Hoebbel. Da ging es um die große Weltlage und um die kleinen Sorgen der DDR. Zum Beispiel: Ich war in dieser Zeit einmal damit beauftragt worden, einen möglichst unterhaltsamen Beitrag über die »Specki-Mülltonnen« zu machen, heute würde man es Bio-Tonne nennen. Ich sollte ein wenig agitieren, denn der Inhalt dieser »Specki-Tonnen« sollte in der Schweinezucht sinnvoll genutzt werden für leckere Schnitzel. Ich gab mir alle Mühe, suchte Zahlen zusammen, sprach mit Bürgern, Schweinezüchtern und den Müllmännern. Ein fröhlicher und informativer Bericht. Nicht länger als drei Minuten, sauber filetiert und gewürzt. Und dem Tag bevor mein Beitrag gesendet werden sollte, erschien die *Argu*: »Aktuell ist Schweinefleisch knapp. Nicht drüber reden!« Mein Beitrag war geplatzt. Und Axel sagte in seiner unnachahmlichen, väterlichen Art, indem er sich zu mir herüberbeugte und verschmitzt lächelte:

»Wir wollen doch keine Bedürfnisse wecken, die wir dann nicht befriedigen können ...« Die Erinnerungen an meine kurze Radiozeit sind natürlich subjektiv, wie alles andere auch, und sie liegen 40 Jahre zurück, aber ich staune, wie präsent vieles noch ist. Wichtige Fakten findest du auf der Seite »Mein DT64« von Jörg Wagner, alle Mitarbeiter und alle Stationen der Entwicklung des Senders.

Mein Freund Manfred Schönebeck hielt sich aus den Hierarchien im Rundfunk heraus, hatte seine eigenen Maßstäbe und klare Überzeugungen, kein Einzelkämpfer, aber doch ein Mensch, dem Opportunismus fremd war. Dennoch ging es auch in diesem Mikrokosmos Rundfunk darum, sich eine »Hausmacht« zu schaffen. Es ging darum, wem wird das Wort in einer Versammlung erteilt, wer ist charismatisch genug, die Stimmung im Saal zu kippen, wie kann man die Möglichkeiten einer Abstimmung (ich sage bewusst nicht Demokratie) nutzen – um eigene Vorstellungen durchzusetzen. Aber das wollte Manfred nicht. Warum sollte er sich in diese »Niederungen« begeben? Und so war er am Ende, als es 1990 um die Wahl einer neuen Leitung von *DT64* ging (wählen sollten die Mitarbeiter), nicht mehr am Start. Kandidatin wurde Tanja Braumann, die dann knapp Dietmar Ringel unterlag. Der heutige Inforadio-Moderator war der erste und letzte frei gewählte Intendant von *DT64* – und der einzige jemals (!) von den Mitarbeitern gewählte deutsche Rundfunk-Intendant.

Aber die Entscheidungen in diesen hektischen Monaten waren kurzlebig. Schon wenig später bestieg »Mischko« Schiewack den Thron und wurde Chefredakteur. Er ließ sich sogar durch den *mdr* nach Halle locken und trank den Becher bis zur Neige aus. *DT64*, dann in *Sputnik* umbenannt, wurde spät, aber voll und ganz zu seinem Lebensthema.

Ich weiß gar nicht, ob ich nach so langer Zeit noch »Mischko« sagen darf ... Er und Manfred waren ursprünglich befreundet. Schiewack war beim Programm *HALLO – das Jugendjournal* von *Stimme der DDR*. Manfred arbeitete sowohl dort als auch bei *DT64*. Zwischenzeitlich ins ungeliebte Ressort Ökonomie abgeschoben, konnte er sich aber auch in diesem drögen Feld profilieren. Marianne Uhlmann und Klaus Fest waren hier gestandene Radiomenschen. Die brachten Livesendungen locker über den Sender, machten viele Beiträge. Alle Redakteure hatten natürlich die »Schere im Kopf« und viele haben in einem beständigen Ringen versucht, die Grenzen auszuloten und wenn möglich zu erweitern. Andere waren einfach linientreu, wieder andere hatten Angst. Es war so schön kuschelig im Funk und die Älteren hatten immer Angst, womöglich zur »Bewährung« in die Produktion abgeschoben zu werden, was dann meistens hieß Betriebsfunk in irgendeinem großen Kombinat am Ende der Welt. Bei dem recht einheitlichen Lohnniveau in der DDR bedeutete das keinen Zusammenbruch der Existenz, aber einen Verlust von Kuscheligkeit. Eine meiner vielen Strafen für die umgefahrene Laterne war so eine

»Bewährungszeit« für einen Monat im EAW Treptow. War nicht so schlimm, schließlich ging es nur um vier Wochen. Eine weitere, etwas seltsam anmutende Strafe war, dass ich mit den jungen Sendefahrern im Ausbildungsbetrieb der Post in Grünau das FDJ-Studienjahr durchführen sollte. Das war eine wenig beliebte Veranstaltung am Nachmittag. Ich habe mich leger auf den Lehrertisch gesetzt, meine damals lockigen Haare geschüttelt und wir haben offen über die politischen Fragen diskutiert, die die 16- bis 18-Jährigen hatten. Mir hat das Spaß gemacht. Das FDJ-Studienjahr wurde dann unter den Lehrlingen unerwartet sehr beliebt und nach sechs Wochen wurde mir mitgeteilt, dass ich von dieser »Strafe« entbunden sei ...
Bei der kleinen Feier 2014 zum 50. Geburtstag von *DT64* am Strausberger Platz stürmte ein mir unbekannter Mensch freudestrahlend auf mich zu: »Du bist doch Willi Bergholz!« – »Ja, wieso?« – »Du hast doch 1976 bei uns Lehrlingen in Grünau das FDJ-Studienjahr gemacht, hast dich mit deinen Westjeans auf den Tisch gesetzt und mit uns über Politik geredet. Das hat uns sehr beeindruckt.« Diese unerwartete Wiederbegegnung hat mich sehr gerührt. Der »unbekannte Mensch« heißt übrigens Bert Lehwald. Er hatte nach seiner Ausbildung bei der Studiotechnik Rundfunk gekündigt und ging Ende der 70er Jahre als Nachrichtensprecher zu *DT64*. Von ihm wird immer gesagt und geschrieben, er habe sich geweigert, die DDR-offizielle Stellungnahme zum Massaker in Peking 1989 vorzulesen, ich habe das auch in einem Artikel kolportiert. Bei unserem Wiedersehen erzählte er mir, dass er beim Einlesen in die Meldung eine Sprachhemmung bekommen habe, so etwas wie einen psychischen Schock. Man brachte ihn in die Charité, wo er untersucht wurde. Bert konnte danach wieder beim Rundfunk arbeiten und erlebte den Neustart des Senders 1990 hautnah mit: »Die Wende war wirklich ein irrer Befreiungsschlag auch für DT64. Fortan gaben sich Stars wie David Bowie im Studio die Klinke in die Hand und wir haben ein kritisches Jugendradio als Pendant zu RIAS2 geschaffen. Wir waren das Sprachrohr der Ostjugend und es war wirklich die genialste Radiozeit überhaupt.« 1993 ging Lehwald zu *rs2*, 1998 zum privatisierten *Berliner Rundfunk*.

Ich habe an den Treffen der alten DT64-Garde, die jährlich stattfinden, nur selten teilgenommen, weil ich ja nur kurz dabei war und dann vom Hof gejagt wurde. Das schmerzt bis heute. Nicht mehr so sehr, aber immer noch. Und bei diesem 50. Geburtstag traf ich auch Klaus Schmalfuß wieder, genannt »Schmali«, der in der schwierigen Endphase der DDR Vizechef des Jugendsenders war. Ob er ein »Hardliner der übelsten Sorte« war, wie mir Marion Brasch erzählte, kann ich nicht beurteilen. Schmali war nicht in der SED, sondern stattdessen in der Liberal-Demokratischen Partei Deutschlands in der DDR. Aber nicht selten waren die Mitglieder der Blockparteien der Nationalen Front, deshalb »Blockflöten«

genannt, stramm auf dem Kurs der SED. Zum Teil aus Unsicherheit, zum Teil aus Sorge um den Platz an der Sonne. Und wie wir beide an diesem Geburtstag so über die alten Zeiten plauderten, erinnerte sich Schmali doch prompt nicht an meine guten Beiträge, sondern nur an mein Rendezvous mit dem Laternenmast und stellte es nach 38 Jahren wieder als »verantwortungsloses Handeln« dar. Dass ich da gerade 22 war, ließ er immer noch nicht gelten. Gut, habe ich mir gedacht, Schmali ist immer noch der alte. In diesem Moment trat Axel Blumentritt zu uns und sagte mit verschmitzt leuchtenden Augen und seiner wunderbaren jovialen Art, die ich so liebe: »Der Schmali hat dir wohl gar nicht erzählt, dass er sich damals mit einem Auto unter Alkohol überschlagen hat. Mehrmals überschlagen sogar.« Schmali zog die Schultern ein und trottete davon ... Hier ein Foto von diesem 50. Geburtstag, zwei ältere Herren mit grauen Haaren.

Axel und Willi 2014
Foto: Andreas Fürll

Manfred Schönebeck war bei diesem Geburtstag leider nicht dabei. Er ist seinen Weg einfach weitergegangen, als die »genialste Radiozeit« 1991 abgeschaltet worden war, gemäß dem »Einigungsvertrag« oder besser: dem Diktat der BRD-Regierung. Im Rundfunk hatte er sich mit der Sendereihe *Mensch, du* (Sex und Partnerschaft) profiliert. Das war ein Renner im Programm von *DT64* mit der dreifachen Quote auf dieser Zeitachse und bis zu 15.000 Zuschriften pro Sendung. Eigentlich wollte er schon 1986 weg vom Radio, sollte aber gehalten werden, und leistete sich daher gerne mal eine Grenzübertretung: »Ich habe dann immer mehr

Themen genommen, die eigentlich sehr heikel waren: sanfte Unterdrückung, Stärkung der Homosexuellen, Streitlexikon usw. Ich hatte zwar eine Reihe zur Sexualität, aber im Hinterkopf immer die subtilen Unterdrückungsmechanismen und wie man sich davon befreit – egal, ob in einer Partnerschaft oder einer Staatsbürgerschaft. Und viele der O-Töne kamen ja von diesen wunderbar offenen Gästen aus dem Club Impuls ... Ein Erfolg dieser Sendereihe war die Herausarbeitung, warum es eigentlich Ängste bei Heterosexuellen gibt, schwul zu sein und wie der Schwulenhass entsteht. Am Ende dieser ganzen Serie von Sendungen wurde dann jedenfalls der § 151 des StGB ersatzlos gestrichen. Das war wirklich durch diese Sendungen und die Tatsache, dass sich Eberhard Aurich (damals Chef der FDJ – W. B.) voll hinter mich stellte und die Sache auch über die FDJ thematisierte, erreicht worden. Irrerweise gilt das heute aber wieder als pädophil, wenn einer über 18 mit einem darunter Sex hat. Schwule Jugendliche waren also dann für kurze Zeit bis 1990 in der DDR nicht diskriminiert und die Liebe zwischen einem 15-Jährigen und einem 19-Jährigen galt nicht als Pädophilie ...«

Neben dieser Sendung moderierte Manfred auch die Reihe *Gästestube*, in der er 1989 auch Bärbel Bohley live im Studio interviewte. Vorher hatte er sie in ihrer Wohnung im Prenzlauer Berg besucht, wenn ich mich recht entsinne, unten in der Stadt neben der Schönhauser. Ich selbst war nur einmal dort, »ein Taubenschlag«. Der Wachmann am Funkhaus wollte Bärbel um 20 Uhr nicht durchlassen, weil sie ihren Ausweis vergessen hatte, aber Manfred sagte nur: »Sie kennen doch wohl Frau Bohley?« und sie durften passieren. In solchen Situationen wäre ich ganz sicher gescheitert ... Die Sendung war am Mittwoch vor dem 4.11.1989, der großen Demonstration auf dem Alexanderplatz für demokratische Reformen und gegen das Machtmonopol der SED. Manfred wollte in seinem Gespräch mit Bärbel Bohley die Ziele des *Neuen Forums* diskutieren und stellte besonders das Thema »keine Gewalt« für die geplante Demo als Botschaft der Sendung heraus, mit Blick auf die jungen Polizisten, die in ihren Kasernen in Basdorf nur *DT64* hören durften. An sie wollte er sich wenden: keine Gewalt. Organisiert wurde die Demonstration von den Schauspielern und Mitarbeitern an Ostberliner Theatern und dem *Neuen Forum* (Jutta Seidel). Eine einmalige Rednerliste: Christa Wolf, Stephan Heym, Gregor Gysi, Heiner Müller, Markus Wolf, Friedrich Schorlemmer, Jens Reich, Steffi Spira, Lothar Bisky, Christoph Hein, Gerhard Schöne, Kurt Demmler – mit allen solltest du dich vertraut machen. Alle wollten einen demokratischen Umbau ihrer DDR und bekamen dann Egon Krenz vorgesetzt. Manfred hatte, wie er mir sagte, nach 1990 einen recht guten Kontakt zu Krenz, aber wirklich runtergelassen hat der die Hosen in ihren Gesprächen nicht. Das haben die wenigsten. Ende Oktober 1989 traf ich zufällig Kurt Hager, Kulturchef in der SED, am Gebäude des ZKs. Ich war auf dem Weg zum *Sonntag*, der nebenan seine

Redaktion hatte. Hager kam bleich und schlicht gekleidet aus dem Hinterausgang des ZK-Gebäudes in der Unterwasserstraße, nicht aus dem offiziellen Nebeneingang in der Kurstraße, den ich früher als »Eingabenschreiber« immer benutzt hatte. Er war allein. Ich stieg von meinem Fahrrad und sagte: »Guten Tag, Herr Hager.« Wir standen im Schatten des Tages zwischen dem massigen Gebäude und dem Spreekanal. Er wollte weiter und ich wollte weiter, aber wir blieben stehen. Ich hatte den Eindruck, er glaubte an einem unbekannten Ort zu sein und nicht zu wissen, wohin er gehen sollte. Keine Karosse weit und breit, kein Personenschutz. Ein ängstlicher alter Mann, den ich mit meiner Ansprache erschreckt hatte. Ich fragte ihn, wo er hin wolle. Und er sagte nur »nach Hause.« Er wirkte verwirrt und ich schlug ihm vor, ihn bis zum U-Bahnhof Spittelmarkt zu begleiten, er lehnte ab. Ging dann aber doch in diese Richtung. Wie ein verirrtes Kind. Klein, zusammengefallen, unsicher. Nach Hause. Wo es doch kein Zuhause mehr für ihn gab. Wir gingen stumm nebeneinander her bis zur Gertraudenbrücke. Ich hatte keine Zeit mehr, Adelheid Wedel wartete. Ich verabschiedete mich mit dem Satz: »Können Sie mir sagen, dass Sie es vermasselt haben?« Hager sagte: »Ja, wir haben es vermasselt.«

Obwohl ich nur kurz bei *DT64* war, war es doch eine lehrreiche Zeit, besonders für einen sehr jungen Menschen, der Sender hat mich geprägt und ist immer noch in meinem Herzen ... Meine »Lehrer« waren Marianne Oppel, Werner Trzionka und Liese Kohrt, eine liebenswürdige und mutige kleine Frau. Aber wenn ich es recht überblicke, wurde auch für viele andere der kleine Sender zum Startplatz ins Berufsleben, wie etwa für Thomas Braune, Andreas Ulrich, Susanne Daubner, Dietmar Ringel, Karsten Blumenthal, Lutz Schramm, Petra Schwarz, meinen Schulfreund Stefan Frase und Marion Brasch. Ich hatte ihr 1985 den Floh mit *DT64* ins Ohr gesetzt und freue mich heute immer, sie auf *radioeins* zu hören. Eigentlich wollte ich dir auch etwas erzählen über ihren Vater und ihre drei Brüder, aber das hat sie ja inzwischen selbst getan in dem Buch: *Ab jetzt ist Ruhe. Roman meiner fabelhaften Familie (S. Fischer* 2012). Diese Familiensaga bot sich als Metapher für die späte DDR nahezu an. Horst Brasch (geb. 1922 und Westemigrant) hatte seine Frau Gerda schon 1975 verloren und ihm blieb der Schwanengesang der DDR erspart, er starb am 18. August 1989. Seine politische Karriere in der DDR gipfelte 1966 in dem Amt als stellvertretender Minister für Kultur, danach wurde er nur noch mit zweitrangigen Posten betraut – wegen seiner renitenten Söhne. Thomas, der nach Protesten gegen die Niederschlagung des »Prager Frühlings« im Jahr 1968 in Haft geriet, war ein erfolgreicher Schriftsteller, Dramatiker, Drehbuchautor und Regisseur – er starb am 3. November 2001. Wenige Wochen vorher war Peter Brasch, auch Schriftsteller, in seiner Wohnung im Prenzlauer Berg tot aufgefunden worden. Klaus Brasch galt als begabter junger Schauspieler. Er starb kurz vor seinem 30. Geburtstag am 3. Februar 1980 an einem Cocktail aus Alkohol und Schmerztabletten. Damals erzählte man sich in der Kleinstadt Prenzlauer Berg, er habe sich in der *Volksbühne* am Rosa-Luxemburg-Platz aus den Höhen des Bühnenhauses auf die Bühne gestürzt ...

Manfred beschreibt mich in seinen Erinnerungen aus den Jahren 1975–1978 als »fröhlich, unbeschwert, autonom, abenteuerlustig ...« So ein Bild von mir habe ich eigentlich nicht im Kopf, ich hatte nur das Gefühl, ich war zur richtigen Zeit am richtigen Ort ... Was wurden in meiner Zeit beim Jugendradio für Beiträge gesendet? Als Beispiel ein Protokoll, ich nehme mal den 26.06.1978, da war ich mit einem Bericht über den *Club Impuls* am Start. Unter dem Stichwort »Abstract« kannst du die Themen der einzelnen Beiträge lesen. Unten hängt noch eine Sendung dran vom 9.11.1976, eine 30-Minuten-Sendung über Cat Stevens. Die Protokolle habe ich vom Deutschen Rundfunkarchiv (DRA), verrückt, was die alles aufheben: 100.000 Wort-Tonträger, 36.000 Geräusche aus der Hörspielabteilung, Manuskripte der *Aktuellen Kamera* (1952–1991) oder der Abteilung Zuschauerforschung des Fernsehens und Sehbeteiligungskarteien. Du kannst ja selber mal nachlesen auf der DRA-Website ...

```
A-Reihentitel    : Jugendstudio DT 64
Erstsendedatum   : 26.06.1978
Progr.Kennung    : Berliner Rundfunk
Autor            : Rutsch, Joachim
                   Bergholz, Wilfried
                   Fest, Klaus
                   Lasch, Stefan
                   Dähn, Christine
                   Lachmann, Angelika
                   Braumann, Tanja
Redakteur        : Lachmann, Angelika
Abstract         : 70. Geburtstag von Salvador Allende - Bandeinspiele: Allendes
                   letzte Worte in einer Rundfunkansprache aus der Moneda;
                   Erinnerungen seines Privatsekretärs Oswaldo Puccio /
                   Ergebnisse eines Erfahrungsaustausches von Kultureinrichtungen
                   für "Mittzwanziger" im Berliner Klub "Impuls" /
                   "Wettermacher" - Vorstellung des Berufsbildes "Meteorologe"
                   bei der NVA - Gespräche über die Ausbildung und die
                   Aufgabenstellung in der Unteroffiziersschule "Harry Kühn" Bad
                   Düben - Bandeinspiele / Die besondere Musik: Country /
                   "Wußtet Ihr schon..." - Vermischte Meldungen /
                   Veranstaltungshinweis: "Hanns-Eisler-Tage" mit interessanten
                   Konzerten und Filmaufführungen vom 28.06.-07.1978 in
                   Berlin / Programmhinweis: Wiederholung der Sonderausgabe der
                   "Jugendliedparade" mit Festivalliedern im BR-Abendprogramm
Schlagwort       : Berliner Rundfunk
Schlagwort       : Jugendstudio DT 64
Schlagwort       : Sendeunterlagen
Person           : Lachmann, Angelika
Standort         : 16016270407
Dokumentenart    : Freigabeschein mit Anlage
                   Laufplan
                   Originalmanuskripte mit handschriftlichen Korrekturen
                   Durchschlag eines Sendemanuskripts
                   Moderationstexte mit handschriftlichen Korrekturen
Dokumentenumfang 17 Bl.
Vermerk          : Texte der Bandeinspiele sind nicht im Manuskript enthalten
Gattung          : Magazin
CREATEDATUM      hei |D 2002 11 28 |T 09:44:38
                 ----------
                 31646
A-Aktensignatur: B004-02-04/0416
Titelsignatur  : 0040
A-Reihentitel  : Jugendstudio DT 64
Erstsendedatum : 09.11.1976
Progr.Kennung  : Berliner Rundfunk
Autor          : Bergholz, Wilfried
Abstract       : Porträt des englischen Sängers mit Musikeinspielen,
                 Textübersetzungen und Interviewzitaten
Schlagwort     : Berliner Rundfunk
Schlagwort     : Jugendstudio DT 64
Schlagwort     : Musikporträt
Schlagwort     : Großbritannien
Person         : Bergholz, Wilfried
Standort       : 16016280306
Dokumentenart  : Manuskriptfassung zum Hörerversand
Dokumentenumfang 2 Bl.
Gattung        : Magazin
```

Sendeprotokoll *DT64*
Repro: W. B.

Ein Beitrag pro Woche war Pflicht, mehr wurde gern gesehen, musste aber nicht sein. Einige Themen konnte man selbst vorschlagen, andere wurden bestimmt. Vorgestellt wurden junge erfolgreiche Bauarbeiter, fleißige Jugendliche in der Landwirtschaft, Studenten mit neuen Ideen, die *Messe der Meister von Morgen*, Spitzensportler, Spitzenleistungen in der Forschung, junge Amateurbands und Singeklubs, Erfolge beim Lernen in der sozialistischen Schule. Erfolge, Erfolge. Obwohl wir Jungen erst Anfang zwanzig waren, wurde uns schnell klar, dass das ganze Konzept »Rundfunk der DDR« äußerst ineffektiv war. Denn wenn wir zu irgendwelchen Pressekonferenzen geladen waren, saßen da alle Kollegen wie die Hühner auf der Stange: *Radio DDR I* und *II*, *Stimme der DDR*, *Berliner Rundfunk*, *Berlin International* und *DT64*.

Und so entwickelten wir, Manfred und ich, 1977 in abendlichen Gesprächen die Idee von einem Spartenradio in der DDR. Der Entwurf beinhaltete nichts Revolutionäres. Unser Thema war, den einzelnen Sendern eine eigene Farbe, eine eigene Kompetenz zuzuordnen. Natürlich sollte *DT64* bleiben als Jugendsender. Der *Berliner Rundfunk* sollte ein Berliner Familiensender werden mit viel Musik, Informationen und wenigen, kurzen Berichten. *Berlin International* blieb gesetzt als »Auslandssender«. Dazu schlugen wir einen Nachrichtensender vor, der mit einem geringen Musikanteil den ganzen Tag Nachrichten, Interviews und Kommentare sendete. Die fünfte Säule war ein Magazin-Sender, der kurze Beiträge und viel Musik verbinden sollte, wobei die lokalen Studios in den Bezirken der DDR aktuelle Berichte zuliefern würden. Und sechstens ein Kulturkanal mit Hörspielen, Lesungen und klassischer Musik. Das hätte keinen Pfennig mehr gekostet und es lag Ende der 1970er Jahre eigentlich auf der Hand. Der *SFB* hat in dieser Zeit eine ähnliche Umgestaltung seiner Programme erarbeitet und dann auch umgesetzt. Wir konnten nichts umsetzen. Unschätzbar für uns war ein älterer Kollege vom *Berliner Rundfunk* – er mag Ende vierzig gewesen sein damals, für uns ein alter Mann. Horst Grassow – ein stiller Praktiker, der geradezu auf uns gewartet hatte, auf die Heißsporne. Ich zeige dir mal ein Foto von der alljährlichen Fossiliensammlung des Rundfunks im Rüdersdorfer Tagebau, vor ein paar Monaten waren wir beide auch mal dort. Die versteinerten Schnecken haben wir damals am »Tag der Journalisten«, jeweils im September auf dem Alex, zum Verkauf angeboten. Der Erlös ging als Spende an die Befreiungsbewegungen der Welt. Das Foto zeigt Horst Grassow, seinen Sohn und mich 1977 in Rüdersdorf.

Fossiliensuche in Rüdersdorf 1977
Foto: Archiv W. B.

Wichtige Anregungen für unser Konzept kamen von Michael Schiewack, zwei Jahre älter als ich, der uns auf Bertolt Brecht hinwies, der erste »Radiotheorien« bereits zwischen 1927 und 1932 entwickelt hatte, zum Beispiel in dem Aufsatz *Der Rundfunk als Kommunikationsapparat*. Irgendwie bekam man immer das, was man brauchte oder suchte. Zum Teil über Freunde in Westberlin, von einer Tante, wie bei mir, oder von Leuten, die reisen durften. Es ging meist um Bücher, natürlich auch um kostbare Schallplatten. Kostbar war damals zum Beispiel meine Stones-LP *Black and Blue*, heute habe ich fast alle ihre Alben, aber die eine, die einzige war ein Schatz. Und so ging es natürlich auch anderen. Ich habe nicht nur ein Mal einen Musikredakteur im nächtlichen Funkhaus gesehen, der, wenn alle Hunde schliefen, schnell mal eine LP »umgesägt« hat – also auf ein möglichst gutes Band überspielte und in seinem Schrank verschwinden ließ. Es gab so etwas wie »geheime« Musikarchive, in denen dann die Titel lagerten und auch zwischen den Redaktionen getauscht wurden. In diesen Archiven fanden auch die für immer oder nur für eine bestimmte Zeit gesperrten DDR-Titel Asyl, um einer von ganz oben angeordneten Löschung zu entgehen. Vielleicht, so die Hoffnung, könnte man sie noch einmal brauchen. Natürlich gab es immer die 60/40-Regelung, aber Mitte der 80er Jahre kam aus den eigenen Studios kaum noch Musik mit dem

Etikett »Mainstream«, die sich für ein flottes Radioprogramm nutzen ließ oder auch nur ansatzweise der galoppierenden Musikentwicklung im Westen etwas Vergleichbares entgegensetzen konnte. Die Rockmusik in der DDR teilte sich Mitte der 80er Jahre unüberhörbar in zwei Lager. Auf der einen Seite die Etablierten wie *Karat* und die *Puhdys*, die oft der »musikalischen Mode« nachhechelten, auf der anderen Seite die jungen Bands. Die waren zunehmend provokativer, ehrlicher, lauter – und setzten nicht mehr auf die lyrischen Zwischentöne und Andeutungen eines Kurt Demmler, der über Jahre wohl das halbe Textmaterial der DDR-Rockmusik lieferte. Natürlich hatten die neuen oder »anderen« Bands nach wie vor ihre Fans und fröhliche Konzerte, aber das war oft nicht rundfunktauglich. Zu später Stunde ja, aber am Tag? Sicher gab es viele Hörer, die die politischen Berichte aus der Sicht der DDR akzeptierten oder forderten. Und es war Usus, dass man sich aus den so gegensätzlichen Nachrichten aus dem Ostradio und dem Westradio (respektive Fernsehen) an einem Tag (!) besser eine eigene Meinung bilden konnte als heute. Die Massenmedien in Deutschland sind nach dem Ende der DDR wieder gleichgeschaltet und werden von Chefredakteuren mit Parteibuch gesteuert und redigiert. »Einordnung« nannte das unlängst Elmar Theveßen, stellvertretender Chefredakteur des *ZDF.* Herr Theveßen ordnet für mich die Nachrichten ein, herzlichen Dank. Eine zweite Meinung oder Objektivität gibt es nicht mehr und so vermisse ich die Möglichkeit zur »dualen Information«, wie sie bis 1989 bestand, schon.

Doch wenn das Radio die Hörer in der DDR an die offizielle Sicht der Dinge heranführen wollte, brauchte es die passende Musik, die sich dann im Verlauf der 80er Jahre auch immer mehr den Westsendern anpasste. Eine Nebenwirkung dieser Entwicklung war, dass sich die jungen DDR-Bands zunehmend von »ihrem« Jugendradio abwandten, was die »Musiknot« noch vergrößerte. In dieser Situation wurden Sendungen aus der Taufe gehoben, wie *Musik für den Rekorder*, bei der man Westplatten komplett mitschneiden konnte. Aber diese 40 Prozent Westmusik mussten ja irgendwo herkommen. Ein paar Hundert Westmark standen jeden Monat offiziell zur Verfügung, damit fuhr dann einer der Musikredakteure rüber und kaufte ein. Der Rest kam schwarz ins Funkhaus, in der Nacht, zum »Umsägen«.

Das wussten der engere Kreis der Musikredakteure und deren Chefs, nur sprechen durfte man darüber natürlich nicht. Ein falsches Wort am falschen Ort und zack, schon war die Katastrophe da. Das kostete Michael Schiewack seinen Posten und er musste 1985 zur »Bewährung« in die Zeitungsredaktion *Unterhaltungskunst*. Aber Michael war ein Radiomensch, eine schillernde Person, mit seinen wirren Haaren auf dem Kopf, ein Macher mit Tausend spannenden Ideen, hoch gebildet und mutig. Ich habe mit ihm in meiner Zeit als freier Journalist bei der *Unterhaltungskunst* ab 1985 gern zusammengearbeitet, ich war ja damals auch im Rundfunk rausgeflogen, dazu komme ich gleich. Aber während ich mich entschlossen der ungewohnten Schreiberei stellte, wirkte er auf mich verbittert, desillusioniert – er war ganz fixiert auf die »Verursacher« seines Unglücks, ein Jahr später ging er nach Westberlin. Die Kollegen im Funk, die mich immer noch liebten, sagten mir: »Vergiss die Zeitungen, du kannst nur Spreche, du kannst keine Schreibe.« Das hat mich sehr angespornt und ich habe versucht, Artikel zu schreiben, die wie Spreche klangen. Ich habe sie mir (und dann meiner Freundin Franka) immer laut vorgelesen, die Texte sollten einen Rhythmus haben, leicht schwingen, wie eine Melodie. Seltsamerweise fällt es mir immer noch schwer, über Franka und mich zu sprechen, als läge noch ein Schatten auf meinem Herzen. Wir lernten uns Ende 1986 kennen, kurz nach dem kraftzehrenden Ende mit Anett. Ich brauchte Abstand, Ruhe, wollte zu mir selbst zurückfinden. Und sagte zur ihr den seltsamen Satz: »Aber über Liebe darfst du mit mir nicht sprechen.« Und dann wurde es doch eine wundervolle Liebe. Franka kuschelte ihre beiden Mädchen in den Schlaf, setzte sich aufs Fahrrad und kam zu mir. Das war der schönste Tag für mich in der Woche. Zuerst musste sie allerdings meine neuesten Texte ertragen. Später sagte sie mal: »Manchmal wäre ich fast eingeschlafen.« Na, toll. Aber so ein kleiner Schreiber braucht doch einen Zuhörer, sein erstes Publikum. Wenn sie am frühen Morgen wieder auf ihr Fahrrad stieg, öffnete ich das Fenster und sah ihr nach. Meist schaute sie sich an der Kreuzung noch mal um und winkte. Sicher waren wir auch mal in Gellmersdorf, aber über Liebe gesprochen wurde nie. Ich erinnere mich noch genau, im Sommer 1992 fragte sie mich, ob ich nicht mitkommen möchte nach Südfrankreich, Urlaub machen. Kein Gedanke. Erst als sie zurückkehrte, habe ich gemerkt, dass das ein Fehler war. Franka hatte jemanden gefunden, der über Liebe sprach. Und in diesem Augenblick überrollte mich das so lange verdrängte Gefühl der Liebe und Nähe zu ihr, aber es war zu spät. Das Foto zeigt uns als gemeinsames und doch getrenntes Paar im *Hirschhof*, einem Künstlerhof zwischen Kastanienallee und Oderberger Straße, bei einem Konzert ...

Konzert im Hirschhof 1987
Foto: Thomas Worch

Über Michael »Mischko« Schiewack gäbe es noch einiges zu berichten, aber ich schließe das Thema ab mit einem ungewöhnlichen Déjà-vu in seinem Leben. 1990 kehrte er zum Rundfunk der (noch) DDR zurück und übernahm *DT64*. Manfred verlor sofort die von ihm geprägte Sendung *Mensch, du* und packte dann von sich aus seine Koffer. Für ihn war an diesem Tag das Thema Rundfunk nach 15 Jahren beendet, er wurde später ein erfolgreicher Psychotherapeut und Unternehmensberater.

Mitte 1990 zeichnete sich der »Kahlschlag« in der DDR bereits ab. »Abwicklung« war für uns eines der unbekannten Wörter, die es zu lernen galt. Das *Sandmännchen* wurde durch massive Demonstrationen gerettet, aller Ehren wert (ich habe im Theater Karlshorst auch demonstriert) und dennoch bizarr. *DT64* hatte im Konzept der westdeutschen Medienmacher keine Zukunft. Jugendliche haben für ihren Sender gekämpft, es gab sogar einen Hungerstreik, aber der Sender musste weg – warum nur? Am 16. November 1991 gingen in vielen Städten Jugendliche für ihren Sender auf die Straße, in Dresden waren es über zehntausend. Und am 20. Dezember 1991 waren viele Prominente wie Tamara Danz, Angelika Weiz, Regine Hildebrandt, Günther Fischer, Gregor Gysi und Günter Gaus auf dem Sender, um für Öffentlichkeit in diesem Überlebenskampf zu sorgen. Doch bereits

am 12. Dezember 1991 hatte der Bundestag (!) einen Antrag für den Erhalt von *DT64* abgelehnt – »im Namen des deutschen Volkes« sozusagen.
1992 wurde das Programm dem *mdr* zugeschlagen und als *mdr Sputnik* aus dem UKW-Bereich verbannt. Michael Schiewack kämpfte weiter für »seinen« Sender. Das waren sicher seine schönsten Jahre. Aber an seinem Stuhl wurde wieder gesägt. Im Juli 2006 gab Michael die Programmleitung von *mdr Sputnik* ab an Eric Markuse, blieb aber zunächst Chef beim Programm *Jump*. Und Anfang 2011 musste er den mdr-Hörfunk dann doch verlassen. Er hatte sich immer vehement für ein modernes, interaktives Radiokonzept (siehe Bertolt Brecht) eingesetzt und die Förderung deutscher Bands, unter anderem im Verbund mit Dieter Gorny und Rik De Lisle. Aber ich glaube, er passte weder in die eine noch in die andere Zeit. Und ich zitiere die *Leipziger Internet Zeitung* vom 14.03.2011, die von den Grüßen berichtete, die ihm mdr-Intendant Udo Reiter und Hörfunkdirektor Johann Michael Möller hinterherschickten: »Wir haben großes Verständnis dafür, dass sich Michael Schiewack nach 20 erfolgreichen Jahren beim mdr anderen Herausforderungen widmen möchte und wünschen ihm für seine weiteren Lebensprojekte viel Erfolg und persönlich alles Gute.« Das ist eine klassische Umschreibung für einen Rauswurf. Insidern war schon lange klar, dass Michael Schiewack auf der »Abschussliste« stand, trotz guter Einschaltquoten ... Ich würde ihn gerne mal wieder treffen, jetzt im »Alter« ...
Als wir Rudi Singer, dem Vorsitzenden des Staatlichen Komitees für Rundfunk, 1977 unser Konzept vom Spartenradio vorstellten, wurde es freundlich abgewiesen mit dem Satz: »Ihr seid noch jung, geht erstmal studieren, dann reden wir noch mal darüber ...«

noch in diesem Jahrhundert? Und am gleichen Tag hörte ich, dass man in Israel überlegt, getrennte Busse für Israelis und Palästinenser einzuführen ...
Wenn heute bestimmte Leute immer wieder nach einem »Unrechtsstaat« Ausschau halten, dann verwundert es schon, dass die USA nicht zum Kreis der Verdächtigen gehören. Ein Land mit der Todesstrafe und Tausenden Toten an der Grenze zu Mexiko. In den USA selbst (Quelle: US Border Patrol) spricht man von 6.029 erschossenen illegalen Migranten zwischen 1998 und 2013. Darüber wird in der Bundesrepublik nicht gesprochen, wer hat das entschieden? Aber das ist bei weitem nicht alles. Es drohen in den USA lebenslange Haftstrafen für Andersdenkende wie Edward Snowden, der mit seinem Mut erst das ganze Ausmaß der Bespitzelung durch die National Security Agency (NSA – Nationale Sicherheitsbehörde) öffentlich gemacht hat. Snowden ist nur ein aktuelles Beispiel. Ich erinnere an Daniel Ellsberg, der am 19.6.1971 die geheimen Pentagon-Papiere veröffentlichte, zuerst in der *Washington Post*, dann im *Boston Globe*, um den Vietnamkrieg zu beenden. Ellsberg ist gescheitert, Präsident Nixon wurde wiedergewählt und erwog sogar den Einsatz einer Atombombe. Am 8.8.1974 stürzte Nixon und am Ende des Kriegs gab es mehrere Millionen tote Vietnamesen, Laoten und Kambodschaner, die Zahl kann heute nur geschätzt werden – ein ganzes Land wurde »in die Steinzeit« zurückgebombt. 58.220 amerikanische Soldaten starben. Das unmenschliche Vorgehen der US-Regierung in Vietnam belegt auch der sogenannte Bodycount, wenn du älter bist, solltest du das nachlesen.
Es ist schier unerträglich, wie heute die staatlichen Medien uns diese USA als einen Freund und Hort der Freiheit vorgaukeln. Denke nur an Aaron Swartz, von dem ich dir schon erzählt hatte. Er wurde am 11. Januar 2013 mit 27 Jahren in den Selbstmord getrieben, bedroht von 35 Jahren Haft, das ist in diesem Alter lebenslänglich. Aaron war ein Demokratie-Aktivist. Er verbreitete die Wahrheit über den Staat, die Banken, die Politiker und das Ausspionieren der Bürger durch die Regierung. Er bekämpfte das berüchtigte »Gesetz gegen Computerbetrug und -missbrauch« (Computer Fraud and Abuse Act, CFAA), das 1986 vom Kongress verabschiedet worden war, um wirkliche und vermeintliche Whistleblower aburteilen zu können. Aaron war ein Revolutionär unserer Zeit, der kriminalisiert und verfolgt wurde, während die Verursacher der Finanzkrise regelmäßig mit dem US-Präsidenten zu Abend essen. Sicher ist auch Obama nur eine Marionette des Finanzkapitals, er hat mit den Hoffnungen der Menschen gespielt und anschließend gemacht, was von ihm erwartet wurde. Wie kann man ein Land verehren, das über Jahrzehnte Regierungen in der ganzen Welt nach Belieben gestürzt hat. Auf der schönen Fahne mit den weißen Sternen klebt das Blut von Salvador Allende, klebt die von Napalm verbrannte Haut vietnamesischer Kinder. Noch heute werden in Vietnam Kinder mit Behinderungen geboren als Folge des massenhaften Einsatzes von

9. Gespräch: Erste Autos, Studienbeginn Psychologie 1978, Experiment DDR, Wandlitz, Prof. Hans-Dieter Schmidt, mein Vortrag in Marxismus-Leninismus, Rauswurf bei DT64, Jugendheime in der DDR, mein Prozess gegen den Rundfunk, meine Söhne Philipp, Igor, Robert und Matteo, unsere Sommer in Prerow

Was studieren? Wir wollten nicht studieren, wir wollten im Funk arbeiten. Fünf Jahre Studium (so die Regelzeit in der DDR), das war eine Ewigkeit für einen 24-Jährigen wie mich. Aber sie ließen nicht mit sich reden. Natürlich sollten wir Journalistik in Leipzig studieren, die ideologische Schule besuchen. Aber Manfred und ich waren doch schon Journalisten. Nach sechs Monaten Volontariat wurde ich redaktioneller Mitarbeiter bei *DT64* und gehörten damit fest zum Rundfunk. Wenn schon, hätte ich gerne Geschichte studiert, aber wie war das möglich in einem Land, das den Hitler-Stalin-Pakt und die Morde in Katyn leugnete? Allein die Nennung dieser Worte führte unweigerlich zur Exmatrikulation. Auch Manfred überlegte. Medienpsychologie wäre perfekt gewesen, gab es aber nicht. Denkbar war soziologische Psychologie oder Soziologie, allerdings nur in Jena. Was sollten wir in Jena? Also entschieden wir uns für Klinische Psychologie bei Prof. Klix an der Humboldt-Universität (HU). Die Chefs im Funkhaus haben etwas überrascht geschaut, und dann unterschrieben. Vielleicht waren sie froh, uns erst mal los zu sein. Aber wir waren offiziell delegiert vom Rundfunk der DDR zu einem Studium der Klinischen Psychologie. Und konnten weiter für die Redaktion arbeiten. Manfred hat das regelmäßig gemacht, bei mir war es eher selten ...

So verließ ich also den Rundfunk 1978, nach drei Jahren, schweren Herzens. Würde, könnte ich zurückkommen? Ich verabschiedete mich von Marianne und hatte ein ungutes Gefühl im Bauch. Mein Nachfolger in der Redaktion wurde Stefan Lasch und als ich ihn zehn Jahre später mal besuchte, stand im Regal hinter meinem/seinem Schreibtisch nicht ein einziger Ordner, sondern eine lange Reihe von Ordnern, alle versehen mit der fetten Aufschrift »POP«, das hat mich sehr gefreut ... Eigentlich hatte ich 1988 noch immer Hausverbot im Rundfunk, aber ich nahm damals meine ersten Hörspiele auf und so mussten sie mich reinlassen, dazu dann später mehr.

So viele Strafen für eine einzige Verfehlung: Laterne bezahlen, Auto bezahlen, als Kandidat der SED gestrichen, Mikrofonverbot, FDJ-Studienjahr übernehmen, und natürlich Fahrerlaubnis futsch. Für ein Jahr. Eine Fahrerlaubnis war in der DDR nicht teuer, aber es gab lange Wartelisten wie bei allen kostbaren Dingen. Ich konnte meinen Schein noch kurz vor Ende meiner Armeezeit machen, auf einem kleinen LKW der Marke *Robur LO* aus Zittau. Der Fahrlehrer machte sich einen Spaß daraus, während der flotten Fahrt plötzlich »Gas!« zu rufen, dann musste ich anhalten und mir die Gasmaske aufsetzen. Idiotisch. Pädagogisch wertvoll dagegen war seine Wertschätzung für Verkehrszeichen. Sehr oft sagte er: »Anhalten! Was war das eben für ein Schild?« Wenn ich es nicht gewusst habe, musste ich zurücklaufen, mit einem Lappen, und das Schild putzen. Und dann fragte er süffisant: »Und, was stand drauf?« Derart aufwendig geschult war die Prüfung ein Klacks und ich pilotierte alle möglichen Fahrzeuge der NVA, besonders gern den im Gelände starken *Ural 4320*. Diese Fahrerlaubnis war perfekt und reichte vom Moped bis zum Traktor, ausgenommen war nur der P-Schein, den Busfahrer brauchten. Seltsamerweise gilt meine Fahrerlaubnis noch heute, diese »Fleppen« mit dem Aufdruck DDR. Als ich endlich die Armee verlassen konnte, kaufte ich mir von meinem gesparten Geld gleich 1975 mein erstes Auto: Einen *DKW F8*. Was für ein Schmuckstück, ich war ganz verliebt. Der *F8* war ein Ableger des gleichnamigen Kleinwagens, der ab 1939 im Werk der *Auto Union* in Zwickau gebaut wurde und dann auch wieder nach dem Krieg. Chassis aus Stahl, Karosse aus Holz mit Kunstleder bespannt, hellgrün und dunkelgrün. Mein Modell war eine zweitürige Limousine mit dem Namen *Luxus Cabriolet*. Ich glaube das Teil hatte nur 20 PS, aber es fuhr. Gelegentlich jedenfalls. Als der Winter kam, wurde mir Angst und Bange und so tauschte ich das Holzauto gegen meinen ersten *Trabant*, einen *601er*. Ich erinnere mich noch, als wäre es gestern gewesen, dass ich mit dem Trabbi gleich eine Probefahrt in die Stadt unternahm und irgendwann auf der Stralauer Allee überholte ich »meinen« *F8*. Es war Dezember und es war kalt, aber die beiden stolzen neuen Besitzer hatten das Verdeck geöffnet und knatterten Richtung Alex. Den *Trabbi* hab ich dann aber auch bald wieder verkauft, denn nach der Karambolage an der Laterne war meine Fahrerlaubnis ja erstmal weg. In der DDR gab es keine zentrale Kartei, jeder Autofahrer hatte stattdessen eine Stempelkarte mitzuführen, auf der fünf Kreise waren. Dort wurde von der Verkehrspolizei gestempelt, und die war überall. Hier ein Stempel für zu schnelles Fahren, da einen für Falschparken und wenn die Karte voll war, gab es sechs Monate Fahrverbot. Bei Alkohol am Steuer, Regel 0 Promille, gab es das sofort. Ich bin in meinen jungen Jahren auch gefahren wie ein Blöder und sammelte ständig fünf Stempel ein. Was nützt ein schönes Auto, wenn die »Fleppen« weg sind? Mein drittes Auto war 1977 ein *VW Käfer*. Wieder so ein schmuckes Gerät, dazu noch in rot. Ich fuhr kommod durch die Stadt, allerdings hatte ich immer das Gefühl, mich würde ein Traktor verfolgen, wegen des Motors im Heck. Ein Traum von einem Auto, aber nur eine Werkstatt in Ostberlin. Keine Teile, keine Teile. Doch auch hier fand ich einen dankbaren Abnehmer, der seinen *Wartburg 353 Tourist* loswerden wollte. Kein besonders schönes Auto, aber groß. Den Wagen habe ich auch behalten, als 1982 mal wieder der Führerschein weg war. Fünf Stempel. Er stand vorm Haus und lächelte mich jeden Tag an: »Na, wie wäre es mit einer kleinen Spritztour?« Ich blieb hart, bis auf eine

Ausnahme. In dieser Zeit war ich mit Angela Hampel zusammen, die gerade ihr Studium in den Fächern Malerei und Grafik an der Hochschule für Bildende Kunst in Dresden abgeschlossen hatte. Zwischenzeitlich arbeite sie aber auch in einer Keramikwerkstatt in Berlin und all die schönen und zum Teil recht großen Kunstwerke sollten nach Dresden gebracht werden, in ihr neues Atelier. Wie bekloppt kann man sein, aber ich ließ mich überreden und fuhr wie auf heißen Kohlen über die Autobahn von Berlin nach Dresden mit den Kunstwerken. Hinter jeder Kurve konnte ein Polizist hocken. Das war damals an der Tagesordnung: »Steigen Sie bitte aus, Fahrzeugpapiere und Fahrerlaubnis!« Einfach so. Ich hab geschwitzt vor Angst in meinem *Wartburg*, endlich kam Dresden in Sicht, schnell noch zu der kleinen Villa an der Elbe, ausladen. Nach ein paar Tagen fuhr ich zurück und machte drei Kreuze, als der Wagen wieder vor der Tür stand. Damals war ich schon DJ, dazu komme ich noch, und musste in den sechs »autofreien« Monaten meine Anlage irgendwie transportieren. Dafür baute ich mir eine große Holzkiste, in die meine beiden Tapedecks passten und der Verstärker. Die Kiste habe ich auf dem Gepäckträger meines Fahrrads festgezurrt. Das wacklige Gefährt musste ich dann zwei oder drei Kilometer durch die Stadt bugsieren, bis zum *Club Impuls* war es noch am kürzesten. Allerdings musste ich am Tag vorher den Koffer mit meinen LPs und Kassetten in den Klub schaffen. Das sah wirklich bekloppt aus, der radelnde Diskjockey. Irgendwann war das Drama vorbei, aber meine Fahrweise blieb über Jahre tadelnswert. Erst als ich 2006 schließlich 14 Punkte in Flensburg hatte, wurde ich ein braver Autofahrer und stehe heute bei null ...

Ich bekam also meine Fahrerlaubnis zurück und suchte nach einem schöneren Gefährt, das ich wieder lieben konnte. Es gab so viele schöne Autos in der DDR, die mir gefielen: *Trabant 500 Kombi, Dacia 1300, Polski Fiat, Moskwitsch, Skoda* – nur den kleinen *Saporoschetz* fand ich hässlich. Meine Wahl fiel auf einen *Wartburg 311*, wie ihn mein Vater gefahren hatte, aber ich tauschte meinen klobigen *Wartburg Tourist* in ein *311er Cabriolet*, fast so wie Hans im Glück. Was war der Wagen schön: Außen in zwei Grautönen, innen mit rotem Leder ausgeschlagen, auch die Sitze. Wundervoll, mit diesem Gefährt im Sonnenschein durch die Stadt zu brausen oder mit Christina, langes blondes Haar, über die Autobahn. Aber diese Luxuskarosse hatte schon 20 Jahre auf dem Buckel und war mehr in der Werkstatt als auf der Straße. Ich weiß noch, die Werkstatt war in der Prenzlauer Promenade und wenn am Montag Auftragsannahme war, standen oft 50 Leute in der Schlange. Und dann machte Gott ein Wunder. Nach 12 Jahren Wartezeit bekam ich eine unscheinbare Karte: »Ihr Auto ist da.« Ich hatte mit 18 Jahren in weiser Voraussicht meine Anmeldung für ein Auto abgegeben, das machten viele so, und siehe da, schon 1983, nach zwölf Jahren, bekam ich Post. Ein *Lada* sollte es sein, die Luxusausgabe *Lada 2107*. Der hatte einen besonders schönen Kühlergrill, Farbe weiß – der Mercedes in der DDR. Nichts für mich, aber ein Diamant auf dem Automarkt der DDR. Kostete ein nagelneuer *Trabant* um die zehntausend Mark, waren für den »Luxus-Lada« schon 25.000 zu berappen. Woher sollte ich das Geld nehmen? Borgen: nur für ein paar Tage. Und raus aus Berlin mit diesem »Mercedes« und abstellen auf dem Automarkt am S-Bahnhof Grünbergallee, kurz vor dem Flugplatz Schönefeld. Es gab noch andere Automärkte vor der Stadt, aber der an der Grünbergallee war die erste Adresse. Da standen Hunderte Autos. Man stellte den Wagen ab und öffnete die Scheibe auf der Fahrerseite einen Schlitz breit, Angebote willkommen. An den Wochenenden war da der Teufel los. Die Leute steckten ihre Zettel durch den Schlitz: Angebot plus Telefonnummer. Gebrauchte *Trabbis* für 20.000 kein Problem, alles andere deutlich höher. Als ich nach zwei Tagen meine Zettel für den Lada begutachtete, fand ich ein Angebot von einem selbstständigen Fleischermeister aus Demmin: 65.000 Mark. Er war der Sieger. Kein Schwierigkeiten also, den kurzfristigen Kredit an meine Freunde zurückzuzahlen. Den Rest investierte ich in einen *Golf*. In ihrer Not hatte die DDR-Regierung 1977 10.000 davon aus Wolfsburg importiert, einer gehörte jetzt mir. Und mit der Stempelkarte hatte ich dann auch keine Probleme mehr. Unter dem Vorwand, die alte verloren zu haben, holte ich mir eine zweite und kam so gut über die Runden. Mal zeigte ich zum Stempeln die eine vor, mal die andere. Ich glaube, nach drei Monaten konnte man einen Stempel löschen lassen und so kam ich gut über die Runden.

Wo war ich stehengeblieben, bei meinem Start ins Studium. 1978 kam ich in dem kleinen familiären Institutsgebäude in der Oranienburger Straße an, gegenüber vom Monbijoupark und war erfreut (eher erleichtert) über meine für die damalige Zeit ungewöhnliche Seminargruppe. Die HU hatte einen Jahrgang eingestreut mit den ewig Abgewiesenen, einige mit kirchlichem Hintergrund wie zum Beispiel Johannes Haustein oder Christiane Forck, die Tochter von Gottfried Forck, damals eine gehörte Stimme, ab Oktober 1981 im Amt als Bischof der Evangelischen Kirche in Berlin-Brandenburg – Bereich Ost. Dazu kamen die drei »Kriminologen«, so nannten sie sich, kurzer Haarschnitt, distanziertes Auftreten, also MdI (Ministerium des Inneren) oder MfS (Ministerium für Staatssicherheit). War ja auch egal. Die andere Hälfte der Gruppe waren wie damals üblich »unsere Mädels«, frisch von der Penne auf die Uni mit 18 Jahren, wie Beate und die quicklebendige Katharina, die ich vergeblich umwarb …
Liebesbeziehungen waren in der DDR sehr frei und entspannt, was noch zu besprechen wäre. Während des Studiums gab es reichlich Techtelmechtel, doch gegen Ende ging dann alles sehr schnell – es wurde geheiratet. Nicht ich, aber viele andere. Das Studium hatte der Staat finanziert und er erwartete, dass die

Absolventen danach auch dort arbeiteten, wo man sie brauchte: »Die Arbeiterklasse hat dein Studium bezahlt, nun erfülle deinen Auftrag.« Da war es gut, verheiratet zu sein, um wenigstens gemeinsam in dieselbe Wüstenei verfrachtet zu werden. Im Lauf der fünfjährigen Regelstudienzeit in der DDR dezimierte sich unsere Gruppe deutlich. Einige der Dauerbewerber hatten das Fach nur gewählt, um eigene psychische Probleme zu bewältigen, andere machten einfach nur schlapp. Schwer getroffen hat mich der Freitod von Johannes. Er war so schwermütig, so verletzlich, als trüge er eine schwere Last. Ich hätte die fünf Jahre auch nicht ohne die Hilfe meiner Kommilitonen überstanden. Ich sagte damals zu mir: »Du hast schon so vieles abgebrochen, das Studium bringst du zu Ende.« In erster Linie danke ich an dieser Stelle Cornelia Weiß, die in meiner Seminargruppe war und 50 % der »Mitschriften« in meinen Ordnern waren Durchschriften von ihr. Sie war sehr ehrgeizig und zuverlässig, war schon Mitte Dreißig und hatte lange auf ihren Studienplatz gewartet. Ich hatte meinen *Club Impuls* und die Disko an der Backe und war 1980 zudem Vater geworden. Cornelia hatte auch ein Kind und war mit einem bekannten Schauspieler verheiratet. Die Wohnung, ich glaube in der Parkaue in Friedrichshain hatte etwas Museales. Alles ganz schwer und düster. Aber das hat sie locker überspielt. Sie war nicht mehr »Gattin von«, sie hatte jetzt ihr eigenes Leben und wir haben dort oft versucht, in diesen tiefen Ledersesseln meine versäumten Seminare im Hauruck nachzuholen.

An welche Dozenten kann ich mich noch erinnern? Die »Mathematische Psychologie« von Hubert Sydow, die »Methodologie und Methodik der Psychologie« von Lothar und Helga Sprung, die »Angewandte Statistik« in der Psychologie von Bodo Krause – hartes Brot. Wirklich toll fand ich die Vorlesungen zum Thema Gesprächspsychotherapie von Johannes Helm, der sich damals schon einen Namen als Maler und Schriftsteller gemacht hatte (Malgründe 1978 und Ellis Himmel 1981). In seiner klugen, hellhörigen und gütigen Art passte er, wie uns schien, schlecht in das weit verbreitete Karrieredenken und die politische Obstruktion an der Universität. 1986 gab er seine Professur einfach auf, befreite sich von dieser Last und lebte fortan mit seiner Frau Helga Schubert überwiegend in einer Künstlerkolonie in Mecklenburg. Wie beklemmend für ihn die Zeit an der Sektion und in der Künstlerlandschaft der DDR war, kannst du in seinem autobiografischen Roman *Tanz auf der Ruine* nachlesen, den er schon während meiner Zeit an der Uni begonnen hatte und 2007 veröffentlichte. Was er genau mit Ruine gemeint hat, konnte ich beim Lesen nicht erkennen, vielleicht das Land allgemein oder die Sektion Psychologie speziell? Leider, für meinen Geschmack, hat er allen Personen neue Namen gegeben. Er schrieb in der dritten Person und aus Johannes Helm wurde Josua Hensel, aus Friedhart Klix wurde Friedrich Brecher, aus Helga Schubert Margarete, aus Christa Wolf Bettina ... Joachim Hoffmann, schon erwähnt und Vormieter meiner ersten Wohnung im Prenzlauer Berg 1979, konnte ich nicht eindeutig identifizieren, ist er der Oberassessor David Vogelsang?

Die Vorlesungen von Jo Hoffmann habe ich auch sehr gerne gehört. Wir kannten uns ja privat, aber als wir uns dann im realen Leben an der Uni wiedersahen, der Professor der Psychologie und der säumige Student, ging die Freundschaft in die Brüche. Es ist ja manchmal so, dass man einen Menschen zu kennen glaubt, bis man ihn in einem anderen Umfeld erlebt. Jo (geboren 1945) hatte die bekannte Alexander-von-Humboldt-Oberschule (heute Gymnasium) in Spindlersfeld besucht. In seiner Klasse waren die später bekannten Schauspieler Jaecki Schwarz und Gabriele Heinz (Tochter von Wolfgang Heinz), und Jo wollte eigentlich auch Schauspieler werden, entschied sich dann aber für Psychologie, wurde Dozent, später Parteisekretär. Er selbst, sagte er mir, hätte sich das gern erspart, keiner wollte das machen, aber Klix habe ihm zugeredet: »Mach das mal zwei, drei Jahre, dann bist du damit durch.« Manfred Schönebeck hat den Parteisekretär Jo auch als sehr angenehm in Erinnerung: »Salopper Typ, der die Parteithemen in den Sitzungen am Rande und eher beiläufig abhandelt hat.« Natürlich hatte dieser »Dienst« auch seine Vorteile, wie zum Beispiel ein Visum, um an internationalen Kongressen teilnehmen zu können. Und der Parteisekretär Jo sollte dann für mich als Nichtgenossen noch eine besondere Rolle spielen. Dazu gleich.

Einige Jahre nachdem ich mein Studium beendet hatte, nutzte Jo Hoffmann 1988 eine Vortragsreise nach Stockholm, um die DDR zu verlassen. Er setzte seine wissenschaftliche Laufbahn an der Uni Würzburg fort, im letzten Jahr wurde er emeritiert. Während ich meinen Erinnerung nachging, nahm ich Kontakt zu ihm auf und wir trafen uns an seinem »Altersruhesitz« im Süden Berlins. Zu seiner Flucht sagte er, dass er einfach aus diesen ganzen Zwängen mit der Partei raus wollte, um in Ruhe seine Arbeit machen zu können. Aber die Folgen waren dann die üblichen: Tochter Maren, die gerade ihr Abitur gemacht hatte, fand sich an der Kasse einer Kaufhalle wieder und seine Frau Thekla musste die geliebte Arbeit im Rundfunk aufgeben. Es gab eine klare Ansage: »Entweder du lässt dich scheiden oder du musst gehen.« Ein Jahr später durften Mutter und Tochter dann nach München fliegen, Ausreise genehmigt.

Von unseren Dozenten stand mir nur Prof. Hans-Dieter Schmidt nahe. Von 1970 bis 1973 war er Sektionsdirektor, von 1974 bis 1984 übernahm dieses Amt wieder der »Übervater« (manchmal aber auch der »Hallodri«) Friedhart Klix, der die psychologische Wissenschaft in der DDR geprägt hat und beschützte ... Er wirkte auf mich immer etwas mondän, gern mit einem Schal um den Hals, eine imposante Erscheinung. Der gleichaltrige Schmidt erinnerte mich irgendwie an meinen Onkel Hans, hager, schlicht gekleidet, selbstbewusst, aber in seinem Auftreten eher zurückhaltend, fast scheu. Klix und Schmidt waren Jahrgang 1927 – und beide hatten die Endphase des Kriegs halbwegs schadlos mit 18 Jahren überstanden, was damals ein gefährliches Alter war. Beide machten 1946 ihr Abitur und wurden für eine kurze Zeit Neulehrer. Vielleicht der wichtigste Beruf in dieser Zeit und beide hatten danach die Chance zu studieren. Ich denke, auch diese Gemeinsamkeiten haben sie über die Jahre verbunden. Prof. Schmidt war der Autor des Standardwerks *Allgemeine Entwicklungspsychologie* (1970), und der sehr verbreiteten, eher populärwissenschaftlichen Werke *Entwicklungswunder Mensch* (zusammen mit Evelyn Richter, 1980) und *Schritt für Schritt* (zusammen mit Ernst Ludwig, 1985). Seine integere Haltung habe ich als junger Mann sehr bewundert. Schmidt war nicht in der SED, konnte sich aber behaupten wegen seines fundierten Fachwissens in der Entwicklungspsychologie, seiner Loyalität (natürlich mit Konflikten) und seiner marxistischen Weltanschauung. Er hatte seine eigene Meinung, ließ sich nicht verbiegen, unterschrieb 1976 auch den Protestbrief zu der Ausbürgerung von Wolf Biermann. Und Klix hielt seine schützende Hand über ihn. Sein ruhiges Auftreten und seine moralistische Haltung hat alle Studenten sehr beeindruckt. Er war ein durch und durch politischer Mensch. Als psychologischer Gutachter der Anklage an der Seite von Friedrich Karl Kaul, dem späteren Justiziar des Rundfunks (auf ihn komme ich noch zurück), war er an den verspäteten KZ-Prozessen in Westdeutschland beteiligt, wie dem Essener Prozess gegen Wachleute des KZ Dora (17. November 1967 und 8. Mai 1970) und dem 2. Sachsenhausen-Prozess (19. März 1964) in Köln. Einzelheiten zu den Prozessen kannst du im *SPIEGEL* 15/1965 nachlesen, besonders zu der Rolle von Hans Maria Globke, Mitverfasser und Kommentator der Nürnberger Rassegesetze und von 1953 bis 1963 unter Bundeskanzler Konrad Adenauer Chef des Bundeskanzleramts.

Interessant in diesem Kontext ist der Name Fritz Bauer (1903–1968), der maßgeblich oder besser gesagt allein dafür zuständig war, dass die Frankfurter Auschwitz-Prozesse zustande kamen. Über das gesellschaftliche Umfeld sagte er damals: »Wenn ich mein Büro verlasse, befinde ich mich im feindlichen Ausland.« Lobenswert ist der aktuelle Film *Im Labyrinth des Schweigens* von Giulio Ricciarelli. Schau ihn dir an. Damit hatte ich, ehrlich gesagt, nicht gerechnet. Wer hätte sich sonst heute noch an Fritz Bauer erinnert? Kurz erwähnen möchte ich auch den Text *Die Ermittlung* von Peter Weiss (Frankfurt am Main 1965), ein dokumentarisches Theaterstück anhand der Gerichtsprotokolle des Frankfurter Auschwitz-Prozesses. Gruselig.

In der BRD wurde nichts oder wenig unternommen für eine ethische Selbstheilung. Mit dem Nürnberger Prozess war das Thema durch, wer ihn brauchte, bekam einen Persilschein ausgehändigt. Lehrer blieben im Amt, Polizeichefs blieben im Amt, Richter (mit Blut an den Händen) blieben im Amt. Diese Scheinheiligkeit der Elterngeneration pflanzte sich fort in der doppelten Moral ihrer Kinder: eine möglichst perfekte Anpassung an die Erfordernisse im Außen verbunden mit einem Rückzug ins Private. Das Ansehen im Betrieb und im sozialen Umfeld wurde zum höchsten Gut. Freundlichkeit degenerierte zu leeren Umgangsfloskeln, Ehrlichkeit gab es nur in den vier Wänden, wenn überhaupt, denn selbst diese private Ehrlichkeit war oft oberflächlich. Die aufrührerische Jugend der 68er-Bewegung in Westdeutschland verursachte großes Aufsehen, auch bei uns, aber verankert in der Bevölkerung war sie nicht, was letztlich in die Sackgasse der RAF führte. Der »normale« Bundesbürger glaubte an seinen Staat, er glaubte der *Tagesschau*, glaubte an die *BILD-Zeitung* und die Springer-Presse (die die Jagd auf Rudi Dutschke eröffnet hatte) und wollte den »Mob« gerne hinter Gittern sehen oder Schlimmeres ...

Und wie sah es in der DDR aus? Der Umgang mit den gemachten Erfahrungen war auf den ersten Blick ganz anders, Antifaschismus war oberstes Gebot. Das fing mit Ernst Thälmann an und schloss alle Widerstandskämpfer mit ein, auch bürgerliche und zum Teil Offiziere und Generale. Sie fanden sich in Schulbüchern geehrt, in Filmen und in Straßennamen. Aber die Freiheit der Gedanken, die zum Sozialismus gehört, wurde aus diesem Gedenken nicht abgeleitet. Und so gab es auch hier ein Außen und ein Innen. Jürgen Schöne sprach von den »zwei Gesichtern«, die sich die Menschen in der DDR antrainiert hatten. Im Betrieb mussten die Worte genau gewählt werden, doch es gab durchaus aufsässige Arbeiter und Ingenieure, wie Jürgen Schöne oder mein Freund Reinhard, von dem noch die Rede sein wird. Auch mancher Parteisekretär der SED hat sich den Mund verbrannt und wurde abgesägt, war aber sich und seinen Idealen treu geblieben. Diese Andersdenkenden kommen mir heute in der öffentlichen Wahrnehmung zu kurz. Menschen, die ehrlich ihre Meinung gesagt haben, dafür ihren Arbeitsplatz verloren oder ins Gefängnis geworfen wurden. In den 50er Jahren konnte Widerstand Zwangslager bedeuten und einen sogar das Leben kosten. Es waren Schüler, Studenten, Arbeiter, Politiker, Journalisten. Ihre Namen sind heute vergessen: Herbert Belter, Martin Hoffmann, Arno Esch, Werner Fischer, Herbert Schediwy, Joachim Wenzel ... Es gibt eine endlose Reihe von Namen, an die ich erinnern möchte. Leider werden Straßen heute lieber nach ehemaligen deutschen Städten in Polen und Schlesien benannt.

Wen die Kraft zum Widerstand verlassen hatte, stellte einen Ausreiseantrag und war damit im Aus. Der Wunsch nach einem Verlassen der DDR war in den Augen der herrschenden Clique ein Sakrileg an der heiligen Lehre ihres schönen »real existierenden Sozialismus«. Hieß es in meiner Jugend noch, es ginge darum, jeden mitzunehmen, keinen zurückzulassen, fiel am 2. Oktober 1989 im *Neuen Deutschland* die letzte Maske. Über die ausgereisten DDR-Bürger war zu lesen: »Man sollte ihnen deshalb keine Träne nachweinen.« Ich habe um jeden geweint, der uns so kurz vor der großen Schlacht verlassen hat. Die alten Männer im ZK der SED haben sich offenbar nie ernsthaft die Frage gestellt, warum Zehntausende dieses »Paradies« verlassen wollten. Ihnen ist nur sozialer Druck und Ausgrenzung eingefallen. Und bei den Repressalien wurde auch vor Kindern nicht haltgemacht, wie ich am Beispiel von Jo Hoffmann beschrieben habe.

Allerdings wurden für die Nörgler, Querulanten und Kreativen auch Ventile angeboten. Eine wichtige Rolle spielte dabei die Kunst in all ihren Facetten von der Malerei über das Theater, die Literatur und später die Liedermacher. Auch hier wurde zensiert und verboten, aber der Spielraum blieb, musste verteidigt, erobert, erweitert werden – und leitete doch Energie ab. Rebellierende Arbeiter sollten kanalisiert werden im Neuererwesen der *MMM*, der *Messe der Meister von Morgen* – vergleichbar dem heutigen *Jugend forscht*. Auch hier wurden Spielräume geboten, in erster Linie für das Abschöpfen der menschlichen Kreativität, die die Planwirtschaft nicht ausreichend nutzte. Aber das Nichtgebrauchtwerden brach vielen die Flügel, beschrieben in dem Buch *Franziska Linkerhand* von Brigitte Reimann, 1974. Die sich verstärkende Unzufriedenheit in der DDR war nicht so sehr in einem Mangel an Konsumgütern und der fehlenden Reisefreiheit begründet, sondern vielmehr in der täglich erlebten Unzulänglichkeit des Systems. Keine Demokratie, keine Mitbestimmung. Und da die Leute täglich im Westfernsehen sahen, wie ein ökonomisches System funktionieren kann, waren sie auch erbost über die Fahrlässigkeit, wie mit ihrem persönlichen Engagement umgegangen wurde. Wenn ich an meinen Prenzlauer Berg von heute denke, frage ich mich, warum diese Vielzahl von kleinen Geschäften und Gaststätten nicht schon 1985 möglich war. Das hätte an den sozialistischen Eigentumsverhältnissen, an den Banken, der Schwerindustrie, den Dörfern, den Wäldern, den Häusern und den Seen nichts geändert. Aber Tausende wären zufriedener gewesen in ihrem Land, mit ihren kleinen Unternehmungen. Und wenn sie dabei reich geworden wären, wem hätte es geschadet? Der Staat hätte seine Steuern akquiriert und die anderen Bürger hätten sich über ein buntes Umfeld in den Straßen gefreut. Vielleicht hätte auch mal jemand endlich das Dach von meinem Haus repariert. Ich wohnte ja ganz oben und ständig gab es Wasserflecken an der Decke. Auf dem Wäscheboden unter dem Dach standen zig Eimer und Schüsseln, um das Schlimmste zu verhindern. Schließlich kaufte ich ein paar Rollen Dachpappe und klebte die undichten Stellen selber zu. Aber ich konnte nicht alle Dächer im Prenzlauer Berg zukleben. Die Stalinisten im Politbüro waren einfach zu borniert, um die ökonomischen Zwänge zu erkennen. Wie verblendet kann man denn sein, um in einem Land (mit offener Grenze bis 1961) ein dem Nachbarland diametral entgegengesetztes

Wirtschaftssystem errichten zu wollen. Heute wird schon mal davon berichtet, wie emsig Westberliner im Ostteil der Stadt unterwegs waren, um billige Nahrungsmittel zu erwerben – obwohl sie ja deutlich mehr und in besserer Währung daheim verdienten. Ich glaube der Wechselkurs von West- und Ostmark war damals 1:4. Es war einfach verlockend und wenn man ehrlich ist, hätte das Experiment DDR Ende der 50er Jahre beendet werden müssen, wie Stalin es wollte. Die Sturheit von Chruschtschow führte zur Mauer, was einen Neustart gestatten sollte, der dann auch vertan wurde. Die Menschen im Osten haben den Mauerbau hingenommen, kein Aufschrei, kein Generalstreik, kein schweigender Massenprotest, keine Verweigerung. Warum? War es Angst, Apathie, Gleichgültigkeit oder Einsicht? Ich denke es war letzteres. Ein paar Jahre lang winkten sich noch die Familien sonntags an der Mauer zu – mit Taschentüchern.

Was die »DDR-Menschen« 1961 nach dem Drücken der »Reset-Taste« verdient hätten, wäre die klare Ansage »ihrer« Führung gewesen: »Wir versuchen jetzt, ein neues System aufzubauen, es wird ein gesellschaftliches Experiment, die Partei hat nicht immer Recht, jede Meinung ist gefragt, wir machen erstmal einen Drei-Jahres-Plan, danach werden wir neu entscheiden, Fehler korrigieren und neue Visionen gemeinsam (!) besprechen.« Auch wenn es nicht zur heute verbreiteten Ideologie passt: Der Mauerbau war unter den bestehenden Bedingungen unausweichlich. Die Russen wollten das kleine Land nicht aufgeben, die Amerikaner waren mit sich beschäftigt und wollten keinen dritten Weltkrieg. Und von 1949 an war in der DDR eine junge Arbeiterschaft entstanden, die gebildet war und bereit gewesen wäre, dieses Experiment mitzutragen.

Aber so ist die Geschichte bekanntlich nicht verlaufen. Und so verhielten sich die Deutschen in Ost und West in einer verblüffenden Weise sehr ähnlich. Die Arbeit diente dem Gelderwerb, der Rest war das private Glück: wenn möglich im Schrebergarten, dazu ein möglichst großes Auto, eine möglichst weite Urlaubsreise, wenn möglich, ein Farbfernseher ... Aber einige Unterschiede gab es schon. Die duftenden »Westpakete« und der Besuch der Verwandtschaft aus dem Westen mit den schicken Autos. Zudem wurden die Bedürfnisse der Ostdeutschen ständig durch die Werbung im Westfernsehen befeuert, ohne die Möglichkeit, hinter die Glitzerwelt zu schauen. Übrigens gab es in der DDR auch Werbung, in Erinnerung sind mir noch die *Tausend Tele Tipps* im Fernsehen, die 1975 eingestellt wurden. Besonders lustig sind die nachfolgenden Kaufanregungen: »Nimm ein Ei mehr, Apfelmus schmeckt immer gut, Erntezeit ist Einmachzeit – Einmachzeit ist Kleinigkeit, Baden mit Badusan, Stets dienstbereit zu Ihrem Wohl ist immer der Minol-Pirol (Tankstellenkette – W. B.), Weißkohl ist ja sooo gesund, Aschenputtels Arbeit ist vergessen, wenn wir heute Linsen essen, Koche mit Liebe – würze mit Bino, Zweimal in der Woche Fisch bereichert jeden Mittagstisch«. Zu den Stars der

Sendung gehörte der Fischkoch Rudolf Kroboth (1920–1986). Ihn habe ich noch genau vor Augen, rund und gut genährt, erinnerte er mich als Kind an Oliver Hardy, allerdings mit Brille. Ich habe noch sein bekanntes »3-S-System« im Ohr, das in jeder Sendung aufgesagt wurde: »Säubern, säuern, salzen.« Im Internet fand ich dieser Tage ein Büchlein von ihm: *Köstliche Fischgerichte* für 7 Euro, der Fischkoch lebt.

Da laufen gerade mehrere Filme in meinem Kopf ab, seltsam, nach so langer Zeit. In den *Tausend Tele Tipps* gab es auch einen Zeichentrickfilm gegen das Autofahren unter Alkohol und der Sprecher sagte: »Bier und Schnaps, Schnaps und Bier, wer kann mir? Kein Pflichtgefühl, kein Augenmaß, stark enthemmt, kräftig Gas, Kurve links, Kurve rechts, dann ein Baum, aus der Traum. Bedenke vorher in jedem Falle, den Schaden hast du, den Schaden haben alle.«

Die Werbesendungen wurden wohl eingestellt, weil es nichts zu bewerben gab. Man kaufte, was im Laden lag und stellte sich an, wenn es etwas Besonderes gab. Viele hatten immer einen Beutel dabei für den Fall der Fälle. Und es gab die ständige Hoffnung, »die da oben« mögen endlich zur Vernunft kommen, von Parteitag zu Parteitag wurde auf eine Reform gehofft. Die staatlichen Losungen: »Überholen ohne Einzuholen« und »Wie wir heute arbeiten, werden wir morgen leben« von Walter Ulbricht waren gescheitert. Honeckers Parole: »Ich leiste was, ich leiste mir was« war nur auf Pump zu haben. In den Herzen der jungen Menschen setzte sich mit den Jahren zunehmend auch der Gedanke fest, von etwas ausgeschlossen zu sein, was in Westdeutschland zum täglichen Alltag gehörte. Und die Ungeduld wuchs.

Weil ich gerade bei Ulbricht war. Er stellte sich gerne als Familienmensch dar und als Freund des Sports. Es gibt Fotos und Filme, die ihn beim Volleyball oder Tischtennis zeigen. Im Winter war er mit Familie oft in Oberwiesenthal im Erzgebirge zum Wintersport: »Jeder Mann in jedem Ort, einmal in der Woche Sport.« Meine kleine Oma hatte seltsamerweise eine Vorliebe für den »Spitzbart«. Sie hielt große Stücke auf ihn und wurde nur fuchsteufelswild, wenn im Fernsehen seine Frau Lotte an seiner Seite auftauchte. War sie eifersüchtig? Sie stieß dann immer einen derben Fluch auf Plattdeutsch aus, der mit dem Ausruf endete: »All wedder de Olsch.« Sie konnte Lotte Ulbricht einfach nicht leiden.

Vielleicht war es nach vielen törichten Ideen Ulbrichts die törichteste, das Regierungsviertel in Pankow, um den Majakowskiring herum, 1960 zu verlassen und das Politbüro nach Wandlitz umzusiedeln. Nun ja, auch Stalin hatte seine Datscha in Kunzewo, aber wer kommt schon auf so eine Idee, in einem Wald für 23 Politbüromitglieder 23 Häuschen zu errichten? Vielleicht war es einfach ein Unwohlsein in der damals noch ungeteilten Stadt, Argwohn nach dem 17. Juni oder sogar Angst vor dem sowjetischen Geheimdienst. Zu Ulbrichts Zeiten soll es in Wandlitz noch recht fidel zugegangen sein. Ulbricht als Maître de Plaisir hielt seinen Laden bei Laune. Und die Familien in den 23 Häusern hielten zusammen, es gab gemeinsame Feste und Unternehmungen – eine Familie. Die Weihnachtsfeier fand immer im großen Kultursaal statt und Schüler aus Wandlitz sangen frohe Lieder. Mein Freund Udo Wilke wuchs im »normalen« Wandlitz auf und hatte viele Kontakte zu den Kindern aus der Waldsiedlung: »Wir sind da rein und raus, aber nur im äußeren Ring, wo die Schwimmhalle war und das Kulturhaus. Die Wachposten kannten uns ja...« Die Zone A wäre aber tabu gewesen. Seltsam, sich so zu isolieren. Diese Leute kannten die Welt doch nur aus der *Aktuellen Kamera*, die sie selbst redigierten, und wenn sie doch mal zum Volk gingen, waren da lauter »Jubel-Bürger«. Unter Honecker soll sich das Klima in der Waldsiedlung abrupt geändert haben, eine andere Welt – und jeder hockte für sich in seinem Haus.

Wenn ich es recht erinnere, haben die Ostdeutschen nicht viel Zeit auf den Gedanken verschwendet, warum die »hohen Leute« sich diese Enklave in Wandlitz ausgesucht hatten. Auf dem Weg zum Liebnitzsee fuhr man ganz nah an diesem Waldstück vorbei, konnte aber nichts erkennen, mitunter standen da ein paar Vopos rum, also Volkspolizisten, aber die standen ja überall rum. Ich denke, niemand hat sich für die Staatsführung interessiert, sie war immer so weit weg. Nervig war nur, dass am Morgen und am Nachmittag die Greifswalder Straße gesperrt wurde. Nicht stundenlang, aber lange genug, um jeglichen Verkehr lahmzulegen. Alle Kreuzungen waren mit Vopos besetzt, alle warteten. Und dann kam sie angerollt, die Wagenkolonne, jagte an den Menschen am Straßenrand vorbei, zuerst waren es *Volvos,* dann *Citroëns*. Keiner winkte, jeder hoffte, dass es nicht zu lange dauern würde, um auf die andere Straßenseite zu kommen. Morgens brausten sie in ihre Büros unten in der Stadt, abends ging es zurück in ihre Einfamilienhäuser im Wald. Sie hatten es so eilig und auf das Volk trafen sie nur, wenn dieser Kontakt sorgfältig vorbereitet war. Da gab es Blumen und Geschenke und viele Dankesworte für die kluge Politik, von einem ausgewählten Publikum. Und damit jeder sehen konnte, wie beliebt die Parteiführung im Volke ist, gab es in der *Aktuellen Kamera* am Abend um 19:30 Uhr einen ausführlichen Bericht. Das war eher eine burleske Veranstaltung und ich kannte keinen, der bei diesen Aufführungen nicht gelacht hätte. Kasperletheater, das leicht zu durchschauen war. Probleme wurden nicht erwähnt. Es gab irgendwann mal eine Sendung im DDR-Fernsehen mit dem Namen *Prisma*, aber da ging es nur um Versorgungsengpässe und persönliche Verfehlungen irgendeines Leiters. Ansonsten war der »Sozialismus« rosarot und schritt zügig dem Morgenrot entgegen. Darüber konnte man doch nur lachen, wenn man die zerbröselnden Häuser sah und die leeren Regale ...

Der verbreitete Glaube an den Staat hat mich bei den Westdeutschen immer verwundert, Thema: Kontinuität, Besitzstandssicherung, Aufstieg. Es waren keine Kenntnisse über das Funktionieren des Staates und der kapitalistischen Wirtschaft vermittelt worden und so blieben nur der Glaube und das Märchen von der sozialen Marktwirtschaft. Als ich im September 1988 das erste Mal bei meiner Tante Hella in Krefeld war, besuchte ich auch meine Cousine Brunhilde in Köln. Dieser Abend hat mich tief beeindruckt. Wir saßen wohl fünf Stunden zusammen und haben über alles gesprochen, was uns bewegte. Die Kinder, Politik, Lebenserfahrungen und -pläne in Ost und West. Nach vielen Jahren der Briefe, Telefongespräche waren schwer möglich, kamen wir uns endlich näher. Es war wundervoll, aber trotzdem blieb ich in einer unbekannten Welt. Zu dritt saßen wir um einen runden Tisch, auf dem drei Gläser und eine Flasche Kölsch standen. Und wenn die Kehlen nach Ölung schrien, sagte Klaus: »Na, denn werde ich uns noch was holen.« Und kam mit einer weiteren Flasche aus dem Keller zurück. Bei uns hätte bei einem vergleichbaren Anlass neben dem Tisch ein Kasten *Radeberger* gestanden und auf dem Tisch eine Flasche eiskalter Wodka, vielleicht wurde im Osten einfach mehr getrunken ... Ich konnte in Köln über die jungen Künstler in der DDR berichten, und dass wir auf einem guten Weg seien, das System zu unterhöhlen und zu Fall zu bringen. Zu später Stunde verstieg ich mich zu der Aussage, dass die DDR, so wie sie war, wohl nur noch ein Jahr überleben werde. Das löste größte Verwunderung aus und brachte mir nach dem Oktober 1989 (in meiner Familie) den Ruf eines Hellsehers ein ...

Natürlich war es in erster Linie spannend für mich zu erfahren, wie man so lebte in Köln. Zur Familie gehörte Klaus, der Reiseberichte für ein Journal schrieb und viel unterwegs war, meine Cousine als Arzthelferin und zwei Kinder, Björn und Meike. Zum wichtigsten Gegenstand unseres Gesprächs wurde die Frage, was eigentlich der Antrieb ist für all unsere Bemühungen und unseren Fleiß. Und die Eltern waren zu Beginn der Meinung, dass die Triebfeder die Freude am Leben sei und das Streben nach Selbstverwirklichung. Aber dann wurden die Kreise immer enger und am Ende dieses langen, schönen, aber etwas trockenen Gesprächs kamen wir zu der für sie überraschenden Einsicht: Die eigentliche Triebfeder für sie war die Angst. Angst davor, den Job zu verlieren, Angst davor, dass die Kinder den Schulabschluss nicht schaffen. Angst davor, das kleine Häuschen nicht abbezahlen zu können oder das Auto. Angst, den mühevoll erworbenen sozialen Status nicht halten zu können. Angst. Wie mir auf der Heimreise klar wurde: Nicht zu viel Angst darf herrschen, es kommt auf die richtige Mischung an. Zu viel Angst führt zur Revolution. Davor steht die »soziale Marktwirtschaft«. Die Angst ist der Schmierstoff des Kapitalismus. Ich habe meine Cousine etwas ratlos zurückgelassen, was mir später leid tat ...

Wo war ich stehengeblieben, bei Professor Schmidt. Ende 1989 kam ich meinem verehrten Professor noch einmal näher. Wir trafen uns zufällig in der Gethsemanekirche und ich war beglückt, ihn dort zu sehen bei einer Veranstaltung des *Neuen Forums*.

Prof. Schmidt in der Gethsemanekirche
Foto: Völker Döring

Kurz ein Wort zu dieser Fotografie, es handelte sich um eine der vielen öffentlichen Diskussionen im Herbst 1989. Vor dem Altar sitzen (von links) Rolf Henrich, Jens Reich, Bärbel Bohley, Reinhard Schult. Im Hintergrund Prof. Schmidt. Auf dem kleinen Podest steht einer der Redner des Abends, jeder konnte reden. Die niedergeschlagenen Gesichter im Präsidium erklären sich aus dem Datum, es war der 10. November 1989. Volker Döring erinnerte sich: »Es war eine seltsame Stimmung. Es wurde die Agenda des Neuen Forums diskutiert, die ein paar Tage vorher entworfen worden war. Irgendwann rief einer in der Saal: Tickt ihr noch ganz richtig, ihr diskutiert hier über Schulessen, man, die Mauer ist auf...« Ich erinnere mich an Bärbels Stimmung in diesen Tagen, ihre »total veränderte DDR« war in weite Ferne gerückt und sie sagte zu mir: »Jetzt war alles umsonst.«

Ein paar Mal traf ich Prof. Schmidt noch in seiner Wohnung in der Kanzowstraße 18 und wir sprachen über die Situation in Berlin, die Unruhe und die vielen Gruppen, die vielen Pläne, die wir hatten. Er war neugierig, aber irgendwie auch distanziert und mochte von einer neuen DDR nichts hören. Im Gedächtnis habe ich noch seinen Satz: »Bergholz, Sie mögen ein guter Mensch sein, aber ein guter Student waren Sie nie.« In den Wirren der aufregenden Monate dieser Zeit haben wir uns wieder verloren. Prof. Schmidt wurde Ende 1989 Mitglied der Unabhängigen Untersuchungskommission der Berliner Stadtverordnetenversammlung zur Aufklärung der polizeilichen Übergriffe am 6. und 7. Oktober 1989. Er starb am 4. Juni 2007.

Es ist schon wahr, bei vielen Seminaren war ich abkömmlich, die Lehrstunden in Marxismus-Leninismus (ML) waren allerdings ein Pflichtprogramm. In einem der Seminare in ML war ich dann auch an der Reihe mit einem Vortrag, ich glaube es war Ende 1980. Ich hatte mir ein schönes Tafelbild ausgedacht, so wie es mein Staatskundelehrer Herr Streck in der Oberschule vorgelebt hatte – am besten mit einer Tabelle: Rechte Seite: Zitate von Erich Honecker, linke Seite: Zitate von Lenin. Es gab damals von Reclam ein sehr dünnes Buch, ich glaube es hieß: *Telegramme 1918–1920*. Es muss hier irgendwo in der Wohnung sein, aber ich habe es lange nicht gesehen. Dazu zitierte ich noch aus: *Marx, Engels, Lenin: Über Kultur, Ästhetik, Literatur* und Rosa Luxemburg. Alles, was ich aktuell fand, hatte ich säuberlich auf die linke Seite der Tafel geschrieben. Dann begann mein Vortrag. Er muss als der unvollendete in die Geschichte eingehen, denn nach wenigen Minuten unterbrach mich der ML-Lehrer mit den Worten: »Das ist staatsfeindlich. Verlassen Sie das Seminar.« Das störte mich zuerst nicht weiter, es hatte aber schwerwiegende Folgen. In unserer kleinen, mit den Studienjahren arg dezimierten Gruppe sind ja auch offenbar Vertreter der Staatssicherheit gewesen, mit dem erwähnten Status »Kriminologe«. Kein Problem, man wusste das und erkannte sie immer. Jedenfalls erschien im monatlichen Bericht der SED-Kreisleitung der Humboldt-Universität der Satz: »An der Sektion Psychologie gibt es konterrevolutionäre Umtriebe.« So etwas war schlecht. Ganz schlecht für Prof. Jo Hoffmann, seines Zeichens Parteisekretär. Was sollte er tun? »Konterrevolutionäre Umtriebe« – und was hatte der Parteisekretär dagegen unternommen? Hatte der geschlafen? Mit den Psychologen gab es sowieso immer nur Ärger. Sein Vorschlag nach reiflicher Überlegung: der Studiosus Bergholz möge seinen Vortrag einfach (diesmal überlegter) wiederholen. Leider war die Wiederholung nicht anders als die Premiere. Durchgefallen. Im Seminarraum war eine gespannte Ruhe. Ich sah verzweifelt auf die schönen Platanen hinter dem Fenster und flog wieder raus. Dann hatte Jo eine unkonventionelle Idee: Der ML-Lehrer, leider habe ich seinen Namen vergessen, und der Student sollten sich zu einer persönlichen Aussprache treffen. Und die fand auch statt und zwar in der *Kleinen Melodie* in der Friedrichstraße, also sozusagen um die Ecke, vom Institut in der Oranienburger aus gesehen. Ich weiß gar nicht mehr, was wir da getan haben. Wir tranken Kaffee, redeten über die Welt und schieden als Freunde. Ich musste nicht zu Kreuze kriechen und in Zukunft auch keine Vorträge mehr halten ... Und Jo war aus dem Schneider. Er stellte sich vor mich und sagte: »An unserem Institut gibt es keine konterrevolutionären Umtriebe ...« Wenn ich gefallen wäre, wäre auch er gefallen – so einfach war die Logik ...

An dieser Stelle fällt mir der deutsch-britische Psychologe Hans Jürgen Eysenck ein, der an der HU zu meiner Zeit in Ehren gehalten wurde. Kurz gesagt beschäftigte er sich mit der Persönlichkeitsforschung und hatte vier Kategorien eingeführt auf zwei Skalen: Extrovertiert + introvertiert, emotional labil + emotional stabil. Durch verschiedene Tests, das würde jetzt zu weit führen, konnte er einem Probanden im Koordinatensystem einen Punkt zuordnen und ihn klassifizieren, etwa als Sanguiniker oder Choleriker. Letztere gehen generell bei Rot über die Straße, wenn kein Auto kommt, wie ich, außer wenn Kinder in der Nähe sind ... Eysenck war auch ein Kritiker der Psychoanalyse von Freud, obwohl diese gleichberechtigt an der HU gelehrt wurde. Erst als er in sein System eine dritte Achse einführte, die Psychotizismus-Dimension, und dabei feststellte, dass Faschisten und Kommunisten auf denselben Punktwert kamen, wurde Eysenck nur noch am Rande erwähnt und nicht mehr in die DDR eingeladen. Er starb am 4. September 1997 mit 81 Jahren in London.

Aber trotzdem blieb die Psychologie in der DDR (im Wesentlichen) eine Insel der Vielfalt. Es gab keine Wahrheiten zu verkaufen wie in anderen Studiengängen. Egal ob Rogers, Adler, Eysenck, Wygotski, Freud – jeder hatte Recht auf seine Weise. Das war für mich 1978 auch ein wichtiger Grund, mich als Rundfunkmensch im Fach Psychologie einzuschreiben, ich wollte diese Vielfalt der Gedanken studieren. Die staatlichen Rechthaber im Rundfunk und überall waren unangenehme Zeitgenossen und so wurden die Psychologen in der DDR von den Mandatsträgern immer argwöhnisch beäugt.
Gegen Ende des Studiums 1982 folgten noch einige Praktika. Eins davon habe ich bei einer Kinderpsychologin direkt am Bürgerpark in Pankow absolviert. Eine sehr nette ältere Dame – Name weg. Was hatte ich zu tun? Im Stundentakt kamen junge Mütter, nicht älter als ich, mit ihren Kindern, die ihnen aus der Hand geglitten waren. Ärger in der Schule oder im Kindergarten, mangelnde Aufmerksamkeit, ständige Unruhe, Gewalt gegen andere. Eine Stunde hatte ich jeweils Zeit und machte meine Diagnostik, Spiele und füllte Fragebögen aus. Später musste ich einen Bericht schreiben. Und was taten die Mütter? Sie gingen in dieser Stunde (endlich mal allein) durch den Bürgerpark und ob du es glaubst oder nicht, viele kamen hinterher mit einem kleinen, selbst gepflückten Blumenstrauß zurück –

für mich. Die meisten Kinder waren in der Testsituation gut ansprechbar, interessiert und zum Teil auch sehr intelligent. Erst als die Mütter wieder in der Tür standen, fing der Zirkus von Neuem an. So sieht es heute oft noch aus, wenn Mütter ihre Kinder vom Kindergarten oder dem Hort abholen. Warum nur? Vielleicht hatten die Blümchen für mich nichts zu bedeuten, vielleicht war es nur ein Dank für diese freie Stunde, vielleicht aber auch eine Hoffnung, jemanden zu finden, der den Quälgeist zähmen konnte. Mir hat die Arbeit mit den Kindern Spaß gemacht, aber die ausweglose Situation machte mich betroffen. Ich konnte doch für die vielen Frauen keinen passenden Mann aus dem Hut zaubern oder eine schöne Wohnung oder eine Arbeit, die Freude macht, oder Freunde, mit denen man gern zusammen ist und lacht. Außerdem wollte ich ja gar nicht Psychologe werden. Und wurde es 20 Jahre später doch. Das zweite Praktikum hatte ich in Kinderheimen, die ich vorher nicht kannte. Ich kannte nur den Satz meiner Mutter: »Wenn du nicht artig bist, stecken wir dich ins Heim.« Über das Thema Kinderheime in der DDR wird heute oft gesprochen, nie anders als negativ. Es gibt sogar einen Fonds für Geschädigte der DDR-Kinderheime. Gibt es inzwischen auch für Westdeutschland, überraschend spät. Zwischen der Bundesregierung, den westdeutschen Bundesländern und den Kirchen wurde der Fonds »Heimerziehung in der Bundesrepublik Deutschland in den Jahren 1949 bis 1975« erst zum 1. Januar 2012 eingerichtet, wegen traumatisierenden Lebens- und Erziehungsverhältnissen. Interessant ist in diesem Zusammenhang der Film *Freistatt* (2015, Regie Marc Brummund), der die Heimunterbringung in Westdeutschland zum Thema hat. In der Ankündigung zum Film heißt es: »Verschlossene Türen, vergitterte Fenster, militärischer Drill während der als Erziehung verbrämten täglichen Arbeitseinsätze in den Mooren der Umgebung.«
Zuerst habe ich das Kinderheim Borgsdorf kennengelernt. Das große, an eine preußische Schule erinnernde Gebäude wird noch heute genutzt durch die ALEP – Schule für außerschulisches Lernen und Erlebnispädagogik. Zu meiner Zeit waren alle Zimmer von Kindern bewohnt. Mich hat damals der große gelbe Klinkerbau erschreckt. In einem der langen, dunklen Flure hatte ich ein Zimmer für Einzelgespräche und Diagnostik. Trotz der vielen Kinder, es waren wohl 150 oder 200, herrschte eine seltsame Ruhe. Es fühlte sich an wie in einer Kaserne, so hatte ich meine Armeezeit in Erinnerung. Es gibt eine Reportage von Gerald Praschl (SuperIllu), in der er Hans Uwe Bauer (geboren 1955) zu Wort kommen lässt, einen Schauspieler, der durch seine Rollen in dem Film *Der Aufenthalt* (1983, nach Kant) und *Das Leben der Anderen* (2006) bekannt wurde: »Ich wuchs ganz ohne Eltern und Familie in verschiedenen DDR-Kinderheimen auf. Bollersdorf, Borgsdorf, Werftpfuhl. An die Namen kann ich mich noch gut erinnern. Es gab dort knallharte militärische Strukturen. Morgens antreten, rechts um, anstellen zum

Essenfassen. In der Schule gab es neben dem normalen Unterricht die DDR-übliche Erziehung zum Sozialismus.« Mich, als jungen Psychologen, haben diese »militärischen Strukturen« überrascht. Brauchten die Kinder nicht etwas anderes? Oft hab ich im Unterricht hospitiert, in einem neben dem Hauptgebäude stehenden Neubau. Einmal saßen dort etwa zwanzig Schüler in einer Klasse und brüteten über den Aufgaben einer Mathearbeit in der 10. Klasse. Ungewöhnliche Stille. Der Lehrer ging langsam durch die Reihen, korrigierte und lobte. Dann klingelte es zur Pause und die disziplinierte Gruppe verwandelte sich in eine tobende Horde. Raus auf den Schulhof! Da wurde geschubst und geschlagen, geschrien und gebalgt, einige bestiegen Bäume, johlten und baumelten an den Ästen. Mich hat das verängstigt. Würden sie mich angreifen? Dann wieder die Klingel und alle strömten in ihre Klassenräume zurück. Stille. Vier Wochen war ich in Borgsdorf, morgens fuhr ich gegen den Strom der Pendler in einer leeren S-Bahn hinaus, abends kam ich in einer leeren S-Bahn zurück. Auch in Werftpfuhl war ich vier Wochen. Dieser graue Kasten fällt mir noch heute ins Auge, wenn ich auf der B 158 von Berlin via Bad Freienwalde nach Gellmersdorf fahre. Werftpfuhl empfand ich als noch bedrückender, Bollersdorf (für kleine Kinder) war angenehmer. Alle Kinderheime waren zusammengefasst unter dem seltsam anmutenden Namen »Kombinat der Sonderheime für Psychodiagnostik und pädagogisch-psychologische Therapie«. Wer denkt sich so was aus? Um über die Jugendhilfe in der DDR genauer Auskunft zu geben, war ich nicht lange genug beteiligt – ein paar Monate nur. Und Jugendwerkhöfe waren noch eine andere Sache, da ging es eher um jugendliche Straftäter. Ich hatte immer um 17 Uhr Feierabend und habe so von den schwierigen Abendstunden in den Heimen nur gehört, von Schlägereien zwischen den Jugendlichen, von den Ausreißern, die nach Berlin wollten und da wieder eingesammelt wurden, von der lieben Not, die Rasselbande ins Bett zu kriegen. Sicher gab es auch Übergriffe der Erzieher und die müssen geahndet werden, ob ein Fonds den Betroffenen heute wirklich hilft, wage ich zu bezweifeln. Ich habe nach 2002 als Psychologe auch Erzieherdienste übernommen, 24-Stunden-Dienste, um mich in die Situation der Erzieher, die ich anleiten sollte, besser einfühlen zu können. Weiß Gott, ich war froh, wenn der Dienst vorbei war und das mit nur sieben Kindern in Falkenberg oder Eichwerder. Die Eltern hatten versagt und die Kinder löffelten die Suppe aus. Nicht selten hatte auch die Gesellschaft versagt.

Ich erzähle dir mal die Geschichte von einem Mädchen, das ich damals als Psychologe betreut habe, Ariane. Sie war ein kräftiges Mädchen, sehr hübsch mit blonden, langen Haaren. Als ich sie aufnahm, war sie 16, ein wildes Tier. Sie sprang aus dem Fenster, beschallte das ganze Dorf mit ihren selbst gebauten Boxen, prügelte sich rum, war nicht beschulbar. Sie stammte von Eltern ab, die Alkoholiker waren. Ein paar Mal hatte das Jugendamt Hilfe angeboten und gedroht, aber es half nichts.

Eines Tages kam eine Kommission und sammelte die sechs Kinder ein. Ariane war die Kleinste und ein Jahr alt, also muss es 1986 gewesen sein. Die älteren Kinder kamen in Kinderheime, Ariane wurde adoptiert und kam zu ihren neuen Eltern nach Schwedt. Ich habe viele Bilder gesehen von einer glücklichen Kindheit, Ariane mit Zöpfen auf der Schaukel, im Kindergarten, bei einer Paddeltour auf dem Oderkanal, Fotos von der Einschulung. Alles gut. Aber plötzlich, mit der Pubertät, brachen unbekannte Kräfte aus ihr hervor. Die Stimme wurde rau und fordernd, das Verhalten renitent, schulische Klagen waren an der Tagesordnung. Die Eltern waren ratlos. In einer der vielen häuslichen Auseinandersetzungen sagte der Vater den verhängnisvollen Satz: »Du bist ja gar nicht unsere Tochter!« Ariane war ja selbst erschrocken von ihrer Verwandlung, hätte Hilfe gebraucht, aber nach diesem Satz fiel sie einfach um, sie wollte weg und landete 2004 im Kinderheim in Eichwerder und in meinen Händen. Wir haben viel an der Oder gesessen, den Kähnen zugeschaut und gesprochen. Irgendwann fand ich, es wäre vielleicht hilfreich für Ariane, ihre leiblichen Eltern zu treffen. Aber ich kannte nur ihren neuen Familiennamen. In einer alten Akte konnte ich einen aufgeklebten Papierstreifen vorsichtig abtrennen und da stand dann der Name. Es hat ein halbes Jahr gedauert bis ich die Eltern gefunden hatte und bei ihnen auf dem Sofa saß – in Altentreptow. Alle Kinder hatten sie wiedergefunden, nur Ariane nicht. Das späte Wiedersehen war dann weniger glücklich als in meiner naiven Theorie. Zum einen wurde dort noch immer gezecht, zum anderen war Ariane von ihren Eltern schon so weit entfernt, dass sie in erster Linie an einer neuen Quelle für Zigaretten interessiert war. Mein Plan hatte nicht funktioniert und eine Beziehung zu den Eltern kam nicht zustande. Ariane machte einen »Schulabschluss light« im Schulprojekt des Trägers und versuchte eine Ausbildung. Begonnen, abgebrochen, begonnen, abgebrochen. Mit 18 Jahren flog sie davon. Jahre später hörte ich, dass sie ein Kind habe und fand ihre Adresse heraus: Brüssow bei Prenzlau. Ich kaufte ein paar Kindersachen und saß ihr gegenüber. Sie hat sich gefreut, aber helfen konnte ich ihr nicht ...

Obwohl ich nur als »Rundfunkmensch« Psychologie studiert hatte, war ich, wie gesagt, ab 2002 bei einem Träger der Jugendhilfe als Psychologe angestellt. Zuerst wollte ich nur eine kurze Verschnaufpause machen nach der aufreibenden Arbeit im Verlag *Kinderwelt*, aber dann kamst du auf die Welt, mein Lieber, das Geld war knapp und so wurden aus dem Intermezzo 12 Jahre. Darüber zu berichten, wäre ein anderes Buch. Zum Glück gibt es heute diese großen Objekte mit Hunderten Kindern nicht mehr, aber die Jugendhilfe steckt doch in einem Dilemma. Die überwiegend privaten Träger sind auf Profit aus, das Personal entspricht nicht immer den Anforderungen und, was in meiner Kritik überwiegt, staatliche Regeln und schulische Strukturen stellen der Jugendhilfe ein Bein. Wenn sich ein Kind in der Obhut guter Erzieher befreien kann von dem Chaos in seinem Elternhaus, wenn es in der Schule wieder Tritt fasst und erste Freude am Leben gewinnt, können die Eltern diese Hilfe jederzeit beenden. Oft, um wieder Kindergeld zu beziehen, das mit der Unterbringung ausgefallen ist. Und überall im Nordosten Brandenburgs, wo ich gearbeitet habe, waren die Schulen wenig erfreut (weil personell nicht ausgerüstet), diese vielen »fremden« Kinder aufzunehmen. Der Irrsinn der Inklusion (weil personell nicht ausgerüstet) brachte da oft das Fass zum Überlaufen.

Warum schafft man Förderschulen ab, wenn es für jeden dieser Schüler ein aufwendiges Feststellungsverfahren gibt, wenn es eine spezielle Ausbildung der Lehrer gibt und spezielle Schulbücher beziehungsweise Lehrpläne? Sind diese Kinder damit verschwunden?

Natürlich hat mich in diesen 12 Jahren der aufreibenden Praxis das Thema LRS – Lese-Rechtschreib-Schwäche – auch oft beschäftigt. Das Thema meiner Diplomarbeit. Ich denke, obwohl ich immer sehr abgelenkt war, hatte ich schon einen kleinen Anteil an diesem Werk, das ein neues Testverfahren beinhaltete. Zu meinem Glück fällt mir gerade ein, dass ich im Jahr 1982 Untersuchungen zur Intelligenz im Kindergarten in der Belforter Straße durchgeführt habe. Genau in diesen Kindergarten wurdest du 2007 aufgenommen, mit drei Jahren. Dasselbe Haus, dieselben Flure und Räume, nur 25 Jahre später – verrückte, kleine Welt ... Dazu fällt mir noch eine kleine Geschichte ein, die erst vor kurzem passierte. Ich war von Kindergärtnerinnen in Schwedt an der Oder zu einem Vortrag eingeladen worden und sie hatten mir im Vorfeld eine Reihe von Fragen geschickt. Und in unserer Diskussion schimmerte immer wieder der Vergleich durch, wie war es bis 1989 und wie ist es heute. Die älteren Frauen fühlten sich wohl, den Jüngeren (es war auch ein junger Mann dabei) von früher zu erzählen. Einige sagten, dass sie ja nur angestellt seien, und wählten ihre Worte mit Bedacht. Aber sie erzählten schon vom engen Kontakt zu den Eltern und den Schulen damals. Dass da mehr hingesehen wurde, wenn ein Kind morgens mit schmutzigen Höschen abgegeben wurde, wenn es keine Brotbüchse hatte. Schwächere Menschen, die ihr Leben nicht alleine auf die Reihe bekommen haben, brauchten manchmal ein Korsett, eine Hilfe: Achte auf dein Kind. Alle vier Wochen kam der Kinderarzt und hat die Kleinen untersucht. Wenn es Anzeichen für mangelnde Fürsorge gab, ging er danach in den Betrieb der Eltern und stellte sie zur Rede. Das mag man heute übertrieben finden, aber so konnte einer Verwahrlosung früh entgegengewirkt werden. Kinder waren in der DDR das kostbarste Gut – nicht nur im Programm der SED. Ganz nebenbei, wenn die Versorgung der Kinder nicht angemessen war, wurde

schon mal das Kindergeld gestrichen – alles festgelegt im Familiengesetzbuch (Rechte und Pflichten der Eltern) und im Zivilgesetzbuch der DDR.
Was ich in den 12 Jahren als Kinderpsychologe ab 2002 erlebt habe, hat mich oft sprachlos gemacht und schockiert. Wohnungen voller Müll mit einem »Trampelpfad«, auf dem man sich bewegen konnte, klebrige Stühle, ein unvorstellbarer Gestank und Eltern löffelten mit ihren Kindern eine dünne Suppe aus einem Topf. Und keiner kümmerte sich darum, kümmerte sich um die Kinder. Als ich mit meinem Freund Ingolf darüber ins Gespräch kam, erzählte er mir eine andere Geschichte über die Kinderbetreuung in den 80er Jahren in Schwedt. Er hatte sich bei einer Elternversammlung im Kindergarten beschwert, dass dort Kinderbücher ausliegen, die den Militärdienst verherrlichen: »Ich möchte nicht, dass meine Kinder das lesen.« Die Bücher blieben und Ingolf wurde als Querulant abgestempelt.
Zurück zu meinen Untersuchungen im Kindergarten Belforter Straße. Als alles ausgewertet und aufgeschrieben war, ging es darum, das vorhandene Manuskript von einer Freundin abschreiben zu lassen. Sie hatte so eine elektrische Maschine, die fünf Durchschläge schaffte, wohnte in der Friedrichstraße und war eine Freundin von Franka. Später hat sie auch meine ersten Prosatexte vervielfältigt. Das Schreiben der Diplomarbeit war sicher schwieriger für sie, denn es musste immer der Platz für die Grafiken frei bleiben, die dann (durch mich!) eingeklebt wurden – schließlich gab es damals noch kein *InDesign* oder *PowerPoint* ... Ein Bild hab ich noch im Kopf: Das vordere Zimmer meiner neuen Wohnung in der Schönhauser war leer und auf dem Fußboden lagen alle diese Blätter mit den eingeklebten Grafiken und wurden Seite für Seite zusammengelegt und danach zum Binden gebracht – durch mich!
1983 wurde dann die Arbeit mit vereinten Kräften vorgestellt und verteidigt, aber ein Diplom gab es für mich trotzdem nicht. Mir fehlten 30 Stunden Schwimmunterricht. Das nahmen sie am Ende wichtiger als meine vielen versäumten Seminare. Das Schwimmen fand in der Regel am Mittwoch von 8 bis 10 Uhr in der alten und schönen Schwimmhalle in der Gartenstraße statt – also ziemlich früh für einen Spätaufsteher. Aber auf das Schwimmen wurde Wert gelegt oder war es eine Retourkutsche? Ich habe dann noch diese 30 Stunden ganz gemütlich genossen und durfte mir schließlich mein Diplom abholen. Und fühlte mich irgendwie unwohl dabei, wie ein Dieb: Ein Psychologe des Rundfunks – nicht der Lehre. Zwanzig Jahre später brauchte ich das Diplom dringend und habe es über Tage gesucht in meinem häuslichen Chaos ... Und wurde dann doch noch zu einem passablen Psychologen, nicht der Lehre, sondern des Lebens.
Erzählen muss ich aber noch, wie es mit dem Rundfunk zu Ende ging. Wie gesagt, hatte ich mich während des Studiums weniger um die Redaktion gekümmert als Manfred. Und vielleicht kamen einigen Leuten diese »konterrevolutionären

Umtriebe« gerade recht. Der Rundfunk der DDR kündigte Anfang 1981 meine Delegierung und schloss mich aus seinen Reihen aus. Hallo, ich bin doch zum Studium gegangen, um etwas zu lernen, wie vorgeschlagen, was soll das denn jetzt? Ich wollte kein Psychologe werden, was ich jetzt plötzlich aber sollte. Ich wehrte mich und zog ohne Anwalt gegen das Staatliche Komitee für Rundfunk ins Gefecht, mit 27 Jahren. David gegen Goliath. Gegen den Anwalt der Anwälte Prof. Friedrich Karl Kaul, dem Justiziar des Rundfunks, von dem schon die Rede war. Er empfing mich kurz in seiner Kanzlei in der Wilhelm-Pieck-Straße, hörte mich kurz an und sagte kurz: »Mag ja alles sein, aber damit kommen Sie nicht durch«, und schickte zur Verhandlung seinen Stellvertreter.

Ich hatte noch einen Funken Hoffnung, denn sie hatten zwei Formfehler begangen. Zum einen war die Kündigung rückwirkend ausgesprochen worden, zum anderen war die Begründung sehr schwammig, weil sie sich nicht getraut hatten, die »konterrevolutionären Umtriebe« zu erwähnen, die es ja nicht gegeben haben sollte, stattdessen gruben sie noch mal die umgefahrene Laterne aus und erklärten: »... wir sehen keine weitere Möglichkeit für die Beschäftigung eines Psychologen.« Ich war am Boden zerstört, aber einer meiner Mitstreiter im *Club Impuls* wies mich auf die Formfehler hin. Und außerdem, was war mit Manfred, warum wurde ihm nicht auch gekündigt? Also klagte ich gegen das Staatliche Komitee für Rundfunk. Dieser Vorfall war unerhört und ohne Aussichten auf Erfolg. War mir nicht klar oder ich wollte den Stein einfach aus dem Weg räumen. Die Verhandlung vor dem Arbeitsgericht Berlin-Treptow habe ich noch genau im Kopf. Auf der einen Seite ich alleine, auf der anderen Seite der Vertreter von Prof. Kaul. Es wurden auch die damals üblichen »gesellschaftlichen Vertreter« gehört, wie Axel Blumentritt von *DT64*. Der konnte auf Rückfrage des Vorsitzenden Richters eigentlich nur Gutes berichten: viele Beiträge, immer pünktlich, immer einsatzfreudig, freundlich, seit dem Studium wenig Beiträge. Nun, das konnte ich entkräften, wegen meiner erheblichen Lernanstrengungen. Das ganze dauerte nur eine Stunde, dann wurde das Urteil im Namen des Volkes verkündet: »Die Kündigung ist unwirksam.« Gewonnen! Allerdings winkte mich der Richter anschließend zu sich ans Pult und sagte: »Lieber Herr Bergholz, so ist die Rechtslage. Sie können sich also morgen wieder an Ihren Schreibtisch im Funkhaus setzen. Aber man wird Ihnen keine Aufträge geben. Bedenken Sie das. Sie sind jung, Sie werden eine andere Arbeit finden ...«

Wenige Wochen später unterschrieb ich einen Aufhebungsvertrag und war raus aus dem Funk. Ich hab geheult. Ich hatte doch so viele Freunde dort, hatte Spaß an der Arbeit und wollte etwas verändern ... Aber es kam noch schlimmer. Kurz vor der Verhandlung hatte mich Jonny Marhold, der Chefredakteur vom *Berliner Rundfunk*, zu dem *DT64* damals gehörte, zu sich gerufen: »Wenn du auf das

Gerichtsverfahren verzichtest, dann verzichten wir auf die Rückzahlungen für den Dienstwagen.« Dazu muss ich noch anmerken, dass nach der Sache mit dem *Wartburg* und der Laterne im Glienicker Weg im Februar 1976 noch eine zivilrechtliche Anordnung folgte: »Wiedergutmachung des verursachten Schadens, PKW 8000 Mark, Laterne 1200 Mark. Zahlbar in monatlichen Raten von 100 Mark.« Das hat dann schon ein paar Jahre gedauert ...
Mit meiner Klage und dem Urteilsspruch war dieses außergerichtliche Angebot futsch. Das einzige, was ich noch herausschlagen konnte, war eine positive Abschlussbeurteilung von *DT64*: fleißiger Kollege und so. Aber ich habe dann noch viele Jahre lang den *Wartburg* und die Laterne abgezahlt bis zum letzten Heller. Zuerst die Laterne, dann den *Wartburg*. Lakonisch habe ich diesen Reinfall immer mit dem Satz kommentiert: »Ich bin einer der wenigen Berliner, die eine eigene Laterne haben.« Aber damit nicht genug: Für mein geliebtes Funkhaus sprach mir Jonny Marhold noch ein Hausverbot aus.
Marhold (geboren 1930) hatte gleich nach dem Krieg seine journalistische Laufbahn bei der *Täglichen Rundschau* in Berlin begonnen. Von 1958 bis 1961 war er Rundfunkkorrespondent in Moskau. Dann wurde er Redaktionsleiter beim *Deutschlandsender* (später Radio Berlin International), ab 1970 Chefredakteur des *Berliner Rundfunks*. Jonny, wie ihn alle nannten, war ein freundlicher Chef, aber warum sollte er sich mit so einem Querulanten wie mir belasten? Ich habe im letzten Jahr versucht, die Gerichtsakte in Treptow zu erhalten, aber 2012 wurden alle Akten, die nicht vorher nachgefragt und digitalisiert wurden, in den Keller verbannt. »Wenn Sie ein Aktenzeichen haben, können wir sie bestimmt noch finden.« Aber woher soll ich jetzt noch dieses Aktenzeichen haben? Obwohl das Urteil hier irgendwo in meiner Wohnung liegen muss ... Es hat dann mehr als zwei Jahre gedauert, bis ich wieder eine Radiosendung hören konnte – kein *SFB*, kein *RIAS2* und schon gar nicht »mein« *DT64*. Ich kannte ihre Stimmen, ich kannte ihre Namen. Ich habe geheult und geflucht. Kein Pilot, kein Radiomann. Diese bornierten Bonzen hatten mich einfach abgeschossen.

Jetzt aber endlich zu meinem ersten Sohn, Philipp, ein Kind der Liebe. Daniela hatte ich im Jugendklub in der Greifswalder Straße kennengelernt. 1979 begann sie ihr Studium der Kulturwissenschaften, das wechselweise in Berlin und Leipzig angeboten wurde, sie verschlug es nach Leipzig. Was der Liebe keinen Abbruch tat, im Gegenteil. Das war nur gut für einen umtriebigen jungen Mann wie mich und unsere Liebe. Sie gab ihre kleine Wohnung in der Bizetstraße 133 auf und zog zu mir in die Prenzlauer Allee 6. Eine Wochenendliebe ... Philipp wurde 1980 geboren, in dieser schönen, aber sehr kalten Wohnung. Daniela war 21, ich 26. Wir haben ganz bescheiden gelebt – als Studenten, nur für den Kinderwagen gaben wir ein Vermögen aus, für das Modell *Panorama*. Ich sah jetzt welche im Internet für 250 Euro. Das Foto zeigt mich als stolzen Vater vor unserem Haus mit einigen Kindern, die auch dort wohnten.

Kinderwagen Panorama mit Philipp 1980
Foto: Archiv W. B.

Nach unserem ersten Winter in der Eishöhle suchten wir eine bessere Bleibe, das passierte in der DDR oft mit einem sogenannten Wohnungs- oder Ringtausch. Manche wollten zusammenziehen und boten zwei Einraumwohnungen an, andere wollten sich trennen und nahmen den umgekehrten Weg, beziehungsweise wurden auch schöne Zweiraumwohnungen mit Balkon gegen weniger komfortable Dreiraumwohnungen getauscht und so weiter. Ruhige Neubauwohnung gegen zwei Altbauwohnungen. In diesem ganzen Getausche kamen wir schließlich an eine wärmere Wohnung in der Erich-Weinert-Straße 43. Aber die Liebe bröckelte. Daniela konnte nach der Geburt von Philipp und einem Jahr Pause ihr Studium in Berlin fortsetzen, und das nun tägliche Zusammensein erwies sich für mich als beunruhigend – beängstigend? Es gab sogar schon einen Hochzeitstermin in Weißensee. In den Tagen davor konnte ich kaum noch schlafen, wachte schweißgebadet auf. Als Philipp ein Jahr war, trennten wir uns. Das machte ich mir später, auch heute noch, zum Vorwurf, denn Philipp war noch sehr klein und er brauchte lange, um den Verlust zu überwinden. Üblich war, dass das Sorgerecht bei der Mutter blieb und der Vater holte einmal im Monat das Kind für einen oder zwei Tage ab. Aber es hätte auch mehr sein können, eigentlich müssen. Vor ein paar

Jahren habe ich den Versuch gemacht, mich zu erklären, mich zu entschuldigen. Aber Philipp hat mich getröstet: »Du warst mein Vater. Ich wusste, dass du da bist.«

Unsere schönste gemeinsame Zeit waren immer die drei Wochen in Prerow auf dem Zeltplatz. War es Block K? Schon lange her, jedenfalls war es der letzte Abschnitt vor dem Sperrgebiet und einem Marinehafen am Darßer Ort. Man hielt wohl diese spitze Landzunge an der Ostsee auch für ein ideales Sprungbrett nach Schweden. Da gab es Wachtposten und in der Nacht überstrich ein Scheinwerfer den Strand und das Meer. Näher am Rand der DDR konnte man nicht sein. Und dieser letzte Block am Strand war der Freikörperkultur (FKK) vorbehalten, hüllenlos den ganzen Tag – wunderbar. Dort trafen sich junge Menschen gleicher Geisteshaltung – Freunde aus Rostock, Halle und Berlin. Allerdings mussten wir für dieses Glück schon ein dreiviertel Jahr vorher einen Antrag auf den Zeltplatzschein stellen. Vielleicht bekamen 50 Prozent eine Zusage, der Rest reiste trotzdem an. Dazu orderte man am damaligen Hauptbahnhof in Berlin (heute Ostbahnhof) einen kleinen Container und packte ihn mit dem Zelt und allen restlichen Utensilien voll. Dann brauchte man nur noch eine Fahrkarte bis Barth. Ein paar Jahre sind wir mit dem Fahrrad an die Ostsee gefahren mit einem Zwischenstopp in Neustrelitz. Mit Philipp bin ich schon, als er ein Jahr alt war, losgezogen, natürlich mit der Bahn. Dann musste nur noch der Container in Prerow ausgeladen werden und rein ins Sommervergnügen. Ich hatte nur 1980 und 83 einen offiziellen Zeltplatzschein, aber das spielte keine Rolle. Wenn eine Kontrolle kam, dann war man eben einfach zu Besuch für zwei Tage, das war erlaubt. Das Besondere an Prerow war, dass die Zelte in den Dünen und am Strand aufgebaut werden durften, also direkt am Wasser. Und dort trafen sich dann alle: Maler, Dichter, Sänger, Studenten. Jeder fand Platz und irgendwie wusste auch die Zeltplatzverwaltung, dass nicht alle legal dort waren. Aber über die Jahre hatten wir uns mit denen angefreundet und wenn wirklich mal einer des Feldes verwiesen wurde, war er nach ein paar Stunden wieder da. Auf dem Foto halte ich Philipp im Arm und meine Freundin Stine kümmert sich um den Sonnenschutz …

Prerow 1982
Foto: Archiv W. B.

Über unsere Sommer in Prerow könnte ich stundenlang erzählen. Über unsere Wanderungen zum Dornbusch und zum Leuchtturm, Philipp im Tragegestell. Das tägliche Volleyballspiel am Strand (was war ich schlank) und meine über einen Meter hohen Kleckerburgen, es waren wohl eher Sandtürme, die an Stalagmiten erinnerten. Es gab kuschelige Gitarrenmusik beim Sonnenuntergang am Meer, Küsse, Eifersucht, Liebe, Anstehen nach frischen Brötchen, der schreckliche Waschraum, das Rauschen der Wellen am Abend, die windverdrehten Kiefern, Kerzen in der Nacht. Eine Episode drängelt sich bei diesen Erinnerungen noch mal in den Vordergrund. Ich stellte mein Zelt meistens in der Nähe meiner Freunde Wolfram Seyfert und Klaus Stehr auf. Jeden Morgen war einer dran mit dem Brötchenholen und dann wurde in der Großfamilie gefrühstückt. Kaum hatte sich der Duft entfaltet, erschien der Sänger Jürgen Eger mit einem Teebeutel: »Habt ihr vielleicht heißes Wasser?« Und ohne eine Antwort abzuwarten, setzte er sich zu uns: »Oh, ihr frühstückt gerade, da lade ich mich gerne ein.« Das passierte nicht nur ein Mal. Im Grunde haben ihn alle am Strand sehr gemocht wegen seines exzellenten Gitarrenspiels und nach einem kleinen Konzert am Abend war das Frühstück schon abgegolten. Ja, unser Jürgen. Jetzt scheint er in einem Wohnmobil zu wohnen, ist im Internet aktiv und wohl eher auf der Flucht. Sein schönstes Lied für mich war »Manu« aus dem Jahr 1982.

Die Freikörperkultur war keine Erfindung der DDR. Schon Hermann Hesse (1877–1962) liebte diese Freizügigkeit und ließ sich beim Klettern im Kalkfels über dem Walensee von seiner Frau Maria nackt fotografieren. Die Nudisten eroberten sich in den 1920er Jahren mehr und mehr Inseln der textilosen Freiheit, meist organisiert in Vereinen und beschränkt auf enge Räume. Die Polizeibadeverordnung (was für ein Wort) von 1933 machte den Nackedeis ein Ende. Und die »Polizeiverordnung zur Regelung des Badewesens vom 10. Juli 1942« (mitten im Krieg), die etwas moderater war, blieb lange Verwaltungsvorschrift im prüden Westdeutschland. Aber auch in der DDR hatten es die Nudisten zunächst schwer und selbst im Künstlerdorf Ahrenshoop an der Ostsee war diese »Unsitte« 1954 noch verboten. In dem Buch von Rainer Schmitz *Was geschah mit Schillers Schädel? Alles, was Sie über Literatur nicht wissen* (Eichborn Berlin, 2006) fand ich die nachfolgende Anekdote: Johannes R. Becher (damals Kulturminister der DDR – W. B.) war ein Gegner der Freikörperkultur. Und er empörte sich regelmäßig über am Strand der Ostsee herumliegende Nackte. Als er eine Frau entdeckte, die sich nur mit der Zeitung *Neues Deutschland* bedeckte, schrie er sie an: »Schämen sie sich nicht, sie alte Sau?« Die Frau nahm das Parteiblatt vom Gesicht: Es war Anna Seghers. Als der Kulturminister ihr wenige Wochen später den Nationalpreis erster Klasse mit den Worten »Meine liebe Anna« überreichte, erwiderte die Seghers für alle deutlich hörbar: »Für dich immer noch die alte Sau.« Und es waren dann auch die Künstler, die sich mit Eingaben an den Staat für den Naturismus einsetzten, der 1956 an »ausgewiesenen Orten« legitimiert wurde. Warum daraus in der DDR eine Massenbewegung wurde, ist wohl eher ein Thema für Soziologen. Vielleicht kann ich es kurz zusammenfassen mit dem Satz: »Wenigstens diese kleine Freiheit nehme ich mir ...« FKK am Strand hatte in der DDR nichts Provozierendes, sie war eher ein Anschein von Normalität. Aber das betraf nur einen Teil der Bevölkerung. Es gab den Nacktstrand, dann kam ein Warnschild und es folgte der Textilstrand. Und natürlich gingen »die Textilen« auch gerne mal im Nacktbereich am Strand spazieren, um »nach Bernstein zu suchen«. Die meisten, mit denen ich in Prerow zusammen war, waren Paare. Verheiratet oder unverheiratet in längerer Beziehung. Ich war überwiegend mit Philipp allein da, zweimal mit einer Freundin. Zu mehr hat es nie gereicht, konnte ich nicht zulassen oder war mir zu anstrengend. Ich hatte einfach keine Lust auf die beliebten Fragen einer Frau: Musst du schon wieder zu deinen Freunden? Wann kommst du wieder? Du schaust mich gar nicht mehr so an wie früher. Woran denkst du? Liebst du mich wirklich? – Es waren

immer dieselben Fragen. Allerdings nicht von Anfang an. Das fand ich kurios. Sie hatten mich doch kennengelernt so wie ich war, es war doch offensichtlich, wie ich lebte. Und das muss doch irgendwie sympathisch gewesen sein. Aber nach ein paar Wochen immer das gleiche Spiel. Ich nannte das gern: »Dann wird der kleine Schraubenzieher rausgeholt.« Eine Schraube hier, eine Schraube dort, bis der Mann domestiziert war. Oh, ich kannte zwei oder drei Paare, die ich um die Leichtigkeit ihres Zusammenlebens beneidete, mir ist diese Leichtigkeit nicht begegnet oder ich war einfach nicht dazu fähig. Und ging Problemen aus dem Weg. Mein Freund Thomas Worch meinte unlängst zu mir: »Du hattest damals Schlag bei den Mädchen.« Vielleicht war es so, ich habe mir darüber keine Gedanken gemacht. Die Liebe in der DDR war ein wundervolles Phänomen: Stürmisch, voller Hingabe, ohne Hintergedanken, auf den Moment ausgerichtet, zärtlich, Begehren, Begierde, der Wunsch nach Vereinigung und Lust. Eben Libido. Bis zu dem Tag, an dem der kleine Schraubenzieher herausgeholt wurde ...
Schon seltsam, wenn ich heute die Bilder aus Prerow durchsehe – Bilder meiner Freunde und Freundinnen. Philipp am Strand und im Zelt, Willi mit seinen riesigen Kleckertürmen am Strand oder beim Volleyballspiel. Diese urbane Sippe aus dem Prenzlauer Berg traf sich jedes Jahr in fast gleicher Besetzung in der »Urzeit« wieder, an einem Strand der Vertrautheit, gleicher Ideale und Wünsche, der Liebe. Sie stellte ihre Zelte in einem Rondell auf, fast wie eine Kreisgrabenanlage vor siebentausend Jahren. Die Wirklichkeit war siebentausend Jahre entfernt, es gab keinen Stand und keinen Rang. Und weil es gerade passt, hier noch eine Aufnahme von Philipp und mir. Sie passt so gut zu dem Foto, das 30 Jahre später gemacht wurde – von dir und mir: so nah, so reich ...

Prerow mit Philipp 1984
Foto: Anett Schuster

Es fällt mir schwer, jetzt gedanklich von Prerow Abschied zu nehmen. Bis 1986 war ich regelmäßig dort zum Anbaden zu Pfingsten und zum Sommerurlaub, dann kaufte ich mir in Gellmersdorf ein kleines Bauernhaus und verbrachte die Sommer dort, am Parsteinsee, der wie eine kleine Ostsee ist. Als das Häuschen nach ein, zwei Jahren hergerichtet war, fand ich Freude daran zu pendeln, eine Woche Großstadt, eine Woche Dorfleben. Der Weg war nicht weit und auch meine Kinder fühlten sich wohl. Warum sollte ich in ferne Länder fahren, wenn man in Gellmersdorf alles machen konnte: Baden, Angeln, Reiten, Rodeln, Bootfahren, Ballspielen oder sich aufs Fahrrad schwingen.

Insgesamt habe ich vier Söhne und alle Mütter kamen aus der Kulturszene, oft gab es berufliche Nähe, aus der dann mehr wurde. Das ist ein etwas heikles Thema, aber ich will mich nicht drücken. Mein zweiter Sohn Igor wurde schon ein Jahr nach Philipp geboren. Ich hatte die ganze Nacht mit Liane über irgendeinem Konzept gesessen, dabei etwas Wein getrunken und dann war es zu spät für den Heimweg. Als sie schwanger war, hätte sie sich gegen das Kind entscheiden können, aber sie wollte das Kind. Eine ganz freie, ihre Entscheidung. Das war auch nicht so ganz unüblich, jedenfalls in dem sozialen Umfeld, in dem ich lebte. Du würdest heute vielleicht das Wort Community benutzen, obwohl Gemeinschaft es besser trifft, noch besser gefällt mir Sippe. Irgendwann habe ich in meinem Studium gelernt, dass der soziale Horizont eines Menschen begrenzt ist. Er entwickelte sich in Europa in der Jungsteinzeit, also geschichtlich gesehen vorgestern, und umfasste die eigene Sippe mit ihren 20 bis 40 Leuten. Alles darüber hinaus war unübersichtlich und bereitete Angst, führte zu Spannungen und Kämpfen. Und wenn ich mir heute meinen Freundeskreis ansehe, findet sich eine überraschende Entsprechung. Natürlich stehen in meinem Telefonbuch weitaus mehr Menschen, aber die gehören halt nicht zu meiner »Sippe«. Unsere Vorfahren waren sesshaft geworden, bauten Hütten, hatten erste Nutztiere und fingen mit der Landwirtschaft an. Aber das Jagen und Fischen spielte noch eine große Rolle. Interessant ist, aber das will ich nur am Rande erwähnen, dass sich in dieser fernen, nahen Zeit auch die soziale Prägung der Geschlechter vollzog. Die Männer schlossen sich zu kleinen Gruppen zusammen und gingen auf die Jagd, dazu brauchten sie neben den selbst gebauten Waffen eine gute räumliche Orientierung. Mit Kindern hatten sie nichts am Hut. Die Frauen hielten sich überwiegend im Umfeld der Hütten auf und schwatzten den ganzen Tag. Sie brauchten keine Handys. Der Ackerbau war zunächst Frauensache. Hin und wieder machten sie kleine Ausflüge in die Umgebung, nicht zu weit, um nach Beeren oder Pilzen zu schauen. Auf das Feuer musste schon lange keiner mehr aufpassen, Feuermachen war kinderleicht geworden. Allerdings mussten sich die Frauen in Acht nehmen, vor wilden Tieren und der Nachbarhorde. Wenn dort die Frauen knapp geworden waren, konnte es schnell zu Kidnapping kommen.

Auch Kinderbetreuung war Frauensache. Wenn die Jungen zwischen sieben und neun Jahren alt waren, wurden sie in einem feierlichen Ritual von den Frauen an die Männer übergeben, um sie zu tüchtigen Jägern auszubilden. Dabei lernten sie das Anfertigen von Waffen und die Kunst des Jagens. Die Mädchen blieben bei den Frauen. Natürlich gab es schon damals einen »Chef« und diese Chefs hatten mitunter etwas mehr als die anderen, damit begann das Elend ... Wir unterscheiden uns in nichts von diesen Menschen. Aber leben doch ganz gegen unsere Natur. Egal, ob die Tage kurz sind oder lang, mein Terminkalender ist immer gleich voll. Was für ein lächerliches Schauspiel, wenn sich die große Stadt an einem klirrend kalten Wintermorgen durch die Dunkelheit tastet, da ist schlechte Laune vorprogrammiert – und Arzttermine. Mit Bedauern sehe ich früh um sieben die Zwerge auf die Straßenbahn warten – auf dem Weg zur Schule. Alles dunkel, alles kalt und unter dem Fell wäre es doch so schön warm. Da lag man gemeinsam mit den Geschwistern, Mama, Papa, Oma, Opa und wer noch so dazugehörte, aber das will ich mir lieber nicht weiter ausmalen ... Amerikanische Wissenschaftler haben schon vor vielen Jahren herausgefunden, dass unser Adrenalinspiegel um zehn Prozent steigt, schon wenn wir uns nur in ein Auto setzen. Der Körper weiß, dass er nicht in so eine Höllenmaschine gehört. Als die ersten Eisenbahnen mit 30 km/h durch die Gegend »jagten«, wurden die Leute reihenweise ohnmächtig. Aus dem Laufrad kommen wir offenbar nicht mehr raus. Viele soziale und gesellschaftliche Spannungen in der heutigen Zeit lassen vermuten, dass uns dieses Dilemma nicht bewusst ist. Überhaupt haben wir ein gestörtes Verhältnis zu unserer eigenen Geschichte, wenn es um den aktuellen Blick auf den Nahen Osten geht. *König Lear* wurde vor 400 Jahren geschrieben und *Effi Briest* entstand vor gut hundert Jahren. Aber wir tragen die Nase hoch und wollen den anderen Völkern der Welt erklären, wie sie zu leben haben.

Aber ich war bei Igor stehengeblieben, meinem Zweitgeborenen. Leider ging Liane schon zwei Jahre später nach Westberlin. Ihr wurde die DDR zu eng und so heiratete sie einen Amerikaner zum Schein. Sie wollte raus, schwirrte ab und nahm Igor einfach mit. Ich habe ihn nicht aufwachsen sehen, anders als Philipp, und als ich Igor 1989 wiedersah, fehlte uns die emotionale Nähe, etwas Verbindendes und so blieb es auch. Ich habe wirklich viel versucht, um uns vertraut zu machen, Philipp, Igor und mich. Aber scheiterte, wir blieben uns fremd. Beide waren doch fast im gleichen Alter. Wir spielten Fußball, Tischtennis, gingen Schwimmen, machten Musik … Ich suchte nach irgendetwas, bei dem Igor gut war oder gewinnen konnte, schließlich schraubte ich in Gellmersdorf einen Basketballkorb an die Garage, aber auch dieses Spiel dauerte nur ein paar Minuten. Später hat er dies und das studiert, angefangen und begonnen, und der Faden zwischen uns wurde immer dünner, bis er ganz zerriss. Meine Briefe an ihn kamen immer zurück. Ich glaube, es geht ihm nicht gut und würde ihn gerne in den Arm nehmen.
Philipp ist inzwischen selbst Vater und lebt in glücklichen Bahnen. Er hat Musikwissenschaften und Philosophie studiert, sich bei *Messenger* als Telefonist etwas dazuverdient und fünf Jahre in meiner Wohnung gelebt hier in der Schönhauser, als ich ganz nach Gellmersdorf gezogen war. Ich liebe es, wenn er sich an mein Klavier setzt und ich liebe unsere schönen Vater-Sohn-Gespräche, die es immer gab, auch noch heute.

Mein dritter Sohn heißt Robert. Geboren 1997 in Berlin. Ich war damals in einer schweren Krise, innerlich zerrissen, einsam. Ich wollte schreiben, aber die tägliche Arbeit im Verlag *Kinderwelt* und im Theater fraß mich auf. Ich hatte den Arbeitsaufwand für unser Projekt, die Kinderlieder der DDR in der Marktwirtschaft zu retten, unterschätzt. Mit Freunden hatte ich dazu extra eine GmbH gegründet, aber im Grunde war es keine Arbeit, eher ein Kampf. Ich suchte Trost für eine Nacht und fand Robert. Birgit wollte ein Kind und sie bekam es. Aber ich hatte in meiner Situation keinen Nerv für ein kleines Kind. Über Jahre habe ich 14 Stunden am Tag gearbeitet, auch an den Wochenenden. Diese verfluchte Firma. Aber wir hatten nun mal 50 Kinder-LPs von der Firma *Amiga*, die 1993 abgewickelt wurde, gekauft, um diese an den Start zu bringen. Alle Cover mussten umgestaltet werden, von LP- auf CD-Format. Aber die Künstler Veronika Fischer, Reinhard Lakomy, Gerhard Schöne und andere wollten auch neue Produktionen. Die haben wir dann gemacht, selbst bei knappen Kassen. In einigen Monaten konnte ich nur unsere beiden Angestellten bezahlen, für mich blieb nichts übrig. Aber es war so viel Schwung in der Sache, so viel Herzblut bei diesem Thema. Und am Ende hat es mich ganz aufgefressen. 2002 warf ich das Handtuch und schob erstmal ein Sabbat-Jahr beim Verlag *BasisDruck* ein.

Als ich Zeit hatte, mich umzuschauen, war Robert schon verschwunden, mit seiner Mutter überraschend in die Prignitz gezogen. Aber wir haben uns dann regelmäßig getroffen, in Lohm, in Gellmersdorf und in Berlin, auch heute machen wir das noch. Robert hat gerade die Schule beendet und sucht nach einem Platz im Leben. Buchhändler würde ihm gefallen und wir haben auch schon ein paar Pläne, wie das zu meistern ist. Robert wird es schaffen, das hoffe ich, und ich werde gerne helfen.

Der Vierte im Bunde bist du Matteo, mein Sonnenschein, auch ein Kind der Liebe, zudem ein Sonntagskind. Du wurdest im Februar 2004 geboren und ich habe seitdem jeden Tag mit dir genossen. Nun, wir leben nicht in derselben Wohnung, aber doch zusammen, nur ein paar Straßenzüge voneinander entfernt. Gott hat dieses große Glück für mich aufgespart, für meine alten Tage. Ich bewundere dich manchmal, diesen inzwischen nicht mehr so kleinen Menschen mit seiner Güte, seinem Feingefühl, seiner Spontaneität, Kreativität und Kraft. Du bist so ganz anders, als ich es in deinem Alter war. Mein schönstes Geschenk zu meinem 60. Geburtstag war dein schon erwähntes Versprechen: »Papa, ich halte dich fit.« Dazu gehört zuerst Fahrradfahren, natürlich Fußball, Wettrennen und seit neustem Tischtennis. Wenn wir auf der Couch lümmeln, lesen oder einen Film sehen, sind wir immer nah beieinander und du liebst es, dabei ein Bein oder einen Arm auf meinen Körper zu legen ...

Warum ich es nie lange in einer Beziehung ausgehalten habe, hatte ich schon angedeutet. Aber die Frage ist noch immer nicht leicht zu beantworten. Die falsche Frau zur falschen Zeit wäre oberflächlich. Die Angst vor dem »Schraubenzieher« sicher auch. Eine grobe Stimme in mir sagt: »Du bist ein Narzisst. Du bist ein arroganter Sack.« Also eine klassische narzisstische Persönlichkeitsstruktur. Von Hause aus ängstlich und verwirrt, nach außen selbstgefällig und überheblich. Nach dem erwähnten System von Eysenck: emotional labil und extrovertiert. Das ist bedauerlich, aber es war doch auch der Motor meines Lebens. Beständige Suche nach dem Selbst. Die Kindheit kriege ich nicht aus den Kleidern, da kann ich mich schütteln, wie ich will. In meiner Geschichte *Der Blick aus dem Fenster auf die Bank im Park* lasse ich die Erzählerin sagen: »An manchen Tagen weiß ich nicht, wie ich mich in der Straßenbahn hinsetzen soll und an manchen Tagen fange ich mit jedem Menschen in der Bahn ein Gespräch an, wenn er nicht schnell genug wegsieht. Ich mache Witze und bin ein drolliges, altes Weib.«

Eine weiche Stimme in mir sagt: »Alles ist gut, so wie es ist. Schau dich um und werde ruhig. Du bist noch immer auf deinem Weg. Du hast so viel gelernt, lerne auch deine Gefühle zu zeigen. Nur wenn du dich zeigst, werden die anderen dich erkennen. Was kannst du schon verlieren? Schau dir die anderen Menschen an, niemand ist perfekt.« Diese Stimme erinnert mich an Bertolt Brecht, der geschrieben hat: »Was geschehen, ist geschehen. Das Wasser, das du in den Wein gossest, kannst du nicht mehr herausschütten, aber alles wandelt sich. Neu beginnen kannst du mit dem letzten Atemzug.«

Wir haben »unseren« Brecht heute ganz verloren, diesen großen Dichter. In der DDR war es »ein Muss«, einige seiner Bücher im Regal zu haben. Zuerst natürlich das *Arbeitsjournal 1938–1955*, dann *Briefe 1913–1956*, in jedem Fall *Die Dreigroschenoper* und einige Gedichtbände. Auch ein Buch über Brecht und »seine Frauen« gehörte zu den meisten Sammlungen. Ich kann gar nicht verstehen, wie Brecht aus den Gedanken unserer Jugend verschwinden konnte – oder Heine, Büchner, Hesse, Remarque, Fallada, auch Tucholsky, Kästner und natürlich Kafka. Diese Schriftsteller sind heute immer noch so jung, zupackend und als Menschen zu fassen – wo sind sie hin?

10. Gespräch: Neustart als freier Journalist in Ostberlin, die Zeitschrift Elternhaus und Schule, Erna Geggel und Heinz Vollus, erste Reportagen, Sybille Bergemann, Journalisten und Fotografen, die Junge Welt, Zeitschriftenlandschaft in der DDR, Laien- und Volkskünstler, Schreiben zwischen den Zeilen, Frieda und Jacques Brel

Ich hatte also mein Diplom in der Tasche, aber den Rundfunk verloren und dazu nach dem Prozess noch Hausverbot im Rundfunkgebäude in der Nalepastraße. Keine Rückkehr mehr in die Redaktion, stattdessen war ich ein Absolvent wie jeder andere. Und das hatte Konsequenzen. Jeder Absolvent einer sozialistischen Universität sollte dorthin gehen, wo der Staat, der sein Studium finanziert hatte, ihn brauchte. Mir bot man drei Stellen an: drei große Krankenhäuser der Nervenheilkunde, alle Anfang des 20. Jahrhunderts gebaut, in einer Architektur, die an Kasernen in jener Zeit erinnerte, in rotem bzw. gelbem Backstein ausgeführt: Brandenburg-Görden, Ückermünde und Eberswalde. Als ich Anfang 2004 dann als Psychologe doch noch in Eberswalde aufschlug, musste ich lächeln über die »Kraft der Vorsehung«. Aber zum Glück musste ich dort nur stundenweise arbeiten. 1983 sagte ich die drei tollen Angebote ab mit der Begründung, ich hätte ein kleines Kind und außerdem sei mein Lebensmittelpunkt Berlin. Was sollten sie machen? Meine 30 Schwimmstunden waren abgeschwommen, das Diplom erteilt, hintragen konnten sie mich nicht ... Stattdessen ging ich zum Magistrat, Abteilung Finanzen in der Klosterstraße, direkt an der Spree, um mich selbstständig zu machen als Journalist. Ich legte mein frisches Diplom vor, diese positive Beurteilung von *DT64* und noch eine weitere (Wunder über Wunder) positive »fachliche und gesellschaftliche Beurteilung über Herrn cand. rer. nat. Wilfried Bergholz der Sektion Psychologie der HU vom 10.07.1983«. Das zweiseitige Schreiben habe ich noch. Zwar ist darin nur von »befriedigenden Lernergebnissen« die Rede, aber es wird zumindest gelobt, dass ich immer offensiv und ehrlich meinen Standpunkt vertreten hatte.

Wunder über Wunder – Ende 1983 erhielt ich eine Steuernummer. Adieu Brandenburg-Görden, Ückermünde und Eberswalde, da konnten sie drohen, wie sie wollten. Als ich wieder auf meinem Fahrrad saß, konnte ich mein Glück kaum fassen. Ich war jetzt »freischaffender Journalist« in der DDR. Der kleine Haken dabei war lediglich: Ohne Arbeit. Es folgten Monate der Suche, viele Gespräche mit Freunden und viele Ratschläge. Aber wo sollte ich als Rundfunkmensch hin? Der hilfreiche Tipp kam dann von Daniela, der Mutter von Philipp. Ihre Mutter arbeitete im Verlag *Volk und Wissen*, der Schulbücher herausbrachte, und in diesem Haus gab es auch die Zeitschrift *Elternhaus und Schule* – eine Fachzeitschrift für Eltern und Lehrer. Vielleicht könnten die einen schreibenden Psychologen gebrauchen?

Also setzte ich mich aufs Rad und fuhr zum Verlagsgebäude in der Reinhold-Huhn-Straße – gleich an der Leipziger Straße, das Haus steht noch, eingerahmt von Neubauten. In der Redaktion legte ich mein Diplom vor, berichtete in Andeutungen von meiner Rundfunkzeit und bot meine Dienste an. Am Gespräch nahmen teil Heinz Vollus, der Chefredakteur, und seine Stellvertreterin Erna Geggel, die eigentlich der »Chef« war. Vollus stammte aus der Bündischen Jugend, genauer: aus der »Schwarzen Schar«, die sich 1934 in den Berliner Bezirken Moabit und Wedding zusammengefunden hatte, um sich der Vereinnahmung durch die Hitlerjugend zu widersetzen – kannst du nachlesen bei Kurt Schilde *Jugendopposition 1933–1945*, Lukas Verlag 2007. Das wusste ich damals nicht und ich habe Vollus unterschätzt, gering geschätzt. Erna Geggel (1929–1999) war eine stämmige und freundliche Person, etwa so alt wie meine Mutter, die mich aber in ihrer Art eher an meine geliebte und respektierte Marianne Oppel erinnerte. Sie war verheiratet mit Heinz Geggel, was wohl zu ihrer besonderen Stellung in der Redaktion führte. Ihr Mann war fünf Jahre älter als sie und musste als Jude Deutschland verlassen. Bis 1938 absolvierte er eine Lehre an der Handelsschule in der Schweiz, 1941 emigrierte er über Casablanca nach Kuba. Dort war er Mitglied der »Konföderation der Arbeiter Kubas« und des »Komitees Deutscher Antifaschisten«. 1944 wurde er mit 23 Jahren Mitglied der KPD und kehrte 1947 nach Deutschland zurück. Danach arbeitete er als Redakteur im Funkhaus Grünau, war anschließend Redakteur bzw. Ressortleiter beim *Berliner Rundfunk* und 1957 Intendant des *Deutschlandsenders*. 1973 übernahm Geggel schließlich die Abteilung Agitation im ZK der SED, als Nachfolger von Werner Lamberz und Hans Modrow. Lamberz, als Hoffnungsträger vieler Intellektueller in der SED, ist dann übrigens am 6. März 1978 bei einem Staatsbesuch in Libyen mit einem Hubschrauber abgestürzt. Ursache unbekannt, was zu Spekulationen Anlass gab.
In seiner neuen Position war es Geggels Aufgabe, die Medien in der DDR auf die politische Linie der SED auszurichten. Da wurde also die tägliche *Argu* für die Rundfunkleute gestrickt und für die Zeitungen. Nicht selten wurden von seinem Büro aus die Überschriften und fertige Formulierungen direkt vorgegeben. Auf seinem Schreibtisch sollen vier Fernsehgeräte gestanden haben: zweimal DDR-Fernsehen, dazu *ARD* und *ZDF*. Manfred erzählte mir, dass es bei ihm zuhause genauso ausgesehen hat, ich selbst war nie dort. Heinz Geggel hat das Ende der DDR zehn Jahre überlebt, hat Parteizeitungen der PDS verteilt, in den Klubs der Volkssolidarität geholfen, er starb im Jahr 2000, ein Jahr nach seiner Frau.

Am 30.05.1984 wurde die für mich so wichtige Vereinbarung mit der Zeitschrift geschlossen, meine Aufgabe war »beginnend mit dem Heft 8/1984 für jede Ausgabe einen Beitrag zu schreiben, der mit einem Pauschalbetrag von 250 Mark honoriert wird. Diese Vereinbarung gilt bis auf Widerruf durch einen der beiden Partner.« Ich weiß nicht, wie ich es beschreiben soll, irgendwie hatte Erna Geggel an mir einen »Narren gefressen«. Dabei hatte ich lange Haare, die zudem mit Henna rot gefärbt waren. Den Farbton hatte mir meine Tante Hannchen aus Spandau mitgebracht. Keine Ahnung, was Erna an mir fand. Vielleicht war ich einfach anders als die anderen Leute, mit denen sie verkehrte, vielleicht hatte sie dieses Schwarz-Weiß-Denken ihres Mannes satt. Und entgegen den Forderungen der Uni unterschrieb sie die Vereinbarung, die mich zum freien Mitarbeiter der Zeitschrift machte, für die wissenschaftliche Artikelserie »Lernen und Gedächtnis«. Am nächsten Tag trat ich in der Redaktion meine Arbeit an. Ich stürzte mich zuerst, wie gewünscht, auf das kognitive Lernen und bat Professoren der Uni, mir populärwissenschaftliche Beiträge zu liefern. Es entbehrte nicht einer gewissen Komik, als ich, der faule Student, Honoratioren wie Johannes Helm, Werner Hennig und Klaus-Dieter Schmidt um Artikel bat, im Namen einer anerkannten Monatszeitschrift. Selbst meine Bearbeitungen und Kürzungen haben sie klaglos hingenommen. Das war schon ein interessantes Feld für die ideologisierte Pädagogik in der DDR, dass sich hier über drei, vier Seiten Fachleute zu Fragen alternativer Unterrichtsgestaltung, Lerntechniken, Elternarbeit und zur Förderung von besonders Begabten oder Problemkindern äußerten. Mir selbst hat – abgesehen von den ersten Monaten der Euphorie – diese Art des Journalismus wenig bedeutet. Ich war nur Redakteur, ein besseres Textbearbeitungsprogramm. Aber in Erna Geggel hatte ich meine »Beschützerin« gefunden. Sie war eine starke Beschützerin all derer, die die DDR besser, ehrlicher und offener machen wollten. Unter ihren Fittichen waren damals auch Hubert Kaempffer und, wie ich hörte, Katja Havemann. Das muss nach meiner Zeit gewesen sein. Erna nutzte geschickt ihre Rolle als Ehefrau des obersten Medienchefs der DDR für ziemlich subversive Projekte – und sie hat heimlich auch an Gott geglaubt, wie sie mir offenbarte. Es ist ein Jammer und unentschuldbar, dass ich sie später in den hitzigen 90er Jahren so vergessen habe.

Schon nach ein paar Monaten bat ich sie um richtige Arbeit, um Reportagen, und Erna machte mich mit dem etwa gleichaltrigen Fotografen Stefan Hessheimer bekannt, mit dem ich noch heute befreundet bin. Damals ein junger Fotograf im Vergleich zu den bekannten Roger Melis, Arno Fischer, Sybille Bergemann, Helga Paris und meiner Irene – um nur einige zu nennen. Junge Fotografen, etwa in meinem Alter, waren Bernd Lammel, Harald Hauswald und Rolf Zöllner. Für alle war die DDR ein spannendes Arbeitsgebiet. Aber sie mussten sich entscheiden. Entweder Fotos aus dem »real existierenden Sozialismus«, also fröhliche Menschen und Erfolge in der täglichen Arbeit, oder skurrile Fotos von komischen (doofen)

DDR-Menschen, die im Westen sehr begehrt waren. So oder so, je nach Geldgeber. Die »positive« Seite der Fotografie in der DDR bot 2014 das *Deutsche Historische Museum* in Berlin mit Aufnahmen der Bildreporter Martin Schmidt (geb. 1925) und Kurt Schwarzer (1927–2012) unter dem Titel: *Farben für die Republik*. Bestellte und zum Teil arrangierte Aufnahmen: Die Bäuerin auf dem Traktor, die Weberin an ihrer Webmaschine, glückliche Schweine, freundliche Kellner ... Die hab ich in der DDR nie erlebt. Dasselbe Land und so ganz andere Bilder, dabei sollten Fotos doch ein reales Dokument sein. Aber der Bloßstellung unbeteiligter Menschen in ungünstiger Situation, ein besseres Wort wäre: kompromittierend, wie bei Gundula Schulz, kann ich nur schwer etwas Künstlerisches abgewinnen.

Sybille Bergemann sagte in einem Interview mit der Zeitung *der Freitag* am 24.02.2009: »Es war mir einfach peinlich. Leute anzusprechen habe ich mich sowieso nicht getraut. Das kam erst viel später. Zwar habe ich sie auch ohne ihr Wissen fotografiert, aber eher selten. Eigentlich finde ich das unanständig, als wäre ich ein Voyeur. Diese Hemmungen haben sich auch nie gegeben, sie sind heute schlimmer denn je.« Und später zum Thema Modefotografie: »Direkte Vorgaben gab es nicht. Aber wir sollten immer so fotografieren, als könnte es überall auf der Welt sein – nur nicht im Osten. Keine ollen Häuser. Keine maroden Hinterhöfe. Nicht im Prenzlauer Berg. Deshalb wählten wir oft den Bebelplatz mit der Kathedrale als Hintergrund. Und fast in jedem Heft findet sich eine Serie aus dem Lustgarten. Mit dem Alten Museum, den Säulen, den roten Marmorwänden konnte man nicht viel falsch machen ... 1989 habe ich viele Modefotos auf Hinterhöfen gemacht, es war ja ein heißer Sommer. Sie wurden alle ohne Probleme gedruckt. In den Jahren davor hätten wir bestimmt diskutieren müssen ... Ich fand die DDR auch nicht grau. Vor allem innen drin nicht.« Am 1. November 2010 ist Sybille Bergemann gestorben. Ich habe sie nur ein Mal getroffen und kurz gesprochen, als wir uns in der Redaktion der Zeitung *Sonntag* zufällig über den Weg gelaufen sind. Mit ihrer Tochter Frieda hatte ich eine kurze, stürmische Liebe für drei Tage in ihrer kleinen Wohnung in der Greifenhagener Straße, oder war es die Schliemann? Aber nach drei »arbeitsfreien« Tagen plagte mich schon das schlechte Gewissen, ich war freier Journalist und musste zusehen, woher die Brötchen kamen. Im Kopf habe ich noch Friedas zartes Gesicht. Und ihre schöne Stimme, wenn wir lauthals gesungen haben:

> » ... da ist Frieda
> schön wie die Sonne
> die mich genauso liebt
> wie ich Frieda liebe

und wir sagen uns oft
dass wir reich sein werden
und es wird schön sein
die anderen sagen
du bist zu schön für mich
ich wäre gerade gut genug, um Katzen zu töten
ich habe nie Katzen getötet
oder ich habe es vergessen ...«

Das Zitat stammt aus dem Lied »So sind hier die Leute« von Jacques Brel, auf Deutsch gesungen von Klaus Hoffmann. Ich habe Hoffmann sehr verehrt. Ich liebte die »Blinde Katharina« – und sein »Geh nicht fort von mir« traf mich an manchen Abenden ins Herz. Auch geschrieben von Brel: »Ne me quitte pas«, 1963 gesungen von Marlene Dietrich. Vielleicht die Hymne der »Beautiful Loser« oder wie Brel gesagt haben soll: »Es ist einfach die Geschichte eines Arschlochs und Versagers. Es hat nichts mit irgendeiner Frau zu tun.« Genauso schön ist »Amsterdam«, nach Edith Piafs »Dans le Port d'Amsterdam«. Ein französisches Chanson, so anrührend, auch auf Deutsch. Ich habe alles von Hoffmann gekauft, was ich von ihm kriegen konnte. Keine Ahnung, warum ich auch ihn verloren habe. Auch Herman van Veen habe ich verloren. Habe ich mich in den letzten 25 Jahren selbst verloren? Die Zeit wurde auf einmal so schnell, ganz anders als in der beschaulichen DDR. Das gibt es einfach nicht mehr, einen ganzen Tag lang nur Musik hören, Gerry Mulligan oder Django Reinhardt. Ich sage mir, mach doch mal – aber wann? Am besten jetzt sofort, wir machen eine kurze Pause und hören Django Reinhardt ...

Interessante Einblicke zum Thema Fotografie in der DDR bietet übrigens der Beitrag »Sehnsucht und Eigensinn« von Regina Mönch in der *FAZ* vom 7.12.2012. »Mein« Hausfotograf wurde also Stefan Hessheimer, der heute das schöne Projekt *Koch und Kunst* in Groß Neuendorf an der Oder leitet oder besser: lebt. Er gibt Kochkurse und Fotokurse und jedes Jahr bringt er einen schönen Kalender mit Fotografien aus dem Oderbruch heraus. 1984 war er 32 Jahre alt, ich 31. Wir waren bis 1987 ein erfolgreiches und fröhliches Team. Nachdem es gut angelaufen war, haben wir später alle möglichen Redaktionen mit unseren Reportagen beliefert. Zuerst über Schulen mit eigenen Ideen, über engagierte Elternvertreter, über Patenbrigaden, über Schüler und ihre Träume.
Als »Beleg« dieser Exkursionen zeige ich dir mal einen Auftrag von Heinz Vollus vom 24.8.1984. Das Thema war der Soldat Alexander Matrossow, ein Held im Großen Vaterländischen Krieg der Sowjetunion. Er wurde in der DDR geehrt und sollte somit nicht vergessen werden.

Es ist schon seltsam, dass mich irgendwie bei meinen Erinnerungen immer das Bedürfnis beschleicht, dies alles »belegen« zu wollen. Ich suche in meinem Archiv nach Beweisen, als wären die Worte nicht stark genug. Aber meine Erinnerungen passen so wenig in das heute von den staatlichen Medien verbreitete Bild der DDR. Dass es freie Journalisten und Fotografen gab, dass es mein Gerichtsverfahren gegen den Rundfunk der DDR gab, dass es demokratisch verfasste Jugendklubs gab, dass es Punkbands gab und mutige Liedermacher und die vielen Lesungen subversiver Texte ... Nun, darum erzähle ich es dir ja ...

Anschreiben Vollus 1984
Repro: W. B.

1985 machte Stefan Hessheimer für uns die Tür auf zum Verlag *Neues Leben*. Dort wurden ganz verschiedene Zeitschriften für Kinder und Jugendliche veröffentlicht: ein weites Betätigungsfeld. Der Verlag war schon am 17. Juni 1946 als GmbH gegründet worden mit Zustimmung der SMAD, der Sowjetischen Militäradministration in Deutschland. Stammkapital 20.000 Mark, Gesellschafter: Edith Baumann (erste Frau von Honecker), Erich Honecker, Paul Verner und Friedrich Wolf. Die vier Gesellschafter kamen aus dem Umfeld der KPD und der FDJ, was die Inhalte des Verlags dann auch bestimmte. Zu den Direktoren (von 1966 bis 1975) zählte der frühere (und dann entlassene) DDR-Kulturminister Hans Bentzien, den wir damals sehr verehrten und auf den wir hofften. Er passte so gar nicht in die »Nomenklatur«, war eher ein Künstler als ein Funktionär. Später war er bei der Funkdramatik, dann beim Fernsehen und stolperte immer wieder über seine unangepasste Standhaftigkeit, letztlich auch über den Film *Geschlossene Gesellschaft*. Ich erinnere mich noch ganz genau, dass wir uns zum gemeinsamen Filmabend bei Peter und Tina Fuchs in der Willi-Bredel-Straße verabredet hatten. Der Film war in der Programmzeitung für 22 Uhr angekündigt, kam dann aber nicht. Es muss hoch hergegangen sein in Adlershof (dem Sitz des DDR-Fernsehens) an diesem Abend. Erst tief in der Nacht, wir wollten uns schon verabschieden, begann der Film endlich. Entstanden im Jahr 1978 (Buch Klaus Poche, in den Hauptrollen Jutta Hoffmann und Armin Mueller-Stahl) ist er nur auf den ersten Blick ein Ehekonflikt. Das verlorene Glück, das verlorene Wort, das plötzliche Aufbrechen von Wut und Ratlosigkeit waren auch als Gleichnis für die DDR zu deuten ...

Der Film lief nur dieses eine Mal, wenig später gingen Jutta Hoffmann und Armin Mueller-Stahl in den Westen. Sie arbeiteten dort sehr erfolgreich weiter, wie auch ihre Kollegen Angelica Domröse und Hilmar Thate. Nach dem medialen Desaster der Biermann-Ausbürgerung ließ die DDR-Führung ihre bekanntesten Künstler lieber ziehen oder gewährte ihnen das Arbeiten in Westdeutschland.

Aber ich war bei den Zeitschriften der DDR stehengeblieben: Ab 1947 veröffentlichte der Verlag *Neues Leben* die auflagenstärkste Zeitung der DDR, die *Junge Welt*, die 1990 eine tägliche Auflage von 1,6 Millionen Exemplaren erreichte. Das erste belletristische Werk des Verlags war *Wie der Stahl gehärtet wurde* von Nikolai Ostrowski. Dieses Buch hat mich in meiner »trotzkistischen Phase« ab 1968 fasziniert, denn es handelt vom Russischen Bürgerkrieg und dem Kampf der Roten Armee. Mein bevorzugter Held als Schüler war allerdings Che Guevara. Er wurde am 9. Oktober 1967 in Bolivien erschossen und lebte doch weiter auf dem großen, selbst gemalten Poster in meinem Refugium und in mir. Che stand über allem, der Revolutionär, aber Bücher über ihn bekam ich erst viel später. In meiner Schulzeit musste ich dagegen viele »langweilige« Bücher lesen, die sogenannte Pflichtliteratur. Das war, neben Schiller, Lessing und Goethe, leider auch *Frau Flinz* von Helmut Baierl. Wer wollte so was lesen? Aber zum Glück gab es ja bei *Reclam* ein paar kleine Büchlein mit Sekundärliteratur. Die hatte ich mir angeschafft. Und in ihnen wurden alle »ungeliebten« Bücher perfekt beschrieben: handelnde Personen, Konflikt, Handlungsstrang, Lösung des Konflikts und Zitate. Ich will nicht sagen, dass meine Eins im Fach Deutsch nur aus dem Lesen

dieser Kompendien stammte, aber doch zu einem erheblichen Teil. Die Geschichte von Pawel Kortschagin dagegen habe ich wirklich gern gelesen und nicht nur einmal. Und habe noch immer das Zitat des Helden im Herzen:
»Das Wertvollste, was der Mensch besitzt, ist das Leben. Es wird ihm nur einmal gegeben, und er muss es so nützen, dass ihn sinnlos verbrachte Jahre nicht qualvoll gereuen, die Schande einer kleinlichen, inhaltslosen Vergangenheit ihn nicht bedrückt und dass er sterbend sagen kann: Mein ganzes Leben, meine ganze Kraft habe ich dem Herrlichsten in der Welt – dem Kampf für die Befreiung der Menschheit – geweiht. Und er muss sich beeilen, zu leben. Denn eine dumme Krankheit oder irgendein tragischer Zufall kann dem Leben jäh ein Ende setzen.«

Später erfolgte im Verlag der Jugend die Veröffentlichung von *Bummi*, der *ABC-Zeitung* und der Zeitschriften *Frösi* (Fröhlich sein und singen), das *neue leben* und *Mosaik*. Die *ABC-Zeitung* wurde schon 1946 gegründet und war die älteste Kinderzeitschrift der DDR. Nach dem Ende der DDR erschien sie noch bis Ausgabe 2/1996 in der Verlags-Union Pabel-Moewig. Im gleichen Verlag wird bis heute der *Bummi* veröffentlicht.

Für das westliche Ausland gab es im Verlag ein Journal mit dem Namen *Kontakt* in verschiedenen Sprachen. Dieses gut gemachte Blatt, auf gutem Papier gedruckt, wurde unsere nächste Station als Reporter. Stefan Hessheimer und ich bereisten das kleine Land. Wir besuchten die Fischer am Schweriner See, die Moped-Werke *Simson Suhl*, das Stahlwerk Brandenburg, die Schmelzkäse-Produktion in Altentreptow, eine Theatergruppe in Leuna und junge Rennfahrer auf dem Sachsenring. Diese Reportage trug den Titel: »Ein Rennfahrer lässt sich nicht vom Teufel reiten«. Eine von der Redaktion gewünschte Reportage über *DT64* war leider nicht möglich, denn ich hatte ja Hausverbot im Funkhaus in der Nalepastraße.

Durch Stefans gute Ideen konnte ich mich immer mehr frei machen von *Elternhaus und Schule*, das Korsett begann irgendwann zu drücken. Wir sollten die fröhliche, die kreative Seite der DDR zeigen und zeigten sie. Der Frust der Leute oder ihre Enttäuschung über mangelnde Ersatzteile oder Versorgung fielen unter den Tisch. Sollte, konnte das immer so weitergehen? Mach dir mal den Spaß und schlage bei Wikipedia nach unter »Liste von Zeitungen und Zeitschriften in der DDR«, ich habe selbst gestaunt.

Stefan fotografierte und fotografierte und ich schrieb und schrieb, aber diese Lobeshymnen tippte ich nur noch lustlos in meine *Continental*. Zum Glück kam mir dann meine ehrenamtliche Arbeit im *Club Impuls* zu Hilfe. Da waren doch jede Woche viele junge Künstler zu Gange, über die wollte ich schreiben. So wurden dann wieder die Rockmusik und die Liedermacher zu meinem Fachgebiet, wie es auch in meiner Zeit bei *DT64* war. Durch Thomas Otto kam ich 1985 als freier Journalist auch zur *Jungen Welt*. Wir kannten uns aus Greifswald, er war eine Klasse unter mir, wie Wolfgang Rindfleisch. Ich will hier nicht alle aufzählen, aber es war schon eine beträchtliche Zahl von jungen Leuten, die diese mit jedem Jahr kleiner werdende Stadt an der Ostsee verließen, um im großen Berlin an die Pforten der Kunst, des Fernsehens und des Radios zu klopfen. Thomas studierte Musikerziehung, ist sein ganzes Leben lang mit Musik verbunden, so bei der Band *Regenmacher* und heute im Chor. Acht Jahre war er bei der *Jungen Welt*, bis zu ihrer letzten DDR-Ausgabe. Gut nachzulesen in dem Buch *Wer jung ist, liest die Junge Welt* von Michael Meyen und Anke Fiedler (Ch. Links Verlag 2013).

Ich habe Thomas und seine Frau über die Jahre in regelmäßigen Abständen besucht. Ein wundervolles Paar. Einmal kniff ihr Thomas in der Küche scherzhaft in den Po, dann kicherte sie wie ein junges Mädchen und das nach dreißig Ehejahren. So was wollte ich auch, genau so. Das war sicher ein Fehler ...

Ich war gerne im Büro der *Jungen Welt* zu Gast, im Haus des Berliner Verlags in der Liebknechtstraße. Mit dem Fahrstuhl ging es ganz nach oben. Ein schöner Blick auf die Stadt und immer fröhliche Stimmung unter den meist jungen Redakteuren. Die Zeitung war beliebt und auflagenstark, aber natürlich war sie das »Zentralorgan der FDJ« und hatte zuletzt mit Hans-Dieter Schütt einen strengen Chef. Wenn etwas ging, dann nur zwischen den Zeilen für ein darauf trainiertes Publikum. Thomas erzählte mir, dass er einmal eine Kritik über eine italienische Folkloregruppe geschrieben hatte, als Titel wählte er: »Zwischen Liebe und Zorn«. Auf den ersten Blick unverfänglich, aber es war eine sehr geläufige Textzeile der im Sommer 1975 verbotenen Gruppe *Renft*. Thomas hatte sich keiner Übertretung schuldig gemacht, aber der Leser verstand sofort. Beim Durchblättern meiner Mappen mit alten Artikeln stieß ich auf einen, den wir gemeinsam geschrieben hatten, mit praktischen Tipps für den Aufbau eines Jugendklubs und auch auf ein Interview mit Dirk Zöllner (geboren 1962), der 1985 mit seiner Band *Chicorée* an den Start gegangen war. Ihr früher Auftritt bei *Rock für den Frieden* im Palast der Republik war ein überraschender Erfolg für die Amateurband. Um diese Szene in der DDR etwas zu beleuchten, hier ein kurzer Ausschnitt aus dem Gespräch: »W. B.: Aufgefallen waren beim Berliner Leistungsvergleich eure aktuellen und sehr konkreten Texte, woher nimmst du die Einfälle? Dirk: Die meisten Texte entstehen ganz spontan aus dem heraus, was wir täglich erleben. Das Lied Elli im Wunderland ist dafür ein typisches Beispiel. Da geht es um Wünsche, die sicher jedem vorschweben, also das freundliche Zusammenleben, die Ehrlichkeit untereinander, das Beenden des Wettrüstens. Dafür muss man schon was tun. Das Wunderland ist nicht einfach da, es ist ein Ziel, dem man sich Stück um Stück nähern muss ...
W. B.: Mit einem Durchschnittsalter von 20 Jahren gehört ihr zu den ganz jungen

Gruppen, wie wird es bei euch weitergehen? Dirk: Natürlich ist es nicht immer einfach, alles zeitlich zu schaffen. Texte und Musik zu schreiben, Proben, Konzerte, schließlich haben wir alle auch unsere beruflichen Aufgaben. Garret zum Beispiel ist Heizungsmonteur, Achim lernt Tischler, ich arbeite als Gütekontrolleur beim Tiefbau. Aber mit der Unterstützung des Berliner Hauses für Kulturarbeit, das uns die Ausbildung an der Musikschule ermöglichte, und durch die FDJ-Kreisleitung Lichtenberg glauben wir schon, dass es erfolgreich weitergeht, auch mit Blick auf die Zentrale Leistungsschau der Amateurtanzkapellen in Erfurt.« Soweit dieses Zitat. Zöllners schönstes Lied ist für mich: »'n Käfer auf 'm Blatt.« Eine noch heute aktuelle politische Ballade aus dem Jahr 1985, im Text heißt es:

'ne Hand in einer Hand, was ist das schon?
der ein' gibt man ein Gewehr
die andre wäscht den Toten hinterher
'ne Hand in einer Hand, was ist das schon?

Die »Musikschule« meint die Musikschule Friedrichshain in der Zellestraße 12. Dort haben in meiner Zeit (fast) alle Musiker ihr Studium absolviert: vom Autodidakten zum staatlich anerkannten Rocker. Ohne diesen Abschluss gab es keine »Pappe« (keine Spielberechtigung) und ohne Pappe keine Kohle. Unterrichtet wurden die Fächer Popmusik, Rockmusik, Jazz, Chanson und Schlager. Neben dem Instrumentalunterricht gab es auch eine Gesangsausbildung.
In der DDR war alles geregelt und strukturiert. Manche nennen es Überwachung und Gängelung, aber der Staat war schon auch an seinen Amateurkünstlern interessiert. Die oberste »Behörde« war das Zentralhaus für Kulturarbeit in Leipzig und natürlich wurde das, was von oben kam, heruntergedeklniert bis in die kleinste Kleinstadt. Es gab Volkskunstausscheide und die *Arbeiterfestspiele* (die letzten vom 24. bis 26. Juni 1988 im Bezirk Frankfurt/Oder). Das Berliner Haus für Kulturarbeit war das Nadelöhr für alle Berliner Künstler vom Puppenspieler bis zum Rocker, dort wurde auch ich als »freiberuflicher Sprecher« und als »Schallplattenunterhalter« eingestuft. Ich war also auch ein Volkskünstler. Ich empfehle dir zu diesem Thema die Dissertation von Cornelia Kühn: *Volkskunst als kreative Aneignung der Moderne?* Untertitel: *Die Laienkunst in der frühen DDR zwischen politischer Lenkung und ästhetischer Praxis.* Leider gelangen diese und andere aktuelle Publikationen und Erkenntnisse nicht in unsere Schulbücher, geschweige denn in die staatlichen Medien.
Meine »Karriere« als freier Journalist in Ostberlin gipfelte schließlich darin, dass ich in den beiden Publikationen *Unterhaltungskunst* und, worauf ich besonders stolz war, dem *Sonntag* Rezensionen veröffentlichen durfte. Nach meinem Rauswurf

bei *DT64* war ich glücklich zu spüren, dass ich für die Zeitung schreiben konnte, das hat mich sehr erleichtert und langsam über den Verlust des Rundfunks hinweggetröstet. Dort wurden meine Artikel ja auch gelesen. Bei all dem, bei diesem endlich Erwachsenwerden, dem Starkwerden hat mir der *Club Impuls*, dazu komme ich in unserem nächsten Gespräch, sehr geholfen. Ich wurde mit den Jahren wirklich frei und ganz langsam auch etwas mutiger, allerdings nur zwischen den Zeilen.

Als ich vor ein paar Monaten mit dem Fotografen Volker Döring telefonierte wegen ein paar Fotos für meine Erinnerungen, kamen wir auch auf den *Club Impuls* zu sprechen und er sagte spontan: »Klar kenn ich den, da hab ich doch meine Frau kennengelernt.« Also muss ich jetzt noch einmal ein paar Jahre zurückgehen. Im *Impuls* begann 1975 mit zwanzig Jahren mein Leben in Berlin.

11. Gespräch: Club Impuls, Demokratie im Kleinen, meine Vorbilder Wolfram und Peter, erster Auftritt von Lutz & Willi, Melancholie in der DDR, Schallplattenunterhalter, Open-Air-Konzerte an der Mauer, Liedermacher in der Spätlese, Juckreiz, Angela Merkel auf der Liege, geschafft: erste Artikel im Sonntag

Als ich im Herbst 1975 nach Berlin kam, war ich dort fremd. Das Huhn und der Lude studierten in Greifswald, Steffi war nach Leipzig abgeschwirrt. Ich lebte in Köpenick, hatte mich im Rundfunk eingelebt und fühlte mich doch allein. Ich hatte Arbeit, die mir Spaß machte, aber außer Manfred keinen Freund, keine Clique oder Sippe, die ich so brauchte. Damit ich als ein echter Berliner durchging, hatte ich mir nach meinem Start in der Stadt drei, heute verrückt klingende, Aufgaben gestellt: 1. Jedem Touristen ohne zu zögern eine Wegbeschreibung liefern, 2. perfekt zu Berlinern und 3. bei höchster Geschwindigkeit aus einem in den Bahnhof einfahrenden Zug zu springen. Am schwierigsten war die letzte Aufgabe. Damals war es üblich bei S- und U-Bahn, die Türen während der Fahrt etwas zu öffnen, sie waren nicht verriegelt wie heute, das war besonders an heißen Tagen angenehm. Und daraus entwickelte sich dieser Sport mit dem Abspringen. Wichtig war, dass man zuerst an der Tür stand, bevor ein anderer den Startplatz besetzte. Wenn der Zug den Bahnhof erreichte, öffnete man die Tür ganz, um dann genau im richtigen Moment mit drei geübten Schritten abzuspringen: tapp-tapp-tapp. Dabei den Oberkörper leicht nach hinten beugen, um den Schwung abzufangen, während man mit den Füßen regelrecht galoppierte. Und dann stehen. Umdrehen und entspannt dem Ausgang zuwenden. Zuerst hatte ich Angst, später ging es nur noch darum, bei einer möglichst hohen Geschwindigkeit auszusteigen, ohne ins Stolpern zu kommen. Ich war ein Berliner.
Der Prenzlauer Berg war damals schon das Zentrum der Stadt und manchmal schlenderte ich durch mein späteres Domizil, die Schönhauser Allee. Ich glaube mich zu erinnern, dass ich Ende 1975 daran gedacht habe, auch nach Leipzig zu gehen oder zurück nach Greifswald. Und dann passierte es. Ich weiß es noch, als wenn es gestern gewesen wäre. Ich stand vor einem Schuhgeschäft in der Nähe der Bornholmer. Schöne Schuhe. Ich hätte mich auf meinem Rundgang auch nach rechts wenden können und nichts wäre passiert. Aber ich drehte mich nach links und da stand er: Lutz Büchler. Diese Drehung nach links war eine der wichtigsten Bewegungen in meinem Leben. Er war etwa in meinem Alter, hatte Mathematik studiert, war aber eher ein früher Anhänger der Kybernetik und der Computer. Er war groß, schönes Gesicht, warme Augen, krause Haare, bewandert in der Kultur. Und – ich kannte ihn aus Eggesin, von unserer »Soldatendisko« auf dem Appell-

platz. Was für eine Freude: »Mensch, Willi, was machst du denn hier, brauchste neue Schuhe?« Ich brauchte was ganz anderes ... Alles änderte sich in diesem Moment: »Komm mit, ich zeig dir was.« Wir brauchten nur wenige Minuten bis in die Czarnikauer Straße 19. Dort entstand gerade der *Club Impuls* – ein Jugendklub der FDJ und der erste »Club der Mittzwanziger« in Berlin. Die Räume im Erdgeschoss waren nicht groß, ein Raum für ungefähr 100 Besucher, eine Küche, der Ausschank daneben, ein Billardzimmer, ein Theaterraum und ein Zimmer für die staatliche Klubleitung. Der eigentliche Erfinder war 1975 Wolfram Seyfert, er kam aus dem *Franzklub* in der Schönhauser, Ecke Sredzkistraße. Sie wurde benannt nach Siegmund Sredzki, ein Berliner Kommunist und Mitglied der Reichsleitung des »Verbands proletarischer Freidenker«, er wurde am 11. Oktober 1944 im KZ Sachsenhausen erschossen. Vor deiner Schule gibt es eine Gedenkstele für ihn und Ernst Knaack, der ebenfalls den Nazis zum Opfer fiel. Die Jugendklubs der FDJ hatten keineswegs freie Hand und was bei ihnen möglich war, hing allein vom Rückgrat des Klubleiters ab. Die FDJ schaute mit Argusaugen darauf und auch das Kulturamt im Stadtbezirk. Das war ein ständiger Kampf. Als Wolfram den *Franz-Klub* ein paar Jahre geleitet hatte, bemerkte er, dass er inzwischen 25 Jahre alt war und seine Altersgenossen dem fröhlichen Treiben im Jugendklub weitestgehend fernblieben. Die hatten inzwischen geheiratet, meist gab es Kinder und die Eltern passten einfach nicht mehr recht in das Publikum. Tanzen wollten sie schon, aber wer sollte auf die Kinder aufpassen? Nach dem Gründen einer Familie fühlten sich viele abgeschnitten vom Leben und hatten Angst vor einem Abgleiten in die »Normalität«, ins Spießertum. So entstand Wolframs Idee für den »Club der Mittzwanziger«. Tatsächlich wandte sich das Angebot dann später eher an Mittdreißiger, aber die Idee funktionierte. Als ich das erste Mal zusammen mit Lutz Büchler dort war, wurden gerade die Sitzecken aus Holzplatten ausgesägt und die Mädchen nähten Kissen. Die Wände waren kahl, im Grunde war nichts da, ich glaube, davor war in den Räumen ein Einkaufsladen. Aber jetzt war er angefüllt mit etwa zwanzig »Mittzwanzigern«, die ihre Ideen und Talente mitbrachten – und ihre Kinder. Das Raumkonzept gestaltete übrigens Sonja Fischer, die an der Kunsthochschule arbeitete. Von Anfang an war es eine Großfamilie und so blieb es auch die zehn Jahre, in denen ich dort Mitglied war.

Wolfram war ein Kulturmanager. Ich traf ihn vor kurzem wieder, nach 25 Jahren, und es war so, als hätten wir uns gerade mal 14 Tage nicht gesehen. Es ist verwunderlich und wunderbar, dass diese alte Nähe und Vertrautheit die Jahre überlebt haben. Er war so wie ich mit 17 Jahren (Jahrgang 1950) zu Hause ausgezogen und hatte nach der Schule im Berliner Glühlampenwerk *NARVA* »Mechaniker für Lichtquellen mit Abitur« gelernt. Aber das war nichts für ihn. Kultur sollte es sein, am liebsten Kunst. 1969 nahm er am »Literaturwettbewerb der Berliner Jugend« teil und belegte knapp hinter Hartmut König den zweiten Platz: ein Büchergutschein über 200 Mark. Damit war die Entscheidung getroffen, keine Glühbirnen produzieren, sondern Menschen erleuchten. Nach seiner Ausbildung übernahm er zunächst den Jugendklub in der *Galerie im Turm* am Frankfurter Tor, die es heute noch gibt, und wechselte wenig später in den Jugendklub im *Kino International*, wo der *Oktoberklub* sein Domizil hatte. Damit war er drin in der Szene und als am Silvesterabend 1970 der *Franzklub* eröffnet werden sollte, wurde er der Chef. Das Wort Chef trifft es nicht ganz, Wolfram war ein »Tausendsassa«, als wir uns kennenlernten und ist es wie es scheint noch heute: Neue Themen anpacken, andere begeistern, unbequeme Wege gehen, die Politik überzeugen, finanzielle Quellen auftun. So war es auch im *Club Impuls*. Ärmel hochkrempeln und anfangen. Vor dem Haus traf er zufällig Gustav Salffner und Peter Fuchs: »Was passiert denn hier?« Und da die beiden auch gerade gemerkt hatten, dass sie keine Teenager mehr waren, war das neue Team gefunden. Wolfram, der im Stadtbezirk für Kunst und Denkmalpflege zuständig war, hatte somit beste Kontakte zur Abteilung Kultur, und Gustav und Peter wurden zum Kern des ehrenamtlichen Klubrats. Dann kamen Tina dazu, Martina, Herbert, Lutz und ich – und immer mehr. Eine fröhliche Gruppe, die sich zusammengetan hatte, um die Räume zu gestalten. Später schleppten wir Kästen mit Cola heran, schmierten Schmalzstullen, standen am Einlass, spülten die Gläser und schwangen zu später Stunde den Besen. Es gab zwar eine staatliche Klubleiterin, Liane Düsterhöft und später Thomas Worch, aber das Sagen hatten Wolfram, Peter und Gustav, die das Ganze im Kopf hatten, mit Elan umsetzten und verteidigten. Sie waren etwas älter als ich und ich konnte von ihnen lernen. Wolfram habe ich geachtet, Peter habe ich geliebt. Hohe Stirn und herzlich leuchtende Augen. Nicht glücklich verheiratet mit einer springlebendigen Sportlehrerin hatte er alles, was ich mir mit meinen 20 Jahren wünschte: Gelassenheit, Humor, Eloquenz, Charme. Ein verschmitzter Widerpart. Nicht das Streben danach sich durchzusetzen wie Wolfram, aber doch Klarheit und Ruhe bei der Behauptung seiner Position. Peter arbeitete als Archivar im *Arbeitshygienischen Institut der Theater und Orchester der DDR*, eher ein ruhiger Posten, sodass genügend Kraft für das »Hobby« blieb. Ich hatte vor, auch ihn auf meiner kleinen Erinnerungsreise für unsere Gespräche zu besuchen, und dann von Wolfram erfahren, dass Peter im Juni 2011 mit 64 Jahren gestorben ist. Es fiel mir schwer, das zu glauben und ich habe am Abend ein paar Fotos von ihm herausgesucht, er ist noch da, in mir. Peter.

Sein Traum war es, sich mit Beginn seines Rentnerlebens dem Erhalt historischer Gebäude zu widmen, zusammen mit seinem Freund Wolfram. Ein Projekt haben sie noch geschafft, die Optische Telegrafenstation Nr. 18 in Neuwegersleben in Sachsen-Anhalt. In seiner Kindheit war Peter auf dem Weg zur Schule oft mit seinem Fahrrad an dem verfallenen Gebäude vorbeigefahren. Ein unscheinbares Haus mit einem seltsamen Stab auf dem Dach. Später erfuhr er, dass die Nr. 18 eine von 62 Telegrafenstationen war, die zwischen 1832 und 1849 die preußische Residenz in Berlin mit Koblenz verbanden. Bei guter Sicht konnte eine Nachricht mit 30 codierten Wörtern in 90 Minuten über eine Distanz von 550 km bis in die preußische Rheinprovinz übermittelt werden. Die Strecke begann auf der alten Berliner Sternwarte in der Dorotheenstraße, der Station 1, setzte sich fort über den Potsdamer Telegrafenberg (daher der Name) über Magdeburg, Goslar, Paderborn, Köln und Siegburg bis nach Koblenz. Seit 2011 ist dieses technische Denkmal der Kommunikationsgeschichte wieder »sendefähig«, im Untergeschoss kann man eine Dauerausstellung zur Geschichte der optischen Telegrafie besuchen. Bei der Eröffnung war Peter noch dabei.

Kurz nach der Eröffnung des *Club Impuls* schwirrte Wolfram ab zu seinem Studium an der Akademie für Staats- und Rechtswissenschaften in Potsdam und Peter und Gustav übernahmen. Das waren zwei wundervolle Menschen, die sich so ganz unterschieden von den vielen Halbkünstlern in Lodenmänteln, den Revoluzzern und Spinnern im Prenzlauer Berg. Sie waren bescheiden, voller Würde und politisch auf Distanz zum Regime. Sie versuchten, soweit die Kraft ausreichte, innerhalb der bestehenden Verhältnisse, möglichst viel Freiraum und Eigenständigkeit zu erstreiten. Das habe ich von ihnen gelernt und später weitergeführt. Kleine Schritte, Nadelstiche und Beharrlichkeit, wenn es ums Prinzip ging. In der Enklave *Club Impuls* haben wir unser eigenes soziales System von Demokratie und Selbstverwirklichung gestaltet und genossen. Die Diskussionen waren dementsprechend endlos. Es war wie ein später Reflex auf die 68er-Bewegung in Westberlin. Über jedes Detail wurde verhandelt, bis alle überzeugt waren. Jeder Einzelne dieser jungen Leute, die fast täglich in ihren Klub kamen, war wichtig, hatte eine Stimme. Vielleicht kam daher meine Distanz zu den Gruppen und Grüppchen der »Opposition«, die letztlich nur in der Kirche überleben konnten und denen der Kontakt zur Bevölkerung fehlte.

Und so wurde unser Klub, zur Abgrenzung von den Jugendklubs, mit »C« geschrieben, nicht nur für die Macher, das ehrenamtliche Kollektiv, sondern nach seiner Eröffnung im Frühjahr 1976 auch für viele Besucher eine beliebte Insel in der großen Stadt, mit gemütlichen Sitzecken, kleinen Tischen mit Lampen darüber. Er wurde zu einem Teil ihres Lebens, Ort für Gespräche, Musikkonzerte, Lesungen, Theater, Diskussionsabende. Das Zentrum blieben die Klubmitglieder, die das Ding in ihrer Freizeit am Laufen hielten. Als alles aufgebaut war, entstanden verschiedene Arbeitsgruppen: für die Bar, die Veranstaltungen, Kinderprogramme und auch eine für das Thema Disko, in der Lutz Büchler und ich waren. Ziel: Altersgemäße Tanzveranstaltungen am Freitag und Samstag. Die Zeit der Bands in den kleinen Klubs war vorbei, die Musik kam jetzt von Kassetten und Schallplatten. Mitte 1976 taten wir uns zusammen: *Lutz & Willi*. In der Arbeitsgruppe Werbung wurde beim Malen der Schilder aus Willi irrtümlich Willy – aber was machte das? Wir wurden das perfekte Duo für die nächsten Jahre, auch ein Markenzeichen für den *Impuls*. Ein paar hundert Meter von der Bornholmer Brücke entfernt kamen mit den Jahren immer mehr Westberliner auf diese Insel der Kultur, der Selbstverwaltung, des Tanzes, der Liebe und der Melancholie.

Lutz & Willy 1984
Foto: Archiv W. B.

Dieser Klub war, wie unser kleines Land, ein Ort für Melancholiker, voller trauriger und voller glücklicher Gefühle. Hans Jürgen Eysenck hat das melancholische Temperament allerdings als eine Kombination von emotionaler Instabilität und Introversion bezeichnet, dem ich mich nicht anschließen würde. Interessanter finde ich, wie es Wilhelm Schmid unlängst in einem Essay für *Radio Bremen* formuliert hat: »Alle haben doch vor, ständig glücklich zu sein, alle Anderen sind es ja auch, jedenfalls arbeiten sie hart daran, den Eindruck zu erwecken. Hinter den Gardinen sieht es oft anders aus.« Und Michael Reitz erinnerte in seiner Sendung im *Kulturradio* vom *rbb* Ende 2013 zum Thema Melancholie daran, dass bereits der antike Mediziner Hippokrates gefunden habe, dass der Schwarzgallige als der philosophischste unter den Charakteren anzusehen ist. Doch diese positive

Einschätzung hat sich nicht gehalten: das Christentum sah in der Melancholie eine große Gefahr. Das Traurigsein, die bodenlosen Selbstzweifel und die Angst vor einem Dunkel, das niemals aufhört, könnten zum ärgsten Feind werden – so beschrieb es vor allem die mönchische Tradition. Für sie war die Melancholie eine der sieben Todsünden – die Acedia (Trägheit des Herzens? – W. B.). Am besten trifft es meiner Meinung nach Josef Zehentbauer: »Die Melancholie genießt den Ruf der Traurigkeit, der Besinnlichkeit, Tiefgang, Ernsthaftigkeit. Es ist aber auch viel Freude dabei. Also Melancholie und Freude gehören auch zusammen. Es gibt ja auch ein trauriges Glück. Und die Besinnlichkeit kann auch sehr zufrieden stellend, sehr glücklich machend sein. Ich denke, es sind keine Gegensätze, sondern es sind unterschiedliche oder verschiedene Pole ein und derselben Befindlichkeit, nämlich der melancholischen Befindlichkeit.«

Im Ernst, ich denke, die DDR war ein melancholisches Land. In ihr lebte ein traurig-glücklicher Stamm. Zerlumpt und zerbombt haben sie den Krieg überlebt, die Reparationen bezahlt bis zur letzten Kopeke, gelernt mit dem Mangel zu leben, sind aus Ruinen auferstanden, mit einem Seitenblick auf den reichen Stamm nebenan, und sie haben den Aderlass in den 50er Jahren hingenommen, neue Stahlwerke gebaut und Jets für Passagiere, die Zwangskollektivierung überlebt, Tapeten geklaut, alles mögliche verschoben und angeschoben, und sich am Ende erhoben gegen ihre Peiniger. Am Ende standen die einen ängstlich am Fenster und die anderen standen ängstlich vor den Wasserwerfern. Und sie haben den Koloss besiegt. Diesem Stamm, diesen Menschen widme ich meine Erinnerungen, weil es heute keinen Respekt, keine Demut gibt vor ihnen. Alles, was nach 1990 in der DDR geschah, egal ob die Abwicklung von profitablen und unprofitablen Betrieben, ob die Privatisierung jedes Quadratmeters, die Vertreibung von Mietern und Pächtern, die Entvölkerung und Neubesiedlung im Prenzlauer Berg – alles wurde nur möglich durch die Revolution ängstlich-mutiger, traurig-glücklicher Menschen. Es gibt keinen Ehrentag für sie, nicht mal ein Denkmal, aber ich wünschte, es wäre so …

Ich war bei *Lutz & Willi* stehengeblieben. Das melancholische Duett, das ungleiche Paar, damals Freunde, und über fünf Jahre die Eintänzer im *Club Impuls*. Weitere fünf Jahre machte ich alleine weiter. Es gab keine dramatische Trennung. Es war einfach wie bei einer Band, der eine wollte musikalisch da hin, der andere hatte andere Vorstellungen. Und irgendwie waren wir auch zu oft unterwegs. Der Bedarf an DJs war erheblich, zudem hatten wir einen guten Ruf. Lutz arbeitete als Elektroniker in einem Betrieb und ich war Student, wir hatten beide viel »Freizeit«. In den wilden Jahren ab 1978 hatten wir zwei bis drei Auftritte in der Woche, neben dem *Club Impuls* noch im *Knaack-Klub*, in der Greifswalder Straße, im *B81* in der Bornholmer. An den Wochenenden kamen noch häufig Muggen auf dem Dorf dazu, Dorftanz, zum Teil in riesigen Sälen, in denen sich die Bauern und Bäuerinnen langsam einen antranken und dann ging es über Tische und Bänke. Da wurde geknutscht und geweint, getanzt und getorkelt, mitunter auch drohend ein Stuhlbein geschwungen: »Komm mit raus!« Oder: »Dir stehen wohl die Zähne zu eng?« Zwischendurch wankte immer mal einer zu unserem Podest, um sich einen Titel zu wünschen. Meist westdeutsche Schlager, Schunkelmusik oder Herbert Roth. Wir hatten alles und wenn wir den Titel gespielt hatten, kam er wieder angetorkelt und brachte zwei Schnäpse mit. Wir prosteten dem Spender zu und schütteten die hochprozentige Gabe mittels eines Trichters unauffällig in zwei Flaschen unter dem Tisch. Die grüne für Goldbrand, die weiße für Korn. Getrunken wurde erst, als wir wieder glücklich zu Hause waren. Im Sommer gingen wir sogar auf Tournee an die Ostsee mit einem kleinen Ensemble: Lieder, Gedichte und Gitarrenmusik plus schöne Abende am Strand ...

Als ich später solo unterwegs war, habe ich das deutlich eingeschränkt. Nur noch samstags *Club Impuls*, dazu Jugenddisko im *Dunckerklub*, Kinderdisko in der Raumer 8 und einmal im Jahr eine Woche Auflegen im *Franzklub*, der einzige der vielen Klubs, den es heute noch gibt. Das war eine tolle Woche. Noch ein Name: Eberhard Kube (geboren 1936), auch so ein unvergesslicher Künstler aus dem Prenzlauer Berg. Er war ein großer Pantomime aus der Schule von Marcel Marceau, studiert hatte er bei Brigitte Soubeyran. 1961 gründete Eberhard das *Pantomimen-Studio Berlin*, war Dozent und oft in ganz Europa auf Tournee, alleine oder mit seiner Gruppe. Seit 1984 war er dann Initiator und künstlerischer Leiter der internationalen *Woche des gestischen Theaters* in Berlin, zu der die besten Gruppen und Solisten aus Europa anreisten. Gespielt wurde in kleinen Klubs, aber auch in den großen Konzerthäusern und Theatern der Stadt. Gegen 23 Uhr trudelten dann die Künstler nacheinander im *Franz-Klub* ein. Für die Feier danach hatte Eberhard mich ausgewählt und so machte ich bis in die Morgenstunden Musik und das fröhliche Publikum tanzte so ausgelassen, wie ich es noch nie gesehen hatte. Pantomimen in Ekstase. Gegen 6 Uhr in der Früh hatte sich der letzte Tänzer müde getanzt und ich saß auch müde und glücklich mit ein paar Freunden zum Frühstück unter dem Viadukt bei *Konnopke*, der um sechs gerade aufmachte. Die Bestellung lautete so wie noch heute: Curry geschnitten mit Brö und Brü. Danach schlenderte ich die Schönhauser runter und legte mich ins Bett. Zu meinen kostbarsten Reliquien, neben der »Goldenen Schallplatte« 1988 für *Ulf & Zwulf*, gehört ein selbst gebasteltes Dankeschön-Cover der Pantomimen.

Cover der Pantomimen
Repro: W. B.

Ich weiß nicht, was das Wort Disko bei dir auslöst: Lichtshow, Laser, das Dröhnen der Bässe aus riesigen Boxen ... Unsere Art des Auftritts erinnerte eher an Radio. Die Lichtanlage bestand aus einer roten Glühbirne. Wenig bis keine Moderation. Ich sagte am Anfang des Abends einfach nur kurz: »Hallo«. Am Ende spielte ich immer »Cheak to cheak« von Ella Fitzgerald und Louis Armstrong und sagte jedes Mal den gleichen Satz: »Das war's für heute Abend, den Rest schafft ihr sicher ohne mich, ich wünsche euch eine zauberhafte Nacht.«
Welche Musik wurde gespielt? Nun, das hing ganz vom Alter des Publikums ab. Im Kinderklub gab es die gängigen Titel, die die Kids vom *RIAS* oder dem *SFB* kannten. Auch bei den »Kleinen« war es so wie im *Club Impuls*: selber Cola ranschaffen, Schmalzstullen schmieren, Einlass machen, hinterher ausfegen. Es gibt einen sehr schönen Film über den Kinderklub *Raumer 8*, direkt am Helmholtzplatz. Eigentlich war es auch ein Jugendklub, aber die Obergrenze beim Alter lag bei 16 Jahren. Bei *YouTube* konnte man sich lange Zeit eine, wenn auch schlechte Kopie ansehen, jetzt ist sie verschwunden. Der Film heißt *Einmal in der Woche schreien* und wurde 1985 von Günter Jordan und Rainer Baumert

gedreht. Und dann verboten. Ich habe ihn mir gerade von *Progress-Film* besorgt und wir beide haben ihn zusammen angesehen. Der Film zeigt viele fröhliche Kinder und Jugendliche am Helmholtzplatz und in ihrem Klub. Sie sind flippig, ausgelassen, stechen sich ein Loch ins Ohrläppchen, lassen die Motoren ihrer Mopeds Marke *Simson* aufheulen und dann folgt der obligatorische Kavalierstart. Aber die Zensur war der Meinung, dass man diesen Film so auch in Westberlin hätte drehen können. Jordan versuchte diese authentischen Aufnahmen noch zu retten und schnitt ein paar Kinder mit blauem Halstuch rein, ohne Erfolg – gezeigt werden durfte der Film erst im Oktober 1989. Die Musik stammte übrigens von der Gruppe *Pankow*: »Einmal in der Woche schreien, einmal nur ich selber sein ...« Der kurze Streifen setzt auch Thomas Wien ein Denkmal, der in seiner unaufgeregten, verbindlichen Art den Klub all die Jahre leitete und auch für die Sorgen »seiner« Kinder da war. Natürlich freue ich mich, dass ich auch in diesem Film auftrete als »Willis Disko« und das turbulente Tanzfest dokumentiert ist. Es war eine wunderschöne Zeit in diesem kleinen, lebendigen »Kinderklub«. Nach dem Ende der Dreharbeiten machten wir ein Gruppenfoto: Thomas, ich und diese lebensfrohen jungen Menschen. Wo sind sie hin?

Jugendliche im Klub Raumer 8
Foto: Archiv W. B.

Im *Club Impuls* war die Musik natürlich anders. Es ging ganz entspannt los mit Chris Rea, Ry Cooder, Shirley Bassey, David Bowie, Al Jarreau ... Aber man konnte auch DDR-Titel spielen, wie »Brückenbauen« von *Pension Volkmann*, »Irgendwann werd ich mal« von *Renft*, »Que será« von Manfred Krug, »Nachts«

von Veronika Fischer und die ruhigen Hits von *Karat* und *Silly*. Um acht ging es los, um eins war Feierabend, da wir uns in einem Wohnhaus befanden. So etwa nach einer Stunde, wenn sich alle begrüßt, das Neuste ausgetauscht und etwas getrunken hatten, war es an der Zeit zum Tanzen. Dafür brauchte ich ein feines Gespür, der Auftakt durfte nicht zu früh und nicht zu spät erfolgen. Dafür gab es einige Titel, die die Tanzfläche sofort füllten. »Hit the Road Jack« von Ray Charles, »Isn't she lovely« von Stevie Wonder, »Just a Gigolo« von David Lee Roth und in jedem Fall »Unchain my Heart« von Joe Cocker. Die musikalische Dramaturgie setzte sich dann in sanften Wellen zwischen Pop und Rock fort, endete kurz vor Schluss in einem finalen Gehopse mit *Chubby Checker,* der *Spencer Davis Group,* den *Equals,* den *Beach Boys* und was es da noch so Schönes gab. Was fällt mir noch ein: *The Police:* »Spirits in the material World«, *Golden Earring:* »Radar Love«, Paul Simon: »You can call me Al«, alles ohne Strich und Komma, danach »In the Mood« von Glenn Miller, da gab es kein Halten mehr ... Die ruhige, abschließende Schmuserunde leitete ich gerne ein mit »When a Man loves a Woman« von Percy Sledge ...

Die Westberliner Gäste hatte ich schon erwähnt. Die mussten natürlich immer »spätestens um zwölf wieder drüben sein« (Udo Lindenberg), zogen kurz vorher ab und waren Dank der Nähe zur Bornholmer Brücke nach zehn Minuten zurück, hatten den neuen »Eintritt« bezahlt und tanzten beschwingt weiter, denn das Finale wollte keiner verpassen, schon wegen der Mädels ... Ausgerüstet mit frischen 25 Mark der DDR (1:1 umgetauscht). Mit den Jahren sollen mit diesem »Zwangsumtausch« oder »Eintritt« an die 4,5 Milliarden DM in die Staatskassen der immer etwas klammen DDR geflossen sein ... Und diese 25 DDR-Mark waren für einen schönen Abend gut angelegtes Geld.

Zehn Jahre hab ich das gemacht – jeden Samstag, freitags wechselten sich andere DJs ab. Natürlich kannten die Stammgäste meine Titelfolge schon, wenngleich es gelegentlich auch Variationen des Themas gab und natürlich Wunschtitel. Alles musste, oft in Hektik, via zweier Bandgeräte auf den Kassetten gefunden werden, in der größten Not half ein Stück von einer LP weiter. Die Musik hatten die meisten DJs selbst mitgeschnitten, zum Teil auch bei *DT64,* es wurde auch fleißig untereinander getauscht und einige konnten hin und wieder eine LP aus dem Westen schmuggeln lassen. Die Tapes stammten übrigens aus dem Intershop oder wurden von Leuten mit Westgeld besorgt. Intershops waren Läden in der DDR, in denen man für Westgeld alles mögliche kaufen konnte. Und so waren diese Läden immer angefüllt von einem seltsamen Duftgemisch aus Kaffee, Schokolade, Seife und Parfüm. Was man allerdings brauchte, war Westgeld. Ein paar Mark steckte mir manchmal meine Tante Hannchen aus Spandau zu, wenn sie mich besuchte. Den Rest musste ich tauschen, bei Kumpels, die noch bessere Geldquellen hatten. Das ging los bei 1:5 (also eine DM gleich fünf DDR-Mark) und steigerte sich mit den Jahren auf 1:8. Besuche im Intershop habe ich möglichst vermieden, weil das irgendwie frustrierend war, die ganzen schönen Sachen zu sehen oder zu riechen. Das einzige, was ich brauchte, waren die guten Kassetten von *TDK,* aber durch meine Freundin Dorle, die in einem dieser Shops in der Friedrichstraße arbeitete, war ich doch ganz gut versorgt. Ich hatte wohl an die hundert Kassetten, einige, vor allem die wichtigen und das handschriftliche Archiv, haben überlebt. Für den Fall, dass ich selbst mal in die Tanzwellen eintauchen wollte oder einfach nur Lust auf Billard hatte, verfügte ich über einen Mitschnitt meiner eigenen Disko und musste dann nur kurz zum Umdrehen der 120er-Kassette und dem obligatorischen Abschiedssatz erscheinen. Natürlich habe ich diese wertvolle Kassette noch und ich weiß sogar, wo sie ist. Möglicherweise gibt es ja doch noch mal ein Treffen der früheren Gäste aus dem *Club Impuls* (dies ist ein Aufruf) und dann sollten sie ihre gewohnte Musik nicht vermissen.

In jedem Fall mussten sich die DJs an 60/40 halten. 60 Prozent DDR-Musik, der Rest Westmusik. Auf dem AWA-Bogen hat das auch immer gestimmt, aber in der Praxis war das nicht zu machen. In den Klubs wurde immer ein Mitglied gebeten, nach »verdächtigen« Besuchern Ausschau zu halten. Solche Kontrollen fanden selten statt, aber im Fall der Fälle musste das Publikum mit 60/40 in Fahrt gebracht werden. Doch das ließ sich organisieren: »Wir haben heute Kontrolle, lasst Willi nicht hängen!«

Für ihren Auftritt brauchten die DJs, in der DDR Schallplattenunterhalter genannt, eine staatliche Zulassung, die auch regelmäßig erneuert werden musste. Ich machte das meistens in einem Kinderklub, oft in der Raumer 8, da kannte ich die Jugendlichen und die flippten ausnahmsweise auch mal aus bei dem ungewohnten Musikmix made in GDR. Ich glaube, das war keine Schikane. Es ging einfach darum, dass das Abspielen ausländischer Titel in Grenzen gehalten und die eigenen Bands unterstützt werden sollten. In dem Film von Günter Jordan sagt ein Mädchen: »Heute hat doch Willi sein Dingsda.« Und Thomas antwortete: »Ja, seine Einstufung.« Das Publikum wusste Bescheid und hat mich nie »hängen gelassen«. In jedem Fall musste ich zur Einstufung ein richtiges Konzept schreiben. Ich erinnere mich noch gut an das Thema »Zirkus spielen« und dafür hatte ich mir mein erstes Kinderlied ausgedacht, eingespielt und dabei selbst gesungen, was nach dieser Erfahrung allerdings nie wieder vorgekommen ist. Später habe ich Leute singen lassen, die es konnten ... Aber auch dieses erste Band habe ich noch: »Zirkus spielen, sich so fühlen, wie ein Clown, ein Elefant ...« Dazu gab es Spiele und Quizrunden mit kleinen Preisen und am Ende trat dann die Kommission zusammen. Was waren das für Leute? In der Regel auch DJs mit höheren Einstufungen (C oder S), dazu Kulturfunktionäre aus dem BHfK, dem Berliner Haus für Kulturarbeit in der Leipziger Straße. Die Juroren tagten und nach bangen Minuten erfolgte das Urteil: »Bestanden, Stufe B«. Mehr hab ich nie geschafft mit meiner roten Glühbirne. Das war wie bei den Musikern eine untere Einstufung und ich glaube, man konnte damit 30 oder 40 Mark pro Veranstaltung abrechnen. Natürlich gab es in diesem Gewerbe auch richtige Profis und Berufs-DJs, die nicht schlecht verdient haben, aber diesen Ehrgeiz hatte ich nicht. Ralf Luderfinger,

damals Chef im *Dunckerklub*, erinnerte mich vor kurzem aber an die »Unsitte«, das karge Honorar trotzdem etwas aufzubessern. Es konnte nämlich eine Transportrechnung gestellt werden. Wenn der Hänger, den es gar nicht gab, in Bernau abgeholt werden musste für die großen Boxen, die es auch nicht gab, konnte ein Aufschlag abgerechnet werden. Heute leitet Luderfinger einen kleinen, feinen Musikklub in Pankow: *Zimmer 16* in der Florastraße. Alles so wie früher. Es gibt einen Klubrat und alle arbeiten ehrenamtlich. Der einzige Unterschied: Die monatliche Miete muss erwirtschaftet werden, ansonsten droht das Aus.
Eigentlich besuchten den *Club Impuls* nur Stammgäste. Wenn ich gegen sieben Uhr ankam, stand am Ende der sonst menschenleeren Czarnikauer Straße ein dickes Knäuel von Menschen. Oft zweihundert, obwohl nur die Hälfte reinpasste. Aber viele »kannten einen, der einen kannte« und so waren die Besucher fast immer unter sich. Selbstverständlich hatte der Einlasser immer ein Auge auf schöne Mädchen, aus denen vielleicht ein Stammgast werden könnte. Es waren auch einige Pärchen dabei, aber die meisten waren solo. Mir erschien es immer so, als würden alle zu Beginn des Abends in einen großen Lostopf geworfen, der anschließend dreimal kräftig durchgeschüttelt wurde und am Ende backten immer andere Paare aneinander, an jedem Wochenende andere Konstellationen. Aus einigen wurden Paare für immer, wie eben bei Jürgen Schöne und Volker Döring ... Am Ende des Abends saß ich immer gerne vorne an der Garderobe auf einem kleinen Tisch und habe die Besucher verabschiedet. Ich erinnere mich, dass an einem Abend eine schöne, kräftig gebaute Frau, eine Ruderin aus Grünau, meinen Freund Herbert Goldmann mehr heraus trug als hinaus begleitete. Ich fragte sie: »Was willst du denn mit Goldi, der ist doch total hinüber?« Und sie antwortete mit einem Lächeln: »Heute Abend ja, aber morgen früh ist er wieder frisch.«
Über die Liebe in der DDR habe ich schon einiges berichtet und es stimmt, in diesem Fall war die DDR ein sehr liberales Land. Die meisten Frauen gingen arbeiten, hatten ihr eigenes Geld und eigene Vorstellungen vom Zusammenleben. Wenn sie mit ihrer ersten Wahl nicht zufrieden waren, wurde der Partner kurzerhand ausgetauscht. Selbst für Verheiratete war das keine Hürde, man ging zum Standesamt, ließ (wenn man sich einig war) die Ehe austragen und fertig. Waren Kinder im Spiel, gab es in der Regel weiter einen engen Kontakt, auch wenn schon der »Nachfolger« im Amt war. Der Anteil zum Unterhalt betrug 100 Mark pro Monat, bis zum 18. Geburtstag des Kindes. Das stellte für die Mutter eine gewisse Sicherheit dar. Wohlgemerkt, ich spreche hier über die selbstbewussten Frauen, natürlich gab es auch andere Charaktere, die froh waren, einen Mann zu haben und ihn pflegten. Martina, die auch im Klub mitarbeitete, sagte mir einmal: »Wenn ich noch mal einen finde, der mich liebt, dann bringe ich ihm eben die Hausschuhe ans Bett, wenn er es wünscht. Ist doch ganz nebensächlich.«

Zu »Goldi« fällt mir gerade noch eine Geschichte ein. Er war Gas- und Wasserinstallateur in einer Firma und verheiratet mit einer Lehrerin, die ihre Not hatte mit dem Schwerenöter und es auch nicht lange ausgehalten hat mit ihm. 1991 sah ich Goldi auf der Schönhauser wieder, an einer roten Ampel. Er saß in einem verdecklosen Ami-Schlitten der Marke *Cadillac* und hatte eine dicke Havannazigarre im Mund. Ich rief nach ihm und Goldi winkte mir huldvoll zu, dann sprang die Ampel auf Grün und er flog davon. Freier Unternehmer im Goldrausch 1991 in Ostberlin. Alle wollten ein neues Bad, neue Armaturen oder wenigstens eine schicke Badewanne. Ganze Neubauten sollte er einrichten. Aber nicht alle haben auch bezahlt. In den letzten Jahren, wenn wir am Abend durch den Kiez gelaufen sind, haben wir ihn oft getroffen bei seinem Feierabendbier in der Kollwitzstraße, in Arbeitsklamotten. Alles perdu. Zum Glück hält seine neue Frau das Geld zusammen und so hat die *Badmanufaktur Goldmann* gleich nebenan überlebt.

Um das »Gehopse« im *Club Impuls* ein wenig aufzuwerten, kulturvoller zu gestalten, führten wir Ende der 70er Jahre die *Spätlese* ein. Das hieß, am Samstag fanden vor der Tanzmusik ein kleines Konzert oder auch andere Auftritte statt. Für meine berufliche Zukunft war dies von besonderem Wert. Jeden Samstag, also 52 Mal im Jahr, stellte ich bekannte oder noch unbekannte Liedermacher, Chansonsänger, Puppenspieler, Folkloregruppen, Pantomimen und Dichter vor. Ich legte meinen Finger auf den Mund und wartete, bis die Gespräche an den Tischen verstummt waren, dann stellte ich kurz den Gast vor, setzte mich zu den anderen und der Auftritt konnte beginnen.

Dort habe ich sie alle vorgestellt und selbst kennengelernt: Gerlinde Kempendorff, Peter Bause, Jochen Menzel (der exzellente Puppenspieler), das *Duo Sonnenschirm*, Stephan Krawczyk, Susanne Grütz und Hubertus Schmidt, Norbert Bischoff, Arno Schmidt, Jürgen Eger, die Gruppe *Dreiklang* (mit denen ich später *Ulf & Zwulf* gründete), Hans-Eckhardt Wenzel, Rose, Skalei und Georgi. Letzte begeisterten mit ihren Heine-Programmen: »Der Schmetterling ist in die Rose verliebt, umflattert sie tausendmal, ihn selber aber, goldig zart, umflattert der liebende Sonnenstrahl.« Die Musik stammte, glaube ich, von Peter Skalei, er arbeitete damals beim FDGB (Freier Deutscher Gewerkschaftsbund) in der IG Kunst. Ein freundlicher Apparatschik und mein Freund. Keine Ahnung, was er da machte. Irgendwie die Kultur in die Arbeiterschaft bringen, Laiengruppen unterstützen, die zweijährlich stattfindenden *Arbeiterfestspiele* organisieren. Ich habe ihn oft in seinem »Amtssitz« in der Oberwallstraße besucht, dort war einer der drei Paternoster der Stadt, die ich so liebte. Einer war im Rundfunk, einer im ZK-Gebäude und einer bei Peter. Mit dem Aufzug konnte man bis unters Dach fahren und auf der Terrasse über den Dächern der Stadt und ganz nah am Himmel einen Kaffee

trinken. Aber der FDGB war für Peter nur ein Broterwerb, so einen Nebenerwerb hatten ja viele Künstler. In Wirklichkeit war er ein begnadeter Gitarrist und ein Gutmensch. Er wohnte gleich um die Ecke in der Sonnenburger Straße und wir haben uns oft besucht. Auch Peter gibt es noch, wir haben vor kurzem telefoniert und ich hoffe, wir sehen uns bald wieder hier auf meinem kleinen Turm. Als sich 1986 an meinem Geburtstag Anett und ich nach zwei spannenden und schönen Jahren trennten, wir trennten uns erschöpft, vertonte Peter mein Gedicht, mit dem ich versuchte, meinen Schmerz zu verarbeiten: »Du riefst noch, Mensch, wart doch, ich bin schon fort gewesen, viel früher, vergebens, warn deine letzten Wort ...« Hier nur dieses Lied, die Geschichte später ...
Ich komme ins Schwärmen, wenn ich an die bunte Vielfalt von Künstlern in der DDR denke, muss es an dieser Stelle aber bei den gerade genannten belassen. Ich komme zumindest auf das Thema Liedermacher noch zurück, denn ein paar Jahre später habe ich über sie im *Sonntag* geschrieben, erst kurze Texte, im »Keller«, dann ganze Seiten ...
Das Schreiben war meist ein Kampf um das Mögliche mit feiner Klinge und es gibt durchaus ein paar Artikel, auf die ich heute noch stolz bin. In den Text wurden »Elefanten« eingebaut, grobe Übertretungen, auf die sich der Redakteur stürzte, und dann den einen oder anderen wichtigen Satz übersah. Besonders gerne denke ich an den Artikel »Flugversuche« über den *5. Rocksommer* in Berlin-Treptow 1986. Da wurden so dicke Luftmonster vor der Bühne aufgeblasen und als sie am Ende die Luft rausließen, sagte ich zu einem Fotografen der *Berliner Zeitung*, der gerade neben mir stand: »Jetzt!« Mein Artikel wurde nichts Besonders, einfach eine Bestandsaufnahme im *Sonntag*. Das Brisante, das Zugespitzte, war dann, dass der *RIAS* am nächsten Tag daraus einige Passagen vorlas. Ich hatte geschrieben, dass aus der DDR-Rockmusik so langsam die Luft raus ist und der Nachwuchs auch nicht überzeugen kann. Das wurde im *RIAS* vorgelesen und da platzte die Bombe: »Dem Klassenfeind Munition liefern«, das war der schlimmste Vorwurf gegen Leute aus den Medien in der DDR. Meine Redakteurin Adelheid Wedel, eine tolle Frau, hat echt gelitten und sie tat mir leid. Heinz Geggel im ZK hat getobt und Hans Jakobus als Chefredakteur hat getobt. Aber keiner kam zu Schaden. In der nächsten Zeit musste ich meine Beiträge im *Sonntag* unterzeichnen mit Wilhelm Tal bzw. Fred Hügel, bis sich der Staub gelegt hatte ...

Artikel im Sonntag 31/86
Foto: Volkhard Kühl

Schon Mitte der 1980er Jahre zeichnete sich ein Niedergang in der DDR-Rockmusik ab. Die jungen Bands scheiterten an der Zensur oder setzten sich ihr gar nicht erst aus, die etablierten lieferten »Waren des täglichen Bedarfs«. Da waren durchaus unvergessliche Songs dabei, neben den vorher schon genannten auch »Am Fenster« (*City*), »Der blaue Planet« (*Karat*), »Rockerrente« (*Puhdys*), »Bataillon d'Amour« (*Silly*) und natürlich »Jugendliebe« mit Ute Freudenberg. Das ist nur eine kleine Auswahl der Hits aus den 80er Jahren, wobei »Am Fenster« schon 1977 veröffentlicht wurde. Wenn es eine Hitliste der DDR-Rocker gäbe, wäre wohl dieser Titel auf dem ersten Platz, mit seinem unvergleichlichen Geigensolo von Georgi Gogow. Die Langfassung auf einer Amiga-LP brachte es auf stolze 17 Minuten und 40 Sekunden. Die vielen Klassiker der Rockszene verschwanden mit dem Ende der DDR aus den Plattenläden und, wie es zunächst schien, auch aus den Köpfen. Aber dann setzte ab Mitte der 90er Jahre eine nicht für möglich gehaltene Auferstehung ein. Die Anabolika des Konsumrauschs verloren langsam ihre Wirkung, in die weite Welt reisen konnte nur der, der es sich auch leisten konnte, und das alltägliche Gesicht des Kapitalismus war erschreckend, geglitzert hat da nicht mehr viel. In dieser Katerstimmung setzte ein psychologisch interessantes Phänomen ein, eine Rückbesinnung auf »die alten Zeiten«. Es entstanden gut nachgefragte Messen mit Ostprodukten, auch kleine Läden, in denen man wieder *Tempo Erbsen, Bambina Schokolade, Mocca Fix Gold, Knusperflocken* oder *Elsterglanz* kaufen konnte. In den staatlichen Medien wurde dafür der Begriff »Ostalgie« geprägt und viele Westdeutsche schüttelten mit dem Kopf über die »undankbaren Ossis«. Und bei der Erinnerung an ihre Jugend in der DDR tauchten in den Gedanken der Menschen auch die Rocklieder wieder auf. Wie beim Pawlowschen Reflex, das hatte ich schon erwähnt, haben sie sich tief eingegraben, verknüpft mit dem ersten Kuss, der Jugendweihe, der Hochzeit oder der ersten feucht-fröhlichen Fete. Die Rocker konnten ihr Glück kaum fassen: die Säle wurden langsam wieder größer und am Ende füllten sie sogar die Waldbühne in Berlin. Dort feierten die *Puhdys* im Juni 1999 ihren 30. Geburtstag vor 22.000 Fans, andere Bands folgten. In einem Interview hörte ich Fritz Puppel con *City* sagen: »Es wird etwas von uns bleiben.« Ganz sicher.

Danach sah es Mitte der 80er Jahre nicht aus. Die DDR-Jugend lechzte nach Westprodukten, zuerst Jeans, Radiorekorder, Musikkassetten, *Dusch Das, Wrigley's* Kaugummis und die Raucher wollten sich mal eine echte *Marlboro* anstecken. Ich will es hier nicht übertreiben, aber alles aus dem Westen war angesagt, mir ging es da ganz ähnlich. Natürlich war auch die Rockmusik heiß begehrt. Es gab zwar eigene Bands, die den einen oder anderen Hit ablieferten, aber die Stars der Jugend spielten woanders. Und nicht ganz zufällig kam man im Westen auf die Idee, das Areal vor dem Reichstag für große Open-Air-Konzerte auszuwählen. Wummerbässe in Hörweite von Ostberlin. Erster Test mit *Barclay James Harvest* am 30. August 1980, kostenlose PR für die Band inklusive und dazu eine Live-LP mit dem Odem der Freiheit. Am Pfingstsamstag 1987 folgte David Bowie. Die Straße Unter den Linden war voller junger Menschen, die Volkspolizei riegelte das Brandenburger Tor ab, es gab Pfiffe und Geschrei und zum ersten Mal hörte ich den Satz: »Die Mauer muss weg.« Wer das rief, wurde eingesammelt. Junge Menschen wurden verhaftet und auf einen LKW verfrachtet, so was hatte ich zum ersten Mal gesehen. Ich hatte nichts gerufen, verdrückte mich aber doch schnell. Mein Konzert an der Mauer fand ein Jahr später am 16. Juni mit *Pink Floyd* statt. Meine Freundin Paula wohnte in der Reinhardtstraße und so kletterten wir leise mit einer Flasche Rotwein auf das Dach und hatten den vollen Sound über der Stadt. Den Einsturz der imaginären Wand zum Titel »The Wall« konnten wir zwar nicht sehen, denn wir saßen im zweiten Rang auf den billigen Plätzen und küssten uns beim Feuerzauber am Himmel. Vor dem Brandenburger Tor im Osten gab es wieder Tumulte, hier oben auf dem Dach kam niemand auf die Idee, uns zu verhaften. Wir saßen unter dem grenzenlosen Himmel, hörten

die wundervolle Musik und eigentlich saßen wir dann doch in der ersten Reihe. Romantisch. Die DDR-Führung hielt in ihrer Not so gut es ging dagegen und holte zuerst *Depeche Mode* ins kleine Land, später Bruce Springsteen und Joe Cocker, Hunderttausende haben gejubelt. Aber die Führung war doch nicht cool genug, ihre Konzerte auch an der Mauer zu veranstalten, Wummerbässe für den Westen.
In diesen 80er Jahren lief bei mir alles, wie einer glücklichen Fügung folgend, zusammen: der *Club Impuls*, die Arbeit als freier Journalist, gute Freunde und die Liebe. Thomas Worch sagte vor kurzem zu mir, ich hätte es damals leicht gehabt mit den Mädchen und er hätte mich beneidet. Ich war der »Schmetterling«, der die Rose umflatterte – die vielen Rosen, aber zwischendurch gab es bei mir doch immer den Wunsch zu landen. Ich habe den süßen Saft der Liebe getrunken, bin nicht nur einmal ertrunken und kann mich an Liebeskummer allzu gut erinnern. Das war schlimm und ich ging nicht selten zur Unzeit stiften, um bloß nicht wieder in dieses Loch zu fallen ...
Glücklich verheiratet war ich von 1976 bis 1986 mit meinem *Club Impuls*. Und plötzlich tauchte unerwartet mein Bruder Torsten in meiner turbulenten und lebensfrohen Welt auf. Er hatte die gleichen Startbedingungen wie ich, hat das Problem dann aber ganz anders gelöst. Während ich bindungsunfähig von einer Blüte zur anderen flog, suchte er sich einen sicheren Hafen. Die hübsche blonde Elke hat er verlassen und nahm 1978 Ilona zur Frau, die als Krankenschwester im Regierungskrankenhaus in Berlin-Buch arbeitete. Dann kamen zwei Söhne (Gregor und Norman), alles wie geplant. Torsten arbeite damals an der Bauakademie, aber wir haben uns selten gesehen, fast nie. Doch dann geschah es: »Ein fremder Mann, ein wüster ...« (Zitat aus dem Lied: »Nacht, ich träume düster« von Manfred Krug) tauchte in seinem Leben auf und es war vorbei – mit der Frau, den Kindern und der gemütlichen Wohnung. Aber zum Glück folgte auch bei ihm, wie im Text von Krug, die »optimistische Stelle«. Wenige Tage später schlug er im *Club Impuls* auf, tanzte wie verrückt und torkelte zu später Stunde vor meinem Diskopult herum, kicherte und rief immer wieder: »Das ist mein Bruder, das ist mein Bruder ...« Dann schlief er eine oder zwei Nächte bei mir in der Schönhauser, bis er schnurstracks seine Petra kennenlernte. Das war am 5.11.1982 und schon wenige Tage später wurde seine erste Ehe in zehn Minuten geschieden. Petra und Torsten leben heute glücklich zusammen und haben eine gemeinsame Tochter.
In der Bauakademie in Berlin war Torsten Abteilungsleiter für Robotersteuerung. Er hatte im NEG (Nachrichtenelektronik Greifswald) seine Ausbildung gemacht und war eigentlich der richtige Mann am richtigen Ort. Es ging darum, aus nichts oder fast nichts Hightech zu schaffen. Oft wurden nackte Platinen im Westen gekauft und dann mit elektronischen Bauteilen bestückt. 57 Leute mit guter Ausbildung: Ingenieure, Programmierer und Konstrukteure entwickelten dann

die Steuerung für die Betonwerke in Schwedt, Eisenhüttenstadt und Brandenburg. Aber die Bauakademie unterstand direkt dem Ministerium für Bauen und war unter genauer Beobachtung. Obwohl Torsten die Arbeit Freude machte, wurden die Begleiterscheinungen zunehmend unerträglich. Alles wurde als Hightech eingestuft und war höchst geheim. Es wurde sogar in den Papierkörben nach Skizzen und Entwürfen für Programmierungen gesucht, die misslungen waren. Am schlimmsten aber war für ihn, wenn einer seiner Mitarbeiter in den Westen reisen wollte, zur kranken Oma oder zur Goldenen Hochzeit einer Tante. Da musste er immer den ganzen Papierkram erledigen. Das schwarze Blatt blieb in der Akademie, das rote ging an die Staatssicherheit. Da wurde alles abgefragt: Wer hat Schulden in der Familie, gab es Eheprobleme, wer gehörte zum Freundeskreis, welche Anschauungen waren bekannt ... In dieser Situation machte Torsten das einzig Richtige, er bat den Reiseanwärter zu sich und dann füllten sie den Fragebogen gemeinsam aus. Natürlich wurde 1991 auch die Bauakademie der DDR abgewickelt. Alle Leute raus, ohne Gnade. Jahre später, etwa 15 Jahre nach dem Ende der DDR, trafen sich die früheren Mitarbeiter noch einmal in Berlin zu einem »Klassentreffen«. Da hatte der ein oder andere schon in seiner Akte des Bundesbeauftragten für die Staatssicherheit gelesen, in denen fanden sich auch diese Formulare, die aber wie erwähnt gemeinsam verfasst worden waren. Torsten beschrieb diese Zeit mir gegenüber mit dem Satz: »Die (die Staatssicherheit – W. B.) haben mir sehr zugesetzt, es wurde ein enormer Druck aufgebaut. Da brachten mir unbekannte Leute einen kostbaren Bildband und wollten, dass ich ihnen Informationen gebe zu meinen Mitarbeitern, mit denen ich täglich um etwas Fortschritt in diesem Chaos ringen musste. Das wollte ich nicht mehr aushalten müssen.«

So kehrte er Mitte der 80er Jahre mit Petra in unsere Heimatstadt Greifswald zurück, arbeitete zuerst im Kernkraftwerk *KKW Lubmin* und wurde dann in der kapitalistischen Zeit durch eine Laune des Schicksals Manager in dem kleinen Einkaufszentrum *Möwen-Center,* überzeugte mit seiner Arbeit und bekam eine wesentlich größere Aufgabe anvertraut, den *Elisen-Park* – ein Riesenteil. Das macht er gut. Ich freue mich ehrlichen Herzens für ihn. Alles gut nach dieser Kindheit – ein strenger Vater, a wenig auf Ausgleich bemühte Mutter. Früher sagte Torsten zu mir auch: »So schlimm war es doch nicht.« Heute sieht er unsere gemeinsame Kindheit etwas anders, hat, so ist mein Eindruck, auch etwas Interesse an mir in sich entdeckt. Der Bruderkampf ist vorbei, alles andere wäre ja auch Quatsch ... Da fällt mir ein, dass ich über das Verhältnis zu meinem Vater später sogar ein Interview gegeben habe für das Buch *Ich bin meines Vaters Sohn* von Simone Schmollack. Sie wohnt hier gleich um die Ecke, aber wir haben uns aus den Augen verloren. Kürzlich las ich, sie wäre eine zänkische Feministin, das kann ich mir aber kaum vorstellen. Ich hatte sie als sinnenfreudig kennengelernt, was eines der schönsten Komplimente ist, das ich vergeben kann ...

Aber ich möchte noch etwas von »meinem« Club erzählen. Ich würde dir gerne etwas von dieser Insel in der DDR vermitteln, von den jungen Menschen und ihren Projekten. Manches mag dir, gemessen an den Berichten der heutigen Medien, unvorstellbar und unglaubhaft erscheinen, aber ich erinnere mich nur. Für zehn Jahre war der *Impuls* mein Zuhause, das ich mitgeformt habe und in dem ich mich wohlfühlte. Es gab eine sehr enge Bindung zwischen den Mitgliedern, ein Sich-Anlehnen an den anderen, und meine ersten Erfahrungen in Demokratie. Nur im Streit der Meinungen konnte ein Konzept, eine Idee umgesetzt werden. Wohlgemerkt Mitte der 80er Jahre und in einem kleinen Klub in der DDR. Die gab es praktisch in jeder Stadt und es müssen Tausende gewesen sein in den 7.570 Gemeinden der DDR. Alle diese Klubs waren staatliche Einrichtungen und wurden politisch geführt von der FDJ, in Westdeutschland seit 1951 verboten, waren dann aber doch selbstständig genug, um kreativ zu sein. Das hing ganz von der Courage des Klubleiters ab. Sie holten die Jugend von der Straße, das war ja gewollt, und diese Klubs hatten einen großen Spielraum. Die »Schere im Kopf« gab es schon, es gab Grenzen, das habe ich bei meiner ersten Talkshow erlebt, die sich mit dem Thema NVA beschäftigte. Vielleicht komme ich noch darauf zurück. Aus den gut zwanzig ehrenamtlichen Klubmitgliedern im *Club Impuls* wurden sieben Vertreter für den Klubrat gewählt, gerne »die Wasserköppe« genannt, weil wir nächtelang stritten über den richtigen Weg in unserer Enklave: Musik, Konzerte, Lesungen, Konflikte und Visionen. Natürlich war es nicht wirklich eine Enklave, es war Staatsgebiet der DDR, ein Klub der FDJ. Und es wurde natürlich versucht, von außen Einfluss zu nehmen und im Inneren zu spionieren.

Wie war dieses Leben mit den Vertretern der Staatssicherheit? Beinahe würde ich sagen das Zusammenleben, denn diese Leute waren überall. Wenn drei zusammensaßen, hat einer spioniert, da konnte man sicher sein. Ich hatte in diesen Jahren keine Berührungsängste mit diesen Leuten. Sie waren ständig anwesend und man konnte sie leicht erkennen, sie waren für mich ein Teil dieses ungeliebten Staates. Zudem war ich ja kein Dissident, der alles in Frage stellte oder einfach nur in den Westen wollte. Wenn ich mit einem von dieser Truppe sprach, wenn eine Beschwerde oder Eingabe verhandelt wurde, sagten diese Leute, dass ihnen schon klar wäre, dass etwas mit der DDR nicht stimmt. War das ernst gemeint? Sie saugten sich fest an den Künstlern wie Egel. Sie wollten »die Guten« fördern und ihr Auftrag war Unterwanderung. Warum haben sie das Volk verraten, das sie vorgaben, schützen zu wollen? In der Propaganda der staatlichen Medien heute gibt es nur schwarz oder weiß, gut oder böse, aber so war es nicht. Geschichte kann nur beurteilen, wer sie mit den Augen der Zeit und als Beteiligter zu sehen versteht ...

Zwei Jahre nach dem Weggang von Wolfram Seyfert 1976 verließ auch Gustav Salffner das Schiff *Impuls*. Er war Bauleiter im VEB Ingenieurhochbau Berlin und fühlte sich ähnlich bedrückt durch die tägliche Gängelei wie mein Bruder in der Bauakademie. Mein Bruder ging zurück an die Ostsee, Gustav wollte raus. Er gründete mit Freunden die »Gesellschaft der Ausreisewilligen« und sie stellten sich auf dem Alex auf mit ihren Transparenten. Nicht lange. Er wurde zu einer mehrjährigen Haftstrafe verurteilt, wie damals üblich für dieses »Vergehen«, kam in die Haftanstalt Cottbus und wurde nach einem Jahr freigekauft, wie damals ebenfalls üblich. Wer sollte ihn ersetzen? Peter Fuchs winkte ab und so fiel das Amt des ehrenamtlichen Klubratsvorsitzenden an mich. Ich hatte mir das nicht zugetraut, aber eine Stimme in mir sagte: »Ja.« Da war er also wieder, der Neuerfinder einer demokratischen FDJ in der Schule, der »PR-Chef« in der NVA, das »Alphatier«. Alle 14 Tage an einem Donnerstag saß der Klubrat zusammen, in der Regel ging es um 19 Uhr los und endete selten vor 24 Uhr. Ein ständiges Problem waren die Finanzen. Die Ausstattung durch den Staat war nicht gerade üppig, der lediglich einen hauptamtlichen Klubleiter bezahlte und das Geld für das Kulturprogramm gab. Eine wichtige Einnahmequelle für weitergehende Projekte war der kleine Ausschank für Cola-Wodka und Wein. An jedem der acht Tanzabende pro Monat brachte dieses kleine »Geschäft« etwa 100 Mark ein. Der Dienst an der Bar wechselte nach einem festen Plan und die Einnahmen bröckelten innerhalb weniger Wochen immer spürbar ab. Weil sich da irgendwer gerne einen 20er oder zwei in die eigene Tasche steckte. Also musste ich von Zeit zu Zeit einen Bardienst selbst übernehmen und zeigen, dass locker 100 Mark zu schaffen waren und dann lief es wieder besser – für ein paar Wochen ...

Dieser ehrenamtliche Klubrat war eine äußerst demokratische Versammlung, daher dauerte es wohl so lange, bis wir zu Entscheidungen kamen. Ich erinnere mich an eine Kontroverse, in der es um die Einladung eines umstrittenen Liedermachers ging. Einer in unserem Rat äußerte Zweifel, ob wir dadurch nicht in Schwierigkeiten geraten würden, und ich erinnere mich noch sehr genau an meine Antwort: »Einer in dieser Runde wird Informationen nach außen geben und es ist mir egal, wer es ist. Solange wir hier keine Bomben bauen, wird uns nichts passieren.«

Nicht nur ich habe dieses offene Zusammensein geliebt, diese herzliche und familiäre Atmosphäre. Sie übte auf viele eine große Anziehungskraft aus. Es wurde gearbeitet, nachgedacht, gestritten, manche haben sich verliebt, es wurde gefeiert – mal laut, mal ganz still. Jedes Jahr im Winter fuhr die ganze Truppe mit Partnern und allen Kindern in den Thüringer Wald. Am Rennsteig haben wir zwei Finnhütten gemietet und verlebten eine schöne Woche. Skifahren, Wandern, Würfelspiele am Abend, Bergfest und Abschiedsabend. Eine eigene Geschichte erzählt dieses Foto, Kinderfasching Mitte der 80er Jahre. Ich gehe durch die Reihen und zünde Wunderkerzen an. Es macht mich glücklich, dass ich das erleben konnte ...

Kinderfasching im Club Impuls
Foto: Archiv W. B.

Jetzt öffne ich dir noch schnell ein Fenster zu den beliebten Straßenfesten vor dem *Club Impuls*. Dazu wurde die Czarnikauer für den Verkehr gesperrt und aus einem großen Hänger wurde eine Bühne für die Bands. Die Laternen wurden mit buntem Krepppapier umwickelt, eine geschmückte Straße. Der Clou aber waren die Girlanden. Schon Tage vorher waren wir unterwegs, um Schnüre von der einen Seite der Straße auf die andere zu spannen, jeweils in der obersten Etage. Diese Schnüre mussten vorsichtig von Etage zu Etage an den Balkonen übergeben werden, denn an ihnen hingen etwa zwei Meter lange Streifen, ebenfalls aus Krepppapier, farbig bunt gemischt. Schon bei geringem Wind legten sich diese Streifen flach in die Horizontale und schufen einen überdachten Raum. Vielleicht fünfzig Meter lang von der Ecke Schönfließer Richtung Driesener Straße. Neben der Bühne gab es Sitzbänke und auf dem Gehweg kleine Stände mit Essen und Trinken, Kleinkunst und für die Kinder Plätze zum Basteln. Wer bei den Konzerten alles gespielt hat, weiß ich nicht mehr – buntes Volk. Neben den Liedermachern und Puppenspielern, die sozusagen zum *Impuls* gehörten, auch Folkloregruppen und junge Nachwuchsbands. An die Gruppe *Juckreiz* kann ich mich noch wegen eines besonderen Umstands erinnern. 1983 schaffte es die Band auf Platz 29 der Jahres-

hitliste mit ihrem Song »FKK«. Man konnte die Musik ohne Zweifel der Neuen Deutschen Welle zuordnen und Marion Sprawe erinnerte deutlich an Nena, ohne ihr zu nahe zu treten. Viele Westkünstler hatten ihr Pendant im Osten, aber was machte das schon. Nena war nicht zu haben und Marion war wunderbar.
Mit *Juckreiz* gab es im Nachhinein noch Ärger – zu laut und zu wild. In der Woche nach dem Fest lud mich die Stadträtin für Kultur im Prenzlauer Berg ein – Jutta Mannschatz. Sie war von der SED in die Verwaltung geschickt worden und hielt ihre Hand schützend über uns, hat dafür wohl auch viel »Dresche« bekommen, wie mir Wolfram erzählte. Über sie kann ich nur das Beste berichten und wir hatten über die Jahre ein gutes Verhältnis entwickelt. An diesem Tag überbrachte sie mir mit ernster Mine, was man ihr zugetragen oder aufgetragen hatte, wegen der wilden Musik. Und am Ende beugte sie sich zu mir herüber, sah mir in die Augen und sagte: »Aber Herr Bergholz, Sie sind doch ein verständiger Mann, bei einer Kapelle mit dem Namen Juckreiz hätten Sie doch sofort hellhörig werden müssen ... «

Gruppe Juckreiz 1983
Foto: Gerd Danigel

Mit Jutta Mannschatz kam ich bis auf den genannten Disput immer gut aus und 1985 heftete sie mir für meine ehrenamtliche Arbeit im *Club Impuls* den Titel »Held der Arbeit« ans Revers. Wow. Den Titel bekamen eigentlich nur Leute, die richtig malochen konnten, aber der Kultur wurden offenbar auch immer ein paar dieser Medaillen zugeteilt. Da hing kein Geld dran, jedenfalls nicht bei mir, aber in meiner etwas »wackligen« Biografie machte sich das damals natürlich hübsch. Wirklich brauchen konnte ich den »Titel« nicht. Andere Stimmen sagen, so wie der Klubleiter Ralf Luderfinger, dass Jutta Mannschatz eine verbohrte Stalinistin war. Wenn er für seinen Jugendklub in der Dunckerstraße etwas Gewagtes durchsetzen wollte, wartete er Juttas Urlaub ab und besprach seine Vorschläge lieber mit Ruth Kothe, der Stellvertreterin.

Mit vielen Bezirksräten im Prenzlauer Berg war aber kein Auskommen. Besonders heftig waren die von der CDU, die wollten (so sagten wir damals), die SED immer noch links überholen oder hatten einfach Schiss. Die meisten waren krumme Hunde und eigentlich gehörten sie 1990 alle in denselben Sack. Aber sie wurden noch gebraucht. Die Bürgerinitiativen waren den neuen Machthabern eigentlich viel zu unsicher, doch nach dem Ende der DDR hielten einige von denen schnell ihr Fähnchen in den Wind. Wer was werden wollte, ging in eine der großen Parteien, als Quotenossi hatte man dort beste Chancen und wurde vielleicht sogar noch ein hohes Tier. Was wollten die in der »neuen Zeit« gestalten oder vielleicht noch fordern? War doch nur ein Beitritt zum »Geltungsbereich« des Grundgesetzes nach Artikel 23 des provisorischen Grundgesetzes der BRD: »Dieses Grundgesetz gilt zunächst im Gebiete der Länder Baden, Bayern, Bremen, Groß-Berlin, Hamburg, Hessen, Niedersachsen, Nordrhein-Westfalen, Rheinland-Pfalz, Schleswig-Holstein, Württemberg-Baden und Württemberg-Hohenzollern. In anderen Teilen Deutschlands ist es nach deren Beitritt in Kraft zu setzen« (Fassung vom 23. Mai 1949).

Die Quotenossis in den Westparteien wurden nur schmückendes Beiwerk, eine Beruhigungspille für die angeschlossenen 17 Millionen. Angela Merkel nehme ich da ausdrücklich aus. Sie kam aus dem *Demokratischen Aufbruch* (DA), erwies sich als politisches Naturtalent und führte die CDU in die politische Mitte – aber wer weiß, wie sich die Dinge in den nächsten Jahren entwickeln werden. Merkel geht ja gemeinhin als kluge »Pfarrerstochter« durch und es ist schon widerlich, wenn eine bestellte Journaille Themen wie die FDJ oder die DSF (Deutsch-Sowjetische Freundschaft) ausgräbt, um ihr ans Bein zu pinkeln. Ich mochte diese Frau zunächst, nur ist es bedauerlich, dass sie jetzt so am Tropf der USA hängt, denn ich habe den Eindruck, sie mag die Russen. Aber was soll sie machen, viel kann sie nicht machen, denn die Linie geben andere vor. Das erste Mal wirklich geärgert habe ich mich über sie, als sie meinen Entschuldigungsbrief 2007 nicht beantwortet hatte. Und das kam so. Im September dieses Jahres ließ ich mich von einer Zeitung überreden, Merkels Sommerdomizil in X in der Uckermark aus der Luft zu fotografieren. Stundenlang habe ich gesucht und bin die Gegend kreuz und quer abgeflogen. Ich dachte eher an ein großes Gehöft oder ein kleines Schloss. Ich war schon am aufgeben, weil der Sprit knapp wurde, da sah ich im letzten Dorf meiner Rundreise etwas Seltsames. Aus einem kleinen Haus direkt an der Dorfstraße stürmten uniformierte Männer ins Freie und richteten ihre Ferngläser auf mich. Das musste es sein: das Haus gegenüber. Und siehe da, da lag sie auf einer Liege im Schatten ... Schnell ein paar Fotos, dann eine scharfe Kurve und nichts wie weg. Vielleicht wollten die mich ja abschießen ... Auf dem Rückflug wurde mir klar, dass ich zu weit gegangen war und rechnete bei meiner Landung mit einer Verhaftung. Das konnte man sich ja einfach ausrechnen, von wo der kleine rote Flieger gekommen sein konnte, es kamen nur drei Flugplätze in Frage. Aber als ich landete, war der Flugplatz in Crussow verwaist. Keine Polizei, keiner wollte meine Kamera konfiszieren. Falls es dich interessiert, es war ein kleines unscheinbares Haus und es sah so aus, wie alle Häuser drum herum ... Aber ich möchte auch nicht, dass mich jemand fotografiert auf einer Liege, wenn ich es nicht will oder nicht bestellt habe. Also rief ich den Redakteur der Zeitung an und sagte ihm, dass ich das Haus gefunden hätte, aber die Bilder löschen werde. Er war nicht begeistert, aber er hatte ja auch nicht fotografiert. Am nächsten Tag, einem Montag, fuhr ich etwas verunsichert zur Arbeit und am Abend fand ich auf meinem Anrufbeantworter prompt zwei Mitteilungen, eine vom LKA und eine vom BKA. Die Behörden hatten dann, wenn auch etwas spät, doch noch funktioniert. Ich wurde einbestellt und freundlich gebeten (!), die Sache zu vergessen. Es verlief deswegen glimpflich, weil ich mich ja nicht in einem gesperrten Luftraum bewegt hatte. Ich sagte zu, die Fotos nicht zu veröffentlichen und schrieb einen Entschuldigungsbrief an Frau Merkel. Wenn ich Angela Merkel wäre, hätte ich die Entschuldigung angenommen und um die Fotos gebeten. Hat sie aber nicht. Wahrscheinlich hat sie den Brief aber gar nicht bekommen, so was landet ja heute immer bei irgendwelchen unteren Chargen. Aber sie muss mich doch gesehen haben in meinem kleinen roten Flieger ...

Jetzt habe ich mich schon wieder verplaudert. Was ich eigentlich nur sagen wollte ist, dass die Biografie von Angela Merkels Vater bemerkenswert ist. Er war keineswegs irgend so ein kleiner Pfarrer in der fernen Uckermark, wie oft beschrieben, er war eine wichtige Person in der evangelischen Kirche der DDR. Sein Name ist Horst Kasner (1926–2011). Mir ist seine Lebensgeschichte wichtig, weil sie gegen das Bild einer angepassten bzw. nur oppositionellen Kirche in der DDR spricht, gegen das heute verbreitete Bild.

12. Gespräch: Unzufriedenheit mit der DDR, Drachentöter Biermann, die Künstler und der Staat, Eingaben, mein Freund Reinhard, Tabakernte, Prosatexte für die SFB-Reihe Passagen, die Staatssicherheit, meine Akte, Norbert Bischoff, Gerhard Gundermann, Strafgesetzbuch der DDR, Demokratie heute

Du hast mich mal gefragt, was das Beste in der DDR war. Ich habe dir geantwortet: Das Zusammenleben der Menschen. Dass man keine Angst haben musste, permanent über den Tisch gezogen zu werden von irgendwem. Und du hast weiter gefragt: »Warum ward ihr dann unzufrieden?« Und ich habe gesagt: Wir wollten mitreden, bei allem was entschieden wurde, wir wollten die Verantwortung übernehmen, so wie es uns versprochen worden war. An der Mauer sollte das Schießen aufhören, weil jeder in den Westen hätte reisen dürfen. Die Verschmutzung der Umwelt sollte aufhören, damit die Menschen nicht mehr darunter leiden. Der Verfall unserer Häuser sollte aufhören, damit die Städte nicht nach und nach verschwinden. Die Gängelung der Wirtschaft sollte aufhören, damit jeder seine Ideen verwirklichen könnte. Die Lügen im Fach Staatsbürgerkunde sollten aufhören, weil das Wort Staatsbürger ein so stolzes Wort ist. Die Bespitzelung der Künstler sollte aufhören, denn die Gedanken sind frei. »So soll es sein, so wird es sein ...« (aus Biermanns CD *Chausseestraße 131*). Wir haben Wolf Biermann in unserer Jugend sehr verehrt. Als ich ihn am 7.11.2014 vor dem Bundestag reden hörte, in einer Feierstunde zum 25. Jahrestag der Öffnung der Berliner Mauer, habe ich mich für ihn geschämt. Warum hatte Norbert Lammert als Präsident des Bundestages ihn eingeladen? Er sollte doch nur singen (flehte Lammert), aber Biermann war sich wichtiger. Endlich wieder rauf auf die mediale Bühne, wenn auch nur für ein paar Stunden. An unserem Kampf hatte er nur aus der Ferne teilgenommen, und nach diesem Auftritt fiel mir ein: Nur gut, dass er am 4.11.1989 nicht dabei war. Ein Telefonat, das er im Vorfeld mit Bärbel Bohley geführt hatte, wurde im *Deutschlandfunk* gesendet und der kümmerliche Noch-Staat DDR ließ ihn nicht rein. Das wird ihn sehr geschmerzt haben. Ist Biermann heute überhaupt noch ein Thema? Wenn überhaupt, dann wird er doch nur zu bestimmten Anlässen aus der Mottenkiste geholt. Er ist ohne Zweifel eine Person der Zeitgeschichte und für uns früher wichtig gewesen. Seine Lieder aus der Chausseestraße wurden geschmuggelt, kopiert, die Texte haben wir abgeschrieben, nachgesungen. Alles hoch explosiv, lebensgefährlich. Aber das war Mitte der 70er Jahre. Es ist so viel passiert in der Zwischenzeit. Hat er das nicht bemerkt oder schaut er nur die *Tagesschau*? Wenn Biermann die LINKE im Bundestag als »reaktionär« bezeichnet, zeigt er allenfalls seinen Realitätsverlust. Wer soll ihm jetzt noch irgendetwas glauben, im Alter von 77 Jahren, ein Alter, das eigentlich Weisheit verspricht? Im *Deutschland-*

funk wünschte sich Frank Capellan in einem Kommentar am gleichen Abend: »Etwas Größe zum Jahrestag, etwas mehr Versöhnen statt immer nur Spalten. Der selbstgefällige Biermann aber hat es leider noch nicht verstanden: In Deutschland zumindest werden sie zum Glück nicht mehr gebraucht – die Drachentöter!«

Großer Mensch, armer Mensch, genug dazu. Ich will noch einen Augenblick verweilen bei dem Thema »Die Bespitzelung der Künstler sollte aufhören«. Eigentlich aller Menschen. Wie schon erzählt, mir machte das, und eigentlich auch denen, die mir nah waren, keine Angst. Wir bauten keine Bomben und wir waren im Recht. Diese anderen in ihren dämlichen Anoraks, mit den scheinheiligen Gesichtern, mit der eigenen Verunsicherung, mit ihrem drohenden »Wir können auch anders« – die waren im Unrecht. Meine Kontakte zur Staatssicherheit waren selten und zufällig, und ich empfand sie nicht als bedrohlich, bis auf eine Ausnahme. Versuche der Anwerbung als »Tschekist der Revolution« (wie es Gerhard Gundermann mir gegenüber einmal nannte) gab es bei mir drei oder vier, den ersten 1975 bei meiner Entlassung aus der NVA, die anderen in den 80er Jahren. Ich war, wie viele andere in der DDR auch, ein eifriger Schreiber von Eingaben, also Protestbriefen an die Regierung. Die landeten nicht wie heute auf Nimmerwiedersehen in einem Petitionsausschuss, sondern wurden persönlich beantwortet, jedenfalls bei mir. Wegen Gerlinde Kempendorff, dazu komme ich gleich, hatte ich sogar an Honecker geschrieben und wurde auch in das ZK-Gebäude eingeladen, musste dabei aber natürlich den Nebeneingang in der Kurstraße benutzen und ging dann durch einen dieser weiten gebogenen Gänge (aus der Nazi-Zeit, Reichsbank, heute Auswärtiges Amt), bis ich von einem Mitarbeiter empfangen wurde. Dem hatte ich nicht geschrieben. Wer war das? Sicher wurden nicht alle Eingabenschreiber so behandelt, aber ich war zu dieser Zeit freier Autor, und denen sollte offenbar das Gefühl vermittelt werden, dass sie ernst genommen wurden. Der Mensch hörte sich alles an: »Wir kümmern uns. Wir freuen uns, dass Sie sich so engagieren und würden gerne von Ihnen noch mehr Informationen erhalten. Können Sie sich das vorstellen?« Konnte ich nicht. Bei meinen Eingaben an das Kulturministerium passierte das gleiche. Eine Ausnahme war meine Eingabe an den Postminister, Rudolph Schulze, ein Mann der CDU. Der Grund der Klage war, dass »mein« Postamt in der Schönhauser Allee 127 permanent unterbesetzt war. Vier Schalter, nur einer geöffnet, eine lange Schlange bis auf die Straße. Aus den hinteren Räumen hörte man fröhliche Frauen und es roch nach frischem Kaffee. Ich hatte dem Minister geschrieben, dass mir als »werktätigem Menschen« dieser Umstand unverständlich sei und bat um Abhilfe. Aber ich erhielt nur einen förmlichen Brief: Ihrer Beschwerde wird nachgegangen. Keine Einladung. Doch schon in den nächsten Tagen zeigte sich eine sonderbare Verwandlung: Alle vier Schalter im Postamt waren auf einmal besetzt und es gab keine Schlange mehr. Und mir schien, als würden mich die Damen sehr argwöhnisch ansehen: »Ist das vielleicht das Schwein?« Leider hielt dieser kundenfreundliche Zustand nicht lange an.

In der Regel wurde ich nach einer Eingabe aber eingeladen. Bei dem, was ich über diese kleine Republik gelernt hatte, war mir allerdings bewusst: Meine Gegenüber kamen nicht aus dem entsprechenden Ministerium oder aus dem Komitee für Unterhaltungskunst. Die waren natürlich von »Horch und Guck«, damals ein durchaus gebräuchlicher Begriff. Das Ministerium für die Sicherheit des Staates war sichtbar und fühlbar für alle, die in der Kunst tätig waren. Wer das vergessen hat, ist vergesslich. Den »normalen« Bürger hat das wenig tangiert, der ging seiner Arbeit nach und versuchte, mit dem Arsch an die Wand zu kommen. Millionen DDR-Bürger hatten mit der Staatssicherheit nie Kontakt oder Probleme. Aber es gab überall, in jedem Betrieb, in jedem Dorf (auch in Gellmersdorf) diese »Wasserstandsmelder«, wie ich sie früher nannte. Die berichteten regelmäßig über die Stimmung im Volke: »Das Wetter ist gut oder schlecht, die Ernte ist gut oder schlecht, Ersatzteile fehlen in der Werkstatt, einige murren, der Tabak wächst nicht recht, viel Regen, die Ferkel sehen gut aus, die Stimmung ist gut oder schlecht, am letzten Wochenende im August das Dorffest, alles besoffen, endlich Regen, der Tabak wird gut ...« Diese Leute waren meist bekannt, wurden gemieden oder man wählte in ihrer Gegenwart die Worte genauer.

Neben der offiziellen Regierung – was oft vergessen wird – gab es Räte des Bezirks und des Kreises, in Berlin die Bezirksämter. Das waren keine »Arbeiterräte«, wie ursprünglich angedacht, es waren nur Verwaltungen mit erheblichem Einfluss auf Kultur und Bildung. Zusammengesetzt nach Proporz: vorneweg die Genossen der SED, dahinter die Blockparteien. Die hatten stramm zu tun: Einflussnahme und Kontrolle in allen Verbänden, Vereinen und Betrieben, auch bei den Schrebergärtnern. Das ideologische Dogma wurde heruntergedekliniert bis in das kleinste Dorf. Etwas, was man sich auch von den Nazis abgeguckt hatte. Fahnen im Wind, Spruchbänder über jedem Klo, Fackelzüge am Abend. Bücher wurden nicht verbrannt, nur verboten. Selbst für das KdF-Schiff (Kraft durch Freude) *Wilhelm Gustloff* gab es mit der *Völkerfreundschaft* eine Entsprechung. Damit ging es dann auf große Reise bis nach Kuba, wenn man als zuverlässig und systemtragend ausgewählt worden war. Ich weise auf diese vergleichbaren Symptome nur hin, um die rückwärtsgewandte Ideologie der SED zu verdeutlichen, die aus den 1920er Jahren stammte und vom Stalinismus geprägt war. Wer heute von den »zwei deutschen Diktaturen« mit Blick auf Hitler und Ulbricht spricht, stellt nur seine politische Dummheit zur Schau oder wird dafür bezahlt.

Die DDR wurde »konstruiert« nach Stalins Modell, sie hatte nur sehr wenig mit Sozialismus zu tun, das politische System diente auf allen Ebenen der Sicherung der Alleinherrschaft der SED. Und überall auf dieser Stufenleiter hockte die Staatssicherheit. Aber natürlich gab es noch eine dritte Ebene, die SED selbst, von der Zentrale in Berlin bis in die kleinste Parteigruppe in den kleinsten Betrieben: »Wo ein Genosse ist, da ist die Partei«. Da saßen Menschen an den Schalthebeln, mit Mut oder Angst, mit Visionen oder korrupt. Diese DDR war so differenziert, und die heutige Geschichtsschreibung ist so grob, das passt nicht zusammen. Es gab mutige Genossen und es gab Verräter in der »Opposition« es gab »Linksradikale« in den Blockparteien (CDU, LDPD, NDPD) und Denunzianten. Wer sich wirklich einlassen möchte auf dieses Thema, braucht etwas Zeit und wird überrascht sein. In diesem System hatten sich die meisten gut eingerichtet. Aber was tun, wenn es plötzlich an der Tür klingelt? Und da ein Mann in einem abgetragenen Anorak steht, der fragt, ob er reinkommen darf ...

Diesen Anorak trugen seltsamerweise viele hauptamtliche Mitarbeiter der Staatssicherheit. Sicher nicht die Bosse, aber die kleinen Spürhunde und ständigen Beobachter. Man erkannte sie sofort, ob das gewollt war, kann ich nicht sagen. Eine Geschichte finde ich besonders bedrückend, erzählt von Reinhard. Er ist auch Pilot, mein Freund und ein brillanter Techniker. Seitdem er sich um mein kleines Flugzeug kümmert, bin ich nicht mehr abgestürzt ... Alle meine Freunde sind mittlerweile gleichaltrig. Als ich 30 war, haben mich Gleichaltrige gelangweilt, weil sie alles wussten und dachten, was auch ich wusste und dachte. Meine damaligen Freunde waren zehn Jahre älter und klüger als ich, das hat mich angezogen. Klaus Stehr sagte einmal zu mir: »Theater ist nicht interessant, das habe ich alles schon gesehen.« Und dabei ging es um Heiner Müller! Ich habe so viele Menschen in meiner Nähe verehrt, geliebt und dann, nach dem Einschlag des Kometen BRD in die DDR im Frühling 1990 aus den Augen verloren. Wir flogen einfach auseinander, verschwanden im Weltall. Die einen haben neue Projekte und Firmen gegründet, die anderen haben sich einfach nur unsichtbar gemacht. Wir treffen uns manchmal eiligen Schrittes auf der Straße, tauschen vielleicht eine Visitenkarte oder Telefonnummer aus. Bis dann ... Vielleicht ist es mitunter gut, ein altes, verklärtes Bild im Kopf und im Herzen zu behalten. Besonders schmerzt mich das bei Michael und unserer Punkband *Die komischen Vögel*. Ende der 80er Jahre war er so stolz, so stark. Ein Vogel mit starken Schwingen. Auf der Straße trug er immer eine schwarze Sonnenbrille. Aber als er einmal mit festem Schritt und ohne mich zu erkennen in der Schönhauser an mir vorbeistolzierte, sah ich für den winzigen Augenblick einer halben Sekunde die flackernden Augen, das unsichere Tasten. Wir haben so viel zusammen gemacht, Theaterstücke, Punkmusik, dazu komme ich sicher noch. Ich hätte ihn so gern bei mir behalten, aber auch er wurde unsichtbar. Als wir uns vor ein paar Monaten zufällig auf der Straße trafen, hat er mich nur abgeschöpft und als ich fragen wollte, wie es ihm geht, sagte er bloß etwas von

einem kleinen Job als Beleuchter im Theater *Die Wabe* und dann: »Meine Bahn kommt.« Ich habe ihn antelefoniert, zum Geburtstag gratuliert, Zettel in seinen Briefkasten geworfen. Keine Reaktion. Zum letzten Weihnachtsfest ging er dann endlich ans Telefon. Hat sich hörbar über meinen Anruf gefreut. Aber als ich auf die »alten Zeiten« kam, nach ein paar Fotos von den *Komischen Vögeln* fragte, wurde er barsch: »Die alten Zeiten interessieren mich nicht mehr. Außerdem bin ich gerade beim Staubsaugen. Ich ruf dich an.« Ich war irritiert. Wie kann ein Mensch leben ohne »die alten Zeiten«, die Ideale und Mühen, die damit verbunden waren? Warum werden Erinnerungen gestrichen, nur weil man gerade »unten« ist – mit einem Ein-Euro-Job. Was ist aus diesen Tausenden Künstlern geworden, die in der DDR einen guten Feind und ein gutes Zuhause hatten? Wie geht jeder Einzelne damit um, wie kann er überleben? Ist das überhaupt möglich?
Viele Künstler in der DDR, ob nun als Opponenten oder Auftragskünstler, haben gut gelebt in ihr, gegen sie und von ihr. Bis zu ihrem letzten Tag. Ende. Das ist wie bei einer Mistel, die mit ihrer Wirtspflanze stirbt. Man konnte oft erleben, dass Geben und Nehmen durchaus keinen Widerspruch darstellten. Bildhauer schufen als Broterwerb pro Jahr eine bestellte Skulptur oder Maler ein großformatiges Bild von einem Arbeiterführer, um sich anschließend in Ruhe ihren eigenen Werken zuwenden zu können. Und so hat es gerade die Bildenden Künstler hart getroffen. In den neuen Machthabern versuchten einige eine neue Wirtspflanze zu finden, aber das hat in den wenigsten Fällen funktioniert. Anfang der 90er Jahre gab es noch zahlreiche Möglichkeiten, sich mit Stipendien oder Fördergeldern über Wasser zu halten, aber der Hahn wurde dann langsam zugedreht. So blieb oft nur der Weg in handwerkliche Berufe, Keramik oder Kunsthandwerk. Bei mir war es der Weg in die Kinderlieder und ich habe ab 1990 unverdrossen weiter geschrieben, nicht für die Schublade, sondern als Broterwerb. Geholfen hat dabei das DDR-Fernsehen, das erst am 31.12.1991 abgeschaltet wurde. Da entstanden noch schöne Kinderfilme, wie die *Paradiesinsel* (Regie Christa Schreiber). Für Schriftsteller war der Umbruch generell nicht so dramatisch wie bei den Bildenden Künstlern, den Liedermacher, den Rockbands. Die Schauspieler konnten sich oftmals retten, denn das Fernsehen braucht immer neue Nasen, außerdem hatten sie eine exzellente Ausbildung und waren Profis am Set und im Theater. Ich erspare mir eine Aufzählung und nenne nur Carmen-Maja Antoni. In einer Rezension zu ihrer Autobiografie *Im Leben gibt es keine Proben* (Verlag Das Neue Berlin, 2014) las ich den schönen und zutreffenden Satz: »Sie ist eine ganz und gar ungewöhnliche Frau, die Antoni. Grob, clownesk, rotzig und laut. Dazu eine feine, hellhörige Seele.« Sie wohnt schräg gegenüber bei mir und immer wenn ich sie treffe, grüße ich sie ergeben und sie lächelt freundlich zurück. Sie hat in den wichtigsten DDR-Filmen mitgespielt und ist heute noch gut beschäftigt mit 70 Jahren. Ich empfehle

dir, wenn du mehr über sie erfahren willst, dir den Namen aufzuschreiben und im Internet nach ihr zu suchen, das gilt eigentlich für alle Namen, die ich nur kurz erwähne ...

Unten bei mir im Haus praktizierte seit Anfang der 90er Jahre, als die Hausbuchschreiber spurlos verschwunden waren, der Hautarzt Dr. Karl-Gustav Meyer. Er ist zehn Jahre älter als ich und dachte lange nicht ans Aufhören. Wir kannten uns vom FKK in Prerow. Anbaden jedes Jahr zu Pfingsten und Familienurlaub im Sommer. Vor ein paar Monaten traf ich ihn unten im Hausflur, als er sein Namensschild an der Praxis abschraubte: »Ich dachte, Sie würden in Ihrer Praxis sterben?« – »Ja, wollte ich auch, aber ich kann nicht mehr.« Ich hatte immer das Gefühl, er würde sich vor endlosen, langweiligen Tagen mit seiner Frau im schönen Haus vor der Stadt gruseln. Ein stattlicher Mann, auch noch mit 72 Jahren, mit einer treuen Patientenschar. Wenn ich zufällig um halb drei die vier Treppen hoch in meinen Turm stieg, kauerten sie immer schon vor seiner Eingangstür. Wer zuerst kommt, mahlt zuerst. Ich gehörte auch zu seinen Patienten mit dem kleinen Bonus, dass ich nicht im Wartezimmer Platz nehmen musste, Karl-Gustav rief mich an, wenn ich an der Reihe war.

Eines Tages, Mitte der 90er Jahre, saß plötzlich seine Frau an der Anmeldung: Heidrun Hegewald. Für ein paar Monate – ich konnte das nicht ertragen. Die verehrte, großartige Malerin und Grafikerin. Ich erinnere nur an das für mich beklemmende Bild: *Kind und Eltern*, 1976, Öl auf Hartfaser. Am Ende der DDR stand sie dem *Neuen Forum* nahe und wollte sogar Hermann Kant bekehren, wenn ich seinem Buch *Abspann* glauben kann. Aber ihr schönes Atelier ganz oben in der Greifenhagener Straße 9 ist perdu, ich weiß noch genau, wie es da roch. Dieses helle Atelier kostete fast nichts und wurde dann mit einem Mal unbezahlbar. Mit der DDR starben auch viele ihrer Künstler. Zum Glück hat sich Heidrun in den letzten Jahren wieder gefunden. Neue Arbeiten, neue Ausstellungen. Und sie fand wieder Kraft für politisches Engagement in dem Aufruf: »Wir, Schriftsteller und Künstler, fordern die Gremien der Europäischen Union auf: Schafft ein humanitäres Flüchtlingsrecht. Schafft ein menschliches Asylrecht. Schafft die Dublin-II-Verordnung ab. Begreift: Kein Mensch ist illegal. Beendet das Sterben.« Erstunterzeichner waren, neben vielen anderen: Carmen Maja Antoni, Andre Heller, Manfred Maurenbrecher, Renate Richter, Dieter Süverkrüp, Hannes Wader, Konstantin Wecker, Leander Sukov, Manfred Wekwerth ...

Jetzt habe ich mich ganz verheddert, Zeit für eine Pause. Ich mach uns einen Tee. Weißdorn soll gut für das Herz sein ... Und für dich einen leckeren Holundersaft.

Es ist schon seltsam: Wenn wir beide hier oben am Fenster sitzen, stört uns das Gebrummel der Stadt wenig – der Lärm der Straßenbahnen, der U-Bahnen, der Flugzeuge, der Autos, der Rettungswagen. Lass uns also fortfahren mit unserem Gespräch und nun wieder zurückkommen auf Reinhard. Er kam 1982 als frisch diplomierter Ingenieur zum KfL Angermünde – Kreisbetrieb für Landtechnik. Also zu einer Firma, von der es landesweit welche gab und die sich um die Einsatzbereitschaft von Traktoren, Mähdreschern und Ähnlichem kümmern musste. Was macht man mit einem jungen, gut ausgebildeten Ingenieur? Erst mal steckt man ihn in die Abteilung Rationalisierung, Rationalisierung ist immer gut. Wieder ein Fremdwort, aber in der DDR ein Schlagwort. Die Arbeitsproduktivität war ständig im Keller und so sollte alles etwas rationeller werden, durfte aber nichts kosten, am besten war es, wenn der Betrieb seine Rationalisierungsmittel selbst herstellte. Schlimm waren die Betriebe dran, wenn sie auch Konsumgüter liefern sollten, also Gartengestühl, Grillgeräte, Babybadewannen, Nachttischlampen oder Kerzenständer ... Also alles, was gerade in den Läden knapp war, aber schnellstens in den Handel gebracht werden sollte, um die Menschen zu erfreuen. Zum Glück wurden mit diesen Auflagen nur größere Betriebe belästigt, am liebsten Kombinate, also konzernähnliche Zusammenballungen verschiedener Betriebe. Die haben aber genauso geflucht, dann improvisiert und geliefert, was ging.

Das KfL Angermünde wurde nicht in die Pflicht genommen und auch nicht Reinhard. Der war natürlich bei seinem Start Feuer und Flamme und auch von Hause aus sehr gewissenhaft, besser trifft es das Wort penibel. Somit wurde er dann auch gleich zum Kontrolleur für Qualitätsarbeit bestellt, was aber nur ein paar Wochen gut ging. Der Mann war einfach zu genau, für die anderen. Wenn man einen Sicherungsring am Traktor auch mit ein paar heftigen Hammerschlägen loskriegen konnte, musste man ja nicht in die Werkhalle nebenan laufen, um die Abziehvorrichtung zu holen. Und wenn bei diesen heftigen Schlägen etwas kaputt ging, kein Problem, es kam auf die Rechnung für die LPG. Da gab es kein Gezeter, schließlich waren die heilfroh, wenn der schrottreife Traktor wieder ein paar Runden drehen konnte.

Reinhard wurde seiner neuen Funktion als Kontrolleur für Qualitätsarbeit schon bald enthoben. Zu genau war nicht gut. Aber es musste etwas anderes her, nur arbeiten war zu wenig. Vielleicht kann sich der Neue als Obmann im Kulturbund nützlich machen, diesen Job wollte sowieso keiner: Ein Betriebsausflug zum Friedrichstadtpalast in Berlin, eine Dampferfahrt auf der Oder, eine Schriftstellerlesung, ein Besuch der Patenbrigade in der Schule. Viele Schulen, auch Kindergärten, hatten diese Patenbrigaden. Im Grunde eine sinnvolle Idee, um die Heranwachsenden an das Arbeitsleben heranzuführen, Berufswünsche zu wecken. Arbeitskräfte waren in der DDR immer knapp.

Und so fand sich der junge, eher zurückhaltende Mann schon bald mit einem Foto vor dem Werkstor auf der »Straße der Besten« ausgestellt. Das war so üblich, zumindest bei mittleren und größeren Betrieben, dass die Vorbilder am Werkstor auf einem großen, länglichen Aufsteller angepriesen wurden, sozusagen als gutes Beispiel für die anderen. Keiner wollte sich da gerne sehen, als »Held der sozialistischen Arbeit«. Dieser junge Ingenieur, so befand die Leitung des KfL, könnte doch noch mehr gesellschaftliche Arbeit (so der offizielle Begriff) leisten. In der Kampfgruppe war er inzwischen auch, um der ungeliebten halbjährigen Reserveausbildung in der NVA zu entgehen, aber das machten ja viele ... Vielleicht könnte er der Gesellschaft als Obmann in der Gewerkschaft nützlich sein. Und so wurde Reinhard zum AGL-ler »befördert« – zum Abteilungsgewerkschaftsleiter. Reinhard nahm an, immer noch gewissenhaft und penibel. Als im Sommer 1983 die Ernte bevorstand, füllte sich der Betriebshof schnell mit kränkelndem Gerät. Mitunter ruhte die Arbeit der Schlosser über Tage, weil ein passender Simmering nicht geliefert werden konnte oder eine klitzekleine Buchse, ein Flansch, eine Manschette fehlten. Nichts zu machen und man konnte mal kurz im Konsum nachschauen, ob es gutes Bier gab oder Bananen und im eigenen Garten nach den Tomaten sehen ... Dann kam das begehrte Teil endlich an, aber ausgerechnet an einem Freitag. Als in diesem Sommer 1983 am fünften Wochenende hintereinander Überstunden angeordnet waren, brodelte es in der Belegschaft. Jeder hatte doch an diesen zwei freien Tagen zu tun. Im Garten, auf dem eigenen Tabakfeld, mit den 100 Kaninchen, mit dem Bullen auf der Weide, beim Scharwerken – das übliche Wort für Nachbarschaftshilfe gegen Entgelt oder Gegenleistungen. Also, der eine konnte mauern oder Rohre verlegen, der andere kannte einen, der einen kennt, der Vorschalldämpfer für den *Trabbi* besorgen kann. Das eine war das reguläre Gehalt, das andere der Nebenerwerb. Für einen Bullen gab es an die tausend Mark und mein erster Freund in Gellmersdorf Heinz Krause, genannt »Heini«, hat mit seinen Tabakfeldern jährlich an die Zehntausend verdient. Jeder freie Acker rund um das Dorf wurde von ihm in Besitz genommen und ich war sein Nachbar: »Willi, es geht los!«

Den Tabak in der Uckermark kaufte nicht *Marlboro*, sondern die chemische Industrie aus dem Westen. Man sagte so »Pi mal Daumen«: Für eine Pflanze eine Mark. Heini arbeitete auf der LPG, aber das war nur der halbe Tag, außerdem konnte man dort auch das eine oder andere abzweigen, die zweite Tageshälfte gehörte der kleinen privaten Wirtschaft. Für mich hieß das, Tabak jeden Sommer: »Willi, es geht los!« Zuerst musste man mit dem Rechen ein Schachbrettmuster auf dem Feld zeichnen, dann die Pflanzen einsetzen, nicht größer als eine Salatpflanze. Dann angießen, immer eine Gießkanne rechts und links in der Hand. Das ging auf die Sehnen. Dann warten, auf Sonne hoffen und Hagel fürchten. Dann die Blüten abbrechen in zwei Metern Höhe. Erste Ernte der unteren Blätter. Zweite Ernte

der mittleren Blätter, am Ende die oberen. Eine ungewöhnliche Prozedur für mich war das Auffädeln. Frauen aus dem Dorf trafen sich dazu am Abend in der Tabakscheune hinter Heinis Haus. Mit einer riesigen Nadel wurden dann die Blätter an den Stängeln durchbohrt und aufgefädelt. Das waren lustige Abende. Die Frauen aus dem Dorf machten sich über meine roten Haare lustig und den kleinen Zopf: »Den schneiden wir dir heute Abend noch ab«, sagten sie und kicherten. Aber gegen Mitternacht waren sie dann zu erschöpft, um die Freveltat noch umsetzen zu können. Alle Blätter waren dann irgendwann aufgefädelt und Heini hatte die Aufgabe, die Girlanden mit einer wackligen Leiter unter dem Scheunendach an eigens dafür eingeschlagenen Nägel aufzuhängen. Da er ein Mann war, der das Unglück anzog, hat er natürlich auch diese Gelegenheit nicht ausgelassen, um aus der luftigen Höhe auf irgendeine Erntemaschine zu fallen. Dauernd ist es irgendwo runtergefallen oder hineingekommen. Sein Körper war voller Narben und gerne zeigte er seine künstliche Schädelplatte vor und wir sagten immer im Scherz: »Heini, du wirst bestimmt hundert Jahre alt, die Hälfte an dir ist ja schon erneuert ...« Im Januar, wenn die Tabakblätter trocken waren, wurden sie zu festen Bunden zusammengeschnürt. Am Ende ein gutes Geschäft und dennoch schwere Arbeit. Ich hatte selbst keinen Nutzen davon, doch Heini hatte die schöne Devise erfunden: Dfd, also: Dies für das. Jeder konnte etwas und brauchte etwas. Es floss kein Geld, Geld war nicht so wichtig, da der Lebensunterhalt billig war, man brauchte es nur für größere Anschaffungen wie eine Schrankwand, ein Auto oder einen Farbfernseher. Nach getaner Arbeit wurde aber der Helfer immer gefragt: »Was kriegst du?« Und der sagte immer: »Ach lass mal, du hilfst mir ja auch wieder.« Das galt auch, als Gellmersdorf 1988 einen neuen ABV bekam, weil Erwin in Rente gegangen war. ABV ist die Abkürzung von Abschnittsbevollmächtigter der Volkspolizei, also die höchste staatliche Gewalt im Dorf, allgemein Dorfsheriff genannt. Erwins Weggang war ein herber Verlust, denn der alte Sheriff hatte ein hohes Ansehen genossen und wenn er auf seiner *Schwalbe* angeknattert kam, sah jeder zu, dass es keinen Grund zur Klage gab ... Der neue Dorfsheriff war ganz anders, zu jung, wenig selbstbewusst. Die Volkspolizei musste nehmen, wen sie bekam. Ein Witz aus jener Zeit: »Warum gehen immer zwei Volkspolizisten gemeinsam auf Streife? Antwort: Damit sie zusammen auf 10 Schuljahre kommen.«
Nun ja, dieser neue Dorfsheriff (den Namen lasse ich mal weg) war auch zum Polizeidienst gekommen, um sich ein leichteres Leben zu machen, gelernt hatte er Maler. Und als ich mein Haus in Gellmersdorf streichen wollte, brauchte ich dringend einen Maler. Und er brauchte jemanden, der seine Berichte auf einer Schreibmaschine verfassen konnte: Hühnerdieb gefasst, Fahren ohne Sturzhelm, Fahren unter Alkohol, Schlägerei beim Dorftanz ... Das war eine sinnvolle Kooperation, meine Zimmer wurden weiß und seine Berichte wurden gelobt.

Heinz Krause war ein großartiger Mensch – äußerst liebenswürdig und hilfsbereit. Aber es lag immer so ein Knistern in der Luft, wenn er zu mir zum Helfen kam: »Dfd«. Einmal fiel die von ihm abgesägte Weide direkt auf meinen geliebten Nussbaum, einmal ging sein Bagger schon nach dem ersten Hub kaputt, und meine »fachmännisch« beschnittenen Obstbäume sahen hinterher wie zerrupft aus, Heinis Kommentar: »So hab ich das gelernt: Man muss eine Mütze durchschmeißen können.« Und zog nach dieser guten Tat froh gestimmt von dannen. Später habe auf seine Hilfe lieber verzichtet ... Das Besondere an ihm war, dass er den Spitznamen »Baron Münchhausen« trug. Das heißt, er trug gerne dick auf. Ein Wesenszug, der mir aus meiner Kindheit sehr vertraut war. Das Typische war, dass er eine Geschichte begann und sich dann so weit in sie hineinsteigerte, dass es keinen Ausweg mehr gab. Einmal erzählte er auf der LPG die Geschichte von den Fallschirmjägern der NVA, bei denen er gedient hatte. Ich denke, in Wahrheit hat er nur einen Sanka gefahren. Gelegentlich gab es bei seinem Vortrag einige Zwischenfragen, die ihn noch mehr anspornten. Es endete, wie es enden musste: Heini war aus einem Flugzeug abgesprungen, der Schirm öffnete sich nicht, aber ein riesiger Heuhaufen rettete ihm das Leben. Dem dicken Schubert ist vor Schreck die Zigarre aus dem Mund gefallen. Natürlich musste Heini danach immer eine Menge Spott einstecken und wenn es irgendwie passte, wurde gerufen: »Lass das mal Heini machen, der ist doch Fallschirmjäger.« Auch bei ihm war wohl ein älterer Bruder die Quelle der ausschweifenden Phantasie. Hans. Hans war ein Bär von einem Mann, auf den Tanzböden der Gegend beliebt, natürlich in der Jagdgesellschaft, ein fröhlicher Typ und einer, der sich seiner selbst sehr sicher war. In der Erntezeit stand er vorne auf dem Mähdrescher mit seiner Flinte und schoss auf Rehe und Wildschweine. Das war streng verboten und wurde auch geahndet mit einer Aussprache vor dem Kollektiv oder sogar einem Verweis. Aber wenn dann zum Dorffest Ende August ein leckeres Wildschwein gebrutzelt werden konnte, war alles vergessen. Hans hatte drei Töchter, die er standesgemäß und dem Zeitgeist folgend verehelichte – mit einem Elektriker, einem Fliesenleger und einem Maurer. Wenn da was zu machen war in seinem Haus, gab es keine Probleme ... Bei all seinem Unglück traf Heini aber doch ein Mal im Leben ins Schwarze: Lena. Was für eine herzliche Frau, klein und zäh und nachsichtig. Sicher führte sie, wie bei den meisten Helden auf dem Land, das Wort, aber nach außen drang nichts durch. Sie hatte das Portemonnaie, was den Spielraum für Heinis Eskapaden einschränkte. Als ich ihn am 19. März zu seinem Geburtstag anrufen wollte, ging Lena ans Telefon und sagte: »Da kommst du leider zu spät, Heinz ist gestern gestorben.«
Ich denke gern an ihn und meine vier Tabakjahre erscheinen heute in einem freundlichen Licht: »Willi, es geht los!« Es wurde am Abend immer noch ein Bier

getrunken und ein Korn, erzählt und gelacht. Er fehlt mir, mein Nachbar. Etwas einfacher hatten es sicher Leute, die einen Nachbarn hatten, der einfach nur ein paar Schweine hielt. Nun ja, da mussten auch täglich die Kartoffeln gedämpft werden, aber das Brot war billig. Roggenmischbrot (1 kg) kostete damals im ganzen Land zwischen Ostsee und Fichtelberg dasselbe: 52 Pfennig. Das war so billig, dass die Bauern im Konsum massenweise Brot kauften, um es an ihre Schweine zu verfüttern – billiger als Schrot und bequemer. Unser Dorfkonsum in Gellmersdorf gegenüber der Kirche, den es leider nicht mehr gibt, wurde damals dazu angehalten, allerlei bäuerliche Produkte anzukaufen: Eier, Pflaumen, Johannisbeeren oder Äpfel. Zum gleichen Ankaufspreis wie überall zwischen Ostsee und Fichtelberg. Und wenn man seine Pflaumen zu einem guten Preis verkauft hatte, konnte man sie gleich anschließend für einen deutlich geringeren Preis wieder einkaufen – zum EVP, dem Endverbraucherpreis, das musste ja in die Insolvenz führen ...

Wo war ich stehengeblieben, ach ja, fünf Wochenenden mit Überstunden im KfL. Da haben sich die Arbeiter sehr beklagt bei ihrem AGL-ler Reinhard. Und es gab sogar eine Betriebsversammlung. Leider gaben sich alle, die vorher noch erbost waren, plötzlich lammfromm. Nur Reinhard, der Gewissenhafte, sprach das Thema an. Mutig und ganz allein: »So kann es nicht weitergehen.« Ging es aber. Und für ihn folgte eine Aussprache mit dem Betriebsleiter unter vier Augen mit dem üblichen Duktus gegenüber jungen Absolventen: »Die Arbeiterklasse hat dir dein Studien ermöglicht und finanziert, und du fällst der Arbeiterklasse in den Rücken.« Dummerweise hatte zu dieser Zeit am östlichen Ufer der Oder, im nur 70 km entfernten Stettin (Szczecin), die freie Gewerkschaft *Solidarnosc* für einigen Wirbel in der schwankenden DDR gesorgt. Die Anschuldigungen gegenüber meinem Freund Reinhard wurden immer bedrohlicher: »staatsfeindliche Hetze, dem Klassenfeind in die Karten spielen, den Frieden gefährden ...« Er wurde seinen Posten in der Gewerkschaft los, selbst der Kulturbund wollte sich nicht mehr von so einem zur Dampferfahrt einladen lassen und von der »Straße der Besten« wurde sein Bild wieder entfernt. Und der arme Mann wurde geschnitten, von den Linientreuen und von denen, die vorher gemotzt hatten und sich jetzt für ihre Feigheit schämten. Kein schönes Leben für den kleinen Reinhard im KfL. Was ich noch vergessen hatte, er war verheiratet. Nicht weiter erwähnenswert, wäre seine Frau nicht die Tochter des Ersten Kreissekretärs der SED in Angermünde, ein Herrn Gäbler, gewesen. Jetzt könnte man meinen, dieser Schwiegervater hätte seine schützende Hand über Reinhard gehalten (wie es heute wohl wäre), aber ganz im Gegenteil, auch der oberste Boss fühlte sich abgestoßen von der staatsfeindlichen Brut in seiner Familie. Ein paar Jahre später war es allerdings mit dem Alleinherrscher

Gäbler, Spitzname »Stalin«, in Angermünde zu Ende. Er war wegen seiner forschen Art bei der übergeordneten Instanz in Frankfurt/Oder in Ungnade gefallen und wurde wie damals üblich auf einen kleinen Posten abgeschoben, ich glaube nach Wilmersdorf, einem Staatsgut in der Uckermark ...

Und mein Freund Reinhard, was tut er in seiner Not? Er schaute sich nach einem anderen Job um, rationalisieren mussten alle, und er wurde fündig im benachbarten VEB (Volkseigener Betrieb) Emaillierwerk »Gustav Bruhn«. In der DDR wurden viele Betriebe, Schulen und öffentliche Einrichtungen nach Antifaschisten benannt. Bruhn wurde 1889 in Angermünde geboren, war schon im Spartakusbund aktiv, später Abgeordneter im Preußischen Landtag und wurde am 14. Februar 1944 im KZ Neuengamme ermordet. Im Emaillierwerk fühlte sich Reinhard endlich frei, einfach Techniker sein und Konstrukteur, was er kannte und konnte. Das Leben war schön. Bis zu dem Tag, als eine Modernisierung der veralteten Emailleöfen beschlossen wurde. Die Arbeiter mussten über Jahre an den alten Öfen bei 65 Grad Raumtemperatur arbeiten und eine holländische Firma sollte eine moderne Produktionslinie einbauen, um die Arbeitsbedingungen zu verbessern und den Energieverlust zu senken. Und eines Tages kam ein unbekannter Mann in einem abgetragenen Anorak zu Reinhard und fragte, ob er sich vorstellen könne, ein Auge auf diese Holländer zu werfen, die ja aus dem NSW (Nichtsozialistisches Wirtschaftsgebiet) kämen. Reinhard konnte das nicht, und der Mann ging fort. Nach vier Wochen kam er jedoch zurück und sagte: »Wir können auch anders. Ihr Sohn ist jetzt in der 9. Klasse, Sie wollen doch sicher, dass er später mal studiert.« Jetzt sagte der nicht mehr ganz so mutige Reinhard ja und unterschrieb eine Verpflichtungserklärung. Mit seiner Frau sprach er nicht darüber, was er heute bereut.

Und dann kamen die Holländer. Es war aber nur einer, den Rest erledigte eine Kooperationsfirma aus dem thüringischen Lauscha. Es wurde fleißig gewerkelt und nach vier Wochen kam wieder dieser Mann mit dem abgetragenen Anorak zum armen Reinhard und wollte einen Bericht. Der jetzt offizielle Informelle Mitarbeiter der Staatssicherheit (mit Decknamen) redete sich raus und beteuerte, dass er diesen einen Holländer noch gar nicht gesprochen hatte, hatte sprechen können. Nun, das Spiel wiederholte sich noch ein paar Mal, dann ließ der Mann von seinem IM ab. Natürlich war Reinhard Anfang der 1990er Jahre ängstlich interessiert, seine Akte bei der Staatssicherheit zu lesen. Er erhielt die Auskunft, er wäre ein »Grenzfall« und bekam eine recht dicke Akte ausgehändigt, allerdings nur bis zu dem Tag der erpressten Unterschrift. In den Dokumenten fand er vier IMs, die auf ihn als Querulanten im KfL angesetzt worden waren, zwei konnte er trotz der Schwärzungen identifizieren. Auch den unbekannten Mann sah er eines Tages wieder, nicht im Anorak, sondern im feinen Zwirn als Angestellter der *Sparkasse Prenzlau*. Ihn anzusprechen, hat er sich nicht getraut.

Ich hätte den Mann in der Sparkasse schon angesprochen. Möglichst laut: »He, Sie, sind Sie nicht der Mann in dem abgetragenen Anorak ...« Ich musste aber auch keinen ansprechen, »mein Mann« kam zu mir nach Hause, im Herbst 1991.

Ab 1987 hatte ich mich vom Journalismus verabschiedet und danach Geschichten, Hörspiele, Theaterstücke und Lieder für Kinder geschrieben, dazu später mehr. Besonders spannend für mich war die Literatur-Reihe *Passagen* des *SFB*. Ich schlug im März 1990 in dem schönen alten Rundfunkgebäude in der Masurenallee auf – bei Marianne Wagner. Diese *Passagen* waren eine der schönsten Schmuckstücke dieses kleinen Senders und ich habe in den späten 80er Jahren kaum eine Sendung verpasst. Am Sonntagvormittag um 10 Uhr konnte die werte Hörerschaft (sozusagen beim Frühstück) eine literarische Miniatur genießen, später wurde die Sendung auf den Abend verlegt, zehn Uhr, wenn ich mich recht erinnere, dann auf 24 Uhr und irgendwann ganz eingestellt. Diese kleine literarische Form ist ausgestorben, auch dem Hörspiel geht es an den Kragen. Hörspiele in der DDR waren eine tägliche Normalität. Meist liefen sie kurz nach den Acht-Uhr-Nachrichten am Abend, auf verschiedenen Sendern. Ich liebte diese Form sehr und nannte sie »Filme im Kopf«, weil sich jeder seinen eigenen Film ansehen konnte bei demselben Stück. Man hört Stimmen, Geräusche und jeder sieht seinen eigenen Film ...
Marianne Wagner war entzückt über mein Erscheinen. Ein richtiger DDR-Schriftsteller, ich war offenbar der erste, der sich bei ihr vorstellte. In den Folgejahren habe ich jährlich eine Geschichte für die Reihe geschrieben, in der ich versuchte, mir selbst Klarheit zu verschaffen über meine Befindlichkeit im rasanten Wandel in jenen Jahren oder besser Monaten. Die Grenze zwischen den beiden Berlins war weg, mein Land war weg, eine andere Zeit hatte begonnen. Der erste Text hieß *Der Blick aus dem Fenster auf die Bank im Park* und wurde liebevoll von Sabine Ludwig betreut, versehen mit Musik von Richard Wagner. Ich würde diese Geschichten bei passender Gelegenheit gerne veröffentlichen, vielleicht auch als Hörbuch, denn die Produktionen waren einfach wundervoll. Als Sprecherin für den *Blick* wurde Anneliese Römer ausgewählt, eine glückliche Entscheidung. Sie starb am 25. November 2003 und als ich davon erfuhr, war ich etwas bedrückt. In der Hektik jener Zeit hatte ich vergessen, ihr zu danken. Der Text erzählt von der Öffnung der Mauer in Berlin aus der Sicht einer alten Frau, die das Neue versucht zu begreifen und das Alte erinnert. Sie spricht über ihre Liebe zu einem Schriftsteller, der in der DDR kein Zuhause finden konnte, und ist in den letzten Jahren ihre Lebens allein: »Auf meinem Schoß liegt eine bunte Illustrierte, die kannte ich früher nur vom Hörensagen und jetzt liegt sie einfach auf meinem Schoß, dick und schwer. Mit Mord und Totschlag, mit Sport und Skandal, jede Woche neu.

Irgendwo hat man einen Verbrecher fast erwischt und ich schließe doch lieber die Wohnungstür doppelt ab. Und überall ist jetzt auch Fortschritt. Vertreter, Firmen, Versicherungen, große Anzeigen jeden Tag in der Zeitung. Mit lachenden Leuten, auch alten: Haben Sie ein Problem? Kein Problem! Bei uns sind Sie an der richtigen Adresse. Jahrzehntelange Erfahrungen, solide Finanzierungsbasis, sichere Konditionen! Sieben Prozent effektiver Jahreszins. Vertrauen Sie einer erfolgreichen Mannschaft. Schenken Sie uns Ihr Vertrauen. Auf uns können Sie bauen. Eine einmalige Gelegenheit! Schreiben Sie uns! Unter den ersten Einsendern verlosen wir drei Sportwagen und ein halbes Pfund Kaffee.«

1992 folgte eine weitere Geschichte: *Der Pfirsichbaum. Großvaters lange Reise nach Deutschland*, gesprochen von Hans Teuscher mit Musik von Franz Liszt, *Deutsche Tänze*. Mit diesem Text wollte ich daran erinnern, dass es vor dieser 30-jährigen Trennung der Deutschen eine gemeinsame Vergangenheit gegeben hatte, gemeinsame Themen wie Krieg, Zerstörung, Verlust der Heimat und Neubeginn 1945. In den Text sind Erinnerungen meines Großvaters eingeflossen, aber auch Lebensberichte meiner Nachbarn in Gellmersdorf.

Die dritte Geschichte hieß *Im Glashaus* und wurde 1993 gesendet. Ich erinnere mich noch gut, wie kurz nach der Ausstrahlung mein Telefon in der Schönhauser klingelte und sich ein fremder Mann meldete. Er hatte im Sender angerufen, die hatten irgendwoher meine Nummer und er erzählte mir nun, dass er 1986 aus der DDR freigekauft wurde. Als die Sendung begann, hatte er sich gerade ein Brötchen geschmiert und saß vergnügt beim Frühstück, war halt eine tolle Sendezeit für Kultur. Und dann berichtete mir, dass er nach einer Stunde immer noch so dasaß – mit dem Brötchen in der Hand. Er habe sich eine Stunde lang nicht bewegen können ... War ja auch ein gruseliges Stück (Regie Ursula Beck), zudem versehen mit Musik von Bernhard Herrmann, der auch die Musik zum Filmklassiker *Psycho* geschrieben hatte. Für mich kam das *Glashaus* nicht mehr an die Dichte seiner beiden Vorgänger heran. Es war mein Versuch, die Hexenjagd auf vermeintliche oder wirkliche IMs zu verarbeiten. »Man kann einen Menschen mit einer Wohnung erschlagen wie mit einer Axt.« (Heinrich Zille zum Leben in den Berliner Mietskasernen 1905) – man kann ihn aber auch mit der Information erschlagen, er hätte wohl auch für die Staatssicherheit gearbeitet. Was für ein genialer Schachzug der Leute, die ab 1990 den Beitritt der DDR-Menschen zum Geltungsbereich der BRD bewerkstelligt haben. Waren es Rudolf Seiters (Chef des Bundeskanzleramts), Wolfgang Schäuble (Bundesminister des Inneren) und Friedrich Bohl (Erster Parlamentarischer Geschäftsführer der CDU/CSU-Fraktion im Bundestag)? Auch egal. Nur nebenbei, Helmut Kohl ist keinesfalls der »Kanzler der Einheit«. Gorbatschow hat die DDR verschenkt, er wurde als ahnungsloser (und getäuschter) Mensch über den Tisch gezogen und seine wenigen Fixpunkte wie »keine Osterweiterung der NATO« wurden hinterher ignoriert: Es gab ja nichts Schriftliches. Kohl war Anfang 1989 mit seiner Art von CDU am Ende und konnte sich im April auf dem Bremer Parteitag nur mit Mühe gegen innerparteiliche Widersacher im Amt halten. Rita Süssmuth, damals eine Gegnerin, sagte Anfang 2015 in einer Talkshow: »Es war nicht professionell, was wir gemacht haben ... Er (Kohl – W. B.) hat ja in Bremen auch gesiegt, nur es gibt auch Pyrrhussiege. Das muss man hinterher dann auch noch mal bedenken. Er hat gesiegt in seiner Machtposition und dann hat er ein ungemeines Glück gehabt. Was wäre denn 89 gewesen, wenn nicht die Mauer gefallen wäre? Vielleicht wäre es eine andere Geschichte geworden ...« Mehr traute sie sich dann, trotz Nachfrage, nicht zu sagen und ich will das hier nicht weiter vertiefen, du kannst das besser nachlesen. Aber dieser Fakt muss schon erwähnt werden, weil in den Schulbüchern und in den staatlichen Medien die Geschichte falsch dargestellt wird. Kohl bleibt ein typischer Vertreter des westdeutschen Finanzkapitals, geschmiert und gefördert durch seine Gönner, die er natürlich auf keinen Fall verpfeifen konnte.

Kohl hat dann Späth, Geissler, Biedenkopf und Süssmuth über die Klinge springen lassen, aber er hatte ja noch seine dienstbaren Geister im Kanzleramt. Und die Zeit drängte. Die westdeutsche Politik musste 1990 ernsthaft damit rechnen, dass die ahnungslosen (und ebenfalls getäuschten) DDR-Menschen nach einer gewissen Zeit merken, wie der Hase im Kapitalismus läuft. Unruhen waren nicht auszuschließen, ein allgemeiner Volkszorn: »Das haben wir so nicht gewollt!« oder vielleicht sogar wieder »Auf die Straße!« Mit der begehrten D-Mark hatte man sie besoffen gequatscht, bis sie sich auf dem Arbeitsamt wiederfanden ... Die meisten blieben in Lohn und Brot, aber nun konfrontiert mit einer ungewohnten Verunsicherung um die Verfügbarkeit des so ersehnten neuen Geldes. Ungewohnte Verunsicherung um den Arbeitsplatz, ungewohnte Verunsicherung um die Wohnung. Und ständig diese Angst vor dem ungewohnten Kleingedruckten. Da braucht man ja auch eine Lupe. Die Angst der kleinen Leute ist der Treibriemen des Kapitalismus. Auf den Dörfern tauchten irgendwelche Neffen, Nichten und andere Nachfahren früherer Eigentümer auf. Mit schweren Autos fuhren sie in die Dörfer ein: »Ihr Haus steht auf meinem Land.« Das hab ich auch in Gellmersdorf erlebt, aber mein Häuschen hatte ich zum Glück von der Familie Beccard gekauft, alteingesessenen Hugenotten. Zum Glück wurden nicht alle dieser Begehrlichkeiten erfüllt, aber diese Angst blieb in den Menschen. »Wir haben keine Angst mehr«, titelte der *SPIEGEL* 1989, was für ein Trugschluss. Das eigene Haus, der eigene Garten von fremden Menschen eingefordert. Mit viel persönlicher Kraft und der ständigen Jagd nach einem Sack Zement waren über die Jahre kleine Inseln der Geborgenheit entstanden, die einfach ausgelöscht wurden. Man kann sagen, Ende 1992 war der Zauber der schönen neuen Welt verflogen, aber es gab kein Zurück mehr. Und nicht selten hörte ich den Satz: »Wenn wir das gewusst hätten.« Hätten sie aber gekonnt. Christa Wolf und viele der Klardenkenden hatten schon am 26.11.1989 (!) in dem Aufruf »Für unser Land« eine deutliche Sprache gefunden: für einen demokratischen Sozialismus in der DDR, für eine Konföderation mit der BRD. Erstunterzeichner waren: Wolfgang Berghofer, Frank Beyer, Volker Braun, Tamara Danz, Stefan Heym, Sebastian Pflugbeil, Ulrike Poppe, Friedrich Schorlemmer, Jutta Wachowiak, Konrad Weiß ...

Aber »Besoffene« hören halt nicht zu. Apropos Besoffene: In der DDR wurde eine Straftat als noch schwerwiegender eingestuft, wenn sie unter Alkohol geschah – in der BRD wirkte so etwas strafmildernd. Aber verwählt bleibt verwählt. Die Stimmung war gekippt und die PDS (Partei des Demokratischen Sozialismus) als Nachfolgerin der SED wollte einfach nicht verschwinden, wie in Bonn erwartet. Und damit nicht alle zur PDS überlaufen, hatte man das geschmeidige Instrument IM (Informeller Mitarbeiter der Staatssicherheit) erfunden. Wer hatte die Idee? Schäuble oder Seiters? Es war jedenfalls genial. Man brauchte das Wort IM nur auszusprechen und schon wurde es mucksmäuschenstill. Besonders im Fokus standen einflussreiche Personen wie Stolpe und Gysi, in Verdacht stehen sogar Frau Merkel und Herr Gauck, absurd, bei Christa Wolf wurde etwas gefunden aus den Jahren 1959 bis 62, als sie beim Mitteldeutschen Verlag als Lektorin arbeitete. Die größte deutsche Dichterin nach Anna Seghers. Und selbst wenn nichts gefunden wurde, der Verdacht reichte aus, um eine Person zu beschädigen: »Da war doch mal was, war der nicht auch bei der Stasi?« Damit war die Hatz eröffnet, auch auf einfache Bürger, die aus irgendwelchen Gründen in die Sache hineingezogen wurden, wie mein Freund Reinhard. Das war der Spaltpilz der »deutschen Einheit«, der bis heute wirkt: »Etwas mehr Versöhnen statt immer nur Spalten«. Dabei hätte es auch anders gehen können, wenn man eine Wiedervereinigung wirklich angestrebt hätte. Die verantwortlichen Täter und ihre Zuträger hätten sich in Bürgerversammlungen stellen müssen, wie es in Südafrika unter Nelson Mandela geschah, um sich zu rechtfertigen, zu erklären. Gericht des Volkes. Mandela: »Wenn wir unseren Unterdrückern nicht vergeben, werden wir ewig mit Schuld beladen sein.« Schuld und Sühne. Entschuldigung und Vergebung. Plus Strafverfahren bei offenkundigen Strafhandlungen. Aber die wirklichen Verantwortlichen in der DDR wurden seltsamerweise gar nicht verfolgt, die Befehlsausgeber, die Funktionäre. Sie haben funktioniert und das Ding am Laufen gehalten. Verwaltungsleute in den Kreisverwaltungen, Stadtverwaltungen, Bezirksverwaltungen – die kleinen Stalins mit der großen Macht. Und das waren nicht nur die Leute der SED. Alle genannten Ämter hatten auch ihre Mitarbeiter aus der LDPD, der NDPD, der CDU, des Kulturbundes und der Bauernschaft. Zu den »Wahlen«

gab es nur diesen einen Wahlvorschlag und man konnte nur mit Ja stimmen. Sicher konnte man auf den Wahlschein auch was draufschreiben oder ihn durchstreichen, aber ich schätze, dass 70 % der DDR-Bürger brav mit Ja gestimmt haben, schon um Nachfragen zu vermeiden. Doch die Obersten wollten immer ganz nah ran an die 100 % – totaler Schwachsinn, wenn man sich heutige Wahlergebnisse und -beteiligungen anschaut. Höchstens die Hälfte macht überhaupt noch mit bei diesem Humbug. In der DDR gab es Wahlpflicht, wie in Australien, Belgien, Brasilien, Italien und in der Schweiz. Was bleibt von einer »Demokratie«, wenn die Leute nicht mehr hingehen. Oder um es mit Charles Bukowski zu sagen: »Der Unterschied zwischen einer Demokratie und einer Diktatur liegt darin, dass du in der Demokratie wählen darfst, bevor du den Befehlen gehorchst.«
Ich habe in der DDR nie gewählt, entweder war ich krank oder später freiberuflich. Zudem gab es diese idiotische Losung: »Wer nicht für uns ist, ist gegen uns.« Das klang nicht sehr einladend und hat die Führung ihres wichtigsten Teils der Bevölkerung beraubt, der kritischen Intelligenz. Dieser Verlust wog am Ende schwerer als die »perfekten Zahlen« bei den vierjährigen Wahlen. 100 % Zustimmung hatten sich die genialen Staatslenker gewünscht und sie wurde geliefert – was das Volk wirklich dachte, hat sie nicht interessiert. Tauchten Ulbricht oder später Honecker mal unter »ihrem« Volk auf, wurde geklatscht und es gab »Hoch-Rufe«. Bestellt und geliefert. Was wird aus einem Menschen, der den ganzen Tag bejubelt wird?
Wo war ich stehengeblieben? Beim *Glashaus*. Ich wollte in diesem Text darstellen, dass die eigentlichen »Täter« in der DDR andere waren als die vielen Zuträger. Die Amtsträger in Partei und natürlich die Offiziere bei der Staatssicherheit gaben die Befehle. Die Spitzenleute wurden übernommen. Sie kamen nach Pullach zum Bundesnachrichtendienst BND und mussten auspacken, einige wurden eingestellt, der Rest großzügig (!) in Rente geschickt. Alexander Schalck-Golodkowski (Chef der Devisenbeschaffung und Generalleutnant der Staatssicherheit) starb im Juni dieses Jahres in seiner Villa am Tegernsee. Die unteren Offiziersränge hatten es weniger kommod. Ich meine die zahlreichen Führungsoffiziere, die die »Quellen« anwarben und anleiteten oder abschöpfen ließen. Die standen ja auch unter Leistungsdruck und haben den einen oder anderen IM erfunden, um gut dazustehen. Zuerst gab es immer eine Vorlaufakte, also den Beginn der Anwerbung, aber es gab immerhin schon eine Akte. Die Anwerbung selbst war oft perfide, siehe meinen Freund Reinhard. Einen anderen Freund traf es Mitte der 80er Jahre: Norbert Bischoff, ein Liedermacher aus Berlin. Er war schwul und ein Exot in dieser Szene. Mit dem Film *Coming Out* (1988) von Heiner Carow war dieses Thema deutlich enttabuisiert worden, obwohl es damit in der späten DDR weniger Probleme gab als in der muffigen BRD.

Norbert Bischoff war mein Freund. Wir verstanden uns gut, unsere Gespräche waren wundervoll ... Nach dem frühen Tod seiner Mutter wechselte Norbert von einem kleinen Dorf in die Stadt Leipzig und wuchs dort bei seinem Bruder auf. Zwei Jahre lang sang er im *Rundfunk-Kinderchor Leipzig* (unter Professor Hans Sandig). In Leipzig bekam er später auch seine erste Gitarre und war Mitglied in verschiedenen Singegruppen, unter anderem in der *Songgruppe Leipzig*. 1980 zog er nach Berlin und arbeitete dort als Verkäufer für Eisenwaren. Sein erstes eigenes Programm als Liedermacher hieß *Verrückt nach Leben*. Weitere Programme hießen *Leben im Prenzlauer Berg* und *Lieder und Briefe*.

Seit 1983 spielte er neben seinen Solo-Programmen in einer Amateur-Rockband Jazz und Folklore. Er hatte ein paar schöne Songs und eine kleine Fangemeinde, auch regelmäßige Auftritte. 1986 beschäftigte er sich erstmals mit Brecht-Weill-Songs. 1985 erhielt Norbert bei den Chansontagen in Frankfurt (Oder) den Preis des Direktors der Generaldirektion beim Komitee für Unterhaltungskunst – damit seine »Pappe« (Berufsausweis) – und konnte dann halbwegs leben von seinen Auftritten. Eines Tages, ich glaube es war im Oktober 1985, kam er ganz aufgelöst zu mir in die Schönhauser und erzählte, dass er ein paar Mal einen Mann getroffen hätte, der ihm zunächst sympathisch gewesen wäre. Und dann habe ihm dieser Mann eröffnet, dass er bei der Staatssicherheit arbeite und sich in Zukunft um ihn kümmern möchte. Ihn vor Angriffen schützen und seine künstlerische Zukunft fördern würde. Als Gegenleistung bräuchte er nur ein paar Informationen aus der Szene, was so läuft, was so erzählt wird, wer ausreisen wolle ... Norbert hatte zugestimmt, aber nichts unterschrieben. Und dann stand er verwirrt auf dem Dach über meiner Wohnung neben meinem Schreibtisch und zitterte vor Angst: »Ich will das nicht, ich will da wieder raus.« Ich hab ihm gesagt: »Triff dich mit ihm und sag es ihm. Mach Schluss.« In einem Buch von Ralf J. Raber zu diesem Thema las ich den Satz: »Urplötzlich lehnte der IM am 24.1.1986 jede Zusammenarbeit mit dem MfS ab ...«

So war es dann wohl. Ich hatte mich für ihn auch beim Komitee für Unterhaltungskunst eingesetzt und schließlich ließen sie von ihm ab ... Leider ist Norbert tot. Er nahm sich am 9. November 1993, vier Jahre nach der Öffnung der Mauer, im Alter von nur 34 Jahren das Leben. Er schrieb als Abschied: »Das rechte Datum zu verschwinden, für einen Deutschen.« Ich hatte ihn früher oft besucht in seiner kleinen Wohnung in der Lettestraße, hoch über dem Helmholtzplatz. Dort wurde er gefunden. Warum er das tat? Ich vermute, er war sehr enttäuscht über die ersten Jahre nach der DDR, vielleicht fehlten ihm auch die Freunde zum Sprechen, die Bühne, das Singen ... Genau kann ich es nicht sagen, denn wir haben uns in den wirren Jahren aus den Augen verloren. Auch Klaus Laabs, der ihm näher stand als ich, findet keine Erklärung. Viele meiner alten Freunde habe ich erst nach zwanzig Jahren oder jetzt durch meine Erinnerungen wiedergetroffen, oft mühsam aufgestöbert. Einige wirkten verwirrt, andere hingen den alten Zeiten nach oder wollten nichts mehr davon hören, einige haben sich irgendeine »normale« Arbeit gesucht oder leben von Hartz IV, einige hatten auch Karriere gemacht in der kapitalistischen Gesellschaft. Das Foto von Norbert stammt aus einer glücklichen Zeit.

Norbert Bischoff 1984
Foto: W. B.

Als ich Ende 1985 dem Komitee für Unterhaltungskunst meine Bitte übermittelte, sie mögen sich für Norbert verwenden, wurde ich in die Bizetstraße in Weißensee eingeladen. Und dann saß mir Anfang Januar ein Mann gegenüber, den ich vorher im Komitee noch nicht gesehen hatte. Und es war wie immer: Verständnis, Einsicht, Rücksichtnahme, kein Grund zur Sorge. Norbert war frei. Wir beide haben über dieses Thema nie wieder gesprochen, aber ich hatte das Gefühl, dass er 1992 doch seine Akte mit Unterlagen bei der Gauck-Behörde gelesen hatte. So eine Vorlaufakte, Anwerbungsprotokolle, ein Deckname, all diese Sachen. Vielleicht war das genug für ihn, in dieser Zeit der Hexenjagd und der verlorenen Projekte, des verlorenen Publikums: Jetzt nicht noch diese IM-Sache. Aber Norbert, warum musstest du dich erhängen! Wir hätten dich noch gebraucht ... Du hattest Anfang der 90er Jahre noch große Projekte, warst ganz entzündet von einer neuen Idee, wie es deine Art war, irgendetwas mit der Knef sollte es sein ... Ich traf Norbert noch ein letztes Mal zufällig im Sommer 1993 in der Greifenhagener Straße an der

Gethsemanekirche. Da war er ganz aufgewühlt, seine Augen leuchteten. Wir redeten uns fest, genauer: Er redete. Warf sich dann seinen Tragebeutel über die Schulter und schwang sich aufs Fahrrad: »Mach's gut, Willi, bis bald ...«

Nach Norberts Tod entschloss ich mich, dann doch nach meiner Akte beim Bundesbeauftragten für die Staatssicherheitsunterlagen (BStU) zu sehen, was ich vorher abgelehnt hatte, und es fand sich ein »Täterprofil«. Am 13.01.1995 habe ich zwei Seiten aus dem Archiv erhalten. Dr. Schwarzenberg schrieb mir: »Es konnten zwei Karteikarten ermittelt werden, aus denen hervorgeht, dass Sie seit dem 22.01.1986 in einem Sicherungsvorgang erfasst wurden. Der Sicherungsvorgang wurde grundsätzlich ohne Kenntnis der betroffenen Personen angelegt und besaß in der Regel einen geringen Aussagewert.« Aus den zwei Seiten konnte ich entnehmen: zuständiger Offizier Oberleutnant Boldt, Prüfung der Möglichkeit zur zeitweiligen Nutzung am 22.01.86. Keine Unterschrift, keine Erklärung, keine Berichte. Nur zwei Karteikarten. Auf der Rückseite fand ich die Eintragungen: »25.1.82 – siehe Haustein, Johannes, 30.9.57 und 13.12.86 Inf. HA XX/9: Teiln. an einer Zus.kunft bei (Schwärzung) mit DDR-Künstlern und Personen aus WB (Westberlin – W. B.) sowie einer USA-Literaturwissenschaftlerin.« Wer hatte das gemeldet – auch egal, ich hatte wenig Lust, mich am Rätselraten um die Schwärzungen zu beteiligen. Zumindest wusste ich danach aber, dass es ein Herr Boldt gewesen sein musste, ein Oberleutnant, der sich 1991 bei mir in meiner Wohnung unter einem anderen Namen vorgestellt hatte.

Drei Mal hatte ich ihn abgewiesen und dann doch in meine unberührten Räume gelassen, unberührt dachte ich. Er hat sich entschuldigt, wollte mir »alle meine IMs« mitteilen, ich lehnte dankend ab. Dieses Angebot hatte mir Heinz Kahlau schon ein paar Monate vorher gemacht, als ich ihn in Pankow wegen meines Theaterstücks *Die Kaspermaus* besuchte. Die Geschichte stammte von Mariza Földesz, mit der er befreundet war. Zum Abschied warf er mir ein paar Namen hin, alles enge Freunde: »Die waren alle an dir dran.« Ich bat ihn aufzuhören. Warum sollte ich den Akten einer verlogenen, erpresserischen Organisation glauben? Wo Erfolgsmeldungen der Beförderung dienlich waren – wie überall. Warum sollte ich Kahlau glauben? Der Einzige aus meinem Bekanntenkreis, der sich damals offen zu seiner Zusammenarbeit mit dem Ministerium für Staatssicherheit bekannte, war Gerhard Gundermann. Wir kannten uns schon ein paar Jahre aus der Liedermacherszene und kamen uns 1990 wieder näher, im Zusammenhang mit seiner Idee für das Theaterstück *VEB Erotica.* Was Ideen betraf, war er der reinste Springbrunnen, verspielt, verrückt und quicklebendig. Zwei Jahre haben wir an dem Thema gearbeitet, arbeiten stimmt nicht ganz, wir haben eher rumgeblödelt, Szenen ausgesponnen und Dialoge gesprochen. Ich war Karl-Friedrich und er Katja, sehr amüsant. Es war eine Burleske, die in einer kleinen Fabrik tief im Osten spielen sollte und wo sich auf wundersame Weise die Potentaten der gescheiterten DDR noch einmal zu alter »Größe« aufrichteten: Der Parteisekretär Walter Drehmel, der Arbeiter Alex Wilke und die Vorsitzende des Kulturbundes Margitta Schmidt, am besten gefiel mit der Kutscher Erwin Grabbe. Da gab es wieder die »Straße der Besten«, den Umzug am 1. Mai und den Kindergarten »Lotte Ulbricht«. Ein komisches Stück und wir haben viel gelacht. Aber wer sollte es spielen? Keiner wollte. Am 21. Juni 1998 starb Gundi, als ich davon erfuhr, musste ich weinen.

Später habe ich versucht, mit Peter Timm den Stoff als Film umzuarbeiten. Wir saßen tagelang in Hamburg zusammen und haben mit der Stoppuhr in der Hand die Gags aufgereiht. Wir konnten eine Menge Geld über die Filmförderung einsammeln, aber am Ende kam die benötigte Summe nicht zusammen, außerdem war die Antwort auf unsere Offerte 1993 oft: »Für dieses Thema besteht derzeit kein Interesse.« Immer, wenn wir heute über Gundi sprechen, fällt mir dieser alte Stoff wieder ein und dann versuche ich aufgeschreckt, in den nächsten Tagen einige von den noch vorhandenen Textbüchern mit rotem Einband zu verschicken. Vielleicht besteht ja heute Interesse. Auf jeden Fall werde ich das Stück noch als Buch veröffentlichen, wenn wir unsere Gespräche beendet haben ...

Gundermann begründete seine Berichte an die Staatssicherheit mit Worten wie »Tschekist der Revolution«, »Klassenkampf«, »Che Guevara«. Er war Anfang der 90er Jahre einer der letzten überlebenden Liedermacher und Texter der Band *Silly*. Total abweisend verhielt sich die Band, als 1995 seine Tätigkeit als Inoffizieller Mitarbeiter »Grigori« (wie er mir sagte, nach Grigori Sinowjew) bekannt geworden war. Gerhard verließ das »Tribunal«, aber die musikalische Zusammenarbeit ging zum Glück weiter.

Gerhard hatte als Baggerfahrer eines Ungetüms auf tausend Kettengliedern in der Lausitz seinen Platz in der DDR gefunden – im Tagebau. Als es mit den Texten für *Silly* gut lief, sagte Uwe Haßbecker zu ihm: »Häng deinen Helm an den Nagel und werde Texter.« Aber Gundi blieb auf seinem Bagger, das war sein Platz: »Sonst kann ich nicht mehr schreiben.« Zuerst war er noch in der SED, die den Querulanten 1984 endlich vor die Tür setzte. Zitat Horst Göhlsdorf, SED-Betriebsparteisekretär 1982 (Quelle mdr): »Abgelehnt haben wir an ihm seine prinzipielle Eigenwilligkeit, nicht Einfügen in die Kollektivität, nicht Verstehenwollen des Prinzips des demokratischen Zentralismus.« Dieses seltsame Wort (Demokratischer Zentralismus) beinhaltete das Dogma, die »kollektive« Führung der Partei hat immer Recht, Kritik nur auf dem Dienstweg von unten nach oben, Unterordnung unter »höchste« Entscheidungen. Das Dogma stammte noch von Lenin und sollte den hierarchischen Aufbau von Partei und Staat sicherstellen. In meinen Augen war Gerhard ein »verhinderter Revolutionär« und es war immer eine so große Sehnsucht in ihm und seinen Texten: »Wo ist ein Rollfeld für mich frei, wenn der Höhenzeiger die letzten Zahlen frisst, wer findet im Empfänger meinen Schrei ...« Einer der Empfänger war die Staatssicherheit, in der er nicht Freunde, aber doch Verbündete im Kampf gegen den Sinkflug in der DDR sah. Sie kamen mit dem gleichen Satz, den ich von ihnen auch gehört habe: »Du bist doch einer von uns. Wir wollen wissen, was schief läuft in diesem Land. Nur so können wir etwas ändern.« 1976 unterschrieb Gerhard seine Verpflichtung. Über sieben Jahre lang berichtete er über alles, was stinkt und lahmt in seinem Tagebau und im Sozialismus. Aber sein Wunsch, Änderungen herbeizuführen, ließ sich so nicht erfüllen. Wenn ich Parallelen zu Norbert Bischoff ziehen wollte, würde ich denken, der Dichter hatte sich auch einen Schutz versprochen für seine Texte, einen Schutz vor der wachsenden Ablehnung der Aufsichtsbehörden. Aber nichts stellte sich ein, kein Schutz und kein Umbau der Gesellschaft. 1983 stieg Gundermann schließlich aus, die Bonzen und Stalinisten aber überlebten. Als wir an unserem Theaterstück saßen, habe ich ihm geraten, reinen Tisch zu machen, aber das konnte er damals noch nicht. »Grigori« hat verloren, wie sein Vorbild am 25.08.1936 – mit 53 Jahren. Gundermann wurde nur 43. Ich kann dir hier keine Biografie bieten, nur die Erinnerung an einen einzigartigen Dichter, Komponisten und Sänger. Für mich ist er unsterblich, wenngleich ich angesichts der Umstände seines Todes, da ich das Haus kannte, schon aus den Latschen gekippt bin.

Als ich »meinen« Oberleutnant Boldt in die Wohnung gelassen hatte, erzählte er zuerst von sich. Wie es ihm ergangen war nach 1990. Dass er jetzt Schichtleiter wäre bei der BVG, der Berliner Verkehrsgesellschaft. Oft Nachdienste. Er müsste sich darum kümmern, dass die Straßenbahnen fahren. Und oft käme er am Haus von Katja Havemann vorbei und dann wüsste er gern, wie es ihr geht ... Ob ich vielleicht ... Ich war für ihn offenbar nur ein kleiner Fisch, sein eigentliches Thema war Katja. Und ich war also 1991 für ihn nur ein Versuchskaninchen. In den Stunden und Nächten vor ihrem Haus hatte er sich offenbar in Katja verliebt. Er wusste damals alles über sie, kannte alle Freunde, den täglichen Ablauf, die Korrespondenz, den Lieblingswein, nur küssen durfte er sie nicht. Und bei mir wollte er offenbar mal testen, wie so etwas abläuft, so eine Entschuldigung in aller Form. Ich hatte nichts zu entschuldigen und war froh, als er wieder weg war – und schrieb ein Jahr später die Geschichte: *Im Glashaus. Begegnung mit einem Schatten.* Die Geschichte beginnt so:

»Seit zwei Stunden ist er jetzt schon weg und mir ist kalt. Ich wiederhole ohne Pause jedes Wort, das ich gesagt habe, und alle seine Sätze. Warum habe ich ihn

diesmal reingelassen? Im Februar hab ich ihm die Tür vor der Nase zugeknallt, als er schon einmal da war. Als hätte ich gewusst, dass er hier nichts zu suchen hat. Aber die Sorte ist hartnäckig, und wenn ich ihn heute nicht reingelassen hätte, wäre er wiedergekommen. Immer wieder. Der kennt sich schließlich aus.
Und wie der sich auskannte. Der wusste, wo welche Möbel stehen, dass auf dem Klavier das alte Bühnenbild vom Woyzeck liegt, dass die Mappe mit den Gedichten im Rollschrank ist, im untersten Fach. Selbst das kleine gelbe Buch von Kunert, das ich seit zwei Jahren gesucht habe, hat er mir auf Anhieb unter einem Stapel alter Zeitschriften hervorgekramt. Der hat sich gleich so sicher in den Besuchersessel gesetzt, als wäre er schon oft hier gewesen.
Na ja, viel hab ich wirklich nicht gesagt. Im Grunde hat er die ganze Zeit gesprochen, zuerst etwas unsicher, aber der wusste schon, was er wollte. Entschuldigen, so ein Quatsch. Warum jetzt? Was wollte der hier? Rennt durch meine Wohnung, als wäre er bei mir zu Hause und ist doch das erste Mal hier. Ein Hellseher, ein Besserwisser – der sich reinwaschen will und mir seine Lebensgeschichte auf die vietnamesischen Bastmatten kotzt. Was kann ich entschuldigen, jetzt? Ich weiß nichts und er weiß alles. Jedenfalls hat er so getan. Ausgestopft mit all diesen Fakten und Namen über mich und meine Freunde. Mit einem Vollbart, der wie angeklebt aussieht. Eine verrückte Idee, sich gerade mit einem Vollbart zu tarnen. Als wäre der sächsische Dialekt und der abgetragene Anorak nicht Uniform genug. Sitzt einfach da, raucht *Marlboro* und fragt nach meiner Al Jarreau-Platte, ob ich die noch habe und wie mir die Neue von Lindenberg gefällt. Schaut grinsend auf die ausgeschnittenen Artikel an der Wand. Kennt nur den noch nicht, den ich erst vor einigen Wochen angepinnt habe: Selbstmordwelle in Ostdeutschland.
Will wissen, ob ich jetzt noch zu tun habe? Wie es mit den Kinderliedern läuft? Und ob ich Dieter noch treffe und wie es Eva geht? Er habe lange nichts von ihnen gehört. Sitzt einfach da und schaut mir direkt ins Gesicht. Nachdem er sich entschuldigt hat, mit einem Satz. Es war ja alles ganz anders und er habe nie etwas gegen mich gehabt – im Gegenteil. Jetzt, da ich seine Geschichte kenne, kommt es mir vor wie ein Albtraum. Ich gehe durch meine Wohnung, als wäre es die Wohnung eines Fremden. Seit zwei Stunden ist er schon weg und ich habe seine Stimme noch immer im Kopf. Ich öffne das Fenster und lasse die kühle Abendluft herein, aber der kleine Raum ist nicht mehr, wie er war. Er ist wie vernebelt, als wäre ein sorgsam behütetes Geheimnis plötzlich einer großen Öffentlichkeit preisgegeben, als wäre dies nicht mehr mein Raum.«

Alles, was ich dir zu dieser turbulenten Zeit erzählen kann, ist nur das Erlebte aus der Zeit von 1983 bis 1989. Du musst wissen, dass es vorher anders war oder bei anderen Menschen auch in meiner Zeit. Für einen Witz gingen manche Leute ins

Zuchthaus, für einen angemalten Bart am Konterfei von Stalin oder für ein technisches Versagen wie beim Probelauf des Triebwerks *Pirna 014* in Pirna. Die DDR war ein stalinistischer Staat, ein Land der Willkür und Unterdrückung. Das Wort »Unrechtsstaat« gefällt mir weniger, denn was Recht ist und Unrecht, bestimmen immer die jeweiligen Machthaber, da bin ich ganz bei Klaus Schroeder von der FU Berlin. Und ob man in der kapitalistischen BRD immer sein »Recht« bekommt, ist dann eine ganz andere Frage. Aber irgendeiner hat sich das Thema in der letzten Zeit ausgedacht, als den aktuellen Lackmustest und jeder soll sich entscheiden: Unrechtsstaat DDR, ja oder nein!

Was war mit dem Recht? In der DDR galt, wie in Westdeutschland, zunächst das »Strafgesetzbuch« aus der Bismarck-Zeit. Also das Reichsstrafgesetzbuch vom 1.1.1872, allerdings ohne die vom Alliierten Kontrollrat außer Kraft gesetzten Staatsschutzparagrafen. Es steht außer Zweifel, dass die kleine Republik im Osten bei politischen Konflikten willkürlich gehandelt hat, aber abgesehen davon war sie ein Rechtsstaat. In der DDR wurde das Reichsstrafgesetzbuch schrittweise novelliert, der Paragraf 175 wurde im Jahr 1957 de facto abgeschafft, als das Kammergericht Ostberlin festlegte, »dass bei allen unter § 175 alter Fassung fallenden Straftaten weiterzig von der Einstellung wegen Geringfügigkeit Gebrauch gemacht werden soll«. Die Überarbeitung des StGB 1968 beharrte allerdings weiterhin unter § 151 auf einer Strafandrohung für Erwachsene, die mit einem Jugendlichen gleichen Geschlechts »sexuelle Handlungen« vornehmen. Am 11. August 1987 wurde dieser Paragraf durch das Oberste Gericht der DDR gestrichen, mit den Worten: »Homosexuelle Menschen stehen somit nicht außerhalb der sozialistischen Gesellschaft, und die Bürgerrechte sind ihnen wie allen anderen Bürgern gewährleistet.« Mit dem § 218 (Schwangerschaftsabbruch) aus dem Reichsstrafgesetzbuch tat sich die DDR deutlich schwerer. Der Paragraf blieb zunächst in Kraft und wurde erst am 9.3.1972 (GBl. I, Seite 89) durch das Gesetz über die Unterbrechung der Schwangerschaft aufgehoben und ersetzt. Treibende Kraft war Ludwig Mecklinger, Gesundheitsminister der DDR von 1971 bis 1989, und die Abstimmung über das Gesetz in der Volkskammer war dann bemerkenswert: 14 Gegenstimmen und acht Enthaltungen. Der Widerstand beider Kirchen in der DDR (Hirtenbrief vom 9. Januar 1972) war enorm. Natürlich galten auch in der DDR für einen Schwangerschaftsabbruch strenge medizinische und ethische Voraussetzungen. Der Eingriff war keineswegs eine Verhütungsmethode, wie es manche »LebensschützerInnen« heute im Nachhinein darstellen. Frauen in der DDR sahen die Möglichkeit, ein Kind nicht bekommen zu müssen, gleichermaßen als Privileg und als Selbstverständlichkeit an.

Anfang der 70er Jahre gab es in der BRD eine Kampagne unter der Losung: »Mein Bauch gehört mir«, doch ein entsprechendes Gesetz wurde vom Bundesverfassungsgericht 1974 kassiert. Fristenregelung (DDR) gegen Indikationsregelung (BRD) war 1990 also die Frage. Das wäre auch etwas gewesen, was man von der DDR hätte übernehmen können. Stattdessen gilt seit 1993 diese Kaugummi-Regelung, dass der Schwangerschaftsabbruch in den ersten drei Monaten (bis zur 14. Schwangerschaftswoche) zwar rechtswidrig sei, aber strafrechtlich nicht verfolgt werden müsse.

Bemerkenswerte Änderungen in der Überarbeitung des StGB in der DDR 1968 waren politisch motivierte Paragrafen mit Rückgriff auf die »Staatsschutzparagrafen«. Diesen Rückgriff gab es auch in der BRD, genannt: Politische Kriminalität, Friedensverrat, Gefährdung des demokratischen Rechtsstaates, Hochverrat unter § 81 – letzterer trat 2015 ins öffentliche Bewusstsein durch die staatlichen Ermittlungen gegen die Plattform »netzpolitik.org«. Im StGB der DDR liest sich das als »Straftaten gegen die staatliche und die öffentliche Ordnung«, dazu gehörten die »Sammlung von Nachrichten« (§ 98), die »Staatsfeindliche Hetze« (§ 106), die »Ungesetzliche Verbindungsaufnahme« (§ 219) und die Staatsverleumdung (§ 220), um nur die wichtigsten zu nennen. In der Praxis wurden diese Paragrafen zur Verfolgung Oppositioneller eingesetzt, darüber hinaus ging es bei der »Strafverfolgung« um den ungesetzlichen Grenzübertritt, Rowdytum, asoziale Lebensweise, Fluchthilfe – und natürlich auch Hochverrat. Das galt für Oppositionelle, Andersdenkende und Mauerflüchtlinge – mit lebensgefährlichen Konsequenzen in den 50er bis 70er Jahren, in meiner Zeit immer noch gefährlich und mit Zuchthaus bedroht. Bei bis zu fünf Jahren Haft kamen die armen Menschen nach Cottbus, wer mehr hatte, kam nach Bautzen, ins »Gelbe Elend«, wegen der gelben Klinkersteine. Dort wurde, nur als Anmerkung, 1943/44 auch Ernst Thälmann eingesperrt. Ja, Willkür und Unterdrückung in der DDR. Der Schießbefehl an der Grenze wurde erst im März 1989 aufgehoben, nach der Erschießung von Chris Gueffroy am 6. Februar 1989, der in der Kleingartenkolonie »Harmonie« versuchte, den Britzer Zweigkanal zu durchschwimmen. 136 Menschen starben an der Berliner Mauer, die meisten (22) 1962. Der letzte Tote war Winfried Freudenberg, der am 8. März 1989 versuchte, mit einem selbst gebauten Heizluftballon nach Westberlin zu fliehen. Mehrere Stunden lang flog er über Berlin, dann stürzte er in Zehlendorf ab und starb.

Bezogen auf die Verfolgung von Einbrechern, Dieben, Vergewaltigern oder Mördern kann man der DDR den Status eines Rechtsstaates schwerlich absprechen. Und bezogen auf diese Straftaten war sie besser aufgestellt als heute die BRD. Wenn die Polizei heute einen Straftäter nach wochenlanger Suche endlich erwischt hat, muss sie ihn nach zwei Stunden wieder auf freien Fuß setzen. Wenn sie nicht in dieser kurzen Zeit einen Richter gefunden hat, der einen Haftbefehl unterschreibt. Ich habe in meiner Zeit als Psychologe von 2002 bis 2013 selbst oft erlebt, wie schwer es ist, einen willigen Richter zu finden, etwa für die Einweisung eines drogenabhängigen Jugendlichen in die Psychiatrie. Am Wochenende ausgeschlossen. In der Regel kommt ein Straftäter heute nach zwei Stunden frei und zeigt an der nächsten Ecke seinen erfolgreichen Häschern den Stinkefinger. Das ist nicht gerade motivierend für Polizisten, wie ich von vielen gehört habe. Und wenn es doch zu einer Anklage, einem Verfahren kommt, ist schnell ein Jahr ins Land gegangen und eine milde Strafe winkt, zum Beispiel wenn Alkohol im Spiel war oder eine Maßnahme der Resozialisierung begonnen wurde.

In der DDR verblieb ein mutmaßliche Täter erst mal in U-Haft. In eine solche Haft geriet ich auch einmal, aber ich spreche hier über unpolitische Täter. Dann gab es die Ermittlungen der Kriminalpolizei: War der Mann unschuldig, wurde er entschädigt, konnte aber eine Tatbeteiligung nachgewiesen werden, wurde er verurteilt und die U-Haft abgerechnet. Die Verfahren dauerten in der Regel nur ein Vierteljahr. Darüber würden heute viele Polizisten jubeln.

Ich habe in den zwölf Jahren meiner Arbeit als Kinderpsychologe in erster Linie mit verhaltensgestörten Kindern gearbeitet: Schulverweigerern, Drogenabhängigen, jungen Dealern und Gewalttätern. In diesem Zusammenhang war ich auch häufig bei Gericht, meistens in Berlin-Moabit, und dort habe ich auch Kirsten Heisig kennengelernt, die sich am 28. Juni 2010 im Tegeler Forst in Berlin an einem Baum erhängte. Wir haben oft nach den Verhandlungen miteinander gestritten, weil ich das Strafmaß nicht verstehen konnte: 30 Arbeitsstunden für den Besitz einer Pistole oder der Beteiligung an einer Messerstecherei? Und warum sind Kinder unter 14 Jahren nicht strafmündig? Warum? Die 15-Jährigen schicken einen 13-Jährigen los. Bei unserem letzten Gespräch ließ sie mich einfach stehen. Vielleicht ist sie daran zerbrochen? Sie sagte einmal: »Wenn das einer versteht, dann Sie, Herr Bergholz, Sie sind doch Psychologe.« Und hängte sich ein paar Wochen später auf.

Um das Thema unserer heutigen »Demokratie« komme ich nicht herum, dazu hatte ich schon einiges erinnert und immer, wenn ein Vorschlag oder eine Meinung kontrovers ist, stürzen sich immer dieselben Leute auf den Andersdenkenden. Niemand darf in diesem Land ungestraft die Wahrheit sagen. Nicht Frau Merkel, nicht Herr Geißler, nicht Frau Süssmuth, nicht Herr Bosbach. Die Wadenbeißer haben eine geschwollene Zunge ...

Was ist eigentlich Demokratie? Findet die alle vier Jahre statt und warum gehen immer weniger Leute hin zu dieser Show? Und um 18 Uhr, also bevor die ersten Stimmen überhaupt ausgezählt worden sind, steht das Ergebnis schon fest mit ein paar marginalen Korrekturen hinter dem Komma im Laufe des Abends. Ganz nebenbei, dieses Ergebnis hätte man schon am Freitag vorher haben können oder am Donnerstag – und sich eine Menge Geld gespart. Das Wort Demos stammt, wie alle wissen, aus dem Griechischen und bedeutet allerdings »Staatsvolk« – nicht »Volk« ... Gemeint waren damit auch nur die Besitzenden und vor allem nicht: Frauen. Keineswegs wünschte man die Ochlokratie, die »Herrschaft des Pöbels«. Heute hat man davor keine Angst mehr, da die Unterschiede zwischen den widerstreitenden Gruppierungen gering sind. Jeder kann mit jedem oder sie müssen. Es wäre ja auch töricht, wenn sich die eigentlichen Besitzer der Felder, der Wälder, der Flüsse und der Städte etwas vorschreiben ließen von so ein paar Wichtigtuern in Berlin. Dieses Land ist hoch verschuldet und die Gläubiger lassen sich ungern in die Suppe spucken. Wer hat denn dem Staat das Geld geborgt? Die Banken. Doch die Wichtigtuer sind unbedingt nötig, um den guten Schein zu wahren, und sie werden für ihren Dienst an den Besitzenden von diesen großzügig entlohnt. Dicke Staatsknete bis zum Lebensende und wem das nicht reicht, der hält hochdotierte Vorträge oder setzt sich in einen Vorstand. Der Kapitalismus als die derzeit am höchsten entwickelte Gesellschaftsform ist nach Marx die Herrschaft des Kapitals. Die Diktatur des Kapitals, um es klar zu sagen. Wer das Geld gegeben hat, bestimmt die Politik. Erst daraus entwickelte sich als Gegenentwurf das Paradigma »Diktatur des Proletariats«, das sich ja selbst als Schreckgespenst dargestellt hat. Ist es ja auch: Verstaatlichung der Konzerne und der Banken. Die aktuelle Verschuldung der BRD beträgt, Stand zu dieser Stunde, zweitausend Milliarden Euro. Die Auslandsverschuldung der DDR betrug bei ihrem Ableben 86 Mrd. DM (Gerhard Schürer 1990, Chef der Zentralen Plankommission der DDR). Das waren 27 % Verschuldungsquote, im Gegensatz zu 42 % in der BRD zur damaligen Zeit. 2014 waren es schon 78,4 % des BIP (Bruttoinlandsprodukt). Die heutige BRD muss jährlich an die 30 Milliarden (etwa 10 % des Gesamtetats) allein für die Zinsen ihrer Kredite berappen, ohne etwas zurückzuzahlen. Da lacht der Kreditgeber. Und die »schwarze Null« von Finanzminister Wolfgang Schäuble lacht mit. Wenn auch die Geldmaschinen heute Tag und Nacht rattern, die Schulden dieses Landes, in dem wir beide leben, können niemals (!) beglichen werden. Hat das jemand schon mal so deutlich gesagt?

Ein Schlusspunkt muss sein. Irgendwann Anfang der 90er Jahre erzählte ein junger Umweltminister (mein Jahrgang) und späterer »Deichgraf« an einem fröhlichen Abend unter Freunden (er wird sich nicht daran erinnern) von einem Treffen in einer schönen Villa am Rhein zwischen Landespolitikern und Vertretern der Wirtschaft. Er war zum ersten Mal dabei und alles war recht nett. Man durfte auch die Frauen mitbringen. Nach einer knappen Stunde sagte eine Stimme: »Für die Damen wird jetzt auf der Terrasse Tee serviert.« Dann schlossen sich die schweren Türen, die Männer waren unter sich. Und der Chef des Bundesverbands der Deutschen Wirtschaft (BDI) sagte dann in freundlichen, klaren Worten, was die Industrie im nächsten Jahr von der Politik erwartet ... Eine eindeutige

Botschaft und es wäre auch abwegig und dem Kapitalismus wesensfremd, wenn nicht der, der die Kohle vorschießt, auch sagt, wo es langgeht, um die solide Geldquelle weiter sprudeln zu lassen. Für westdeutsch domestizierte Menschen ist das alles schwer zu verstehen und damit nur Verwirrung, die den friedlichen Alltag stört. Jeder ist damit beschäftigt, seine Schäfchen ins Trockene zu bringen, seine Kredite abzubezahlen. So ist das System konstruiert, keine Zeit und keine Bildung, um nach der Wirkungsweise des Kapitalismus zu fragen. Die Ostdeutschen wurden in ihrem ganzen Leben von einer Lehre, den Gesellschaftswissenschaften, genervt, die in der Schule Geschichte und Staatsbürgerkunde hieß – und während des Studiums ML, also Marxismus-Leninismus.

Dabei ging es in erster Linie um die wissenschaftliche Darstellung gesellschaftlicher Grundlagen und Prozesse. Natürlich unter dem Gesichtspunkt, dass der Sozialismus auf der Überholspur ist. Mit dem, was in der DDR passierte, hatte Marx nichts zu tun. Vor Marx waren die französischen Sozialisten (Charles Fourier, François Babeuf) die Hauptvertreter und Hauptquellen sozialistischer bzw. kommunistischer Ideen und Theorie. Marx war in Paris und zehrte ganz gewaltig von ihnen – das ist allgemein bekannt. Auf jeden Fall war Marx Sozialist und Marx war Kommunist – er verfasste das *Manifest der kommunistischen Partei* und stand dem »Bund der Kommunisten« vor. Marx war kein Marxist. Das Wort Kapitalismus hat er nicht oder fast nie verwendet, es wurde zuerst 1842 von Jean-Baptiste Richard benutzt und dann geläufig in den späten Briefen von Friedrich Engels. Marx war ein Philosoph und Analytiker, und das *Kapital* ist nach wie vor ein aktuelles Buch, veröffentlicht 1867, weil er darin die inneren Triebfedern des Kapitalismus sauber herausgearbeitet hat. Das ist keine leichte Bettlektüre, aber wer das System, in dem wir leben, verstehen will, sollte sich dem Werk nähern. Als ersten Schritt empfehle ich dir Frederik Hetmann: *Rosa Luxemburg. Ein Leben für die Freiheit, Fischer* 1986. In einem Aufsatz von ihr steht eine hervorragend knappe und präzise Zusammenfassung des Erstens Bands des *Kapitals*. Bei Karl Marx finden sich Sätze, die auch heute noch – kein Wunder, handelt es sich doch noch immer um dasselbe System – auf verblüffende Weise zutreffen. Einer der bekanntesten Sätze ist ohne Zweifel das Zitat, das Marx in Band I von einem Zeitgenossen übernommen hat, in einer Fußnote am Ende des sechsten Abschnitts über *Die sogenannte ursprüngliche Akkumulation* des industriellen Kapitalismus (Dietz-Verlag Berlin, 1961). Der englische Publizist und Gewerkschaftsfunktionär Joseph Dunning (1799–1873), äußerte sich 1860 zu der Frage, warum Kapital immer darauf aus ist, Profit zu machen. Einen möglichst hohen Profit.

Das Zitat lautet: »Mit entsprechendem Profit wird Kapital kühn. Zehn Prozent sicher, und man kann es überall anwenden; 20 Prozent, es wird lebhaft; 50 Prozent, positiv und waghalsig; für 100 Prozent stampft es alle menschlichen Gesetze unter seinen Fuß; 300 Prozent, und es existiert kein Verbrechen, das es nicht riskiert, selbst auf Gefahr des Galgens«.

Das war einer der Lehrsätze, den jeder Absolvent einer höheren Schule in der DDR hersagen können musste, selbst wenn er nachts aus dem Bett geholt wurde. Nun, dieses Zitat war leicht zu lernen, wirklich anstrengend wurde es, die zehn Gründe aufzuzählen, warum der Kapitalismus aussterben werde, in Sonderheit der Imperialismus als »parasitärer und faulender Kapitalismus«. Ich konnte mir die zehn Gründe einfach nicht merken.

13. Gespräch: Meine Schönhauser und ihre Geschäfte, das Wiener Café, Bernd Heyden, Verbraucherpreise in der DDR, vernachlässigte Häuser, Artikel über die Kunstszene, mein Buch über die Liederleute, Hans-Eckardt Wenzel, Gedenken an Reinhard Buchholz, Gerlindes erste Reise nach Westberlin

Ab 1984 lebte ich als freier Journalist vergnügt in meiner Schönhauser. Runter in die Stadt, also zu den Redaktionen der Zeitungen, kam ich von hier bequem mit der U-Bahn, die Seen im Norden der Stadt waren gut erreichbar mit der S-Bahn. Die beiden Linien kreuzen sich praktisch vor meiner Haustür, die U-Bahn fährt oben auf ihrem Viadukt, die S-Bahn unter der Schönhauser durch. Im Sommer fuhren wir gerne zum Baggersee an der Autobahn und an den idyllischen Liebnitzsee mit seiner Insel für Verliebte. Alle anderen Orte hier im Prenzlauer Berg erreichte ich bequem mit dem Fahrrad – wie heute.

Wie sah meine geliebte Schönhauser damals aus? Mein geliebter Ort, die geliebten Häuser mit der narbigen Haut. Am meisten fehlt mir das *Wiener Café*. Da ist jetzt eine Spielothek drin. Im *Wiener Café* trafen sich überwiegend Künstler und einige ältere Damen mit Stil. Ansonsten nur Maler, Schriftsteller, Theaterleute, eben Künstler oder Leute, die es gerne werden wollten. Vorne links an der Theke stand ein schwarzer Stutzflügel und aufgespielt hat das *Duo Winter-Weide,* ein Mann am Klavier und ein Stehgeiger. Es gibt ein schönes Lied über die beiden von Arno Schmidt. Weiter hinten ging es ein paar Stufen hoch zum »ersten Rang«. Da habe ich am liebsten gesessen oder mich mit Freunden getroffen. Und alles war so schick. Die Kellnerin zum Beispiel hatte ihre Haare nach der Mode der 60er Jahre hochgesteckt und trug ein schwarzes Kostüm mit weißer Schürze. Eine Tasse Kaffee kostete 80 Pfennig und wenn man kein Geld dabeihatte, sagte sie: »Zahlste beim nächsten Mal.« Und das wurde eingehalten. Klauen und Lügen waren die zwei Todsünden in unserer Pädagogik, eingebläut schon im Kindergarten. Manche sagen, es gab ja auch nichts zu klauen. Aber natürlich gab es auch in der DDR reichlich Kriminelle, doch man musste doch nicht ständig Angst haben, überfallen zu werden wegen 20 Mark. Meine Therapeutin hat mir erzählt, dass ihre Eltern auf dem Balkon in der Schönhauser in den 50er Jahren drei Hühner gehalten haben. Manchmal machten die einen Ausflug und dann rief einer von unten: »Hallo Erna, deine Hühner sind wieder auf der Allee.« Geklaut wurden sie nicht ...

Die schönsten Fotos aus dieser Zeit stammen aus der melancholischen Kleinbildkamera von Bernd Heyden (1940–1984). Eigentlich hatte er Damenschneider gelernt, war dann lange Jahre Chauffeur und machte seine ersten Versuch im *Club der Fotografen*. Auch so eine typische Erscheinung im Volkskunstschaffen. Wer neben seinem Beruf ein künstlerisches Hobby pflegte, tat sich mit Gleichgesinnten zusammen und so gab es Clubs der Dichter, Clubs der Maler – alles mögliche, oft angeleitet durch einen Berufskünstler. Sein fotografischer Nachlass, an die tausend Fotos aus dem Prenzlauer Berg, wird vom Bildarchiv Preußischer Kulturbesitz (bpk) in Berlin verwaltet. 1972 bekam er die Ehrennadel für Fotografie in Bronze des Kulturbundes der DDR, 1978 wurde er Mitglied im Verband Bildender Künstler, da war er schon sehr krank.

Wenn du dir ein Bild vom *Wiener Café* machen willst, kannst du dir seine Fotos, seine behutsamen Beobachtungen, ansehen – von den Menschen im Prenzlauer Berg. Das Foto mit dem Stehgeiger hängt ja bei uns auf dem Klo. Oft war der schon ein wenig beschwippst und wenn man ihm noch einen Korn spendiert hat, kam er an den Tisch und spielte ein Lied nur für dich oder für ein schönes Mädchen am Nebentisch. In diesem kleinen Kosmos lungerten jede Menge Künstler rum, echte und angehende. Man brauchte nur das passende Outfit, vielleicht einen langen Mantel, günstig wirkten auch lange Haare, Dreitagebart, Zigaretten der Marke Karo, ein Seidenschal kam auch gut und schon war der Künstler fertig. Ich trug immer eine dunkelbraune Lederjacke und eine sehr weite schwarze Hose mit einem Gummibund, obwohl ich damals gertenschlank war. Die Haare gingen etwas ins Rötliche und der Schnitt war den 20er Jahren nachempfunden. So erkannten wir uns und saßen stundenlang in unserem Café, besprachen unsere Projekte und den neuesten Klatsch aus dem Prenzlauer Berg. Wo sind sie alle hin? Nur sehr selten treffe ich mal einen von früher auf der Schönhauser, eigentlich fast nie, aber durch Bernd Heyden leben sie doch alle weiter ...

Vor ein paar Wochen wurde im Fernsehprogramm des *rbb* ein Film angekündigt mit dem Titel *Meine Oderberger Straße*. Das machte mich neugierig, denn die Oderberger war ja gleich um die Ecke. Dort wohnte ein buntes Volk und das Besondere war der *Hirschhof* mit seinen vielen Konzerten und Theateraufführungen, zum Beispiel von der Gruppe *Zinnober*. Viele freie Künstler und es gab sogar eine Bürgerinitiative, die den *Hirschhof*, das war ein großes Areal, aufgebaut hatte und betreute. Also Fernseher an. Aber dann war es doch nur einer der üblichen Propagandaschinken über den Mauerbau, Fluchthelfer aus dem Westen, unterdrückte Künstler, keine Spielplätze und eine sehr graue Straße. Was sollen bloß die Menschen für einen Eindruck bekommen, die so was sehen und für wahr halten? Im Abspann fand ich dann des Rätsels Lösung: »Gefördert durch die Bundesstiftung zur Aufarbeitung der SED-Diktatur«. Die machen also das Programm. Offenbar wurde aber die letzte Szene des Films übersehen. Sie zeigt die Aktivisten der 80er Jahre heute, die mit ihrem Mut und ihrer Kreativität für den *Hirschhof* gekämpft und dann gesiegt hatten – wie sie hilflos vor einem Zaun stehen. Ein

Hauseigentümer hat das Areal inzwischen in Besitz genommen und wenige Meter von der Stelle, an der 1989 die Mauer fiel, wieder einen Zaun errichtet.
Warum schlagen eigentlich heute die staatlichen Medien, und ihre Förderer, so gnadenlos und anhaltend auf die DDR ein? Mal mit mehr, mal mit weniger Geschick wird die Gülle ausgegossen. Warum? Ist es der Versuch, von den Gebrechen des Kapitalismus abzulenken, von der täglichen Ausbeutung, von der totalen Ausspionierung der Bürger? Ist es der Versuch, die DDR-Menschen dauerhaft in gut und böse einzuteilen? Ist es der Versuch, die Ideale eines wundervollen demokratischen Sozialismus zu diskreditieren? DDR gleich Sozialismus. DDR gleich Unterdrückung. Folglich: Sozialismus gleich Unterdrückung. Das gesellschaftliche System in der DDR hatte mitnichten etwas mit Sozialismus zu tun. Sicher waren die Produktionsmittel und die Banken verstaatlicht (ein Graus für jeden Kapitalisten und Spekulanten), aber das Wichtigste hat doch gefehlt, die Demokratie. Ein Sozialismus, der diesen Namen verdient, ist basisdemokratisch aufgebaut, kann nur in beständigen Diskussionen über die gesellschaftliche Entwicklung seine Kraft entfalten. Das würde hier zu weit führen, aber abschließen möchte ich dieses Thema mit dem bekannten Zitat von Rosa Luxemburg, das Ende der 80er Jahre unsere Herzen erleuchtete. Es stammt übrigens aus einem Manuskript, in dem sie ihre Befürchtung ausdrückte, das Regime der Bolschewiki unter Lenin und Trotzki könnte 1918 totalitär werden: »Freiheit nur für die Anhänger der Regierung, nur für die Mitglieder einer Partei – mögen sie noch so zahlreich sein – ist keine Freiheit. Freiheit ist immer Freiheit der Andersdenkenden. Nicht wegen des Fanatismus der »Gerechtigkeit«, sondern weil all das Belebende, Heilsame und Reinigende der politischen Freiheit an diesem Wesen hängt und seine Wirkung versagt, wenn die »Freiheit« zum Privilegium wird« (Rosa Luxemburg: Gesammelte Werke, Bd. 4, Berlin 2000).
Noch ein letzter Satz zum Film *Meine Oderberger Straße,* diesem subventionierten Familienfilm. Es kamen nur wenige der letzten Anwohner wirklich zu Wort, die am Ende des Films ratlos vor dem Zaun zum ehemaligen *Hirschhof* standen. Offenbar lebten sie in einer anderen Oderberger oder ihre Aussagen passten nicht zum ideologischen Ziel des Streifens. Gefehlt hat mir vor allem eine Erinnerung an Bernd Holtfreter (er starb 2003, siehe taz 6.5.2014), aber auch Matthias Klipp und Dietmar Halbhuber, den ich früher oft in »seiner« Oderberger besucht habe. Halbhuber (Jahrgang 1947), ein Dichter und Textautor und mein »Mitverschwörer« 1988, dazu später. Im wilden Januar 1990 hat er an der Zeitschrift *die andere* (herausgegeben vom Neuen Forum) mitgearbeitet. Eine schöne Geschichte über diese Straße stammt von Christoph Schambach. Er erzählte mir, dass er auf seinem täglichen Weg von der Oderberger zur Post in der Eberswalder immer an diesem Aussichtspunkt vorbei musste, der direkt hinter der Mauer war. Da standen

zahlreich Touristen rum und schauten sich die Menschen im Osten an wie in einem Zoo. Einmal nahm sich Christoph zwei Bananen mit und warf sie über die Mauer zu den Gaffern rüber. Und wurde festgenommen von der Volkspolizei. Die hatten keinen Sinn für seinen Zynismus.

Zurück zur Schönhauser. Zu meinen Lieblingsorten gehörte der Lebensmittelladen Ecke Stargarder. Nicht groß, aber alles da. Schnell die vier Treppen runtergehopst und das Nötigste eingekauft: ein Brot für 51 Pfennige, zwei Brötchen je 5 Pfennige, einen halben Liter Vollmilch für 36 Pfennige, 100 Gramm Teewurst für 65 Pfennige, 1,75 Mark für 250 g Rahmbutter, 85 Pfennige kosteten 5 kg Kartoffeln, nur Kaffee war teuer, 125 Gramm für 8,75 Mark, was sehr heftig war und so habe ich ihn immer mit Malzkaffee gemischt. Zum Schluss noch eine Schachtel Zigaretten der Marke *Cabinet* für 3,20 Mark, fertig. Ganz nebenbei, ein Schulessen kostete 55 Pfennige, drei Wochen Ferienlager für Schulkinder 10 Mark. Der Preis der Schulbücher war niedrig. So kosteten *Physik in Übersichten, Chemie in Übersichten* oder Russisch-Lehrbücher für die 11. und 12. Klassen je 2,50 Mark. Der Besuch von Kinderkrippen und Kindergärten, von Schulen, Lehreinrichtungen, Fachschulen und Universitäten war kostenlos. Das durchschnittliche monatliche Einkommen in der DDR steigerte sich von 1975 bis 1989 von 889 auf 1290 Mark. Das war schon eine erhebliche Summe, wenn man bedenkt, dass in dieser Zeit die Preise für Grundnahrungsmittel und Mieten gleich niedrig blieben. Aber ich war nur ein armer Dichter und musste jeden Pfennig dreimal umdrehen.

Übrigens war es nur so billig, weil der Staat die Preise subventionierte. Grundnahrungsmittel sollten für alle günstig bleiben, auch bei gestiegenen Einkommen. Ökonomisch gesehen Quatsch, das hat den Staat jährlich Milliarden Mark gekostet. Nur wenn Lebensmittel ihren Wert haben, bleiben sie auch wertvoll – das gilt übrigens noch heute. Da genug Geld im Umlauf war, waren sogenannte »Luxusartikel« schweineteuer. Ein Farbfernseher made in GDR kostete sechstausend Mark. Auch Quatsch, aber die Leute haben es bezahlt. Der Osten sendete sein Farbfernsehen in SECAM, der Westen in PAL – da brauchte man einen Decoder für die Westfarbe. Alles wurde bezahlt. Für den »gehobenen Bedarf« gab es in der DDR ab 1966 Läden mit dem Namen *Delikat*. Sie hatten Westwaren bzw. Produkte aus DDR-Produktion, die für den Westen bestimmt waren, zu Wucherpreisen. Damit konnte die Preisstabilität unterlaufen werden und die Menschen sind gern »übergelaufen« für eine Dose Ananas, Kakao Marke *Trinkfix*, dazu *Nutella, Radeberger* Bier oder Halberstädter Würstchen, Dresdner Stollen ... »Luxusartikel« für die besonderen Tage im Familienleben, Hochzeiten, Einschulungen, runde Geburtstage – wer schaut da schon aufs Geld? Für den Alltag waren die preisgünstige HO (Handelsorganisation) erste Wahl und die Konsumgenossenschaft, gemeinhin Konsum genannt, da kaufte ich ein.

Schönhauser Allee 1986
Foto: Archiv W. B.

Auf der anderen Seite der Kreuzung war die beste Lokalität für mich: ein Schnell-Imbiss. Das war toll. Man nahm sich ein Tablett und konnte aus den großen Vitrinen sein Wunschessen herausnehmen oder sich auf einen Teller füllen lassen: Gulasch mit Stampfkartoffeln, Schnitzel mit Spiegelei, Rinderroulade mit Rotkohl. Kein Essen über 3 Mark. In der Mittagspause war es immer proppenvoll und wenn man zu spät kam, waren die besten Gerichte schon aus. Die beiden Häuser an der Ecke, wo die Stargarder auf die Schönhauser stößt, sind in den letzten Kriegsmonaten noch durch Luftbomben zerstört worden. Es waren zwei kräftige Eckhäuser gleicher Bauart, die wie Zwillinge die Schönhauser schmückten. Zwei moderne Zwillinge wurden dann nach dem Krieg dort wieder errichtet, schlichte Neubauten mit der Besonderheit, dass jede der Wohnungen einen Balkon zur Straße hat (auf dem Foto vielleicht noch zu erkennen) und im Erdgeschoss jeweils einen Laden. Im Schnell-Imbiss befindet sich heute *Fielmann*, in der kleinen Kaufhalle ein Restaurant.
Zu den Lokalitäten der Allee gehörte gegenüber von mir das Café *Venezia* – Ecke Gleimstraße und ein winziges Café neben dem S-Bahnhof, wo heute die *Allee-Arkaden* stehen. Für junge Tänzer von besonderem Reiz war das *Café Nord*, Ecke Wichertstraße, heute ist dort eine Sparkasse. Eigentlich war das *Nord* ein glanzloser Disko-Schuppen. Aber an den Wochenenden war auch hier eine große Menschentraube am Einlass. Zuerst standen da die Mädchen in ihren

Petticoats, später in Miniröcken. Ich hatte immer das Gefühl, bei denen ging es um den »Mann fürs Leben«. Bekannt war dieser Laden auch bei vielen Westberliner Jungs. Und so wie im *Club Impuls* mussten sie sich kurz vor Mitternacht immer sputen, um an der Bornholmer Brücke den Ablauf des Tagesvisums nicht zu verpassen. Schwupps waren sie wieder da.

Es gab in fußläufiger Nähe auch die *Lotus-Bar*, die Künstlerkneipe *Fengler* in der Lychener und für den Bärenhunger der Arbeiter das *Hackepeter* an der Ecke Dimitroff-Straße. Eine Besonderheit unseres Quartiers war der *Burgfrieden*, Wichertstraße 69 – ein Szenelokal für Schwule und Lesben, heute ist da ein Fotoatelier. Ich habe mich dort vor kurzem umgesehen und die jungen Leute, die da jetzt drin sind, wussten schon von der Bedeutung dieser Räume. Auch im *Burgfrieden* war die Anzahl an Westberlinern hoch. Hier entstand der Film *Coming Out* von Heiner Carow, gedreht 1988, veröffentlicht 1989 an einem besonderen Tag, dem 9. November. Die Filmkritikerin Margit Voss hatte ihn zur Beschäftigung mit dem Filmstoff angeregt. Nach vielen Jahren des Berufsverbots wurden Carow, der durch seine Filme *Die Legende von Paul und Paula* und *Bis dass der Tod euch scheidet* bekannt geworden war, nach zähem Kampf die Dreharbeiten zu *Coming Out* von Hans-Dieter Mäde (Chef der DEFA) genehmigt. Der Drehbuchautor Wolfram Witt sah sich später dem Vorwurf der Zuarbeit für die Staatssicherheit ausgesetzt und zog sich aus der Öffentlichkeit zurück. Lesenswert zu diesem Thema ist der Artikel von Regine Sylvester in der *Berliner Zeitung* vom 26.8.2003. Heiner Carow starb im Januar 1997. Er hat nach dem Ende der DDR nicht an seine früheren Erfolge anknüpfen können.

Was gab es noch an Geschäften in der Schönhauser? Es gab ein Foto-Geschäft, die *Nordring-Apotheken*, einen Taschenladen, das Schuhhaus *Hans Sachs*, den Laden *Alles vom Fisch* neben dem S-Bahnhofgebäude, das kleine *Kaufhaus Fix* Ecke Milastraße (heute Kaisers), in den 50er Jahren das Kino *Skala* mit 575 Plätzen, das sich so nah am *Colosseum* allerdings nicht lange halten konnte, daneben die Bierstube *Treffpunkt,* natürlich Buchläden, einen Plattenladen, ein paar Wurstbuden – alles rund um den Bahnhof. Das schönste Geschäft von allen in der Schönhauser war für mich der *Blumenladen Kühn,* unten in meinem Haus. Herr Kühn war der Chef vons Janze, und stand gern vor seinem Laden, ordnete die Sträucher und Blumen und ließ sich oft auf ein Gespräch mit den Kunden ein. Obwohl er, damals etwa Mitte 50, von stattlicher Figur war, erinnerte mich sein Aussehen irgendwie an den gemütlichen Igel in dem »Märchen vom Hasen und dem Igel«. Er sah einfach immer zufrieden aus, vielleicht lag es aber auch an seiner leicht nach oben gebogenen Nase oder seinen warmen, freundlichen Augen. Es war einfach schön, an einem späten Morgen aus dem Haus zu treten und sich mit ihm auf einen kleinen Schwatz einzulassen. Drinnen im Laden war seine Frau dagegen der Chef, die eher wie die Empfangsdame eines Hotels wirkte. Sorgsam onduliertes Haar, schon etwas grau, aber prächtig zurechtgemacht. Sie wirkte auf mich immer deutlich kühler, distanzierter, aber vielleicht hab ich einfach zu wenige Blumen bei ihr gekauft. Frauen merken sich so was. In den frühen 90er Jahren haben sie aufgegeben, zu hohe Miete, zu wenig Umsatz. So wie die Fleischerei Grönke in der Stargarder Straße 78, ein traditioneller Familienbetrieb, der dort über 25 Jahre lang Fleisch und Wurst angeboten hatte. Eine Besonderheit war auch *Anzeigen-Hellmann*. In diesem kleinen Laden an der Ecke Kuglerstraße saß ein älterer Herr mit einer Stoffmütze auf dem Kopf und einer dicken Hornbrille. Er erinnerte mich immer an einen Croupier in einem Wettbüro. Er war die Ruhe selbst. Vor ihm lag ein hoher Stapel mit Karteikarten, jede etwa 10 cm breit und 15 cm lang. Zu *Hellmann* ging man, wenn man etwas suchte oder verkaufen wollte: Kinderwagen, Motorboote, Anhänger, Waschmaschinen, Fernseher, Modelleisenbahnen, Lautsprecher, Porzellanfiguren, Fotoapparate – alles mögliche. Gut, wenn man ein kleines Foto dabeihatte, aber das kostete extra. *Hellmann* hat dann alles säuberlich auf eine Karteikarte geschrieben, dazu den Namen und wenn vorhanden die Telefonnummer, und hängte sie dann zu den anderen, die das ganze Schaufenster füllten, und in die Schaukästen.

Anzeigen-Hellmann
Foto: Gerd Danigel

Natürlich konnte man auch in Zeitungen inserieren, aber hier blieb man im Kiez, hatte kurze Wege und war mit 5 Mark pro Woche gut bedient. Auf dem Foto von Gerd ist der Andrang spärlich, an den Wochenenden bildeten sich regelmäßig Menschentrauben vor dem kleinen Laden. Ungefähr so, wie vor den Klubs, nur eben tagsüber.

Alle sind sie verschwunden. *Hellmann,* die Cafés, die Buchhändler, die Kneipen, die Klubs, *Blumen-Kühn,* das Antiquariat schräg gegenüber in der Schönhauser 124. Heute haben wir alle hundert Meter eine Bank, eine Apotheke, einen Handyladen, eine Spielothek, einen Spätkauf. Und dann wieder eine Bank, eine Apotheke, einen Handyladen, eine Spielothek, einen Spätkauf. Es geht so viel kaputt, wenn nur das Geld entscheidet ... In der Nummer 124 gibt es übrigens wieder eine kleine Buchhandlung mit dem Namen *Anakoluth,* angeboten wird dort ein ausgewähltes Repertoire, das sich nicht an den Bestsellerlisten orientiert – wunderbar.

Vor ein paar Monaten schrieb ich einen bekümmerten Brief an Jens-Holger Kirchner, den Baustadtrat vom Prenzlauer Berg, zum Thema: Wie können wir die letzten DDR-Menschen im Prenzlauer Berg behalten? Keine Eingabe wie früher, ich war einfach nur traurig. Überraschenderweise erhielt ich eine Antwort, und zwar eine sehr einfühlsame, ich erlaube mir daraus zu zitieren: »Vielen Dank für Ihren interessanten und liebenswerten Brief. Das war sehr motivierend für mich. Wenn mich solche Zeilen erreichen, weiß man wieder, warum man etwas tut und nicht einfach den Dingen ihren Lauf lässt. Ihre Erinnerungen haben auch mich wieder ein Stück in die Vergangenheit entführt und mich daran denken lassen, wie wir 1988 und 1989 um Versammlungsfreiheit, um Meinungsfreiheit und unsere Ideen eines solidarischen Miteinanders gekämpft haben.

Ich kann mich noch gut erinnern, das ging etwa los 1984 mit Transparenten »Gasometer sprengt man nicht«, mit Plakaten gegen Baumfällungen »Leben leben lassen« oder mit dem Transparent von Ihnen. Und ich gebe Ihnen völlig Recht: wir haben das nicht getan, um jetzt das Geld über unser Gewissen und unser Leben bestimmen zu lassen. Leider ist solch ein Denken einigen Menschen, Unternehmern und Firmen sehr fremd und von diesen bekomme ich dann anderslautende Briefe als von Ihnen. Umso mehr freue ich mich, dass Sie sich diesen Geschichten wieder zuwenden wollen. Wir müssen auch aufpassen, dass unsere Geschichte nicht vergessen wird. Und wir brauchen auch heute noch kleine Revolutionen, um daran zu erinnern, was das Leben, das Miteinander, die Gemeinschaft im Eigentlichen lebenswert macht.«

Ein wunderschöner Brief. Zu den Gasometern und zu meinem, besser unserem Transparent komme ich später noch ... 1987 gab es bei uns im Viertel einen schlimmen Unfall. Wie schon berichtet, wurde von Seiten der Wohnungsverwaltung wenig bis nichts an den Häusern gemacht. Warum wurden die Mieten nicht in angemessener Weise erhöht, um die Häuser bewohnbar zu halten. Ich zahlte 45 Mark für 60 Quadratmeter und hätte gerne das Doppelte bezahlt, wie die meisten anderen auch. Einige Häuser wurden wohl neu verputzt, aber die meisten standen noch so da, wie sie der Krieg hinterlassen hatte. Überall bröckelte der Putz und wenn man Pech hatte, fiel einem ein größeres Stück Stuck auf den Kopf. Vor einigen Häusern gab es Gerüste mit Brettern drauf, um Verletzungen der Passanten zu vermeiden. Ich bin generell nie dicht an den Häusern entlanggegangen, man wusste ja nie. Und dann passierte es. Bei uns im Viertel, hinten in der Stargarder Straße, löste sich ein ganzer Balkon und schlug auf dem Gehweg auf. Was für ein Schock. In unserem Kleinstadttratsch war sogar davon die Rede, dass eine Frau mit ihrem Kinderwagen erschlagen worden wäre. Das war sicher nur erfunden, aber ich ging nun noch vorsichtiger durch die Straßen. Sofort danach rückten Bautrupps an und die haben nicht etwa die maroden Balkone repariert, sie haben alle verdächtigen Objekte stattdessen abgeschlagen. Die Balkontür blieb, Gitter davor und fertig. Es gibt heute nur noch wenige Häuser, die an diesen Frevel erinnern, wie in der Schonenschen Straße 41. Balkon weg, Problem weg – wie blöd kann der Mensch sein?

Heute ist alles bunt und die meisten Balkone sind wieder dran. Und meine Miete hat sich deutlich mehr als verdoppelt, es ist das Sechsfache, aber ich halte durch. Das ist doch meine Heimat. Der Blick von hier oben auf die Allee, das Glockenspiel der Gethsemanekirche, die Amsel, die im Hinterhof ihr Nest bewacht, die Fledermäuse in der frühen Nacht, das Klappern der U-Bahn. Alles so vertraut und doch ganz anders. Einen großen Unterschied zu heute machen für mich, wie schon kurz erwähnt, die offenen Haustüren und die offenen Wohnungstüren aus, wie in meinem Haus. Die vier oberen Wohnungen im Vorderhaus, die von Jürgen, die seiner Frau Jule, die von Thomas Knauff und meine. Das war keine Kommune, aber doch ein sehr enges Zusammenleben trotz eigener vier Wände. Sicher wurde in der DDR auch reichlich geklaut, gelogen oder Verbrechen begangen. Die alten Folgen des *Polizeiruf 110* (DDR-Fernsehen) mit Leutnant Fuchs und seinen Genossen laufen heute in den Dritten rauf und runter. Peter Borgelt verkörperte alles, was man sich unter einem guten sozialistischen Kommissar vorstellen sollte und Jürgen Frohriep als Oberleutnant Hübner in der Rolle des Draufgängers bediente nebenbei noch das Ideal eines guten Schwiegersohns. Ich will mich nicht zu lange bei diesem Thema aufhalten, aber die Polizei spielte in der DDR eine sehr dominante Rolle. Ständig gab es Kontrollen von Autofahrern, ohne jeden Grund, nicht selten wurde man auf der Straße von den meist zu zweit gehenden Polizisten einfach angehalten. Ich fand das schrecklich. Die beliebteste polizeiliche Frage war: »Was haben wir denn falsch gemacht?« Warum wir? Bei Rot über die

Straße gehen, kein Licht am Rad und so was. Bei schwereren Vergehen lautete die zweite Frage: »Wo arbeiten Sie?« Das war dann schon weniger lustig und bedeutete fast immer eine Nachricht an den Betrieb und die Kollegen. Dies war die größte Pein der kleinen DDR-Bürger, nicht die Staatssicherheit, wie heute gerne kolportiert wird. Mit der hatte das Gros einfach nichts zu tun oder sie ahnten nichts von der Sammelwut dieser Behörde. Und obwohl es den Missetätern unangenehm war, wurde diese Omnipräsenz der Schutzmacht auch als beruhigend empfunden, wenn es um die Sicherheit der kleinen Laube, des Autos unter der Laterne oder den Schutz der Person ging. In dieser Hinsicht gab es eine persönliche Sicherheit und Rechtssicherheit in der DDR, aber ich betone noch einmal ausdrücklich, dass ich nur von den 80er Jahren in der DDR berichten kann, die Vorgehensweise der Gerichte in den 50er und 60er Jahren, Stichwort Hilde Benjamin, war staatlich verordnete Unterdrückung und die Verfahren gegen politisch Andersdenkende und Republikflüchtlinge waren bis zum Ende der DDR Willkür und müssen als solche benannt werden.

Die DDR war ein kleines Land und im Prenzlauer Berg kannte jeder jeden. Man traf sich bei allerlei Gelegenheiten, auf privaten Lesungen, bei Konzerten, bei Pressekonferenzen, Ausstellungen, im Theater oder bei *Rock für den Frieden* im Palast der Republik. Immer waren wir unter uns. Meine Therapeutin sagte mir unlängst, dass es früher üblich war, dass man auf den jährlichen Treffen der Therapeuten auch immer nur Bekannte traf: »Seit 1990 sind auf diesen Zusammenkünften meist nur noch Fremde.« Ich denke, dieses Zusammengehörigkeitsgefühl galt für alle Bereiche der Kreativität und ging oft über die eigene Sparte hinaus. Sicher kam es gelegentlich zu Futterneid und Animositäten, aber im Grunde saßen alle im selben Topf: die Fotografen, die Maler, die Dichter, die Schauspieler – die Journalisten. Natürlich gab es eine Hierarchie, eine Treppe in den Himmel, aber ich empfand das nicht als störend. Jeden Tag ein wenig besser werden, den Fuß in der richtigen Tür und ein gutes Gefühl für den Trend der Zeit.
Im *Club Impuls* hatte ich viele Liedermacher und Kleinkünstler kennengelernt und begonnen, wie schon erzählt, über sie zu schreiben. Im Sommer am liebsten oben auf dem Dach, auf der kleinen *Continental*. Heute ist der Zugang verschlossen und ich sehne mich danach, wieder dort oben über den Dächern der Stadt zu sitzen und zu arbeiten. Auf dem Wäscheboden stand eine morsche Leiter, die führte zu einer Luke, da schob ich einen Tisch hindurch und einen Stuhl, ein Arbeitsplatz unter den Wolken. Die Flugzeuge segelten über meinen Kopf, die Welt war fern und ich schrieb und schrieb ...

Schreibtisch auf dem Dach 1988
Foto: Norbert Bischoff

Meine Angebote richtete ich Mitte der 80er Jahre an die Zeitschrift *Unterhaltungskunst* (Henschel-Verlag) in der Oranienburger Straße, damals geleitet von Maja Lopotta – auch eine Matrone, die mich an Erna Geggel erinnerte. In der Redaktion war zu dem Zeitpunkt schon Michael Schiewack am Start, der mit seinem prächtigen Haarschopf einen überraschenden Kontrast zur Chefin abgab, damals war er 33 Jahre alt. Er wurde wie ich im Rundfunk gefeuert, was ihm schwerer zusetzte als mir, 1986 ging er nach Westberlin. Die Zeitschrift *Unterhaltungskunst* hatte eine »seriösere« Ausrichtung als die *Melodie & Rhythmus* aus dem gleichen Verlag. Die Chefredakteurin war Roswitha Baumert, die als Managerin von Günther Fischer und Manfred Krug aus der Szene kam. Bis zur Geburt ihres Sohnes hatte sie im Außenhandel gearbeitet. Roswitha (Jahrgang 1944) stieg 1975 in die M&R-Redaktion ein und blieb dort bis Anfang 1990. Sie war nur etwas älter als ihre meist jungen Autoren und, im Vergleich zu anderen Chefredakteurinnen, sehr vital und jugendlich, immer in modernem Outfit.

Während sich die *Unterhaltungskunst* einem breiten Spektrum zuwandte von Jazz über Pantomime und Musicals bis hin zu Chansons, war die *M&R* so etwas wie (Halten zu Gnaden) die *Bravo* des Ostens, Pop und Schlager. Und Roswitha war mit guten Autoren schon bestens versorgt, zum großen Teil Rundfunkleute wie Lutz Schramm (DT64), Wolfgang Martin (Hallo – das Jugendjournal), dazu Jürgen Balitzki. Im Grunde waren die Autoren alle in einem Alter. Jürgen war Jahrgang 48, war auch bei *DT64* und ab 1993 Kulturredakteur bei *Radio Brandenburg*.

Seine jüngere Schwester Adelheid Wedel hat mich später als Redakteurin durch meine Zeit bei der Zeitschrift *Sonntag* begleitet. Aber zwei oder drei Jahre Altersunterschied machten schon etwas aus. Es gab auch in der DDR eine Himmelsleiter zum Erfolg und an den Futtertrögen war nur begrenzter Platz. Jeder kannte jeden in diesem kleinen Land, aber der eine hatte einen Fuß in der Tür und der andere noch nicht. Bei *M&R* kam ich nicht zum Zuge (zu jung oder zu wenig Stallgeruch), aber die eher fachlich orientierte *Unterhaltungskunst* kam mir entgegen und bot mir eine interessante Plattform. Ich fing an mit kleinen Berichten, zehn Zeilen plus Foto. Ein frühes Thema habe ich noch im Kopf, das war die Punkband *Hard Pop* von Günter Spalda. Ihn kannte ich aus dem *Kunstraum Prenzlauer Berg* und hatte ihm, da er mal wieder einen neuen Sänger suchte, meinen Freund Michael vorgeschlagen. Michael konnte sich aber nicht durchsetzen. Spalda hat die Leute in seiner Band regelrecht verheizt. Er wusste, was er wollte, und war dann neben Aljoscha Rompe von *Feeling B* Wegbereiter der Punkszene in der DDR. Was mich an Spalda faszinierte, war, dass er wenig sprach, im Gegensatz zu mir. Er war eine Art »lonesome Cowboy« und in der Tat sah er am liebsten alte Western, die damals fast täglich ab 24 Uhr im Westfernsehen zu sehen waren. Seine Freundin spielte eine Zeit den Bass in seiner Band, Anett. Mit ihr war ich ab 1984 zusammen. Als Thomas Worch uns im *Club Impuls* sah, sagte er: »Ihr seid ein schönes Paar.« Von Anett, die aus dem Vogtland stammte, habe ich das Skifahren gelernt und mir extra ein paar Abfahrtsski der Marke *Lippold* angeschafft, aber nach zwei Jahren waren wir erschöpft. Sie war Lehrerin und sang im Chor des Kulturhauses Weißensee, aber zu einem ihrer Auftritt durfte ich nie mitkommen, das wollte sie nicht ... Wir waren ein schönes Paar, aber wir fanden nicht zusammen. Das Ende hatte sich schon bei unserer Wanderung durch das Pirin-Gebirge in Bulgarien im Sommer 86 angekündigt. Voller Vorfreude machten wir uns auf den Weg, wanderten über die steilen Berggrate unter blauem Himmel und bewunderten die schwarzen Seen im Tal, schliefen nachts in einem winzigen Zelt. Eine Zeit zum Glücklichsein, aber wir fuhren dann getrennt zurück nach Berlin.

Über Spalda habe ich kurz in der *Unterhaltungskunst* etwas geschrieben, nach meinem Wissen der erste Artikel über den Punk in der DDR. Lutz Schramm hat in dieser Zeit einen längeren Beitrag über die Band verfasst, aber ich glaube, er wurde nicht veröffentlicht ... Nicht vergessen werde ich mein Interview mit Jürgen Walter (Jahrgang 43), der nach dem *Oktoberklub* eine erfolgreiche Karriere als Chansonsänger (Texte überwiegend von Gisela Steineckert) begonnen hatte. Es war ein sehr ehrliches, aufregendes Interview. Walter war homosexuell, was jeder wusste, und 1986 kurz davor, die DDR zu verlassen. Ich nahm unser Gespräch auf einem Tonbandgerät auf und tippte dann alles in meine *Continental*. Eine mühevolle Arbeit. Als ich ihm dann sein (!) Interview vorstellte, sagte er zu mir: »Das hab ich nicht gesagt.« Wir saßen in den *Offenbach Stuben,* einem der Restaurants für Schwule im Prenzlauer Berg, Senefelder Straße Ecke Stubbenkammer. Ich lief rot an, wollte ihn anschreien. Wollte ihm das Tonband unter die Nase halten. Das habe ich nicht getan, unverzeihlich. Wir haben das Gespräch dann noch einmal geführt, ich habe alles noch einmal vom Band abgetippt, er hat es autorisiert und es wurde gedruckt. Ein langweiliger Artikel ... Er hatte Schiss bekommen, dieser Clown, hatte sich irgendwo rückversichert und ich habe ihm keine reingehauen ...

Inzwischen war ich aber gut vernetzt in der Szene, auch als »Spätgeborener« und meine Beiträge wurden länger und auch registriert. Gut erinnern kann ich mich noch an meine Vorschau auf die *9. Chansontage der DDR* 1987, ich stellte meine Favoriten vor: Gerhard Gundermann, Gerlinde Kempendorff, *Duo Sonnenschein,* Maike Nowak (es lohnt sich unter ihrem heutigen Namen Maike Maja Nowak mal nachzuschauen), die Gruppe *Aufwind.* Ein normaler Vorbericht, heute wäre das ganz normal, aber damals regte sich im Komitee für Unterhaltungskunst Unmut: Unverschämtheit, da verteilt einfach einer Preise und das Festival hat noch gar nicht begonnen ... Das Komitee sah sich zu einer Gegendarstellung genötigt, die die selbstbewusste Redaktionsleiterin Maja Lopotta dann prompt in der nächsten Ausgabe unter der Rubrik Lesermeinungen abdruckte. Das war nicht nett von ihr, zumal dann wirklich meine Favoriten im Wettbewerb gewannen. Inwieweit die Präsidentin des Komitees Gisela Steineckert bei der Kontroverse involviert war, kann ich nicht sagen, immerhin hatte sie im selben Jahr meine Aufnahme in den Schriftstellerverband noch freundlich unterstützt. Aber sie ließ mich dann nicht mehr aus den Augen.

Die Liedermacher waren eine wichtige kulturelle Instanz in der DDR. Nicht nur ein Ventil, bis zu der bekannten roten Linie, die man besser nicht überschritten hat, von oben geduldet, sondern ein Instrument der Aufklärung. Es gab Hunderte, die durch die Klubs zogen landauf landab und Tausende Zuschauer erreichten. Im Gegensatz zur Satire, die auf Pointen und das befreiende Lachen aus war, leisteten sie politische Bildung. Nur ganz kurz ein Wort zum Kabarett, mit dem ich nicht so viel anzufangen wusste. Auch hier gab es eine ganz breite Szene, in der ersten Reihe die *Distel* in Berlin, den *Rat der Spötter* von Peter Sodann und die *Leipziger Pfeffermühle.* Neben diesen Berufsschauspielern gab es aber zahllose Laiengruppen, die oft deutlich frecher waren. Eine wichtige Rolle spielten auch die Moderatoren und Komiker, die es mit weichgespülten Programmen sogar ins DDR-Fernsehen brachten, wie Eberhard Cohrs, Hans-Joachim Preil und Rolf Herricht (die mögen wir ja beide), Lutz Stückrath und O. F. Weidling. Ihre Hauptthemen waren die Bürokratie, Versorgungsengpässe und gerne auch die Gastronomie. Diese Leute saßen aber auf einem Schleudersitz. Als Weidling Anfang 1984 im neuen Friedrichstadtpalast in Berlin auftrat, gefielen der Staatsführung einige kritische Äußerungen zur Wirtschaft in der DDR nicht. Er wurde aus dem Fernsehen verbannt und erhielt Berufsverbot. Ein Jahr später starb er, aber du kannst ihn dir noch immer auf *YouTube* ansehen, lebendig und zu mutig.

Mit dem Fernsehen der DDR hatten die Liedermacher kein Problem, denn dort traten sie ohnehin kaum auf, mit wenigen Ausnahmen. Aber sie hatten doch großen Einfluss, weil sie überall waren, die meisten brauchten keine große Anlage, es reichte eine Gitarre und eine gute Stimme. Natürlich setzte ein Auftritt eine Zulassung voraus, und auch hier gab es Kommissionen und wachsame Zuschauer. Über das Komitee für Unterhaltungskunst wurde Gitarrenunterricht und Stimmbildung angeboten und alle Sänger waren in der Sektion Chanson/Liedermacher erfasst. Alle zwei Jahre gab es in Frankfurt/Oder die *Tage des Chansons*, bei denen sich die Szene für drei Tage zum Wettsingen traf. Wir waren alle, die Sänger, die Juroren und die Journalisten, in einem Hotel im Stadtzentrum untergebracht, eine perfekte Konstellation. Es gab auch Preise, am begehrtesten war der »Preis der Deutschen Schallplatte«, der in der Regel mit einer Studioproduktion verbunden war, hilfreich war auch der »Preis des Fernsehens«. Ich war als freier Journalist auch dabei und kannte die meisten Künstler schon durch meine ehrenamtliche Arbeit im *Club Impuls* und habe dann über sie geschrieben.

Nach den *9. Chansontagen* 1987 fasste ich meine schönsten Artikel über die Liedermacher zusammen und wollte erstmals in der DDR ein Buch über die Szene machen: *Liederleute*. Dem Verlag *Lied der Zeit* gefiel das Thema und ich erhielt die einfühlsame Lektorin Sabine Tuch. Als wir fertig waren, konnte sie sich aber einen Satz nicht verkneifen: »Herr Bergholz, ich habe das Gefühl, dass Sie Ihre Texte generell ohne Kommas schreiben. Am Ende nehmen Sie dann eine Handvoll Kommas in die Hand und werfen sie in den Text.« Das hab ich mir gemerkt, aber geholfen hat es wenig. Jeder Autor braucht einen einfühlsamen Lektor.

Schließlich hatte ich auch alle Fotos zusammen, die meisten von Stefan Hessheimer, dabei waren auch Thomas Otto, Ute Mahler, Jochen Janus. Und es gab eine tolle Idee für das Cover von Frank Schneider und Winfried Turnhofer. Doch dann fiel ein Schuss. Woher er kam, kann ich nicht mehr sagen, aber wohl vom Komitee für Unterhaltungskunst, Rache ist süß: Bergholz allein über Liedermacher in der DDR geht nicht. Also musste ein Co-Autor gefunden werden und da schien Petra Schwarz die richtige Wahl zu sein. Auch von *DT64*, sehr vertraut mit der Szene, eine gute Journalistin und – linientreu. Ein seltsames Wort, das nur sagt, dass der Betreffende auf der »Linie der SED« war. Wir kannten uns und trafen uns Ende 1987 in ihrer Wohnung in einem dieser schicken Neubauten am Bersarin-Platz. Mit Hanno Harnisch war sie damals schon nicht mehr zusammen. Wir haben kurz den Versuch unternommen, die Artikel gemeinsam umzuschreiben (wie gewünscht) und dann schnell entschieden, dass jeder eigene Beiträge für die 28 Porträts beisteuert, die wir dann mit P. S. beziehungsweise W. B. voneinander abgrenzten. Es wurde ein schönes Buch, Redaktionsschluss Mai 1988. Alle Liedermacher wurden kurz vorgestellt, dazu gab es drei Texte, nur Demmler wollte das nicht, keine Ahnung warum. Das Buch war für seine Zeit sehr mutig, vieles passierte zwischen den Zeilen, aber die Leser waren es ja gewohnt. Als Beispiel an dieser Stelle ein sehr wichtiger Text aus dieser Zeit »Ich bin die ganze Zeit nur hier« von Hans-Eckardt Wenzel:

>Ich geh die ganze Zeit durch gleiche Türen.
>Ich koch die ganze Zeit im selben Topf.
>Die vielen Straßen, die nach sonst wo führen,
>Gehen wie ein Gitter quer durch meinen Kopf.
>
>Die Andern sprachen. Stumm blieb, wie ein Stein, ich.
>Die Andern gingen, und ich blieb allein.
>Nur im Vergangnen waren wir uns einig.
>Was kommen würde, würde uns entzwein.
>
>Ich bin die ganze Zeit nicht weggegangen.
>Am Tisch wars schön, saßen wir zu viert.
>Selbst vom Stück Butter, das die Andren angefangen,
>Hab ich noch wochenlang geschmiert.

Ich habe Hans-Eckardt Wenzel sehr verehrt. Ich liebte seine Lieder und seine Art zu singen. Für das Buch *Liederleute* habe ich ein Interview mit ihm gemacht. Meine letzte Frage: »Gibt es auch Situationen, in denen du deine Arbeit als Ganzes oder deine Haltung hinterfragst, in Frage stellst?« Und er sagte: »Die gibt es ständig. Sobald man in irgendeiner Arbeit steckt und über die erste Freude des Beginns hinaus ist, kommt man in eine aktive Krise und denkt: Das ist alles Mist, man sollte es lieber lassen. Entweder man hat die Kraft, durch diese Krise durchzukommen, oder man wirft es weg. Der Zweifel an der eigenen Aussage ist der Stachel für das Weitersuchen. Wer sich selbst nur wiederholt, ist künstlerisch tot, und wer wirklich kreativ ist, wird sich immer wieder in Frage stellen. Am Ende einer Sache begreift man ihren Sinn, ihren Sinn und ihren Unsinn. Die Punkte, wo man es gepackt hat. Und mit zunehmendem Alter wird es auch nicht einfacher. Das angesammelte Bildungsgut wird immer schwerer und sitzt der Spontaneität auf den Schultern wie ein schweres Gepäck. So, dass man nicht mehr hopsen kann und immer weiser wird.«

Genau. Das gilt noch heute, noch mehr als »damals« vor 25 Jahren, und ich spüre es bei meinen Erinnerungen. Ich spüre diesen »Stachel für das Weitersuchen«. Als ich Ende 1989 meinen ersten Computer erhalten hatte (einen *Atari* ohne Festplatte, stattdessen mit Disketten und Sicherheitsdisketten), hat sich Hans nächtelang die Mühe gemacht, ich glaube er wohnte damals unten an der Greifswalder Straße, mir die Funktionsweise zu erklären. Er hatte schon vorher so ein Gerät. Vielleicht stellte ich mich einfach zu doof an? Aber ich lernte das kostbare Stück, für das meine Cousine Brunhilde in Köln und meine Tante Hannchen aus Spandau zusammengelegt hatten, dann doch beherrschen. Das Schöne daran ist, dass ich heute seit dieser Zeit noch jeden Brief, jedes Konzept, jedes Exposé, jeden Text habe. Alle Briefe, auf einige komme ich noch zurück ...

Bis zur Veröffentlichung »meines« Buchs über die Liederleute vergingen viele Monate, wie bei allen Büchern in der DDR. 1987 hatte ich angefangen, auf der Umschlagseite steht 1989. Das war ein gewagtes Projekt. Wenn nur einer der 28 Porträtierten abgehauen wäre oder auch nur einen Ausreiseantrag gestellt hätte, wäre auch das Buch futsch gewesen Man konnte doch nicht einfach zehn Seiten rausreißen oder schwärzen ... Stephan Krawczyk hatte ich schon weggelassen, weil es bei ihm auf der Kippe stand. Später dazu mehr. Ich erinnere mich noch genau an die Krise bei Gerlinde Kempendorff. Ich hatte im *Sonntag* eine Vorstellung über sie geschrieben, daher kannten wir uns. Irgendwann, vielleicht Anfang 1989, durfte ihr Mann, ein Kunstlehrer in Pankow, kurz nach Westberlin reisen zum 60. Geburtstag seiner Tante. Wenn ich mich recht entsinne, wohnten Gerlinde und Thomas mit zwei Kindern in der Stubnitzstraße in Pankow. Dort auf dem Hinterhof haben wir Ende April 1988 das Plakat für die Perestroika gemalt. Hatte ich davon schon erzählt? Auch später. Gerlinde ist eine wundervolle Frau. Tolle Stimme, große Präsenz auf der Bühne, eine »Kodderschnauze«, immer fröhlich, sehr warmherzig, erfolgreich, aufmüpfig und selbstbewusst. Sie wusste, was sie wollte. Ihr Mann war ganz anders, ruhig, in sich gekehrt, hager, mit lockigem Haar. Ob es ein ungleiches Paar war, kann ich nicht beurteilen, jedenfalls kam er von der Geburtstagsfeier im Westen nicht zurück. Vielleicht war es der Groll, nicht in die Akademie der Künste der DDR aufgenommen worden zu sein oder er wollte raus aus dem Beziehungswirrwarr mit Frau und Freundin? Gerlinde lief von Pontius zu Pilatus: »Ich will meinen Mann zurückholen!« Aber die Behörden blieben stur: »Gute Idee, dann bleiben Sie auch drüben und holen Ihre Kinder nach. Schlagen Sie sich das aus dem Kopf.« Daraufhin stellte die couragierte Frau einen Ausreiseantrag, jedenfalls drohte sie damit, was auf das gleiche hinauslief. Und sie dachte dabei nicht an mein Buch, das schöne Buch. Wir haben in diesen Tagen viel geredet, dann schrieb ich zwei Briefe: an das Komitee für Unterhaltungskunst (keine Antwort – was auch sonst) und an das Kulturministerium. Eine Eingabe.

Zwei Wochen Stille. Dann erhielt ich eine Einladung, schwang mich aufs Fahrrad und fuhr runter in die Stadt. Der damalige Kulturminister Hans-Joachim Hoffmann (1929–1994) hatte im Juni 1988 der westdeutschen Zeitschrift *Theater heute* ein bemerkenswertes Interview zur »Perestroika« in der DDR gegeben. In seinem Haus wehte ein liberaler Wind, aber die Kulturpolitik machte Kurt Hager, der Ideologe. Hager war im ZK der SED zuständig für Wissenschaft, Volksbildung und Kultur – über seinen Tisch lief alles, welches Buch veröffentlicht oder verboten wurde, gleiches galt für Filme oder wissenschaftliche Arbeiten, er entschied über Karrieren und selbst bei Reisen von Künstlern in den Westen hatte er das letzte Wort. Natürlich bestimmte er auch, welche Westkünstler im Osten auftreten durften. Der Öffentlichkeit blieb er fern und trat nur in Erscheinung bei Parteitagen und Künstlerkongressen. Ganz so unbekannt war er uns dann aber wohl doch nicht, denn ich erinnere mich an einen Witz aus meiner Schulzeit, den Steffi einbrachte: »Warum ist unsere Kultur so mager? Das Echo ruft: Hager, Hager.« Er war auch so ein »Dauerbrenner« in der SED-Führung. Schon in den 50er Jahren war er im Zentralkomitee der SED, ab 1963 saß er im Politbüro, dem engeren Zirkel der SED. Der breiten Öffentlichkeit wurde er bekannt durch seinen Satz gegen die Perestroika von Gorbatschow am 9. April 1987 in einem Interview: »Würden Sie, nebenbei gesagt, wenn Ihr Nachbar seine Wohnung neu tapeziert, sich verpflichtet fühlen, Ihre Wohnung ebenfalls neu zu tapezieren?« Auf der Demo am 4. November 1989 am Alexanderplatz fand ich ein Plakat besonders witzig: Kurt Hager mit Tapetenrollen.

Im Kulturministerium musste ich lange warten. Dann wurde ich in ein Büro geführt und der Mann dort sah nicht nach einem Mitarbeiter des Ministeriums für Kultur aus. Die Haare sehr kurz, kantiges Gesicht, im Auftreten sehr formell: »Wir haben Verständnis für die Sorgen unserer Bürger.« Das hatte ich schon früher gehört, aber es war mir egal: »Ich kenne Frau Kempendorff, ich bin Psychologe, ich lege meine Hand ins Feuer, dass sie nur ihren Mann zurückholen will. Wenn Sie dem nicht zustimmen, wird sie einen Ausreiseantrag stellen.« Zudem erwähnte ich mein (und Petras) wichtiges Buch über die Kulturgeschichte der DDR. Ich wurde verabschiedet, ohne eine Aussage. Aber ich war damals nicht allein am Start. Wie mir Gerlinde jetzt erzählte, schickte Gisela Steineckert, als Präsidentin des Komitees für Unterhaltungskunst, ihren »Emissär« Matthias Görnandt nach Westberlin, um den abtrünnigen Mann zu überreden. Wie dem auch sei, im Juni 1989 wurde Gerlinde ins Kulturministerium bestellt: »Hier ist Dein Visum, hole Deinen Mann zurück, wir haben ja Deine Kinder.« Sie fuhr ein paar Tage später mit ihrem *Wartburg* rüber, wenig später kam Thomas mit kurzem Zwischenaufenthalt im Wiedereingliederungslager Röntgental bei Berlin nach Hause. Die beiden Kinder fuhren glücklich in ihr Ferienlager. Sie hatten in der Schule Sätze gehört wie: »Dein Papa ist ein Republikflüchtling, er hat uns verraten« – unvorstellbar.

So wurde das Buch *Liederleute* glücklich fertig im Herbst 1989. Die Auslieferung der zwanzigtausend Exemplare erfolgte im Frühjahr 1990. Da hat der fein gesponnene Zwirn zwischen den Zeilen schon keinen mehr interessiert. Überhaupt hatte keiner in dieser verworrenen Zeit noch Zeit für Lieder der Zeit oder Liedermacher, die das Zeitliche gesegnet hatten. Diese vielen Männer und Frauen hatten über Jahre in kleinen Klubs und großen Hallen das Publikum mit Selbstvertrauen aufgetankt, unbequeme Fragen gestellt, für das »Wir bleiben hier« gekämpft. Anfang 1990 ging dann ein ganzer Berufsstand zum Arbeitsamt. Gerlinde Kempendorff hat übrigens überlebt, mehr als das. Schon 1986 wollte sie nicht mehr festgelegt sein auf ihre erfolgreichen Programme mit Liedern aus den 20er Jahren und suchte nach neuen Texten. Zuerst von Bärbel Balke, dann Hans-Eckardt Wenzel und Dietmar Halbhuber. Bei den letzten Chansontagen der DDR 1987 erhielt sie den »Preis für das streitbarste Programm«, eine LP-Produktion wurde zugesagt, aber dann reichte das Zugeständnis nur für drei Titel auf der LP *Kleeblatt* (für Nachwuchskünstler), Ausgabe 26, neben Christian Krebs, dem *Duo Sonnenschirm*, Tina Tandler und Stefan Körbel. Das war die letzte Kleeblatt-Veröffentlichung.

Gerlindes Karriere nach dem Ende der DDR liest sich wie ein Märchen, wobei es sich einfach um harte Arbeit, Mut, Talent und das berühmte Quäntchen Glück handelte. Gerlinde spielte und sang in vielen Revuen des *Berliner Wintergartens* und im *Friedrichstadtpalast*, promovierte an der Universität der Künste (UdK) in Berlin und ist heute eine gefragte Dozentin für die Themen Rhetorik und Motivation an Universitäten und in der Wirtschaft. Aber besonders bemerkenswert finde ich, dass sie in Bad Belzig mit dem Projekt *Kleinkunstwerk* in einem alten E-Werk eine neue Kulturstätte geschaffen hat. Alles aus eigenem Antrieb, Ideen, Kraft und eigenem Geld. Es gibt dort wundervolle Konzerte und jedes Jahr ein Festival im August. Und dann ist da ja noch ihre aktuelle CD *Glück gehabt*, die 2014 für den »Preis der Deutschen Schallplattenkritik« nominiert war. Was ich an ihr liebe, ist diese wundervollen Stimme und ihr unverwechselbares Lachen ...

Auch andere Sänger hatten nach dem ersten Schreck der »Wiedervereinigung« die Hoffnung, noch und wieder Gehör zu finden. Aber die Klubs waren leer oder zu, die Medien taub oder stur. Aus Vorkämpfern wurden Einzelkämpfer, zu den meisten verlor ich den Kontakt. Peter Butschke bat mich 1991 um Hilfe. Mit seiner *Pension Volkmann* hatte er erste Skizzen für einen Neustart entworfen und brachte dann 1993 die wenig beachtete CD *Traumtänzer* heraus. Sein Gitarrist Reinhard Buchholz strauchelte, versank wieder in Depressionen und seinem Tod wurde 2007 in der Schlosskirche Berlin-Köpenick gedacht – von den Freunden und einer abgewickelten Kunstgattung. Ich fand es bedrückend. Peter irrte durch die Kirche, mehr weg als da. Alle Pläne kaputt, alle Hoffnungen passé ohne den geliebten Reinhard »Mischwald«, mit dem es oft schwirig war, aber der doch ein Drittel vom Ganzen war, neben dem Texter Werner Karma, und sein Freund. Ich bin Reinhard Anfang 1999 noch einmal sehr nah gekommen, als ich für Jasmin, die damalige Freundin von Gerrit, ein paar Texte geschrieben hatte und wir gemeinsam die Songs hier um die Ecke in seiner Wohnung eingespielt haben – das Tape fiel mir dieser Tage wieder in die Hände. Das tat ihm richtig gut, ein neues Projekt, neue Pläne, die dann aber nur ein Strohfeuer waren. Abschied. Peter Butschke brauchte viel Zeit, um sich wiederzufinden, er fand eine neue Liebe und die Kraft für zehn neue Lieder und eine neue Band. Als ich das Demo 2011 das erste Mal hörte, fiel mir auf, dass ein Instrumentalstück mit dem Namen »Sanssouci« darunter war. Nanu? Und ich versuchte Peter zu überzeugen daraus ein Lied für Reinhard zu machen. Eine ganze Nacht habe ich am Text gesessen, immer wieder die Musik gespielt und dabei lauthals gesungen, bis mein Nachbar Nikko unüberhörbar an die Wand trommelte. Eigentlich auch ein Musiker, aber es war halb fünf Uhr morgens – mein Lied für Reinhard:

> Keiner weiß, was alles
> schon vergangen ist,
> und keiner weiß,
> wie alles war.
> Nur ein Tuch
> liegt auf dem leeren Tisch,
> und Kerzen brennen
> still und warm.
>
> Keiner weiß, ob alles
> schon vergangen ist,
> und keiner weiß,
> was mit uns war.
> Als alle schon
> nach Haus gegangen warn,
> stand ich noch immer
> nur so da.

Der Text wirkt heute auf mich, wenn ich ihn wieder lese, etwas matt, aber zusammen mit der schönen Melodie klang er sehr bewegend. Und ich habe es aus vollem Herzen gesungen, so lange ich durfte. Es war einfach schön, Reinhard noch einmal so nah zu sein ... Später habe ich auch ein wenig PR gemacht für Peter, aber die CD mit dem Namen *Dreh mich um* hat eigentlich kaum jemanden interessiert. Die Texte waren gut (Werner Karma) und das Cover war gelungen, von Peter selbst gestaltet. Am 7. März 2012 schrieb er mir eine E-Mail: »Lieber Willi, ich habe sie. Sie sieht toll aus, klingt gut und alles ist schick. Hier lauert eine auf Dich.« Aber das Instrumentalstück war ohne Text geblieben. Am Ende blieb es einer der Versuche ehemaliger Helden, zu ihrem Publikum zurückzufinden. Die Neugierde ist klein, der Markt ist klein und wird nur langsam größer, vielleicht am ehesten im Osten, wo die »Alten« von früheren Konzerten dieser mutigen Menschen berichten.

Aber ich lade alle ein, sich mal eine LP der »Unruhestifter«, dieser wundervollen Liedermacher aus der DDR, aufzulegen. Einige habe ich ja schon genannt. Mein Nachbar Nikko Weidemann hat sich jüngst eine LP von Gerhard Schöne und eine von Holger Biege gekauft. Ein Anfang. Wer die heutige Welt in Frage stellt, kann sich auch mit denen anfreunden, die die DDR in Frage gestellt haben – keine Angst, eine Revolution ist derzeit nicht in Sicht ...

14. Gespräch: Die Gründung von Ulf & Zwulf, Danuta Friemert, Willkommen in Gellmersdorf, Minna Hallers Flucht aus Ostpreußen, die letzte Fahrt mit dem Fahrrad, James Krüss, Amiga und Frucki, ein echter Pfüller, Kurt Demmler, meine Rückkehr zum Rundfunk, Tobias Morgenstern, unsere Goldene LP 1988

Das Kindermusiktheater *Ulf & Zwulf* hatte ich ja schon erwähnt und du kennst alle ihre Lieder, denn ich habe für dieses schöne Projekt über 15 Jahre fast alle Texte und ein paar Kompositionen beigesteuert. Bei den Kompositionen waren die beiden immer sehr pingelig, denn das war ja eigentlich ihr Part und so haben sie nur akzeptiert, was sie dann wirklich gern gesungen haben, wie zum Beispiel »Urlaub ist schön« und »Sonntagmorgen in der Stadt«. Es war immer wie eine kleine Zeitreise für mich, als du noch kleiner warst und wir nach Gellmersdorf gefahren sind. Diese Autostunde reichte genau für eine CD und gemeinsam haben wir die Lieder gehört und gesungen. Auch Ulf Erdmann und Ralf »Zwulf« Kleinschmidt waren auf eine DDR-typische Weise zur Musik gekommen. Ursprünglich hatten sie einen handwerklichen Beruf erlernt in der Metallindustrie. Auf der Gitarre waren sie sehr gewandt, hatten schöne, klare Stimmen, eine etwas kühler, die andere weicher. Als Duo *Dreiklang* gewannen sie mit Texten von Gisela Steineckert und Kurt Demmler ihr erstes Publikum. Ihren »beruflichen Ritterschlag« erhielten sie, wie viele Rocker und andere Liedermacher, in der Tanzmusikklasse der Musikschule Friedrichshain. Sie gehörten sozusagen zur Szene, aber der große Durchbruch wollte sich nicht einstellen. Als wir uns im *Club Impuls* kennengelernt hatten, schrieb ich einen Artikel über sie im *Sonntag,* danach trafen wir uns öfter und dabei entstand die Idee zusammenzuarbeiten. Ich machte ihnen 1986 den Vorschlag, ausschließlich für Kinder zu arbeiten, zumal sie schon einige Konzerte für Kinder gemacht hatten. Es war nicht leicht, aber dann ließen sie sich überzeugen. Ich stellte ihnen ein Konzept vor mit 20 Liedern für ein Konzert mit kleinen Spielszenen. Natürlich gab es den Traum von einer ersten LP, aber das lag in weiter Ferne. Die Veröffentlichungen für Kinder bei *Amiga* waren damals hochwertig und wurden von Frank Schöbel, Thomas Natschinski, Gerhard Schöne und Reinhard Lakomy bestritten. Dazu gab es exzellente Hörspielproduktionen für Kinder – und wir hatten nicht mal einen Namen, nur das Konzept und ein einziges Lied: »Wir machen uns heut auf die Reise«.
Als Erstes rief ich Danuta Friemert an, die gerade im Kinderfernsehen der DDR angefangen hatte. Sie war eine Freundin von Daniela, der Mutter von Philipp, meinem Erstgeborenen, und wir trafen uns an einem Freitag, das werde ich nie vergessen, in einem kleinen Café in der Stargarder Straße. Danuta zeigte sich interessiert und ich redete mich richtig in Rage. Sprach von drei fertigen Liedern.

Und dann sagte sie überraschend zu mir: »Das ist ja schön, steck mir doch einfach eine Kassette in den Briefkasten, dann kann ich es am Montag zur Sitzung vorstellen.« Hals über Kopf stürmte ich zu Ulf in die Rodenberger Straße, vier Treppen hoch, zum Glück war er da: »Wir brauchen drei Lieder bis Sonntagabend!« Ich jagte nach Hause, um zwei Texte zu schreiben. Es war unglaublich, aber Danuta war spürbar interessiert und sie arbeitete beim Kinderfernsehen ... Ich setzte mich an meinen Schreibtisch über der Schönhauser und legte los. Zuerst ein paar Dialoge, wobei ich als Figur noch den »Spatz Willi« einfügte, als lustigen Widerpart der beiden »ungleichen Brüder« bei ihren, so jetzt der Name, *Stadtabenteuern*. Der zweite Text war dann »Die Farben kommen in den Park« mit der Musik von Ralf, der natürlich auch sofort benachrichtigt wurde. Am Sonntag war Papa-Tag und ich holte Philipp wie versprochen ab. Wir schlenderten über ein paar Spielplätze, er war damals sechs, und dann kamen wir an der Gethsemanekirche vorbei. Wir waren bester Laune und aus Spaß steckte ich mir zwei Schneebeeren in die Nase. Vorsichtig auch bei Philipp. Das klang echt lustig, diese nasalen Stimmen. Und auf ein Zeichen bliesen wir die Luft ruckartig aus der Nase und die kleinen weißen Kugeln flogen im hohen Bogen durch die Luft. Gleich noch mal. Aus diesem Spiel entstand im selben Augenblick der dritte Text: »Der Knallerbsen Rock 'n' Roll«. Ulf steuerte eine schöne Melodie bei und bis spät in die Nacht haben wir zu dritt die ersten drei Lieder aufgenommen ...

Geschafft: In den frühen Morgenstunden steckte ich ein Kuvert mit Kassette und Konzept in den Briefkasten von Danuta, die bei mir um die Ecke in der Greifenhagener Straße wohnte. Dazu lieferte ich gleich eine Idee für die filmische Umsetzung. Inspiriert hatten mich dazu das schöne Kinderbuch *Der rote Robert* von Elfriede & Eberhard Binder und die damaligen Pausenfilme des *NDR*. Sie bestanden aus einem großen gemalten Bild mit Szenen aus dem Norden, die dann von der Kamera abgefahren wurden. Ich schlug derartige Bilder für jedes Lied vor, mit einem Kameraschwenk über die Details ... Wenn ich von einem Thema besessen war, habe ich gern alle Fäden in die Hand genommen, dadurch konnte ich das umsetzen, was mir vorschwebte. Das betraf dann später auch die Themen Fotosession, PR, Konzertreisen und Auftritte am Point of Sale. Das war für beide Sänger mitunter etwas anstrengend. Ralf hatte ein ruhiges Temperament, wir waren ein perfektes Team, aber mit Ulf habe ich mich oft gerieben ... Da stießen zwei ähnlich »dominante« Charaktere aufeinander, wobei ich sicher das eine oder andere Mal zu fordernd war, zu egoistisch, genervt, vielleicht auch herablassend. Ich denke, dass es Ulf so empfunden hat. Egal, was ich in meinem Leben auch angepackt habe, irgendetwas in mir drängte mich immer vorwärts.

In meinem Psychologiestudium hörte ich mal eine Anekdote vom Leiter eines atomaren Forschungsinstituts in Dresden. Nach einem Herzinfarkt sagte der

behandelnde Arzt zu ihm: »Ihre Arbeit können Sie nicht mehr machen.« Als der Betroffene fragte, was er denn machen solle, sagte der Arzt: »Irgendwas, von mir aus, züchten Sie Bienen.« Als er seinen Patienten nach drei Jahren wiedersah, erkundigte er sich nach dessen Befinden und was er jetzt so mache. Die Antwort war: »Ich züchte Bienen. Ich bin der Vorsitzende des Bienenzucht-Verbandes ...«
Es gibt nur wenige Fotos, die uns drei gemeinsam zeigen, eins stammt aus einer Session (da wurden an die dreißig Filme verknipst) bei Herbert Schulze für die Neuauflage der *Kaspermaus* bei *Polydor* 1995, später haben wir auch viel mit Bernd Lammel zusammengearbeitet.

Ulf, Zwulf & Willi 1995
Foto: Herbert Schulze

Nach diesem Gewaltakt am Wochenende hieß es erst mal abwarten und mit etwas Ruhe die nächsten Texte schreiben: »Der ulkige Sänger«, »Bin ich erst groß«, »Markttag« und (wenn ich das so sagen darf) das wunderschöne »Freitagabend«. Die Musik stammte von Ralf, das Arrangement von Tobias Morgenstern mit einem Bläsersatz und einer wunderschönen Oboe.

> Die Leute kommen müd nach Hause,
> nach einer langen Arbeitswoche,
> schauen aus der Bahn und denken,

was sie noch besorgen müssen,
was noch fehlt für dieses Wochenende.
Die Zeit ist knapp, der Andrang groß,
warum fährt denn die Bahn nicht los,
wir haben doch noch so viel vor.
Im Kindergarten Kinder warten.
Wo bleibt denn bloß die Mama heut?
Die sitzt noch beim Friseur und träumt
von Haaren, die ganz wunderschön sind.
Denn heute Abend geht sie endlich tanzen,
der Papa führt sie wieder aus
zum Hochzeitstag mit Rosenstrauß.
Das macht er einmal nur – jedes Jahr.
Der Freitagabend ist der schönste
nach einer langen Arbeitswoche,
an der Litfaßsäule schaut man,
jeder sucht sich aus, was Spaß macht,
endlich Zeit, sich richtig zu erholen.
Die einen gehen in den Zoo,
die anderen spielen Domino
oder Faulsein, einfach so ...

Einige der neuen Texte entstanden 1987 schon in Gellmersdorf, in meinem »kleinen Dichterhaus« in der Uckermark. Es gab damals eine Reihe von Künstlern in Ostberlin, die nach einem Refugium im Umfeld der großen Stadt suchten. Die meisten zog es in den Oderbruch, viele Maler, Bildhauer und Musiker. Ich landete eher zufällig in der Uckermark, weil ein damaliger Bekannter einen leer stehenden Kindergarten aufgestöbert hatte. Wir teilten uns die Arbeit an dem zerfallenen Gebäude, an diesem wunderschönen Ort für uns und unsere Freunde. Das alte Haus musste komplett durchgesägt werden, weil es so feucht war. Einer hockte innen an der Schrotsäge, der andere draußen und ein dritter schob die Dachpappe in den Schlitz. Für ein neues Dach fehlte das Geld, aber neue Fenster waren wichtig. Geheizt wurde mit Öfen. Gellmersdorf ist ein schönes Dorf. Auf der Ostseite ein herrlicher Buchenwald, der zur Oder hinab führt, nach Süden und Westen flache Hügel. Das Dorf selbst liegt in einer schmalen Senke, hatte damals an die 200 Einwohner, eine Kirche, einen Dorfkonsum und einen Anger, mit Seerosen und vielen Fischen. Ganz still, am Ende der Welt, kurz vor der Oder, in einer welligen Landschaft, dazu viele Seen, besonders schön der Parsteinsee und der Schleisee. Man kann dort alles machen: Angeln, Boot fahren, Reiten, natürlich Radfahren und Schwimmen, und in Ruhe schreiben. Ich hatte nie besondere Lust zu verreisen, warum so weit fahren, wenn hier alles so nah war.

Zuerst wurde ich in Gellmersdorf skeptisch aufgenommen, lange, rötliche Haare und dazu noch eine »Bulette«, so nannte man damals (so ist es noch heute) die Berliner, denen alles hinten und vorn reingesteckt wurde. Dann kam mir aber zugute, dass ich eine Fahrerlaubnis für Traktoren hatte und in der Erntezeit im Sommer die Arbeitskräfte auf der LPG (Landwirtschaftliche Produktionsgenossenschaft) knapp wurden. Ich fragte, ob ich helfen könne, und erhielt einen Vertretungsjob als Futterfahrer. Drei Mal am Tag hatte ich mich oben an den Silos einzufinden, mit einem Traktor der Marke *Belorus* und zwei Hängern hinten dran. Mit einem kleinen Kran wurde das Futter auf die Hänger verfrachtet und ich tuckerte los. Fünf Kuhställe im Dorf hatte ich zu versorgen. Dazu musste ich vorsichtig an den Stall heranfahren, nicht zu nah und nicht zu weit, um die Futterluken öffnen zu können. Dann nahm ich mir die Forke und lud die Hänger Stück für Stück ab. Eine Runde dauerte zwei Stunden, die erste morgens um sechs, die zweite um zwölf, die dritte um sechs Uhr abends. Nach drei Tagen waren die Innenseiten meiner Hände rohes Fleisch. Ich war das doch nicht gewöhnt. Wenn ich mit meinen beiden Anhängern durch das Dorf zum nächsten Stall fuhr, sah ich, wie sich die Gardinen bewegten: »Kommt er heute noch?« Ja, ich kam und habe die drei Wochen durchgestanden. Danach war es leicht. Ich war nicht mehr die »Bulette«, sondern »Willi der Dichter« und Teil der Dorfgemeinschaft. Leider bin ich nach 1992 diesen Ehrentitel wieder losgeworden, als ich mir ein kleines Flugzeug gekauft hatte – seitdem heiße ich im Dorf »Willi der Flieger«.

Ich habe wundervolle Menschen in Gellmersdorf kennengelernt, die mir nach und nach ihre Türen öffneten. Zuerst Heinz Krause, dann Henschi, Helfried Kurt, Eberhard, Frank, Friedrich Wilke, Frau Riechmann und Margitta. Einige hast du noch kennengelernt. Ein lustiger Nachbar war der Herr Radau, der hieß wirklich so. Er war ein »Knacki« aus Berlin, hatte seine Strafe abgebrummt und bekam als Zugabe fünf Jahre Berlin-Verbot. Das war eine durchaus verbreitete Strafe in der DDR, auch für politische Gefangene. Aus den Augen, aus dem Sinn, raus aus Berlin, als ob das was geändert hätte. Herr Radau nahm sich die Freiheit, das ihm zugewiesene Haus in einem giftigen Grün anzustreichen, das gleiche Grün, das die Sowjetarmee für ihre Kasernen benutzte. Grauenhaft. Und er nahm sich die Freiheit, billigen Fusel zu trinken. Arbeiten sollte er auch, als Melker. Das war durchaus ein lukrativer Job, der bestbezahlte in der LPG, allerdings mit dem Nachteil, dass man drei Mal am Tag am Start sein musste, das erste Mal mitten in der Nacht oder am frühen Morgen. Für diese Arbeit hatte man in Gellmersdorf nur unsichere Kantonisten gewinnen können und um die Versorgung der Kühe sicherzustellen, wurden statt der benötigten drei Melker sechs eingestellt, sicher ist sicher.

Besonders gern denke ich an Frau Haller, Minna Haller, sie wohnte nebenan. Eine bewundernswerte Frau, so voller Wärme und Klugheit. Sie ist vor ein paar Jahren gestorben, hoch in den Neunzigern. Manchmal sind wir am Abend den Siebweg hinab zum Buchenwald gegangen, das war ein recht steiler Weg, an dem unser Doppelhaus stand. Runter ging es prima, rauf nur langsam. Ich hab so gerne zugehört, wenn sie von ihrem Leben erzählt hat. Einmal wirkte sie ganz müde und zerbrechlich und sagte: »Ich würde gerne gehen, aber der Herrgott hat mich noch nicht abberufen.« Abends habe ich sie oft vor dem Haus sitzen sehen und hörte, wie sie Kinderlieder summte. So ein langes Leben. Sie stammte aus Ostpreußen, fast die Hälfte der Dorfbewohner kam von dort oder aus Bessarabien oder auch nur von der östlichen Seite der Oder, wie die Familie Beccard, von der wir unser Haus gekauft hatten. Und alle richteten sich bei ihrer Ankunft nach dem Krieg in Gellmersdorf zuerst nicht häuslich ein, denn es würde ja bald zurückgehen – nach Hause.

Minna Haller, geboren 1914, hat mir oft von ihrer Jugend erzählt. Es wäre nicht leicht gewesen, die tägliche Arbeit auf dem Hof bei Bauer Speer. Ihr Mann war gelernter Schneider, kümmerte sich dann aber um die Ställe und die Bullen. Jeden Tag im Joch, um die Wirtschaft in Gang zu halten und alles nur mit Pferden. Aber sie sei jung und kräftig gewesen. Und manchmal schwärmte sie von ihrem Mann und den drei kleinen Kindern Rudolf, Manfred und Christel: »Was war das Leben schön!« Das Dorf Radszen gehörte zu Pillkallen (ab 1938 Schlossberg, seit 1945 Dobrowolsk) und lag nahe an der litauischen Grenze, gerade mal 200 Einwohner. Und 1933 haben die meisten dort NSDAP gewählt, nur wenige trauten sich noch für die SPD oder die KPD zu stimmen. Aber für Politik hätte sie sich nie interessiert. 1937 wurde ihr erster Sohn Rudolf geboren, da war sie gerade 23. Und wie das damals war, kamen die Kinder flott nacheinander.

Im Jahr 1941 begann der Krieg gegen die Sowjetunion, von dem die Familie zunächst wenig bemerkt hatte. Irgendwann wurde ihnen ein russischer Gefangener zugeteilt, der aber schnell zur Familie gehörte. Die Front war weit weg, nicht zu hören, bis sie dann vor der Tür stand: Einberufungsbefehl für ihren Mann, an die Ostfront. Weg war er. Noch immer war vom Krieg nichts zu spüren, aber die wenigen Feldpostkarten die Minna erhielt, sprachen von Kälte, Angst und Sehnsucht. Was sollte nun werden aus ihr und den drei kleinen Kindern in Radszen? Sie erzählte mir, dass es damals schon Getuschel im Dorf gegeben hätte – die Sache stehe nicht gut. Was wird werden, wenn der Russe kommt, wäre es da nicht gut, alle in Sicherheit zu bringen? Aber das war verboten: »Viel zu spät ging es los. Erst als der Russe im Nachbardorf war, durften wir fahren.« Im August 1944 setzte sich der Treck in Bewegung. Zuerst nach Gumbinnen (heute Gussew), in der Nacht ein Fliegerangriff, die Kirche stürzte ein, am Morgen ging die Fahrt weiter durch die

Stadt, die nur noch aus rauchenden Trümmerhaufen bestand. Drei Monate hingen sie in Gerdauen (Schelesnodoroschny) fest, obwohl die Front schon ganz nah war. Gauleiter Koch ließ für sich ein Schiff an der Kurischen Nehrung unter Dampf halten – für die sichere Flucht. 1959 wurde er in Polen zum Tode verurteilt. In seinem Schlusswort vor Gericht äußerte Erich Koch Unverständnis darüber, sich strafrechtlich verantworten zu müssen, während sein ehemaliger enger Mitarbeiter Theodor Oberländer unbehelligt in Bonn Minister wäre (Bundesminister für Angelegenheiten der Vertriebenen unter Adenauer). 1960 wurde das Urteil in lebenslange Haft umgewandelt. Koch starb 1986 im Gefängnis Barczewo (Wartenburg).

Von Gerdauen ging die Flucht der kleinen Familie weiter Richtung Südwesten, mit der Bahn oder mit Pferdefuhrwerken, abseits von der Hauptkampflinie. Der Mann war im Krieg und Minna hatte seit Monaten keine Post von ihm erhalten. Zweieinhalb Millionen Menschen auf der Flucht, das Grollen der Haubitzen im Genick. Kein Plan, kein Ziel, einfach dem Vordermann hinterher und alle nach Westen. Zum Glück führte ihr Weg nicht über Pillau (Baltijsk), wo alle Wege im Meer endeten. Ostpreußen, das erst 1871 zum Deutschen Reich kam, wurde ausgelöscht. Jeder fünfte Einwohner Ostpreußens war am Ende des Zweiten Weltkriegs gefallen, auf der Flucht erfroren, verhungert oder im KZ umgekommen.

Schließlich wurden Minna und die Leute, die nach Westen über die Weichsel gezogen waren, nach Süden abgedrängt und ihr Treck bog ab in Richtung Zittau nach Großschönau. Unterkunft fanden sie bei einem Bauern namens Renger in einem Stallgebäude, sechs Wochen konnte der siebenjährige Rudolf dort zur Schule gehen. Im Januar 1945 erhielt Minna die Nachricht vom Tod ihres Mannes und wäre fast zusammengebrochen. Aber es blieb keine Zeit für Andacht oder Stille. Im Februar mussten sie weiterziehen, weil die drei Millionen Schlesier kamen und untergebracht werden mussten. Auf dem Außenring ist Minna dann mit den Kindern um Dresden herumgefahren, in der Nacht, so erzählte mir Rudolf vor ein paar Monaten, als »die Christbäume über der Stadt standen«. Am 13. Februar 1945 ging Dresden in Flammen auf.

Nichts wie weg, aber diese letzte Reise führte nicht, wie Minna hoffte, zurück nach Pillkallen, sondern nach Gellmersdorf – dort kamen sie endlich an: verlaust, verdreckt. In den wenigen Häusern (und Scheunen) wohnten zuerst an die 500 Flüchtlinge, bis sich die Menschen zerstreuten und ein neues Leben fanden in Ostdeutschland, am liebsten an der Oder, so nah wie möglich an der alten Heimat. Minna arbeitete wieder in der Landwirtschaft, bis zur Rente, eine drahtige, kraftvolle Frau, groß – eine erhabene Gestalt. Die Kinder gingen zur Schule, studierten später, verheirateten sich, bekamen Kinder und Enkelkinder. »Oma Minna« wurde zum Herz einer großen Familie. Ich fand es immer toll, wenn sie flott durch das Dorf fuhr mit ihrem Fahrrad, zum Konsum, zu den Kindern, die im Dorf wohnten und Enkelkinder hatten. Sie wollte nie bei ihnen einziehen, sie wollte ihr eigenes kleines Leben behalten. Das fand statt in nur einem Raum mit einer Küche, dort war sie mit ihren Kindern 1945 eingewiesen worden und das wurde ihr Zuhause – bei mir nebenan. Irgendwann fiel mir auf, dass Minna das Fahrrad schon lange nicht mehr rausgeholt hatte: »Das ist nichts mehr für mich, ich habe Angst, dass ich falle«, sagte sie mit 92 zu mir. Irgendwann saßen wir dann an einem warmen Sommerabend wieder mal vor dem Haus und ich machte ihr einen Vorschlag: »Wollen wir noch eine letzte Fahrt mit dem Fahrrad wagen?« Sie sagte nein und kicherte wie ein junges Mädchen. Es war nicht schwer, sie zu überreden. Wir schoben ihr Fahrrad bis hoch auf den Hügel, sie setzte sich drauf. Ich zählte bis drei und gab ihr einen kleinen Schubs. Dann lief ich neben ihr her und hielt den Sattel fest, zur Sicherheit. Das war etwa so und an der gleichen Stelle, wo du das Fahrradfahren in Gellmersdorf gelernt hast. Natürlich war Minna Haller etwas älter und es war ja nicht die erste, sondern die letzte Fahrt. Sie lachte und stöhnte – und vor dem Haus endete die kleine Tour. Ich denke, sie war froh, als sie unbeschadet vom Rad stieg, aber sie war auch glücklich …

In der Regel war ich ab 1987 abwechselnd eine Woche in Berlin und eine Woche in Gellmersdorf, so wie heute. Im Sommer etwas öfter auf dem Dorf, im Winter seltener. Da ich damals in dem kleinen Bauernhaus noch keinen Fernseher hatte, eigentlich auch nicht brauchte, fuhr ich zu wichtigen Fernsehterminen, meistens waren es Fußballspiele, mit dem Fahrrad ins Nachbardorf nach Stolpe. Dort gab es eine Kneipe, die hieß *Zum Grützpott,* und dort gab es die besten Schnitzel der Welt. Für nur 3,20 Mark und ich hörte, wie die Köchin in der Küche das Fleisch klopfte und hörte es dann in der Pfanne brutzeln. Über der Tür zur Küche hing der Fernsehapparat und hinten im Raum war ein kleiner Tresen. Frisch gebratenes Schnitzel und ein frisch gezapftes Bier, wunderbar. Meistens wurden es dann meist mehr als eins und so musste ich auf dem beschwerlichen Rückweg, ein steiler Hohlweg durch den Wald, mein Fahrrad schieben. Aber ich war satt und zufrieden, egal wie das Fußballspiel ausgegangen war.
Zum Schreiben saß ich gern unter den Obstbäumen im kleinen Garten hinter dem Haus, die Vögel sangen und ich musste schon die Peitsche schwingen, um mit den Texten für *Ulf & Zwulf* voranzukommen. Manchmal floss der Text einfach aus mir heraus auf das Papier, andere Themen waren zäh. Manchmal brauchte ich eine Woche für einen Text, das war dann schwere Arbeit, vor allem, weil es ja leicht klingen sollte. Und der Text sollte schon immer eine feine Melodie beinhalten. Später ist mir in Berlin mal ein Text auf dem Fahrrad eingefallen, der komplette Text plus Musik. Er flog mir einfach zu. Bloß nicht vergessen! Ich raste wie verrückt die

Stargarder Straße runter, Treppe hoch, Tonbandgerät an und alles schnell ins Mikrofon singen. Für viele Jahre wurde es eines unserer Lieblingslieder: »Es gibt so viele Namen für die Kinder auf der Welt«. Einmal hörte ich, wie Ulf bei einem Konzert nach dem Lied, mehr zu sich als zum Publikum, sagte: »Ein schönes Lied.« Das machte mich sehr glücklich.

Eine leichte Geburt war auch »Der knipsverrückte Heiner«. Für diesen Text hatte ich mich an ein Gedicht von James Krüss angelehnt: »Die knipsverrückte Dorothee«. Ich hatte Krüss ein Jahr zuvor im Palast der Republik kennengelernt, ein herzlicher Mensch, ganz unaufgeregt. Ein mir verwandter norddeutscher Typ, schau dir doch mal den Aufsatz über ihn an im *SPIEGEL* 35/1964. Das Kästner-Kinderbuch *Emil und die drei Zwillinge* hat Krüss einst für die *Münchner Kammerspiele* dramatisiert. Mit einem anderen, nicht gerade unbekannten Schriftsteller, dem 1955 aus Westdeutschland in die DDR gekommenen Peter Hacks (Die Sorgen und die Macht), hat Krüss so viel gemeinsam gedichtet, dass die Dichter-Freunde Jahre später nicht mehr sagen konnten, wer was gereimt hatte. In die Kindergedichte von Krüss sind Verse von Hacks eingeflossen, in den Kinderbüchern von Hacks sind Zeilen von Krüss zu finden.

Von James Krüss wurden in der DDR auch einige Bücher veröffentlicht, wie *Die glücklichen Inseln hinter dem Winde* (1958), *Der blaue Omnibus* (1962) und natürlich *Der wohltemperierte Leierkasten* – versehen mit Grafiken von Elfriede und Eberhard Binder, von denen ich schon berichtet habe.

Nach unserem Treffen im Palast der Republik schrieben wir uns ein paar Briefe zwischen Gran Canaria und Berlin hin und her, ich auf der Schreibmaschine, er per Hand. Und schließlich bat ich um die Erlaubnis, seinen Text »Die knipsverrückte Dorothee« zu zitieren. Ich erhielt sehr schnell eine Antwort mit der Einwilligung. Er machte sich die Mühe, meine Version abzuschreiben, versehen mit kleinen Wellenlinien über den Zeilen und dem Hinweis: »Das lässt sich so nicht singen.« Sehr hilfreich. Ich hätte ihn so gerne noch einmal in La Calzuda besucht, aber er starb mit gerade mal 71 Jahren am 2. August 1997. Da hatte ich den Kopf so voll mit meinem Label *Kinderwelt,* mit *Ravensburger* und all diesen Dingen. 14 Stunden am Tag, ohne Sonntag und ohne Ferien ... Krüss war etwa der gleiche Jahrgang wie mein Vater und ich fühlte mich ihm eng verbunden ...

Nach drei langen Wochen des Wartens kam im August 1987 endlich die Antwort vom Kinderfernsehen. Das Projekt war angenommen worden für zehn Folgen mit je zwei Liedern in der Abendgruß-Sendung. Zehn Abende im *Abendgruß des Sandmännchens,* die Kultsendung für Kinder damals und heute – Volltreffer. Auf dem Sendeplatz am Freitag gab es die beliebte Serie: *Kinder, die Musik erklingt,* die den Redakteuren zwar schon zum Halse raus hing, aber Kindergärtnerinnen mochten das.

Inzwischen waren Ulf und Ralf von ihren Ferien an der Ostsee mit einem neuen Namen für unser Projekt zurückgekehrt: *Ulf & Zwulf.* Wunderbar. Die Geschichte, die sie berichteten, ging so: Beide spielten mit Freunden am Strand Volleyball. Ulf in der einen Mannschaft, Ralf in der anderen. Irgendwann stand es 11:12 und da rief einer: »Jetzt steht's Ulf zu Zwulf.«

Stadtabenteuer mit Ulf & Zwulf und Spatz Willi – das klang schon ganz rund und die Lieder wurden einfach klasse. Es hätte ja keinen Sinn gemacht, sich an die erfolgreichen Vorbilder Gerhard Schöne und Reinhard Lakomy anzulehnen. Wir suchten nach einem eigenen Weg zwischen Pop, Rock und Balladen. Und natürlich spukte im Hinterkopf weiter der Traum von einer ersten LP. Das klang damals wie ein wunderschöner, Schnee bedeckter Gipfel, der nicht zu erklimmen war. Aber ich wollte es unbedingt und so machte ich mich nach der Zusage durch das Fernsehen auf den Weg zu Wolf-Dietrich Fruck, genannt Frucki, der bei der Schallplattenfirma *Amiga* arbeitete, als der jüngste unter fünf Redakteuren. Eigentlich wäre aus heutiger Sicht die Bezeichnung Produzent zutreffender, denn sie produzierten alles, was bei *Amiga* in den Sparten Pop, Rock, Liedermacher, Chanson und Kinderlieder auf Vinyl erscheinen sollte beziehungsweise durfte. Das war das »Nadelöhr« für eine eigene LP, durch das sich alle zu zwängen versuchten. Für Frucki als »Jungspund« fielen in den ersten Jahren nur Sampler ab und natürlich war er an neuen Stoffen interessiert, um erste, eigene Produktionen zu starten. Wir kannten uns aus der Szene der DJs und trafen uns nicht in der Firma am Reichstagsufer, sondern bei ihm zu Hause in Pankow, in der Brixener Straße.

Frucki ist ein wundervoller Mensch, warmherzig, ehrlich, zuverlässig. Wir waren nicht befreundet, haben dann aber sehr kreativ zusammengearbeitet. Kurz ein Exkurs zu seinem beruflichen Werdegang, der recht typisch ist für junge Kulturleute in der DDR: Erst Schule, dann Berufsausbildung mit Abitur bei *NARVA* in Berlin, einem Werk für Glühlampen. Dort sollte er Fassungen am Fließband einsetzen und hat sich dann lieber krankschreiben lassen, wenn Praxiswoche war. Ich hatte übrigens auch ein kurzes Intermezzo als Student bei *NARVA,* am Schrumpfofen in der Verpackung. Die guten Neonröhren erhielten den Aufdruck *OSRAM,* die weniger guten *NARVA.*

Frucki war neben seiner Ausbildung schon DJ im Jugendklub in der Grabbeallee. Und nach seiner Armeezeit übernahm er das Disko-Zentrum im *HdJT* (Haus der jungen Talente in der Klosterstraße) von Hartmut Kanter, einem Profi-DJ. Damit war Frucki Angestellter des Berliner Hauses für Kulturarbeit. Er wurde Genosse und wurde fünf Jahre später zu einem Kadergespräch eingeladen: »Wir machen aus Dir den Direktor der KGD.« Sicher ein lukrativer Job, aber er wollte, wie er mir erzählte, nicht diese »Tingeltangel-Truppe« an der Backe haben. KGD hieß: Konzert- und Gastspieldirektion und diese war zuständig für Konzerte und Tourneen großer und kleiner DDR-Künstler. Da ging es um viel Geld und einiges ist wohl auch über den Schreibtisch geschoben worden. Stattdessen streckte Frucki seine Fühler Richtung *DT64* aus und war sich mit Stefan Lasch schon handelseinig: Musikredakteur plus Moderation. Aber dann fuhr der Zug in eine andere Richtung. Jörg Stempel, damals Produktionsassistent bei *Amiga,* hatte keine Lust mehr, nur der »Taschenträger« des Chefs René Büttner zu sein, und somit wurde der Posten frei. 1983 kam Frucki als Redakteur zu *Amiga.* Sein erster Sampler war 1985 eine Zusammenstellung mit Pop-Produktionen des Komponistenverbandes, Name: *Feuerwerk* (mit Inka, IC, Ralf Bursy und anderen).

Wichtig ist ihm heute, dass er damals die privaten Tonstudios salonfähig gemacht hat: Harry Jeske, Martin Schreier, Klaus Schmidt – und für eine bessere Zusammenarbeit zwischen Schallplatte und Rundfunk gesorgt hat, wo die Produzenten Walter Bartel, Walter Cikan und Luise Mirsch viele Produktionen durchbrachten, die es bei der Schallplatte nicht geschafft hätten. Heute arbeitet Frucki als Redakteur auf dem Gebiet der Hörbücher. Meine erste LP wäre ohne ihn nicht möglich gewesen ...

Inzwischen hatte ich die 20 Lieder für das *Sandmännchen* fertig und Fruckis Antwort weckte Hoffnungen: Umarbeiten auf LP-Länge, also nur 15 Lieder, plus Entwurf der Szenen für eine Rahmenhandlung als Hörspiel. Und ein Cover-Entwurf wäre nicht schlecht. Wer sollte dieses Cover entwerfen? In dieser Zeit faszinierten mich die Theaterplakate des *Deutschen Theaters,* wir sind noch im Jahr 1987. Der Grafiker hieß Volker Pfüller. Wolfram Seyfert, der damals im Verband Bildender Künstler arbeitete, gab mir seine Adresse und ich setzte mich aufs Fahrrad. Pfüller wohnte im neu errichteten Thälmann-Park, wo vorher die Gasometer gestanden hatten, dazu komme ich noch. Seine Straße wurde 1993 nach Ella Kay benannt, die von 1925 bis 1933 Leiterin des Jugendamtes im Prenzlauer Berg war, von 1945 bis 1947 bekleidete sie wieder dieses Amt, wurde dann von der SMAD (Sowjetische Militäradministration in Deutschland) abgelöst, ging nach Westberlin und war bis 1962 Senatorin für Jugend und Sport.

In dieser Häuserzeile, die sich deutlich vom Niveau der Neubauten in Marzahn unterschied, waren in den obersten Geschossen vier Atelierwohnungen mit großen Fenstern eingerichtet worden mit einem herrlichen Blick über den Prenzlauer Berg. Eine dieser Wohnungen bewohnte Volker Pfüller. Ich muss jetzt in der Erinnerung zugeben, dass ich sehr beeindruckt war vom Atelier und den Grafiken, die ich dort sah. Ich war bei solchen Begegnungen immer etwas gehemmt, der große Künstler und ich. Pfüller hatte bei Arno Mohr und Werner Klemke studiert und auch einige Kinderbücher illustriert. Das war mein Mann. Besonders begeistert haben mich seine Theaterplakate zu Brechts *Baal*, später Strindbergs

Totentanz und *Dantons Tod* von Büchner, für dieses Stück (und viele andere) hatte er auch das Bühnenbild entworfen ... Als wir uns kennenlernten, war Pfüller Ende vierzig, ich 34. Sein großer Körper hatte etwas Gemütliches, die Bewegungen waren langsam und voller Ruhe – im Vergleich zu meiner Unruhe. Er hatte sich mit seinem Stil durchgesetzt und gerade den Kunstpreis der DDR erhalten. Vielleicht spürte er meine Unsicherheit, machte uns einen Tee und wir setzten uns an eines der großen Fenster mit Blick auf die Kirchen der Stadt. Natürlich kamen wir schnell auf die Gasometer. Aus einem hätte man ein Konzerthaus machen können oder eine Galerie. Der Prenzlauer Berg war ärmer nach der Sprengung des Areals. Dazu komme ich wie gesagt später noch, bevor ich mich wieder ganz in meinen Erinnerungen verheddere.

Ich musste in unserem Gespräch endlich zur Sache kommen. War mein Vorschlag nicht vermessen, eine Cover für eine LP mit Kinderliedern? War er nicht. Schon nach einer Woche hatte ich eine Originalzeichnung in der Hand. Pfüller malte damals viel mit düsteren Farben und schwarzen Schatten. Er hatte Ulf und Ralf von den Fotos, die ich ihm gegeben hatte, gut erfasst, nur der Spatz Willi sah eher aus wie ein dickes Huhn oder eine Großtrappe. Ich war völlig aus dem Häuschen. Schnell rauf aufs Fahrrad und freudestrahlend jagte ich zu Frucki zum Reichstagsufer, wo die Firma *Amiga* im ehemaligen Reichspräsidenten-Palais ihr Domizil hatte. Frucki wird begeistert sein! Ein echter Pfüller für unser Cover!

Cover Volker Pfüller
Repro: W. B.

Aber Frucki war nicht begeistert, er haute mir das Ding um die Ohren, jedenfalls hab ich es so empfunden. Er sagte einfach nein. Für eine Kinderplatte hatte er sich etwas Buntes, Leuchtendes, Verspieltes vorgestellt. Zum Glück hatte er gleich eine Idee: Detlev Schüler. Von ihm hatte Frucki gerade ein Plakat für ein Kinderprogramm im *Friedrichstadtpalast* gesehen: »Sprich mal mit ihm!« Zum Glück kannten wir uns schon. Wir spielten damals zusammen mit Rundfunkleuten ein Mal die Woche Fußball in einer kleinen Halle in Karlshorst. Jürgen Stiller und Frank Schöbel waren auch dabei. Es ging hart, aber fair zu, denn wir waren ja alle berufstätig und Blessuren sollten vermieden werden. Detlev Schüler wohnte um die Ecke und sprang gleich auf. Es entstand die Idee, das Cover wie ein Würfelspiel zu gestalten. Zu jedem Lied ein kleines Bild, dazwischen eine Kette aus Kreisen wie bei »Mensch ärgere Dich nicht«. Auf der Rückseite die drei Hauptpersonen zum Ausschneiden mit einer Anleitung, wie diese auf einem gekürzten Weinkorken zu befestigen sind. Genial. Die erste Rezension nach der Veröffentlichung in der Zeitschrift *Wochenpost* fand das nicht: Wie könne man nur Kinder dazu anleiten, etwas aus einer LP-Hülle auszuschneiden, außerdem wurde der »Knallerbsen Rock 'n' Roll« moniert, man meinte, die Sache mit den Schneebeeren würde HNO-Ärzten nicht gefallen ...

In diesen mit so viel Arbeit an unserer ersten LP angefüllten Wochen beschlichen mich immer wieder Zweifel. Waren die Texte wirklich gut, konnten sie bestehen neben Gerhard Schöne? Wen könnte ich um Rat fragen? Mir fiel Kurt Demmler ein, den ich flüchtig kannte, und so machte ich mich mit dem Fahrrad auf in die Rykestraße 18. Dort wohnte er zwar nicht, hatte aber im Hinterhaus, im Seitenflügel oben, eine kleine Bude. Ich hatte den allergrößten Respekt vor Kurt, schließlich gehörten seine Texte für *Renft* zum Besten, was ich kannte. Wir haben ein bisschen geschwatzt, dann ließ ich meine Texte da und eine Woche später trafen wir uns wieder. Ich weiß gar nicht, ob ich diese kleine Anekdote erzählen sollte, aber sie gehört irgendwie auch zu diesem großen Dichter. Er sah mich über seine Brillengläser hinweg an und sagte: »Ganz ordentlich.« Und dass er Lust hätte, sie ein wenig zu bearbeiten, sie pointierter zu gestalten. Ja, warum nicht, ich fühlte mich glücklich und vom Meister geadelt. Doch dann kam leider der Satz: »Und auf das Cover schreiben wir: Texte von Bergholz/Demmler. Dein Name zuerst.« Das war natürlich keine so gute Idee. Dann würde doch jeder sagen: Na ja, schon wieder 'ne neue Demmler-Platte. Aber es sollte doch meine LP werden. Ich schwenkte höflich meinen Hut und so wurde aus dieser »Hilfe« leider nichts. Es hätte mich schon interessiert, was aus seinem Feinschliff geworden wäre. Meiner Verehrung für ihn haben dieser Vorfall und die anderen Dinge, die ich in der Rykestraße 18 sah und wovon ich hörte, keinen Abbruch getan. Es ist ja oft so, dass es besser ist, einen verehrten Künstler lieber nicht privat kennenzulernen. Mir ist das später noch ein paar Mal passiert, auch bei Lakomy. Nicht immer ist der Mensch so gut, wie seine Lieder vermuten lassen oder besser, es ist auch nur ein Mensch. Aber ich will die Geschichte mit Kurt nicht einfach so stehenlassen. Sein Leben endete tragisch in einer Gefängniszelle. Er erhängte sich am 3. Februar 2009, weil er die Schmach eines viel zu öffentlichen Prozesses nicht hatte aushalten könnte. Er hatte noch versucht, im Gerichtssaal sein Gesicht zu schützen, aber seine Seele konnte er nicht schützen. Demmler war tot und ich hörte niemanden von denen das Wort ergreifen, die jahrzehntelang von seinen Texten gelebt haben, und die unsterblich sind. Ich empfand das als ungerecht, zumal seine sexuelle Neigung ja nicht vom Himmel gefallen, sondern allen bekannt war, die ihn in der DDR näher kannten. Wenn ich es wusste, dann haben es andere auch gewusst. Da mag es mal eine Ermahnung gegeben haben, eine Rüge unter vier Augen, und Kurt gelobte Besserung, aber in welcher Weise wollte, konnte er sich bessern? Geholfen hat ihm keiner. Aber es hätte eine juristische Bewertung geben können, ja müssen, zumindest eine Therapie, dann wäre er zwanzig Jahre später nicht dem Boulevard zum Fraß vorgeworfen worden. Ein paar Monate nach seinem Tod brachte Jörg Stempel den Sampler *Mein Herz muss barfuß gehen* bei *Sechzehnzehn* raus mit Liedern von Kurt und brauchte einen Begleittext. Und da kam er auf mich. Ich sagte zu ihm: »Hast wohl keinen anderen gefunden ...« Hätte mich schon interessiert, diese Namen zu hören, also wen er noch gefragt hatte. Nun, ich war froh, diesen Text schreiben zu können, um mich in Ruhe von Kurt zu verabschieden:

»Dieser enge Rahmen reicht natürlich nicht aus, um eine halbwegs angemessene Annäherung an Kurt Demmler zu leisten. Nach 1989, seinem kurzen Auftritt auf der Demo am Alex, war er ganz aus meinen Augen verschwunden. Jeder stürzte sich in neue Projekte, alte Strukturen wurden durch neue ersetzt. Wer im Off bleiben wollte, blieb im Off (und glücklich), wer von seiner Kunst leben wollte, brauchte einen PR-Berater. Sicher wurde mal unter Kollegen gefragt: Was macht eigentlich Kurt? Aber wer hatte wirklich diese Nähe zu ihm ...

Kurt Demmler (Jahrgang 1943) war nicht nur einer der ersten Liedermacher der DDR, er war auch einer der besten und produktivsten. Für einen Moment gefiel mir die Idee, den hier reservierten Platz einfach mit Zitaten seiner schönsten Lieder zu füllen. Das wäre kein Problem und sicher auch gut zu lesen, aber hoffentlich sind unter den Käufern dieser CD auch junge Neuentdecker, bei denen sich erst in letzter Zeit der Name Demmler festgehakt hat und die neben den 24 Liedern auch etwas über die Person erfahren möchten. Wichtig ist festzustellen, dass Demmler das solo zur Gitarre gesungene Lied wirklich populär machte in der DDR, regelrechte Hits schuf, erfolgreiche Schallplatten und sogar Singles veröffentlichte. Offiziell wurde seine Arbeit mit dem Kunstpreis der DDR (1973) und dann 1985 mit dem Nationalpreis ausgezeichnet, mehr ging wirklich nicht ...«

Das sieht auf den ersten Blick nach einer glatten Karriere aus, davon kann aber keineswegs die Rede sein – schließlich ist ein Liedermacher kein Schlagersänger. Von ihm wurde Einmischung verlangt, konkrete Stellungnahme, ein Standpunkt, der mitunter über das hinausging, was allgemein bekannt war oder toleriert wurde. Man kann sogar noch weitergehen – ein Liedermacher musste unbequem sein, wollte er seiner kulturellen und politischen Verantwortung gerecht werden. Das schloss Irrtümer, Auseinandersetzungen, auch Argwohn mit ein. Das mag verwundern, schenkt man dem Glauben, was heute offiziell über die DDR berichtet wird. Die Liedermacher spielten in der DDR eine wichtige Rolle. Von oben gesehen als Ventil für (überwiegend junge) Intellektuelle, von unten gesehen als politische Bildungs- und Diskussionsveranstaltungen. In den zahlreichen Jugendklubs gab es diverse Angebote von Disko über Lesungen bis hin zu Konzerten, meist bestritten von Liedermachern. Für das Buch *Liederleute* machte ich ein Interview mit Kurt Demmler, er beschrieb mir seine Entwicklung so: »Mein erstes Geld verdiente ich als Tanzmusikamateur in der EOS-Zeit (Erweiterte Oberschule, DDR-Gymnasium – W. B.), aber daneben auch mit richtigen Konzertauftritten zu sinfonieorchestraler Begleitung in meinem vogtländischen Musikwinkel. Als ich Medizinstudent war und in einer winzigen Bude am Rande von Leipzig hauste, wurden die Lieder leiser und trauriger und nur noch von der Klampfe begleitet. Das wurde mein Stil. In diese Zeit fallen die akustischen Begegnungen mit Degenhardt, Kreisler und Seeger. Wenig später fand ich im Oktoberklub musikalische und inhaltliche Partnerschaft wie Gegnerschaft, harmonische Heimstadt und verändernde Reibung.«

Hat er selbst etwas verändert? Klare Antwort: Ja. Er ist seinen künstlerischen Weg gegangen vom *Oktoberklub* zur Solokarriere und hat eine ganze Armada von talentierten jungen Leuten ermutigt. Aber was war möglich an Kritik in diesem Land der überglücklichen 17 Millionen DDR-Deutschen? Generell hat Demmler versucht, den Bogen nicht zu überspannen, anders als zum Beispiel Gerulf Pannach, der die *Renft-Combo* 1975 gegen die Wand fuhr (auch hier lohnt sich ein Blick in das schon erwähnte Tagebuch von Klaus Renft). Liedtexte waren ein Balanceakt und gerade in Zeiten der Zensur entstehen oft einzigartige Texte, in denen Metaphern komponiert, Botschaften verborgen werden und doch unüberhörbar formuliert sind. Kurt Demmler war kein Revolutionär und kein angenehmer Gesprächspartner für die Zensoren. Ich-bezogener wurden seine Verse, wenn er sich hinter einer anderen Person »verstecken« konnte, wie später als Textautor für Veronika Fischer. Hier klingt die eigene Kindheit deutlicher an, Verletzbarkeit, Ängste und Sehnsucht: *Blues von der letzten Gelegenheit, Rauchiger Sommer, Zeit für ein Kind.*

In seinen Solokonzerten blieb Demmler sachlicher, einfühlsam wohl, leise mitunter, dann aber wieder sarkastisch mit hart angeschlagener Gitarre, als könne er diese Nähe nicht aushalten. Typisch das Funkeln in den zuckenden kleinen Augen hinter Brillengläsern. Seine künstlerische Grundidee war oft simpel. Auf eine eingängige (leicht mitzusingende) Melodie schrieb er einige Zeilen mit Refraincharakter, die den thematischen Rahmen bildeten; das eigentlich Interessante passierte in den Strophen. Nicht selten entstanden diese aus Vorschlägen des Publikums oder wirkten zumindest improvisiert. Jeder Zuruf wurde Ausgangspunkt für eine neue Strophe – kleine Witzchen, Spitzchen und Parabeln, routiniert gereimt und in Szene gesetzt. Was Demmlers Popularität ausmachte, waren aber nicht nur die satirischen Texte. Ein feinnerviger

Poet, ein sensibler Beobachter zeigte sich in vielen Porträts, die er von seinen Mitmenschen zeichnete: *Das Mädchen, das die Tasche hält, Sie ist eine gute Frau* und natürlich *Maria*. Und er ließ dabei warme Töne neben den grellen aufleuchten. Ich habe Kurt oft unsicher und verletzbar erlebt, nicht nur Ende der 80er Jahre, als andere Texter neben ihm deutlicher (weniger poetisch) auftraten und ihre Lieder die Klubs füllten. Aber er blieb sich treu: »Das ganz einfache Publikum soll meinen Kritikerpreis erhalten, eines, das sich traut zu sagen, was ihm gefallen und nicht gefallen hat. Bei den Konzerten meide ich die Lichtquellen, die mich so blenden, dass mir die Zuhörer außer Sicht geraten. Ich bin abhängig von ihren Augen ...«

Hierzu gehört auch (einfach weil es das Bild abrundet), dass er sein Auto (*Zitrone*, oder war es ein *Volvo*?) immer ein paar Straßen entfernt vom Auftrittsort parkte und dann mit dem Gitarrenkoffer antrabte, wie man es von einem Barden erwartet hat. Allerdings erhielten viele Topkünstler der DDR seit dem tragischen Unglück der Gruppe *Lift* 1978 (Gerhard Zachar und Henry Pacholski starben in einem *Lada*) das Anrecht auf ein »sicheres« Auto. Das war dann doch ein Zeichen der Wertschätzung der »Zensoren« ... Nichtsdestotrotz war Kurt ein erfolgreicher Künstler (auch finanziell), aber sein Privatleben sah anders aus. Eigentlich war er ein unglücklicher Mensch und ich habe mich (und ihn) oft dazu befragt, aber Nähe war seine Sache nicht ...

Bleiben noch ein paar Zeilen für den Rocktexter, den Rockpoeten Kurt Demmler. Ohne sich hier in Superlativen verirren zu wollen, Demmler war der größte deutsche Rocktexter, Poet – ein Literat, ein Dichter, wie es ihn lange nicht gegeben hat – und wenn schon ein Vergleich zu suchen ist, dann bliebe da nur Heine. Diese sprachliche Kraft, diese Freude am Reimen, diese Kreativität in Bildern und Analogien. Es dürfte in der DDR kaum einen Menschen gegeben haben, der nicht eines seiner Lieder besonders liebte und das Spektrum war sehr breit von Nina Hagen, Hans-Jürgen Beyer, Aurora Lacasa, *Karussell* und dann natürlich *Renft* mit dem Revolutionsepos »Nach der Schlacht«. *Renft* war für Demmler die wichtigste Band – siehe das Lied »Weggefährten«: »Das vergess ich nie. Was ich allein nicht sagen konnte, das sagte ich mit euch.« Herausheben möchte ich noch die Gruppen *Lift* (Und es schuf der Mensch die Erde), *electra* (Tritt ein in den Dom), *Stern Meißen* (Kampf um den Südpol) und Dirk Michaelis (Ein Fischlein unterm Eis). Darin schrieb Demmler: »Wenn es eine Liebe für die Seele gibt und der Leib liebt eine andre heiß, häng ich da und bin auf einmal ungeliebt, wie ein Fischlein unterm Eis ...« Und dann 2009 diese beiden schockierenden Fotos auf dem Titelblatt, zuerst Kurt vermummt auf der Anklagebank und wenige Tage später der tote Kurt. Was zu lesen war, blieb oberflächlich (abgesehen von Thomas Winkler in *SPIEGEL ONLINE*), wie der Journalismus heute so ist. Ob wir das nicht gewusst hätten, fragt heute mancher. Ich denke schon, eine Ahnung – ein Verdacht zumindest bei denen, die ihn in der Rykestraße trafen. Hatte er einen Freund? Ich denke nicht. Er hat sich immer einen Freund gewünscht, vielleicht war die schönste Zeit für ihn im *Oktoberklub* und die mit *Renft*, aber seine Freunde waren dann doch immer nur Kollegen, mit denen gerade ein Projekt zu realisieren war. Nach 1989 war der Nimbus schnell verbraucht und keiner freute sich noch auf das *Pfingsttreffen der FDJ*, *Rock für den Frieden* oder das *Festival des Politischen Liedes*. Kurt Demmlers neue Projekte trafen nicht mehr den Nerv der Zeit. Erst wollte er sich dem Schlager-Mogul Ralph Siegel in München andienen, dann versuchte er es mit der Mädchenband *Zungenkuss*. Aber eine andere Zeit hatte begonnen und Kurt stand im Abseits. Diese letzte Demmler-CD ist somit auch so etwas wie ein Geschichtsbuch oder besser gesagt, die erste Seite in einem Geschichtsbuch, die ermutigen kann zum Weiterlesen ...

Lass uns eine kurze Pause machen. Mal ein bisschen den Wind um die Nase wehen lassen und nach dem Briefkasten schauen. Wie wäre es mit einer kleinen Fahrradtour? Ich fahre jeden Tag eine Stunde mit dem Rad durch den Prenzlauer Berg Richtung Pankow, wie von meinem Arzt empfohlen ... Meist auf ruhigen Nebenstraßen, die Gleimstraße runter bis zur Schwedter und weiter zur Bornholmer Brücke. Durch die Schrebergärten zur Dolomitenstraße, dann rüber zur Binzstraße. Da habe ich die Flugzeuge auf ihrem Anflug auf Tegel gut im Blick. Über die Prenzlauer Promenade geht es langsam zurück. Manchmal mache ich einen kleinen Einkauf zwischendurch. Ich bin nach dieser Tour immer richtig stolz auf mich, besonders wenn ich die vier Treppen zurück in die Wohnung ohne Schnaufen geschafft habe. Davon hängt alles ab.

Ich war bei der Entstehung meiner ersten LP stehengeblieben, die dann ohne Kurts Hilfe auskommen musste. Kaum waren die Lieder fertig, lief schon die Arbeit im Kinderfernsehen an, eine Regisseurin war mit Christa Schreiber schnell gefunden. Und: Die Lieder sollten in einem Studio im Rundfunk produziert werden, um Zeit zu sparen. Was für ein Gefühl. Seit 1981 hatte ich meinen geliebten Rundfunk nicht mehr betreten, nicht die Senderäume, nicht das Spreeufer oder den Block E. Ich hatte ja nach dem Prozess Hausverbot. An der Wache hätte man mich abgewiesen. Jetzt kam ich als Autor im Auftrag des Fernsehens der DDR und einem dazugehörigen Schreiben. Der Wachposten schaute lange drauf und ließ mich ein. Verrückt, wieder über die vertrauten Wege zu gehen, die geliebten Gebäude zu sehen. Ich traute mich nicht in mein altes Zimmer, erst ein paar Wochen später traf ich Stefan Lasch dort, um kurz meinen alten Schreibtisch zu berühren. Ansonsten ging ich artig in den Block B zu den Aufnahmestudios, dort warteten schon die Musiker. Das Fernsehen wollte die Produktionen bei der Schallplatte nicht abwarten und so wurden alle 20 Lieder in kleinerer Besetzung und mit schmalen Arrangements vorab produziert. Das klang aber schon ganz anders als die Demobänder, die wir in der Wohnung von Ulf und bei mir zu Hause mit zwei Gitarren und einem alten Mikro aufgenommen hatten.

Mein Zimmer 1988
Foto: Franziska Schmidt

Das war mein Zimmer über der Schönhauser. Überall Fotos und Karten von Freunden und an die Wände hatte ich Zeitungsausschnitte gepinnt. Nur wenn ich diese Aufnahme sehr vergrößere, kann ich noch einige Details erkennen. Auf dem Schreibtisch das Buch von Erich Fried *Es ist was es ist,* ein paar Flugzeugmodelle düsen an Schnüren über meinen Kopf, gerade noch zu erkennen mein Artikel über Norbert Bischoff »Suche nach Authentischem«, Fotos von *Joe Cocker,* Marlene Dietrich, den *Beatles* und Albert Einstein, eine Grafik von Angela Hampel, ein Foto von der Gethsemanekirche noch mit Weiden drum herum, Honecker 1946 auf dem Fahrrad, der Zeltplatzschein für Prerow 1983. Im Jahr 1999 war es an der Zeit, die Rumpelkammer zu lüften und zusammen mit Anita wurden die Spinnweben entfernt und der Raum frisch geweißt. Die Unikate von den Wänden kamen in eine Kiste, die seither spurlos verschwunden ist. Besonders das Foto von dem jugendlichen Honecker auf dem Fahrrad hätte ich dir gern gezeigt und den Artikel über Sergej Krikalow, einen sowjetischen Kosmonauten, der 1991 auf der Raumstation *Mir* »vergessen« wurde. Die Russen hatten in dieser Zeit mit sich selbst zu tun, was Krikalow zu spüren bekam. Er war als Bürger der Sowjetunion in das Weltall gestartet und kehrte nach 311 Tagen am 25. März 1992 in ein fremdes, aufgewühltes Land zurück ...

Aber ich war bei *Ulf & Zwulf* stehengeblieben und unserer Produktion für das Fernsehen. In dieser euphorischen Phase kam dann grünes Licht von der Plattenfirma *Amiga*. Das Cover von Detlev Schüler war perfekt, die Lieder gut, den Ausschlag gab am Ende sicher die Fernsehproduktion. Auch in der DDR wurde marktwirtschaftlich gedacht, wenngleich nicht in dem Maße, wie wir es uns gewünscht hätten (aber zum Glück auch nicht so sehr, wie es heute ist).

Die Produktion für die Schallplatte begann im September 1987 – im Studio in der Brunnenstraße. Hier hatten schon alle bekannten Gruppen aus der DDR ihre ersten LPs aufgenommen und an den Wänden hingen ihre Poster: *Puhdys, Panta Rhei, electra, Stern-Combo, Silly, Renft* ...

Mit Dieter Ortlepp erhielten wir einen erstklassigen Toningenieur. Die Bandmaschinen waren modern mit ihren extra breiten Bändern. Ich glaube 24 Spuren passten da drauf und wenn die voll waren, wurde »zusammengefasst«. Das Schlagzeug erbrachte vier freie Spuren, die zusammengefassten Bläser noch mal drei. Da wir in diesem Metier zuerst noch sehr unsicher waren, baten wir Tobias Morgenstern (geboren 1960), die Arrangements für die Lieder zu schreiben. Ein großer Musiker und wenn ich unsere erste Platte heute auflege, bin ich noch immer fasziniert von der Einspielung. Alles richtige Instrumente, man hört jede Geige, jede Oboe, jede Flöte. Und dann die exzellente Bläsergruppe *Knispel*. Wunderbar. Alles von lebendigen Musikern eingespielt. Irgendwo hinten im Aufnahmeraum fand sich ein alter Moog-Synthesizer, der auch zum Einsatz kam. Für unsere erste Produktion hatten wir drei Monate Zeit, auch noch für die zweite 1989, ab 1990 mussten wir alles in drei Wochen einspielen ...

Ich möchte noch kurz bei Tobias Morgenstern bleiben ... Er studierte an der Hochschule für Musik »Franz Liszt« in Weimar Akkordeon und Komposition. Nach Beendigung des Studiums 1981 unterrichtete er Musiktheorie und Improvisation. 1987 machte er sich als Akkordeonist, Komponist, Arrangeur und Produzent selbstständig. In den Folgejahren gründete er die Gruppe *L'art de Passage,* die viel besuchte Konzerte gab, aber es entstanden auch gemeinsame Projekte mit anderen Künstlern, in erster Linie erinnere ich mich an die Konzerte mit Gerhard Schöne. Zur Band gehörten Rainer Rohloff (Gitarre), Stefan Kling (Klavier, Keyboards) und Gunther Krex (Bassgitarre), der zuvor bei *Engerling* gespielt hatte, später kam Hermann Naehring (Perkussion, Schlagzeug) dazu. Mit Krex und Ortlepp, die 1990 nach dem Ende der DDR schnell ein kleines Studio in der Prenzlauer Allee aufgebaut hatten, habe ich dann unsere dritte LP *Die Kaspermaus* aufgenommen (mit Ralf Kleinschmidt). Ich wollte mehr Hörspiel und weniger Lieder, aber die Zeit war knapp. Natürlich wurde es nicht so opulent wie bei *Amiga*, aber ich mag diese ersten eigenen Aufnahmen heute besonders. Alles wurde selbst verwaltet, selbst finanziert und es war auch ein erster Schritt in eine neue, unbekannte Selbstständigkeit. Bei meiner letzten Produktion mit *Ulf & Zwulf* 2002 schrieb Tobias die Arrangements für meine drei Kompositionen auf der CD *Ich bin dein Freund*. Damals trafen wir uns schon in Zollbrücke im Oderbruch, in diesem schönen Haus an der Oder. Wir saßen oben unter dem Dach in seinem neuen Studio. Tobias hatte dort 1998 das *Theater am Rand* gegründet, ein einmaliges Theaterprojekt in dieser Gegend, die sehr beruhigend ist, fast so schön wie die Uckermark ...

Ich fasse mich jetzt selbst mal kurz zusammen. Ende 1987 lief »unser« *Sandmann* an und im Frühjahr des nächsten Jahres lag die LP in den Läden. Hier gleich neben meinem Schreibtisch hängt eine Auszeichnung, die an eine goldene Schallplatte erinnert: »Lieblingsplatte 1988, Kategorie Kinderlieder-LP« – für uns. Gewählt von einer Kinderjury. Nur noch kurz der Vollständigkeit halber: die zweite LP *Knaatsch am Sonntag mit Ulf & Zwulf* wurde in den wilden Monaten Ende 1989 noch in der Brunnenstraße produziert und kam 1990 auf den Markt, fast zeitgleich mit meinem Kinderbuch *Das grüne Versteck*. Das war genial. Auf der Rückseite des Buchs waren die Cover der beiden LPs abgebildet und ich hörte wieder den Satz: »Wir wollen doch keine Bedürfnisse wecken, die wir dann nicht erfüllen können.« Es wurden sogar große Poster für die Plattenläden gedruckt, aber als sie ankamen, standen schon andere Produkte in den Regalen: *Bibi Blocksberg* und *Benjamin Blümchen*. Der Osten war so hungrig. Eigentlich wollte ich gar keine zweite LP mit Kinderliedern machen und wenn dann nur mit Ralf, Arbeitstitel: »Ein Solo für Zwulf«. Wir standen uns menschlich und künstlerisch näher, zudem wollte ich nicht mehr die Gute-Laune-Lieder machen. In den neuen Texten ging es um den Papa, der einmal im Monat sein Kind für einen Tag abholt. Oder um die Selbstzweifel eines Kindes, das sich mit Begabteren und Bevorzugteren konfrontiert sieht. Frucki pfiff mich zurück und so wurde das erfolgreiche Sujet fortgesetzt. *Knaatsch am Sonntag* (Arrangements von Tobias Morgenstern und Lutz Gerlach) wurde unsere beste Produktion. Aber dann sollte wirklich Schluss sein, einfach weil die Kraft nicht reichte und meine Ambitionen deutlich in Richtung Hörspiel gingen.

Es kam anders und ich freue mich heute, dass diese vielen Kinderlieder bleiben. Ab 1990 galt es weiterzumachen, sich nicht unterkriegen lassen. Zuerst mit der *Kaspermaus*, dann *Circuslieder*, später *Ich gehe in den Kindergarten* und *Ich komme in die Schule*, einige CDs werden heute noch von *SONY* angeboten. Nicht aufgeben, nicht zerquetschen lassen. Die Kinderlieder wurden ein wichtiger Teil meines Lebens, fünfzehn Jahre lang, und wenn ich heute manchmal niedergeschlagen bin oder traurig, lege ich mir eine meiner CDs auf und höre mir ein paar von meinen Songs an: »Mama ist verliebt«, »Hebe nicht die Hand« oder »Schön und reich ist unsere Erde«. Das zuletzt genannte Lied entstand 1995 (CD *Tausend kleine Fenster*) gegen den Krieg auf dem Balkan:

> Schön und reich ist unsere Erde,
> die uns doch ihren Wohlstand nur leiht.
> Dass jeder auf ihr glücklich werde
> in Frieden und Geborgenheit.
>
> So viele Pflanzen und die Tiere
> leben lang schon mit uns Haus an Haus,
> doch leider halten sie die Nähe
> zu uns Menschen nicht gut aus.
>
> Und die Menschen dieser Erde
> teilen Land, den Himmel und das Meer,
> doch Brot und Wasser auch zu teilen,
> fällt den Menschen oft sehr schwer.
>
> Schwarzer Rauch zieht vor die Sonne,
> wenn ein Krieg entbrennt aus Hass und Neid.
> Granaten, Bomben und Gewehre
> bringen immer neues Leid.
>
> Schön und reich ist unsere Erde,
> die uns doch ihren Wohlstand nur leiht.
> Dass jeder auf ihr glücklich werde
> in Frieden und Geborgenheit.

Ein feierlicher Kanon, gesungen von Ulf, Ralf, dem Kinderchor *Canzonetta* und der wunderbaren Anett Kölpin, auch aus Greifswald. Komposition Ralf Kleinschmidt, Arrangeur Heiko Pagels. Ich kriege Gänsehaut, wenn ich das Lied höre. Am schönsten ist es aber für mich, wenn wir beide die Lieder gemeinsam hören. Und ich sehe dabei wieder die vielen Freunde, die an ihren Instrumenten sitzen, an den Reglern oder beim Schreiben der Arrangements. Die Lieder bleiben. Als mir im letzten Jahr einer sagte: »Lakomy ist tot«, habe ich gesagt: »Lakomy wird

nie tot sein.« Man wird sich immer erinnern an die »Mondsilbertaufe«, »Das Bächlein« oder die »Tropfenhochzeit« (alle Texte Monika Ehrhardt). Lieder leben ewig, dieses Glücksgefühl darf ich auch erleben. Wenn der »kleine« Hans, der heute schon über dreißig ist, seinem Vater Thomas Otto sagen will, dass ich angerufen habe, sagt er: »Papa, Spatz Willi hat angerufen ...«
Noch schnell eine kleine Episode aus meinen späten Jahren mit den Kinderliedern. Die Torte in der BRD war groß, aber die dicksten Stücke schnitten sich die »Marktführer« ab wie Zuckowski, Jöcker, *Benjamin Blümchen, Bibi Blocksberg*. Ich hatte 1993 zusammen mit Freunden die DDR-Künstler, die für Kinder sangen, im Verlag *Kinderwelt* zusammengefasst und wollte sie gerne auch positionieren, aber die Erfolge blieben gering. Die *Lieder aus dem Kinderland* (Gerhard Schöne) oder der *Traumzauberbaum* (Reinhard Lakomy) behaupteten sich gut, konnten ihren Zauber aber nicht in den westdeutschen Kinderzimmern entfalten. Rolf Zuckowski habe ich in dieser Zeit ein paar Mal getroffen, vor allem als ich 1996 für *Kinderwelt* und zusammen mit Thomas Sölter (damals Polydor) die »Elbe-Tour« vorbereitete. Eine tolle Idee. Mit dem Schiff die Elbe entlang von Dresden bis Hamburg, mit vielen Konzerten an diesem Fluss, der vereinen sollte. Mit Thomas habe ich mich sehr gut verstanden und das ist bis heute so. Fachlich fundiert, dabei aber vollkommen unaufgeregt – und (Halten zu Gnaden) für einen westdeutschen Menschen sehr feinfühlig und politisch gebildet. Besonders schön für mich war unser Konzert in Tangermünde, aber der Höhepunkt war ohne Zweifel der Auftritt auf den Elbwiesen in Dresden. Eine riesige Bühne, Tausende Zuschauer und zwei Stars: Rolf Zuckowski und Gerhard Schöne. Natürlich habe ich (wieder) keine Fotos gemacht, ich war viel zu aufgeregt, aber hoffentlich haben andere die Fotos im Herzen und auf Zelluloid. Ich denke, dieses Konzert bleibt somit in Erinnerung. Zuckowski war ein wundervoller Partner. Dazu Lieder mit Witz und Gefühl. Ein Star ohne Eitelkeit, vielmehr mit einem offenen Ohr für junge Talente und ihre kreativen Ideen.

15. Gespräch: Mein Freund Michael, das Märchen vom frechen Schweinchen, Puppentheater im Haus des Kindes, unser Projekt Der Mann im Kasten, Punkmusik im Prenzlauer Berg und Die komischen Vögel, Umsturz im Kopf, der weiße Bademantel, Wilfried M. Bonsack, Literaturszene

Michael Ebert war ein »komischer Vogel«, im positiven Sinne: nicht angepasst, eigenständig und voller verrückter Ideen. Ich kannte ihn schon seit vielen Jahren, im August 1983 hatte ja die *Gaukler Rockbühne* wochenlang in meinem Wohnzimmer in der Schönhauser Allee geprobt und Michael war dabei der Puppenspieler in dem Stück *Harry Hasenleder,* davon hatte ich schon berichtet ...
Ich mochte den Puppenspieler Michael, der sich damals lieber Max nannte, eine Zeit lang Max Belushi, heute wieder Michael. 1983 hatte er gerade sein Studium im Fach Puppenspiel abgeschlossen und wollte im Puppenspieltheater am S-Bahnhof Greifswalder Straße angestellt werden. Das klappt aber nicht, weil dieser Zirkel sehr klein war und Michael sich während des Studiums mit einigen wichtigen Leuten überworfen hatte – sein Hauptfeind war Hartmut Lorenz, Fachrichtungsleiter Puppenspiel an der Staatlichen Schauspielschule Berlin und in gewisser Weise der Chef der ganzen Puppenszene in der kleinen DDR. Nur Peter Waschinsky und Jochen Menzel ließen sich nicht erschrecken, aber die spielten auch in der ersten Liga. Also gründete Michael seine eigene Truppe, zu der auch Tanja Hauser gehörte, und er brauchte ein Stück. So schrieb ich mit ihm zusammen das *Märchen vom frechen Schweinchen.* In der Regel trafen wir uns einmal in der Woche, meistens am Samstag, um den Nachmittag in einer Kneipe in der Malmöer Straße zu verbringen, wir nannten sie dann »Zum Schweinchen«. Das Geld war manchmal knapp und wenn es sein musste, spendierte ich eine meiner Lizenzplatten. Jedes Jahr brachte die staatliche Plattenfirma *Amiga* drei bis vier dieser Platten heraus, die immer schwer zu kriegen waren, aber für DJs gab es am Alex einen Laden, wo wir uns die Scheiben entspannt abholen konnten. Besonders liebte ich die »J-Reihe« (für Jazz) mit der schönsten Musik für den Sonntagmorgen: Ray Charles, John McLaughlin, Klaus Doldinger, Ravi Shankar, Billie Holiday mit »My Man«. Nur eine kurze Auswahl. Bei den Lizenzplatten war viel Kostbares dabei, für die Disko eigneten sich besonders *The Beatles, Fleetwood Mac,* Aretha Franklin, Stevie Wonder ... Unbrauchbares wurde aussortiert wie Katja Epstein oder Udo Jürgens. Für andere waren die aber doch wertvoll und so schnappten wir uns eine LP, gingen über die Straße in das Antiquariat, Ergebnis: 20 Mark und alle finanziellen Sorgen waren verflogen. Die kreative Arbeit konnte beginnen. Zuerst gab es immer für jeden ein leckeres Schnitzel für 3,20 Mark, dann einen doppelten Korn und für den Rest des Geldes ein paar Bierchen, die mit 50 Pfennig zu Buche

schlugen. Ich brachte zu diesem opulenten Gelage immer die neuesten Szenen mit, die dann von Michael genüsslich zerpflückt wurden. Und mit neuen Ideen und leicht beschwippst kehrte ich an meinen Schreibtisch zurück. Ich denke so Ende 1986 war das Stück fertig und wurde im *Club Impuls* ausgiebig geprobt. Es war eine besondere Form des Puppentheaters, die beiden Puppenspieler trugen schwarze Kleidung und bewegten an ihren Fingern Kopffiguren. Welche Figuren traten auf? Das Schweinchen, das immer seinen Kopf durchsetzen wollte und nicht zu belehren war, der Schweinehirt, Frau Wolke, der Riese, ein Zwerg, eine Hexe und natürlich eine Prinzessin mit ihrem Vater, dem König. Es gab ein paar lustige Aufführungen im Theaterraum, aber dann musste ein neuer Spielort her – die große Bühne. Michael hatte eine geniale Idee: Warum spielen wir nicht im *Haus des Kindes*? Dieser Prachtbau am Strausberger Platz hatte in den 50er Jahren im Keller das erste Puppentheater der DDR beherbergt, und genau da wollten wir spielen: eine Ohrfeige für Herrn Lorenz und den ganzen Puppenspieler-Klüngel. Ich fühlte vorsichtig bei der Leiterin des Kaufhauses vor und sie war nicht abgeneigt. Sie müsse sich aber erst noch absichern. Wo sie sich dann abgesichert hat, kann ich nicht sagen, vielleicht bei ihrem Chef, aber sicher nicht bei Ellen Brombacher, die damals für Kultur in Berlin zuständig war. Und so erhielten wir überraschenderweise eine Zusage. Und irgendwann kurz vor Weihnachten 1987 war die Bühne im Keller des Kaufhauses aufgebaut, das Treppenhaus war geschmückt und überall hingen Schilder, die wir selbst gemalt hatten: *Das Märchen vom frechen Schweinchen.* Wir spielten drei Tage dort, ein voller Erfolg. Es war kein revolutionäres Stück, nur aufmüpfig und ohne den Segen von oben oder staatlichen Auftrag entstanden. Aber diese Ohrfeige war noch zu schwach, nicht schallend genug. Und so lud ich eine befreundete Journalistin ein, ich glaube es war Waltraud Heinze von der *Jungen Welt,* und sie versprach etwas darüber zu bringen. In der Nacht vor dem Erscheinen des Artikels versammelte sich unsere kleine Theatertruppe vor dem Verlagsgebäude in der Liebknechtstraße und wartete auf die druckfrischen Zeitungen. Und wirklich, da war ein Foto von uns auf der vorletzten Seite und ein freundlicher Beitrag unter dem Titel: »Immer Ärger mit dem frechen Schweinchen«. Die anderen haben das dann ein paar Stunden später auch gelesen: Hartmut Lorenz und Ellen Brombacher – und haben sich schwarzgeärgert. Die Kaufhausleiterin tat mir leid ... Dann mussten wir unsere Sachen abholen und die Leiterin sagte so etwas wie, wenn sie das gewusst hätte ...

Für Michael, Tanja und mich war es ein wahrer Triumph und so manche Amiga-Lizenzplatte erhielt dann einen neuen glücklichen Besitzer für unsere Schnitzel auf der Siegesfeier. Zum Glück hat Jürgen Schöne mit seiner Kamera eine Aufführung des Stücks im *Prater* aufgenommen, die er damals mit seinem Sohn

Konrad besucht hatte. Eine liebenswürdige, kleine Inszenierung – wunderbar. Und wenn ich schon den Artikel in der *Jungen Welt* nicht mehr finde, so habe ich doch diesen Film. Das *Freche Schweinchen* wurde später noch einmal aufgeführt von der Puppenbühne des Theaters Schwerin, ich glaube 1988. Ich wurde eingeladen und sah diese seltsame Inszenierung, die nichts mehr zu tun hatte mit unseren leichten Kopffiguren. In Schwerin war alles laut und grell. Nach der Aufführung huschte eine Puppenspielerin an mir vorbei und zischelte: »Ich wollte dir nur sagen, dass ich dein Stück scheiße finde.« Ich konnte ihr nicht mal antworten, dass ich es, bezogen auf diese Inszenierung, auch gruselig fand ...
Unser zweites Projekt, nur Michael und ich, war dann *Der Mann im Kasten*. Es war eine Theaterproduktion ohne Worte. Die Spielfläche war ein etwa zwei Meter großer Kasten, dazu einige Requisiten und ein Schauspieler. Mehrere Stücke entstanden Ende der 80er, das erste hieß *Bye, bye, Einstein*. Ich schrieb jeweils ein Drehbuch, aber im Grunde war es Pantomime. Durch meinen *Atari*, der auch seinen Ehrenplatz in meiner Wohnung hat, habe ich alle Texte noch auf dem Rechner. Die 1. Szene hieß: »Akribisch. Attitüde. Sorge. Sorgfalt. Genau. Genauigkeit. Höchste Sorgfalt. Peinliche Genauigkeit. Peinliche Sorgfalt. Höchste Sorgfalt. Aufs höchste angespannt. Bei der Sorgfalt. Peinlich genau auf Genauigkeit bedacht. Und penibel. Und akkurat. Und anständig. Und adrett. Und ordentlich. Exakt. Und so sauber. Höchste Sorgfalt. Und sauber. Vor allem sauber. Waschen. Sauber. Waschzwang. Sauber. Putzzwang. Peinliche Genauigkeit. Höchste Sorgfalt.«

Der Mann im Kasten hatte die Vereinsamung der Menschen in der normierten, zwiespältigen Gesellschaft in der DDR zum Thema. Um den Gegensatz zwischen Innen (im Kasten) und Außen noch zu erhöhen, bewegte sich Michael wie in Zeitlupe. Am Ende unseres ersten Stücks erhängte er sich in seinem Kokon aus Leisten und Binden – und alles brach zusammen.

Der Mann im Kasten
Foto: Franziska Schmidt

Ich habe Michael immer bewundert, wie er diese Unmengen von Leisten und Binden auftreiben konnte und vor jeder Vorstellung das Geviert liebevoll aufbaute. Die Zuschauer waren immer sehr ergriffen von diesem stillen Spektakel. In unserem zweiten Stück *Bildlauf 2000* griff er sich zum Schluss eine der Leisten, zerhaute den ganzen Kasten und ging dann drohend auf das erschrockene Publikum zu – Licht aus ... Aufgeführt wurde das Stück drei Mal in Jugendklubs bzw. im *Theater unterm Dach* und im Oktober 1989 auch auf öffentlichen Plätzen, zum Beispiel auf der Schönhauser Allee/Ecke Stargarder. Irgendwann gab es noch ein Treffen für alternative Theaterleute – war das 1990 oder 91? – im Palast der Republik, davon habe ich ein paar Farbfotos ... Aber dann senkte sich langsam der Vorhang für die freien Theaterprojekte der DDR. Die Fördertöpfe wurden immer kleiner und das Publikum hatte mit dem eigenen, dem real existierenden Überleben zu tun.

Ganz kurz – ein anderes Projekt hatte ich in dieser Zeit mit Karl Huck, auch gelernter Puppenspieler, aber ein anderer Typ und Darsteller, wie soll ich sagen, eloquenter? Lauter, sehr fröhlich, verschmitzt, verspielt. Für ihn schrieb ich das Stück *Subjekt Woyzeck*. Ich finde hier in einem Ordner gerade die 2. Fassung vom 24. Mai 1988. Aber »ich schrieb das Stück«, das wäre vermessen, ich verwob auf unmerkliche Weise zwei Texte von Georg Büchner: *Lenz* (1835) und *Woyzeck* (1837).

Kein Wort von mir, jedes Wort von Büchner. Wir hatten schon ein wunderschönes Bühnenbild von Fine, die an der *Volksbühne* als Bühnenbildnerin arbeitete. Das Modell hat leider die Jahre nicht überlebt: alles in Schwarz, dazu ein aufgemalter gelber Laufsteg und darüber eine zerbrechliche Holzkonstruktion wie ein Haus. Im Grunde hatte ich aus der Vorlage ein Ein-Personen-Stück gemacht. Woyzeck war die einzige »bewegliche« Person, die »Maschine« (der Hauptmann) wurde stoisch auf dem Laufsteg von ihm hin und her geschoben, der Text des Hauptmanns kam vom Band. Und Marie war eine Saxophonspielerin, ohne Worte. Wunderbar. Viele Sachen, die ich geschrieben habe, sind nicht in der Schublade gelandet, aber dieses Projekt fiel dann auch der Hektik im »Wendejahr« zum Opfer, ich würde es gerne heute aufgeführt sehen ...

Mit Michael habe ich damals viel zusammengearbeitet: Puppentheater, Lesungen und dann war ich auch Texter für seine Band *Die komischen Vögel*. Michael spielte ganz passabel Gitarre, konnte jedenfalls alles, was man für eine Punkband brauchte. Diese Punkbands spielten zunächst am Rande der Legalität, in Häuserlücken, auf Campingplätzen, in Kellern, auch mal in einem Jugendklub, wenn der Klubleiter mutig war. Aber irgendwann musste eine Pappe her, also eine staatliche Spielerlaubnis. Die wurde von einer staatlichen Kommission, der Einstufungskommission, vergeben: A, B, C und S waren die Stufen von unten nach oben. Diese Einstufung bedeutete zunächst einmal eine Spielerlaubnis, legte einen bestimmten Geldbetrag für die Auftritte fest und brachte zudem den Abschied von der »unsozialen Lebensweise«. Diesen Stempel konnte man schnell bekommen, wenn man nicht fest in einem Betrieb arbeitete. Viele Künstler haben versucht, sich als Friedhofsgärtner durchzuschlagen, als Hausmeister oder Postboten. Solange man »artig« war, wurde das akzeptiert, im anderen Fall wurde die »unsoziale Lebensweise« gerne als Druckmittel benutzt, um dem wilden Treiben ein Ende zu setzen. Manche Musiker hatten deshalb auch einen normalen Job als Lehrer oder Kulturarbeiter. Als Michael von Spalda abgelehnt wurde, beschlossen wir die Gründung der *Vögel* – Gitarre, Bass (Ritchi Blackhorn) und Schlagzeug (Captain D. Dirk). Ich habe noch ein paar tolle Konzertmitschnitte auf Tape, aber Michael will heute von dem »alten Kram« nichts mehr wissen. Warum? Mein Fotoarchiv zu diesem Thema ist dünn bestückt und so helfe ich mir mit einer Kopie eines Artikels aus der *Leipziger Volkszeitung* 1992.

Die komischen Vögel
Foto: LVZ/Kempner

Wenn dies ein Hörbuch wäre, könnte ich jetzt ein paar Songs anspielen. Die Texte stammten von mir, einige von Jura Soyfer. 1996 haben wir dann noch gemeinsam eine CD eingespielt bei »Zimmi« Zimmermann, im Studio am Ende der Friedrichstraße kurz vor dem Mehringplatz. Aber das Schönste waren die Konzerte. Natürlich wurde überwiegend in 16tel gespielt beziehungsweise gehämmert: »Die Sau muss raus«, »Vorsicht«, »Come on«, aber es gab auch das melancholische Lied »Maskenball«. Mein liebstes Stück, weil es so ganz zu Michael passte, war das »Liebeslied«:

> Schwarze Socken, weiße Haut,
> in die Sonne nie getraut.
> Sturer Blick, das Auge kalt,
> scheiß ich auf den Wiener Wald.
> Ob ich's will oder nicht –
> kein Gewicht, kein Gewicht!
> So maskiert und unrasiert,
> wirst du doch gleich abserviert.
> Aber sie findet mich schön.

Jeden Tag denselben Knast,
frag, ob du 'nen Zehner hast.
Haste nicht, ist auch egal,
fressen wir ein andermal.
Ob ich's will oder nicht –
kein Gewicht, kein Gewicht!
So maskiert und unrasiert,
wirst du doch gleich abserviert.
Aber sie findet mich schön.

Große Hetze, große Jagd,
jeder hasst den nächsten Tag.
Mir kann so was nicht passier'n,
ich hab nichts zu verlier'n.
Ob ich's will oder nicht –
kein Gewicht, kein Gewicht!
So maskiert und unrasiert,
wirst du doch gleich abserviert.
Aber sie findet mich schön.

Dieses Lied spielten wir auch, als sich das ganze Volk das erste Mal auf die Straße traute, am 4. November 1989, vor der *Volksbühne* am Rosa-Luxemburg-Platz. Das war ein guter Ort. Die Leute strömten aus der U-Bahn und reihten sich ein, erst vorsichtig, dann erleichtert und fröhlich. Ich bin mir ganz sicher, dass es damals eine tiefe Freundschaft gab zwischen Michael und mir, obwohl wir beide keine Nähe zulassen konnten. Unsere Art der Nähe wurde von der Kunst getragen oder sagen wir besser von unseren Projekten und einem Gefühl von Überlegenheit. Wir waren anders als die anderen, die Angepassten, die Speichellecker, die Duckmäuser, die Aussteiger. Michael, mein »komischer Vogel« mit der schwarzen Sonnenbrille, und ich. Wir hatten eine gute Zeit. Wir waren Mitte dreißig, hatten in diesem Staat einen starken Gegner, den es zu besiegen, zumindest zu ärgern galt, wir hatten viele Ideen und es gab viele Bühnen. Ein hungriges Publikum, das jede Form der Darstellung neugierig aufnahm. Und natürlich gab es auch neugierige Mädchen ...
1988 war dann mein erstes Buch fertig: *Umsturz im Kopf.* Eine Sammlung von Kurzgeschichten und Skizzen aus den Jahren 1984–88. Franka, meine dauerhafteste Dauerfreundin, hatte eine Freundin, die konnte auf ihrer elektrischen Schreibmaschine fünf Durchschläge zaubern. Alles wurde sortiert und in der kleinen Buchbinderei auf der anderen Straßenseite neben dem *Colosseum* gebunden. Ich glaube am Ende waren es 55 Bücher, eins hab ich noch. Die gingen

von Hand zu Hand, wie damals üblich, mussten aber nach einer Woche zurückgebracht werden. Das hat eine Zeit lang funktioniert, aber dann wurden es leider immer weniger. Natürlich gab es auch Lesungen. In der Regel private in kleinen Räumen, aber auch einige in Jugendklubs, im Literaturklub Conrad-Blenkle-Straße oder im Künstlerclub *Die Möwe* in der Luisenstraße. Nicht selten vor hundert Leuten oder mehr. Da ich kein guter Vorleser war, sprang Michael ein. Und so wurde aus der Lesung eine kleine Inszenierung. Sie lief so, dass ich nach dem ersten Text sanft entschlummerte und Michael das Vorlesen für mich übernahm. Nach einer halben Stunde »weckte« er mich und es folgte ein nicht selten zweistündiges Gespräch, weniger über meine Texte als über unsere gemeinsame Befindlichkeit in der DDR. Sicher wurde da auch mitgeschrieben, aber was machte das schon. Wir riefen ja nicht zum Umsturz auf, höchstens zum Umsturz im Kopf ...

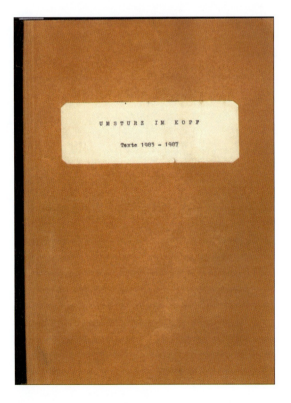

Einband Umsturz im Kopf 1987
Repro: W. B.

Mein Lieblingstext aus diesem letzten Exemplar, das mit geblieben ist, soll hier noch einmal einen Auftritt erhalten: *Der weiße Bademantel*

Ein Mann geht mit einem weißen Bademantel auf die Straße. An einem Sonnabend, an einem Morgen, etwa gegen elf. Er trägt Hausschuhe und seine ersten Schritte sind unsicher. Behutsam geht er eine ihm vertraute Strecke, sieht geradeaus, nicht zur Seite, die Hände in den aufgesetzten Taschen vergraben.
Der Bademantel ist ein Geschenk von der Tante. Sie schenkt immer Sachen, bei denen er sich fragt: Warum tut sie das? Hatte nicht ein Mann in seinem Alter schon einen Bademantel? Und dann noch in Weiß? Einen weißen Bademantel. Weiß schmutzt viel zu schnell und Weiß macht dick. Wenn Schwarz wirklich schlank macht. Der Mann geht an diesem Sonnabendmorgen auf die Straße, weil er erfahren muss, ob ihm dieser neue Bademantel steht. Was werden die Leute sagen? Er zeigt sich, aber die Leute zeigen sich nicht. Zum Glück ist es nicht zu kühl. An einer Ecke biegt der Mann plötzlich ab, schlägt eine andere Richtung ein, geht über die Straße und dann weiter der Novembersonne entgegen. Kein Mensch weit und breit. Wo sind sie hin? Vor einem Jahr lag um diese Zeit schon Schnee und vor zwei Jahren auch. Es gab Nachtfröste bis 14 Grad unter Null. Da hätte man unmöglich nur mit einem Bademantel bekleidet auf die Straße gehen können.
Dieser November ist mild, so mild, dass die ersten Osterglocken und Krokusse blühen. In Vorgärten keimen die Zwiebeln, an den Kastanienbäumen werden Knospen dicker. Doch der Mann hat heute dafür keinen Blick, er schaut geradeaus und freundlich. Ja, er bemüht sich, harmlos zu blicken. Nicht aufdringlich, nicht provozierend. Ganz harmlos, damit jeder sieht: Dieser hier führt nichts Böses im Schilde. Er ist einer wie du und ich, nur dass er gerade einen weißen Bademantel geschenkt bekam, den er jetzt allen zeigt, um von allen zu erfahren, ob ihm dieser Bademantel steht, ob er ihn tragen kann.
Und fürs erste ist er mit dem Echo zufrieden. Keine lauten Beschimpfungen, keine amtlichen Zurechtweisungen, kein Spott. Der weiße Bademantel wird eher zurückhaltend aufgenommen. Abwartend. Und so wird sein Tritt fester, häufiger wechselt er die Richtung, um sich von allen Seiten zu zeigen. Gerade will er die rechte Hand salopp aus der Tasche heben, um sie dann locker vor dem Körper schwingen zu lassen, da bemerkt er wenige Meter vor sich in einem Hauseingang einen länglichen weißen Streifen. Erst beim Näherkommen erkennt er eine hagere Gestalt, entblößte Beine, ein Gesicht. Es ist ein Mann, der dort steht, ohne Zweifel. Und dieser Mann trägt einen weißen Bademantel. Ohne den Kopf zu wenden, ohne einen Gruß geht er an dieser sonderbaren Erscheinung vorbei. Aber etwas unbehaglich wird ihm doch in seiner Haut. Woher dieser Andere den Bademantel nur hatte und warum musste er ihn gerade heute tragen?

Noch scheint die Gestalt verzagt, lehnt still an der Tür und lässt keinen Blick von dem, der da so stolz, mit erhobenem Kopf an ihm vorübergeht. Ruhig, mit sicherem Schritt, nicht marschierend, mit einem offenbar bekannten Ziel. Mit freundlichem Gesicht. Man kann diesem Mann vertrauen. Er tut nichts Unrechtes, er ist redlich. Er hat sicher eine Frau zu Hause zurückgelassen, die etwas in der Wohnung herumfegt und fast möchte man meinen, er hat auch zwei Kinder. Ein größeres, das um diese Zeit in der Schule ist und ein kleineres, das im Kinderzimmer mit dem Modellbaukasten hantiert. Natürlich sind es Jungs. Zu diesem Mann passen nur zwei gut erzogene Jungs. Da braucht man nichts zu befürchten.

Und ganz unter diesem Eindruck beginnt der Nochunsichere einen Weg zu tippeln, der genau hinter dem Weg des Mannes mit dem weißen Bademantel liegt. Und um ihn nicht aus den Augen zu verlieren, werden seine Schritte länger, er nimmt Gleichschritt auf. Bleibt dabei aber in gebührendem Abstand, um seinen Auftritt nicht zudringlich erscheinen zu lassen. Er ist kein Verfolger, aber er folgt dem Mann mit dem weißen Bademantel.

Dieser wechselt jetzt noch öfter die Straßenseite, um unauffällig aus dem Augenwinkel das Geschehen hinter sich beobachten zu können. Er fühlt sich mit seinem neuen Bademantel angenommen, die Menschen haben ihn angenommen. Und da stört es ihn wenig, als er schließlich zwei, drei, vier, viele weiße Bademäntel hinter sich bemerkt. Eine unübersehbare Menge ... 23.11.1986

Literarisch war ich damals, nach den Jahren als freier Journalist, ein Anfänger, ein Suchender, ein Probierender. Ich erinnere diese Zeit besonders gern, um die bunte, wilde und talentierte Künstlerszene in der DDR noch einmal ins Rampenlicht zurückzuholen – die Dramatiker, die Lyriker, die Schauspieler, die Bühnenbildner, die Grafiker. Wann hatte es je und wann hat es später wieder eine so vielfältige Selbstverwirklichung in der Kunst gegeben? Frei von jeder existenziellen Bedrohung war ein Spielraum entstanden, der heute ganze Bücher füllen kann und zum Glück auch füllt, wie zum Beispiel in: *Kunst im Korridor: Private Galerien in der DDR zwischen Autonomie und Illegalität* von Yvonne Fiedler (Ch. Links Verlag 2013), *Die Kunst des Verrats: der Prenzlauer Berg und die Staatssicherheit* von Alison Lewis (Königshausen & Neumann, 2003) oder, was ich gerade gelesen habe: *Rockmusik und Politik: Analysen, Interviews und Dokumente,* herausgegeben von Peter Wicke und Lothar Müller (Ch. Links Verlag 1996). In diesem Buch befindet sich auch ein Interview mit Dr. Jürgen Hagen, hier nur der Name, mehr vielleicht später ...

Neben meinem schmucklosen Buch gab es auch bestens ausgestattete Textbücher, die illegal erschienen und mit Original-Grafiken geschmückt waren. Die Auflage lag meist bei hundert Exemplaren. Einer der Herausgeber war Wilfried M. Bonsack.

Ein herzensguter Mensch, lies doch mal nach unter seinem Namen. Er hatte auch ein paar Geschichten von mir ausgewählt und zum Undank habe ich ihm seine Freundin ausgespannt. Das war kein Verbrechen und beruhte, was Sharin betraf, auf Gegenseitigkeit, aber jetzt wo ich alt werde, würde ich mich gerne bei ihm entschuldigen, leider ist er vor kurzem verstorben. *Der weiße Bademantel* hat es dann noch zu »öffentlichen Ehren« gebracht und wurde in der Ausgabe 3/1989 in der Zeitschrift für junge Literatur *Temperamente* veröffentlicht, die fünfmal im Jahr erschien. Sicher war das nicht *Sinn und Form,* die exklusive Literaturzeitschrift der DDR, aber doch ein beliebtes Blatt in kleiner Auflage, offiziell geduldet als Bühne für junge Autoren. Das Geleitwort des genannten Hefts war übrigens: Meinungen, Polemiken, Streit – dazu ein Interview mit Kerstin Hensel, die ich kannte und die hier um die Ecke wohnte. Das Interview enthält den schönen Satz: »Letztlich will ich nichts, als Aufklärer sein und jemand, der ein paar Leute ermuntern kann, wie auch in Zorn bringen. Manchmal gelingt es einem, die Sinne wachzuhalten – das ist sehr viel in dieser Zeit.« Dieses Büchlein enthält eine Reihe von Texten von jungen »Kollegen«, dazu Grafiken (Peter Lewandowski) und die beliebte Abteilung »Kritik«, in diesem Fall Kritiken zu Bert Papenfuß-Goreks *dreizehntanz* (Aufbau Verlag 1988) von Peter Böthig und zu Rudi Benziens *John-Lennon-Report* (Verlag *Neues Leben* 1989) von Christoph Dieckmann. Wenn ich das Büchlein heute in die Hand nehme, dann schimmert es wieder hervor, das Kultur- und Leseland DDR. Nur kurz sei erwähnt, dass der Aufbau Verlag, genauer gesagt Gerhard Wolf, im zähen Ringen mit den Behörden für die junge Literatur die Publikationen »außer der Reihe« kreierte. Davon war ich damals noch weit entfernt, das nächste Ziel war eine eigene Veröffentlichung in der Reihe »Poesiealbum«, das war 1989 mein größter literarischer Traum. Jürgen Schöne erinnerte mich vor kurzem an einen Spruch, der unter den freien Künstlern in der DDR zu meiner Zeit kursierte: »Wenn du es bis 30 nicht geschafft hast, kannst du es vergessen.« Und fügte dann selbst kopfschüttelnd hinzu: »Ein blöder Spruch.«

Zu den eigentlichen Größen in der Literaturszene im Prenzlauer Berg gehörte ich nicht. Es gab so viele Helden und ihre Lesungen in privaten Wohnungen. Ich erinnere mich, dass ich mal bei Wilfriede und Ekkehard Maaß in ihrer Wohnung am Arnimplatz an einer teilgenommen habe und ein- oder zweimal bei Bonsack unten in der Tucholskystraße. Es gibt ein historisch wichtiges Foto von Helga Paris von einem Treffen der jungen Dichter 1981 in der Keramikwerkstatt von Wilfriede: 18 Dichter – alles bekannte Namen: Jan Faktor, Uwe Kolbe, Peter Brasch, Sascha Anderson, Heinz Kahlau, Rainer Kirsch, Bert Papenfuß, Hans-Eckardt Wenzel, Stefan Döhring ... Alle waren über jeden Verdacht erhaben, aber zwei haben bekanntlich in den folgenden Tagen einen Bericht abgeliefert oder waren es drei ... Verblüffend wirkt die Rekonstruktion dieses Fotos (in einem Studio) für den Film *Anderson* von Annekatrin Hendel (2014) – die auch die bemerkenswerten Dokumentationen über Flake (*Rammstein*) und Paul Gratzik (Vaterlandsverräter) gedreht hat, beide 2011. Ein interessantes Zitat von Klaus Werner (ein Kunsthistoriker und Galerist der DDR) fand ich in: *Für die Kunst,* Herausgeber: Stiftung Neue Kultur, Potsdam, Berlin 2009: »Die regierte Kultur war am Ende. Sogar die Spitzel wussten nicht mehr zu unterscheiden, ob sie Verräter oder die Mittäter dieser Ablösung waren.«

Aus diesem Grund waren mir diese Zirkel nicht geheuer. Die meisten waren unterwandert und was würde ich machen, wenn plötzlich die ganze Gruppe eingesammelt wird? Oder nur der nicht eingeweihte Rest? Da krähte doch kein Hahn nach.

16. Gespräch: Gerrit Schrader und erste Hörspiele, der Artikel 146 im Grundgesetz, die Friedensbewegung, Gorbatschow hat die DDR verschenkt, soziale Werte in der DDR, Gasometer sprengt man nicht, Thälmann-Park, unser Transparent, Kommunalwahlen 1989, Carlo Jordan, Interview Schwedisches Fernsehen 1989

Bei irgendeiner Fete, bei irgendeinem Freund, in irgendeiner Wohnung, vielleicht bei Barbara Plensat, lernte ich 1987 Gerrit kennen. Einer meiner ältesten und besten Freunde. Er hatte in Halle Soziologie studiert und anschließend promoviert zum Thema: »Kritik der bürgerlichen Soziologie«. Nur das ging, nicht etwa Kritik der sozialistischen Soziologie, was ja spannend gewesen wäre. Soziologie in der DDR zu studieren war eine antagonistische Angelegenheit, ähnlich wie bei Geschichte. Wie sollte man sich mit den wahren sozialen Verhältnissen beschäftigen, und darum ging es bei diesen beiden Disziplinen, wenn die Propaganda dogmatisch und die herrschende Clique lebensfern war? Gerrit ging zunächst an die Akademie der Wissenschaften nach Berlin, geriet aber mit seinen Thesen und Forschungsergebnissen schnell ins Abseits. Erste Reaktion des Regimes, wie auch bei mir: »Zur Bewährung in die Produktion«. Bei mir war es 1976 der Betriebsfunk im EAW Treptow, die überwiegend Radiogeräte bauten, und der Betriebsname wurde gerne als »Einschalten, Ausschalten, Wegwerfen« übersetzt, was allerdings übertrieben war, viele Kassettenrekorder aus dem EAW funktionieren noch heute. Gerrit kam ein paar Jahre später zum MAB, Maschinen- und Anlagenbau, einem großen Laden, der sich gerade mit der Einführung von CAD (computer-aided design) herumschlug. Die Ingenieure befürchteten, dass die neue computergestützte Erstellung von Konstruktionsunterlagen ihre Arbeitsplätze gefährden könnte. Der Generaldirektor nahm den »Sträfling« dankend auf und lud ihm gleich das Thema auf. Mehrere Wochen brachte Gerrit in der Berliner Stadtbibliothek zu, um in Büchern aus dem Westen, wo CAD schon durch war, nach Lösungen für das Problem zu suchen. Alles ging gut und man hätte Gerrit gerne behalten, aber er war ja Soziologe und Wissenschaftler, wollte zurück in sein Arbeitsfeld. Er schrieb Bewerbungen an alle möglichen Institute und Universitäten, aber ohne Erfolg. Als er sich bei der Akademie der Künste bewarb, lud ihn der damalige Präsident Konrad Wolf ein und sagte: »Du stehst auf einer schwarzen Liste, du brauchst dich gar nicht mehr bewerben ...« Der letzte Ausweg war die Funkdramatik in der Nalepastraße, wo sein Vater seit 1958 arbeitete. Das Verhältnis der beiden war nicht sonderlich eng. Aber die Dramaturgen waren »Einzelkämpfer«, machten in mühevoller Kleinarbeit aus literarischen Vorlagen Hörspiele oder betreuten »ihre« Autoren. Als sich Gerrit beim Chef der Funkdramatik vorstellte, an den Namen können wir uns beide nicht genau erinnern, aber ich denke es war Peter Gugisch, schob dieser ihm einen Packen mit zwanzig Hörspielen rüber: »Die sind alle schon bezahlt, aber nicht sendbar. Wenn du es schaffst, nehme ich dich ...« So wurde Gerrit Dramaturg beim Rundfunk und irgendwie kamen wir Ende der 80er Jahre zusammen, denn meine große Liebe waren damals die Hörspiele. Ich nannte sie gerne Filme im Kopf, wobei jeder Zuhörer seinen eigenen Film sah, also viel aktiver wurde als bei dem »bloßen Anschauen« eines Films. Jeder sah andere Personen, andere Orte und erlebte die Geschichte viel intensiver. Das Hörspiel war in der DDR eine geachtete Kunstgattung und jeden Abend liefen auf verschiedenen Sendern ab 20:05 Uhr oder dann noch mal zu später Stunde Hörspiele, Krimis, Features. Die Größe des Hörerkreises konnte mit dem Fernsehen nicht mithalten, es war eher ein kleiner Kreis, aber dafür sehr interessiert. Und in dieser Nische waren dann auch Themen möglich, die im Fernsehprogramm der DDR nicht geduldet wurden. Namhafte Regisseure nutzten diese »Spielwiese«, um schwierige Projekte umzusetzen und brachten gleich Schauspieler aus der ersten Garnitur mit: Jutta Hoffmann, Kurt Böwe, Marianne Wünscher, Annekathrin Bürger, Fred Düren, Rolf Hoppe ...

Meine Karriere als Hörspielautor war kurz. Das Ende der DDR stand schon bevor, als ich endlich zum Zug kam. Da die Hörspiele überwiegend im Funkhaus Berlin produziert wurden, einige auch in Halle, fanden sich die jungen Dramaturgen und Autoren in einem gemütlichen Topf wieder. Alles war überschaubar in der DDR. Neben Gerrit kannte ich schon Hannes Berger, der vor allem russische und sowjetische Autoren bearbeitete und Wolfgang Rindfleisch, mit dem ich zusammen in die Schule gegangen war. Alles 1988 und alle waren wir Mitte dreißig. Wolfgang hatte Theaterwissenschaften studiert und war beim Funk gelandet. Er hatte neben dem Hörspiel aber auch das Theater im Blick. Seine Themen waren Bertolt Brecht, Peter Hacks und Heiner Müller. Er (und viele andere) wallfahrten regelmäßig zur Wohnung von Müller, ich glaube damals in einem Plattenbau am Tierpark, um dem »Meister« auf die Lippen zu schauen. Müller war eine Ikone im Theater der DDR: *Der Bau, Die Schlacht, Die Hamletmaschine, Der Auftrag* oder die *Wolokolamsker Chaussee*. Das war Kunst, ich betrachtete mich eher als Handwerker, als Kunsthandwerker. Bei Gerrit Schrader konnte ich meine Liebe zum Hörspiel ausprobieren und 1989 entwickelten wir gemeinsam eine kleine Form des Hörspiels, die Reihe: *Anna Simons Gäste*. Dreißig Minuten in einer heiteren Form, gern als Persiflage oder Groteske. Die Idee war, dass verschiedene Besucher zu der Rentnerin Anna Simon kamen, die sich auf die Geschichten ihrer Mitmenschen freute. Die Titelmusik schrieb ich selbst und Ralf Kleinschmidt hat sie dann mit ein paar Freunden eingespielt:

Erzähl mir, erzähl mir, eine Geschichte,
sagt Anna Simon, erzähl mir von dir.
Hier hast du ein Essen und Trinken dazu,
wir sitzen zusammen und ich hör dir zu.

Gerrit war der Dramaturg der Reihe und die Autoren mussten bei ihm antanzen in der Anklamer Straße. Das war keine Wohnung, das war eine Bibliothek. Die zwei Zimmer waren bis unter die Decke mit Bücherregalen vollgestellt, gerade noch Platz für ein Hochbett. Ich habe diese Gespräche immer sehr genossen. Besonders, wenn wir mit meinem kleinen Werk durch waren, und es stundenlang um Martin Heidegger und Karl Jaspers ging. Da hat mir Gerrit eine ganz andere, mir fremde Welt eröffnet. Wir saßen in schweren Ledersesseln und tranken Rotwein, bis der alle war. Manchmal wechselten wir auch in die Küche, das war sicher der wohnlichste Raum in dieser »Bibliothek«. Keine Ahnung warum, aber so war es in vielen der kleinen Künstlerwohnungen im Prenzlauer Berg: ein Gewirr von leeren Flaschen, Gläsern und dem Abwasch der letzten zwei Wochen. Gerrits Liebe lebte einen Stock höher, Ulrike Schmidt, die er »Maut« nannte. Eine Treppe zwischen zwei Welten. Raum für Kunst, Raum für Liebe. Und dann ist sie doch durchgebrannt, mit seinem besten Freund, ein Schamane namens Duwentester. Was konnte ein »Schöngeist« schon dagegen tun? Mir ging es 1992 ähnlich. Meine Muse flog einfach davon, nach Südfrankreich. Ohne Grund, so dachte ich zuerst ...

Gerrit lebte das Hörspiel, lebte mit seinen Autoren. Und er hat sie alle »verhauen« – ein strenger Dramaturg. Wen kannte ich? Barbara Ullrich, Veit Stiller, beide in meinem Alter. Ich fuhr mit dem Fahrrad die Kastanienallee hinauf, dann ein kurzer Schlenker um die Zionskirche bei Franka vorbei und ab der Fehrbelliner Schussfahrt zum gestrengen Meister. Manche sollen hinterher sogar geweint haben, aber ich mochte seine klaren Ansagen. Wenn sich ein so kluger Mensch wie Gerrit meinen Entwurf ernsthaft hernahm, konnte das nur ein gutes Zeichen sein. Unser Erstling *Feuerwerk* wurde am 30.12.1989 gesendet. Ich war entsetzt, als ich das Hörspiel das erste Mal hörte, denn in meinem Kopf hatte ich Berliner Stimmen, aber dann wurde das Stück im Studio Halle und mit Sprechern produziert, die einen anhaltinischen Dialekt sprachen. Inzwischen habe ich mich mit den Stimmen »ausgesöhnt« und höre sie sehr gerne. Dieses Stück, für das ich einige reale Personen aus meinem Bekanntenkreis in Gellmersdorf skizziert hatte, war eine Satire über die DDR, in einem kleinen Dorf: In Branderode kämpft die freiwillige Feuerwehr um den Wanderpokal der besten Feuerwehr im Kreis. Es geht darum, die Bestzeit zu knacken. Da es im Dorf ständig brennt, gibt es dafür auch ausreichend Gelegenheit. Der Chef der dreiköpfigen Truppe war Heinz,

dem von seiner Frau der Besitz einer eigenen Streichholzschachtel strengstens verboten wurde. Allerdings mit wenig Erfolg ...
Es folgten noch zwei weitere Hörspiele, die ich heute weniger mag. Und 1989 wollte ich auch raus aus der »fröhlichen Ecke«. Mein Ziel war ein einstündiges Hörspiel, am besten mit der Regisseurin Nummer 1 (für mich) Barbara Plensat. Das war schon eine andere »Liga«, ich erinnere mich noch an *Die Grünstein-Variante* von Wolfgang Kohlhaase mit Kurt Böwe, Regie: Günther Rücker und Barbara Plensat (1977, Prix Italia). Da wollte ich hin ... Die fertigen Stücke dazu lagen schon in der Schublade: *Die Literaturliebhaberin, Lawine* und *Raststätte*. Aber die Zeit lief damals zu schnell ...
Aber als das Jahr 1989 zu Ende ging, befand sich die DDR bereits in Agonie, auch im Funkhaus ging es drunter und drüber, Tendenz: Auflösung, natürlich auch in der Hörspielabteilung. Ich hatte es mit dreißig geschafft, na und? Anfang 1990 traf ich mich noch einmal mit Barbara Plensat in ihrer Wohnung im Scheunenviertel unten in der Stadt, zusammen mit Christoph Singelnstein (geboren 1955, auch aus Greifswald und auch aus der Funkdramatik), aber da ging es schon nicht mehr um Kunst, sondern um die Schaffung eines neuen Rundfunks. Wie soll er aufgebaut werden, öffentlich-rechtlich oder privat. Ich konnte unser Konzept aus dem Jahr 1978 für ein Spartenradio (mit Horst Grassow und Manfred Schönebeck) beisteuern und wir versuchten, etwas zu Papier zu bringen, das die Grundlage für einen neuen demokratischen Rundfunk werden sollte. Aber draußen vor der Tür überschlugen sich die Ereignisse. Alles schwirrte durcheinander und was gestern noch galt, war am nächsten Tag überholt. In der Hektik dieser Wochen blieb keine Zeit für ein Konzept. Wir wurden, wie alle anderen auch, von den Tagesereignissen überrollt. Der noch bestehende Rundfunk der DDR versuchte sich personell zu erneuern, sich selbst neu zu erfinden. Das neue Radio war traumhaft, endlich befreit von allen Fesseln, für ein paar Monate. Im Rückgriff auf die 1952 abgeschafften Regionalprogramme entstanden neue Sender, wie das Programm *Antenne Brandenburg*, das am 6. Mai 1990 über die Frequenz von *Radio DDR II* an den Start ging. Der *Berliner Rundfunk* war noch am Leben und *DT64* wurde zu einem der beliebtesten Sender in der DDR.
Aber an den Schalthebeln der Macht standen da schon die neuen Herren, mit ganz anderen Vorstellungen von Medienfreiheit. Schon am 15. Oktober 1990 wurde der 71-Jährige Rudolf Mühlfenzl aus Bayern als Rundfunkbeauftragter der neuen Länder eingesetzt und machte sich an die Arbeit. Der *Berliner Rundfunk* wurde privatisiert, um dem *SFB* ein freies Feld zu verschaffen, dem Jugendsender *DT64* wurden seine Frequenzen entzogen. Keine Zeit zum Durchatmen, keine Zeit zum Nachdenken, keine Zeit für Konzepte. Singelnstein sprang im letzten Moment auf den fahrenden Zug auf, saß am »Runden Tisch im Rundfunk« für die *Initiative für*

Frieden und Menschenrechte (IFM). Diese »Runden Tische«, als erste Form des Dialogs zwischen den bestehenden Parteien in der DDR und den neuen Gruppierungen, hatte Christa Wolf am 9. Oktober 1989 vorgeschlagen – nach polnischem Vorbild. Die neuen politischen Kräfte waren: *Demokratischer Aufbruch*, *Demokratie Jetzt*, die *Grüne Partei*, *Initiative für Frieden und Menschenrechte*, *Neues Forum*, die *Sozialdemokratische Partei der DDR* und die *Vereinigte Linke*. Ich war daran nicht beteiligt. Die Gründung einer linken Partei hätte 1990 durchaus Sinn gemacht, bei gleichzeitiger Auflösung der SED. Interessant war die »Böhlener Plattform«, die auch Vertreter der »Kirche von Unten« einschloss mit dem Ziel einer Erneuerung des Sozialismus. Aber wie sollte das zu schaffen sein bis zu den Wahlen am 18. März 1990 – und der Westen drückte aufs Tempo. Die Gunst der Stunde sollte genutzt werden, dabei gab es doch alle Zeit der Welt für Diskussionen und Zukunftskonzepte und auch das Grundgesetz der BRD war ja nur als ein Provisorium verfasst worden, das kannst du heute noch nachlesen, dass bei einer Wiedervereinigung der beiden deutschen Staaten eine gemeinsame Verfassung zu erarbeiten wäre, wörtlich:
Artikel 146: »Dieses Grundgesetz, das nach Vollendung der Einheit und Freiheit Deutschlands für das gesamte deutsche Volk gilt, verliert seine Gültigkeit an dem Tage, an dem eine Verfassung in Kraft tritt, die von dem deutschen Volke in freier Entscheidung beschlossen worden ist.«

Von diesem wichtigen Paragrafen war Anfang 1990 allerdings nicht mehr die Rede. Warum eigentlich? Weil es allein um die Frage ging, sich diesen fetten Happen, der so unversehens aufgetaucht war, nicht entgehen zu lassen. Bloß keine unkontrollierbare Demokratisierung in der DDR mit unsicherem Ausgang: »Es muss demokratisch aussehen, aber wir müssen alles in der Hand haben.« Es wäre spannend geworden in der DDR mit einem demokratischen Sozialismus, den wir wollten, und mit seiner Ausstrahlung auf Westdeutschland. Und die leckeren Happen wären wieder in weite Ferne gerückt: die Wälder, die Seen, die Flur und die Grundstücke, die Häuser und Fabriken, die Gleisanlagen und Züge, die Häfen und Flugplätze, die Kindergärten und Krankenhäuser. Aber die Kapitalisten waren schon so nah an ihrem Ziel, sie ließen sich nicht mehr aufhalten. Und so musste sich der »Zentrale Runde Tisch« in Berlin dem viel zu frühen Wahltermin beugen – Themen wie Wirtschaftsreform und Sozialcharta, Bildungs- und Kulturpolitik, Rechtsstaatlichkeit und neue Verfassung fielen dann natürlich unter den (runden) Tisch. Balltanz ohne Braut. Auch im Rundfunk wurde reiner Tisch gemacht. Jörg Hildebrandt (SDP, Evangelische Verlagsanstalt Ostberlin) wurde entlassen, von Mühlfenzl, nach einem heftigen Streit über die Föderalisierung und Demokratisierung des einstigen DDR-Rundfunks: »Die verhalten sich hier wie die Conquistadores«, sagte

Hildebrandt hinterher dazu. Gerrit Schrader wurde entlassen und Manfred Schönebeck ging aus freien Stücken. Singelnstein überlebte und war später beim neuen Sender *ORB*. Barbara Plensat blieb erfolgreich in ihrem Fach und beschäftigte sich mit Texten von Brigitte Reimann, Volker Braun und Irmtraut Morgner. Das Stück *Kein Brief gestern, keiner heute* von Matthias Baxmann nach Texten von Franz Kafka erhielt 2003 den Preis »Hörspiel des Jahres«.
Noch kurz ein Satz zum »Runden Tisch« in Ostberlin, der ab dem 7.12.1989 im Dietrich-Bonhoeffer-Haus Oppositionsgruppen und die bestehenden Parteien das erste Mal auf Augenhöhe zusammenbrachte. Im Auftrag des »Bundes der Evangelischen Kirchen in der DDR«, der »Berliner Bischofskonferenz der Römisch-Katholischen Kirche« und der »Arbeitsgemeinschaft Christlicher Kirchen« übernahm Oberkirchenrat Martin Ziegler die Moderation. In seiner Begrüßungsrede sagte er: »Die Zukunft unseres Landes liegt uns allen am Herzen. Die Motivationen und Positionen mögen unterschiedlich sein. Notwendig ist, sie zu erkennen, sich darüber auszutauschen und gegensätzliche Argumente gegeneinander abzuwägen. Die fällige gesellschaftliche Erneuerung wird nur durch gemeinsame Kraftanstrengung aller zu erreichen sein. Wir denken, reden und handeln auch an diesem runden Tisch alle für unser Land«. Zu diesem Thema gibt es ein interessantes Interview mit Martin Ziegler (von Bettina Urbanski) in der *Berliner Zeitung* vom 08.02.1990.

Jetzt bin ich aber in der Zeit schon weit vorausgeeilt. Erinnern möchte ich mich für dich aber noch an die spannenden Jahre vor dem Ende der DDR, die Friedliche Revolution, also genau genommen an »meine« Revolution. Der Begriff Revolution ist heute umstritten, ich möchte schon gerne bei ihm bleiben, um all jene zu ehren, die im Jahr 1989 viel riskiert haben, mitunter sogar ihr Leben. Allerdings gehört es zu den Wesensmerkmalen einer Revolution, dass sich nach dem Sieg die Kämpfer freudetrunken in den Armen liegen und die Macht liegt auf der Straße ...
Wann begann »meine« Revolution? Sicher nicht in meiner Zeit im *Club Impuls*. Da wirkte die DDR noch stark, unbesiegbar, und es ging eher darum, eigene Formen des demokratischen Zusammenlebens in diesem Land zu schaffen und zu behaupten. Aber es gab schon Mitte der 70er Jahre eine Friedensbewegung in der DDR, symbolisiert durch das Logo »Schwerter zu Pflugscharen«. Wer das auf seinen Parka genäht hatte, musste um den Besitz der Jacke oder Schlimmeres fürchten. Das Symbol stammte aus dem Buch des Propheten Micha, eines der prophetischen Bücher des Tanach. Ein Mann schmiedete mit einem Hammer aus seinem Schwert einen Pflug. Jewgeni Wiktorowitsch Wutschetitsch (1908–1974) schuf 1957 das gleichnamige monumentale Denkmal vor dem UNO-Gebäude in New York – von der Sowjetunion gestiftet. Später gestaltete er andere kolossale

Anlagen wie das Sowjetische Ehrenmal im Treptower Park in Berlin oder »Mutter Heimat ruft« auf dem Mamajew-Hügel in Wolgograd, dem früheren Stalingrad.
Mir blieb die Friedensbewegung Anfang der 1980er Jahre fremd. Wie sollte man das staatlich verordnete Wettrüsten (auf beiden Seiten) aufhalten? Die Friedensdemonstration im Bonner Hofgarten 1981 war allerdings sehr beeindruckend und auch die Ostermärsche in der BRD. Doch Kanzler Schmidt drängte auf den NATO-Doppelbeschluss: »Ich habe nur neun Keulen, um dich zu erschlagen, du hast zehn, also brauche ich noch eine ...« Dieser, von den USA geforderte, Beschluss war in der Bevölkerung der BRD und vor allem in seiner eigenen Partei sehr heftig umstritten. Am 1. Oktober 1982 verlor Schmidt sein Amt und es begann die »Ära Kohl«. Dieses System der großen, so ähnlichen Parteien im Kapitalismus trägt wesentlich zu seiner Stabilisierung bei. Thomas Bachheimer, Europa-Präsident des *Gold Standard Instituts,* beschrieb diese Parteien im März 2015 (Deutsche Wirtschaftsnachrichten) knapp und zutreffend als »politische Gruppierungen, die derzeit an der Macht sind, samt ihrer Pseudo-Opposition, die kräftig am Kuchen mitnascht.« Deutschland hat derzeit nur eine Partei und egal, wen man wählt, wenn man denn wählt, das Menü ist dasselbe. Den Deutschen geht es zu gut, um sich zu fragen, wie die Staatsschulden jemals zurückbezahlt werden könnten und welche Rolle die Gläubiger, die stets im Hintergrund agieren, spielen ... Diese Fragen sind in den staatlichen Medien tabu, genauso wie das Thema Ausbeutung. Die »Sozialpartnerschaft« wird gepriesen, um von dem täglichen Leistungsdruck, Burnout, Leiharbeit, prekärer Beschäftigung, Aufstockern, der Unmündigkeit der Arbeiter, ihrer Angst vor Mieterhöhungen, Arbeitslosigkeit und Altersarmut abzulenken. Nach einer aktuellen Studie des Statistischen Bundesamtes gilt ein Drittel (!) der deutschen Bevölkerung heute als arm, da sie weniger als 60 % des mittleren Einkommens zur Verfügung haben. Das bürokratische Wort lautet Armutsgefährdung. Besondere Probleme: Zahlung der Miete und Heizung, vollwertige Nahrung und Urlaub. Die Mittelschicht schrumpft, das Vermögen Weniger wächst. Und neben dem Primat der Gewinnmaximierung von Konzernen hat dieses System auch den gewollten Nebeneffekt der Lähmung der politischen Widerstandskraft und einen Rückzug des Einzelnen aus der Gesellschaft. Nur nicht untergehen.
Ein interessantes soziologisches Phänomen in der DDR war, dass es diese Entpolitisierung und den Rückzug ins Private ebenfalls gab. Nicht wegen der Ausbeutung, sondern wegen des Ausschlusses von politischen Entscheidungen. In meinen Gesprächen mit Freunden ging es Ende der 80er Jahre genau um diese Frage. Der lähmende Stillstand der gesellschaftlichen Entwicklung in der DDR sollte beendet werden, die Massen sollten aus ihrer Lethargie, aus ihren Nischen herausgeholt werden, um neue Möglichkeiten der Mitwirkung zu erkennen und zu erkämpfen. Im Wohngebiet, in den Kreisen und Städten bis in die Spitze des

Staates hinein. Das sollte das politische Signal zum demokratischen Umbau der DDR werden und uns war schon klar, dass wir dafür ein paar Jahre benötigt hätten, die wir dann aber nicht hatten, nicht haben sollten. Das war eine so schöne Vision, die noch heute weiterlebt, wenn auch nur in einer überschaubaren Gruppe von Menschen.

Ende der 80er keimten diese Gedanken erst langsam auf, wurden im Verborgenen ausgesprochen. Genauso wichtig war in den letzten Jahren der DDR die existenzielle Frage, ob die beiden feindlichen Systeme imstande wären, eine totale Vernichtung des jeweils anderen zu verhindern. Auf der einen Seite die gierige Diktatur des Kapitals, auf der anderen Seite die Diktatur einer Clique aus paranoiden und senilen Stalinisten. War es möglich, dass sich diese beiden politischen Systeme zugrunde richten, und die Menschen mit ihnen? Als 1978 in den Schulen der DDR das Fach »Wehrerziehung« eingeführt wurde, protestierte der »Bund der Evangelischen Kirchen in der DDR«, ohne Resonanz. Aber das Gras wuchs weiter. In Friedensdekaden und kirchlichen Seminaren entstand (parallel zur BRD) eine Bewegung, die Friedensinitiative, die eine (wie offiziell deklariert) »friedfertige DDR« in Frage stellte. Ins öffentliche Bewusstsein kam diese Bewegung am 24. September 1983 mit einer spektakulären Aktion in Wittenberg. Da das umgeschmiedete Schwert nicht rechtzeitig fertig geworden war, sagte Friedrich Schorlemmer, Dozent am Evangelischen Predigerseminar: »Dann machen wir das eben zum Kirchentag.« Ich habe die politische Abstinenz von Schorlemmer 1990, als auch die Ämter auf der Straße lagen, immer sehr bewundert, er sagte: »Ich brauche kein Amt, nur immer neuen Mut!«

Vor zweitausend Besuchern schmiedete der Kunstschmied Stefan Nau auf dem Kirchentag ein selbst gefertigtes Schwert zu einer Pflugschar um. Richard von Weizsäcker (später Bundespräsident der BRD), als Gast, ging in seiner Rede nicht auf die Aktion ein, er sprach nur von der Notwendigkeit einer Rüstungskontrolle und der Verhinderung neuer Waffensysteme. Und der ARD-Reporter Peter Wensierski stellte fest: »Es war plötzlich klar, dass es auf beiden Seiten der Mauer ähnlich denkende Leute gibt.« Es gab eine breite Zustimmung in der Bevölkerung, aber das war den Kesseltreibern egal. Selbst die 350.000 Menschen konnten am 10. Juni 1982 im Bonner Hofgarten den NATO-Doppelbeschluss von Helmut Schmidt nicht stoppen, 67 % der Bundesbürger waren dagegen, aber wen interessierte das? Die SED organisierte sich ihre eigenen Massendemonstrationen, allerdings mit dem Slogan: »Weg mit den USA-Raketen«. Es ist aufschlussreich, dass die DDR-Führung die unabhängige Friedensbewegung abgelehnt hat und unterdrückte. Wer zu den Friedenskräften gehörte, wollte man gerne selbst entscheiden, siehe *Rock für den Frieden* – dem alljährlichen Spektakel im Palast der Republik. Und Verteidigungsminister Heinz Hoffmann erklärte im März 1982 vor der Volkskammer:

»Unsere Soldaten tragen ihre Waffen für den Frieden. So gerne wir auch unsere Waffen verschrotten würden, noch braucht der Sozialismus, braucht der Frieden Pflugscharen und Schwerter.«

Mit den Jahren wurde die Friedensbewegung die erste gesamtdeutsche politische Bewegung und auch die einzige. Mal abgesehen vom *6. Deutschen,* also gesamtdeutschen, *Evangelischen Kirchentag* 1954 in Leipzig. Dort ging es in erster Linie um den Umgang mit der Geschichte des Nationalsozialismus und um die Bewahrung des Friedens. Der Abschlussgottesdienst wurde am 11. Juli im Leipziger Zentralstadion gefeiert. Dreißig Jahre später konnte die Friedensbewegung in Deutschland daran anknüpfen. Gänzlich unerwartet schwangen sich Mitte der 80er Jahre zwei Exponenten des »Kalten Kriegs«, Ronald Reagan und Michail Gorbatschow, zu Friedensengeln auf, was nur auf den ersten Blick überraschte. Beide waren permanent klamm. Allerdings wurde der INF-Vertrag (Intermediate Range Nuclear Forces) erst am 8. Dezember 1987 in Washington unterschrieben, und damit verschwanden dann die atomaren Mittelstreckenraketen (*SS-20* und *Pershing 2*) aus Europa. Die Friedensbewegung in der DDR und der BRD hatte ihr Ziel erreicht. Es blieb bei mir damals der Eindruck zurück, dass Gorbatschow alles unterschrieben hätte, um seinen defizitären Staatshaushalt zu entlasten. Nach einem Erfolg sah es nach vier Verhandlungsrunden am Abend des 11. Oktober 1986 in Reykjavik zunächst nicht aus. Das Treffen fand auch unter dem Eindruck der Atomkatastrophe von Tschernobyl am 26. April des Jahres statt. Gorbatschow kam gut vorbereitet nach Island. Er erinnerte sich später an die Verhandlungen mit Reagan, der ihm vorwarf: »Es war Ihre Absicht, mich hier in eine derartige Lage zu bringen!« Und er habe geantwortet: »Nein. Ich bin bereit, sofort ein Dokument über alle Fragen zu unterzeichnen, über die wir bereits eine Einigung erzielt haben, wenn Sie auf ihre SDI-Pläne verzichten.« Darauf habe Reagan geantwortet: »Es tut mir leid« (aus: Allein auf dem Parkett, Erinnerungen. Siedler Verlag, Berlin 1995). Die SDI, also die Strategic Defense Initiative, war Reagans Steckenpferd, eine weltraumgestützte Raketenabwehr gegen die Sowjetunion. Bundeskanzler Kohl wollte da gerne mitkämpfen. Und so wurden am 28. März 1986 zwei geheime Abkommen zwischen den USA und der BRD von Bundeswirtschaftsminister Martin Bangemann und US-Verteidigungsminister Caspar Weinberger in Washington unterschrieben. Das SDI war aber nur eine fixe Idee und ließ sich technologisch und finanziell nicht umsetzen, siehe die 51. Tagung der Deutschen Physikalischen Gesellschaft am 2. April 1987. Damit war nach einem Jahr der Weg frei für die in Reykjavik gemachten sowjetischen Vorschläge, Zitat Gorbatschow: »Wir brauchen einen neuen Ansatz. Heutzutage setzt sich die nukleare Konfrontation aus einer Triade zusammen: aus bodengestützten strategischen Raketen, aus U-Boot-gestützten Raketen und aus strategischen Luftstreitkräften. Wir schlagen daher

vor, alle Bestandteile dieser Triade um fünfzig Prozent zu kürzen.« Der IFN-Vertrag überraschte die Friedensbewegung und in der Folge zerstörten die USA vertragsgemäß 846, die Sowjetunion 1846 Raketen, wobei ein Kontrollrecht für beide Seiten verabredet war. Die letzten Raketen wurden im Mai 1991 demontiert. In diesem Jahr wurde auch das erste der beiden START-Abkommen (Strategic Arms Reduction Treaty) beschlossen, aber das würde jetzt zu weit führen. Ich erwähne es nur kurz, damit du dich damit beschäftigen kannst ...
Was wurde aus der Friedensbewegung in der DDR? Nach behördlicher Zusage fand mit dem »Olof-Palme-Friedensmarsch« 1987 die einzige genehmigte Demonstration der Opposition statt, mal abgesehen vom 4.11.1989. Danach war aus der Bewegung die Luft raus. Reagan hatte Gorbatschow die Hand geschüttelt, damit waren die wesentlichsten Forderungen umgesetzt plus eine freundliche Erinnerung an die Einhaltung der Menschenrechte im »Reich des Bösen«. Hierdurch entstand in der DDR eine diffuse Stimmung: Abrüstung – ja! Menschenrechte – ja! Gorbatschow – ja! Ich nehme mich da gar nicht aus. Der Frieden erschien gesichert, wobei geflissentlich ausgeblendet wurde, wie viele Atomsprengköpfe das Leben der Menschheit noch bedrohten. Die Zahlen sind heute noch alarmierend: 8.000 in Russland, 7.300 in den USA, 80 amerikanische Atombomben lagern in Deutschland, wobei die Bundesregierung die Modernisierung des Waffenlagers auf dem Fliegerhorst Büchel erst unlängst mit mehreren Millionen Euro unterstützt hat. Es erstaunt mich immer wieder, wie wenig die Menschen darüber wissen. Aber wer berichtet schon davon? Weitere Atommächte sind Frankreich, China, Großbritannien, Pakistan und Indien. Aber auch Israel (80) und Nordkorea (7) verfügen über diese schreckliche Waffe.
Heute, im »Alter«, bin ich dann aber doch eher der Ansicht, dass Gorbatschow zwar eine Menge kluger Ideen, aber keinen politischen Plan hatte, vor allem nicht die notwendige Hausmacht, um die »Perestroika« auch sinnvoll umzusetzen, im eigenen Land und in den Vasallenstaaten der Sowjetunion. Er war eher ein schwacher Mensch. In die DDR kam er als freundlicher Opa und die Union der Sozialistischen Sowjetrepubliken hat er dann ohne Not gegen die Wand gefahren. Weil er zu spät kam oder die Dinge nicht im Griff hatte. Dafür bestrafte ihn das Leben. Natürlich wurde er im Westen gefeiert und dekoriert, aber in seiner Heimat ist er eine Unperson, ein Zombie, der sich, wie man meint, besser nicht in die große Politik eingemischt hätte. Vielleicht hätte er ZK-Sekretär für Landwirtschaft bleiben sollen, da gab es auch genug zu tun. Wenn er sich jetzt über die Besetzung der Krim freut, wen interessiert das? Er hat alles verschenkt, was er hatte, was ihm anvertraut worden war, für eine läppische Summe von 18 Milliarden DM und ein paar Wohnhäuser für seine Soldaten. Mitte der 50er Jahre soll der damalige Wirtschaftsminister Ludwig Erhard der Sowjetunion 120 Milliarden DM für

den Kauf der DDR geboten haben und bekam aus Moskau die Antwort: »Freunde verkauft man nicht.«

Bevor Gorbatschow ein guter Freund von Helmut Kohl wurde, der ihn noch 1986 als »neuen Goebbels« beschimpft hatte, gab es schon am 14.11.1989 (!) den »Kniefall« vor George Bush senior auf dem Luxusdampfer *Maxim Gorki* vor der Insel Malta. An diesem Tag war das Ende der DDR beschlossene Sache. Das Fatale an der Konferenz von Malta war, dass es keinen europäischen Politiker gab, der, wie Churchill in Jalta, die Interessen der Westeuropäer vertreten hätte. Tatsächlich wurde von den USA ohne die Mitwirkung der DDR über unser Schicksal entschieden. Man hätte die NATO nach 1989 entweder auflösen können oder aber Russland in eine reformierte Organisation der gegenseitigen Sicherheit einbinden können. Aber wir haben die schlimmste aller Möglichkeiten bekommen: eine erweiterte NATO, die damit begann, Russland von allen Seiten einzukreisen – der nächste fette Happen lockte. Man musste kein strategisches Genie sein, um vorauszusehen, dass Russland als Nuklearmacht gegen diese Entwicklung früher oder später auftreten würde. Ich glaube allerdings, dass den Amerikanern diese nachvollziehbare Sichtweise Russlands nicht bewusst ist. Im Grunde geschieht in der Ukraine das selbe wie in Libyen oder Syrien oder im Irak. Die Propagierung austauschbarer »Reiche des Bösen« setzt die Politiker in Europa zunehmend unter Druck und von ihnen wird, wie es aussieht, nicht viele dagegen unternommen. Von »eingefrorenen Konflikten« ist aktuell die Rede. Währenddessen werden privaten Telefongespräche von Premiers, der Bundeskanzlerin und von Präsidenten durch die NSA abgehört, na und?

Gorbatschow hätte ein demilitarisiertes, neutrales Deutschland schaffen können. Müssen. Die Russen hatten 1991 noch sechs Armeen mit 500.000 Soldaten vor Ort und somit alle Buben auf der Hand. Grand Hand. Und Gorbatschow hätte das friedliche Haus Europa schaffen können. Mitterrand und Thatcher hätten ihm geholfen, aber er tat es nicht ... Er hätte eine Wiedervereinigung stiften können, die dieses Wort verdient. Wenn nur 20 oder 30 Prozent der Vorteile der DDR für das vereinte Deutschland übernommen worden wären, hätte das dem Selbstvertrauen der DDR-Bürger gut getan und vor allem hätten die Westdeutschen erlebt, dass ihnen diese Einheit auch etwas Positives gebracht hat. Einige Vorteile hatte ich ja schon erwähnt wie das einheitliche polytechnische Schulsystem, öffentliche Verkehrsmittel für 20 Pfennige, die Polikliniken, eine flächendeckende Betreuung in Kinderkrippen und Kindergärten, Ganztagsbetreuung in den Schulen und mit Blick auf die Gleichberechtigung: gleicher Lohn für gleiche Arbeit, Förderung der Qualifizierung von Frauen, Hauswirtschaftstag für Frauen, zinsloser Ehekredit für junge Paare, vielfältiges Freizeitangebot für Jugendliche in Jugendklubs und Arbeitsgemeinschaften, preiswertes Schulessen, fast kostenlose Ferienlager für Kinder ... Mehr fällt mir gerade nicht ein, aber die Auflistung zeigt auch, was durch den Beitritt der DDR, ihre Auflösung, alles verloren gegangen ist und somit den Menschen in Westdeutschland entgangen ist. Allein schon der Ehekredit war eine gute Idee. Junge Eheleute bis 26 Jahre, das betraf damals fast alle, erhielten für die Einrichtung der Wohnung einen zinslosen Kredit in Höhe von fünftausend Mark, ab 1987 waren es siebentausend. Die monatliche Rückzahlung betrug lächerliche 50 Mark. Mit jedem Kind, das geboren wurde, reduzierte sich die Schuldensumme. Nach dem zweiten Kind, in der DDR die übliche Familiengröße, halbierte sich der Kredit, nach dem dritten galt er als getilgt. Und, das hätte ich fast vergessen, ab 1986 wurde das »Babyjahr« eingeführt, ein bezahltes Jahr schon beim ersten Kind. Das politische Ziel dabei war die Vereinbarkeit von Familie und Beruf, wenngleich diese Großzügigkeit in den Bilanzen der Betriebe negativ zu Buche schlug.

Was gewollt war, wurde erreicht: 91 % der Frauen in der DDR arbeiteten, wodurch das Familieneinkommen gesichert war. Die Familienplanung war damals gänzlich anders. Wenn ich heute durch den Prenzlauer Berg radele, sind die Eltern deutlich älter und ich falle als älterer Papa gar nicht so sehr auf. Früher bekamen die jungen Eheleute mit Mitte zwanzig ihre Kinder, neben der Ausbildung oder dem Studium, und wenn die Kinder mit sechs Jahren in die Schule kamen, waren die Eltern noch sehr jung. Zudem standen die Eltern im Mittelpunkt der Familie und die Kinder kreisten um dieses Zentrum. Heute habe ich oft den Eindruck, die Kinder stehen im Zentrum und die Eltern kreisen drum herum.

In Westdeutschland war die Zahl berufstätiger Frauen vergleichsweise gering. Sie brauchten über Jahrzehnte die Zustimmung ihres Mannes, um arbeiten gehen zu dürfen oder ein eigenes Konto zu eröffnen. Dieser Usus schloss auch den Erwerb einer Fahrerlaubnis ein oder das abendliche Singen in einem Chor. Noch bis 1977 hieß es im Bürgerlichen Gesetzbuch: »Die Frau führt den Haushalt in eigener Verantwortung. Sie ist berechtigt, erwerbstätig zu sein, soweit dies mit ihren Pflichten in Ehe und Familie vereinbar ist.«

Das hätte sich keine Frau in der DDR bieten lassen. Sie verdienten ihr eigenes Geld, wussten die Kinder gut betreut und waren selbstbewusst. Was das Thema Gleichberechtigung betrifft, war hier schon die Tür zu einer neuen Gesellschaftsordnung aufgestoßen worden: Gleicher Lohn für gleiche Arbeit und Bildungsprogramme für Frauen. Aber im Politbüro der SED saß nur eine Quoten-Frau: Inge Lange, auch nur als Kandidatin. Man könnte meinen, eine Frauenrechtlerin, wenngleich im Rahmen der begrenzten Möglichkeiten innerhalb der SED. Alle Vorzüge der gesellschaftlichen Entwicklung in der DDR brachen sich aber an der Unfreiheit der Bürger und der Unterdrückung politischer Alternativen. Sozialismus heißt eigentlich Volksdemokratie, Aussprachen, Kritik, Räte, Suche nach dem richtigen

Weg, wobei Staat und Kirche natürliche Verbündete gewesen wären. Wer sich in das Thema weiter vertiefen möchte, verweise ich an Hannah Arendt. Ihre geistige Kraft und Schärfe habe ich immer bewundert, wobei mir besonders der nachfolge Satz über Rosa Luxemburg im Gedächtnis geblieben ist: »Hatte sie nicht recht mit ihrem Urteil, dass Lenin völlig im Irrtum war über die von ihm angewandten Mittel und dass die einzige Rettung in der Schule des öffentlichen Lebens selber lag, in der unumschränktesten, breitesten Demokratie und öffentlichen Meinungsäußerung, dass der Terror jedermann demoralisiere und alles zerstöre?«

Diese Gedanken gilt es immer wieder hervorzuheben und aufzubewahren, die große Inspiration von Karl Marx, Friedrich Engels und Rosa Luxemburg. Sie hatte zusammen mit Liebknecht gegen die Kriegskredite im Reichstag gestimmt, so wie es die Sozialdemokraten vorher vereinbart hatten. Das Geld wurde bewilligt, die Soldaten zogen jubelnd nach Verdun. Was für eine Täuschung, was für ein Verrat am eigenen Volk – im Prinzip passiert das auch heute noch, auch wenn keiner mehr in den Schützengraben muss, wobei – einige schon. Rosa Luxemburg wurde erschossen und in den Landwehrkanal geworfen, von denen, die sie für gefährlich hielten. Und wenn ich heute an ihrem Platz an der *Volksbühne* vorbeifahre, bin ich dankbar, dass nicht auch dieser Name getilgt wurde und bin ihr nah. In ihr lebt die Vision einer demokratischen, sozialistischen Gesellschaft weiter, die sich ganz von der heutigen unterscheidet. Den Friedenspreis des Deutschen Buchhandels erhielt 2013 die weißrussische Autorin Swetlana Alexijewitsch. In einem ihrer Interview-Bücher zum Thema sowjetischer Afghanistan-Krieg (*Zinkjungen* 1989, deutsche Ausgabe1992) sagt eine Frau: »Früher hatten wir Angst vor dem Geheimdienst, heute haben wir Angst vor dem Leben.« Und sie meinte, bei aller Gefahr in der Sowjetunion verhaftet zu werden, gab es doch keine Angst um die bloße Existenz oder ein Alter in Armut und Einsamkeit ...

Aber ich war bei den Frauen in der DDR stehengeblieben. 91 % von ihnen waren im Jahr 1987 berufstätig (die Hälfte der Gesamtbeschäftigten) und hatten ein eigenes Konto, wenn sie es wollten. Ich sah diese Frauen manchmal um 6 Uhr morgens an der Krippe warten, das Kind an der Hand. Um sechs wurde geöffnet und der Weg zur Arbeit stand noch bevor. Das fand ich zu früh und habe meinen Jüngsten höchstens um sieben dort abgegeben, als er ein Jahr alt war. Durch eine Fensterscheibe sah ich ihn dann verschüchtert auf einem Stühlchen sitzen und als ich ihn gegen vier wieder abholte, schien es mir, als würde er noch immer da sitzen und auf mich warten. Ich habe ihn gedrückt und geküsst, und wir haben, wenn ich ihn abgeholt habe, immer etwas besonders Schönes gemacht. Einmal habe ich ihm ein schickes Feuerwehrauto aus Holz gekauft, das Einzelstück in der Krippe war für ihn immer schwer zu ergattern, und dann haben wir bis zur Schlafenszeit damit gespielt.

Für die Frauen in der DDR hatte der Abtreibungsparagraf 218 eine besondere Bedeutung, darüber hatte ich schon berichtet: Indikationsregelung gegen Fristenregelung. In der DDR hatten die Frauen ab 1972 das erste Mal in der deutschen Rechtsgeschichte das Recht, binnen zwölf Wochen über das Ja oder Nein einer Geburt selbst zu entscheiden.

Es gab so viel Lebenswertes in der DDR und keiner, der in der DDR-Opposition mitgearbeitet hat, dachte auch nur im Entferntesten daran diese Vorzüge aufzugeben; ich kann mich auch an keine Oppositionsgruppe erinnern, die sich für die Einführung des Kapitalismus eingesetzt hätte. Es ging immer um die Verbesserung der DDR, gegen die Alleinherrschaft der SED, gegen die Unterdrückung Andersdenkender und für den Frieden.

Wieder in Fahrt kam die Opposition in Berlin, so jedenfalls mein Eindruck, durch die Sprengung der Gasometer im Prenzlauer Berg am 28. Juni 1984. Als sich gegen 14 Uhr die Staubwolke gelegt hatte, hab ich zum ersten Mal die Wut der Leute gespürt. Auf vielen illegalen Handzetteln stand »Gasometer sprengt man nicht«. Engagiert war damals auch Klaus Laabs, auf den ich sicher noch zurückkomme. Das war nicht meine Wut. Natürlich hätte man diese Industriedenkmale erhalten, ausbauen, umnutzen können, aber woher sollte die finanzschwache DDR das Geld nehmen? Was die Leute wirklich erzürnt hatte, war, wie die Behörden über Eingaben und Proteste (vieler Künstler) einfach hinweggingen. Keine Gespräche, kein Versuch, einen Kompromiss zu finden. Da ist bei vielen das letzte Band im Herzen zu diesem Staat zersprungen. Die Führung hatte beschlossen zu sprengen, also sprengten sie! Die Straßen voller Volkspolizisten und Staatssicherheit, die Prenzlauer Allee eine Hochsicherheitszone. Der Bahnhof gesperrt. Ich lungerte möglichst unauffällig in der Dunckerstraße an der Brücke über die S-Bahn herum und schaute zu. Am nächsten Tag traute ich mich etwas näher heran und machte ein paar Fotos von der zerstörten Kuppel. Ich glaube ich hatte damals eine *EXA 1b* aus Dresden, eine recht gute Spiegelreflexkamera. Da ich meine Fotos in dieser Zeit selbst entwickelt habe, sind die überlebenden Abzüge nicht perfekt. Natürlich sind die Negative auch noch irgendwo in meiner überfüllten Wohnung, nur wo? Ich werfe nichts weg …

Gasometer 1984
Foto: W. B.

Im Flur meiner Wohnung, die zu einer Dunkelkammer wurde, mit einer roten Glühbirne, hatte ich wenig Platz für Entwickler, Fixierer und das Fotopapier, aber es war spannend auf die Bilder zu warten. Abgewedelt und angehaucht. Es war immer faszinierend, wenn die Bilder, wie durch Zauberhand, auf dem weißen Papier hervorkamen. Ich konnte doch meine Bilder von den Gasometern nicht einfach im Fotoladen um die Ecke abgeben. Später half mir Franziska Schmidt, eine Fotografin, die in der Arbeitsgemeinschaft Fotografie vom *Club Impuls* (geleitet von Roland Hensel, der 1986 nach Westberlin ging) ihr Handwerk gelernt hatte, so wie Rolf Zöllner und Gerd Danigel, die mir auch einige Fotos aus dieser Zeit gaben. Noch etwas zu den Gasometern. Als sie weg waren, wurde fleißig gebuddelt und gebaut, allerdings auf schwierigem Grund, denn bis 1981 hatte die IV. Berliner Gasanstalt hier noch Leuchtgas und Benzol erzeugt. Schon zwei Jahre nach der Sprengung waren die 26 Hektar bebaut, nicht so wie in Hellersdorf oder Marzahn, sondern geplant war ein »Wohnen im Park« für viertausend Menschen. Da durfte dann auch nicht jeder einziehen, überwiegend kleine und mittlere Funktionäre der Behörden und Künstler, gehobene Kulturschaffende, dazu einige Menschen aus dem Umfeld der Kunst, der Theater, der Kulturhäuser. Schon am 15. April 1986 übergab Erich Honecker das Areal zum 100. Geburtstag des KPD-Vorsitzenden Ernst Thälmann aus den 30er Jahren. Außerdem wurde für den 16. April Michail Gorbatschow in Berlin erwartet, dem man etwas vorweisen wollte ...

Der Thälmann-Park wurde eine kleine DDR, wie sie sich Honecker erträumt hatte. Schönes Wohnen und fröhliche Menschen. Dazu ein Schwimmbad, später das Zeiss-Großplanetarium, auch das *Theater unterm Dach* im ehemaligen Verwaltungsgebäude der Gasanstalt an der Dimitroff-Straße, gleich daneben die neu gebaute Konzerthalle *Die Wabe*. Im Theater hatte ich mit Michael einen Auftritt mit dem Projekt *Der Mann im Kasten* und in der *Wabe* gab es viele Konzerte mit *Ulf & Zwulf*. Auf diesen sechseckigen Konzertraum komme ich noch zurück, wenn ich mich an Stephan Krawczyk erinnere ... Für das *Theater unterm Dach* schlug ich 1986 eine Reihe vor, die sich *Literatur nach Neun* nannte. Mit mir als »Programmdirektor« und Moderator. Start war schon der 22. März mit Wolfgang de Bruyn. Es folgten in der monatlichen Veranstaltung, die ich ein Jahr betreute: Heinz Knobloch, Gisela Steineckert, Heiner Müller, Helga Schubert, Peter Hacks, Rudi Strahl, Renate Holland-Moritz, Eva Strittmatter und andere.

Was fängt man heute mit »Teddy« an, mit Ernst Thälmann? Weit will ich gar nicht ausholen, nur ein paar Gedanken. Mich und meine Freunde hat in den 80er Jahren oft die Frage bewegt, was aus Deutschland geworden wäre, wenn Ernst Thälmann überlebt und nicht Ulbricht das Ruder übernommen hätte. Es war nur ein Gedankenspiel, Ausdruck der Unzufriedenheit. Ulbricht war über Paris nach Moskau emigriert, Thälmann wurde schon Anfang März 1933 von den Nazis verhaftet. Er stammte aus Hamburg, war ein guter Schüler und wollte Lehrer werden, aber dafür fehlte seinen Eltern das Geld. Er arbeitete im Hamburger Hafen, fuhr zur See, hielt sich mit Gelegenheitsarbeit über Wasser und bekam im Ersten Weltkrieg das Eiserne Kreuz II. Klasse, im Oktober 1918 desertierte Thälmann während eines Heimaturlaubs gemeinsam mit vier befreundeten Soldaten. Mit 17 Jahren (1903) war er in die SPD eingetreten, kam über die USPD 1921 zur KPD. Er war einer der Organisatoren des Hamburger Aufstandes vom 23. bis zum 25. Oktober 1923, der niedergeschlagen wurde. Die Idee dazu stammte eher aus der Komintern (KI) und von Trotzki, der noch immer auf die »permanente« Revolution setzte und vergeblich auf das deutsche Proletariat. Dann folgten wirre Jahre der innerparteilichen Auseinandersetzungen in der KPD. Wichtige Akteure in dieser Zeit waren Wilhelm Florin, Heinrich Brandler, August Thalheimer, Ruth Fischer, Arkadi Maslow – ein großes Hauen und Stechen. Thälmann wurde entmachtet und 1928 erneut Parteichef (auf Wunsch Stalins) und dann Abgeordneter des Reichstags. Was man Thälmann wirklich vorwerfen muss, ist, dass er bis 1932 an der von Stalin propagierten These vom »Sozialfaschismus« festhielt, die die SPD und die NSDAP in einen Topf warf. Das hat den Faschismus in Deutschland erst ermöglicht. Als der NSDAP am 30. Januar 1933 die Macht übertragen wurde, schlug Thälmann der SPD zwar noch einen Generalstreik vor, um Hitler zu stürzen,

doch dazu war es schon zu spät. Am 3. März wurde Thälmann verhaftet, gefoltert und über zehn Jahre eingesperrt. Er gehörte zu den aufrechten Kommunisten und Widerstandskämpfern, die Hitler noch kurz vor seiner Niederlage vernichten wollte – er wurde am 17. August 1944 im KZ Buchenwald erschossen.
Ernst Thälmann ist nur eine von vielen heute vergessenen Personen im linken Spektrum der deutschen Geschichte vor der Zeit des Faschismus, neben den schon genannten möchte ich dich an Franz Mehring, Clara Zetkin, Rudolf Hilferding, Leo Jogiches, Paul Levi und Ernst Däumig erinnern.
Natürlich stand das Thälmann-Denkmal von Lew Kerbel an der Greifswalder Straße auch auf der Schleif-Liste des Berliner Senats im Jahr 1990. Zum Glück konnte es stehen bleiben. Ganz nebenbei erwähnt waren die Bildhauer in der DDR sauer, dass »schon wieder ein Russe« den Vorzug erhielt, wie bei dem kolossalen Marx-Kopf (Lew Kerbel) in Karl-Marx-Stadt oder der Lenin-Statue (Nikolai Tomski) auf dem Leninplatz in Berlin. Lenins Statue wurde am 8. November 1991 abgerissen, als ob man gelebtes Leben und gelebte Geschichte einfach abreißen könnte. Das Areal heißt heute »Platz der Vereinten Nationen« und es liegen ein paar große Felsbrocken herum. Diese Umbenennung macht, wie viele andere, keinen Sinn, und wenn sie als »Siegermentalität« gedeutet wird, wundert es mich nicht. Marx in Chemnitz durfte bleiben (was hatte der schon mit dem ganzen Schlamassel zu tun) und Thälmann durfte bleiben. Und wenn ich heute manchmal auf meiner täglichen Fahrradtour durch den Prenzlauer Berg an ihm vorbeikomme, spreche ich ein paar freundliche Worte und mache ihm Mut: »Thälmann ist niemals gefallen, Stimme und Faust der Nation«.

Noch kurz ein Wort zu Wilhelm Pieck (1876–1960), auch er ist heute nicht mehr tragbar, da er der erste Präsident der DDR war. Politisch spielte er eher eine repräsentative Rolle, denn Walter Ulbricht hatte ja das Sagen, aber Pieck bleibt ein aufrechter Kämpfer gegen den Faschismus in Deutschland und ist eine Person der deutschen Geschichte. Über ihn könnte man trefflich diskutieren, etwa über den Antifaschismus, wenn man sich seiner an einem Straßenschild erinnern könnte. Bei einer Anwohnerbefragung durch das Bezirksamt Berlin-Mitte im April und Mai 1994 sprachen sich 170 Bürger gegen die Umbenennung der Wilhelm-Pieck-Straße in Torstraße aus, 26 Leute stimmten dafür. In einem Beitrag zu diesem Thema in der *Berliner Zeitung* vom 19.7.1994 (Uwe Aulich) wird Roland Dästner, der ein Reisebüro in der Wilhelm-Pieck-Straße hatte, mit dem Satz zitiert: »Wenn wir so weitermachen, wird man in Deutschland nie lernen, mit der Geschichte differenziert umzugehen.«
Aber ich war bei den Gasometern im Jahr 1984 stehengeblieben. Was mein Gefühl und meine Erinnerung betrifft, waren wir damals schon ein wenig mutiger ...

Viele junge Menschen wollten ihre Vorstellungen von einer Zivilgesellschaft artikulieren, ihre Kritik am »real existierenden Sozialismus« durchsetzen. Was für ein Wortspagat im Sprachgebrauch der SED-Führung: Der »Sozialismus«, den sie sich dilettantisch zusammengezimmert hatten, existierte, und sogar in der Realität. Diese Stümper brachen einfach mit der politischen Utopie von Marx und begnügten sich mit dem, was war, möglichst für alle Zeit.
Aber mit der neuen westdeutschen Doktrin »Wandel durch Annäherung« (Brandt, Bahr) ab 1969 wurde in Wandlitz an den Fundamenten gesägt. Mit dem Grundlagenvertrag zwischen der DDR und der BRD 1972 wurde zwar die westdeutsche Hallstein-Doktrin (Alleinvertretungsanspruch für alle Deutschen) aufgehoben, aber es kamen auch die westdeutsche Botschaft in der Hannoverschen Straße und Schritt für Schritt westdeutsche Journalisten. Endlich konnte Honecker in der UNO in New York einziehen und »seine« Fahne am Ostufer Manhattans hissen. Bundeskanzler Willy Brandt prägte damals die Formel »zwei Staaten einer Nation in Deutschland«. Die Hallstein-Doktrin (ab 1955) trieb seltsame Blüten, konnte aber die Anerkennung der DDR durch Länder wie Chile, Irak, Ägypten oder Guinea nicht verhindern. Doch der Handel mit der DDR galt als »unfreundlicher Akt« und schränkte die Importe erheblich ein. Kurios ging es bei der Eishockey-WM 1961 in Genf zu. Da durfte die westdeutsche Mannschaft auf Geheiß ihrer Regierung nicht zum Spiel gegen die DDR antreten, um so das Hissen der DDR-Flagge und das Abspielen der DDR-Hymne zu umgehen. Das Spiel wurde dann 5:0 für die Mannschaft der DDR gewertet. Als der »Alleinvertretungsanspruch« durch Brandt aufgehoben worden war, kam die DDR gar nicht so schnell hinterher und hat an die hundert Botschaften aus dem Boden gestampft. Natürlich waren das genormte Plattenbauten und hier um die Ecke rund um die Stavangerstraße wurde ein ganzes Areal mit solchen Botschaften vollgestellt.
Aber Honecker wollte noch mehr. Er war ganz fixiert auf die internationale Anerkennung der DDR, auch aus ökonomischen Gründen, und hatte seinen bis dahin größten Auftritt auf der Konferenz über Sicherheit und Zusammenarbeit in Europa (KSZE) in Helsinki. Er traf den damaligen US-Präsidenten Gerald Ford und Kanzler Helmut Schmidt und unterschrieb am 1. August 1975 die Schlussakte. Wichtig für uns waren die Festlegungen zum Thema Achtung der Menschenrechte und zu den Grundfreiheiten, einschließlich Gedanken-, Gewissens, Religions- und Überzeugungsfreiheit.
Darauf hatte sich der kleine Mann mit seinem Geltungsdrang festgelegt. Er hatte unterschrieben. Und genau diese Festlegungen wurden dann von der Friedensbewegung in der DDR aufgenommen. Es gab unzählige kleine Gruppen im ganzen Land, die sich dem täglichen Kleinkrieg mit der Macht, die immer Recht haben wollte, stellten. Oft angelehnt an die Kirche, die etwas Schutz und Freiraum bot.

Staat und Kirche blieben bis zum Ende der DDR immer wie Hund und Katz, obwohl es von beiden Seiten ständig den Versuch gab, zweiseitige Abkommen zu schließen. So kam es zu dem Treffen zwischen Honecker und Kirchenführern (Bischof Albrecht Schönherr) am 6. März 1978. Diese Gespräche wurden auch später intensiv fortgesetzt, überwiegend von Manfred Stolpe, der schon 1978 mit dabei war. Ab 1982 war Stolpe Konsistorialpräsident der Ostregion der Evangelischen Kirche Berlin-Brandenburg und nach meinem Eindruck an einem guten Einvernehmen mit dem Staat interessiert, vor allem wollte er die Kirche nicht per se als Opposition erscheinen lassen und sah sie als Teil der inneren Stabilität in der DDR. Diese Haltung wurde von vielen Gruppen in der Kirche, siehe »Kirche von Unten«, nicht akzeptiert und war damit auch nicht »anzuordnen« oder durchzusetzen. Die Kirche bot ihr Haus an. Ich denke, Stolpe sollte und wollte als »Außenminister« der Kirche einen offenen Konflikt mit dem Staat verhindern. Diese Rolle fiel ihm bis Oktober 1989 zu, darauf komme ich noch ...

Es war immer üblich in der DDR, dass ein paar Wochen vor einem großen Staatsfest (1. Mai und 7. Oktober) auf der ersten Seite der Zeitungen fast 50 Losungen abgedruckt waren: »Es lebe der Marxismus-Leninismus! Es lebe die SED – die Partei des Sozialismus! Es leben die Mitarbeiter des Handels! Arbeite mit, plane mit, regiere mit! Ein Hoch auf unsere fleißigen Bäuerinnen und Bauern! Kampf gegen Neonazismus und Revanchismus in der BRD! Alle Kraft für die Stärkung unseres sozialistischen Vaterlandes, für das Glück unserer Kinder! Mein Arbeitsplatz – mein Kampfplatz für den Frieden!« Und so weiter ...

Diese Losungen wurden dann in den Betrieben (statt zu arbeiten) oder massenweise in der *DEWAG* (Deutsche Werbe- und Anzeigengesellschaft), wo mein Freund Klaus Stehr arbeitete, angefertigt. Er gestaltete eigentlich große Kinoplakate, wie für das *Colosseum* vor meinem Fenster, oder kümmerte sich um Fassadengestaltung, aber zwei Mal im Jahr standen alle Räder still. 1988 fehlte plötzlich eine Losung in den Zeitungen, die jahrelang auf Platz 3 gestanden hatte: »Von der Sowjetunion lernen, heißt siegen lernen«. Daraufhin machten sich drei Menschen an die Arbeit: Dietmar Halbhuber, dazu der Kunstlehrer Thomas Wernicke aus Pankow und ich. Gerlinde hatte ein gelbes Stück Stoff besorgt, zwei Meter breit und acht Meter lang. Thomas brachte grüne Farbe mit. Und auf dem Innenhof seiner Wohnung in der Stubnitzstraße malten wir dann die Losung auf den Stoff. Ganz öffentlich und ohne Angst, eher mit Spaß, schließlich war es kurz vor dem 1. Mai, da wurden überall Transparente gemalt und die Losung war ja auch vertraut. Kann aber schon sein, dass einer der Mieter besonders aufmerksam war ... Nach dem Trocknen brachte ich das kostbare Teil auf dem Fahrrad in meine Wohnung in der Schönhauser. Am Abend vor dem 1. Mai trafen sich Dietmar und Thomas bei mir und die Aufgaben wurden verteilt. Dietmar sollte, wegen seiner

Leibesfülle, auf der Straße patrouillieren. Auch die Mädels haben aufgepasst. Da liefen jede Menge Vopos rum und bei Gefahr sollte Dietmar pfeifen. Thomas und ich stiegen über meiner Wohnung aufs Dach, zwängten uns durch die Luke und waren über der Stadt, wo mein Sommerschreibtisch stand.

Alle Häuser hatten diesen oberen Ausgang und so konnte man mit etwas Geschick im Häusergeviert schnell mal auftauchen und genauso schnell wieder verschwinden. Die Mädels hatten oben am Transparent Ösen befestigt und unten ein paar kleine Steine eingenäht, damit es bei Wind nicht gleich davonfliegen würde. So machten wir uns auf den Weg, vom Dach der Nr. 71 zur 71A, über die 72 zur 72A. Alles sehr eben, nur ein paar Brandmauern, aber dann folgte das schräge Dach der 73. Ein etwas zurückgesetzter Neubau aus den 60er Jahren, damals war dort ein Jugendmode-Laden drin, später ein Modegeschäft mit gleichem Namen. Die hatten in den letzten Jahren immer diese lustige Schaufensterdekoration im Winter, die dir so gut gefallen hat.

Auf den Trittbrettern für den Schornsteinfeger tasteten wir uns langsam im Dunkeln über das Dach. Ich schaute runter auf die Straße. Sah nur einzelne Volkspolizisten und hörte kein Pfeifen von Dietmar. War er noch da? Wir entrollten das Transparent und befestigten es an einem Trittbrett. Perfekt. Noch mal alles glatt ziehen und dann vorsichtig auf dem gleichen Weg zurück in die Nr. 71. Mein Herz pochte ... Wohnungstür zu und schnell die Treppen runter. Unten vor dem Haus wartete Dietmar, ganz entspannt, und wir gingen rüber ins *Venezia* und tranken ein Bier ... Ich bin heute froh, dass ich am kommenden Morgen, früh um sieben, den Mut hatte, rüber in die Kopenhagener zu gehen und unser Transparent zu fotografieren. Ja, wir waren mutig, aber wir hatten auch Angst. Wie verabredet trafen wir uns um 9 Uhr zu einem russischen Frühstück bei mir: Schwarzbrot, Äpfel, Speck, Zwiebeln und Wodka. Die Fenster weit auf, es war ein sonniger Tag. In Westberlin Randale, Innensenator Kewenig wollte bis zum Herbst die autonome Szene mit »Rigorosität und Härte« bekämpfen, erstmals kam es zu einem massiven Einsatz von Panzerwagen ... Wir aßen in der Schönhauser in Ruhe unseren Speck und warteten. Wir waren angespannt, aber in Sicherheit. Alle Menschen aus der Gegend, die zur Mai-Demo in der Karl-Marx-Allee wollten oder sollten, fuhren mit der U-Bahn runter in die Stadt. Und sahen unser Plakat, das genau vor ihren Augen hing. Was für ein erhebendes Gefühl. Gegen halb zehn kam die erste Feuerwehr und fuhr ihre Leiter aus: zu kurz. Pause. Wie ich später las, wurde Mielke auf seiner schönen Tribüne auf der Karl-Marx-Allee informiert: »Runter reißen« – stur weiter lächeln und winken hinter der Sonnenbrille. Um kurz vor elf kam dann eine zweite Feuerwehr mit einer längeren Leiter ...

Transparent Schönhauser Allee am 1.5.1988
Foto: W. B.

Aus Gründen der Konspiration habe ich Dietmar und Thomas in den folgenden Tagen nicht getroffen – wie ich von Gerlinde erfuhr, wurde Thomas in dieser Zeit ein paar Stunden auf einer Polizeiwache festgehalten und musste sogar eine Schriftprobe (!) abgeben. Verrückte Idee bei einem Plakat, weil jeder von uns ein paar Buchstaben aufgemalt hat. Dietmar blieb außen vor, vielleicht hatte ihn der Denunziant nicht zuverlässig erkennen können. Und zwei Wochen später wurde ich verhaftet und kam für drei Tage in eine Dunkelzelle auf dem Volkspolizeirevier Schönhauser Allee 22, da war übrigens 1952 auch Wolfgang Kaiser eingesperrt. Er gehört zu den 166 Personen, die in der DDR bis 1981 hingerichtet wurden. Die DDR schaffte 1987 die Todesstrafe ab. Kaisers Richterin war Hilde Benjamin, die ihn als Mitglied der »Kampfgruppe gegen Unmenschlichkeit« (KgU) in Westberlin zum Tode verurteilte. Kaiser fertigte als Chemiker Lunten für Luftballons, mit denen Flugblätter und Zeitungen über der DDR abgelassen wurden. Zudem stellte er Nebelbomben und Brandsätze her. Für die DDR war die KgU eine vom CIA geleitete Mord- und Terrororganisation. Hilde Benjamin, ich weise dich auf den Film von André Meier hin (mdr 2013), wird heute gerne als die Scharfrichterin der DDR dargestellt. Weitere Todesurteile in der DDR gab es gegen Johann Burianek wegen der geplanten Sprengung einer Eisenbahnbrücke bei Erkner, Herbert Fink wegen der Ermordung von Häftlingen im KZ Auschwitz, Julius Bergmann – ehemaliger

SA-Führer in Berlin, Erna Dorn wegen »faschistischer und Kriegshetze« gegen die DDR, Ernst Jennrich nach dem 17. Juni 1953 wegen Mordes an dem Volkspolizisten Georg Gaidzik, Karl Helmuth Theiner als SS-Sanitäter in den KZs Dachau, Sachsenhausen und Gusen, Sylvester Murau, Major der Staatssicherheit, wegen Falschangaben zu seiner NS-Vergangenheit aus dem Dienst entlassen und nach seiner Flucht in den Westen, wo er mit westlichen Geheimdiensten zusammenarbeitete, in die DDR entführt und zum Tode verurteilt, Siegfried Rogge wurde wegen Sexualmord zum Tode verurteilt und hingerichtet ...

Das Polizeigebäude wurde inzwischen renoviert und während der Bauarbeiten im letzten Jahr habe ich im Keller meine Zelle gesucht und auch gefunden. Vielleicht drei mal fünf Meter groß, eine Eisentür mit einer Durchreiche, ein Eisenbett, ein Klo, kein Waschbecken. Kein Licht. Am frühen Morgen traf ich dort ein. Mein Glück war die U-Bahn, meine U-Bahn, die neben dem Haus vorbeifährt. Fuhr sie nicht, war es etwa um 1 Uhr nachts, fuhr sie oft, dann war Berufsverkehr am Morgen und am Abend. So hatte ich wenigstens eine zeitliche Orientierung. Alle sechs Stunden öffnete sich die Klappe in der Tür und mir wurde wortlos eine Scheibe Brot mit Leberwurst hineingeschoben. Ein kleiner Lichtstrahl flog in die Dunkelheit, den Mann konnte ich nicht sehen. Ich verlangte nach einem Anwalt, nach einem Telefonat – er sagte kein Wort. Zum Glück rief meine Freundin Irene dann in der Sowjetischen Botschaft Unter den Linden an: Was gab es gegen diese Losung zu sagen? Nach drei Tagen kam ich wieder ans Licht, ganz grell. Ich bekam meinen Ausweis zurück und musste die 12 Stullen mit Leberwurst bezahlen, 12 mal 70 Pfennige gleich 8 Mark 40 Pfennige.
Ende des Jahres 1988 gab es für mich noch eine Beweiserhebung bei der Polizei in der Pappelallee. Alles wurde noch mal durchgekaut und protokolliert. Ich hatte das Plakat alleine gemalt und alleine aufgehängt. Da der Ermittler mit dem bekannten Zwei-Finger-Suchsystem schrieb, zog sich die Befragung unendlich in die Länge. Hinterher gab es das übliche: »Lesen Sie es durch und unterschreiben Sie auf jeder Seite unten.« Es folgte ein Strafbefehl (keine Verhandlung) wegen »Gefährdung der öffentlichen Ordnung«. Die Begründung lautete, einer der eingenähten Steine hätte einem Bürger auf den Kopf fallen und ihn verletzen können, Strafmaß: 300 Mark. Es blieb in mir ein Gefühl des Stolzes und die Angst – nur nicht wieder in diesen Keller kommen ...
Eigentlich war ich ja nur ein unbedeutender Schriftsteller, schrieb meine Kurzgeschichten, selten noch für die Zeitung, dann erste Kinderlieder. Ich fühlte mich wohl in der Rolle des Einzelkämpfers. Mit diesen ganzen Gruppen oder Grüppchen konnte ich nichts anfangen. Drei Leute machten ein Plakat und irgendeiner hat uns verraten. Verrückt. Der dunkle Keller hatte mich schon sehr erschreckt und

ich dachte Anfang 1989 daran, mich aus der Sache rauszuhalten und einfach nur zu schreiben ...

Die zweite Raketenstufe der Revolution in Berlin zündete mit den Kommunalwahlen am 7. Mai 1989. Die Bürger waren aufgerufen, die Kandidaten der Nationalen Front zu wählen. Doch eine wirkliche Wahl hatten sie nicht. Auf einer von der SED abgesegneten Einheitsliste der »Nationalen Front« standen die Kandidaten, die fast keinem der Wähler bekannt waren, und von den bestehenden Parteien aufgestellt worden waren: SED, CDU, DBD (Demokratische Bauernpartei), NDPD (Nationaldemokratische Partei Deutschlands), LDPD (Liberal-Demokratische Partei Deutschlands). Schöne Namen. Eine Abstimmung über einzelne Wahlvorschläge war nicht vorgesehen, die Streichung bestimmter Kandidaten auf der Liste war möglich, was nicht als Nein-Stimme verbucht wurde, in einigen Fällen wurden dann Kandidaten »ausgetauscht«. Der Clou dieser Einheitslisten war, dass auch andere Massenorganisationen wie die FDJ, der »freie« deutsche Gewerkschaftsbund FDGB, der Demokratische Frauenbund (DFD), der Kulturbund der DDR, sogar die »Volkssolidarität« und viele andere ihre Kandidaten stellten, in der Regel alles SED-Mitglieder. Damit war jede Überraschung ausgeschlossen ... Für die gesamte Liste gab es nur die Unterscheidung zwischen der Ja- und der Nein- und einer ungültigen Stimme. In der Bevölkerung wurde der Gang zur Wahlurne zutreffend als »Zettelfalten« bezeichnet, aber eine Ablehung war prinzipiell möglich, auch Wahlkabinen waren vorhanden. Dass die Wahlbeteiligung hoch war, will ich gar nicht bezweifeln, schließlich bestand Wahlpflicht und in den Betrieben wurde Druck ausgeübt, zudem gab es die »fliegende Wahlurne« für Alte und Gebrechliche. Wer nicht zur Wahl erschien, wurde erfasst und hatte mit Konsequenzen zu rechnen. Nun, ich war seit 1983 Freiberufler und so konnte ich wegen meines Fernbleibens nicht direkt belangt werden, vielleicht indirekt – keine Ahnung. Ich habe in der DDR nie gewählt und auch nicht nach 1990. Keine Partei gibt heute wirklich Antworten auf die Fragen der Zukunft. Der »Wachstumskapitalismus« wird proklamiert. Was wächst da? Und dann: »One man – one vote.« Was für ein Quatsch, das heute zu behaupten. Wenn das Finanzkapital regiert, lässt es sich nicht gerne die Regeln vorschreiben, im Gegenteil. Nach gefühlten zwanzig Jahren Helmut Kohl folgten gefühlte zwanzig Jahre Angela Merkel, das kurze Zwischenspiel von Gerhard Schröder hat der Kontinuität nicht geschadet. Es gibt in Deutschland heute keine politische oder gesellschaftliche Vision, außer dem Slogan »Weiter so«. Die einzigen Kriterien sind das Bruttoinlandsprodukt, die Exportzahlen, die Binnennachfrage, und die beständige »Hypnose« der Bürger durch ihren kleinen Wohlstand und der Angst vor dem sozialen Abstieg. Die Arbeitslosenzahlen pendeln um die drei Millionen, jeden

Monat neu verkündet – dass dabei genauso viele Menschen in »Maßnahmen der Arbeitsförderung« sind, fällt unter den Tisch. Wenn man dann noch die »Aufstocker« hinzuzieht, deren Lohn zum Leben nicht ausreicht, die große Zahl verarmter Rentner, die zum Sozialamt oder der Wohngeldstelle müssen, sieht das rosige Bild schon etwas anders aus. Aber wer darf schon darüber sprechen? Von »Wahlbetrug« wird heute niemand reden wollen, aber ist es nicht deutlich genug, dass so wenige noch zu dieser Veranstaltung gehen wollen? Die Hälfte des Volkes ...
Und was wird eigentlich auf der Bilderberger Konferenz besprochen? Solange ich bewusst lebe, habe ich keine Erwähnung über dieses jährliche Treffen in den Medien der BRD gefunden. Es wird doch so gerne und sehr ausführlich über alle möglichen Konferenzen und Gipfel berichtet, warum nicht über diesen. Warum so geheim? Es handelt sich um eine informelle, private Veranstaltung von einflussreichen Personen aus Wirtschaft, Militär, Politik, Medien und Hochschulen. Schau dir das mal an. Wer trifft sich da in diesem »feudalen« Kreis? Leute wie David Rockefeller (Chase Manhattan Bank), Josef Ackermann (Deutsche Bank), Jürgen Schrempp (Daimler-Benz AG) ... Kohl war da und Schröder und Merkel. Die Tagungshotels werden für andere Gäste gesperrt, kein Journalist vor Ort. Die liegen doch sonst so gerne auf der Lauer. Da traut sich keiner hin, darf da keiner hin? Wer legt das fest? Gibt es freie Wahlen in der kapitalistischen Welt? Gab es jemals freie Wahlen, angefangen bei den »Vollbürgern« in der attischen Demokratie? Es gibt wenige Worte, die so oft missbraucht wurden, wie das Wort Demokratie ...

In der DDR wurde das Ergebnis der Wahlen schon vorher festgelegt. Neu war bei den letzten Wahlen 1989, dass erstmals unabhängige Wahlbeobachter zugelassen wurden, die in den Wahllokalen die Auszählung der Stimmen überwachten. Am »erfreulichen« Ergebnis konnten sie letztlich nichts ändern: Wahlbeteiligung: 98,77 %, ungültige Stimmen: 0,09 % (11.136), Ja-Stimmen: 98,85 %, Nein-Stimmen: 1,15 % (142.301). Was für eine Farce. Die Zahlen waren wie bei jeder Wahl, aber zum ersten Mal regte sich 1989 Widerspruch gegen dieses idiotische Schauspiel. Allein wenn man bedenkt, wie viele notorische Nörgler es in jeder Population gibt, dazu die »Psychopathen« und die Ausreisekandidaten, da kommt man auch ohne Taschenrechner schnell auf 30 % Nein-Sager. Und wenn sich die Führung der SED vorher auf 70 % Ja-Stimmen geeinigt hätte, was ja intern durchaus diskutiert wurde, wäre das noch immer eine »satte Mehrheit« gewesen. Die offiziell zugelassenen Wahlbeobachter bei der Kommunalwahl 1989, im Prenzlauer Berg über 60 Personen, haben akribisch die Auszählung beobachtet. Ihr Fazit: 13,89 % Nein-Stimmen, statt 1,86 % im offiziellen Bericht.

NEUES DEUTSCHLAND

ORGAN DES ZENTRALKOMITEES DER SOZIALISTISCHEN EINHEITSPARTEI DEUTSCHLANDS

Proletarier aller Länder, vereinigt euch!

Montag, 8. Mai 1989 — 44. Jahrgang / Nr. 107

Eindrucksvolles Bekenntnis zu unserer Politik des Friedens und des Sozialismus

98,85 Prozent stimmten für die Kandidaten der Nationalen Front

12 182 050 Bürger gaben in Gemeinden, Städten und Kreisen den Volksvertretern ihr Vertrauen / Hohe Wahlbeteiligung: 98,77 Prozent nahmen ihr Stimmrecht wahr / Arbeitskollektive kamen mit erfüllten und überbotenen Plänen / Neue Initiativen im Wettbewerb zum 40. Jahrestag der DDR

Vorläufiges Ergebnis der Wahlen am 7. Mai 1989

zu den Stadtbezirksversammlungen von Berlin, Hauptstadt der DDR, zu den Kreistagen und den Stadtverordnetenversammlungen der Stadtkreise

[Tabelle mit Wahlergebnissen nach Bezirken]

Wahlen 7.5.1989
Repro: W. B.

Alles Budenzauber. Ich erwähne das auch nur, um die Borniertheit der Amtsinhaber in der DDR zu verdeutlichen. Selbst 52 % hätten wohl noch zum Weitermachen legitimiert ... Es soll 1989 in Berlin-Treptow einen verantwortlichen Wahlleiter der SED gegeben haben, der das wahre Ergebnis ausgezählt und an Egon Krenz, den Leiter der Staatlichen Wahlkommission, weitergeleitet hat. Das war mutig, änderte aber nichts an dem Ergebnis, das Krenz noch am selben Abend verkündete und damit sein politisches Schicksal besiegelte als Wahlfälscher und Lügner. Er sagte: »Liebe Bürgerinnen und Bürger der Deutschen Demokratischen Republik. Liebe Freunde und Genossen. Die Kommunalwahlen im vierzigsten Jahr unseres Arbeiter- und Bauernstaates wurden zu einem eindrucksvollen Votum für die Kandidaten der Nationalen Front der Deutschen Demokratischen Republik. Das vorläufige zusammengefasste Gesamtergebnis der Wahlen zu den Stadtbezirksversammlungen von Berlin, zu den Kreistagen und den Stadtverordnetenversammlungen der Stadtkreise widerspiegelt das Bekenntnis der Wählerinnen und Wähler zu den Zielen des gemeinsamen Wahlprogramms. Für das weitere Gedeihen unserer Städte und Gemeinden, für einen starken Sozialismus und einen sicheren Frieden«.

Ein lächerliches Statement und ein wichtiger Mosaikstein für das Ableben der DDR. Etwas erfreulicher in diesem Zusammenhang und geradezu eine Satire in Bezug auf die »Demokratie« in der DDR war ein junger Mann mit Durchblick – Matthias Klipp (geboren 1961). Ihm war aufgefallen, dass im Wohngebietsausschuss (WBA) an der Oderbergerstraße nur wenige alte Mitglieder am Werk waren, und so trat er diesem WBA bei – mit möglichst vielen Freunden für eine klare Mehrheit. Für die Wahlen wurde ein Kandidat gewählt und wer war das? Matthias Klipp. Trotz aller Winkelzüge blieb er auf der Einheitsliste der »Nationalen Front« und wurde somit Stadtbezirksverordneter im Prenzlauer Berg. Als einziger »frei gewählter« Oppositioneller in der DDR-Geschichte.

Am Abend nach der Bekanntgabe der »Ergebnisse« durch Krenz im Fernsehen kam Norbert Bischoff zu mir mit einem Flugblatt. Es war ein langer wütender Text. Damals wurden viele Flugblätter geschrieben, verteilt, irgendwo hinterlegt oder in Briefkästen geworfen. So viele mutige Menschen – wie früher Otto und Elise Hampel (*Jeder stirbt für sich allein*, Hans Fallada). Zwischen 1940 und 42 schrieb das Ehepaar im Stadtbezirk Wedding Hunderte Postkarten und Handzettel gegen den Faschismus. Beide wurden am 8. April 1943 hingerichtet.

Norbert und ich einigten uns, auch weil wir keinen Kopierer hatten, auf die einfache Losung: »Wir sagen es laut – Betrug!!! Lesen, denken, weitergeben«. Wir schrieben die ganze Nacht auf meiner alten *Wanderer*, in der Hoffnung, dass ihre schräge Schrift schwer zu identifizieren war. Ich hatte schon Jahre nicht mehr auf ihr geschrieben. Einige Buchstaben klemmten etwas, aber sie brachte es bei kräftigem Anschlag auf drei lesbare Durchschläge. Ich glaube wir schafften hundert Zettel in dieser Nacht. Im Morgengrauen stiegen wir beide auf das Dach meines Hauses, am 8.5. – wieder ein Feiertag: Tag der Befreiung. Wir schlichen von der Nr. 71 über das schräge Dach der *Jugendmode*, dann noch zwei Häuser weiter bis zur Nr. 75, direkt am S-Bahnhof. Unten neben diesem Haus war der Laden *Alles vom Fisch* – der Flachbau auf dem Foto ganz rechts.

Schönhauser Allee 1986
Foto: Gerd Danigel

Aber wir konnten die Flugblätter ja nicht einfach runterwerfen. Die Lösung war eine Methode der KPD aus ihrem illegalen Kampf gegen Hitler: Ein Stein, ein Brett, ein halbvoller Wassereimer mit kleinem Loch und die Flugblätter. Also eine Wippe. Wenn das Wasser aus dem Eimer abgelaufen war, neigte sich die Wippe und die Flugblätter fielen vom Dach. In diesem Moment waren wir schon längst wieder unten. Wir schauten zu, wie der Wind unsere Zettel auf die Straße wehte, auf die Straße und den S-Bahnhof. Manche bückten sich, die meisten gingen weiter ...
Wie schon gesagt, hatte ich mit den politischen Gruppierungen in diesen Monaten nichts zu tun. Aber Anfang Oktober 1989 spitzte sich die Lage in der Stadt zu. Gorbatschow fuhr am 5. Oktober durch die Schönhauser Allee, hatte das Fenster in seiner schwarzen Karosse offen und winkte den Menschen am Straßenrand zu, die zum ersten Mal gerne dort standen. Ich sagte mir in diesen Tagen: »Solange Gorbatschow in der Stadt ist, kann uns nichts passieren.« Es herrschte eine große Unruhe, Befürchtungen, Gerüchte und Hoffnungen schwirrten umher. Am 6.10. traf ich zufällig Carlo Jordan, den ich flüchtig von der *Umwelt-Bibliothek* an der Zionskirche kannte. Ich war vielleicht zwei oder drei Mal dort, konnte mich aber nicht drauf einlassen. Für mich war das nicht mehr authentisch. Da standen Kopierer aus dem Westen, sie hatten Filmkameras aus dem Westen (von Roland Jahn) und Leute aus dem Westen gingen ein und aus, Journalisten und andere Leute – Unterstützer oder Berater. Immer wenn ich da war, war es brechend

voll auf den Fluren und im Keller. Viele Punks, viel Alkohol, Schweiß, laute Musik. Kein Volk. Es gab keine Nachdenklichkeit, keine Diskussionen. Auch diese Leute meinten, sie hätten »immer Recht«, eine Enklave mitten in der Stadt. Das war nicht mein Ort. Ich wollte keine »Implosion«, ich wollte damals einen »geregelten« Übergang in den demokratischen Sozialismus. Alles andere würde die Auflösung des Staates und eine Rückkehr zum Kapitalismus bedeuten. Zu diesem Thema konnte mir keiner in der *UB* etwas sagen. Die waren irgendwie im »Jumm«, wie meine Mutter gesagt hätte. Sie sahen nicht, woher das Geld kam, und sie sahen in den Journalisten und Beratern nicht die staatlichen Angestellten der Geldgeber aus dem Westen. Sie liebten diese ungewohnte Öffentlichkeit und dachten wenig nach. Carlo Jordan (geboren 1951), der die *UB* 1986 mitgegründet hatte, war bald wegen der chaotischen Verhältnisse mit den Leuten dort überkreuz. Von 1985 bis 1989 war er als Dozent bei der evangelischen Kirche in Potsdam beschäftigt. Ostberlin war in diesen Tagen voller Journalisten aus aller Welt. Am 6. Oktober 1989 erzählte mir Carlos, dass ein schwedisches Fernsehteam zu ihm kommt für ein Interview, und ob ich mitmachen würde. Wollte ich, solange Gorbatschow in der Stadt war ... Wir trafen uns in der Fehrbelliner Straße, wo Carlo noch heute wohnt. Meine Erinnerung an diesen Tag war etwas unklar und so bat ich das Schwedische Fernsehen, mir den Film zuzusenden. Verrückte Nummer. Am Abend eine E-Mail und am nächsten Tag war der Film da – von Bengt Lorentzon, *Tevearkivet SVT*. Der kurze Beitrag zeigt Bilder von jubelnden DDR-Bürgern beim Fackelzug vor den »hohen Leuten« und die abendlichen Proteste vor dem Palast der Republik am 7.10.1989. Dazwischen geschnitten drei Interviews vom 6.10.89. Carlo sagt: »Völlig neuartig ist die Herausbildung von breiten Bündnissen. Bündnisse, die zunächst mal auch unterschiedliche politische Richtungen aufnehmen wollen, um gemeinsam den bestehenden Zustand aufzubrechen.« Nachfrage: »Gibt es da auch jemanden, den man im Westen als bürgerlich bezeichnen würde, also nicht sozialistisch?« Carlo: »Durchaus, in dem Sinne gibt es liberale und christdemokratische Strömungen.« Dann folgt Manfred Stolpe: »Wir müssen über die Perspektiven dieses Landes in ein offenes Gespräch miteinander kommen, wir müssen es ermöglichen, dass alle, die in diesem Lande leben und hier bleiben wollen, und das sind Gott sei Dank eine große Menge, dass sie die Möglichkeit haben, darüber nachzudenken, wie gestalten wir künftig gemeinsam ein sozialistisches, demokratisches, rechtsstaatliches System, das auch eine hohe ökonomische Effektivität hat.«
Und ich sage: »Ich glaube daran, dass es einen Sozialismus geben kann, wenn er die positiven Elemente der kapitalistischen Gesellschaft, vor allem die bürgerlichen Freiheiten übernimmt als wesentlichen Bestandteil.« Nachfrage: »Aber die Leute im Allgemeinen hier in der DDR, glauben Sie nicht, dass sehr viele die Nase voll haben vom Sozialismus, wie man nun diesen Sozialismus auch beschreibt?«

Meine Antwort: »Das ist ja meine Sorge dabei, ich weiß nicht, ob die Leute für dieses Experiment« noch bereit sind. Weil der Sozialismus ist nur realisierbar mit den Menschen.«

Interview Schwedisches Fernsehen 1989
Standbild: SVT

Interessant ist, dass zwei der Befragten vom Sozialismus sprechen beziehungsweise Carlo davon, den bestehenden Zustand aufzubrechen. Und interessant sind die insistierenden Nachfragen. Sicher war es für einen Außenstehenden eine verwirrende Vorstellung, dass die Opposition in der DDR dieses seltsame Konstrukt auf deutschem Boden nicht schleunigst abzuschütteln gedachte. Wiedervereinigung. Davon war nie die Rede. Auch ich dachte nicht daran. Es gab kleine Zirkel in den unteren Etagen der SED-Strukturen, überwiegend Leute Ende dreißig, Anfang vierzig, in denen klare Vorstellungen zu Papier gebracht wurden. Ich erinnere mich auch an Gespräche mit Wolfram Seyfert, den ich vom *Club Impuls* kannte. Er arbeitete Ende der 80er Jahre als Bezirkssekretär beim Verband Bildender Künstler in der Karl-Liebknecht-Straße gegenüber vom Fernsehturm. Auch in dieser Funktion war er ein Macher, der alle einbeziehen wollte, und hat oft »Dresche« bezogen, wenn er den orthodoxen Parteileuten zu weit gegangen war. Es ging immer darum, die vorhandenen Freiräume auszudehnen, Geld zu beschaffen, Reisen in den Westen zu organisieren, neue Projekte anzuschieben.

Wie diese verrückte Idee mit den zwei Inseln zwischen den USA und der Sowjetunion im Pazifik. Das würde hier zu weit führen, nur ganz kurz, es war eine internationale Ausschreibung und vier Künstler aus Ostberlin, unter ihnen Martin Wilke, flogen im Mai 1989 nach New York, um ihre Vorschläge zu präsentieren. Allerdings verlief das Projekt dann im Sande. Zur damaligen Stimmung im Verband sagte mir Martin: »Natürlich hat jeder von den Künstlern seine persönliche Sicht, eine sehr persönliche Sicht. Die Leute sind noch davon geprägt, wer gefördert wurde und wer nicht, wer sich benachteiligt fühlte am Futtertrog. Die Wahrheit wirst du nicht finden.«

Ein wichtiges Thema für den Verband Bildender Künstler war in Wolframs Zeit die künstlerische Gestaltung der U-Bahnhöfe. Natürlich wollte der Geldgeber (der Magistrat von Ostberlin) möglichst schöngefärbte Bilder von einer schöngefärbten DDR. Um sich dagegen gemeinsam zu wehren, gründeten die beteiligten Künstler eine Arbeitsgruppe, die eigene Wettbewerbsstrukturen erprobte, aber um jedes Bild musste gekämpft werden. Und der Gegenwind aus dem Magistrat und vor allem der SED-Bezirksleitung wurde ab 1988 immer spürbarer, da saßen die Hardliner und Verhinderer freier Kunst wie Ellen Brombacher und Christian Hartenhauer. Die Berliner fanden ihre »neuen« U-Bahnhöfe schön. Besonders der Alexanderplatz wurde bedacht mit regelmäßig wechselnden Ausstellungen von Grafikern und Fotografen, auf den Flächen, die heute Werbung zeigen. Überlebt hat die Gestaltung der Bahnhöfe Klosterstraße (großflächige Emaillearbeiten) und Märkisches Museum. In der heutigen Geschichtsklitterung sind widerspenstige Kultur-Funktionäre wie Hermann Kant und Wolfram Seyfert igitt. Dabei waren sie deutlich mutiger als hundert brave DDR-Menschen, die klaglos das Joch trugen. Um Kunst, um junge Kunst, musste jeden Tag gestritten werden. Es ging nicht nur um die Gestaltung von U-Bahnhöfen und Bauzäunen, sondern auch um Ausstellungen im Westen. Die arrivierten Maler hatten es deutlich leichter, wie Wolfgang Mattheuer, Willi Sitte, Werner Tübke oder Bernhard Heisig, der 1986 Helmut Schmidt porträtierte. Diese Künstler wurden auch von der »Sammlung Ludwig« in Köln angekauft, aber wer kümmerte sich um den Nachwuchs? Der Verband Bildender Künstler. Er war Teil der Zensur und Teil der Förderung. Billige Mieten für Ateliers gab es sowieso. 30 junge Maler und Grafiker der DDR werden sich noch gut an die Ausstellung *Junge Kunst aus Berlin* vom 9.9. bis 21.10.1987 in Paris erinnern, die wenigsten durften allerdings dort hinfahren. Trotzdem war die Teilnahme mit einer gewissen Wertschätzung verbunden und der Katalog der Ausstellung, den mir Wolfram gerade gezeigt hat, ist auch ein Zeitdokument. Von den Malern kannte ich damals nur Hans-Joachim Niemann und Michael Hegewald. »Hege« hat 2012 zusammen mit Rene Nieblich mein Flugzeughaus in Gellmersdorf gestaltet. Wunderbar.

Wolfram, mein Vorbild als ich 21 war, und ich waren in dieser Endphase der DDR politisch nicht immer einer Meinung. Aber es war reizvoll, und für mich damals unabdingbar, mich auch an »jungen Kadern« der SED zu reiben. Was dachten sie, was hatten sie vor? Einig waren wir uns zumindest in dem Gedanken, dass nach der bevorstehenden Ablösung des alten Politbüros deutlich Jüngere, wenn nicht an die Macht, so doch in beratende Ausschüsse kommen müssten. Ich kann diese Diskussionen und Entwürfe noch gut erinnern. Gewünschter SED-Chef sollte übergangsweise Hans Modrow werden, mit spürbaren Reformen, die aus der SED kommen sollten. Die wichtigste Idee war die Abschaffung der Bezirke und die Wiedereinführung der Länder. Der psychologische Vorteil davon wäre gewesen, dass dann die Leute hätten sagen können: »Ich bin Mecklenburger« oder »Ich bin Thüringer«. Außerdem hätte es eine Menge Geld gespart, statt 15 Bezirken nur noch fünf Länder. Ganz nebenbei, wenn heute offiziell von den »neuen Bundesländern« die Rede ist, sei daran erinnert, dass es Thüringen, Sachsen und die anderen Länder schon vor 1990 gab.

Wichtige Punkte in unserem »Programm« waren die Änderung der Verfassung (führende Rolle der SED streichen), Abschaffung der Subventionen, Investitionen in die Infrastruktur und die marode Bausubstanz. Die NVA sollte deutlich verkleinert und von ihren Suffköpfen befreit werden. Nulltarif für den öffentlichen Nahverkehr, frühere Trennung von Oberschule und Erweiterter Oberschule. Das sehe ich heute nach 12 Jahren als Psychologe im Bildungswesen der BRD allerdings anders. Bildung als Ländersache anzusehen ist Schwachsinn und die Trennung der Schüler nach dem wichtigen 6. Schuljahr, in einer besonderen Entwicklungsphase, hat sich als schädlich erwiesen, aber das nur nebenbei. Was stand noch auf unserer Agenda? Reisefreiheit für DDR-Bürger (14 Tage pro Jahr, ausgestattet mit 200 DM), Abkopplung der Blockparteien von der Nationalen Front, freie Wahlen, Neuorientierung der Staatssicherheit, Förderung des Handwerks und der Gewerbetreibenden, generell der privaten Initiative in der Wirtschaft, mittelständische Betriebe spielten dabei eine große Rolle, sowie die Gründung vieler kleiner Geschäfte vom Café bis hin zu Dienstleistern. Warum sollte der Fleißige das Gleiche verdienen wie der Faule, angelehnt an Nikolai Bucharins Programm aus dem Jahr 1929: »Bereichert euch«. Was der Ökonom und Bolschewik nicht nur materiell gemeint hatte. Seine Losung gehörte zur Neuen Ökonomischen Politik (NÖP) in der Sowjetunion, von Stalin später als »rechte Opposition« gebrandmarkt. Am 13. März 1938 wurde er erschossen. Schau auch mal nach unter François Guizot 1843: »Enrichissez-vous«.

Weil es mir gerade einfällt, noch ein kurzer Blick zurück. Den Niedergang der DDR-Wirtschaft vor Augen konnte sich Walter Ulbricht im Alter von 70 Jahren einem neuen ökonomischen Ansatz in der DDR nicht verschließen und führte 1963 das

»Neue Ökonomische System der Planung und Leitung« (NÖS) ein, mit dem Ziel einer eingeschränkten Schaffung marktwirtschaftlicher Strukturen. Es beinhaltete auch, dass großen Betrieben eine Teilautonomie im Rahmen der Planwirtschaft gestattet werden sollte, einschließlich Gewinnmaximierung. Ulbrichts Vordenker und Chef der staatlichen Plankommission Erich Apel (1917–1965) bemühte sich verzweifelt um das so notwendige Wirtschaftsabkommen mit der Sowjetunion für die Jahre 1966 bis 1970, aber die Russen lehnten ab und Apel erschoss sich in seinem Dienstzimmer. Am 3. Dezember 1965. Apel war ein kluger Mann, er kam aus der Raketenentwicklung (Peenemünde), und ihm war klar, dass die DDR ökonomisch nicht mehr zu retten war. Zwar fand Ulbricht in Gerhard Schürer einen kongenialen Nachfolger, damals 44 Jahre alt und vier Jahre jünger als Apel, aber Schürer konnte sich nicht durchsetzen und seine Protokolle und der »Schürer-Bericht« zeichnen ein anschauliches Bild von dem Machtkampf innerhalb der SED, vielleicht komme ich darauf zurück.

Ulbricht wollte die anhaltenden Demütigungen aus Moskau nicht länger ertragen, entwickelte sein Programm weiter, das Anfang der 70er Jahre in der Erkenntnis mündete, dass mit dem RGW (Rat für gegenseitige Wirtschaftshilfe) keine »gegenseitige Wirtschaftshilfe« zu machen war, da die »Hilfe« einseitig erfolgte. Das waren ja auch zum Teil Agrarländer. Was in Ulbricht in seinen letzten Regierungsjahren vorging, lässt sich aus seiner Annäherung an Tito, den abtrünnigen Staatslenker in Jugoslawien, erkennen. Als Gastgeschenk zum Sommerurlaub auf der Insel Brioni an der Adria brachte Ulbricht ein Löwenbaby aus dem Leipziger Zoo mit. Für das Thema Tito fehlt mir heute die Zeit, es lohnt sich aber nach ihm zu suchen. Er wird zu wenig gewürdigt. Bemerkenswert finde ich seinen Funkspruch an Stalin 1948: »Wenn du mich umbringen willst, schicke ich meine Leute nach Moskau.«

Die späte ökonomische Umkehr bedeutete Ulbrichts Ende. Aber er hatte selber Schuld, denn die wirtschaftlichen Zentren des untergegangenen deutschen Reichs hatten in »Mitteldeutschland« gelegen, auf dem Gebiet der DDR. Hier waren die großen Flugzeugwerke von *Heinkel* (in Rostock und Oranienburg), von *Junkers* (in Dessau), dazu *Arado*, das Stahl- und Walzwerk von *Flick* in Henningsdorf, das große Autowerk von *BMW* in Eisenach, die Gothaer Waggonfabrik oder die *Auto Union* in Zwickau. Bei Wikipedia gibt es einen interessanten Artikel zu diesem Thema unter »Verfügbarkeit von PKW in der DDR«. Was gab es noch? Motorenwerke, Feinmechanische Fabriken, *Carl-Zeiss-Jena,* die großen Industriekomplexe in Leuna. Nun, das meiste an Hightech war kaputt oder wurde von den Amerikanern in ihrer kurzen Besatzungszeit weggeschleppt, vor allem der Düsenjäger *Me 262* und die Mittelstreckenrakete *V2.* Auch die führenden Ingenieure wurden eingesackt, der bekannteste war sicher Wernher von Braun, ein SS-Mitglied, auch egal. Viel blieb für die Russen nicht übrig. Aber die Menschen mit ihrem Fachwissen und ihren handwerklichen Fertigkeiten waren noch da. Und es war so viel Schwung in diesen Menschen. Nie wieder Krieg! Doch die nicht enden wollenden Reparationen an die Sowjetunion führten bald zur Resignation und das aussichtslose sozialistische Experiment in Ostdeutschland trieb viele Fachkräfte bis 1961 in die Westzonen. Und dann noch dieser RGW. Busse sollten in Ungarn gebaut werden, Tonbandgeräte in der CSSR, Flugzeuge in Polen ... Dieser Irrsinn wurde Ulbricht zu spät klar und als er ganz unerwartet auf Konfrontationskurs mit Moskau ging, wurde er von dem »Kronprinzen« Honecker nicht beerbt, sondern von ihm »abgeschossen«. Er flog heimlich von Wünsdorf aus nach Moskau, Breschnew gab »grünes Licht« und Honecker wurde am 3. Mai 1971 Chef der SED. Als Ulbricht am 1. August 1973 in der Schorfheide starb, waren gerade die *Weltfestspiele* in Berlin zu Gange, und ein zweites Mal nach dem 5. September 1972 in München hieß es wieder: »The Games must go on.« In diesem Sinne soll sich Ulbricht noch mit seinem letzten Atemzug geäußert haben, so Honecker und dann tanzte er fröhlich weiter ...

Nach den *Weltfestspielen* wurde Walter Ulbricht dann noch im ZK-Gebäude aufgebahrt und da es keine organisierte Trauerversammlung gab, war Honecker wohl überrascht über den großen Andrang. Eine Zeitzeugin erzählte mir, sie möchte nicht genannt werden, dass sich den Wartenden immer wieder Personen näherten mit dem Satz: »Es ist zu voll, es lohnt sich nicht weiter zu warten, gehen Sie lieber nach Hause.« Frau K. ist gegangen, sie war damals 16 Jahre alt. Warum so viele Menschen an dieser Zeremonie teilnehmen wollten, hat sie damals überrascht.

Aber zurück zu unseren Reformvorschlägen Anfang 1989. Programm würde ich es nicht nennen, es war eher eine Sammlung von denkbaren Vorschlägen für ein Programm. Und wir waren uns unserer Sache sehr sicher: Eine Revolution von oben, wie unter Alexander Dubcek 1968 in Prag. Die oppositionellen Bewegungen in der DDR wie *Demokratischer Aufbruch* (gegründet 1.10.1989), die *Sozialdemokratische Partei* (gegründet 7.10.1989) oder das *Neues Forum* (10. September 1989) kamen erst später, hingen am Tropf der westlichen Medien oder waren von »V-Leuten« durchsetzt. In jedem Fall sollte der Abgang von Honecker seinem Wunsch entsprechend am 7.10.1989 erfolgen und, anders als bei Ulbricht, ehrenvoll. Dieses Konzept beinhaltete nicht die Wahl von Egon Krenz, der Lachnummer mit den großen Zähnen, und es beinhaltete auch nicht die kopflose Öffnung der Mauer durch Schabowski und seine überforderten Kollegen. Möglicherweise hätten unsere Pläne letztendlich auch zu einem Ende der DDR geführt, aber in Würde und unter Wertschätzung ihrer Menschen. Nicht ausgeschlossen war eine Konföderation zwischen den beiden deutschen Staaten mit dem Ziel eines geeinten Deutschlands ohne Besatzungstruppen und ohne NATO (ein vergleichbares Konzept hatte etwa gleichzeitig der sowjetische Geheimdienst Michail Gorbatschow vorgeschlagen). Kein Verkauf des Volkseigentums, sondern Aufteilung des Eigentums unter dem Volk. Wenn wir 1990 unser Haus in der Schönhauser Allee hätten übernehmen können, wären sicher noch einige alte Mieter geblieben und ich müsste heute nicht mit der Angst leben, von einem Spekulanten vor die Tür gesetzt zu werden. Eine echte Wiedervereinigung mit den fünf Ländern der DDR (Mecklenburg, Sachsen, Sachsen-Anhalt, Thüringen, Brandenburg) hätte einen anderen Verlauf genommen. Die Verhandlungen wären schwieriger gewesen, die Zerstörungen geringer. Es hätte eine neue Verfassung gegeben, wie im provisorischen Grundgesetz der BRD vorgesehen, im schon erwähnten Artikel 146. Wer erinnert heute noch daran? Damit wäre es nicht nur zu einem Beitritt zum »Geltungsbereich des Grundgesetzes« gekommen, sondern zu einer Vereinigung, bei der die Vorzüge der DDR überlebt hätten und nicht nur das *Sandmännchen*. Selbst heute, nach 25 Jahren, darf man diese Vorzüge nicht ungestraft erwähnen, ohne als Mann der Staatssicherheit oder Kommunist denunziert zu werden. Der Beitritt wurde von den Konzernen genutzt, den »Alteigentümern« und windigen Geschäftsleuten, die sich die Taschen füllten ... Die Angestellten der »Treuhand« zogen wie die Heuschrecken über das Land und ihre Mitarbeiter bekamen Prämien für jeden geschlossenen Betrieb. Ein ganzes Land wurde ausradiert, auch die wenigen, aber wertvollen Vorzüge im Schul- und im Gesundheitswesen oder bei der Kinderbetreuung. Wenn diese Vorzüge auch für die Menschen in Bayern, Niedersachsen oder Hessen spürbar geworden wären, gäbe es heute dort eine positivere Haltung zum Thema »Wiedervereinigung«. Und im Osten wollen sich die »blühenden Landschaften« vom Helmut Kohl nicht einstellen. Wenn man dieses Versprechen aus heutiger Sicht betrachtet, stellt sich die Frage, wie eigentlich etwas aufblühen kann, wenn man alles mit Stumpf und Stiel ausreißt.

Der Beitritt ist misslungen. Wer traut sich das heute zu sagen? Und warum nicht? Kohl gab nur die Richtung vor, Schäuble, Teltschik (der einzige, der heute offen darüber spricht) und Seiters arbeiteten die Strategie aus. Aber das würde hier zu weit führen, schau dir den Film *Die letzte Regierung der DDR*, ein Film von Rainer Burmeister und Hans Sparschuh (rbb 2010) an. Als in Moskau am 12. September 1990 der 2+4-Vertrag unterschrieben wurde, soll Kohl zu Genscher gesagt haben, als er dachte, dass die Mikrofone schon ausgeschaltet wären: »Eigentlich müssten wir uns jetzt besaufen« – Gorbatschow hatte die DDR verschenkt und auf dem Rückflug nach Bonn wurde Krimsekt gesoffen. Was danach folgte, ist bekannt. Nichts ist zusammengewachsen und die Wunde will nicht heilen. In der DDR hatte kein Mensch eine Ahnung, wie ein Kapitalist tickt. Das Thema wurde uns zwar ein Leben lang vorgebetet, aber wer glaubt schon Leuten, die es mit der Wahrheit nicht so ernst genommen hatten?

Nach den Kommunalwahlen am 7. Mai 1989 standen alle Zeichen noch auf Sieg. Die alte Clique hatte sich lächerlich gemacht und überall in den Menschen war ein ungewohnter Spott und Aufmüpfigkeit zu spüren. Viele winkten auch einfach ab und sahen zu, wie sie irgendwie an der Mauer vorbei aus dem Land kämen. Ich habe mich so gefreut auf unser neues Land, ein freies Leben, den demokratischen Sozialismus. Unsere Losung war »Mit dem Gesicht zum Volke«. Diesen Namen trugen öffentliche Veranstaltungen, die Präsident Daniel Ortega in Nicaragua nach der erfolgreichen Revolution gegen den Diktator Somozas 1984 eingeführt hatte. Die Regierung setzte sich ohne Pomp und Heiligenschein auf ein Podium und stellte sich dem Volk: »Keine Frage ist zu heiß und kein Problem zu klein.« Die Revolution in Nicaragua löste die letzte große Welle der Solidarität in der DDR aus nach Kuba, Vietnam, Chile, Angola, Mosambik und Palästina, aber auch in Westdeutschland gab es viele Sympathisanten. Es fühlte sich an wie eine Wiedergeburt von Che Guevara. Auch viele Künstler reisten in das Land in Mittelamerika. Gerhard Schöne brachte 1987 ein besonderes Lied mit: »Ach, kleines Nicaragua, so stolz und so bedroht, noch brauchst du fremde Hilfe, sonst wär bald eine Hoffnung tot. Doch gib du nicht nur Wolle, Fleisch, Kaffee und Silber fort. Nimm auch noch etwas anderes mit auf in den Export. Ich meine: Mit dem Gesicht zum Volke, nicht mit den Füßen in 'ner Wolke, nein, mit dem Gesicht zum Volke.« Für mich war das eines der wichtigsten Lieder in den Tagen, als wir uns darum stritten, wie unser Land nach 1989 aussehen sollte. Ich wollte im Land bleiben, kämpfen für einen menschlichen Sozialismus. Das war doch keine schlechte Idee. Auch 1989 oder gerade in diesem Jahr war so viel Hoffnung in mir. Ich habe jedem, der ging, Tränen nachgeweint. Der Umsturz war doch zum Greifen nah, noch ein Schritt, noch eine Schlacht. Reiht euch ein, fester unsere Reihen, auf die Straße, schließt euch an, keine Angst – Mut. Mein alter Freund Peter Skalei sagte zu mir vor ein paar Wochen: »Die Zukunft liegt hinter uns.« Das klingt hart und ich weigere mich, das so anzunehmen. Im Jahr 1989 waren wir die Zukunft und diese Zukunft wird weiterleben in unseren Kindern, in dir. Das, was wir heute haben, kann doch nicht das letzte Wort der Geschichte sein. Ich werde einen menschlichen Sozialismus wohl nicht mehr erleben, aber sicher du.

17. Gespräch: Künstler als DDR-Botschafter, Ausreisewelle und Widerstand, meine erste Westreise, Botschaftsbesetzungen, die dänische Botschaft 1988, Öffnung der Grenze in Ungarn, Theater in der DDR, Stephan Krawczyk, meine erste Talkshow, Jörg Deloch und andere freie Galerien, Stolpersteine

Anfang Oktober 1989 wimmelte es in der Stadt nur so von Fernsehteams. Die Führung versuchte durch Einschränkungen bei der Einreise irgendwie dagegenzuhalten, aber offenbar mit wenig Erfolg. Klaus Laabs gab in diesen Tagen ein Interview für die *BBC*, das weltweit ausgestrahlt wurde: »Weg mit der SED«. Vor einigen Wochen traf ich Klaus wieder, nach 25 Jahren. Er auf dem Fahrrad, ich auf dem Fahrrad in der Stargarder Straße. Ich rief: »Hallo, Klaus!« Er schaute sich kurz um und fuhr weiter. Ich drehte um und fuhr ihm hinterher. Und dann standen wir eine Stunde auf der Straße und erzählten und erzählten und suchten nach Namen ... Klaus hatte es am 7. Oktober 1989 schlimm erwischt. Er war eigentlich ein besonnener Mann, vielleicht etwas aufbrausend, und in meinem Alter. In einem Interview in der *Berliner Zeitung* vom 29.10.2011 wird er zitiert mit: »Ich war damals mit meinem Studium fast fertig und hatte als Romanist und Lateinamerikanist beste Chancen. Ich hatte mich noch nicht entschieden, ob Aufbau Verlag, Volk und Welt oder Uni.« Später arbeitete er als freier Übersetzer vor allem karibischer und lateinamerikanischer Lyrik und Prosa von José Lezama Lima, Aimé Césaire und Ernesto Che Guevara sowie katalanischer und spanischer Dramatik ... Aber dann kam die Sprengung der Gasometer zwischen Prenzlauer Allee und Greifswalder Straße. Das hat Klaus sehr entzürnt und brachte ihn das erste Mal in direkte Konfrontation zu dem Staat, den er eigentlich geliebt hatte. Hunderte Jugendliche im Prenzlauer Berg fühlten sich und ihre Meinung missachtet, übergangen. Ihr Protest wurde überhört, sie wurden eingeschüchtert oder eingesperrt. Auf Klaus komme ich sicher noch zurück.

Mit den Künstlern ihres Landes hatte es die Staatsmacht nicht leicht. Großes Ansehen genossen unter der intellektuellen Jugend Personen wie Christoph Hein, Rolf Schneider, Erich Loest, Stefan Heym, Stephan Hermlin und Christa Wolf ... Nach der großen Unruhe, die mit der Ausbürgerung von Biermann 1976 verbunden war und der Ausreise von Manfred Krug 1977, ging die SED-Führung etwas »pfleglicher« mit den Künstlern um. Reisen in den Westen zu Lesungen oder zur Buchmesse waren jetzt leichter möglich. Mitte der 80er Jahre erhielten einige ein Dauervisum, besonders Schauspieler der ersten Garnitur kamen in den Genuss: Lieber reisen lassen, statt dass sie für immer ausreisen. Aber nicht nur kostbare Künstler durften reisen, auch Querulanten, die »abkömmlich« waren. Vielleicht war es auch bei mir so? Da saßen irgendwelche Menschen irgendwo zusammen und entschieden: Der darf reisen, der nicht. Und die wichtigste Frage war: Kommt der wieder? Das war ein kompliziertes Thema wie bei »Knobel Knifflig«. Wer wollte seine Hand ins Feuer legen, wie ich bei Gerlinde Kempendorff, wer wollte sich hinterher zur Rechenschaft ziehen lassen, wenn die Sache schiefging? Also im Zweifelsfall lieber nein als ja. Das galt auch für die Rocker. Wenn einer aus der Band als nicht zuverlässig galt, durfte die ganze Band nicht fahren. Schlimm war es auch bei den Spitzensportlern, die ihre Aufpasser mitbekamen oder in kollektive Haftung genommen wurden. Ein besonders glänzendes Aushängeschild der DDR waren ihre Stars der klassischen Musik, die großen Orchester. Zuerst wohl das *Gewandhausorchester Leipzig* (unter Kurt Masur), das 1981 mit einem opulenten Konzerthausneubau bedacht wurde. In der ganzen Welt nachgefragt war auch die *Dresdner Philharmonie* (unter Jörg-Peter Weigle), nicht zuletzt spielten sie hervorragende LPs ein, nicht selten im Auftrag westdeutscher Firmen. Die Aufzählung könnte endlos weitergehen. Die berühmten Sänger und Musiker spielten bei der kleinen Reisefreiheit die erste Geige, sozusagen als »Botschafter der Kunst« in Japan, den USA, Frankreich, Westdeutschland, überall. In einem Film des *mdr* erinnerte sich Hermann Falk, letzter Direktor der Künstler-Agentur der DDR: »Die DDR war in vielen Fragen auch großzügig – bis zu solchen Dingen wie Zoll. Wenn die Staatsoper Berlin in Japan war, habe ich gleich drei Container bestellen lassen: für Fernseher, für Musikanlagen und so weiter. Die wurden mit dem Schiff nach Deutschland gebracht und einen Monat später hatten die Mitglieder der Staatsoper zollfrei ihre Anlagen.« Nun ja, diese Leute wollte man gerne behalten, sozusagen als Schmuck, all diese Künstler und Sportler ... Gleichzeitig stieg der Etat des Ministeriums für Staatssicherheit von 5,8 Milliarden Mark 1968 auf 22,4 Milliarden Mark 1989. In gleicher Weise stieg die Zahl der hauptamtlichen Mitarbeiter von 17.400 auf 91.000 an. Ein wichtiger Teil dieses Systems und nach innen gerichtet waren die zuletzt 173.000 »Inoffiziellen Mitarbeiter«, die sich wie ein Netz über das ganze Land verteilten. Aber gegen das Netz der Opposition erwiesen sich ihre Informationen als wenig effektiv. Ich war schon eingeschüchtert nach meinen drei Tagen Dunkelhaft. Ich wählte meine Worte, wählte meine Gesprächspartner sorgfältig aus. Obwohl wir keine »Bomben« bauten, hatte ich doch Angst vor dieser Maschinerie.

Neben den schon erwähnten, sehr unterschiedlichen Gruppen und ihren Plänen innerhalb der DDR, heute spricht man verallgemeinernd von »der Opposition«, gab es die große Gruppe überwiegend junger Leute, die mit dem Thema DDR abgeschlossen hatten. Die gingen nicht mehr an die Grenze, um sich abknallen zu lassen, war ja klar, dass dort geschossen wird. Sie stellten einen Ausreiseantrag. Der war möglich, hatte aber erhebliche Konsequenzen, wie soziale Isolation, beruflicher Absturz, schlimme Folgen für die Kinder, Diskriminierung im Alltag. Zunächst hatte die DDR versucht, nur bekannte Oppositionelle auszuweisen, um die Gruppen zu schwächen. Aber die Ausweisungen brachten keine Entlastung. In der Regel saßen diese Leute schon am nächsten Tag in irgendeiner Talkshow im Westfernsehen und waren also immer noch da. Sogar noch mehr im Fokus. Und sie begannen von Westberlin aus, wie Roland Jahn, Netzwerke in der DDR aufzubauen und diese technisch auszurüsten.

Anfang 1984 erlaubte die DDR-Regierung in ihrer Not 31.000 Bürgern die Ausreise, eine deutliche Steigerung gegenüber 7.729 Personen 1983, aber kein Vergleich zum Jahr 1961 mit 155.402 DDR-Bürgern, die in den Westen flohen. Vorher (seit der Gründung der DDR) waren es 2.686.942, das hält kein Staat aus ... Und weil ich gerade bei Zahlen bin, von 1964 bis 1989 wurden 33.755 politische Häftlinge freigekauft für rund 3,5 Milliarden DM, andere Quellen sprechen sogar von acht Milliarden. In der Warteschleife standen 1989 noch etwa 250.000 Ausreisewillige, überwiegend junge, gut ausgebildete Menschen ... Der Freikauf war für die Betroffenen eine Erlösung, hat auf der anderen Seite aber auch etwas Widerliches. Erste Gespräche begannen schon 1962 unter Kanzler Adenauer, geführt von Rainer Barzel, Bundesminister für gesamtdeutsche Fragen, Tarnname »Kirchengeschäft B«. Dabei soll von der DDR ein Kopfgeld von 40.000 DM gefordert worden sein. Die Finanzierung blieb über die Jahre höchst suspekt, da bei der verabredeten Geheimhaltung die gewaltigen Summen ja nicht im Etat auftauchen durften. Egon Franke, der sozialdemokratische Parteisoldat, hatte als zuständiger Minister den dubiosen Handel von 1969 bis 1982 zu leiten. Als er im Dezember 1986 angeklagt wurde, im Zusammenhang mit dem Freikauf 5,6 Millionen DM veruntreut zu haben, ging er straffrei aus, aber sein Staatssekretär Edgar Hirt erhielt dreieinhalb Jahre Haft, siehe: »Deutsch-deutscher Filz« im *SPIEGEL* vom 13.12.1993.

Zuerst waren es 1964 nur acht Gefangene, die auf dem Bahnhof Friedrichstraße übergeben wurden, bezahlt wurde in bar. Herbert Wehner, als Oppositionsführer, war eingeweiht worden und egal, wer in den kommenden Jahren für »gesamtdeutsche« Fragen zuständig war, alle haben den Deal gedeckt. In einem Forum fand ich die Aussage von R. Unger: »Als ich 1980/81 in der UHA (Untersuchungshaftanstalt – W. B.) Chemnitz tätig war, gingen monatlich ein oder zwei Busse über die Autobahn Richtung Plauen. Das waren in der Regel Busse Magirus Deutz mit Fahrern aus der BRD und mit BRD-Kennzeichen. Bei den Transporten war immer ein Fahrzeug mit einem Vertreter von Rechtsanwalt Vogel und ein MfS-Begleitkommando dabei. Diese Begleitfahrzeuge hatten ebenfalls BRD-Kennzeichen bzw. auch Wechselkennzeichen und waren meistens Fahrzeugtypen aus dem NSW (Nichtsozialistisches Wirtschaftsgebiet – W. B.), Vogel manchmal in einem goldgelben Mercedes. Es wurden Übersiedler aus der ganzen Republik im A-Trakt der

UHA Chemnitz gesammelt.« Über Rechtsanwalt Vogel, der ein reicher Mann wurde, wie sein Kompagnon Alexander Schalck-Golodkowski, wickelte der Staat seine Menschengeschäfte ab, aber es gab auch viele bedrückte Menschen, die seine Kanzlei in der Reiler Straße 4 direkt aufsuchten. Ich war 1986 einmal kurz da, auf Bitte meiner Freundin Ronnie, aber wurde dann schon an der Tür durch eine Sekretärin kurz abgefertigt. Ronnie wollte nicht bleiben, das tat mir weh. Gerade habe ich wieder eines unserer Fotos gefunden. Ein halbes Jahr später wurde bei ihr Leukämie festgestellt und sie starb innerhalb weniger Wochen.

Die Ausreisebewegung und die Opposition hatten miteinander nichts zu tun und auch nichts zu besprechen. Im Gegenteil, die Leute aus dem Widerstand sahen in den Antragstellern Menschen, die für den Kampf um eine bessere und demokratische DDR verloren gingen. Auf die Idee auszureisen wäre ich nie gekommen. Du musst dabei aber zwei Gruppen unterscheiden. Das eine waren politische Gegner, enttäuschte Gegner des Systems. Sie hatten resigniert und wollten mit der ganzen Sache nichts mehr zu tun haben. Nicht selten wurde ihnen die Ausreise durch die Staatssicherheit angetragen oder sie wurden unter Druck gesetzt, wie Stephan Krawczyk: »Entweder Sie verlassen die DDR oder Sie gehen zwölf Jahre nach Bautzen.« Aber das waren wenige. Die andere, deutlich größere Gruppe waren Menschen, die aus wirtschaftlichen Gründen das Land verlassen wollten, denn die meisten erhofften sich in Westdeutschland ein besseres Leben: endlich reisen können, reichlich Geld verdienen, eine schöne Wohnung, einen *VW* oder *Mercedes*, einfach raus aus der Warteschlange für Bananen und andere »Luxusgüter«.
Heute wird von den staatlichen Medien gerne verbreitet: Alle DDR-Bürger waren eingesperrt. Dabei werden nachfolgende Zahlen geflissentlich unterschlagen. Nach dem Mauerbau waren keine Reisen in den Westen möglich, aber 1964 wurde es Rentnern gestattet. Mit den Jahren wurde aber auch immer mehr jüngeren DDR-Bürgern eine Besuchsreise über die Grenze gestattet, bei schweren Erkrankungen oder Todesfällen in der Familie, Taufen und Hochzeiten. 1986 sollen unter den 5 Millionen Besuchern über eine Million Nichtrentner gewesen sein. Für 1987/88 gab Wolfgang Schäuble, damals Innenminister der BRD, am 25.02.1989 ähnliche Zahlen bekannt: 1,4 Millionen Nichtrentner (aus: *Innerdeutsche Bestandsaufnahme der Bundesrepublik 1969–1989*, Neue Deutung von Margit Roth, Springer VS 2014).
Ein Argument der DDR-Führung für die Einschränkungen beim Reiseverkehr gen Westen war der Mangel an Westgeld, man wolle, so hieß es, die eigenen Bürger nicht als Bettler losschicken. Um das zu entkräften, erhielt jeder Reisende ab 1987 von der Bundesregierung ein Begrüßungsgeld von 100 DM zugesprochen. Von den DDR-Bürgern kamen 1988 nur 0,02 % aus dem Westen nicht zurück: 257.

Ende 1988 hat die DDR-Führung die Bedingungen für eine Westreise weiter gelockert. Carl-Christian Kaiser schrieb am 23.11.1988 in *ZEIT ONLINE*: »Offenkundig geht es der SED mit den neuen Paragrafen um den Beweis, dass sie den ‚sozialistischen Rechtsstaat' ausbaut und damit nicht nur den Menschenrechtskonventionen der Vereinten Nationen, sondern ebenso der Wiener KSZE-Folgekonferenz Rechnung trägt. Aber angesichts der jüngsten Ereignisse in der DDR hat es fast den Anschein, als käme dies alles zu spät.«

Ich hatte es schon ab Mitte der 80er Jahre mehrfach versucht, und 1988 klappte es endlich. Tante Hella in Krefeld wurde 70 und schickte mir eine Einladung. Einen Betrieb hatte ich nicht, aber ich konnte meinem Antrag, der in einer Polizeidienststelle in der Knaackstraße abzugeben war, einen guten Leumund vom Schriftstellerverband beifügen. Was die Staatssicherheit und der ABV, der Abschnittsbevollmächtigte der Polizei, geschrieben haben, kann ich nicht sagen. Aber ich kann mir vorstellen, dass ich auch »abkömmlich« war.

Die einwöchige Reise führte dann auch schnurstracks nach Krefeld zur Tante, dann zur Cousine nach Köln und abschließend zu Tante Hannchen in Spandau. Zusammen mit den 100 DM Begrüßungsgeld sammelte ich insgesamt 700 DM für einen Fernseher Marke *JVC* und einen Videorekorder ein. Den brauchte ich, um meine Kindersendungen im DDR-Fernsehen mitzuschneiden, in erster Linie das *Sandmännchen* mit *Ulf & Zwulf*. Am Ende blieben mir noch zwei Tage in Westberlin, für Hannchen und eine Besichtigung der Stadt. Ich habe mir natürlich die Mauer von der anderen Seite aus angesehen und Kontakte aufgenommen zu Literaturhäusern und Buchhandlungen, um dort Lesungen zu verabreden – für das nächste Mal. Das wurde mir genau ein Jahr später gestattet. Im letzten Jahr der DDR wurde die Leine für Künstler länger: Zuckerbrot und Peitsche. Mal ein paar Nächte im Knast (wie bei mir) und dann nach gefühlt hundert Anträgen eine genehmigte Lesereise. Die Veranstaltungen hatte am Ende mein Schulfreund Lude organisiert, er war Psychiater geworden und im Sommer 1989 nach Westberlin ausgereist. Ich las aus dem Buch *Umsturz im Kopf* und an eine Lesung erinnere ich mich noch genau, in der *Kleinen Werkstattbühne Moabit,* Zwingli-Straße 5a, bei Ronald. Ich hatte kein »Dauervisum«, aber ich konnte mich in Westberlin umsehen, den Luden besuchen, auch Renate Goerden, die ich von den »Nachfeten« bei Jürgen Schöne kannte. Ich war natürlich auch auf dem Flugplatz in Tegel, um nach 1968 in Prag mal wieder westliche Flugzeuge zu fotografieren. Spannend waren die Fahrten mit der S-Bahn unter Ostberlin hindurch. Diese schaurigen Bahnhöfe mit Spinnweben wie in einem Dornröschenschlaf. Man konnte am Bahnhof Friedrichstraße von der unten fahrenden S-Bahn umsteigen in Richtung Zoo, marschierte durch den Bahnhof in der DDR und war doch nicht da. Zum Abschluss meiner kleinen Reise fragte mich ein Westberliner

Grenzer: »Sind Sie sicher, dass Sie in die richtige Richtung fahren?« Ich war mir sicher.

Das Thema Reisefreiheit für DDR-Bürger war eigentlich schon Anfang 1989 besprochen worden zwischen Egon Krenz (Jahrgang 37) und Oskar Lafontaine (Jahrgang 43), die sich von Veranstaltungen der FDJ mit den Jusos kannten. Der Ausreisedruck war zu groß und SED-Devisenchef Schalck-Golodkowski wurde beauftragt, Westgeld zu horten: 150 DM pro Jahr für jeden DDR-Bürger für seine siebentägige Reise in den Westen. Honecker hatte gesagt: »Lasst mich noch den 40. Jahrestag feiern, dann trete ich zurück.« Tat er aber nicht und dann überschlugen sich die Ereignisse – auf der Straße und in der Nomenklatur. Die starke, unfehlbare SED in Agonie. Dann die Maueröffnung, die gewendete Volkskammer, die Runden Tische, dann der Druck von Kohl, dann die Westmark, dann die Erpressung (durch Kohl) von Lothar de Maizière, dann vorgezogene Wahlen, dann vorgezogener Beitritt, dann Ende der Revolution: Die Macht lag auf der Straße und Kohl und die Seinen hoben sie auf ...

Es wäre sicher klug gewesen, allen DDR-Bürgern so eine Stippvisite zu genehmigen, für einen persönlichen Eindruck vom Westen, auch für einen Blick hinter die Fassade der Glitzerwelt. Da hätte sich mancher überlegt, ob er sein gesichertes Leben in der DDR und seine Freunde wirklich aufgeben sollte. Aber die Machthaber in der DDR waren nun mal nicht klug und so setzte Ende 1988 der Exodus ein, der Jahr für Jahr weiter anschwoll. Es kam zu einer Flut von Ausreiseanträgen. Da diese nur schleppend bearbeitet wurden und mit erheblichen Konsequenzen für die Antragsteller und ihre Kinder verbunden waren, suchten viele nach anderen Wegen. Zuerst wurden Botschaften in Ostberlin besetzt, dann in Budapest, Prag und Warschau ... Die meisten Menschen waren jung, aber es gab auch gut situierte, denen es schon sehr gut ging, die es aber noch besser haben wollten. Handwerker, Künstler, auch Wissenschaftler. Nicht selten wurde dann, wenn der Antrag endlich bewilligt war, Haus, Hof und Auto verschleudert. Nur raus! Es gab tragische Fälle, da wurde nach jahrelangem Warten der Antrag im Herbst 1989 genehmigt. Oft mussten »die Glücklichen« alles zurücklassen und saßen dann wochenlang im Aufnahmelager Friedland fest. In Friedland im Landkreis Göttingen war ein Grenzdurchgangslager und die Aufnahme in der BRD war ein aufwendiger Verwaltungsvorgang, da gingen schon ein paar Wochen ins Land. Zudem gab es fast täglich Befragungen durch den Verfassungsschutz und die westlichen Geheimdienste. Im November 1989 war das besonders schmerzhaft, als vor dem Lager schon Kolonnen von *Trabbis* vorbeiknatterten.

»Abstimmung mit den Füßen« wurde die Ausreisewelle in den westdeutschen Medien gerne genannt, das mag in dem Punkt zutreffend sein, dass es sich um eine

Abkehr von der DDR handelte. Für mich trifft das Wort Verweigerung eher den Kern, im Sinne einer persönlichen Entscheidung für den selbst gewählten »Beitritt zum Geltungsbereich des Grundgesetzes«. Die unmenschliche Vorgehensweise der DDR-Behörden, den Antragstellern ihre Arbeit zu nehmen, führte zu einer regelrechten Verbrüderung, Gruppen taten sich zusammen, man lebte auf gepackten Koffern und der Druck in den Menschen stieg immer weiter. Sie hatten die BRD noch nie von innen gesehen, hörten nur das Beste und sahen die schöne Werbung im Fernsehen. Und viele, die den Weg in den Westen geschafft hatten, berichteten auch nur das Beste. Andere wiederum meldeten sich nicht mehr. Dass die Westdeutschen auch nach ihrer Wurst springen mussten, dass das schöne Auto noch lange nicht abgezahlt war, dass der schöne Sommerurlaub Monat für Monat mühsam zusammengespart werden musste, dass es eine ständige Angst um den Arbeitsplatz gab – das haben die meisten Ostdeutschen nicht gewusst oder sie wollten es nicht wissen ...

Das »Nur raus!« wurde immer lauter. Den meisten war natürlich klar, dass der Weg über die innerdeutsche Grenze einem Suizid gleichkam. Wer geht schon mit einer Leiter in eine Todeszone mit Selbstschussanlagen, Hunden an Laufleinen, schießenden Soldaten? Der Einfallsreichtum war unerschöpflich: Von den ersten Tunneln, die vom Westen aus durch bezahlte Fluchthelfer gegraben wurden, bis zu Heißluftballons, selbst gebauten Flugzeugen und U-Booten. Ich habe diese Menschen nie verstanden, aber ich verneige mich heute vor ihrer Bereitschaft, das Letzte zu wagen, das Leben.

Ein Weg, die Ausreise zu beschleunigen, war, dass man sich in die Ständige Vertretung der BRD in Ostberlin begab, in der Hannoverschen Straße, eingerichtet nach dem Grundlagenvertrag zwischen beiden deutschen Staaten 1973. »Botschaft« sollte es nicht heißen, aber es war eine Botschaft. Manche gingen dort nur hin, um auf ihre angespannte Lage hinzuweisen, aber schon im Frühjahr 1984 gab es eine erste Besetzung. Auslöser dieser Aktion war sicher die Besetzung der amerikanischen Botschaft in der Neustädtischen Kirchstraße durch sechs junge Leute, die dann in den Westen ausreisen durften. Es setzte eine Art »Torschlusspanik« ein (Hans Otto Bräutigam, damaliger Leiter der Ständigen Vertretung). Die »Abwicklung« der Besetzungen erfolgte dann stets nach dem gleichen Muster, die betreffenden Personen mussten wieder nach Hause gehen und reisten wenig später diskret in die BRD aus. Die Staatssicherheit gründete extra eine Kommission und in wilder Panik ließ die DDR-Führung im ersten Halbjahr 1984 an die 31.000 Antragsteller ausreisen, aber das positive Beispiel machte trotzdem Schule. Das führte dazu, dass die Ständige Vertretung am 26. Juni 1984 zeitweilig geschlossen wurde, ein Umbau des Gebäudes sollte das Eindringen potenzieller Besetzer in das Innere der Botschaft verhindern. Es hat alles nichts genutzt und die größte Besetzung erfolgte dann im Sommer 1989 mit 130 Personen, die auf engstem Raum in der Ständigen Vertretung ausharrten. Am 8. August wurde die Botschaft erneut geschlossen, da es nicht genügend Platz und Lebensmittel gab. Kameras überall und die ganze Welt schaute zu. Die Nachrichtenagentur AP meldete an diesem Tag: »Die Besetzer sind nach Eberhard Grasshoffs (Sprecher der Ständigen Vertretung – W. B.) Angaben im Gartenhaus und im Hauptgebäude auf Matratzen notdürftig untergebracht. Ein Großteil ist zwischen 20 und 40 Jahren alt, eine Anzahl hat Kinder mitgebracht.« AP zitierte an diesem Tag auch den damaligen Kanzleramtsminister Rudolf Seiters mit dem Satz: »Seiters bedauerte, dass die Politik der Ostberliner Regierung bisher nicht den Ausreisedruck in der DDR gemildert habe. Es sei Aufgabe der DDR, dafür die Voraussetzungen zu schaffen. Sie müsse sich reformieren, wenn sie mit den Problemen einer immer höheren Zahl Ausreisewilliger fertigwerden wolle.« Das war ein frommer Wunsch und er stieß auf taube Ohren.

Auf eine der vielen Botschaftsbesetzungen in Ostberlin möchte ich genauer eingehen, da ich mit Pfarrer Werner Widrat (damals in der Gethsemanekirche) darüber sprechen konnte. Sie fand am 9. September 1988 statt und betraf die dänische Botschaft. Aus dem thüringischen Ilmenau machten sich am Vortag sieben Männer, sechs Frauen und fünf Kinder auf den Weg nach Berlin. Unterstützt wurden sie vom Friedenskreis in der Gethsemanekirche. Werner Widrat erinnert sich: »Sie sind zu mir gekommen und haben in Berlin eine Möglichkeit der Übernachtung gesucht. Sie sollten nicht in Kolonnen über die Autobahn fahren, aber sich am Abend treffen. Ich hatte damals noch meine kleine Wohnung, eine 1-Zimmer-Wohnung am Ostbahnhof, und ich hab ihnen meine Schlüssel gegeben, und die haben dort übernachtet, ich weiß nicht wie viele, ich bin nicht da gewesen.« Von dort aus sind sie am nächsten Tag aufgebrochen. Im Gepäck ein selbst gemaltes Plakat mit dem Spruch: »In Freiheit wollen wir uns wähnen, und zwar genauso wie die Dänen«. Die Botschaft wurde am Morgen besetzt, aber die Hausherren zeigten sich ablehnend, was sollten sie auch machen? Die Ausreise sollte in die BRD erfolgen, nicht nach Dänemark. Und in ein paar Tagen erwartete man den Ministerpräsidenten Poul Schlüter in Berlin zu Verhandlungen mit der DDR über Fischereirechte in der Ostsee. Die Dänen schalteten die Behörden ein und die Gruppe musste um 2:30 Uhr des nächsten Tages unter Androhung von Gewalt die Botschaft verlassen. Die sieben Männer wurden am 12. Oktober 1988 zu Gefängnisstrafen verurteilt und alle Beteiligten (auch die Kinder) dann am 22. März des nächsten Jahres in einen Interzonenzug gesetzt – siehe auch das Buch eines Beteiligten: Wolfgang Mayer: *Flucht und Ausreise*, Anita Tykve Verlag, Berlin 2002.

Der dänische Botschafter zu dieser Zeit war Erik Krog-Meyer. Er wurde nach diesen Ereignissen schwer bedrängt, besonders wegen seiner Kontaktaufnahme

zu den DDR-Behörden, dann abgesetzt und in die Botschaft nach Helsinki abgeschoben, er begann zu trinken und verstarb am 9. September 1990.
Werner Widrat war 1988 aus Zossen in die Gethsemanekirche gekommen, eine für die damalige Zeit mit dreitausend Mitgliedern große Gemeinde, aber zu den Gottesdiensten waren meist nur 30 bis 40 Leute anwesend: »Das war auch schön, man kannte jeden, konnte die Predigt ausrichten auf die Zuhörer.« Anders war es zu Weihnachten und zu Ostern, da war die Kirche immer überfüllt. Widrat hat früh, zusammen mit den beiden anderen Pfarrern der Kirche (Bernd Albani und Elisabeth Eschner), die junge Opposition unterstützt – etwa mit dem Kontakttelefon unter der Rufnummer der Gemeinde, wo Informationen zu Verhaftungen zusammengetragen wurden. Ab dem 2. Oktober 1989 begann die Mahnwache unter dem Motto »Wachet und betet«, um auf die Verhafteten aufmerksam zu machen und mit der Forderung, vier in Leipzig inhaftierte Jugendliche freizulassen. Die Kirche war Tag und Nacht geöffnet und Hunderte kamen zu den Diskussionsabenden: »Als es dann so viele wurden, hatte ich schon meine Probleme, Hemmungen und Ängste, dass ich nicht gut genug bin. Zum anderen war wieder so viel los in der Gemeinde, es ging ja nicht nur um den Gottesdienst, es gab viele Veranstaltungen und viele Kreise, das war wieder schön für mich, dass so viele Leute gekommen sind, die sich engagieren wollten und da hab ich gern mitgemacht, weil ich sehr offen war, darauf eingehen konnte und im Grunde mithelfen. Ich war einer von ihnen und wir haben gemeinsam vieles vorbereitet, da habe ich mich wohlgefühlt.«
Damit bin ich dann wieder bei denen, die die DDR nicht verlassen, sondern sie reformieren wollten. Wegen seiner Wohnung in der Straße der Pariser Kommune bekam Werner Widrat aber noch Ärger: »Dann hab ich irgendwann einen Brief vom Generalstaatsanwalt gekriegt, eine Vorladung. Da hatte ich ein bisschen Angst und habe meinen alten Probst mitgenommen, als Verstärkung. Mir wurde vorgehalten, dass aus meiner Wohnung heraus ein rechtswidriger Anschlag auf die Gesetze der DDR unternommen wurde. Dann haben sie mir gedroht, wenn ich die Wohnung nicht abgebe, bei dieser Wohnungsknappheit, dann leiten sie ein Strafverfahren gegen mich ein, nun ja, dann habe ich die Wohnung aufgegeben.«
Die überforderten Politiker der DDR gerieten in Panik, wie bei einer chaotischen Partie »Räuberschach«. Erst die dänische Botschaft, dann 130 Leute in der Hannoverschen Straße, zunehmend Leute in Prag, Warschau und Budapest. Im Sommer 1989 war die letzte Chance, durch einen beherzten Ruderausschlag das Trudeln noch auszuleiten – vor dem Aufschlag, um es in der Sprache der Piloten zu sagen. Allerdings gibt es ja auch fliegende Fehlkonstruktionen, die nicht zu retten sind, wenn sie erstmal ins Flachtrudeln gekommen sind. Es gab durchaus Kräfte unter den jüngeren SED-Mitgliedern, die sich ein Herz fassten für den Widerspruch.

Denn in vielen Teilen der Sozialgesellschaft gab es zunehmend Unmut, besonders bei den Künstlern, dazu komme ich gleich ... Das Statement von Honecker war schockierend, mit einem unzulässigen Zitat von August Bebel: »Den Sozialismus in seinem Lauf, halten weder Ochs noch Esel auf.« Erstens war es kein »Sozialismus« und zweitens war es allein er, der den gesellschaftlichen Wandel aufhielt. Erschütternd und auch unmenschlich war dann Anfang Oktober 1989 eine offizielle Erklärung zur Ausreisewelle im *Neuen Deutschland*: »Sie alle haben durch ihr Verhalten die moralischen Werte mit Füßen getreten und sich selbst aus unserer Gesellschaft ausgegrenzt. Man sollte ihnen deshalb keine Träne nachweinen.« Sie, diese notorischen Botschaftsbesetzer, hatten sich schon aus Honeckers Gesellschaft verabschiedet und seine Vorhaltung belegt, dass er jeden Kontakt zur Realität verloren hatte.

Unterdessen hatte Honeckers »gehasster Bruder« im Kreml längst gehandelt. Gorbatschow träumte von einem »Haus Europa«, zunächst auch mit einem Zimmer für die DDR. Aber seltsamerweise erlaubte er dann im März 1989 dem Budapester Ministerpräsidenten Miklos Németh den Abbau der Grenzanlagen nach Österreich. Öffentlichkeitswirksam über alle Sender. Die Amerikaner hatten dabei auch die Hand im Spiel (George Bush sen.) und für viel Geld fiel der »Eiserne Vorhang«. Nebenbei: Nach seinem Ausscheiden aus dem Amt des Ministerpräsidenten 1990 wurde Németh Vizepräsident der Europäischen Bank für Wiederaufbau und Entwicklung. Und: Im Juli 2015 haben ungarische Soldaten mit dem Bau eines 175 Kilometer langen und vier Meter hohen Zauns an der Grenze zu Serbien begonnen, um den Zustrom von Flüchtlingen zu verhindern.

Am 27. Juni 1989 ließen sich der ungarische und der österreichische Außenminister Gyula Horn und Alois Mock dabei filmen, wie sie mit einer Drahtschere symbolisch ein Zaunstück zerschneiden. Auch diese Bilder gingen um die Welt und kamen so in den Wohnzimmern der DDR-Bürger an. Damit war Ungarn im Sommer 1989 offen für Tausende DDR-Bürger. Aus einer »harmlosen« Urlaubsreise an den Balaton wurde der Weg in die »Freiheit«. Wenig später folgte Prag. Aus zunächst 100 Menschen in der westdeutschen Botschaft wurden am Ende an die viertausend, als Hans-Dietrich Genscher am 30.9.1989 die Erlaubnis zur Ausreise in die BRD verkündete. Ab diesem Tag ging es nur noch um Tausende, die über Prag, Budapest und Warschau aus dem Land strömten – und Honecker bereitete sein schönes Fest zum 40. Jahrestag der DDR vor. Totaler Kontrollverlust und Sprachlosigkeit in der DDR-Führung, das hat viele Reformer in der SED frustriert. Warum gab es keine politische Reaktion? Und dann stell dir mal folgenden Irrsinn vor: Die Flüchtlinge aus der Prager Botschaft sollten über das Territorium der DDR in den Westen ausreisen, dabei gab es einen direkten Weg über Pilsen nach Nürnberg in knapp vier Stunden. Die Folgen waren verheerend, als in der Nacht vom 4. auf den 5. Oktober der erste Zug den Hauptbahnhof von Dresden erreichte. Da hat noch mancher versucht, auf den Zug aufzuspringen, und es kam zu einer wahren Schlacht. Alles vorgeführt im Westfernsehen, jeden Tag. Die Zahlenangaben sind nicht gesichert, aber es mögen an die 50.000 DDR-Bürger gewesen sein, die im Sommer 1989 ihr Land auf die eine oder andere Weise verließen ... Die DDR war am Ende. Nein, die Führung der DDR war am Ende. Und anstatt innezuhalten, den Dialog zu suchen, nach eigenen Fehlern Ausschau zu halten, die pompöse Feier zum 40. Jahrestag abzusagen – schickte sie immer mehr Polizei auf die Straße. In den kleinen Dörfern konnte nur ein Dorfsheriff aufgestellt werden und der hatte höchstens ein paar Hilfspolizisten zur Hand, die schon erwähnten Hilfssheriffs. In Gellmersdorf gehörten zu dieser Truppe damals auch mein Freund Heinz Krause, dazu »Bullen-Jochen« und »Tabak-Karl«. Ich traf die »Kämpfer« mal an einem Samstagabend im Winter 1988 um den Küchentisch von Heinz versammelt. Düstere Gesichter, Armeejacken über die dicken Bäuche gezwängt, auf dem Kopf eine Fellmütze ohne Kokarde, auf dem Tisch lag für jeden ein Gummiknüppel, genannt: der Schwatte. Weil er schwarz war. Lagebesprechung: Im Nachbarort Crussow war Dorftanz und gegen 22 Uhr war in der Regel mit einer Massenprügelei zu rechnen. Die drei rauchten um die Wette, trinken konnten sie an diesem Abend nicht. Als es Zeit war, sagte Heinz: »Es wird Zeit.« Und unerwartet flink erhoben sich die korpulenten Hilfspolizisten, schnappten sich ihren Schlagstock und knatterten im *Trabbi* vom Hof ... Eigentlich eine filmreife Szene. Und natürlich war die schlagkräftige Truppe auch im Sommer 1989 am Start – zur Grenzsicherung. In Stolpe, drei Kilometer entfernt, floss der Oder-Seitenkanal, die Hohensaaten-Friedrichsthaler Wasserstraße, dann folgten die ausgedehnten Polderflächen und erst zwei Kilometer weiter östlich dann die Oder, die eigentliche Grenze zu Polen. Reisen in das »Bruderland« waren untersagt wegen der Gewerkschaft *Solidarnosc* und wegen der Botschaften in Warschau. Hinter dem Kanal legten sich die Hilfspolizisten, am Tage ehrbare Bauern und trinkfeste Gesellen, auf die Lauer. Sie hatten den Befehl, Grenzübertritte in Richtung Warschau zu verhindern. Nicht ohne Stolz berichtete mir Heinz später von einem ihrer nächtlichen Einsätze. Nächtelang hockten sie an der kleinen Brücke, die über den Kanal führt. »Da kommt doch keiner.« Aber Anfang September kamen doch welche. Allerdings nicht über die Brücke. Sie ließen sich leise in das ruhig fließende Wasser des Kanals gleiten und schwammen vorsichtig ans andere Ufer. Dort angekommen, fielen sie sich in die Arme und riefen voller Glück: »Wir sind frei, wir sind frei!« Aber sie hatten nur den Kanal durchquert und auf der anderen Seite war immer noch das Staatsgebiet der DDR – und Heinz. Die Delinquenten wurden auf der Polizeiwache in Angermünde abgeliefert und kamen dann sicher auch bald in die »Freiheit« ...

Für viele Künstler in der DDR hatte der Wunsch nach Ausreise keinen wirtschaftlichen Hintergrund, viele fühlten sich einfach zu sehr gegängelt, nur wenige dachten an das große Geld. Ein paar Sänger hingen diesem Glauben an und sie wurden alle enttäuscht. Ich kann nicht beurteilen, woher die naive Illusion kam, eine erfolgreiche DDR-Karriere in Westdeutschland so einfach fortsetzen zu können; in den wenigsten Fällen hat das funktioniert, bei einigen Schauspielern. Sie gingen in ein anderes Land, was ihr Publikum sehr bedauert hat.

Die Schriftsteller, die Künstler des Wortes und der Zwischentöne, die ich so kannte, waren nicht per se Gegner des Staates, sie waren zuerst Kritiker, Aufklärer, Leute, die unerwünschte Fragen stellten und unerwünschte Vorschläge machten. Sie wussten wohl, wo ihr Publikum war und kannten ihre Aufgabe. Auch hier war die DDR-Führung nicht in der Lage, ein Gespräch zu suchen. Sie erkannte nicht, dass sich eine Gesellschaft, gerade die sozialistische, nur in einer kontroversen Diskussion der gesellschaftlichen Fragen entwickeln kann. Oft wurde ich in Versammlungen, egal ob in der Schule, bei der Armee oder im Rundfunk zur Diskussion aufgefordert. Aber der Versammlungsleiter wollte nur den wiedergekäuten Quatsch aus den Zeitungen hören, eine eigene Meinung war nicht gefragt. So schwieg ich lieber und viele andere schwiegen auch. Ich erinnere mich noch genau an diesen verhassten Satz nach einer politischen »Einordnung« der aktuellen Lage: »Nun bitte ich um eine Diskussion, wer möchte das Wort ergreifen?« Da keiner zugreifen wollte, wurden zwei, drei zuverlässige Teilnehmer zu einem gestammelten Bekenntnis genötigt. Dann wurde die »Diskussion« beendet, der Rest schwieg. Diejenigen, die nicht schweigen konnten, rieben sich an diesem seltsamen Staat, erhielten Auftrittsverbote, bekamen keine Aufträge mehr, ihre Theaterstücke und Gedichte wurden verboten. Aber die meisten blieben, wollten bleiben.

Ich erinnere mich an viele Gespräche zu diesem Thema, etwa mit Stephan Krawczyk oder Gerlinde Kempendorff. Die Entscheidung zur Ausreise war mit einem verzweifelten Ringen verbunden, aber was sollte man tun, wenn einem die Kraft zum Weitermachen abhandengekommen war. Über Gerlinde hatte ich schon erzählt, aber das war ja eher eine heitere Episode, wirklich schmerzhaft für mich war es bei Stephan. Wir kannten uns aus der Liedermacherszene. In mein Buch über die *Liederleute* hatte ich ihn nicht aufgenommen, weil das nach seinem Auftrittsverbot 1985 wenig Sinn machte. Ich mochte seine kraftvollen Auftritte mit dem Bandoneon, seine klare Stimme, seine Texte, die deutlicher waren als bei seinen Kollegen, sie wirkten manchmal etwas düster auf mich mit ihrem kraftvollen Sarkasmus. Besonders mochte ich sein »Lied vom Clown« (Text Andreas Reimann), das 1983 auf eine LP mit aufmüpfigen Volksliedern der Gruppe *Liedebrlich* aus Gera geschmuggelt worden war: »Der kann sich schon selbst in die Augen schauen, er ist halt ein

Clown ...« Stephan verließ Ende 1983 das Trio und seine neuen Texte stammten zunächst von Reimann, später auch von Brecht, Kästner, Borchert ... Wir hatten uns 1981 bei den Chansontagen in Frankfurt/Oder kennengelernt, wo er den Hauptpreis gewonnen hat mit dem Programm *Auf zwei Füßen*. Später habe ich einen Artikel über ihn geschrieben. Ich erinnere mich noch gut an die zunehmende Konfrontation, in die er mit seinen Liedern kam, als er begann, seine Texte selbst zu schreiben. Ich habe oft zu ihm gesagt, und andere sicher auch, was nützt ein Frontalangriff? Viele Liedermacher in der DDR hatten »scharfe« Lieder in ihrem Repertoire, umgaben sie aber auch mit heiteren Texten, ironischen Anspielungen oder Bildern, die jeder DDR-Bürger gut verstand. 1985 erlebte ich den Schauspieler Ulrich Mühe im *Deutschen Theater* in der Reinhardtstraße als keck-vorlauten Narr Gobbo in Shakespeares *Kaufmann von Venedig*. Mühe baute eine kleine Backsteinmauer auf, sprang mehrfach drüber weg und sprach dabei den Monolog seiner Figur, die sich entscheiden muss, ob sie bei dem alten Herrn bleibt oder zu einem neuen geht. Die Leute haben gelacht und wie entfesselt geklatscht. Natürlich wurde jede neue Inszenierung von der Kulturabteilung des ZKs der SED und dem Kulturministerium abgenommen, aber ein gewisser Spielraum blieb doch und jeden Abend begann das Schauspiel aufs Neue. Das Theater in der DDR war einfach traumhaft. Die großen Stücke von Heiner Müller waren ein Muss und trotz des Andrangs wurden Karten irgendwie besorgt. Zumal nicht klar war, wie lange das Spektakel noch erlaubt war. Dieses Land hatte eine so vielfältige Theaterlandschaft mit dem *Deutschen Theater,* den *Kammerspielen,* der *Volksbühne* am Rosa-Luxemburg-Platz, dem *Maxim-Gorki-Theater,* dem *Berliner Ensemble.* Und überall waren exzellente Schauspieler engagiert. Nennen möchte ich zuerst Rolf Ludwig, Wolf Kaiser, Christian Grasshof, Angelica Domröse, Kurt Böwe, Ursula Karusseit, Marianne Wünscher, Katharina Thalbach, Gisela May und Henry Hübchen.

Wenn ich mich recht erinnere, wurden Brecht und Müller besonders häufig gespielt. Aber natürlich gab es auch Stücke von Peter Hacks (*Ein Gespräch im Hause Stein über den abwesenden Herrn von Goethe*), Ulrich Plenzdorf (*Die neuen Leiden des jungen W.*), Christoph Hein (*Die wahre Geschichte des Ah Q*) und Kants *Aula*. Hacks wohnte bei mir schräg gegenüber, 1986 besuchte ich ihn das erste Mal und zeigte meine Texte für das Buch *Umsturz im Kopf* vor. Er war etwa im Alter meines Vaters und nahm sich viel Zeit, machte ein paar Anmerkungen, aber der wichtigste Satz für mich war: »Es ist deine Sprache, es muss deine Sprache werden.« Hacks gehörte für mich auch zu den »Hoffenden«, wie Elise und Gerd Ludwig. Er glaubte fest an den Sozialismus, sah im Neuen Ökonomischen System von Ulbricht eine Chance und blieb seiner Weltanschauung auch nach 1990 treu. Als Dramatiker fühlte er sich Autoren wie Brecht, Goethe, Shakespeare und den griechischen Dramen sehr verbunden. Er starb 2003 mit 75 Jahren und wurde auf dem Französischen Friedhof in Berlin beigesetzt.

Auch kleine Bühnen, wie das *bat* (Berliner Arbeitertheater) in der Belforter Straße, boten aufregende Inszenierungen und tagelang Gesprächsstoff. Kultur in der DDR war wie ein Balanceakt auf einem Drahtseil oder wie das Stemmen gegen eine Wand. Jeder versuchte, die Möglichkeiten auszutesten und den Freiraum zu vergrößern. Das mag heute opportunistisch klingen, aber es war ein zäher Kampf. Zwischen den Zeilen schreiben, eine Kunstpause an der richtigen Stelle, ein tapferes Lied zwischen anderen. Mitunter wurde aber von einigen Liedermachern auch der »einfache Weg« gewählt. In meiner Kritik zu den *8. Chansontagen* in Frankfurt/Oder schrieb ich in der *Unterhaltungskunst* 2/86: »Meines Erachtens hörten wir in Frankfurt reichlich ‚Lieder über Etwas‘ und selten Stellungnahmen, streitbare Wortmeldungen, die nachwirken, Nachdenken und Gespräche notwendig machen. Das ‚Görnandtsche Lied‘, leicht im Text und einprägsam in der Melodie, hat weite Verbreitung gefunden.«

Matthias Görnandt war für mich eher ein Funktionär als ein Liedermacher, er stand zu dieser Zeit der Sektion Chanson/Liedermacher beim Komitee für Unterhaltungskunst vor. Das »Görnandtsche Lied« musste man bei Stephan Krawczyk nicht befürchten und 1986 war er in Frankfurt schon nicht mehr dabei. Im Sommer 1985 trat er im *Club Impuls* das letzte Mal auf, da war die Luft schon deutlich dünner. Viele Klubs oder Kulturhäuser ließen lieber die Finger von seinen Konzerten und sind sicher dazu angehalten worden. Auch der Berufsverband hielt sich vornehm zurück, wobei die Abneigung gegenseitig war. »Berufsverband« hieß konkret Sektion Chanson/Liedermacher. Zum Chef erkoren wurde Görnandt von Gisela Steineckert, der Präsidentin des Komitees, aber in erster Linie eine große Textautorin, am bekanntesten ist bis heute *Als ich fortging*, gesungen und komponiert von Dirk Michaelis. Görnandt war für den Posten als Interessenvertreter der Liedermacher aus meiner Sicht nicht geeignet, zu viel Ich und zu wenig Wir. Bei den Rockern in ihrer Sektion unter Toni Krahl (von der Band *City*) hat das deutlich besser funktioniert. Und von den Rockern, nicht von den Liedermachern, kam am 18. September 1989 dann die »Resolution von Rockmusikern und Liedermachern zur inneren Situation und zum Aufruf des Neuen Forums«. Zur Ehrenrettung der Liedermacher sei aber erwähnt, dass die endgültige Formulierung von Hans-Eckardt Wenzel und Steffen Mensching stammte ...

Kurz eine Erinnerung an den Liedermacher Arno Schmidt, bevor ich es vergesse. In der breiten Szene gehörte er zu den wenigen, die ich Freund nannte. Wir kamen beide von der Ostsee, liebten beide die gleiche Frau (nacheinander) und konnten wunderbar tiefgründige oder blödsinnige Gespräche führen – viele Jahre in dieser großen, für alle offenen Wohnung direkt an der Bornholmer Brücke.

»Unsere« Christiane war immer so betroffen, so beteiligt am Leben anderer, Arno gab ihr Ruhe. Für mein Büchlein über die Liedermacher schrieb ich eine kleine Geschichte über ihn und habe auch drei Texte aufgenommen, die Ed Stuhler für ihn geschrieben hatte. Einige Lieder der beiden entstanden zu Fotografien von Bernd Heyden – und Stuhler verdichtete, was Arno bewegte:

> Ich hab gelernt, dass ein Gespenst umgeht, ich weiß nur nicht mehr wo,
> ich hab natürlich auch im Kapital gelesen.
> Ich hab gelernt, am besten liest man seine Zeitung auf 'm Klo,
> ich hab gelernt, am besten schmeckt das Bier am Tresen,
> aber fliegen, davon bin ich weit entfernt, Fliegen hab ich nicht gelernt.

Arno sang solo zur Gitarre, die er exzellent beherrschte, oder mit seiner kleinen Band. Vor ein paar Wochen hab ich ihn nach 25 Jahren wiedergetroffen. Nach dem Konzert in der schönen Konzertbühne *Zimmer 16* in Pankow nahmen wir uns einfach in den Arm. Später sagte ich: »Du siehst so jung aus.« Und er sagte: »Und deine Augen blitzen noch wie früher.« Eine verrückte Erfahrung für mich in diesen Monaten des Erinnerns. All diese wundervollen Menschen noch einmal wiederzusehen nach so langer Zeit, am Ende des Lebens. Aber in unseren Herzen sind wir uns nah geblieben, die alten Lieder, die alten Kämpfe sind noch lebendig. Und als Arno an diesem Abend sang: »Fliegen hab ich nicht gelernt« waren auch die 25 Jahre wie weggewischt. Und dann sang er mit einem glücklichen Lächeln seine neuen Lieder. Ich denke, er hat das Fliegen schon gelernt ...

Aber zurück zu Stephan Krawczyk. Sein Berufsverbot zog immer größere Kreise, mit dem Entzug des Berufsausweises 1985 waren Auftritte in staatlichen Einrichtungen nicht mehr möglich. Die »Kollegen« hielten sich zurück, nur Arno Schmidt und Reinhold Andert schrieben Eingaben und protestierten gegen das Berufsverbot.

Eine Ausnahme gab es dann doch Ende 1987. Ich hatte damals im Jugendklub in der Dunckerstraße, den es heute noch gibt, eine kleine Konzertreihe für Liedermacher ins Leben gerufen. Der Start war am 5. April 1986 mit einem Konzert von Reinhold Andert, der damals auch wegen seiner satirischen Texte auf der Abschussliste stand. Andert wird heute leicht vergessen und auf sein Honecker-Buch (*Nach dem Sturz*) reduziert. In einem Artikel versuchte ich 1986 eine Beschreibung: »Wer Andert schon einmal in einem Konzert erlebt hat, wird wissen, was ich meine: dieses auf die Spitze getriebene Understatement, das sich nicht nur im Habitus zeigt, auch im kargen Gesang, der einfachen, aber wirkungsvollen Gitarrenbegleitung. Die Sprache ist schnörkellos und direkt: Meine Lieder sollen politisch sein – verdeutlichen, überzeugen, aktivieren.« Im Internet gibt es ein interessantes Interview mit ihm ...

Ich glaube alle zwei Monate fanden die Konzerte im *Dunckerklub* statt, an einem Donnerstag. Das kleine Gebäude aus rotem Backstein, mit einem Grundriss von 12 mal 12 Metern, fasste normalerweise etwa 70 Besucher. Die etwa zweistündigen Veranstaltungen liefen so ab, dass ich die jeweiligen Künstler vorstellte, mit ihnen ein Gespräch führte. Dann folgte ein einstündiges Konzert und danach konnten die Besucher Fragen stellen. Eine Stunde Konzert plus eine Stunde Gespräch, über die Lieder, die gesellschaftlichen Probleme, die eigene Befindlichkeit. An wen kann ich mich erinnern: Kurt Demmler, Gerhard Schöne, *Pension Volkmann*, Norbert Bischoff, Maike Nowak, die Gruppe *Wildemann* – und an Stephan Krawczyk.

Es gab auch mutige Klubleiter, die sich taub stellten, von einem Auftrittsverbot nichts gehört hatten oder sich bewusst widersetzten. Ralf Luderfinger vom *Dunckerklub* gehörte zu ihnen, Kompliment. Er hatte sich in der FDJ-Kreisleitung stark gemacht: »Sollen denn alle unsere Liedermacher nur noch in den Kirchen singen? Dann rennen die Leute da hin.« Er bekam kein Okay und zog die Sache im Sommer 87 trotzdem durch, auf eigene Gefahr. Und an diesem Abend waren an die 150 Leute in dem winzigen Raum. Auf eine Bühne hatten wir verzichtet. Die Leute standen dicht aneinandergedrückt, sehr still, stiller als sonst. Sie wussten, was da gerade passierte. Überwiegend Leute so um die zwanzig und aus der Gegend, dazu wie immer die gut erkennbaren Vertreter der Staatssicherheit. Zu Beginn saß ich mit Stephan und Ralf in dem kleinen Büro des Klubleiters und dann versuchten wir, einen Platz für das Konzert zu finden. Stephan und ich standen buchstäblich an der Wand, vielleicht ein Meter Abstand zu den Gästen. Was für ein schönes Konzert. Zum Schluss bat ich um das Lied vom Clown: »Der bricht auch statt Beischlaf 'ne Liebe vom Zaun, es ist halt ein Clown.« Nach dem Konzert haben wir über zwei Stunden mit den Gästen diskutiert und mir war, in seinen Augen so etwas wie Glück zu sehen. So heiter und locker hatte ich ihn lange nicht erlebt und wir verabredeten uns für die nächsten Tage.

Dieses Konzert in einem staatlichen Klub blieb aber eine Ausnahme. Für die Künstler bedeutete ein Auftrittsverbot in der Regel den Rückzug in kirchliche Räume. Stephan wirkte auf mich in dieser Zeit nicht verbittert, er arbeitete fleißig und entspannt an seinen neuen Programmen: *Pässe, Parolen* (1985/86 mit Freya Klier), *Alles in mir revoltiert* (Brecht-Programm 1986) und *Wieder stehen* (1987). Als Journalist und enger Begleiter dieser kreativen Szene habe ich auch immer versucht, Brücken zu bauen, und so besuchte ich Stephan in seiner Wohnung in der Oderberger Straße. Dabei vermied ich die Begegnung mit Freya Klier, mit der er von 1986 bis 1992 verheiratet war. Sie war mir, wie soll ich sagen, irgendwie unheimlich, zudem hatte ich den Eindruck, dass sie eher gegen seine Reintegration arbeitete. Mir schien, dass sie das Thema Ausreise, dass bei Berufsverboten natürlich immer im Raum stand, in seinen Gedanken forcierte. Mein letztes Treffen mit Stephan war Ende 1987 bei ihm zu Hause. Ich sprach über die Sektion Liedermacher, die vielen Kollegen, die ihm positiv gegenüberstanden, die ihn bewunderten. Ich sprach davon, dass wir ihn brauchten, hier brauchten: »Was willst du in Westberlin? Die ziehen dich drei Monate lang durch alle Talkshows, du machst ein paar Tourneen, du bekommst drei oder vier Preise, an denen Geld hängt. Und was dann?«

Im Laufe von über 25 Jahren sind viele Erinnerungen verblasst, aber manche Tage sind mir noch so nah, als wären sie gestern gewesen. Vielleicht, weil ich emotional so aufgewühlt war. Wir gingen dann runter in den *Oderkahn,* tranken ein Bier und sprachen weiter. Ich sagte ihm, dass sich genau zu dieser Stunde die Sektion der Liedermacher im Konzertsaal *Die Wabe* im Thälmann-Park trifft und dass wir hingehen sollten ... Wir tauschten das Für und Wider aus und gingen los, zu Fuß die Dimitroff-Straße runter Richtung Greifswalder. Alles Weitere sehe ich vor meinen Augen wie in einem Film. Ich öffnete die schwere Tür und schaute in den sechseckigen Saal. In der Mitte stand eine Gruppe von etwa vierzig Liedermachern. Sie unterhielten sich lebhaft. Ich schob Stephan durch die Tür. Alle schauten ihn an, die Gespräche verstummten, keiner machte einen Mucks. Wir gingen langsam, fast tastend auf die Gruppe zu. Einige lösten sich aus dem Pulk, kamen uns entgegen, Hände wurden ausgestreckt. Ich stellte mich abseits an ein Fenster und war glücklich. In der Mitte des Raums hatte sich die lebhafte Plauderei fortgesetzt und mittendrin Stephan. Ich war zufrieden, müde und wollte gerade gehen, als sich plötzlich die Tür öffnete. Im Rahmen stand Freya Klier. Wieder verstummten die Gespräche. Stephan sah sie an. Mir war, als bliebe die Zeit stehen. Dann ging er ganz langsam, wie an einer unsichtbaren Schnur gezogen, auf sie zu. Die Tür schloss sich und ich habe ihn nicht mehr gesehen. Nur noch einmal in den *Tagesthemen* am 17. Januar 1988. Zur Liebknecht-Luxemburg-Demonstration, eigentlich eine Selbstinszenierung der SED-Spitze, hatte er ein selbst gemaltes Transparent dabei: »Gegen Berufsverbote in der DDR«. Er und Freya wurden verhaftet, es muss am Frankfurter Tor gewesen sein. Wollte Stephan wirklich weg? Auch Christiane Manasterski hat, wie sie mir erzählte, damals mit ihm geredet. Bleib hier! Viele haben mit ihm geredet. Nach der Verhaftung wurde er mit Gefängnis bedroht und dann abgeschoben. Schon Anfang Februar gab Stephan in Westberlin eine Pressekonferenz ... Sogar die *New York Times* nahm davon Notiz: »The departure of Stephan Krawczyk, a singer, and Freya Klier, a stage director and Mr. Krawczyk's wife, along with two other people, was described by people who identify with the movement as a severe blow.« Für seine Lieder interessierte sich keiner.

Für mich war es ein schwerer Schlag. In Erinnerung bleibt mir: »Ein jeglicher hat seine Macht hier. Na und? Hier vor der Kneipe tritt der Besoffne den Hund« – aus dem Lied »Unsere alltägliche Macht« von Andreas Reimann. Ein bildreicher Dichter und tapferer Mensch. Unbedingt nachlesen. Das genannte Lied wurde 1983 verboten. Als Krawczyk sich von Reimann abwandte und seine eigenen Texte schrieb, wurde er selbst zu einem der wichtigsten jungen Dichter der DDR. Aber er war weg. Sie zogen ihn drei Monate durch alle Talkshows, er machte ein paar Tourneen und bekam drei oder vier Preise ...

Eine kleine Erinnerung will ich rasch noch einschieben, weil es gerade passt. Im Jahr 1987 hatte ich auch eine Talkshow begonnen im Jugendklub in der Leipziger Straße. Der hatte auch einen Namen, den habe ich allerdings vergessen, an die Klubleiterin kann ich mich noch gut erinnern, Gundel. Sie wohnte in der Choriner Straße, gleich vorne an der Schönhauser, im Seitenflügel. Ihr Hochbett war so hoch geraten, dass ich mir oft den Kopf an der Decke gestoßen habe. Eine sehr lebhafte junge Frau und sie hatte die Idee zu dieser Talkshow. Die erste in der DDR? Ist egal. Wir hatten einen Plan. Einmal jeden Monat am Mittwoch wurde ein Gast eingeladen, um mit mir und dem Publikum über aktuelle Probleme der DDR zu diskutieren. Ich denke, da passten auch so an die hundert Leute rein. Der Start im März 1988 war prima. Was wurde diskutiert? Warum verfallen die Häuser in der Stadt, zum Beispiel mein Dach? Wer entscheidet über das Verbot von Filmen oder Zeitschriften? Wann gibt es Jugendmode, die diesen Namen verdient? Ich schrieb jeweils das zuständige Ministerium an und sie schickten prompt einen Gesprächspartner. Irgendeinen Staatssekretär, nicht den Minister selbst, das wäre mein Traum gewesen: »Mit dem Gesicht zum Volke«. Aber es waren kluge Leute und es gab sechs Diskussionen, nach der siebten war Schluss: Wehrdienst und Friedensstaat DDR. Dafür fanden wir mit Mühe einen Gesprächspartner aus dem Wehrkreiskommando in Mitte und der Mann in Uniform hat sich wacker bemüht, aber irgendwie wirkte der Abend hölzern, nicht so fröhlich wie die vorherigen. Auch das Publikum sah ganz anders aus als sonst, irgendwie uniformiert, und mir war den ganzen Abend klar: Das war es dann. Kein ausdrückliches Verbot einer weiteren Talkshow, aber von Seiten des Berliner Hauses für Kulturarbeit wurde Gundel nahegelegt, eine Fortsetzung der Reihe nicht anzustreben.
Über die Liedermacher der DDR könnte ich, neben dem schon Gesagten, noch vieles erinnern. Sie haben, jeder nach seinen Kräften, mutig gekämpft gegen Lügen, Willkür, Desinformation, Verrat an den sozialistischen Idealen, Einschüchterung und Ausgrenzung. Sie haben gegen die DDR-Führung gekämpft und gingen mit ihr unter, verschwanden einfach, als es ihrer mutigen Stimmen nicht mehr bedurfte. Zwar gibt es auch heute genügend Elend, gegen das sie ansingen könnten, aber die Menschen haben keine Zeit mehr zum Zuhören oder für Zwischentöne. Die

staatlichen Medien haben die Hoheit über die »Wahrheit« errungen und das Volk hat mit sich selbst zu tun. Auch im Westen waren die guten Tage der politischen Sänger Mitte der 80er beendet: Hannes Wader, Dieter Süverkrüp, Franz-Josef Degenhardt, Konstantin Wecker. Besonders Wader habe ich geliebt und hatte schon als Schüler eine LP von ihm. Besonders sein »Heute hier, morgen dort« passte so genau zu meinem Leben: »Manchmal träume ich schwer und dann denk' ich, es wär' Zeit zu bleiben und nun was ganz And'res zu tun. So vergeht Jahr um Jahr und es ist mir längst klar, dass nichts bleibt, dass nichts bleibt, wie es war!« Im Februar 1984 traf ich ihn das erste Mal und machte ein Interview, als er beim *14. Festival des Politischen Liedes* auftrat. Wenn du mehr wissen möchtest über dieses jährliche »Festival der Roten Lieder«, lies dich ein. Über diesen wichtigen Kulturkreis der Liedermacher in der DDR findest du einiges in dem schon erwähnten Büchlein *Liederleute* (von Petra Schwarz und mir) aus dem Jahr 1988 – und aus neuerer Sicht: *Bühne der Dissidenz und Dramaturgie in der Repression – ein Kulturkonflikt in der späten DDR,* Herausgeber Lutz Niethammer und Roger Engelmann, Vandenhoeck & Ruprecht, 2013.

Hatte ich das nicht schon erzählt? Alles hängt mit allem zusammen und ich komme wieder vom Hundertsten ins Tausendste. Ich bitte um Vergebung, dass mein »Erzählstrang« zum Ende der 1980er Jahre hin ein wenig zerfasert erscheinen mag. Das ist wie bei einem Baum, der in gutem Boden steht und viele Zweige austreibt. Vieles passierte gleichzeitig: Mein Leben als freier Journalist, später als Schriftsteller, die Entwicklung der Kulturszene im Prenzlauer Berg und die politischen Diskussionen in den kleinen Zirkeln der Reformer. Vieles kann ich nur verkürzt darstellen, viele Namen nur nennen, um auf sie aufmerksam zu machen. Du kannst weiter nach ihnen forschen. Die späten 80er Jahre waren auch nicht zu vergleichen mit den 70ern und 60ern, geschweige denn mit den 50er Jahren. Da konnte ein Witz schon den Kopf kosten. Aber auch meine Zeit hatte nichts von einem Räuber-und-Gendarm-Spiel. Ich war Mitte dreißig und voller Kraft, aber die Angst war immer noch da und riet zur Vorsicht. Als ich 1988 in jener fensterlosen Zelle saß, war diese Angst mit Händen zu greifen. Ich zolle all den Menschen meine Hochachtung, die sich nicht einschüchtern ließen. Sie saßen in Cottbus, Bautzen und Hohenschönhausen. Am Ende ihrer Kräfte. Leider wird ihrer heute zu wenig gedacht. Zu Jahrestagen holen die staatlichen Medien immer die gleichen Nasen hervor, die ihren lang geübten Text aufsagen. Da ist kein Platz für Nachdenklichkeit oder Hintergründe.

Ich wünschte mir »Stolpersteine« auch für die mutige Jugend in der DDR, einen Ehrentag im Kalender und in den Schulen, vielleicht auch ein Denkmal in der Stargarder Straße neben der Kirche, wo die Demonstranten 1989 eingekesselt waren. So könnten die neuen Bewohner im Prenzlauer Berg etwas von der Geschichte dieses Bezirks erfahren.

Die Stadt Leipzig ist übrigens an dem Denkmal für die Montagsdemonstrationen kläglich gescheitert. Das ist auch ein Grund für meine Erinnerungen und ich wünschte mir, diese Gespräche mit dir könnten auch ein »politisches Lesebuch für die Jugend« werden, vor allem für junge Lehrer. Meine Physiotherapeutin – ihre Tochter besuchte die Grundschule in der Gleimstraße 49 – erzählte mir vor kurzem, dass die Achtjährige einmal sehr verunsichert nach Hause kam und fragte: »Mama, warum bist du nicht auch in den Westen geflüchtet, als es hier so grausam war?« Nun, an dieser Grundschule arbeiten überwiegend junge Lehrerinnen, die aus Westdeutschland kamen, und die Mutter entschloss sich daraufhin zu einem Schulwechsel für ihre Tochter. In deiner Schule sieht es anders aus, zum Glück. Oder nehmen wir das Beispiel Gerd Danigel, dem ich einige sehr schöne Fotos verdanke. Er verkauft jeden Sonntag auf dem bombastischen »Flohmarkt« am Mauerpark neben der Bernauer Straße seine alten Fotos von der DDR und dem Ende der Mauer in Berlin. Kunstvolle Fotos in Schwarz-Weiß. Einmal stand ein Mädchen vor seinen Stand und fragte ihre Mutter: »Warum sind denn die Fotos ohne Farbe?« Und die Mutter antwortete: »In der DDR gab es doch keine Farben.«

Einen meiner »Stolpersteine« wünschte ich mir vor der Schönhauser Alle 50: »Hier wurde am 19.7.1986 die Galerie von Jörg Deloch eröffnet und am 10.7.1988 geschlossen.« Ein verrückter Ort im Hinterhaus, zwei Treppen hoch. Nun ja, unser Treppenhaus war damals auch obskur gestaltet von Birgit Schöne, aber bei der *Galerie Deloch* handelte es sich um Kunst. Die erste Ausstellung bestritt Holger Stark, der an der Hochschule für Bildende Kunst in Dresden studierte, es folgten 14 weitere Ausstellungen. Wenn du dich in das Thema einlesen möchtest, empfehle ich dir das Buch: *Kunst im Korridor: Private Galerien in der DDR zwischen Autonomie und Illegalität* von Yvonne Fiedler (Ch. Links Verlag 2013). Das Ende des zermürbenden Kampfes mit den Kräften der Volkspolizei und der Staatssicherheit kam mit der Ausstellung von Igor Tatschke, genauer gesagt *AG Mauerstein*. Zur Eröffnung gab es so kleine Aufkleber mit einem typischen Motiv, einen davon trug ich dann stolz an meiner schwarzen Ledertasche. Die Tasche hat überlebt, der Aufkleber auch ...

Aufkleber Tatschke 1988
Repro: W. B.

Bei Tatschke waren die einzelnen Bilder und Plakatbahnen dicht an dicht an den Wänden befestigt und füllten den ganzen Raum, wobei die Kombination von Wort und Bild auffiel. Viele Köpfe, verzerrt oder nur stilisiert und dazu die seltsamen Herren, die nur an ihrem weißen Gesicht und den weißen Krawatten zu erkennen waren ... Waren das New-Wave-Grafiken, war das ein Spiegelbild der Punk-Kultur in der DDR? Bemerkenswert fand ich die Unbekümmertheit, mit der Tatschke zu Werke ging: Ein freier Künstler in einem freien Land? Das sicher nicht, aber es war viel möglich bis zu dem Tag, an dem die Männer mit ihren abgetragenen Anoraks vor der Tür standen ...

In späteren Jahren wandte sich Tatschke anderen Sujets zu, wobei der beste Nährboden für auffällige Kunst wohl immer verbunden ist mit dem Subversiven. Auf der Homepage der *Staatsgalerie Prenzlauer Berg,* wo er im April 2011 ausstellte, äußerte er sich zu dieser spannenden Zeit: »Bei der Vorbereitung meiner ersten Ausstellung in der Galerie Deloch kam mir die Idee als Projektnamen und Signatur AG Mauerstein zu verwenden. Mit ‚Der Ziegelbrenner' hatte B. Traven um 1920 seinen anarchistischen Heften einen starken Namen gegeben. An einen Namen dieser Art dachte ich auch und kam von Ziegelbrenner zu Ziegelstein und dann auf: Mauerstein. Mit AG wurde dann so eine Art Werkstattcharakter erklärt, jeder der mithalf, war dabei. Dadurch wurde eine Art subversives Netzwerk simuliert, welches Auf- und Anregung erzeugte bei Freund und Feind. Bedanken muss man sich heute allerdings auch beim damals noch sichtbaren Feind für seine ungeteilte Aufmerksamkeit.« Die *Staatsgalerie Prenzlauer Berg* in der Greifswalder Straße 218, von einer Künstlerinitiative getragen, musste vor kurzem nach fünf Jahren der Selbstausbeutung schließen, der Hausbesitzer wollte eine höhere Miete.

Jörg Deloch war, nach meinem Eindruck, aufgetaucht aus dem Nichts und er verschwand wieder in das Nichts. Ein feingliedriger, eher kleiner Junge, mit kurzen Locken, dunklen Augen und einer Brille, die er unentwegt auf seiner Nase hoch schob, wenn er nervös war. Wo kam er her, wo ist er hin?

Natürlich habe ich nach ihm geforscht, wie nach all den anderen meiner Weggefährten aus jener fernen Zeit. Nichts. Yvonne Fiedler zitiert in ihrem Buch ein Interview, das sie am 24.1.2011 mit ihm geführt hat. Also musste er noch da sein. Yvonne half mir und ich erreichte Jörg Anfang 2014 auch wirklich per Telefon. Er hatte eine schwierige Zeit hinter sich. Wohnung zu teuer, kein Geld. In der DDR gab es keine Gedanken über die Höhe der Miete. Im Januar hat er einen LKW-Führerschein gemacht. Der erste Arbeitgeber zahlte nicht, der zweite nur die Hälfte – jetzt hofft er auf bessere Zeiten. Immer unterwegs, selten in Berlin und er sagte mir: »Die alte Truckergemeinschaft ist auch am Arsch.« Für mich war es schön, mit ihm noch einmal über seine Galerie zu sprechen und ich denke, auch für ihn ...

Jörg Deloch 1990
Foto: Merit Schambach

Das Foto stammt aus dem Mai 1990, als er einen Neustart in der Knaackstraße versuchte, und ich bin froh, dass ich es dir zeigen kann. Jörg Deloch – ein sanfter Rebell, ein Don Quijote, ein unpolitischer Galerist, der ungewollt zum Politikum wurde. Wie viele andere passte er aber nicht mehr in die kapitalistische Zeit. Und es klang mir schon reichlich verbittert, als er zu mir sagte: »Wenn du kein guter Geschäftsmann bist, kannst du auch keine Galerie machen.«
Also bleiben wir lieber in der schönen Zeit. Wenn ich Jörg richtig verstanden habe, hat er seine Galerie als Treffpunkt für die Künstler gesehen. Aus Verehrung für sie und wegen der schönen Feten. Die *Galerie Deloch* war ein wundervoller Ort mit einem großzügigen Impresario. Das war wie auf einem anderen Stern, auf dem die Kunst als streitbare Kraft täglich gefragt war, das Lied, das Gedicht, das Bild.
Wer war dieser 21-jährige Bautischler? 1986 war ich schon 33 und er so jung und so zäh. Wir trafen uns zufällig im *Wiener Café* in der Schönhauser Allee. Die Ausstellungen von Jörg in seinem »Salon«, wie er seine 50 Quadratmeter große Wohnung gerne nannte, waren nur einer von vielen Treffpunkten von Künstlern in privaten Wohnungen, aber vielleicht der wichtigste. Ein Kasten Bier stand meistens in der Küche und wer konnte, spendierte eine Flasche Goldbrand oder Rotwein. Manchmal brachten die Mädels auch Nudelsalat mit. Die Party fand immer in der Küche statt, immer, keine Ahnung, warum. Zum Beginn und zum Abschluss jeder Ausstellung gab es eine Feier. Nicht laut, nicht schrill, aber sehr lustig. Auch neue Texte wurden vorgetragen. Ich mochte es, war aber eher ein »Partyflüchter«, der nach zwei Stunden grußlos das Treppenhaus aufsuchte und nach Hause ging. Einen kleinen Einblick in diese Zeit liefert der Artikel von Thomas Günther: »Die Lesung an der Wand – und danach Party. Ein Porträt des Ausstellers Jörg Deloch« (LIANE 6/1989).
Mit den Monaten wurde der »Salon« immer wieder neu ausstaffiert mit visueller Poesie und Rauminstallationen. Lesungen waren möglich oder kleine Theaterstücke wie *Brot + Sekt* (Torsten Götzel und Holger Stark). In dem Buch von Allison Lewis: *Die Kunst des Verrats: der Prenzlauer Berg und die Staatssicherheit* (*Königshausen & Neumann*, 2003) wird Thomas Günther mit dem Satz zitiert: »Geistige Beklemmung zwischen unverhüllter Zensur und Schere im Kopf war der Schmelztiegel unserer Erfahrungen.« An Delochs Galerie erinnerte er sich mit dem Satz: »... provisorisch installiertes Labor für Kunst, ohne konkrete Zielvorstellung (wie wunderbar!).« Wunderbar gefüllt wurde der »Salon« von September 1986 bis Juni 1988 durch viele Künstler: Catrin Große, Fotografien von Rainer Jestram, Mita Schamal und Frank Lanzendörfer, Carsten Nicolai. Erinnern kann ich mich noch an die Lesung von Maria Anastasia Druckenthaner im Juni 1987. Und dann *AG Mauerstein*. Nach wenigen Tagen, manche sagen schon bei der Eröffnung, wurde die Ausstellung von der Volkspolizei geschlossen, die Leute nach Hause geschickt.

Jörg blieb ein Bußgeld von 300 Mark und der Mut weiterzumachen. Er ignorierte die Zuweisung eines Arbeitsplatzes, noch im Oktober 1987 zeigte er Arbeiten von Clemens Wallrot, nach 1989 einer der Mitbegründer des *Kunsthauses Tacheles* in Berlin-Mitte. Nach der 15. Ausstellung mit Collagen von Johann Lorbeer wurde die *Galerie Deloch* am 10. Juli 1988 endgültig geschlossen.

Bemerkenswert fand ich, dass Jörg Deloch zwar zermürbt war von den ständigen Querelen mit den Behörden und den Strafandrohungen, aber immer weitermachte. Als er die Schönhauser Allee 50 verlassen musste, gab es ein Jahr später noch eine kurze Wiederbelebung seiner Galerie in der Knaackstraße 69. Merit Schambach hat ihn dort im Mai 1990 besucht und ein paar Aufnahmen gemacht. Eine Mieterin aus dem dritten Stock hatte ihm die Schlüssel für eine leer stehende Wohnung im Parterre gegeben, wenn ich mich recht erinnere, war Johan Lorbeer aus Westberlin der letzte Künstler in diesen Räumen. Am 17. Juli 1990 gab Jörg auf. In dem genannten Interview von Yvonne Fiedler sagte er: »In meinem Kopf war zu dieser Zeit kein Platz für Kunst. Auch die Künstler und Besucher hatten in dieser Zeit alle ganz andere Themen im Kopf.«

Irgendwie habe ich fast alle wiedergefunden auf der Suche nach meinen Erinnerungen und diese späten Begegnungen und Gespräche am Ende meines Lebens haben für mich etwas Heiteres, etwas Beruhigendes – auch Abschließendes. Viele sind noch da und ich fühle mich mit ihnen verbunden, wie damals. Norbert Bischoff ist im Himmel, aber er singt weiter und ist also auch da.

Das »schwarze Loch« BRD hatte Anfang 1990 eine magische Anziehungskraft entwickelt und uns alle, mich eingenommen, verschlungen. Grafiker, Dichter, Liedermacher, Bildhauer ... Aber ich habe mich dann doch recht schnell in diesem fremden und unbekannten System zurechtgefunden. Zu meinem Glück lebte das Fernsehen der DDR noch etwas länger als sie selbst und brauchte Autoren, beim *SFB* konnte ich die schon erwähnten Prosatexte platzieren, bei der Schallplattenfirma *Amiga* wurde ich freiberuflicher PR-Chef für das Kinderprogramm, produzierte selbst mit Ralf die LP *Die Kaspermaus* und gründete 1992 zusammen mit Gerhard Kämpfe und Dr. Jürgen Hagen die *Media Online Kindershow GmbH*. Darüber hatte ich schon etwas berichtet. Insgesamt waren wir fünf Partner und jeder musste zehn »Riesen« beisteuern. Als der *VEB Deutsche Schallplatten,* und damit das Label *Amiga,* auch abgewickelt worden war, kauften wir für zweihunderttausend (geliehene) DM fünfzig Titel aus dem Repertoire und versuchten, die vielfältige Kinderliederszene (Reinhard Lakomy, Gerhard Schöne u. a.) zu unterstützen – in der Marktwirtschaft. Unsere kleine Firma betrieb auch das *Theater des Ostens* (TdO) am Bahnhof Karlshorst, das eine beliebte Spielstätte wurde. Unser Label *Kinderwelt* gibt es noch heute, aber am Ende habe ich es

nicht geschafft, die mir anvertrauten Künstler erfolgreich in den Plattenläden zu halten. 2002 hing ich ausgeknockt und ausgebrannt in den Seilen. *Der Traumzauberbaum* hat sicher überlebt, auch die *Lieder aus dem Kinderland,* aber die bunte Szene hat nicht überlebt. Ich habe es nicht geschafft, trotz 14 Stunden Arbeit am Tag, ohne Wochenende und ohne Urlaub. Immer wenn ich Jürgen Hagen treffe, meistens zufällig bei einem Konzert, muss ich mir spätestens nach dem dritten Satz den Vorwurf anhören: »Das mit dem Label Kinderwelt war unser größter Fehler.« Ich weiß, dass das nicht stimmt, denn wir haben ja mit allen Künstlern auch neue CDs produziert, besonders die Titel von Veronika Fischer *Meine schönsten Kinderlieder* und *Gerhard Schöne singt Kindergedichte* wurden prämiert und bleiben. Jürgen hatte einfach andere Intentionen. Übrigens eine spannende Biografie. Er war über Jahre Mitarbeiter in der Abteilung Kultur im ZK der SED bei Ursula Rackwitz und hatte dann keinen Bock mehr auf den Quatsch. Und als im April 1976 der Palast der Republik eröffnet werden sollte, hängte er seinen Partei-Job an den Nagel und wurde dort Programmchef: »Nicht nur Phrasen dreschen, sondern etwas bewegen.«
Alle wichtigen Programme des Palastes gehen auf sein Konto, an erster Stelle natürlich die erfolgreiche Reihe *Rock für den Frieden.* Um viele Ideen musste er kämpfen, aber er hatte Ausdauer und »Stallgeruch«, was besonders in kniffligen Situationen half. Kennengelernt haben wir uns erst 1991 in der Kantine von *Amiga,* als er mit seinen Mitstreitern nach einem Sujet für eine Kinderrevue mit den Tierfiguren von Eduard Fischer suchte. Ich saß am Nebentisch und habe mich in das Gespräch eingemischt, was ich in den nachfolgenden Jahren manchmal bereut habe: »Ihr braucht eine spannende Geschichte und Künstler, die die Leute kennen? Wie wäre es mit Ulf & Zwulf?« Zusammen haben wir dann die Revue *Abenteuer im Drachenland* entwickelt, ein aufwendiges Stück, das zusammen mit Rolf Zuckowski im Sommer 1992 am Brandenburger Tor seine Premiere hatte ...

Ich habe dir schon oft erzählt, dass diese kleine DDR ganz angefüllt war mit kreativen, spannenden, mutigen und bunten Menschen. Nur als Ergänzung und als Abschluss für dieses Gespräch noch dies: In der DDR gab es neben dem »Salon« von Jörg Deloch zahlreiche, über vierzig, nicht-staatliche Galerien, wie die von Clara Mosch (1977 in Karl-Marx-Stadt), die *Galerie Bahß* in Magdeburg (1983) oder die Galerie *Eigen + Art* ab 1983 in Leipzig. Viele Details und Interviews findest du in dem Film: *Behauptung des Raums – Wege unabhängiger Ausstellungskultur in der DDR* (2009, Claus Löser und Jakobine Motz). Einen anderen Weg ging die Galerie *Weißer Elefant* in der Almstadtstraße im Scheunenviertel. Hier wurde von Anfang an nicht auf private Sessions gesetzt, die von einem »Freundeskreis« besucht wurden, sondern gezielt auf

Veranstaltungen für eine breite Öffentlichkeit. Schon 1987 war die kleine Galerie vom Magistrat der Stadt als Ausstellungsstätte für junge Berliner Kunst eröffnet worden, nachdem die Arbeitsgruppe »Junge Künstler« des Verbandes Bildender Künstler (der Maler Joachim Völkner, die Kunsthistoriker Gabi Ivan und Ralf Bartholomäus) lange darum gekämpft hatte. Also mit dem Segen und der Rückendeckung des Verbandes, in dem sich Wolfram Seyfert engagierte. Anlässlich der Bezirkskunstausstellung im Frühsommer 1989 wurde ein Programm zur Aktions- und Installationskunst offiziell in der Almstadtstraße vorgestellt. Alles ging nur in einem zähen Kampf und es war unser Glück, dass sich immer Gleichgesinnte fanden und wir diesen Kampf führen konnten gegen die verbohrte staatliche Kulturverwaltung. Aber manchmal auch gemeinsam mit SED-Funktionären, Klubleitern und Kulturstadträten, die für sich erkannt hatten, dass die Unterdrückung der jungen Kunst der falsche Weg war.

Bei dieser Gelegenheit fällt mir noch eine Episode ein, die mir Wolfram erzählte. In den Nächten vor der großen Demonstration auf dem Alexanderplatz am 4.11.1989 wurden viele der wundervollen Plakate von Künstlern in den Kellerräumen des Verbandes Bildender Künstler in der Liebknechtstraße angefertigt. Besonders gelungen war Erich Honecker in Sträflingskleidung oder der Wahlfälscher Egon Krenz mit seinen großen Zähnen. Die Bilder findest du noch im Internet. Am Abend des 3. November erhielt Wolfram einen anonymen Anruf: »Es ist damit zu rechnen, dass in der Nacht ein Feuerwehreinsatz in den Kellern des Verbandes stattfindet, bei dem sehr viel Wasser fließen wird.« Eine Drohung? Eine Warnung? In dieser Nacht haben die Künstler ihren Keller bewacht und am nächsten Tag wurden ihre wundervollen Arbeiten mit großer Freude aufgenommen. Es war alles ganz anders, als heute von unwissenden Junglehrerinnen, Stadtführern und Journalisten verkündet wird. Es gab Leute in der Kunst, die ihre Kumpels verpfiffen haben, und es gab Leute im Staatsapparat, die mit der Unterdrückung endlich Schluss machen wollten. Ich allein werde es nicht schaffen, gegen den Stumpfsinn anzureden, der heute unseren Kindern vorgesetzt wird. Wir brauchen viele, die sich erinnern, viele, die ihre Stimme erheben. Alle, die heute wieder nur murren, möchte ich ermuntern, laut zu sprechen.

18. Gespräch: Umwelt-Bibliothek in der Zionskirche, der sowjetische Film Stalker, kurz vor dem Dritten Weltkrieg, mein Studium in Leipzig und die Montagsdemonstrationen, Christian Führer, Gethsemanekirche am 7.10.1989, Klaus Laabs, der Aufruf der Sechs – verlesen von Kurt Masur in Leipzig, der Spanischer Bürgerkrieg, Fürbitte Werner Widrat 2015

Welche Themen interessierten den widerspenstigen Teil der DDR-Jugend zuerst? Meinungsfreiheit, Transparenz der Gesellschaft, ein Ende der Bespitzelung, Verweigerung des Wehrdienstes, Reisen in den Westen, Unterstützung wirtschaftlicher Projekte und Frieden. Der letzte Punkt war ein gemeinsames Thema in Ost und West. Mir schien, dass mit den Abrüstungsgesprächen zwischen Reagan und Gorbatschow 1986 etwas die Luft raus war aus der Friedensbewegung im Prenzlauer Berg. Ein neues Thema wurde zeitgleich die Reaktorkatastrophe im ukrainischen Tschernobyl am 26. April 1986, wobei der Schwerpunkt bei uns eher die verschmutzte Umwelt in der DDR war, besonders in Bitterfeld. Bei mir um die Ecke entstand am 2. September 1986 die *Umwelt-Bibliothek* (UB) in der Zionskirche, welche die Untergrundzeitschrift *Umweltblätter* herausgab und dadurch zu einem Treffpunkt vor allem kleinerer Berliner Gruppen der Opposition wurde, die Ausstrahlung auf den Rest der DDR blieb zunächst gering. Von Carlo Jordan hatte ich dir schon erzählt. Das Buch *Störfall* von Christa Wolf erschien zwar postwendend (Aufbau Verlag Berlin 1987), aber es war ein Buch, keine Stellungnahme der Regierung. Für mich persönlich, um das kurz einzuflechten, ist Christa Wolf eine der bemerkenswertesten deutschen Schriftstellerinnen. Wir fühlten Mitte der 80er Jahre, dass der Nobelpreis für Literatur in der Luft lag. Aber den wählen andere aus. Bücher wie *Der geteilte Himmel* (Mitteldeutscher Verlag 1963), *Kindheitsmuster* (Aufbau Verlag Berlin 1976) und besonders *Kassandra* (Aufbau Verlag und Luchterhand 1983) gehörten ganz eng zu meinem Leben. Die Bücher wurden oft gemeinsam gelesen und viel darüber gesprochen, wer sie nicht hatte, bekam sie geborgt. Es würde wirklich in meinen Erinnerungen zu weit führen, hier jeden Schriftsteller zu nennen, der in der DDR, auf der Grenze des Machbaren tanzend, die Geister der Jugend beseelte, sie durchströmte. Rasch ein paar Bücher, die ich verschlungen habe, und die heute noch in meinem Bücherregal stehen, gut zu finden für dich. In der Pubertät war es das Buch *Frank* von Karl Neumann (Kinderbuchverlag Berlin 1958), später *Franziska Linderhand* von Brigitte Reimann (1974 postum erschienen) – das gleichnamige Theaterstück wurde von Christoph Schroth 1978 in Schwerin aufgeführt, im Januar 1981 folgt die Aufführung des Films *Unser kurzes Leben* von Lothar Warnecke. Merkst du, ich verzettele mich schon wieder ... Du wirst lange brauchen, all diesen Namen nachzugehen, aber es wird ein schöner Weg. Brigitte Reimann war seelenverwandt mit Gerhard Gundermann, sie wurde nur 40 Jahre alt, er 43. Ganz kurz noch ein paar andere Bücher: Franz Fühmann: *Zweiundzwanzig Tage oder die Hälfte des Lebens* (1973), Stefan Heym: *Ahasver* (1981), Erwin Strittmatter: *Der Laden* (1983) und eine wichtige Lektüre für uns war auch *LTI – Lingua Tertii Imperii* von Victor Klemperer (1881–1960), ein spannendes Buch, das sich mit dem Thema Wortherkunft und Synonyme beschäftigte. Das Buch, 1947 das erste Mal erschienen, beschäftigte sich mit der Sprache in der Zeit des Nationalsozialismus und entfaltete für uns im Fortgang der Geschichte verblüffende Parallelen zur Sprache im real existierenden Sozialismus von Ulbricht und Honecker.

Aber zurück zur *UB*. Da nur die Kirchen die Möglichkeit hatten, der Opposition außerhalb von Privatwohnungen Räume zur Verfügung zu stellen, überließ der Pfarrer der Evangelischen Zionsgemeinde in Berlin der *Umwelt-Bibliothek* seine Kellerräume zur Nutzung, ich glaube es war in der Griebenowstraße 16. Mitte 1987 hatte sich die Bibliothek ein beachtliches Ansehen erworben, nicht zuletzt durch die beständige Berichterstattung westdeutscher Medien. Pfarrer Werner Widrat aus der Gethsemanekirche sagte mir: »Wir waren ja relativ geschützt, da sind sie nicht so schnell rangegangen, aber sonst ... Wir haben immer versucht, möglichst offen zu reden, damit sich in der Gesellschaft langsam was ändert.« Das half auch der *Initiative für Frieden und Menschenrechte* (IFM), die zur gleichen Zeit von Bärbel Bohley, Martin Böttger, Werner Fischer und anderen gegründet worden war. Eigentlich wollten sie raus aus der Kirche in die Öffentlichkeit, aber das war schwer. Ende 1988 war ich mal bei einer Versammlung der IFM bei mir in der Gethsemanekirche, da ging es um einen Protest gegen den rumänischen Diktator Ceausescu. Ich war nur kurz da und bin gleich wieder verschwunden. Was waren das für Leute dort? Es war ja eine Sammlungsbewegung, jeder konnte mitmachen, und ich fühlte mich bei diesen »öffentlichen« Auftritten immer unwohl, wie soll ich sagen, wie auf dem Präsentierteller. Und nicht wenige von den mutigen »Anführern« wurden später schikaniert, eingesperrt und aus dem Land geworfen. Sie wollten nicht raus und ich wollte nicht raus. Vielleicht gab es einen anderen Weg? Etwas Hoffnung löste in mir das heute vergessene Dokument »Der Streit der Ideologien und die gemeinsame Sicherheit« aus, das im August 1987 gemeinsam von der SPD und der SED erarbeitet wurde. In diese Phase passte auch der Besuch Erich Honeckers bei Helmut Kohl und in »seinem« Saarland, also in seiner Geburtsstadt Neunkirchen. Das war Honeckers größter Herzenswunsch und eigentlich wäre es ein guter Zeitpunkt gewesen, die politische Bühne zu verlassen, schließlich war er gerade 75 Jahre alt geworden. Aber dieser Mensch dachte natürlich nicht in vernünftigen Kategorien. Die kurze Periode

eines »Tauwetters« vor und nach seiner »Westreise« wurde schnell wieder beendet, was die politischen Gruppen in der DDR und die *Umwelt-Bibliothek* zu spüren bekamen. Besser wäre gewesen, Honecker wäre am 10. September 1987 im Saarland geblieben und hätte dort die »Schalmei-All-Stars« gegründet ...
Die *UB* wurde in der Nacht vom 24. zum 25. November 1987 von Einheiten der Staatssicherheit überfallen. Der Vorgang soll den Namen »Aktion Falle« getragen haben und war ausgelöst worden durch einen Informellen Mitarbeiter der Staatssicherheit, der Mitglied der *Initiative für Frieden und Menschenrechte* gewesen sein soll. Er hatte berichtet, dass in dieser Nacht die verbotene Zeitschrift *Grenzfall* gedruckt werden sollte. Allerdings wurde bei diesem Überfall nur der Druck der *Umweltblätter* festgestellt, die mit dem Aufdruck versehen waren: »Nur für den innerkirchlichen Gebrauch« und somit kaum zu beanstanden waren. Das war einer dieser vielen Kompromisse zwischen Kirche und Staat – und natürlich konnte die Kirche nicht sicherstellen, dass die *Umweltblätter* (später umbenannt in »telegraph«) nicht auch anderswo gelesen wurden. Wohl eher aus Frust wurden bei diesem Überfall die angetroffenen Mitarbeiter der *UB* verhaftet: Bodo Wolff, Till Böttcher, Bert Schlegel, Wolfgang Rüddenklau, Tim Eisenlohr.
Dieses unangemessene Vorgehen führte dann aber zu einer genau gegenteiligen Reaktion als der gewünschten. Überall im Land kam es im Schutz der Kirche zu öffentlichen Mahnwachen und Protestkundgebungen für die Freilassung der Verhafteten. Nach drei Tagen entließ man sie wieder aus der Haft, und da der Gesichtsverlust für das Regime schon groß genug war, erfolgte die Entlassung straffrei. Bis zu ihrem Ende hat die SED dann die Finger von der *UB* gelassen. Die Standhaftigkeit ihrer Aktivisten ermutigte aber viele, selbst aktiv zu werden. Allerdings spaltete sich im Frühjahr 1988 nach internen Diskussionen über die zukünftige Ausrichtung der *UB* eine Gruppe unter Carlo Jordan ab und gründete das »Grün-Ökologische Netzwerk Arche«, mit dem Ziel, endlich ein Netzwerk der Umweltbewegungen in der DDR zu schaffen. Verbindungen gab es zu Gruppen in Erfurt, Halle, Dresden, Leipzig und auch in meiner Heimatstadt Greifswald.

Über die Filme in meiner Jugend in Greifswald hatte ich schon berichtet. Anfang der 80er Jahre bewegten uns dann nicht mehr Westernfilme, sondern politische. Ein wichtiger Film für die intellektuelle Jugend der DDR war *Stalker*. Ich meine mich zu erinnern, dass ich ihn 1982 im *Babylon* am Rosa-Luxemburg-Platz sah. Die literarische Vorlage stammte von Arkadi und Boris Strugatzki: *Picknick am Wegesrand*. Wir waren alle ganz verrückt nach diesem Film, ich selbst habe ihn drei Mal gesehen. Endlich mal kein verordnetes Heldendrama aus der Sowjetunion, sondern ein schräger Film. Bei *ICESTORM Entertainment* las ich eine sehr präzise Beschreibung: »Mit seinem fünften Film gelang Andrej Tarkowskij ein ästhetisches Meisterwerk, das jenseits des tradierten Erzählkinos und gängiger Genrevorgaben anzusiedeln ist. Apokalyptische Stimmungen werden in eine Zukunft reflektiert, in der die Zivilisation die Natur vernichtet hat und die menschliche Seele angegriffen ist. Der Film beschreibt eine in symbolisch-ästhetischen Bildern verschlüsselt fotografierte Reise in die Tiefe der Erde und in die menschliche Innenwelt. Tarkowskij bebildert eine Wanderung in das Unbewusste des modernen Menschen.«

Der Regisseur soll mit der ersten Fassung von *Stalker* so unzufrieden gewesen sein, dass er im August 1977 mehr als die Hälfte seines Filmmaterials verbrennen ließ (oder war es eine »Unachtsamkeit« seines Personals?) und dann von vorne begann. Einer der Drehorte war eine Kartonagenfabrik in der Nähe von Tallinn, an einem Fluss gelegen. Ein paar Kilometer stromaufwärts soll sich eine Chemiefabrik befunden haben, die ungeklärte Abwässer in den Fluss geleitet hat. Der frühe Tod von Tarkowskij 1986 in Paris (mit 54 Jahren) wird von einigen Journalisten mit diesem Umstand in Verbindung gebracht. Vielleicht ist er aber auch zerbrochen an der Unfähigkeit seiner Heimat, der Sowjetunion, ihn als Künstler zu achten und zu fördern. Jedem Film ging ein Kraft raubender Kampf voraus und als er 1983 resigniert das Land verließ, verlor er auch seine Familie.

Wir sahen diesen Film und wussten doch nicht, dass die Apokalypse so nah war, eine spielte sich direkt vor unserer Haustür ab. Dabei ging es um Krieg, um den dritten Weltkrieg. Im November 1983 bezog eine der jährlichen NATO-Übungen erstmals die Spitzenpolitiker der NATO-Länder mit ein und diese verschwanden dabei alle gleichzeitig in ihren Atombunkern. Der Name der Übung: »Able Archer 83« (tüchtiger Bogenschütze). Daraufhin rechnete die sowjetische Führung mit einem atomaren Erstschlag der NATO und in Groß Dölln, nördlich von Berlin, saßen die Piloten in ihren *Su-24* mit untergehängten Atombomben – und laufenden Triebwerken. Das musst du dir mal vorstellen. Vor den Toren Berlins. Reagan kam dann schnell wieder aus seinem Atombunker hervor, lud ein paar Fernsehteams ein und zeigte sich demonstrativ gelassen auf seiner Ranch. Die Botschaft: Wer so fröhlich auf einem Pferd reitet, der plant doch keinen atomaren Erstschlag. Das hat geholfen. Laut westlichen Historikern schrammte die Welt damals noch knapper an einem Atomkrieg vorbei als im Oktober 1962 bei der Kuba-Krise.

Aber in diesem Jahr 1983 wäre es fast noch schlimmer gekommen. Kaum jemand hat davon erfahren, und dabei war es fünf Minuten vor zwölf. Der »Retter der Welt« heißt Stanislaw Jewgrafowitsch Petrow und ist heute 75 Jahre alt. Zitat aus *SPIEGEL ONLINE:* Petrow wohnt jetzt in Frjasino, einem Vorort von Moskau. Er lebt zurückgezogen, einsam. Der alte Oberst hat einen Fetzen Firmament an die speckige Küchenwand gepinnt, er klebte gleich neben der alten Marienikone eine Karte des Sternenhimmels. Etwas ergreift mich noch immer, sagt Petrow, schlohweißes Haar, buschige Brauen, wenn ich in den Kosmos schaue.«

Was war passiert? Am 26. September 1983 stellte Petrow als leitender Offizier in der Kommandozentrale der sowjetischen Satellitenüberwachung (südlich von Moskau) einen von den Satelliten gemeldeten Angriff der USA mit nuklearen Interkontinentalraketen auf die Sowjetunion fest. Die Indizien waren eindeutig und die Führung in Moskau forderte einen massiven Gegenschlag mit Hunderten atomaren Interkontinentalraketen. Petrow aber wurde stutzig. Nach den Informationen der Satelliten hatten die Amerikaner nur fünf Raketen abgeschossen. War das realistisch? So wenige Raketen für einen Erstschlag? Petrow zögerte, eine unvorstellbare Verantwortung. Am nächsten Morgen nach dieser dramatischen Nacht stellte sich heraus, dass das satellitengestützte sowjetische Frühwarnsystem Sonnenreflexionen auf den Wolken in der Nähe der Malmstrom Air Force Base in Montana, wo auch US-amerikanische Interkontinentalraketen stationiert waren, als »Raketenstarts« gemeldet hatte. Durch sein besonnenes Verhalten hatte Petrow den Beginn eines Weltkriegs verhindert. Bestraft wurde er nicht, befördert aber auch nicht. Eine Veröffentlichung dieser tragischen technischen Panne hätte wohl zu sehr am Image der sowjetischen Streitkräfte gekratzt. Am Ende seiner Laufbahn wurde er in aller Stille dann doch noch zum Oberst befördert und in Rente geschickt. 2012 erhielt er den »Deutschen Medienpreis« und 2013 den »Dresden-Preis«. Wenn der Friedensnobelpreis nicht so gedankenlos vergeben werden würde (sogar an amerikanische Präsidenten) – er würde Stanislaw Petrow gebühren. Hätte er am 27. September 1983 auf den Knopf gedrückt ...

Die oppositionellen Gruppen in der DDR waren Mitte der 80er Jahre ein nicht zu übersehender Faktor in der gesellschaftlichen Entwicklung der DDR geworden. Aus verbotenen Lesungen, verbotenen Filmen, verbotenen Ausstellungen und der Ausweisung unerwünschter Personen entwickelte sich schrittweise eine politisch spürbare Kraft: Widerstand gegen willkürliche Verhaftungen und Verurteilungen. Kampf der Künstler um mehr Freiheiten. Die Durchsetzung der Menschenrechte entsprechend der Schlussakte von Helsinki 1975. Sozialismus mit menschlichem Antlitz. Demokratie und die Zulassung politischer Parteien. Aufhebung der Reisebeschränkungen. Freie Gewerkschaften wie in Polen. In den meisten Punkten waren sich die zahlreichen Gruppen oder Freundeskreise oder regelmäßigen Diskussionsrunden einig. Aber ihre Ausstrahlung auf die »andere« Bevölkerung blieb trotz aller Bemühungen durch die staatlichen Medien der BRD gering.

Erst mit den Kommunalwahlen am 7. Mai 1989 änderte sich die Situation. Man könnte fast sagen, dass diese letzte »Wahl« der Anfang vom Ende der DDR war. Und weil ich den Spruch so sehr mag, sei er mir nachgesehen: »Now this is not the end; it is not even the beginning of the end. But it is, perhaps, the end of the beginning« (Winston Churchill nach dem Sieg der Briten über das faschistische Afrikakorps in El Alamein im Oktober 1942).

Der deutliche Affront der SED-Führung gegen die wachsende Opposition, gegen jede Vernunft und die zahlreichen irrsinnigen Entscheidungen in Verkennung der tatsächlichen politischen Stimmung in der DDR musste 1989 die Widerstandsbewegungen unterschiedlichster Art einfach beflügeln – mit der klaren Losung: »Wir bleiben hier!«

Und damit bin ich bei den Montagsdemonstrationen im Leipzig angekommen. Ihre Entstehung geht auf Günter Johannsen zurück, der ab 1982 als Jugenddiakon für den Kirchenbezirk Leipzig-Ost arbeitete. Die beengten Räume in der Gemeinde Probstheida führten zu dem Wunsch, einmal in der Woche regelmäßig ein Friedensgebet abzuhalten, wenn möglich in der Nikolaikirche. Der Superintendent des Kirchenbezirks Leipzig-Ost Friedrich Magirius unterstützte diesen Vorschlag. Günter Johannsen erinnerte sich in einem Beitrag für *SPIEGEL ONLINE* vom 21.01.2010 dann wie folgt: »Die Teilnehmerzahlen der ersten Friedensgebete waren für uns allerdings ernüchternd: am ersten Montag sieben, am zweiten Montag elf, am dritten Montag nur dreizehn Teilnehmer. Und dennoch: ‚Denn wo zwei oder drei versammelt sind in meinem Namen, da bin ich mitten unter ihnen', heißt es im Evangelium nach Matthäus, Kapitel 18, Psalm 20. Das riefen wir uns in Erinnerung. Für uns bedeutete das: ‚Lasst euch nicht entmutigen!' Eine Sache wird häufig vergessen: Wir hauptamtlichen Kirchenmitarbeiter hatten damals nicht allzu viel zu verlieren. Wir verdienten wenig, unsere Karriere konnte der Staat nicht beschneiden, und wir genossen einen gewissen Schutz durch die Aufmerksamkeit der westdeutschen Medien. Die eigentlich tapferen Leipziger Helden, deren Ehrung nach wie vor aussteht, waren die Jugendlichen von damals – Schüler, Abiturienten und Studenten, die mit ihrem Protest und ihrer Beteiligung an den Friedensgebeten viel riskierten.«

Ende 1986 füllte sich die Kirche zunehmend. Politische Gruppen wie die »AG Menschenrechte« (Christoph Wonneberger) nutzten den neuen Freiraum, aber auch Ausreisewillige nahmen vermehrt an den Friedensgebeten teil. Das rief die Staatsmacht auf den Plan, es gab Verhaftungen, Bespitzelung und Druck auf die Kirchenleitung. Die gab im September 1988 nach und drängte die unabhängigen Gruppen aus der inhaltlichen Vorbereitung der Friedensgebete. Landesbischof Johannes Hempel wollte wohl, um des lieben Friedens willen, noch weiter gehen, was aber nicht durchsetzbar war. Am Ende bestand er darauf, dass aus den Friedensgebeten in der Kirche die Montagsgebete vor der Kirche wurden, und wurde somit unfreiwillig zum Schöpfer der späteren Montagsdemonstrationen.

Die erste fand am 4. September 1989 statt, in ähnlicher Weise auch in Dresden, Halle, Karl-Marx-Stadt, Magdeburg, Plauen, Arnstadt, Rostock, Potsdam und Schwerin.

Nach dem Gebet um 17 Uhr in der Nikolaikirche traten die Menschen auf den Vorplatz der Kirche. Dann zerstreute sich die Versammlung oder wurde von der Polizei zerstreut. Meist dezent, denn vor Ort waren westdeutsche Kamerateams. Die Demonstranten wurden nach ihrem Ausweis gefragt, nach der Arbeitsstelle, das wurde notiert und sie wurden aufgefordert unverzüglich nach Hause zu gehen. Das sollte Angst erzeugen. Am 18. September war die Ansammlung vor der Kirche so groß, dass der Zug sich nicht mehr so einfach aufhalten ließ. Einige Hundert machten sich auf den Weg durch die Innenstadt, wobei erstmals und sehr vereinzelt der Ruf auftauchte: »Wir sind das Volk«.
Ich war in diesen Wochen und Monaten (Mitte 1989 bis Mitte 1990) Hörer am Literaturinstitut *Johannes R. Becher* und bewohnte an den Studientagen ein kleines Zimmer in der Johannisgasse, nah am Ring. Dieser halbjährige Kurs war wenig sinnvoll für mich und bestimmt vom ständigen Streit mit den Direktoren Hans Pfeiffer und danach Helmut Richter, aber er half mir etwas über eine finanzielle Krise. Wenn ich mich recht entsinne, gab es 500 Mark Stipendium pro Monat. Zudem war ich in Leipzig. Die ersten Montage an der Nikolaikirche waren still. In meiner Erinnerung eher ängstlich. Wir gingen in kleinen Gruppen durch die Straßen, so als wollten wir nach Hause gehen, aber es fühlte sich doch an wie ein Marsch, endlos begleitet von wachsamen Augen. Hin und wieder wurden Personen von Volkspolizisten herausgewunken: »Ihren Ausweis bitte!« Durch die mediale Präsenz im Westfernsehen wurde der schweigsame Marsch mit jeder Woche größer. Ich preise bis heute die Leipziger. Ein mutiges Volk. Es tauchten auch immer mehr selbst gemalte Transparente auf für eine friedliche, demokratische Neuordnung und für das Ende der SED-Herrschaft. Eine wichtige Rolle spielte Pfarrer Christian Führer. Ich erinnere mich auch an Katrin Hattenhauer und Gesine Oltmanns mit ihrem Transparent »Für ein offenes Land mit freien Menschen«. Ich war total verunsichert bei diesen Demonstrationen, konnte mich ihrem Sog aber auch nicht entziehen. Wird es bei uns auch eine »chinesische Lösung« geben, wie am 3. Juni 1989, also zu dem Zeitpunkt vor wenigen Monaten, als auf dem Tian'anmen-Platz in Peking Panzer gegen protestierende Studenten eingesetzt wurden? »Das werden die nicht wagen«, sagte Christian Führer zu mir, »wo so viele Kamerateams aus dem Westen da sind.« Vielleicht um mich zu beruhigen. Später erzählte er mir von seinem Gebet am 9.10.1989, als die Kirche vorsorglich mit SED-Mitgliedern und der Staatssicherheit fast vollständig gefüllt worden war. Viele von ihnen waren sicher das erste Mal in einer Kirche, viele hörten zum ersten Mal das Evangelium und die Seligpreisung der Bergpredigt, Christian Führer sprach zu ihnen:

Sie hörten von Jesus.
DER sagte: Selig die Armen! Und nicht: Wer Geld hat, ist glücklich.
DER sagte: Liebe deine Feinde! Und nicht: Nieder mit dem Gegner.
DER sagte: Die Ersten werden die Letzten sein! Und nicht: Es bleibt alles beim Alten.
DER sagte: Wer sein Leben einsetzt und verliert, der wird es gewinnen! Und nicht: Seid schön vorsichtig.
DER sagte: Ihr seid das Salz! Und nicht: Ihr seid die Creme.

Ein wichtiger Satz seiner Predigt: »Aber viele, die da sind die Ersten, werden die Letzten, und die Letzten werden die Ersten sein« findet sich in verschiedenen Stelle im Neuen Testament wieder, Matthäus, Kapitel 19, Psalm 30 oder Lukas, Kapitel 13, Psalm 30.

Ich habe Pfarrer Führer immer als sehr zurückhaltend erlebt und in sich gespalten. Was ist möglich, was bringt Verderben. Ulrich Mühe, in der Rolle von Christian Führer, geht mir in dem Film *Die Nikolaikirche* von Frank Beyer (1995) darüber hinaus, da schimmert etwas Missionarisches durch, was ich so an ihm nicht erlebt habe. Zudem ist das Erwachen des Widerstands in Leipzig zu sehr auf die »Konspiration« eines unbeugsamen Pfarrers reduziert. Es bleibt unklar, woher plötzlich die siebzigtausend Demonstranten kamen. Nach meinen Erinnerungen gab es ganz viele Diskussionen unter den Studenten und Arbeitern über ein Für und Wider des zivilen Ungehorsams. Auch die Ängste, die wir empfanden, wurden nicht ins Bild gesetzt. Ich bin ja dort auch marschiert und es tat so gut, diese Menschen neben mir zu berühren und zu spüren. Aber irgendwie musste man auch wieder nach Hause kommen, zuerst in kleinen Gruppen, den Rest des Weges dann ganz allein in dieser vom Militär belagerten Stadt. Aber ansehen solltest du dir den Film schon.
Viele auf der Straße sagten damals mit Blick auf das Militär: »Das wird Gorbi nicht zulassen.« Aber wo war Gorbatschow in diesem gefährlichen Herbst? Hatte er seinen treuen Vasallen DDR vergessen oder schon aufgegeben? Immer hatte sich die Sowjetunion in der DDR eingemischt. Wo blieb »unser Gorbi«? Schon wenige Wochen später, am 14.11.1989, beendete er das Kapitel DDR auf dem Luxusdampfer *Maxim Gorki* vor Malta.
Gorbatschows Worte von der Neuen Wache in Berlin am 6.10.1989 hatten große Wirkung: »Ich glaube, Gefahren warten nur auf jene, die nicht auf das Leben reagieren. Und wer die vom Leben ausgehenden Impulse – die von der Gesellschaft ausgehenden Impulse aufgreift und dementsprechend seine Politik gestaltet, der dürfte keine Schwierigkeiten haben, das ist eine normale Erscheinung.« Dieser

Satz brachte letzte Sicherheit für alle Akteure auf dem Parkett, dass sich die Russen nicht mehr als Mitspieler betrachteten. Am 24.05.2005 schrieb er in einem Aufsatz in der Internetzeitung *Russland Aktuell:* »Nicht die Perestroika hat die Sowjetunion zerstört, sondern ihre Gegner. Am Vorabend der Unterzeichnung des Unionsvertrages (am 19. August 1991 – W. B.) organisierten Vertreter der höchsten Nomenklatur, die sehr wohl spürten, dass sie unter den Bedingungen einer neuen demokratischen Verfassung des Landes das Recht auf eine unkontrollierte Machtausübung verlieren könnten, einen Staatsstreich. Das Volk unterstützte den Putsch nicht. Aber dem Unionsvertrag war ein schwerer Schlag versetzt worden.« Später zeigte er erste Wertschätzung für Putin. Im März 2014 bejubelte er die Angliederung der Krim an Russland und entledigte sich mit einem Satz seiner bisherigen Geldgeber und Gönner im Westen. Gorbatschow – eine No-go-Area. Aber vielleicht würde er seinen Lebensabend einfach nur gern auf einer kleinen Datscha bei Moskau oder auf der Krim genießen ...

Im September 1989 (als Berlin noch schlief) nahm unser Mut zu. Umso größer der Marsch wurde, desto sicherer fühlte ich mich. Die meisten der Demonstranten hatten Arbeit, eine Familie, ein kleines Glück und viel zu verlieren – anders als auf dem Majdan 2014. Bei uns stand keine Victoria Nuland bereit und verteilte Brot ... und Geld. Bei uns waren auch keine Außenminister der BRD, aus Frankreich oder aus Polen. Wir hatten keine Baseballschläger in der Hand oder Dachlatten oder Stahlhelme auf dem Kopf oder Scharfschützenwaffen ... Bei uns gab es 1989 nur das friedliche Aufbegehren aufrichtiger Menschen. Die Kundgebungen auf dem Nikolaikirchhof forderten »Freiheit!« und unter dem Eindruck der Flucht unzähliger DDR-Bürger auch Reisefreiheit und die Einhaltung der Menschenrechte. Ausreisewillige riefen: »Wir wollen raus!« Vor bundesdeutschen Kameras, die anlässlich der Leipziger Messe Anfang September 1989 sehr präsent waren, riss die Staatssicherheit ihre Transparente herunter und versuchte, ihren Protest aufzulösen. Danach hörte ich zum ersten Mal den Sprechchor: »Stasi raus!«

Der Termin der Friedensgebete in der Nikolaikirche montags um 17:00 Uhr war gut gewählt. Jeder konnte an Gebet und Demonstration teilnehmen, ohne der Arbeit fernzubleiben. Der Ladenschluss um 18 Uhr ließ den Aufenthalt in der Innenstadt unverdächtig erscheinen. Außerdem konnte das Filmmaterial der Korrespondenten noch rechtzeitig nach Berlin geschafft und geschnitten werden, um in den *Tagesthemen* Platz zu finden. Die Bilder von den Tausenden Demonstranten am 2. Oktober auf dem »Ring« sind bekannt. Was für ein erhabenes Gefühl, in dieser Menschenmenge zu gehen. Ich gebe zu, dass mir das irgendwie unwirklich vorkam, aber ich hatte nun keine Angst mehr. Neben mir ging einer, vor mir ging einer und hinter mir ging einer: »Auf die Straße!« Die Straßenmündungen rechts und links unserer Route wirkten wie schwarze Höhlen, in denen unscharf gepanzerte Fahrzeuge zu erkennen waren. Mich beschlich das Gefühl, dass so etwas in Berlin nicht möglich sein würde, also dass sie einfach zuschauten in der Hauptstadt. In meinem Atari-Ordner habe ich auch einen Brief wiedergefunden, den ich am 5. Oktober an meinen Schulfreund Lude geschickt hatte:

»Lieber Lude – für den November habe ich das Visum bereits beantragt und hoffe, dass alles klargeht, wenngleich sich nach dem 7. Oktober auch noch alles ändern kann. Derzeit erleben wir hier eine äußerst angespannte Zeit und der Höhepunkt für mich war die Teilnahme an der Demo letzten Montag in Leipzig, Du hast sicher davon in den Nachrichten gehört. Es war ein ungeheuer starkes Gefühl inmitten dieser Menschenmenge (zehn- bis zwölftausend dürfte wohl die richtige Zahl sein) durch die Straßen zu gehen, ungeachtet der Sperrketten von Polizei und Kampfgruppen. An »Gorbi-Rufe« hat man sich ja inzwischen gewöhnt, aber auch Sprechchöre »Neues Forum zulassen«, »Wir bleiben hier«, »Keine Gewalt« und »Schließt euch uns an« (an die jungen Polizisten gerichtet) hallten über den großen Platz zwischen Hauptbahnhof und Naschmarkt. Es gab auch sehr emotionale Gespräche zwischen den Ordnungshütern und den Demonstranten, die mich sehr an 68 in Prag erinnerten. In diesen Tagen brennen bei mir in Berlin jede Nacht Hunderte Kerzen rund um die Gethsemanekirche, Transparente und Blumen sind unübersehbar, auch die »Schutzpolizei«, die beständig die Kirche im Auge hat. Bis heute (das gilt auch für Leipzig) hat sie sich zurückgehalten, wenngleich der Aufmarsch von Sondergruppen mit Schutzschild, Helm und Schlagstock bedrückend wirkte. Wie hier zu hören war, hat die Polizei inzwischen sechs Wasserwerfer angeschafft, die in Polen billig zu haben waren. Dort hat die *Solidarnosc* einen großen Sieg errungen. Aber die Grenze nach Polen ist dicht, was wir wissen, wissen wir aus dem Westfernsehen. Wie gesagt, offen bleibt, wie sich die Situation bei uns nach dem 7. Oktober darstellen wird (viele rechnen mit einem massiven Vorgehen der Staatsmacht), auch wie der »große Feiertag« selbst ablaufen wird. Berlin gleicht derzeit einem Heerlager; als ich gestern Abend aus Leipzig zurückkam, beherrschten Panzer, Raketenwerfer und SPWs das Straßenbild, zuerst war ich ganz erschrocken, aber sie haben nur geübt für die Parade. Ich hatte Mühe, nach Hause zu gelangen. Eigentlich wollte ich über die »Festtage« nach Gellmersdorf, aber in dieser Lage werde ich wohl in Berlin bleiben. Das Land schwankt zwischen bösem Frust (heute die Leute beim Einkauf) und diffuser Hoffnung ...
Ich habe das mal ein bisschen zu schildern versucht, weil ich denke, dass Dich dies auch interessiert nach hoffentlich schönen Wochen in Spanien. Vielleicht haben wir in den nächsten Tagen noch Gelegenheit zu telefonieren, in der letzten Zeit bin ich leider nicht durchgekommen. Soweit also für heute, ich hoffe, es geht Dir gut, grüße bitte auch Petra und Thomas von mir. Zur Erinnerung: die nächste

Lesung in der Zwingli-Straße ist für den 16.11. um 20 Uhr verabredet, also gleich bei Dir um die Ecke. Bis bald – Frieder«

Am Mittwoch fuhr ich also zurück in den Prenzlauer Berg und sah mich zunächst bestätigt. Alle warteten auf Gorbatschow, der am 5. Oktober nach Berlin kommen sollte, von »revolutionärer« Stimmung keine Spur. Zum ersten Mal stellten sich Tausende freiwillig an der Schönhauser Allee auf, um dem Staatsgast zuzuwinken. Uniformierte fingen an zu schubsen und sammelten ungeliebte Plakate ein. Da hörte ich wieder den sächsischen Dialekt, allerdings von Polizisten. In Berlin hatten die Sachsen damals keinen guten Ruf, uns schien, dass viele in den Sicherheitsorganen aus diesem fernen Land stammten ... Das hatte sich aber gründlich geändert durch den Mut der Leipziger, und ich begann, den sächsischen Dialekt zu lieben.

Vor der Gethsemanekirche am 8.10.1989
Foto: Rolf Zöllner

Wirklich brisant wurde die Lage in Berlin erst, als am 7. Oktober Hunderte, später Tausende friedlich zum Palast der Republik zogen, um Gorbatschow zu sehen, ihn zu beeindrucken und dem »staatlichen Fest« ein anderes Gesicht zu geben. Ich ließ mich über die Rathausstraße bis zur Spree mitziehen. Irgendwie gab es bei mir die Illusion, Gorbatschow könnte sich auf dem Balkon zeigen, aber die Damen und Herren wiegten sich drinnen im Walzer. Später sollen sie kotzbesoffen durch den Palast gekrochen sein. Gegen 23 Uhr setzte ich mich am Spittelmarkt in die U-Bahn und fuhr nach Hause. Kurz darauf wurde es unten in der Schönhauser Allee laut. Ich machte das Fenster auf und schaute auf die Straße. Die Polizei hatte die Demonstranten zuerst bis zur Mollstraße zurückgedrängt und scheuchte die aufgebrachten Menschen dann den Prenzlauer Berg hinauf. Dabei kamen auch seltsame Fahrzeuge zum Einsatz, die ich vorher noch nie gesehen hatte. Mannschaftswagen vom Typ W50, an denen vorne so etwas wie Schiebeschilder montiert waren und die fuhren zu zweit nebeneinander die Straße hoch. An der Ecke Stargarder Straße fluteten die Menschen in Richtung Gethsemanekirche. Ich schloss das Fenster und stürzte die Treppe herunter. Die Polizei hatte mehrere Sperrketten gebildet. Die wurden, soweit ich das sehen konnte, überwiegend aus jungen Rekruten gebildet. Sie hatten sich untergehakt und mir schien, als hätten sie Angst. Das waren alles junge Burschen, so um die 18 Jahre alt, zum Wehrdienst bei der Volkspolizei eingezogen. Ich stand vor meiner Haustür und konnte mich nicht bewegen, alles voller Menschen. Inzwischen war die Stargarder abgeriegelt und die Leute strömten weiter in Richtung S-Bahnhof. Ich sah, wie einzelne Passanten herausgegriffen wurden und auf die Pritsche von LKWs gestoßen wurden. Seltsamerweise kann ich mich nicht erinnern, ob Parolen gerufen wurden. Ich fühlte mich wie in einem tosenden Meer, darin einige vereinzelte Schreie von Frauen. Ich versuchte zur Kirche durchzukommen. Dazu holte ich meinen Personalausweis raus, den musste man in der DDR immer dabeihaben, und sagte den jungen Polizisten, dass ich hier wohne und jetzt zur Nachtschicht müsse. Sie ließen mich passieren. Auch die Stargarder war voller Menschen, eine weitere Absperrung war gleich hinter der Kreuzung, etwa da, wo früher der Bäcker war, heute ist da ein Schuhgeschäft. Auch diese Kette konnte ich passieren als »Schichtarbeiter« und sah, dass alle Seitenstraßen zur Kirche abgesperrt waren. Da hörte ich plötzlich den Chor: »Auf die Straße!« Und ich sah, wie aus einem Fenster ein Eimer Wasser auf eine Polizeikette geschüttet wurde, daraufhin stürmten einige Polizisten in das betreffende Haus in der Stargarder Straße 3A. Aus einem Fenster in der Nr. 5 reichte eine Frau Demonstranten geschmierte Stullen heraus. Ich schob mich weiter vor und gelangte in die Kirche. Alles voller Menschen, dazwischen Fernsehteams, Verletzte wurden versorgt, es gab Tee und Stullen. Als ich wieder auf die Straße trat, sah ich Klaus Laabs, von dem schon die Rede war. Er wurde in dieser Nacht verhaftet. Später sollte er wegen »Rowdytum« verurteilt werden und ich füge hier mal meinen Brief ein, den ich am 2. Dezember 1989 an den Militärstaatsanwalt der DDR, PF 17505, Berlin 1157, Hptm. Lippold geschickt habe:

»Persönliche Stellungnahme für Klaus Laabs: Vorbemerkung: Ich wende mich ausdrücklich dagegen, dass einzelne Angehörige der Sicherheitskräfte für die polizeilichen Übergriffe bei den Demonstrationen am 7. und 8. Oktober in Ostberlin verantwortlich gemacht werden sollen. Aus Gesprächen mit diesen Personen ging eindeutig hervor, dass sie in den Kasernen vor ihrem Einsatz »scharf« gemacht wurden, von Konterrevolution war die Rede, und somit keine objektiven Informationen hatten über die politischen Vorgänge im Lande. Von den Demonstranten ging beim Protest in der Schönhauser Allee (auf den sich meine Stellungnahme in erster Linie bezieht) zu keiner Zeit Gewalt aus.

Ich glaube nicht, dass angesichts der gegenwärtigen Situation in diesem Lande die Militärstaatsanwaltschaft gegen »Bürger in Uniform« Anklage erheben sollte, wichtiger ist es, dass im Bereich des Polizeipräsidiums und des »umbenannten« MfS die Auftraggeber ermittelt werden. Dort sitzen die Schuldigen, einige wurden vielleicht versetzt, befinden sich aber immer noch auf freiem Fuß. Ich bin allerdings nicht sicher, ob Sie dazu in der Lage und willens sind.

Stellungnahme: Der Demonstrationszug, der sich zunächst durch den Prenzlauer Berg bewegt hatte, wurde am späten Abend in der Schönhauser Alle/Kreuzung Stargarder Straße gestoppt und (wie vorher schon am Helmholtzplatz) durch starke Polizeikräfte eingekesselt. Dieser Kessel umfasste auch den S- und U-Bahnhof Schönhauser Allee.

An den Nahtstellen standen sich die meist jugendlichen Demonstranten und die meist jugendlichen Polizisten direkt gegenüber. Ältere Demonstranten (wie ich) oder jene mit Kindern hielten sich eher in der Mitte auf, mussten aber dennoch höllisch aufpassen, weil sich regelmäßig kleinere Truppsder Staatssicherheit in Zivil in den Kessel begaben, um willkürlich (oder gezielt?) einzelne Personen rauszugreifen und abzuführen.

An den Fenstern der Mietshäuser befanden sich einige Menschen, die sich nicht auf die Straße trauten, die Demonstranten aber mit Gebäck und Getränken versorgten. Die allgemeine Stimmung der Demonstranten jedoch war nicht aggressiv, eher fröhlich und stolz.

Die Taktik der Polizei (wenn auch schwer erkennbar, viele Offiziere liefen unruhig umher) bestand offenbar darin, den Kessel einzuengen, um schließlich die vermeintlichen »Rädelsführer« festnehmen zu können. Dadurch entstand gelegentlich ein Geschiebe und Gedränge. An den Augen der jungen Polizisten war Widersprüchliches abzulesen: Unsicherheit, Angst, Wut, wilde Entschlossenheit.

Als ein Demonstrant einem Polizisten die Mütze vom Kopf schlug, bückte sich ein anderer und setze ihm die Mütze wieder auf, unter dem Applaus der anderen Demonstranten.

Dies nur zur Schilderung der allgemeinen Situation aus meiner Sicht. Nun zu Klaus Laabs. Mit ihm führte ich im Inneren des Kessels ein kurzes Gespräch. Er wirkte sehr betroffen über den massiven Polizeieinsatz und wollte die jungen Polizisten davon überzeugen, dass sie sich nicht gegen das Volk wenden sollten. Da er sein Fahrrad dabei hatte, schlug ich ihm vor, er möge zur Gethsemanekirche gehen, dort einen Tee trinken und sich etwas beruhigen. Was er dann tat.

Etwa zehn Minuten später kehrte er (ohne Fahrrad) zurück und begab sich unterhalb des U-Bahnhofs an eine Nahtstelle, offenbar um mit den Polizisten zu diskutieren. Da ich selbst in diesem Augenblick von einem Polizeitrupp bedroht war, wich ich auf die andere Straßenseite aus und verlor Klaus aus den Augen. Kurz darauf sah ich, wie eine Person die Treppe hoch zur U-Bahn flüchtete, verfolgt von zwei Uniformierten. Auf der Treppe kam die Person (eindeutig Klaus) zu Fall und die Uniformierten schlugen mit Gummiknüppeln auf den am Boden Liegenden ein, stießen ihn mit den Füßen. Klaus schrie, Umherstehende wurden auch bedroht und schließlich wurde Klaus zu einem bereitstehenden *W50* geschleift. Später hörte ich, dass er von der Pritsche dieses Wagens gesprungen sein soll.

Heute mehr denn je (nach den ersten Enthüllungen über die SED-Führung) kann man, muss man die Erregung von Klaus Laabs verstehen, sein Engagement in dieser Stunde positiv bewerten. Er war weniger ängstlich als ich, entschlossener und empörter. Er wollte Gewalt verhindern und wurde Opfer der Gewalt. Wir (er und ich) waren in den zurückliegenden Wochen sicher nicht immer einer Meinung, aber sein Einsatz an diesem Tag verdient meine Hochachtung.

Wir werden auch in Zukunft eine funktionierende Polizei brauchen (zum Beispiel in der Auseinandersetzung mit neonazistischen Aufmärschen), eine Polizei, die die Solidargemeinschaft schützt. Aber für diese neuen Aufgaben braucht die Polizei das uneingeschränkte Vertrauen der Bürger. Dies beginnt bei der radikalen Erneuerung der Polizeiführung und schließt die sorgfältige Auswahl der Personen ein, die in der Polizei Dienst leisten dürfen!

Ich möchte abschließend betonen: Meine Erlebnisse in Leipzig und Berlin bleiben unvergessen, egal was passiert. Und die Krise des Staates ist auch die Krise seiner »sachlichen Anhängsel«. Da helfen keine Strafverfahren, da hilft nur eine Rückbesinnung auf Postulate wie Bürgernähe und Kompetenz. In diesem Sinne schlage ich vor, dass sich Beteiligte auf beiden Seiten bald treffen und anhand der Videos (Fernsehen und Archiv der Staatssicherheit) die Ereignisse diskutieren, um sicherzustellen, dass sich dies nie wiederholen wird – Wilfried Bergholz«

Als Anmerkung: Mit diesen »sachlichen Anhängseln« (Polizei, Gerichte, Staatssicherheit, Gefängnisse) bezog ich mich auf das Buch: *Der Ursprung der Familie, des Privateigenthums und des Staats* von Friedrich Engels. Ein auch heute noch spannendes Buch, erschienen 1884 bei Hottingen-Zürich und eine erste umfassende historisch-materialistische Arbeit, in der sozusagen eine marxistisch gedeutete Völkerkunde vorbereitet wurde. Sehr lesenswert, beschreibt sie doch die Entwicklung vom Urkommunismus (Jungsteinzeit ohne Privateigentum) zur Sklavenhaltergesellschaft (mit Privateigentum), die, nicht gerade überraschend, auf die Entwicklung der Teilung der Arbeit und der Erarbeitung von Produkten zurückzuführen ist, die nicht mehr Gebrauchswert sind, sondern Tauschwert, das heißt: Handel. In diesem Zuge wurde zum Beispiel das Mutterrecht durch das Vaterrecht ersetzt, so dass der Mann sein Eigentum vererben konnte, typisch für die Grundzüge der bürgerlichen Gesellschaft.

Auch auf die Gefahr hin, dass es dir zu viel wird, muss ich in diesem Zusammenhang noch auf ein anderes Buch hinweisen. Karl Marx weitet in seiner *Kritik der Hegelschen Rechtsphilosophie* die Moralität des Einzelnen auf die Gesellschaft aus mit dem Gedanken, »dass der Mensch das höchste Wesen für den Menschen sei, also mit dem kategorischen Imperativ, alle Verhältnisse umzuwerfen, in denen der Mensch ein erniedrigtes, ein geknechtetes, ein verlassenes, ein verächtliches Wesen ist.« Und Marx formulierte sogar den Anspruch für Verhältnisse einzutreten, »worin die freie Entwicklung eines jeden die Bedingung für die freie Entwicklung aller ist«. Hermann Duncker (1874–1960) hat viele dieser Zitate zusammengetragen, ich habe auch einen Aufsatz von ihm – über diese »utopischen Ausblicke«. Ob es reicht, daraus eine neue Gesellschaftsform abzuleiten? Aber es wäre die wichtigste (!) Grundlage für eine sozialistische Gesellschaft oder alle gesellschaftlichen Veränderungen, die sich auf Marx beziehen wollen. Das letzte Mal in der Geschichte der Arbeiterbewegung hat Rosa Luxemburg auf dieser »Utopie« bestanden mit ihrem Satz: »Die Freiheit ist immer die Freiheit der Andersdenkenden« – und wurde 1919 von der Bourgeoisie erschossen. Und ihr Satz wurde dann auch in der DDR gefährlich, was eigentlich schon alles über deren politische Legitimität sagt. Bei aller Willkür und Unterdrückung gab es aber immer das leuchtende Wort von Rosa Luxemburg am Horizont und es hat viele Menschen inspiriert.

Schönhauser Allee am 7.10.1989
Foto: Merit Schambach

Was in Leipzig die Nikolaikirche war, wurde in Berlin die Gethsemanekirche. Zwar hatte es schon vorher die *Bluesmessen* in der Erlöserkirche in Friedrichshain gegeben, die ich ein paar Mal besucht hatte, aber »meine« Kirche lag um die Ecke und Pfarrer Werner Widrat hielt am 7. Oktober die Tore zu seinem Garten Gethsemane weit geöffnet. Als einzige Kirche in der Stadt. Wie er mir erzählte, gab es massiven Druck von der Abteilung Inneres des Stadtbezirks: »Halten Sie sich da raus, schließen Sie die Kirche! Der Herr Wiesecke hat mich richtig angeschrien und wollte mir dann die Aufgaben der Kirchen erklären. Ich habe dann so argumentiert, das war meine Haltung und auch die der anderen: Kirche und Glaube umfasst das ganze Leben des Menschen. Wenn Leute zur Kirche halten und zur Kirche gehen, schließt das alles ein, was das Umfeld betrifft und die Gesellschaft. Und darum gehört all das eben auch dazu und wir müssen uns darum kümmern.« Und er fügte hinzu: »Was sollte ich tun, die Menschen einfach aussperren?«

Für mich war dort das Zentrum der Revolution in Berlin. Wie schon gesagt, ich gehörte keiner politischen Gruppe an und war eigentlich nur Zuschauer. Aber als ich in der Gethsemanekirche war, traf ich ein paar bekannte Gesichter und konnte über meine Erlebnisse in Leipzig berichten. Mut machen, mehr nicht: »Wir dürfen die Leipziger nicht alleinlassen.« Ich fühlte mich sehr verbunden mit den vielen Menschen, die die Kirche bis auf den letzten Platz füllten. Einige Zeitzeugen sprechen von dreitausend Menschen. In dieser Nacht zum 8. Oktober, als ich gerade auf dem Heimweg war, wurde ich unversehens zum Kurier. In dem Geschiebe und Gedränge vor der Kirche gab mir einer, der gerade von zwei Polizisten abgeführt wurde, einen Briefumschlag: »Bring das zur Kirche.« Ich steckte den Brief ein und gab ihn Pfarrer Widrat, der las den Zettel hastig durch: Namen von Verhafteten. Die Kirche war natürlich auch voller Journalisten, es gibt ein Foto, das zeigt Widrat, umgeben von drei Kamerateams, vor denen er scheinbar die Flucht ergreift: »Das hat unheimlich viel Zeit gekostet, außerdem hatte ich keine Lust, immer so viel zu reden. Meine Frau hat die auch mal rausgeschmissen, weil die immer an der Kirche geklingelt haben.« Als ich ihm den Brief gab, stand neben uns Michael Schmitz, Korrespondent des *ZDF*, ich kannte ihn nur aus dem Fernsehen. Widrat gab mir den Zettel zurück und deutete mit einer kurzen Kopfbewegung auf Schmitz. Der drehte sich um und wir stiegen langsam auf die Empore, ich setze mich neben ihn. Dann schob ich ihm vorsichtig den Zettel in eine Tasche seines weiten Mantels.

Gethsemanekirche am 14.10.1989
Foto: Volker Döring

Michael Schmitz berichtete über die DDR und hat schon über die Besetzung der dänischen Botschaft informiert. In einem Dokument des Bundesbeauftragten für die Unterlagen der Staatssicherheit ist zu lesen (BStU-ZA, Archiv-Nr. 2771/89,

Bl. 000038): »Von der Agentur dpa (Büro Bonn) habe Schmitz erfahren, dass die DDR die zuständigen Stellen Dänemarks mit 20.000 Dollar für die praktizierte Lösung des Problems der Botschaftsbesetzung bewogen habe. Der ZDF-Korrespondent zweifelt jedoch die Glaubwürdigkeit dieser Meldung an und wies darauf hin, dass angeblich alle Botschaftsmitarbeiter ausgewechselt werden.« Geradezu verrückt klingt ein Zitat vom *na-news aktuell* (Tochterunternehmen der Deutschen Presse-Agentur) vom 15.11.2006: »Der frühere DDR-Korrespondent des ZDF, Michael Schmitz, war nie inoffizieller Mitarbeiter (IM) der DDR-Staatssicherheit, sondern ist von den DDR-Behörden ‚abgeschöpft' worden. Ein leitender Mitarbeiter des Bundesbeauftragten für die Stasi-Unterlagen teilte dem ZDF am 15. November 2006 erstmalig mit, dass es sich bei dem IM-Vorgang ‚Cousin' definitiv nicht um Michael Schmitz handle. Vielmehr sei unter diesem Decknamen eine andere Person mit deckungsgleichen biografischen Angaben geführt worden, die ebenfalls in Beziehung zum ZDF gestanden habe. Gegen diese – dem ZDF unbekannte – Person hatte die Bundesanwaltschaft ermittelt, das Verfahren aber später eingestellt.« Der IM Cousin war auch Thema der zweiteiligen Dokumentation *Die Feindzentrale – Das ZDF im Visier der Staatssicherheit*. Ähnlich wie mein Freund Manfred Schönebeck (im gleichen Alter) sagte sich Schmitz vom Journalismus los und startete eine zweite Karriere als Psychologe mit den Themen »Emotions-Management« und »Positive Psychologie« an der Sigmund-Freud-Privatuniversität in Wien.

In den Tagen nach dem 7. Oktober 1989 hat sich mein »Kontakt« zu Schmitz wiederholt und die Listen bekam ich vom Kontakt-Telefon, das die Gemeinde in ihren Büros eingerichtet hatte. Wenn ich mich recht entsinne, traf ich dort auch Christoph Singelnstein wieder. Woher die Namen der Verhafteten kamen, kann ich nicht sagen, aber ich hörte oft den Satz: »Wer im Westen namentlich bekannt ist, kann nicht einfach verschwinden.« Daran gibt es keinen Zweifel, die Angst in dieser Zeit war groß. Wohin fuhren die LKWs mit den Verhafteten? Heute gibt es viele Berichte von Beteiligten, von Opfern. Damals gab es nur Gerüchte, von KZs war die Rede, von geheimen Listen für Verhaftungen. Merit Schambach erzählte mir, dass sie zuerst versucht hatte, in der Kopenhagener Straße von einem Dach aus Fotos zu machen. Als sie im Treppenhaus fast oben war, hörte sie über sich verdächtige Stimmen und wollte wieder runtergehen, aber auch von unten schienen Leute zu kommen. Ihr Glück war, dass sie kurzerhand von einer Mieterin in die Wohnung gezogen wurde. Kurz durchatmen, lauschen an der Tür, im Treppenhaus. Alles still, zurück auf die Straße. Aber auch auf der Schönhauser, innerhalb der aufgewühlten Menschentraube war es gefährlich, Fotos zu machen, und dann noch mit Blitz. Merit: »Aber die Leute um mich herum schauten bei jedem Blitz immer in eine andere Richtung, als suchten sie selbst nach dem Fotografen.« Wie auf einem der Fotos zu sehen ist, wurden die meist jungen Leute vom S-Bahnhof Schönhauser Allee in Richtung Wichertstraße abgedrängt, dort standen Lastkraftwagen W50 bereit, um die Jugendlichen fortzuschaffen. Zuerst habe sie überlegt, ob sie sich auch abtransportieren lasse solle, sage mir Merit, um den Fortgang der Ereignisse zu dokumentieren, aber dann ließ sie davon ab: »Ich hatte zu große Angst. Man wusste doch nicht, was mit uns geschehen würde, vielleicht werden wir erschossen?« – und sie machte trotzdem ihre kostbaren Fotos.

Damit war die Revolution auch in Berlin angekommen. In der Nacht vom 7. auf den 8. Oktober hatte ich den Eindruck, sie hätte schon gesiegt. Aber Honecker war noch da und nannte es nur Krawalle, die gegen die verfassungsmäßigen Grundlagen seines sozialistischen Staates gerichtet wären. Und Mielke war auch noch da und brachte seine Truppen in Stellung, alle Mitarbeiter der Staatssicherheit sollten ständig ihre Dienstpistole am Mann tragen. In diesen spannenden Tagen blieb es um die Gethsemanekirche ruhig, aber in ihr summte es wie in einem Bienenkorb. Ein paar Mal traf ich mich zu einer festgelegten Zeit mit Michael Schmitz, aber im Grunde fieberten wir in Berlin nur dem 9. Oktober in Leipzig entgegen, wieder ein Montag, wieder eine Demonstration. Ich war nicht dabei und es wäre wohl auch unmöglich gewesen, die Stadt sicher zu erreichen. Diesen spannenden Abend erlebte ich wieder in der Kirche. Es gab keine genauen Informationen, nur Schlaglichter wurden weitergegeben: 70.000 Menschen, viel Polizei, auch Armee, Lazarette sollen eingerichtet worden sein, auch KZs. Unsere Kirche war wieder umstellt. Was würde passieren in dieser Nacht? Ich hielt es nicht mehr aus, schob mich durch die Absperrungen, die Treppen hoch und den Fernseher an. Was passiert in Leipzig? Was wird mit uns passieren? Nun, das Ende ist bekannt. Es gab kein Massaker auf den Straßen. Als die Stimme von Kurt Masur (Kapellmeister des Gewandhauses und angesehener Bürger der Stadt) zu hören war, wich der Druck von den Menschen: »Keine Gewalt«. Diesen »Aufruf der Sechs« hatte er in letzter Minute mit den Funktionären der SED-Bezirksleitung in Leipzig, Dr. Kurt Meyer, Jochen Pommert, Dr. Roland Wötzel, dem Kabarettisten Bernd-Lutz Lange und dem Theologen Dr. Peter Zimmermann verfasst. Der *SPIEGEL* veröffentlichte im Heft 41/1999 einen Artikel von Jochen Bölsche unter dem Titel: »Sie haben uns das Leben gerettet«. Die Originalaufnahme dieses wichtigen Aufrufs kannst du im Internet nachhören: »Unsere gemeinsame Sorge und Verantwortung haben uns heute zusammengeführt. Wir sind von der Entwicklung in unserer Stadt betroffen und suchen nach einer Lösung. Wir alle brauchen einen freien Meinungsaustausch über die Weiterführung des Sozialismus in unserem Land. Deshalb versprechen die Genannten heute allen Bürgern ihre ganze Kraft und Autorität dafür einzusetzen, dass dieser Dialog nicht nur im Bezirk Leipzig, sondern auch mit

unserer Regierung geführt wird. Wir bitten Sie dringend um Besonnenheit, damit der friedliche Dialog möglich wird. Es sprach Kurt Masur.«
Die Ereignisse in Leipzig standen so im Fokus unseres Interesses, dass damals die Massendemonstrationen in Dresden kaum zur Kenntnis geworden wurden. Leider ist es auch heute noch so. Wenn du mehr darüber erfahren willst, schlage einfach nach unter »Gruppe der 20«. Die Revolution hatte gesiegt, ich wähle noch gerne dieses große Wort, denn die mutigen Menschen hatten gesiegt. Am 27. Dezember 1989 wurde Kurt Masur Ehrenbürger seiner Stadt.
Am 10. Oktober 1989 konnte ich aufatmen. Wir hatten die Staatsmacht in die Defensive gedrängt, Zehntausende in Leipzig, Dresden, Plauen, Neuruppin, Rostock, Arnstadt, Gera, Frankfurt/Oder, Karl-Marx-Stadt (heute Chemnitz), Erfurt ... Sie hatten sich als Volk erhoben und sich gegen die gewandt, die über Jahre im Namen des Volkes sprechen wollten. Es begann für mich die schönste Zeit, die Zeit neuer Diskussionen. Jetzt konnten endlich die Konzepte herausgeholt werden, die für den Rundfunk und die für den demokratischen Umbau unserer DDR, alles schien möglich. An diesem Tag schrieb ich an meine Cousine in Köln:

»Liebe Brühler, leider fehlt gegenwärtig die Zeit für einen ausführlichen Brief, aber ich möchte mich doch kurz melden und mitteilen, dass es mir gut geht. Die Lage hier um die Gethsemanekirche hat sich gestern etwas entspannt, und gegenwärtig erinnert nur das solidarische Hupen der U-Bahn-Fahrer, wenn sie an der Kirche vorbeifahren, daran, dass sich in den letzten Tagen viel verändert hat. Die Menschen, die sich nicht auf die Straße trauen, stellen Kerzen in die Fenster oder bringen den Leuten an der Mahnwache in der Kirche warmen Tee und Kuchen. Der sich jetzt entwickelnde Protest hat etwas Erlösendes für alle hier, die erstmals in ihrem Leben das Gefühl verspüren, sich nicht ducken zu müssen oder zu schweigen. Ich hoffe sehr, dass wir in den nächsten Tagen keine Ausweitung der Auseinandersetzungen erleben müssen, sondern die Reformen verwirklichen können, für die wir arbeiten.
Für Björn habe ich einige DDR-Schulbücher abgeschickt und hoffe, dass sie auch in Köln ankommen. Ich grüße Euch alle sehr herzlich, bis zu einem baldigen Wiedersehen – Euer Wilfried«

Du musst dich in die Geschichte der jüngeren Menschheit vertiefen, um nach dem Wort Revolution Ausschau zu halten. Eine politische Revolution beinhaltet die Änderung des existierenden Staates mit dem Ziel, eine neue Staatsform durchzusetzen. Sie muss sich bewusst gegen die Regeln des alten Staates stellen, sie zerstören. Als Gegenkraft haben wir heute den Verfassungsschutz, der gefährliche Gruppen ausspioniert und eher den Staat schützt als die Verfassung. Der Name

Staatssicherheit in der DDR traf da schon eher den Sinn der Behörde. Oft kommt der Funke der Revolution aus kleinen Gruppen, die aber nur Erfolg haben können, wenn sie die Massen erreichen oder eine große Unzufriedenheit in der Bevölkerung besteht. Damit meine ich nicht den Kampf der Gewerkschaften um drei Prozent mehr Lohn. Bei Revolutionen geht es um die Macht im Staat. Heute um die Entmachtung der Großbanken und Konzerne, die Beendigung imperialer Kriege, die Umverteilung der Reichtümer einer Gesellschaft von oben nach unten. Eine sehr verkürzte Darstellung. Zu den frühen Revolutionen zählt die von Emden am 18. März 1595. Sie endete mit der Autonomie der Stadtrepublik und der Entmachtung des Grafen Edzard II. Kurz erwähnen möchte ich noch den Amerikanischen Unabhängigkeitskrieg 1776–81 und die Französische Revolution 1789–99. Es folgten gescheiterte Revolutionen 1948/49 in verschiedenen Staaten Europas und die Pariser Kommune 1871 – sie gilt auch als gescheitert, war aber schon vom Marxismus beeinflusst und zeigte erste Ansätze einer »Rätedemokratie«. Für Engels war sie bekanntermaßen ein erstes Erscheinen der »Diktatur des Proletariats«: »Der deutsche Philister ist neuerdings wieder in heilsamen Schrecken geraten bei dem Wort: Diktatur des Proletariats. Nun gut, ihr Herren, wollt ihr wissen, wie diese Diktatur aussieht? Seht Euch die Pariser Kommune an. Das war die Diktatur des Proletariats.« Marx soll die Pariser Kommune ja eher kritisch gesehen haben. In diesem Zusammenhang ist der Aufsatz von Alex Demirovic *Rätedemokratie oder das Ende der Politik* (2009) sehr aufschlussreich. Er hinterfragt dabei das Konzept der Rätedemokratie, von Hanna Arendt vorgeschlagen (siehe: *Über die Revolution* 1963), und stellt dem die Marxsche Konzeption gegenüber – siehe dessen Analyse in *Der Bürgerkrieg in Frankreich*. Ganz kurz noch einen Namen: Udo Bermbach (geboren 1938) und sein Buch *Demokratietheorie und politische Institutionen* 1991. Bermbach war übrigens von 1971 bis 2001 Professor für Politikwissenschaft an der Universität Hamburg mit dem Schwerpunkt: politische Theorie und politische Ideengeschichte – so einen Lehrstuhl hätten wir in der DDR dringend gebraucht.

Die Revolutionen in St. Petersburg 1905 und 1917 müssen unterschieden werden in die bürgerlich-demokratische Revolution und den Putsch der Bolschewiki unter Trotzki und Lenin. Durch die anschließenden Interventionskriege der westlichen Alliierten wurde Sowjetrussland an den Rand des Untergangs geführt und der frühe Tod Lenins ermöglichte letztlich die Machtergreifung durch Stalin ... Den alten Bolschewiki war der tragische Verlauf der Französischen Revolution immer sehr nah und sie fürchteten die Folgen eines »russischen Thermidor«, der sie vernichten würde, wie es dann auch geschah. Die politische Entwicklung in Ostdeutschland nach 1945 kann man nur verstehen, wenn man sich auf einen Blick auf die frühe Sowjetunion einlässt. Die Oktoberrevolution war ein Putsch in St. Petersburg, nicht legitimiert durch die breite Bevölkerung. Um die schwankende Bauernschaft halbwegs bei der Stange zu halten, musste um jeden Preis das Versprechen vom Frieden eingehalten werden – siehe Brest-Litowsk mit der nachfolgenden deutschen Besetzung der Ukraine. Der Umsturz in Russland wurde von vielen Sozialdemokraten in Deutschland begrüßt, interessant in diesem Zusammenhang ist das Leben von Ernst Reuter (1889–1953), dem späteren Westberliner Bürgermeister. Es gab eine große Euphorie unter den Arbeitern in Westeuropa, aber die Bolschewiki hatten keinen gesellschaftlichen Plan und waren sich bewusst, dass eine proletarische Revolution nur in einem hoch entwickelten kapitalistischen Land möglich war. Ein paar Jahre warteten sie auf die deutsche Sozialdemokratie, die aber Angst hatte vor einer Revolution, die möglicherweise den Spartakusbund an die Macht gebracht hätte. Und so wurde in Russland alles nur Quark und weit entfernt von der Freiheit der Andersdenkenden. Über die Klinge mussten zuerst die Sozialrevolutionäre springen, dann gewendete Menschewiki und natürlich die Anarchisten. Die Revolution frisst ihre Kinder. Im Grunde blieb zunächst die Rätestruktur erhalten, ohne sie wäre der Koloss auf tönernen Füßen schnell zusammengebrochen. Nach Lenins Tod 1924 fiel Trotzki die Macht zu, aber er war zu stolz, sie aufzuheben, er wollte eine Krönung, dieser arrogante Fatzke. Den Rest erledigte Stalin. Er zerstörte die letzten und ohnehin fragilen demokratischen Strukturen und schuf nach der Ausweisung von Trotzki 1929 eine Diktatur, die mit den Idealen der alten Bolschewiki nichts mehr zu tun hatte. Die Innenpolitik Mitte der 30er Jahre war geprägt von der Großen Tschistka, der »Säuberung« der Partei von vermeintlichen und tatsächlichen Gegnern Stalins. Das hatte ich schon kurz erwähnt. In der Literatur ist oft die Rede von 700.000 Menschen, die in diesen »Säuberungen« erschossen wurden, von fast zwei Millionen Menschen, die in Straflagern, den sogenannten Gulags, ums Leben kamen. Zwischen 1934 und 1938 wurden zwei Drittel der Mitglieder des Zentralkomitees der KPdSU von 1934 verurteilt und hingerichtet. In einer Reihe von Schauprozessen wurden einige der prominentesten Oppositionellen, in der Regel unter dem Vorwurf der trotzkistischen Verschwörung und des Paktierens mit dem Ausland, verurteilt und hingerichtet. Der perfide Anlass für diese Prozesse war die Ermordung des Leningrader Parteisekretärs Sergej M. Kirow im Dezember 1934, ein von Stalin bestellter Mord. Zu den Opfern gehörten, wie schon berichtet, Sinowjew, Kamenjew, Bucharin, Rykow und Karl Radek, das heißt praktisch die komplette bolschewistische Elite aus der Zeit der Oktoberrevolution. Michail Tomski wählte den Freitod. In einem gesonderten Geheimprozess wurden zahlreiche Offiziere der Roten Armee aufgrund ähnlicher Vorwürfe verurteilt – über die Hälfte aller hochrangigen Offiziere. Kurz vor Ausbruch des Kriegs wurden somit die besten Kommandeure erschossen wie Tuchatschewski, Kork, Jakir, Uborewitsch, Putna,

Ejdeman. Diese Prozesse führten zu einer weltweiten Ächtung der Sowjetunion ... Aber ich kann dir den Rest nicht ersparen. Den sowjetischen Genozid, ausgelöst durch die Zwangskollektivierung, Hungersnöte, Missernten und die Umsiedlung ganzer Völkerschaften, muss ich wenigstens erwähnen – auch hier geht es um Millionen Tote, aber das würde hier zu weit führen, lies dich später ein. Aber nicht vergessen werden sollen die ganzen Armeen, die in den ersten beiden Kriegsjahren 1941 und 42 von Stalin verheizt wurden und die zwei Millionen sowjetischen Kriegsgefangenen, die in deutschen Lagern an Unterernährung und Folter starben. Leo Trotzki starb am 21. August 1940 in seinem Exil in Coyoacán (Mexiko) durch einen von Stalin gedungenen Mörder.

Ich erlaube mir ein paar Sätze aus dem Buch *Der Mann, der Hunde liebte* von Leonardo Padura (2009) zu zitieren, der in den Nachgedanken zu seinem bemerkenswerten Text ausdrücklich betont, dass es sich nur um einen Roman handele. Aber er legte doch die Quellen offen und so nah wie Padura ist wohl bisher niemand dem Mörder von Trotzki gekommen: »Zunächst einmal hatten nur sehr wenige Leute in unserem Land (Kuba – W. B.) eine Ahnung davon, wer Trotzki gewesen war, sie kannten nicht die Gründe für seinen politischen Absturz, für seine Verfolgung und seinen Tod; noch weniger Menschen wussten, wie die Hinrichtung des Revolutionärs organisiert worden war und wer den tödlichen Befehl ausgeführt hatte; praktisch niemand wusste, zu welchen Auswüchsen die Grausamkeit der Bolschewiki geführt hatte, als ebenjener Trotzki auf den Höhepunkt seiner Macht gelangt war, und so gut wie niemand machte sich ein Bild vom Ausmaß des Verrats und von den Massakern des Stalinismus in der Zeit danach, als all die Barbarei mit dem Kampf für eine bessere Welt begründet und entschuldigt worden war. Und diejenigen, die etwas wussten, schwiegen.« Und weiter: »Jetzt gelang es uns mit Mühe und Not zu begreifen, warum dieses perfekte System in sich zusammengebrochen war, als sich nur zwei Steine aus der Festung gelöst hatten: ein minimaler Zugang zur Information und ein leichter, aber entscheidender Verlust der Angst ... Der Gigant stand auf tönernen Füßen, hatte sich nur mit mithilfe von Terror und Lüge auf den Beinen gehalten ... Trotzkis Prophezeiungen gingen in Erfüllung, und Orwells futuristischer Roman 1984 verwandelte sich in eine höchst realistische Erzählung. Und wir hatten nichts gewusst ... Oder hatten wir nichts wissen wollen?«

Natürlich hatte Padura die Bücher von Isaac Deutscher (1907–1967) über die russische Revolution gelesen, aber das Besondere an seinem Roman ist, dass er den Blick auch auf das Moskau der 60er Jahre lenkt und den Spanischen Bürgerkrieg. Diese leidvollen Jahre werden in der Betrachtung der jüngeren Geschichte oft nur verkürzt dargestellt. Dabei war dort die gesamte »Linke« der Welt vertreten, als Beispiele: Ernest Hemingway, George Orwell, André Malraux, Eugen Fried, Joris

Ivens, Gerda Taro, Ludwig Renn, Willi Bredel, Georges Bernanos und auch Willy Brandt ... Auch Picasso hat aus der Ferne versucht, den französischen Staat zum Eingreifen zu bewegen. Eigentlich waren es nicht nur »Linke«, die in Spanien kämpften, es waren junge Menschen aus der ganzen Welt, die den faschistischen Putsch von Franco nicht ertragen konnten.

Somit wurde Spanien Ende der 1930er Jahre ein Feld der Tragödie. Freiheitskämpfer auf der einen Seite, Legionen mit modernster Kriegstechnik auf der anderen Seite – Hightech auf dem Prüfstand, so wie in heutigen Tagen in Irak und Libyen. In ihrer Studie *Krieg und Fliegen* legte die Historikerin Stefanie Schüler-Springorum deutsche Aktenfunde vor, die technischer Natur sind. In den Akten heißt es: »Der größere Zerstörungsumfang der 250-kg-Bombe erscheint für die Bekämpfung der in Frage kommenden Ziele nicht erforderlich«, sodass die Entwicklung einer mittelschweren Bombe für die Zukunft vorgeschlagen wurde. Und Stalin hatte gelernt, dass sein Jagdflugzeug *I-16* von Polikarpow zu schwach war für die *Bf 109* von Messerschmidt und zog auch seine Lehren. Im Sommer 1939 hatte er eine »Prämie« ausgesetzt, 40.000 Rubel plus eigenständige Gebäude für denjenigen Konstrukteur, der ein modernes Jagdflugzeug vorzeigen kann. Gewinner waren Lawotschkin, Mikojan und Jakowlew.

Die gewählte Regierung in Spanien scheiterte auch (besser: vor allem) deshalb, weil Stalin genau dosierte, wie er den überwiegend freien linken Gruppen von Anarchisten und Trotzkisten den Garaus machen konnte. Stalin wollte keine diffuse Volksfront und wo konnte er besser dagegen vorgehen, neben der »Säuberung« im eigenen Land, als in dem Schmelztiegel Spanien. Der Geheimdienst war vor Ort und ermordete missliebige Revolutionäre, junge Enthusiasten aus der ganzen Welt, die bereit waren für die Republik und gegen den Faschismus ihr Leben zu lassen und die von dem großen, unsichtbaren Diktator vernichtet wurden, wie der junge Artur Becker, der von den »eigenen Leuten« im Thälmann-Bataillon an die Putschisten ausgeliefert worden ist. Die deutsche Propaganda leugnete jede Teilnahme an der Zerstörung von Gernika und die russische Propaganda behauptete, Artur Becker sei als Held gestorben ... Als er am 16. Mai 1938 in Burgos starb, hatte er gerade seinen 33. Geburtstag begangen. Er stammte aus Remscheid und war schon mit 25 Jahren der jüngste Reichstagsabgeordnete.

Die geschlagenen Interbrigadisten zerstreuten sich wieder in alle Welt, 500 von ihnen entkamen im Mai 1939 mit einem Schiff von Le Havre aus in Richtung Leningrad. Viele von ihnen wurden erschossen oder verschwanden in den Straflagern Stalins. Sie hätten ja infiziert sein können vom Geist der Revolution, vom demokratischen Sozialismus oder dem Trotzkismus. Wilhelm Zaisser, geboren am 20. Juni 1893 in Gelsenkirchen, konnte sich nur mit der Hilfe von Freunden retten. Er wurde später Minister für Staatssicherheit in der DDR und war nach dem

13.6.1953 wesentlich am Umsturzversuch gegen Ulbricht beteiligt. Dafür hatte er die Rückendeckung des kurzzeitigen Machthabers in Moskau Berija, doch nach dessen Entmachtung schlug das Pendel um. Der Nachfolger von Stalin wurde schon am 26. Juni verhaftet (was ohne Schukow nicht möglich gewesen wäre) und am 23. Dezember 1953 erschossen. Die sogenannte Herrnstadt-Zaisser-Fraktion wurde nach dem sowjetischen Vorbild des Trotzkismus beschuldigt und mit dem Segen der neuen Machthaber in Moskau Chruschtschow und Malenkow ihrer Ämter enthoben. Zaisser hätte das Bild der DDR möglicherweise nachhaltig verändert, zumindest den sinnlosen Aufbau des »Sozialismus« gestoppt. Aber der Sieger war Ulbricht und Zaisser starb ein paar Jahre später mit 64 Jahren in Berlin. Warum ich das erzähle? Ich erzähle es ja gar nicht, ich nenne nur ein paar Namen und Fakten, alles andere kann man bei den Historikern und im Internet genauer nachlesen. Wichtig ist mir, dass die Jugend wegkommt von dem staatlich verordneten Bild der DDR in den Schulbüchern, die sollte sich jeder einmal ansehen, der es nicht kennt. Dieses kleine Land war so vielschichtig, so widersprüchlich, aufregend und lebendig – nichts davon wird heute in objektiver Weise vermittelt. Aber auch die historische Darstellung der politischen Entwicklung in Westdeutschland zwischen 1949 und 1989 ist mangelhaft. Das fängt bei der Rolle von Adenauer an und reicht bis zum »Kanzler der Einheit« Helmut Kohl. Nun, ich habe versucht, dir in unseren Gesprächen einige historische Zusammenhänge zu erläutern, auch unter Berücksichtigung der engen Verflechtung der beiden deutschen Staaten, Thema: Systemvergleich. Für die Menschen im Osten blieben der ausgestellte Wohlstand, Urlaub am Mittelmeer und die ideologische Arbeit der Westmedien nicht ohne Wirkung. Dazu kam auch, wie in meinem Fall, die Ausstrahlung der 68er-Rebellion und der Friedensbewegung.

Aber es gab auch eine Ausstrahlung von Ost nach West. Die bloße Existenz der DDR zügelte die Gier der Kapitalisten. Solange es diese »Alternative« gab, war Rücksicht gegenüber der Arbeiterschaft geboten, denn die Angst vor einer Verstaatlichung steckte und steckt den Banken und Konzernen tief in den Knochen. Eine umfassend gebildete Jugend, aufgeklärt und politisch engagiert, gehört dabei zu den unwägbaren Risiken. Darum ist unser Schulsystem so rückständig. In einem europäisch ausgerichteten Kontext ist Bildung heute bei uns noch Ländersache und geprägt von dem sturen Kanon aus Wissensvermittlung, Wissensabfrage und Vergessen. Physik, Chemie, Informatik, Mathematik – Fakten über Fakten, die kein Mensch braucht. Wer sich beruflich später in diese Richtungen entwickeln will, kann das getrost im Studium vertiefen. Was unser Schulsystem braucht, ist die Konzentration auf einen sozial denkenden, psychisch stabilen, mit den Formen der Selbstaneignung vertrauten, kritischen jungen Menschen, der sich ganz von Faulheit und Feigheit befreien kann. Sapere aude!

Es fällt mir schwer, das zu sagen, aber die Friedliche Revolution in der DDR im Oktober 1989 muss aus heutiger Sicht als gescheitert angesehen werden. Die mutigen Revolutionäre feierten in diesen spannenden Tagen die wiedergefundene Sprache und den aufrechten Gang. Am 4.11.1989 schien das Pendel noch zur Demokratisierung der DDR auszuschlagen, aber mit der chaotischen Öffnung der Berliner Mauer am 9.11.89 schlug die Stimmung um. Natürlich stand die Wiedervereinigung der beiden deutschen Staaten auf der Tagesordnung. Aber sie hätte sich nicht in diesem Schweinsgalopp, in einem jämmerlichen Anschluss und dann einem gierigen Ausverkauf ereignen müssen. Nach der Währungs-, der Wirtschafts- und der Sozialunion (schnelle DM für das »Volk«) vom 1. Juli 1990 wurde am 31. August der deutsche Einigungsvertrag geschlossen. Am 3. Oktober 1990 wurde die deutsche »Wiedervereinigung« durch den Beitritt der DDR zum Geltungsbereich des Grundgesetzes vollzogen, unter Missachtung des Zentralen Runden Tisches in der DDR. Mein Traum von einem Sozialismus, der diesen Namen auch verdiente, war beendet. Der Traum vieler Menschen.

Dazu passt eine Erinnerung an den Gottesdienst in der Gethsemanekirche am 7. Oktober 2014. Es waren nicht Tausende da, aber die Kirche war gut besucht. Eine neue Gemeinde aus den neuen Mitbürgern. Sie hat sich in den Jahren neu zusammengefunden in Gethsemane, dem »verwilderten Garten der letzten Nacht« in Jerusalem. Von den alten Mitstreitern habe ich keinen getroffen. Nur Jalda Rebling, die ich noch vom *Club Impuls* kannte, hüpfte zwischen den Bänken herum, wollte jeden anfassen und eine Menschenschlange bilden. Aus vielerlei Gründen unpassend und so trat ich lieber hinter eine Säule, als sie sich vorbeischlängelte. Oder war das eine Idee von Pfarrer Christian Zeiske? Er ist so alt wie ich und wurde in einem Dorf bei München geboren. Seine Bitte an diesem Abend, die alten Revolutionäre, denen die Kirche 1989 »ein Dach über dem Kopf« geboten habe, mögen 25 Jahre später eine halbe Million für die Sanierung des Dachs spenden, erschien mir etwas weltfremd. Vielleicht denkt er, alle Revolutionäre säßen heute in der Regierung. Ich habe 100 Euro gespendet, aber wer hat das schon? Vor der Kirche hingen ein paar Zettel am Zaun: »Keine Gewalt, Wir sind das Volk«. Ansonsten eine aus der Welt gefallene Veranstaltung, wäre da nicht die Fürbitte von Werner Widrat gewesen, der vor 25 Jahren die Kirche offen hielt. So ein dichter Text, eingerahmt von dem mehrstimmigen »Kyrie eleison«, mich hat das tief beeindruckt. Ich drückte ihm nach der Andacht die Hand und er gab mir sein Manuskript. Ein paar Zeilen möchte ich zitieren:

»Gott, ich danke dir für den Mut, den du uns geschenkt hast, so dass wir vor 25 Jahren mit Kerzen und Gebeten, mit Liedern wie »Dona nobis pacem« (Schenke uns den Frieden – W. B.) und den Worten »keine Gewalt« den Sicherheitskräften standhalten konnten ... Gott der Gerechtigkeit, ich bin traurig und entsetzt, wie in unserem Land der Mammon angebetet wird und die Gerechtigkeit, für die wir vor 25 Jahren eingetreten sind, mit Füßen getreten wird ... Gott, ich bin traurig über meine Kirche, die sich hat kaufen lassen, die den Schulterschluss mit dem Staat und der Macht sucht, die schon wieder Kriege legitimiert, der ihre eigene Existenz und ihr Einfluss im Staat wichtiger ist als das Eintreten für Frieden, Gerechtigkeit und die Bewahrung der Schöpfung, wofür wir vor 25 Jahren aufgestanden sind ...«

Gethsemanekirche am 7.10.2014
Foto: W. B.

Auf der Straße erhob das Volk sein Gesicht, doch im »Keller« hockte noch immer das Politbüro unter Erich Honecker. Er ließ bei der Tagung des höchsten Machtzirkels der SED am 10. und 11. Oktober keinen Realismus erkennen, kein Gedanke mehr an Rücktritt. Es gibt dazu eine interessante persönliche Mitschrift von Gerhard Schürer (1921–2010), der als Chef der Staatlichen Plankommission genau wusste, wie es ökonomisch um die DDR stand. Schürer notierte: »Keine Selbstkritik, keine grundlegenden Änderungen«. Kurt Hager wird nach diesem Protokoll deutlicher: »Tiefgründige Analyse, die Führung äußert sich nicht, Sprachlosigkeit«. Die Sprachlosigkeit blieb und erst am 18. Oktober wurde Honecker durch das Gremium abgesetzt, auch hier gibt es ein aufschlussreiches

Schürer-Protokoll. Bei aller Verzagtheit, Ratlosigkeit und Inkompetenz ging es dem Politbüro nur um die Rettung ihrer Partei – ohne Honecker. Dummerweise haben sich die »Rebellen« dann für Egon Krenz entschieden, der zwar den Fehdehandschuh geworfen hatte, aber als Wahlfälscher im Volk nicht viel »beliebter« war als sein Vorgänger ...

19. Gespräch: Die Demonstration am 4.11.1989 auf dem Alex, die Macht lag auf der Straße, Michael und ich auf der Bornholmer Brücke, die alte neue Volkskammer, erste freie Wahlen in der DDR und Lothar de Maizière, die Nationalhymne, die anderen Losungen in Leipzig: Deudschlond einisch Voderland

Nach Honeckers Abgang hatte sich nichts geändert. Auf der einen Seite standen die oppositionellen Gruppen mit ihren Träumen, auf der anderen Seite gab es diese manische Ausreisewelle 1989, das habe ich nicht verstanden. Die alte DDR war am Ende, das konnte man mit Händen greifen. Die Losung: »Nur noch raus!« wurde von den westlichen Medien über die DDR gestreut wie in Amerika die Pocken über die Indianer. Dabei stand eine große Schlacht bevor. Ich dachte, warum wollen die gehen, wo es in der DDR gerade beginnt, spannend zu werden? Seit dem Massaker auf dem Tian'anmen, dem »Platz des Himmlischen Friedens«, am 3. und 4. Juni 1989 war die Welt nicht mehr so, wie sie vorher war. Aber vielleicht hat das viele eher verschreckt. Ich bin nicht bereit, Egon Krenz irgendeinen Ablass zu gewähren, zumal er bis heute »mauert«, aber das Thema hatte ihn schon erreicht, als er am 1.10.1989 in China war. Als ZK-Sekretär für Sicherheitsfragen duckte er sich im entscheidenden Moment weg, stellte sich aber einer gewaltlosen Reaktion auf die Montagsdemonstrationen in Leipzig nicht entgegen. Vielleicht dämmerte es ihm, dass Schüsse auf die Demonstranten einen landesweiten Aufstand zur Folge gehabt hätten und das sofortige Ende der SED. Die Zerreißprobe am 9. Oktober wurde allein in Leipzig gedealt, zwischen der SED-Bezirksleitung und Kurt Masur, der zu den Menschen sprach. Krenz gab am nächsten Tag seinen Segen, aber die Schande bleibt. Um es noch einmal zu betonen: Man hatte Notlazarette für die Verwundeten eingerichtet, Sammelstellen für die Verhafteten, es gab eine Liste von Personen, die in Konzentrationslager zu verbringen waren, Leipzig war militärisch besetzt und das Umfeld abgeriegelt. Krieg gegen das eigene Volk. Das war die ernüchternde Bilanz in der DDR, für die doch viele ehrlich gearbeitet und sich eingesetzt hatten in 40 Jahren. Für eine ganze Generation, die Ende der 1920er Jahre geboren worden ist, waren diese 40 Jahre ihr Leben ...
So gesehen war die große Demonstration am 4.11.1989 auf dem Alex zwar ein beglückendes Fest, aber neben den neuen, ungewohnten Reden konnte nicht wirklich ein politisches Signal gesetzt werden. Nach dem was Anfang Oktober passiert war, verhielt sich die Masse seltsam passiv. In den Betrieben blieb alles ruhig. Für die meisten Menschen war es ein erhebendes Gefühl, mit selbst gemalten Transparenten auf der Straße zu marschieren, ohne die Angst verhaftet zu werden. Aber diese Masse hatte keinen Helden, keinen Volkstribun, der die Volkskammer an diesem Tag hätte besetzen können. Da standen doch nur ein

paar uniformierte Hanseln rum und die Leute mit den Scherben, »Keine Gewalt«. Es gibt keine Revolution ohne Gewalt. Wenn das Volk an die Macht will, müssen die alten Schergen entmachtet werden. Es gab schöne Reden und keiner war da, der die Vertreter des Volkes hätte einberufen können zu ihrer ersten Sitzung, um alle politischen Gruppierungen zuzulassen, freie Wahlen zu datieren und die SED aus ihrer führenden Rolle zu jagen. Ich glaube nicht, dass das deutsche Volk sich besonders eignet für Revolutionen.

Ein anderes Szenario für diesen Tag hätte sein können, dass die Reformer in der SED nach dem Beispiel von 1968 den »Berliner Frühling« ausgerufen hätten, das war möglich. Sich selbst an die Spitze der Bewegung stellen, die Sprachlosigkeit aufgeben und den Weg zu einem demokratischen Sozialismus zu proklamieren. Aber die Reformer blieben stumm und die SED-Funktionäre, wie Schabowski und Markus Wolf, deklamierten auf der Demo Worthülsen. Sänger sangen und Dichter stießen Fenster auf. Am besten gefiel mir noch Steffi Spira, die einige Zeilen aus dem Gedicht *Lob der Dialektik* von Bertolt Brecht zitierte: »So, wie es ist, bleibt es nicht. Wer lebt, sage nie: niemals! Wer seine Lage erkannt hat, wie sollte der aufzuhalten sein? Und aus Niemals wird: Heute noch!« Viel Applaus, aber es gab keinen Lech Walesa, keinen Václav Havel und auch keinen Imre Nagy oder Alexander Dubcek. Aber wer weiß, was geworden wäre, wenn wir mehr Zeit gehabt hätten als diese eine Woche im November 1989.

Und so war der 4.11.1989 der Höhepunkt der Opposition und eigentlich auch schon ihr Ende. Aus meiner Sicht musste an diesem historischen Samstag niemand mehr Angst haben. Der Staat streckte die Waffen und auf den Straßen waren alle, auch die, die vorher »nur« eine Kerze ins Fenster gestellt hatten, neugierig und erleichtert. Michael Ebert und ich organisierten unsere ganz eigene Feier. Wir bauten, wie schon berichtet, die Anlage für die Punkband *Die komischen Vögel* auf den Stufen der *Volksbühne* am Rosa-Luxemburg-Platz auf und waren doch eher in der Rolle der Zuschauer. Wir spielten für die Tausenden, die aus der U-Bahn kamen auf dem Weg zum Alex – die Bühne gehörte dem Volk. Als wir alle Lieder gespielt hatten, machte ich noch einen kurzen Rundgang durch die Innenstadt und ein paar Fotos.

Palast der Republik 4.11.1989
Foto: W. B.

Die Volkspolizisten sahen dem Demonstrationszug einfach zu, standen Wache vor öffentlichen Gebäuden und ließen sich geduldig fotografieren. Daran war am 7. Oktober, also nur vier Wochen vorher, nicht zu denken; wer da Fotos von der belagerten Gethsemanekirche machte, wie Rolf Zöllner, riskierte Kopf und Kragen. 25 Jahre nach der gewaltigen Demonstration auf dem Alex wurden einige der Protagonisten interviewt oder Berichte über sie verfasst. Jens Reich und Christoph Hein, die beide damals zur Versammlung sprachen, erinnerten sich noch gut, dass es um »demokratische Wahlen« bzw. »um den Traum von einer demokratischen DDR« ging. Beide Männer wechselten übrigens nicht in die Politik. Aber viele, die unsere Sache vertraten, ließen sich schon locken. Aus welchem Grund, mit welchem Resultat? Wie kann man leben in dieser Schlangengrube und warum tut man sich das an? Es gab viele hoch dotierte Posten und Pöstchen zu vergeben, aber das nur nebenbei. Ich hab am 4.11. kein Plakat gesehen, das die Einheit forderte. Ich erinnere mich lebendig an: »Neues Forum zulassen, Privilegien weg! Wir sind das Volk! Keine Gewalt! Wir bleiben Hier! Legalisieren statt kapitalisieren, Kein Vertrauen den Wahlbetrügern, Stasi in die Produktion, Freie geheime Wahlen 1990, Schluss mit der Vorherrschaft der SED, Lasst euch nicht verwenden, Die Karre steckt zu tief im Dreck, die alten Kutscher müssen weg, Freie Presse für freie Menschen.« Sehr phantasievolle, selbst gemachte Plakate, das beste war natürlich das für Egon Krenz mit Schlafhaube und der Unterschrift:

»Großmutter, warum hast du so große Zähne?« Wenn diese vielen fröhlichen und befreiten Menschen, man spricht von fast einer Million, die Mauer hätten einreißen wollen am 4.11.1989, wer hätte sie aufhalten können? Auch ich war fröhlich und befreit, und in allen hektischen Gesprächen in der nachfolgenden Woche ging es nur um die Frage: Wie sollte die DDR neu verfasst werden, wie konnten Wahlprogramme schnell erarbeitet und diskutiert werden, welche politischen Bündnisse waren möglich, welche Sofortmaßnahmen könnten auch ohne eine frei gewählte Volkskammer schnell umgesetzt werden, wie sollte man mit der Volkspolizei umgehen, wie waren Chaos, Lynchjustiz oder Plünderungen zu vermeiden? Alle diese Fragen schwirrten durch die Luft und durch hitzige Debatten. Und diesen kreativen, revolutionären Prozess habe ich sehr genossen, aber wenn ich es heute recht bedenke, wurde die Frage nach der Macht nicht gestellt.

Von Hannah Arendt stammt das Zitat (aus: *Macht und Gewalt*, New York 1970): »Die Revolutionäre machen nicht die Revolution! Die Revolutionäre sind diejenigen, die wissen, wann die Macht auf der Straße liegt und wann sie sie aufheben können!« Wenn das so stimmt, hatten wir nicht wirklich eine Chance mit unseren Träumen und alles, was danach geschah, war nur die logische Folge unserer Unentschlossenheit, unserer Unwissenheit – unserer Unfähigkeit, die Macht aufzuheben.

Aber wir hatten, wie gesagt, nur eine Woche Zeit. Und der Fall der Mauer am 9. November war dann eigentlich kein Fallen, sondern ein Öffnen. Ich hatte mir seit Jahren angewöhnt, vor dem Zubettgehen noch die *Tagesthemen* anzusehen, das war damals noch eine seriöse Sendung, wenn auch im ideologischen Klassenkampf. An diesem Abend hatte Hanns Joachim Friedrichs Dienst. Und es tat sich Sonderbares. Günter Schabowski von der SED hatte auf der abendlichen Pressekonferenz nur den Entwurf eines neuen Reisegesetzes für DDR-Bürger bekanntzugeben, in dem es hieß, dass künftig Reisen in den Westen »ohne besondere Voraussetzungen« möglich seien, dies sei bei den »Dienststellen der Volkspolizei zu beantragen ...« Das sollte am 10.11.1989 verlautbart werden, an einem Freitag, um die Durchführungsbestimmungen bis zum darauffolgenden Montag auszuarbeiten. Das hatte Krenz, als er seinem Pressesprecher diesen Zettel mit dem Entwurf eines neuen Reisegesetzes in die Hand drückte, vergessen zu sagen. Und so sagte Schabowski am Donnerstag auf die Rückfrage, wann das neue Gesetz in Kraft trete: »Nach meiner Kenntnis sofort, unverzüglich.« Damit hatte sich an dem klaren Text des Regierungsbeschlusses nichts geändert, aber durch die westlichen Medien geisterte nur das Wort: »unverzüglich!« An der Bornholmer Brücke schauten ein paar (!) Passanten auf ihrem Abendspaziergang, ob sich an der Grenze schon was tue – immer mehr wollten schauen und um halb neun waren es vielleicht hundert. Der *SFB* berichteten darüber sehr schnell, zuerst nur im Radio. Der eigentliche Aufruf zum Marsch an die Mauer kam von Hanns Joachim Friedrichs, als er in den *Tagesthemen* um 22:30 Uhr sagte: »Im Umgang mit Superlativen ist Vorsicht geboten, sie nutzen sich leicht ab. Aber heute Abend darf man einen riskieren, dieser 9. November ist ein historischer Tag. Die DDR hat mitgeteilt, dass ihre Grenzen ab sofort für jedermann geöffnet sind. Die Tore in der Mauer stehen weit offen.« Das entsprach nicht der Ankündigung, verfehlte aber seine Wirkung nicht: »Die Tore stehen weit offen.« So weit war es in diesem Augenblick noch nicht. Später stiegen auch die anderen Sender mit ein. Das heizte den Kessel langsam an. Ich hörte Klaus von Dohnanyi, Bundesminister und Bürgermeister von Hamburg, in einem Interview später sagen: »Die DDR ist durch das Fernsehen gefallen.«

Auch ich machte mich auf den Weg zur Bornholmer, von der Schönhauser ist es nur ein kurzer Weg: Mal sehen, was los ist. Als ich ankam, war schon eine erhebliche Menschenmenge am Tor. Einige Hundert. Ich kann mich nicht erinnern, dass laute Losungen gerufen wurden, es war eher eine stille Neugierde, was passieren könnte. Einige Mutige fragten vorne am Schlagbaum, was denn nun los sei mit der Ausreise. Die Grenzposten wirkten unsicher und versuchten, sich mit einem »ab Morgen« aus der Affaire zu ziehen. Aber es kamen immer mehr Leute zur Brücke ... Vorne am Zaun wurde die Stimmung gereizter. Einige forderten, das Tor sofort zu öffnen. Auch die Offiziere wurden nervöser. Ich sah sie immer wieder in ihrem Kabuff verschwinden, offenbar um zu telefonieren. Irgendwann wurde eine Pforte geöffnet und die lautesten Krakeeler wurden durchgelassen. In dem Durcheinander traf ich auch Peter und Tina. Tinas Knopfaugen leuchteten wie zu Silvester, eine große Fete. Peter und ich schauten uns immer wieder um, eigentlich müssten doch jetzt die Einsatzwagen der Polizei anrollen. Aber sie kamen nicht. Ich quetschte mich durch bis zum Tor und sah immer mehr Leute in Richtung Brücke verschwinden. Mir war das nicht geheuer und wie ich später erfuhr, wurden ihre DDR-Ausweise ungültig gestempelt. Ausreise ja, aber keine Wiedereinreise. Verrückte Idee.

Ich rannte so schnell ich konnte in die Schonensche Straße und klingelte meinen Freund Michael aus dem Bett. Wir kamen gerade noch rechtzeitig zurück, gegen halb zwölf. Die Bornholmer Straße war schon zugestaut von der Schönhauser in Richtung Brücke mit *Trabbis*, *Skodas* und *Wartburgs*. Die Menschentraube am Tor hatte inzwischen jede Scheu verloren und rief: »Aufmachen, aufmachen!«, dann: »Tor auf, Tor auf!« und später: »Wir kommen wieder, wir kommen wieder!« Und dann passierte etwas Seltsames, der Schlagbaum öffnete sich wie von Zauberhand, die Offiziere traten zur Seite, die Menge strömte über die Grenze, gefolgt von den

Autos. Eine junge Frau küsste einen Grenzsoldaten, Festtagsstimmung. Michael und ich stellten uns an den Rand und schauten dem Volk zu. Dann schnappten wir uns eine halbvolle Sektflasche und erklommen ein kleines Gebäude, das zur S-Bahn gehörte. Da oben saßen wir eine Stunde und das Treiben unten auf der Straße nahm kein Ende. Irgendwann sagte Michael: »Das war's dann, wir können gehen ...« Und wir gingen nach Hause.

Der Film *Bornholmer Straße* von Christian Schwochow wurde dem historischen Thema leider nicht gerecht. Ich fand ihn weniger burlesk, als von seiner Mutter Heide Schwochow angekündigt. Ich hatte ihr kurz zuvor mein altes Film-Steckenpferd *VEB Erotica* angetragen, das ich mit Gerhard Gundermann 1990 ausgesponnen hatte, ihre Antwort: »Ehrlich gesagt, ich brauche jetzt auch mal andere Stoffe als die DDR.« Verständlich. Der Film ihres Sohnes schaffte für mich leider nur das Prädikat: »Man sollte ihn gesehen haben.« Und offenbar dämmerte es den Machern wohl erst während der Dreharbeiten, dass sie zu kurz gesprungen waren. Viele Charaktere waren überzeichnet, der Botschafter aus Mosambik war genauso entbehrlich wie die als »running Gag« gedachten Magenblähungen von Oberstleutnant Harald Jäger, der den Schlagbaum öffnete – im Film dargestellt von Charly Hübner. Auch das »Volk« blieb seltsam diffus. So habe ich es nicht erlebt. Da gab es keine Angst mehr, die Menge war fröhlich, eher übermütig: »Wir kommen wieder.«

Im Jubiläumsjahr zur Maueröffnung 2014 meinte die Fernsehjournalistin Astrid Frohloff vor laufender Kamera allen Ernstes, dass Frau Angela Merkel eine der Ersten gewesen wäre, die die Bornholmer Brücke in dieser Nacht überquerten. Soweit kann Liebedienerei gehen, bis sie ihr Gesprächspartner, Klaus Schröder, Leiter des »Forschungsverbundes SED-Staat« der FU Berlin, darauf hinwies, dass die spätere Kanzlerin an jenem Abend in der Sauna gewesen sei und den historischen Augenblick verschlafen hätte.

Als die Tore an der Bornholmer Brücke offen waren, sind Michael und ich an einem der nächsten Tage auch in den Westen gegangen, um unser Begrüßungsgeld abzuholen. Ein unendlicher Menschenstrom mit Kind und Kegel kam aus der ganzen DDR am S-Bahnhof Schönhauser an, zog in einem fröhlichen Zug zur Brücke und kam schwer beladen zurück, am häufigsten sah ich Radiorekorder auf den Schultern der Männer. Sie hatten sich stundenlang die Beine in den Bauch gestanden vor der erstbesten Sparkasse in Westberlin.

Wir wählten einen anderen Weg und suchten uns eine entlegene Filiale im Bezirk Reinickendorf. Dort waren wir die einzigen und die ersten »Ossis« und erhielten deshalb noch einen Blumenstrauß zu den 100 DM. Michael hatte seine schwarze Sonnenbrille auf und ließ sich nichts anmerken, gesprochen hat er eh nie viel. Für mich blieb der »Kulturschock« aus, ich hatte den Duft und die schönen Farben ja bereits besichtigt. Viel wichtiger war in diesen Tagen, jedenfalls für mich, wie es in der DDR weitergehen würde. Alle Pläne der Opposition hatten sich zerschlagen und wie zum Hohn trat die »Volkskammer« zu einer Sitzung zusammen. Da saßen die alten Pappnasen im »hohen Haus« im Palast der Republik und spielten etwas unsicher Demokratie, auf der 13. Tagung der 9. Volkskammer am 1.12.1989. Unter dem zweiten Tagesordnungspunkt wurde nach einer »Diskussion« die Verfassung der DDR in der Weise geändert, dass die Formulierung »unter Führung der Arbeiterklasse und ihrer marxistisch-leninistischen Partei« gestrichen wurde. In einem Video des Deutschen Rundfunkarchivs kannst du deutlich sehen, wie verlegen, eher missmutig der neue Präsident der Volkskammer Günther Maleuda von der Bauernpartei (DBD) das Prozedere durchzieht. Das war ein toller Präsident, vom 13. November 1989 bis 5. April 1990. An die Machtübernahme des Volkes hat keiner gedacht. Was für eine abstruse Idee, aus diesem Abnickverein eine neue »demokratische Volksvertretung« zu basteln. Ein fröhlicher Gesangsverein mit dem festgelegten Proporz aus 25 % SED, 10 % DBD, 10 % CDU, 10 % LDPD, 10 % NDPD, 12 % FDGB, 6 % Frauenbund DFD, 7 % FDJ, 4 % Kulturbund und 3 % VdgB – Verband der gegenseitigen Bauernhilfe. Den Quatsch hatte sich Ulbricht einfallen lassen, damit es demokratisch aussieht und »wir alles in der Hand haben« und somit 100 % Zustimmung für eine Politik, die sowieso im Politbüro der SED gemacht wurde. Für mich war nach dem 9.11.1989 klar, dass die Revolution beendet war. Die Macht fiel an die Politiker im Westen, die ganz unerwartet vor dieser Chance standen, die ihre Massenmedien unter Kontrolle hatten, die das Geld hatten, die massiven Druck ausüben konnten, die das Volkseigentum (besser Staatseigentum) an sich reißen wollten. Die konnten ihr Glück kaum fassen. So viele gut ausgebildete Menschen, so viele neue Konsumenten, politisch über Jahre in Naivität und den Glauben an die da oben geschult. Aus der DDR kam nicht wirklich Widerstand gegen diesen Weg, eigentlich nur in Form des Aufrufs von Christa Wolf: »Für unser Land«. Aber was machen diese 5 % Intellektuellen aus? Diese 5 %, die ihr Leben in der Revolution riskiert haben, gegen die 95 %, denen die DM und die Reisefreiheit oberste Gebote wurden. Darum hat Kohl den armen Lothar de Maizière so zur Eile getrieben, er hatte Angst, die Stimmung würde kippen. Dem Volk wurde eine Mohrrübe vors Maul gehalten und hinterrücks das Volkseigentum abgeluchst. Kein Gedanke an Coupon-Privatisierung wie in anderen Ländern Osteuropas. Die Treuhand übernahm ein Milliarden-Vermögen und schloss die Transaktionen mit einem Milliarden-Verlust ab. Profitable Großbetriebe wie die Raffinerie in Schwedt/Oder, Kombinate wie Carl-Zeiss Jena, das Mannsfeld-Kombinat, das Bandstahlkombinat in Eisenhüttenstadt, die Seereederei *Deutfracht* in Rostock, die *Holzspielwaren VERO* Olbernhau, das Waschmittelwerk in Genthin, der Lokomotivbau Henningsdorf, das Rohrkombinat

Riesa, der Schwermaschinenbau *SKET* in Magdeburg, das *Kombinat Fortschritt* für Landmaschinen in Neustadt – alles wurde verscherbelt. Entweder integriert in westdeutsche Konzerne oder abgewickelt als lästige Konkurrenz oder Schrott. Alles verscherbelt für 100 DM Begrüßungsgeld. Genial.

Nach den Wahlen am 18. März 1989 gab es überraschenderweise keinen Sieg der Sozialdemokraten (21,9 %), sondern der CDU (40,8 %). Oskar Lafontaine hatte offen von den Kosten der Einheit gesprochen, doch ein »Zauderer« war in dieser Situation nicht gefragt. Die Leute wählten Lothar de Maizière, meinten aber Helmut Kohl oder besser: die D-Mark. Im Grunde war der Spielraum von de Maizière eher gering mit dem aufgeklebten Verfallsdatum auf der Backe. Auf der einen Seite der feingliedrige Advokat aus der DDR, Lothar de Maizière, der etwas näselte, nervös an seinem Jackett rumzupfte und vorzüglich Geige spielte, auf der anderen Seite der mit Pfälzer Saumagen und politischem Kalkül vollgestopfte Helmut Kohl. In einem Interview mit dem *Deutschlandradio Kultur* am 18. März 2015, also 25 Jahre nach der ersten und letzten »freien« Wahl in der DDR, hat sich de Maizière klar und diplomatisch geäußert: »Kohl kannte die DDR nicht.« Und »Die Menschen haben sicherlich den Eindruck gewonnen, wenn wir Kohl wählen, fließt das Geld. Und dieses Argument ist ein sehr gravierendes Argument.«

Die Ernennung der neuen Regierung erfolgte am 12. April 1990. Von den 23 Ministerposten erhielt die CDU als Wahlgewinner zehn, die SPD sieben, an die Liberalen (BFD) gingen drei Posten, zwei entfielen auf die DSU (Deutsche Soziale Union) und einer ging an den DA (Demokratischer Aufbruch). Dass Rainer Eppelmann, der bekannte Pfarrer, für den DA den Posten als Verteidigungsminister übernahm, wirkte schon etwas befremdlich. Er hatte sich durch die »Bluesmessen« in Ostberlin einen Namen gemacht und 1982 gemeinsam mit Robert Havemann zur Abrüstung in Ost und West aufgerufen, siehe »Berliner Appell«. Das wichtigste Thema für de Maizière war, dass die Berufs- und die akademischen Abschlüsse von der BRD akzeptiert wurden. Eine verrückte Idee, sich dagegen zu sperren. Aber wirklich Zeit und Ruhe zum Regieren hatte sein Kabinett nicht. Ich erwähne das Thema auch nur kurz, da es heute wenig erinnert wird. Schon nach drei Monaten stiegen die Liberalen aus, weil ihnen das Tempo zu hektisch war – geplant war damals die erste gesamtdeutsche Wahl für den 2. Dezember 1990. Am 15. August warf de Maizière einige Minister raus, unter anderen Walter Romberg von der SPD, die daraufhin alle ihre Minister und Staatssekretäre abzog. Damit war die Koalition eigentlich schon am Ende und Kohl gab aus Bonn den Zeitplan vor. Trotzdem wurde in den wenigen Wochen Grundsätzliches erreicht. De Maizière: »In meinem Kabinett haben wir 759 Kabinettsvorlagen bearbeitet. Und ich habe 143 Verordnungen unterschrieben, und 96 Gesetze sind über meinen Tisch gegangen und drei große Staatsverträge. Wir haben im Grunde genommen fünf Dinge geleistet: Wir haben erstens die kommunale Selbstverwaltung wieder eingeführt und haben eine Kommunalverfassung geschaffen. Wir haben die Bildung der Länder wieder vorbereitet, damit wir eine grundgesetzkompatible Struktur hatten, damit unsere Länder sich im Bundesrat selber vertreten können.«

Die PDS als Nachfolgepartei der SED erreichte bei den Wahlen 1990 noch 16,4 %, wurde aber nicht berücksichtigt. Man ging davon aus, dass sich dieses Fossil in zwei, drei Jahren erledigt hätte ... Noch ein heiterer Einschub. In den Verhandlungen zwischen de Maizière und Kohl, die den »Verhandlungen« zwischen der EU und Griechenland sehr ähnlich gewesen sein müssen (wieder beteiligt war Wolfgang Schäuble als Strippenzieher), ging es auch um die zukünftige Nationalhymne. Das muss ich dir noch kurz erzählen. Bemerkenswert war 1949 die Wahl der jeweiligen Hymne für die beiden deutschen Staaten. Westdeutschland wählte das »Lied der Deutschen« (Joseph Haydn), wobei nur die dritte Strophe von Hoffmann von Fallersleben (1841) gesungen werden durfte. Also nicht »Gott erhalte Franz, den Kaiser« (Lorenz Leopold Haschka, 1797) und schon gar nicht »Deutschland, Deutschland über alles« – dafür: »Einigkeit und Recht und Freiheit«. Die DDR wählte zunächst dieselbe Melodie und ließ Johannes R. Becher (1892–1958) darauf einen neuen Text schreiben: »Auferstanden aus Ruinen und der Zukunft zugewandt«. Wirklich eine kuriose Vorstellung, in beiden deutschen Staaten wird diese Melodie angestimmt, nur der Text ist anders ... Und so musste Hanns Eisler (1898–1962) ran und schuf eine neue Melodie. Ich sehe gerade, sie hat bei *YouTube* 4,7 Millionen Klicks. Eine der schönsten Hymnen, die ich kenne, neben der französischen, brasilianischen, italienischen und der sowjetischen. Aber ab Anfang der 70er Jahre passten zwei Zeilen aus Bechers Text nicht mehr in das neue Selbstbild der DDR-Führung. Das Thema »Konföderation« hatte sich erledigt und somit auch die Zeile: »Lass uns dir zum Guten dienen, Deutschland, einig Vaterland«. Danach erschien das schöne Lied wortlos bei allen Festen und man hätte problemlos darauf auch »Einigkeit und Recht und Freiheit« singen können, da das Versmaß ja dasselbe war. Kannst du mal ausprobieren. Als es mit der DDR 1990 zu Ende ging, unternahm Lothar de Maiziére noch den Versuch, die dritte Weststrophe mit der ersten Oststrophe zu vereinen. Auch das konnte er nicht durchsetzen. Es wurde beigetreten und mitgesungen ...

Als ich am Montag, den 13. November 1989 wieder in Leipzig war, hatte sich die Stimmung in der Stadt ganz verändert. Die Armee war verschwunden, dafür standen überall am *Ring* Reisebusse mit westdeutschen Kennzeichen, viele mit KS für Kassel. Hunderte, ja Tausende Menschen formierten sich auf der Straße zu einem Zug – eilig herbeigeschafft aus Dresden und Erfurt, wie damals gemunkelt wurde. Im Internet ist von »Hunderttausenden« die Rede, das stimmt so nicht. Die Leute, die ich sah, trugen keine selbst gemalten Plakate mehr, ihre Plakate waren schon wieder industriell hergestellt. Und fast jeder trug eine schwarz-rot-goldene Fahne oder zumindest ein Fähnchen. Überstunden in den Fahnenfabriken in Westdeutschland. Und diese fremden Menschen riefen auch etwas ganz anderes, sie riefen: »Deutschland einig Vaterland« – in meinen Ohren dröhnt das noch heute. Du musst dir das auf Sächsisch vorstellen: »Deudschlond einisch Voderland«. Die Leipziger schauten sich ratlos an, sie wickelten ihre Transparente wieder ein. Und wir gingen nach Hause.

Ich denke, es ist an der Zeit zu einem Ende zu kommen. Mir fallen immer neue Erinnerungen ein, das würde nie enden ... Eigentlich habe ich mich für dich erinnert, Matteo, aber auch für deine Brüder Philipp, Igor und Robert. Ich konnte die zeitlichen Abläufe nur skizzieren und es sollte für euch eine Anregung sein zum Weiterlesen. Hört euch auch die vielen genannten Lieder an. Ich wünsche mir, dass ihr der Zeit nachgeht, den Namen und Büchern, sie sollten nicht vergessen werden. Und ich hoffe, dass ich niemandem auf die Füße getreten bin. Ich habe mich um Nachsicht bemüht und mich nur erinnert. Und »hier wird schon noch geredet werden ...« Natürlich würde ich mich freuen, wenn auch andere unsere Gespräche lesen und ein paar der Geschichten weitertragen ...

Personenregister:

Alexijewitsch, Swetlana 369
Andert, Reinhold 136, 406
Apel, Erich 388
Arendt, Hannah 369, 438, 449
Aurich, Eberhard 193
Baade, Brunolf 32, 97
Bahr, Egon 72, 374
Bahro, Rudolf 19, 124
Balitzki, Jürgen 312
Baumert, Rainer 254
Baumert, Roswitha 312
Beimler, Hans 113, 127
Bentzien, Hans 124, 242
Bergemann, Sybille 239
Berger, Hannes 17, 358
Biege, Holger 179, 321
Biermann, Wolf 130, 209, 273
Binder, Elfriede und Eberhard 323
Birr, Dieter 121
Bischoff, Norbert 261, 290, 382
Blumentritt, Axel 185, 192, 224
Bohl, Friedrich 286
Bohley, Bärbel 193, 216, 273, 419
Brasch, Marion 183, 191, 194
Braumann, Michael 186
Braumann, Tanja 135, 180, 185, 190
Braun, Volker 81, 124, 288, 362
Brecht, Bertolt 19, 81, 198, 404
Brel, Jacques 236, 240
Brombacher, Ellen 346, 386
Buchholz, Reinhard 319
Büchler, Lutz 154, 172, 247
Burchert, Ulrich 28
Butschke, Peter 319
Castro, Fidel 103
Chruschtschow, Nikita 97, 212, 442
Danigel, Gerd 270, 308, 383, 411

de Maizière, Lothar 397, 446, 452
Deckwerth, Günter 185
Deloch, Jörg 411, 416
Demmler, Kurt 123, 136, 193, 335
Dombrowski, Christiane 182
Döring, Volker 216, 246, 434,
Dylan, Bob 91, 103, 152, 179, 184
Ebert, Michael 16, 57, 345, 447
Eger, Jürgen 228, 261
Eisler, Hanns 81, 454
Eysenck, Hans Jürgen 218, 234, 251
Friedrichs, Hanns Joachim 450
Friemert, Danuta 322
Frohloff, Astrid 451
Fruck, Wolf-Dietrich 331, 342
Fuchs, Peter 242, 249, 268
Führer, Christian 424
Fürll, Andy 132, 151, 185, 192
Geggel, Erna 236, 312
Gerlach, Lutz 342
Gorbatschow, Michail 286, 365, 425
Görnandt, Matthias 318, 405
Grassow, Horst 197, 360
Grotewohl, Otto 49, 71
Guevara, Che 103, 242, 391
Gundermann, Gerhard 36, 274, 292
Haak, Detlev 134
Hacks, Peter 136, 330, 404
Hagen, Jürgen 354, 415
Hager, Kurt 193, 318, 444
Halbhuber, Dietmar 304, 319, 375
Haller, Minna 327
Hampel, Angela 205, 340
Hartenhauer, Christian 386
Havemann, Robert 124, 453
Hegewald, Heidrun 278
Hegewald, Michael 386
Hein, Christoph 81, 193, 448
Henrich, Rolf 81, 216

Hensel, Kerstin 355
Henselmann, Hermann 27, 30, 33
Herrnstadt, Rudolf 124, 157, 442
Hertel, Gerd 133, 134
Herzberg, André 16
Hessheimer, Stefan 17, 238, 243
Heyden, Bernd 302, 406
Hildebrandt, Jörg 361
Hoffmann, Hans-Joachim 119, 318
Hoffmann, Joachim 18, 208, 217
Hoffmann, Klaus 240
Honecker, Erich 65, 166, 214, 389, 444
Huck, Karl 348
Jereczinski, Alexander 17
Jordan, Carlo 383, 418, 420
Jordan, Günter 79, 254
Junker, Wolfgang 31
Kahlau, Heinz 292, 355
Kamenjew, Lew 48, 106, 439
Kaminsky, Anna 78
Kämpfe, Gerhard 415
Kant, Hermann 61, 81, 278, 386
Kaul, Friedrich Karl 209, 224
Kempendorff, Gerlinde 317, 393, 403
Kilpinski, Achim 16
Klier, Freya 407
Klipp, Matthias 304, 382
Knauf, Thomas 23, 67
Kohl, Helmut 286, 365, 379, 452
Kollwitz, Käthe 41
Kölpin, Anett 343
König, Hartmut 134, 137
Kotowski, Klaus 133
Krawczyk, Stephan 131, 317, 315, 403
Krenz, Egon 193, 381, 417, 446
Krog-Meyer, Erik 399
Krug, Manfred 130, 174, 392
Krüss, James 330
Laabs, Klaus 290, 392, 429

Lakomy, Reinhard 234, 343, 415
Lamberz, Werner 179, 237
Lasch, Stefan 203, 332, 339
Lehwald, Bert 191
Liebknecht, Karl 105, 369, 408
Liefers, Jan Josef 140
Lindenberg, Udo 123, 134, 148
Loest, Erich 65, 392
Lopotta, Maja 312, 314
Luderfinger, Ralf 259, 271, 407
Ludwig, Elise 61, 64, 82, 404
Luxemburg, Rosa 104, 217, 304, 369
Manasterski, Christiane 408
Manasterski, Peter 18
Mannschatz, Jutta 270
Masur, Kurt 393, 436, 446
Merkel, Angela 271, 298, 379, 451
Michaelis, Dirk 338, 405
Modrow, Hans 237, 387
Morgenstern, Tobias 324, 341
Natschinski, Thomas 134, 322
Nieblich, Rene 386
Nowak, Maike 314, 407
Oelßner, Fred 71
Oppel, Marianne 135, 180, 194, 237
Ortlepp, Dieter 341
Otto, Thomas 243, 315, 343
Padura, Leonardo 440
Pagels, Heiko 343
Pannach, Gerulf 122, 138, 149, 337
Petershagen, Rudolf 44
Pfüller, Volker 332, 334
Pieck, Wilhelm 49, 111, 157, 373
Plensat, Barbara 357, 360, 362
Plenzdorf, Ulrich 81, 139, 404
Reagan, Ronald 178, 365, 418
Reimann, Andreas 403, 409
Reimann, Brigitte 81, 211, 362, 418
Renft, Klaus 132, 138, 337

Rindfleisch, Wolfgang 244, 358
Schambach, Merit 413, 433, 435
Scharnowski, Ernst 72
Schäuble, Wolfgang 286, 395, 454
Schiewack, Michael 190, 198, 312
Schirdewan, Karl 71
Schmidt, Arno 26, 302, 405
Schmidt, Franziska 340, 348, 371
Schmidt, Hans-Dieter 81, 208, 217
Schmitz, Michael 83, 434
Schmollack, Simone 266
Schöne, Birgit 24, 411
Schöne, Gerhard 165, 193, 341, 344
Schöne, Jürgen 12, 26, 30, 210, 346
Schönebeck, Manfred 57, 123, 208
Schorlemmer, Friedrich 193, 364
Schrader, Gerrit 57, 358, 362
Schramm, Lutz 194, 312
Schreier, Martin 122, 332
Schulze, Herbert 324
Schürer, Gerhard 299, 388, 444
Schwarz, Petra 315
Schwochow, Christian 451
Seiters, Rudolf 286, 390, 399
Sexauer, Manfred 118, 132
Seyfert, Wolfram 124, 228, 248, 385
Singelnstein, Christoph 360, 435
Sinowjew, Grigori 48, 106, 439
Skalei, Peter 57, 261, 391
Slomka, Marietta 77
Sölter, Thomas 344
Spalda, Günter 313, 449
Sprawe, Marion 270
Stallknecht, Wilfried 33, 81
Steineckert, Gisela 136, 313, 405
Stempel, Jörg 332, 336
Strittmatter, Erwin 81, 83, 419
Tatschke, Igor 411
Thälmann, Ernst 127, 297, 372

Theodorakis, Mikis 27, 34, 136
Theveßen, Elmar 199
Tilgner, Wolfgang 138
Tisch, Harry 119
Trepte, Stephan 123, 139
Trotzki, Leo 47, 105, 304, 372, 438
Trullesand 37, 61, 81, 107
Trzionka, Werner 184, 194
Ulbricht, Walter 32, 44, 71, 134, 388
Ulf & Zwulf 253, 322, 329, 341
Unger, Ullrich 146
Urbanski, Bettina 362
Vollus, Heinz 237, 240
Wader, Hannes 138, 278, 410
Walter, Jürgen 317, 313
Wedel, Adelheid 194, 262, 313
Weidemann, Nikko 28, 321
Wenzel, Hans-Eckardt 316, 355, 405
Wernicke, Thomas 375
Widrat, Werner 77, 399, 419, 433
Wien, Thomas 255
Wilke, Friedrich 69
Wilke, Martin 386
Witte, Jan 138, 139
Wolf, Christa 81, 288, 361, 452
Wollweber, Ernst 71
Worch, Thomas 201, 230, 249
Zaisser, Wilhelm 71, 441
Zehentbauer, Josef 252
Ziegler, Martin 362
Ziegler, Wolfgang 119, 182
Zinke, Gerhard 97, 101, 108
Zöllner, Dirk 244
Zöllner, Rolf 238, 371, 428
Zuckowski, Rolf 344, 416